Lennart T.

Der kritische Agrarbericht

2022

Hintergrundberichte und Positionen zur Agrardebatte

Schwerpunkt »Preis Werte Lebensmittel«

Impressum

Herausgeber AgrarBündnis e.V.
Verlag ABL Bauernblatt Verlags-GmbH

Redaktionsleitung
Dr. Manuel Schneider (Gesamtkoordination und Endredaktion)
Dr. Andrea Fink-Keßler, Friedhelm Stodieck

Redaktion
Agrarpolitik – Friedhelm Stodieck
Welthandel und Ernährung – Tobias Reichert
Ökologischer Landbau – Dr. Manuel Schneider
Produktion und Markt – Prof. Dr. Onno Poppinga
Regionalentwicklung – Dr. Sabine Weizenegger und Dr. Andrea Fink-Keßler
Natur und Umwelt – Magnus Wessel
Wald – László Maráz
Tierschutz und Tierhaltung – Dr. Heidrun Betz
Gentechnik – Annemarie Volling
Agrarkultur – Dr. Manuel Schneider
Verbraucher und Ernährungskultur – Dr. Manuel Schneider

Korrektorat Dr. Martina Blum
Satz Bettina Brand, München
Umschlag Wilfried Boucsein, WHB Studio für Grafik- und Kommunikationsdesign, Gütersloh
Druck Druck Thiebes GmbH, Hagen

Redaktionsanschrift
Dr. Manuel Schneider
Projektbüro !*make sense*!, Waltherstraße 29, 80337 München
Tel. 089 / 76 75 89-55, Fax 089 / 76 75 89-56
E-Mail: info@kritischer-agrarbericht.de
Internet: www.kritischer-agrarbericht.de

Bestelladresse
ABL Verlag, Bahnhofstraße 31, 59065 Hamm
Tel. 0 23 81 / 49 22 88, Fax 0 23 81 / 29 22 21
E-Mail: verlag@bauernstimme.de
Internet: www.bauernstimme.de

ISBN 978-3-930413-70-6
Erscheinungsort/-jahr Konstanz/Hamm, Januar 2022

Gefördert durch ENGAGEMENT GLOBAL mit Mitteln des Bundesministerium für wirtschaftliche Zusammenarbeit und Entwicklung

Für den Inhalt dieser Publikation ist allein AgrarBündnis e.V. verantwortlich; die hier dargestellten Positionen geben nicht den Standpunkt von Engagement Global gGmbH und dem Bundesministerium für wirtschaftliche Zusammenarbeit und Entwicklung wieder.

Wir danken für die freundliche Unterstützung

Editorial

»Heutzutage kennen die Leute von allem den Preis und von nichts den Wert.« Der Satz stammt zwar aus dem ausgehenden 19. Jahrhundert und geht auf den irischen Schriftseller Oscar Wilde (1854–1900) zurück. Er charakterisiert aber nur zu gut die heutigen Menschen vor den Regalen der Supermärkte und Discounter bei der Suche nach Sonderangeboten. Dass die dortigen Preisschilder nicht »die Wahrheit« sagen und die ausgewiesenen Preise alles andere als »fair« sind – wer ahnt das nicht? Vor allem bei Lebensmitteln, die vorher um die halbe Welt gereist sind. In kaum einer Produktgruppe dürfte die Diskrepanz zwischen dem *Wert* einer Sache bzw. den Werten, für die sie steht, und dem *Preis,* für den sie angeboten und verkauft wird, größer sein als bei Lebensmitteln.

Und zwar in beiderlei Hinsicht: Die Schäden, die eine industrialisierte Landwirtschaft an den Umweltgütern hinterlässt, von der Abholzung der Regenwälder für Futtermittel bis zur Überdüngung der Gewässer und Degradierung der Böden, sind in den Billigpreisen keineswegs »eingepreist«. Aber auch umgekehrt: Die Mühe, der Aufwand, die Sorgfalt, die viele Bäuerinnen und Bauern für die Herstellung ihrer Produkte aufbringen, wird weder von der »abnehmenden Hand« noch den Kund:innen angemessen honoriert. Oftmals liegen die Erzeugerpreise sogar unter den Produktionskosten!

Erschwerend kommt hinzu, dass sich Vieles auch gar nicht in Geld umrechnen lässt: der ästhetische Wert einer bäuerlichen Kulturlandschaft, das Wohl der Tiere, die Qualität der Arbeit. Auch vermeintlich »wahre« Preise, ermittelt durch Umweltbilanzen und »True Cost Accounting«, sind offenbar nur die halbe Wahrheit. Das Spannungsverhältnis zwischen Werten und Preisen bleibt bestehen. Es gibt eben Werte, die jenseits aller Ökonomie liegen und die sich damit der Verrechnung mit Geldwerten per se entziehen. Nicht alles lässt sich monetarisieren – und das ist auch gut so.

Was nicht heißt, dass man sich nicht um Annäherungen an die »wahren Verhältnisse« und um »faire Preise« bemühen sollte. »Preis Werte Lebensmittel« – dieser meist disharmonische Dreiklang bildet denn auch den diesjährigen Themenschwerpunkt des *Kritischen Agrarberichts.* 13 der insgesamt 48 Beiträge sind ihm gewidmet:

- Sie analysieren und bewerten die meist »unsichtbaren« externen Kosten der Lebensmittelproduktion, die auf Kosten der Natur, der Allgemeinheit oder zukünftiger Generationen gehen;
- weisen auf die methodischen Schwierigkeiten hin, Wertschöpfungen angemessen in Preise zu übersetzen und Kosten zu internalisieren;
- zeigen die Grenzen marktwirtschaftlicher Prozesse der Preisbildung auf und verweisen auf notwendige ordnungsrechtliche Vorgaben und Rahmensetzungen;
- gehen aber auch auf die Verantwortung der Konsument:innen für »faire« Preise ein und berichten von Projekten, wo es gelungen ist, durch Solidarität mit den landwirtschaftlichen Produzent:innen wirtschaftliche Wertschöpfungsketten in zwischenmenschliche Wertschätzungsketten zu überführen.

Kurz vor Abschluss der Arbeiten an diesem Agrarbericht wurde die neue Bundesregierung vereidigt. In ihrem Koalitionsvertrag (»Mehr Fortschritt wagen«) heißt es vielversprechend: »Unser Ziel ist eine nachhaltige, zukunftsfähige Landwirtschaft, in der die Bäuerinnen und Bauern ökonomisch tragfähig wirtschaften können und die Umwelt, Tieren und Klima gerecht wird.« Dem ist wenig hinzuzufügen.

Entsprechend positiv (zumindest neugierig abwartend) fiel denn auch die Resonanz bei den Umwelt- und kritischen Agrarverbänden aus, die viele ihrer Forderungen aufgegriffen sehen: eine verbindliche Tierhaltungskennzeichnung, die auch Transport und Schlachtung umfasst, eine Flächenbindung der Tierhaltung, was zwangsläufig auf die dringend erforderliche Reduktion des Viehbestands hinauslaufen würde, 30 Prozent Ökolandbau bis 2030, kein Glyphosat ab 2023, um nur einige Punkte zu nennen. Anderes bleibt vage bzw. unerwähnt, etwa bei den Ausführungen zur Gemeinsamen Agrarpolitik oder zur Neuen Gentechnik – und über allem schwebt die offene Frage der Finanzierung.

Auch wenn in dem Koalitionsvertrag zwischen den Zeilen der Geist all der Kompromisse und Vorschläge für eine Transformation des Agrar- und Ernährungssektors, die in der Zukunftskommission Landwirtschaft und zuvor im Kompetenznetzwerk Nutzierhaltung (»Borchert-Kommission«) mühsam erarbeitet wurden, spürbar ist – *erwähnt* werden beide Gremien nicht. Das hat zu Irritationen und Sorgen geführt, dass die neue Regierung diese wegweisende Arbeit, an der auch zahlreiche Mitgliedsverbände des AgrarBündnisses mitgewirkt haben, nicht weiterführt. »Im Grunde haben wir viel Zeit darauf verwandt, den Ball auf den Elfmeterpunkt zu legen«, sagt Myriam Rapior, die für die BUND-Jugend in der Zukunftskommission Landwirtschaft mitverhandelt hat. »Und jetzt will anscheinend keiner schießen.« – Und man ist versucht hinterherzurufen: »*Treffen* muss man auch noch!«

Dennoch: So viel Aufbruchstimmung war nie. Die Notwendigkeit eines tiefgreifenden Umbaus des Agrarsystems, der auch den sozialen und ökonomischen Interessen der Bäuerinnen und Bauern gerecht wird und gleichzeitig den Schutz der Tiere und der natürlichen Lebensgrundlagen in den Fokus rückt – dieses existenzielle Thema rückt immer erkennbarer ins Zentrum der Politik.

Um diesen Prozess weiterhin konstruktiv-kritisch zu begleiten, finden sich erstmals mit diesem *Kritischen Agrarbericht* in den Jahresrückblicken (»Entwicklungen & Trends«) eines jeden Kapitels *Kernforderungen an die neue Bundesregierung* – fünf aus jedem der zehn Politikfelder, 50 insgesamt: umfangreicher und detaillierter als alles, was man im Koalitionsvertrag an Zielvorgaben der Politik finden kann.

Bundesregierungen kommen und gehen – der *Kritische Agrarbericht* bleibt. Die Ausgabe, die Sie in den Händen halten, ist bereits die 30. Als Initiative einer universitären Arbeitsgruppe um Onno Poppinga an der Gesamthochschule Kassel vor 30 Jahren ins Leben gerufen, hat sich der *Kritische Agrarbericht* zu einem unverzichtbaren Jahrbuch entwickelt. Ein Buch, in dem nicht nur Wissenschaftler:innen, Politiker:innen und Fachleute aus der Zivilgesellschaft zu Wort kommen, sondern in dem immer auch Bäuerinnen und Bauern aus ihrem Alltag berichten und praxisnahe Veränderungsimpulse geben. Rund 1.600 Beiträge, geschrieben von über 900 Autor:innen, sind über die Jahre zusammengekommen.

Wir danken auch in diesem Jahr all den 77 Autor:innen, die zum Teil selbst vielfältig in den sozialen Bewegungen für eine Agrar- und Ernährungswende aktiv sind. Mit ihren Beobachtungen und Analysen tragen sie maßgeblich zum Gelingen dieses agrarpolitischen Jahrbuchs bei. Dank gebührt wie immer auch den Stiftungen, Unternehmen und Organisationen, die durch ihre nachhaltige finanzielle Unterstützung die Arbeit am *Kritischen Agrarbericht* über so viele Jahre ermöglicht haben.

Für die Redaktion:
Manuel Schneider, Andrea Fink-Keßler,
Friedhelm Stodieck

Für Vorstand und Geschäftsführung des AgrarBündnis:
Jochen Dettmer, Clemens Gabriel, Jenny Schlosser,
Frieder Thomas, Tilman Uhlenhaut, Bernd Voß

München, im Dezember 2021

30 Jahre Kritischer Agrarbericht

Ein »Jubiläumsband« mit über 40 Beiträgen aus den letzten 30 Jahren über *Bäuerliche Landwirtschaft als Leitbild und Realität* wird im Frühjahr 2022 im ABL-Verlag erscheinen.

Inhalt 2022

Mit ◉ sind die Beiträge gekennzeichnet, die sich mit dem Schwerpunkt *»Preis Werte Lebensmittel«* befassen.

Kapitel 7
Wald

Kapitel 8
Tierschutz und Tierhaltung

Kapitel 9
Gentechnik

Kapitel 10
Agrarkultur

Kapitel 11
Verbraucher und Ernährungskultur

Anhang

Einleitung

◉ *Schwerpunkt »Preis Werte Lebensmittel«*

Eigentlich unbezahlbar …

Über Preise, Werte und Würde bei der Gewinnung von Lebensmitteln – eine Hinführung zum Themenschwerpunkt

von Nikolai Fuchs

40.000. So viele Kilometer sind die Bienen eines Bienenvolkes für 250 Gramm Honig geflogen, die man in der Regel für um die fünf Euro käuflich erwerben kann. Einmal umkreisen die Bienen also in etwa die Erde, um ein Glas Honig zu sammeln![1] In dem Preis mit enthalten sind die Arbeit des Imkers, von der Ganzjahrespflege des Bienenvolkes bis zum Schleudern des Honigs, das Glas und der Deckel, die Etikette sowie der Transport bis zum Ladenregal. Fünf Euro – ein »angemessener« Preis?

400 Liter Blut durchströmen das Euter einer Kuh, um ein Liter Milch zu erzeugen. Etwa 40 Cent erhalten Landwirt:innen pro Liter Milch – wenn es gut geht. Darin anteilig enthalten die Stallbaukosten inklusive Melkstand, die Futterwerbung, der Schlepper, gegebenenfalls das Sojakraftfutter und all die Kosten, um den Regenwald in Brasilien für die Sojafelder zu roden … Was ist der wirkliche Wert dieses Liter Milch?

Und wer »produziert« hier eigentlich bzw. was ist über den Produktpreis zu bezahlen? Wir sprechen landläufig von Pflanzen»produktion« und gar Tier»produktion«. Aber noch nie haben Landwirt:innen ein Kalb oder auch nur einen Halm Weizen »produziert«. Das Ziehen am Halm, damit er schneller wüchse, würde nichts nützen. Alles, was wir als Bäuerinnen und Bauern tun, ist *Wachstumsbedingungen* herzustellen bzw. die Wachstumsbedingungen, die die Natur zur Verfügung stellt – allem voran der Boden, das Erdreich –, so zu gestalten, dass sie dem Tier oder der Pflanze zugutekommen. Aus einem gesäten Roggenkorn wächst so dann im Idealfall eine Ähre mit über 50 Körnern. Der eigentliche Erzeuger aber ist die Natur. Dies sollten wir uns immer wieder vor Augen halten, um – selbst etwas demütiger geworden für unsere Leistung dabei – der Natur Respekt zu zollen. Und sie, die Natur, so zu gestalten bzw. zu bearbeiten, dass sie das Wachstum von Pflanze und Tier nachhaltig und zukunftsfähig sicherstellen kann.

Preisillusionen – oder die Suche nach dem »wahren Preis«

Was bezahlen wir also, wenn wir Lebensmittel kaufen? Vermutlich nicht den wirklichen Wert des Erzeugnisses, wie wir eingangs gesehen haben. Vielleicht den Aufwand, um die optimalen Wachstumsbedingungen herzustellen. *Vielleicht* – denn die wenigsten Landwirt:innen können heute mit den erzielten Erlösen für ihre Produkte so wirtschaften, dass sie auf Dauer und somit nachhaltig die natürlichen Produktionsgrundlagen und Wachstumsbedingungen erhalten und selbst ein ausreichendes Auskommen haben.

Viele Umweltkosten der Lebensmittelproduktion werden zudem externalisiert, also *nicht* bezahlt, wenn wir Lebensmittel kaufen. Jüngst hat eine Forscherin der ETH Zürich ausgerechnet, dass, wenn alle Kosten im Sinne eines »True Cost Accountings« integriert würden, auf jeden Schweizer Franken, den wir für Lebensmittel ausgeben, 90 Rappen Umweltkosten hinzugerechnet werden müssten.[2] Tobias Gaugler und sein Team von der Uni Augsburg kommt etwa auf den gleichen Wert – bis zu 173 Prozent müssten wir ehrlicherweise für manche – vor allem die tierischen – Erzeugnisse bezahlen (siehe hierzu den nachfolgenden

Beitrag der beteiligten Wissenschaftler:innen).[3] Somit müssten allein um die Umweltkosten, die heute landläufig mit der Lebensmittelproduktion einhergehen, verursachergerecht zu bezahlen, die Lebensmittel doppelt bis dreimal so teuer sein.

»Sparen« tun wir die Umweltkosten heute allerdings nicht, zumindest nicht zur Gänze. Neben dem Klimawandel, der – vom Ernährungssystem zu etwa einem Drittel mitverursacht – bereits an vielen Stellen Kosten verursacht (Trockenheit, Überflutung, Flüchtlinge, Waldsterben …), zahlen wir die entstandenen Umweltkosten z. B. beim Trinkwasser. Eine französische Studie aus dem Jahr 2011 hat errechnet, dass die Wasserreinigungskosten von Nitraten und Pestiziden in Frankreich bereits damals 54 Milliarden Euro jährlich *real* gekostet haben. Leben wir also vielleicht mit einem stillschweigenden politisch-gesellschaftlichen »Deal«, wo wir für billige Butter und das damit verbundene, vordergründige Wohlstandswohlgefühl bei den ständig steigenden Abbuchungen für Wasserkosten auf unserem Konto nicht genauer hinschauen?

Der Einzelhandel argumentiert regelmäßig: »Der Verbraucher will es so« – den billigsten Preis. Sonst würde er ja nicht immer nach den günstigsten Angeboten greifen. Aber werden wir Verbraucher:innen durch die ständigen Aktionsangebote in der Radiowerbung und den Werbebeilagen in den Gratiszeitungen am Wochenende nicht nur dahingehend »angeregt«, sondern sogar förmlich *konditioniert?* Wer kann sich dem noch entziehen?

Die heutigen Lebensmittelpreise sagen also nicht die Wahrheit. Weder die soziale noch die ökologische. Und sie bilden den eigentlichen Wert der Ware noch nicht einmal ungenügend ab. Wenn wir über (zu) niedrige Lebensmittelpreise die Naturgrundlage zerstören, zahlen unsere Urenkel mindestens doppelt. Wir sägen also an dem Ast, auf dem unsere Enkel sitzen. Das mag kurzfristig bei beengter Sicht betriebswirtschaftlich Sinn machen – langfristig und vor allem volkswirtschaftlich ist es eine Katastrophe. Daraus folgt, wenn wir für uns in Anspruch nehmen, vernunftbegabte Wesen zu sein, die für ihre Kinder und Kindeskinder mitdenken, dass die Lebensmittelerzeugung in nachhaltige Bahnen gelenkt werden müsste.

Landwirtschaftliche Subventionen machen heute in der EU bereits rund 40 Prozent des Einkommens der Landwirt:innen aus. Das heißt: Über die Lebensmittelpreise zahlen wir ohnehin nur 60 Prozent der Gestehungskosten der Lebensmittel, der Rest wird über die Steuern kompensiert. Hinzu kommen all die mit der Lebensmittelproduktion verbundenen Umweltkosten. Auch die werden geschätzt zu rund 90 Prozent über Steuergelder bezahlt (siehe die jetzigen Umweltschäden im Ahrtal,) wenn die nicht so auffälligen Schäden woanders überhaupt beglichen werden. Rechnet man diese Kosten zu den Subventionen hinzu, dann werden an der Ladentheke bzw. auf dem Marktstand bestenfalls lediglich 40 Prozent des »wahren« Preises bezahlt. Wir leben also in einer Illusionswelt. Dies spricht nicht gerade für aufgeklärte, mündige Bürger.

Wie könnte es anders oder gar besser gehen?

Die scheinbar so rationale Marktwirtschaft hat eine Illusion erzeugt. Illusionen wird man am besten los, wenn man so sachlich wie möglich hinschaut: Landwirt:innen sind »nur« »Wachstumsbedingungshersteller« für landwirtschaftliche Erzeugnisse. Und damit sind sie – und dies in Zeiten des Klimawandels in weit höherem Maße als bisher angenommen – *stewards of the land,* Verantwortliche für unsere Mutter Erde. *Sie* sind es, die mit ihrem landwirtschaftlichen Tun zugleich die Biodiversität in der Fläche erhalten und fördern (sollten), die die Wasseraufnahmefähigkeit und -reinigungskraft der Böden gewährleisten (sollten), die unsere (Agrar-)Ökosysteme krisenfest und resilienter gestalten (sollten). Was es *dafür* braucht, für eine Erzeugungsart, die nicht erst Schäden erzeugt, die dann über Steuergelder wieder repariert werden müssen, das sollte letztlich den Preis bestimmen. Man könnte es auch anders formulieren: Die Lebensmittelpreise müssten sich aus dem würdevollen Leben der Verantwortungsträger für unsere Erde und der Würde der Kulturpflanzen und »Nutz«-Tiere ermitteln. Die Orientierung liegt dabei auf »Würde«. Können alle Beteiligten, inklusive Pflanzen und Tieren (»Tierwohl!«) in Würde leben – dann haben wir den gerechten Preis. Zu tiefe Preise hingegen sind unwürdig. Nicht nur für die Lebensmittel. Sondern auch für unsere eigene Würde, die sich auch daran bemisst, ob wir anderen und anderem wie Tieren und Pflanzen Eigenwert und Würde zuerkennen.

Das lebende Beispiel für so eine Neuorientierung sind heute auf der Mikro-Ebene die sog. Solidarischen Landwirtschaften. Eine völlige Umkehr der Preisgestaltung: Nicht die Erzeugnisse werden bezahlt, sondern alle Beteiligten legen für den Lebensunterhalt der Landwirt:innen zusammen und nehmen sich die dann entstehenden Erzeugnisse mit nach Hause. Dies kann und sollte als eine Art Blaupause auch für die marktförmige Ermittlung der Preise für Lebensmittel dienen. Ziel müsste auch hier sein, dass alle am Marktgeschehen Beteiligten »auf Augenhöhe« und werteorientiert miteinander verhandeln.

In Ernährungsräten, die sich heute immer mehr vor allem in den Städten bilden, könnten auf der Meso-Ebene diese Aushandlungsprozesse stattfinden – und dann wiederum als Orientierung für »faire« Preise auf der Makro-Ebene wie dem Weltmarkt dienen. Was an positiven Umweltleistungen der Landwirt:innen darüber hinaus einen gesellschaftlichen Mehrwert darstellt, muss über andere Wege honoriert werden. Die 40 Prozent Gehaltsanteil für die Landwirt:innen über Subventionen aus unseren Steuern sind heute in gewisser Hinsicht bereits Ausdruck davon.

Um es vorwegzunehmen, damit *deren* Preise nicht die Messlatte für alle werden: Menschen, die sich teurere Lebensmittel *wirklich* nicht leisten können (wo es also keine Prioritätenfrage ist, wie bei den meisten heute), brauchen Kompensationssystem wie Lebensmittelmarken in den USA.

Warum ändert sich so wenig?

Wie wir gesehen haben: Lebensmittel an sich sind unbezahlbar. Wir können aber ihre Gestehung würdevoll gestalten. Und dies über entsprechend angemessene Preise – als Hilfsmittel für gegenseitige Wertschätzung, die den Planeten und den Respekt vor den künftigen Generationen mit einschließt –, abbilden. Und dies nicht nur, wie wir gesehen haben, aus volkswirtschaftlicher, sondern durchaus auch aus betriebswirtschaftlicher Vernunft.

So weit, so gut. Wir wissen dies mehr oder weniger, eigentlich. Aber warum handeln wir dann nicht dementsprechend?

»Unser Portemonnaie ist vielen wichtiger als schmelzende Gletscher«, titelten kürzlich die Schweizer Nachrichten.[4] Hinzu kommen Bequemlichkeit und Gewohnheit. Letztlich resultiert daraus die sog. Handlungslücke: Wir wissen viel und wollen eigentlich auch viel, aber zum Schluss handeln wir nicht oder zu wenig nach unseren eigenen Ansprüchen, die wir, nicht als Verbraucher:innen, wohl aber als Bürger:innen in uns spüren.

Da stehen wir. Eine Generation an »Umweltbildung«, »Bildung für Nachhaltigkeit« und naturkundlicher Führungen, alles gemäß dem Motto »Was wir kennen, das schützen wir«, hat nur marginal zu Verbesserungen geführt.

… und wie lässt sich das ändern?

Was nun? – Es wird voraussichtlich und wenig überraschend ein *Mix* sein müssen, so auch der Tenor der meisten Artikel in diesem *Kritischen Agrarbericht:* ein Mix aus Abschaffung umweltschädlicher Subventionen[5], (neuen) Lieferkettengesetzen, Einführung von True-Cost-Konzepten, Preisverhandlungen zwischen Landwirtschaft und Handel »auf Augenhöhe«, ja, auch Ordnungsrecht und dazu mehr Umwelt- und Verbraucherbildung etc. Aber letztlich werden wir es als Gesellschaft bzw. als Bürger:innen nur schaffen, wenn wir immer auch die Handlungslücke bei uns selbst kleiner bekommen: Das Tun trainieren, wie einen Muskel, durch *mehr* von dem Tun, was wir »eigentlich« wollen, angefeuert durch unseren Willen und Wunsch, den Planeten für unsere Kinder und Enkel lebenswert zu erhalten und dabei unsere eigene und die Würde der anderen zu stärken. Jede »Umhandlung« in Richtung Nachhaltigkeit ist ein Schritt in die richtige Richtung und so auch jeder *vernünftige* Einkauf.

Unser Planet ist so fragil, so wunderbar, wie Alexander Gerst 2018 feststellte, als er mit der ISS-Kapsel die Erde in 400 Kilometer Entfernung umrundete. »Liebe Enkelkinder« sagte er, »wenn ich so auf den Planeten runterschaue, dann denke ich, dass ich mich bei euch entschuldigen muss.« Für seine – unsere – Generation, und was sie dem Planeten zugemutet hat. Schließlich ermuntert er die Enkelkinder, es besser zu machen und ihre Träume zu leben.[6] Wir, die Erwachsenen von heute, sollten jetzt dafür die Spur legen.

Anmerkungen

1 Die Zahlen sind entnommen aus: www.um-die-welt-honig.de/kilometer.html.
2 A. Perotti: Moving towards a sustainable swiss food system: An estimation of the true cost of food in Switzerland and implications for stakeholders. Master Thesis ETH Zürich. Zürich 2020 (https://ethz.ch/content/dam/ethz/special-interest/dual/worldfoodsystemcenter-dam/documents/MScThesis-Alessa-Perotti-TheTrueCostofFood.pdf).
3 »Auf der Suche nach dem ›wahren Preis‹. Chancen und Grenzen von True Cost Accounting bei Lebensmitteln« von Allegra Decker, Amelie Michalke und Tobias Gaugler (siehe unten S. 11–16).
4 A. Müller: Das Portemonnaie ist vielen wichtiger als schmelzende Gletscher. In: SRF vom 2. Juni 2021 (www.srf.ch/news/schweiz/zitterpartie-um-co2-gesetz-das-portemonnaie-ist-vielen-wichtiger-als-schmelzende-gletscher).
5 N. Schrader: Schädliche Agrarsubventionen. UN fordern Kurswechsel. In: tagesschau vom 14. September 2021 (www.tagesschau.de/investigativ/swr/landwirtschaft-un-bericht-101.html).
6 K. Mertes: Den Planeten anblicken. In: Stimmen der Zeit 144 (2019), S. 881 f. (www.herder.de/stz/hefte/archiv/144-2019/12-2019/den-planeten-anblicken/).

Nikolai Fuchs
Gelernter Landwirt und Diplom-Agraringenieur, seit 2014 Mitglied im Vorstand der GLS Treuhand und Stiftungsrat der Zukunftsstiftung Landwirtschaft.

nikolai.fuchs@gls-treuhand.de

Schwerpunkt »Preis Werte Lebensmittel«

Auf der Suche nach dem »wahren Preis«

Chancen und Grenzen von True Cost Accounting bei Lebensmitteln

von Allegra Decker, Amelie Michalke und Tobias Gaugler

Zerstörerische Wassermassen in Westdeutschland, brennende Wälder in Südeuropa. Diese Bilder prägten den Sommer 2021. Laut Klimaforschung werden Extremwetterereignisse dieser Art in Zukunft zunehmen. Als Emittent eines Viertels der globalen vom Menschen verursachten Treibhausgase ist die Landwirtschaft einer der Treiber dieser Klimaveränderungen. Das bedeutet, dass durch die Produktion unserer Lebensmittel und deren Beitrag zum Klimawandel immense Schäden verursacht werden, die wiederum hohe Folgekosten nach sich ziehen; Kosten, die derzeit nicht bei der Bepreisung von Lebensmitteln berücksichtigt werden. In diesem Beitrag wird dargelegt, warum manche unsere Lebensmittel teurer sein müssten und warum es sinnvoll ist, ihren wahren Preis zu kennen.

Der landwirtschaftliche Sektor stellt unsere Ernährung sicher und ist somit ein Pfeiler der menschlichen Zivilisation. Gleichzeitig entstehen bei der Produktion von Lebensmitteln eine Vielzahl von Nebenwirkungen, die sich schädlich auf Menschen und Natur auswirken. Einige, jedoch weit nicht alle Indikatoren für Folgeschäden, die während der landwirtschaftlichen Produktion in unterschiedlichen Prozessen entstehen, sind beispielsweise Treibhausgas- und Stickstoffemissionen oder der Energieverbrauch und Landnutzungsänderungen (Abb. 1).

Schäden durch Landwirtschaft …

Treibhausgasemissionen

Die deutsche Landwirtschaft emittiert primär die Treibhausgase Kohlenstoffdioxid (CO_2), Methan und Lachgas.[1] Diese entstehen etwa durch Verfaulungsprozesse und die Verbrennung pflanzlicher Abfälle, durch den Metabolismus wiederkäuender Nutztiere,[2] oder durch Emissionen aus landwirtschaftlichen Böden infolge von Überdüngung[3]. Ihrem Namen entsprechend tragen diese Gase zum Treibhauseffekt und somit zur Klimaerwärmung bei. Global gesehen trägt die Landwirtschaft mit einem Viertel aller emittierten Treibhausgase maßgeblich zur Klimakrise bei.[4]

Reaktiver Stickstoff

Reaktiver Stickstoff entsteht unter anderem durch den exzessiven Gebrauch an Nährstoffen in Form von Düngemitteln in landwirtschaftlichen Flächen.[5] Da mehr Stickstoff ausgebracht wird, als natürlicherweise durch Prozesse wie Denitrifizierung reduziert werden kann, sammelt sich dieser in verschiedenen Umweltsystemen an.[6] Hier stellt er allerdings in vielfältiger Weise eine Gefahr für die menschliche Gesundheit und die Balance der Ökosysteme dar.[7]

Energieverbrauch

Die landwirtschaftliche Produktion von Lebensmitteln erfordert Energie: In direkter Weise fließt sie beispielsweise bei der Benutzung von Strom oder Treibstoff auf dem Hof in die Herstellung landwirtschaftlicher Produkte.[8] Sie wird aber auch in vorgelagerten Prozessen – etwa für die Herstellung und Bereitstellung von Pflanzenschutz- und Futtermitteln – indirekt aufgewendet.[9] Hauptursache für Umweltschäden ist die Stromerzeugung aus Kohle aufgrund der aus den Kraftwerken emittierten Luftschadstoffe. Ähnliches gilt für Erdgas. Weitere Energiequellen, wie Atomkraft und erneuerbare Energieträger, verursachen ebenfalls Schäden – beispielsweise durch den Eingriff in Ökosysteme und beim Abbau der für die Kraftwerke benötigten Ressourcen.[10]

Landnutzungsänderungen

Landnutzungsänderungen stehen in Verbindung mit zusätzlichen Treibhausgasen, da diese bei der Umwandlung von Grünland oder Wäldern in Ackerfläche in die Atmosphäre entweichen. Dies geschieht z. B. bei

Abb. 1: Landwirtschaftliche Prozesse mit ihren korrespondierenden Treibern externer Effekte[11]

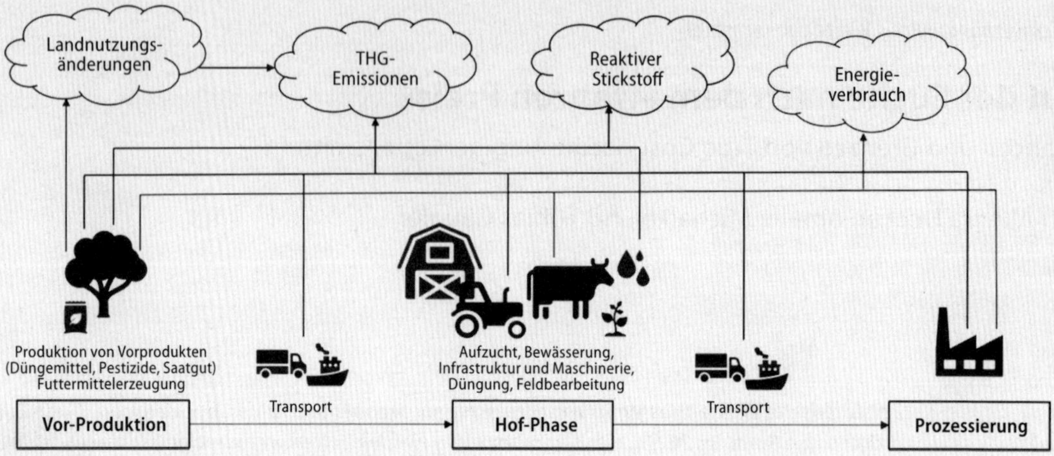

der Verbrennung von Bäumen: der zunächst im organischen Material gebundene Kohlenstoff wird dabei als CO_2 freigesetzt.[12] In Deutschland sind Landnutzungsänderung und damit verbundene Emissionen vernachlässigbar gering.[13] In anderen Regionen der Erde wie beispielsweise in Südamerika bedingt der Anbau von Futtermitteln allerdings Landnutzungsänderungen, die neben der Zerstörung von Lebensräumen und Biodiversitätsverlusten auch Menschenrechtsverletzungen mit sich bringen.[14] Eine weitere soziale Dimension bekommt dieses Problem, da die beschriebenen Futtermittel nach ihrer Produktion zu großen Teilen in den globalen Norden exportiert werden, wo die Nachfrage nach tierischen Produkten höher ist. So treibt westlicher Konsum die Destruktion von Ökosystemen und Klimastabilität in wirtschaftlich weniger privilegierten Gebieten an.

… werden bei Lebensmitteln nicht eingepreist

Die in der landwirtschaftlichen Produktion entstehenden Schäden an Mensch und Natur sind aktuell nicht im Lebensmittelpreis enthalten. Deshalb spricht man auch von Externalitäten oder externen Effekten. Das bedeutet, dass die finanziellen Folgen, welche durch diese Schäden entstehen, nicht den Verursacher:innen (Konsument:innen und/oder Produzent:innen) zur Last fallen, sondern von der Allgemeinheit und von künftigen Generationen getragen werden müssen. Dieser Umstand widerspricht dem Verursacherprinzip der Vereinten Nationen, welches besagt, dass diejenigen, die Schäden verursachen, auch für deren Kosten aufkommen müssen. Darüber hinaus ist der Status quo landwirtschaftlicher Systeme in vielerlei Hinsicht nicht mit den Zielen der Agenda 2030 für nachhaltige Entwicklung (UN) zu vereinbaren.

Beispiele für Externalitäten sind Maßnahmen zur Trinkwasseraufbereitung infolge zu hoher Nitratgehalte oder Schäden durch Extremwetterereignisse aufgrund des Klimawandels, deren Kosten die Gesellschaft bzw. Menschen in betroffenen Regionen tragen.[15] Dass diese Kosten nicht in den Preisen der entsprechenden Produkte enthalten (internalisiert) sind, stellt einen Marktfehler dar: Preise ergeben sich aus dem Verhältnis von Angebot und Nachfrage. Angesichts der externalisierten Schadkosten sind viele Le-

Forschungs- und Projekthistorie

Tobias Gaugler begann 2016 in Kooperation mit der Tollwood GmbH die Forschung zum Thema »Externe Kosten der Landwirtschaft« und wurde dabei unterstützt von Amelie Michalke. Zunächst betrachteten die Forscher:innen versteckte Kosten durch Stickstoffeinträge; diese Grundlagenarbeit wurde seither immer weiter ausgebaut. Durch die Studie *How much is the dish?* (2018) konnte das Forschungsfeld des True Cost Accounting im deutschen Kontext erstmals medial an Fahrt gewinnen. Mit ihrem Team arbeiten die beiden Forscher:innen kontinuierlich an der Verbesserung und Erweiterung der Methodik. Innerhalb des Projekts »HoMaBiLe« werden die wissenschaftlichen Bemühungen sowie deren Übersetzung in gesellschaftliche Bewusstseinskampagnen durch die Tollwood GmbH seit Herbst 2020 vom Bundesforschungsministerium (BMBF) gefördert. Auf dem Tollwood Sommerfestival 2021 waren erste Ergebnisse des Verbundprojekts in anschaulicher und eindrücklicher Weise im HoMaBiLe-Bistro auf dem Festivalgelände ausgestellt.

bensmittelpreise allerdings unverhältnismäßig niedrig und führen eine hohe Nachfrage herbei. Es stellt sich daher die Frage, welche Lebensmittel wie viel teurer werden müssten, damit die bei ihrer Produktion verursachten Umweltfolgekosten verursachergerecht einbezogen sind und sich der Konsum der Produkte entsprechend korrekter Marktpreise an die unverzerrte Nachfrage anpassen kann.

True Cost Accounting – Das Berechnen wahrer Preise

Ein Weg, diese Kosten zu ermitteln, stellt das True Cost Accounting (TCA) dar:[16] Hierbei werden unter Zuhilfenahme von Lebenszyklusanalysen (LCA) oder Ökobilanzen Emissionen und Ressourcenverbrauch der Produktion ermittelt. Mit Cost-Benefit-Analysen werden danach Preise für diese ökologischen Schäden ermittelt, welche dann in den Marktpreis internalisiert werden können und so den wahren Preis der Produkte darstellen.

Um möglichst differenzierte Aussagen über die wahren Kosten von Lebensmitteln treffen zu können, werden unterschiedliche Lebensmittelkategorien betrachtet und auch hinsichtlich der Produktionsweise – biologisch oder konventionell – unterschieden. Denn nicht alle landwirtschaftlichen Praktiken und Produkte haben die gleichen ökologischen und sozialen Auswirkungen.[17] Es ist also anzunehmen, dass diese auch unterschiedliche Kosten verursachen.

Tatsächlich ergaben bisherige Berechnungen (zur Forschungs- und Projekthistorie siehe Kasten I), dass die Kosten pflanzlicher Produkte generell geringer ausfallen als die tierischer und dass die meisten konventionellen Produkte höhere Kosten verursachen als biologische (Abb. 2 und 3). Es zeigte sich außerdem, dass die höchsten Externalitäten von Fleisch verursacht werden:[18] Berechnungen für den Lebensmittelmarkt »Penny Grüner Weg« (siehe Kasten II) ergaben z. B., dass gemischtes Hackfleisch aus konventioneller Produktion einen Aufschlag um 173 Prozent und Biogouda einen Aufschlag um 33 Prozent erfahren müsste (Abb. 4).

Der größte Anteil der Preisaufschläge geht jeweils auf den Treiber Stickstoff zurück, gefolgt von Treibhausgasemissionen, Energiebereitstellung und Landnutzungsänderungen. Damit liegen die Gründe der hohen externen Kosten und Preisaufschläge vor allem bei der Produktion tierischer Produkte: Die Aufzucht der Nutztiere ist energieintensiv, ihr Metabolismus verursacht Stickstoffe und Treibhausgase, Pflanzen dienen zunächst als Futtermittel anstatt als Nahrungsmittel.

Die geringeren externen Kosten und Preisaufschläge bei biologischen im Vergleich zu konventionellen Produktionspraktiken gehen vor allem auf deren Verzicht auf mineralischen Stickstoffdünger beim Pflanzenanbau[19] und auf den geringeren Einsatz von industriell produziertem Kraftfutter bei der Nutztierhaltung zurück.[20] Unterschiede der beiden Produktionspraktiken bestehen allerdings auch hinsichtlich des Ertrages, also des Produktionsvolumens pro Hektar, was bei der Beurteilung der Preisaufschläge bedacht wer-

Abb. 2: Externe Kosten pflanzlicher Nahrungsmittel[21]

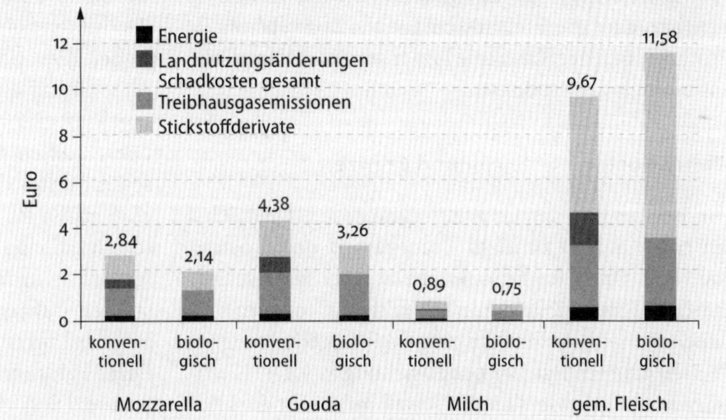

Abb. 3: Externe Kosten tierischer Nahrungsmittel[22]

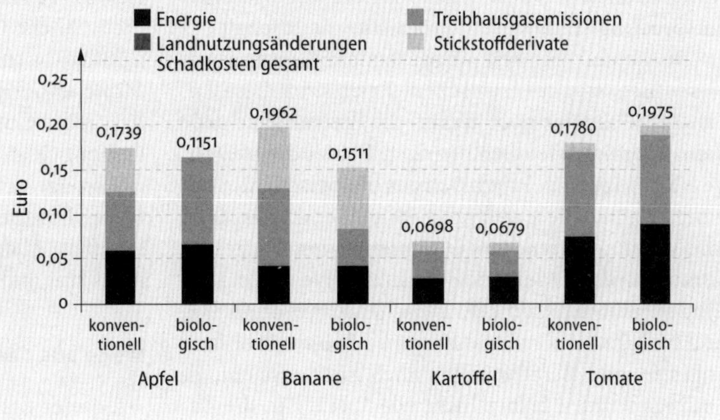

Abb. 4: Prozentuale Preisaufschläge als externe Kosten in Relation zu den derzeitigen Marktpreisen[23]

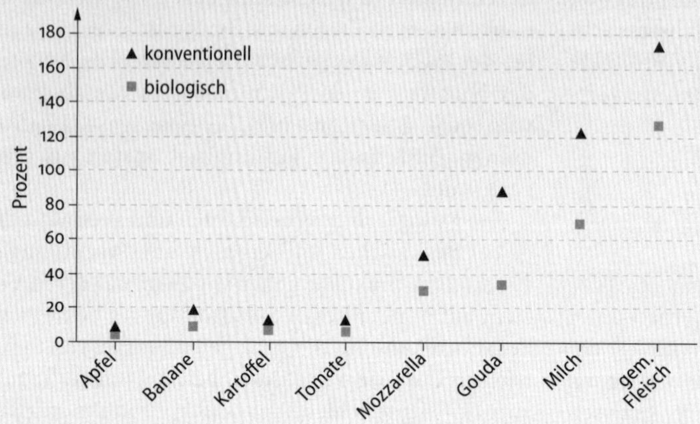

den muss. Konventionelle Betriebe wirtschaften zwar weniger umweltfreundlich, dafür aber »effizienter«.

Generell zeigen diese Berechnungen auf, dass die aktuellen Marktpreise, vor allem die der tierischen Produkte, nicht angemessen sind. Es wird außerdem sichtbar, dass die Preisaufschläge auf konventionelle Produkte in jeder Kategorie höher sein müssten als die auf biologische Produkte.

Wahre Kosten – Chancen und Grenzen

Die Benennung der Umweltfolgekosten ist zunächst ein erster Schritt zu mehr Transparenz und Kostenwahrheit. Darin liegt das Potenzial einer gesellschaftlichen Debatte über den nachhaltigen Konsum von Lebensmitteln. Außerdem ginge von angemesseneren Preisen eine gewisse Lenkungswirkung aus. Die Nachfrage nach besonders teuren – weil mit besonders hohen Folgekosten verbundenen – Lebensmitteln würde sinken und sich hin zu günstigeren und somit nachhaltigeren Produkten verschieben. Dieses veränderte Konsumverhalten böte wiederum die Chance einer entsprechend veränderten Produktionslandschaft.

Die Kostenwahrheit würde zudem Bioprodukte wesentlich attraktiver machen. Zwar sind diese Lebensmittel immer noch teurer, die Preisunterschiede dann allerdings deutlich geringer. Durch die steigende Nachfrage nach Produkten aus biologischer Erzeugung könnten diese aufgrund zunehmender Größen- und Verbundvorteile und Optimierung von Prozessen kompetitiver werden und sich sukzessive ausbreiten. Eine absolute Preisumkehr zwischen konventionellen und biologischen Produkten wurde durch die bislang angestrengten Berechnungen noch nicht erreicht, allerdings wurden bisher nicht alle Treiber in die Berechnungen einbezogen.

Beispielsweise gehen soziale Folgeschäden allenfalls indirekt in die derzeitigen Berechnungen ein (wie z. B. durch die soziale Last aufgrund von Umweltauswirkungen), da diese direkt schwer bis unmöglich zu erfassen sind: Wie teuer ist es, Menschen für die Futtermittelproduktion im globalen Süden aus ihrer Heimat umzusiedeln? Dies ist nur eine von vielen schwer zu beantwortenden sozialen Fragestellungen. Zudem konnten keine weiteren ökologischen Treiber betrachtet werden. So gehen auch vom Einsatz von Pestiziden Gefahren für Umwelt und Menschen aus, wie z. B. für Feldarbeiter:innen in der Vorproduktion.[24] Die Anwendung von Antibiotika bringt das Risiko multiresistenter Keime mit sich. Aufgrund mangelnder Datengrundlage konnten diese Treiber bislang noch nicht monetarisiert und entsprechend internalisiert werden. Dies würde vermutlich ebenfalls biologischen Produkten zugutekommen.[25]

Bei allen positiven Möglichkeiten von True Cost Accounting gilt es ferner zu beachten, dass die Aussagekraft der benannten wahren Preise begrenzt ist. Diese stellen Durchschnittswerte dar: Beispielsweise fällt unter die Kategorie »biologische Erzeugung« eine große Bandbreite an Produktionspraktiken unterschiedlicher »Strenge«, die im Einzelnen nicht untersucht wurden. Hinzu kommt, dass die hier vorgestellten wahren Preise keine Informationen über die Regionalität und Saisonalität der Produkte enthalten. Diese Faktoren beeinflussen jedoch den ökologischen und sozialen »Fußabdruck« eines Lebensmittels ebenfalls maßgeblich.

Das Beispiel Tierwohl zeigt eine weitere Grenze der Internalisierung externer Kosten auf: Nicht alles lässt sich in Preisen ausdrücken. Manche Güter – auch die menschliche Gesundheit oder die Unversehrtheit eines Ökosystems beispielsweise – entziehen sich der Monetarisierung. Es besteht die Gefahr des Eindrucks, dass jedes Gut mit Geld aufgewogen und jeder Schaden mit Geld kompensiert werden könnte.

Es zeigt sich also, dass die Internalisierung der externen Folgeschäden das Potenzial hat, Transparenz zu schaffen. Allerdings ist sie lediglich *ein* Baustein und muss mit anderen Maßnahmen kombiniert werden.

Wege aus dem Status quo

An dieser Stelle ist es Aufgabe der Politik, Kostenwahrheit verbindlich einzuführen. Denkbar wären hierzu ordnungspolitische Instrumente wie die Besteuerung von CO_2-Emissionen oder Stickstoffdünger. Diese Maßnahmen sollten möglichst früh in der Wertschöpfungskette ansetzen – also bereits in der Vorproduktion.

Trotz teurerer Lebensmittelpreise wäre dieses Vorgehen für die Verbraucher:innen kostengünstiger als das Verharren im Status quo. Denn wie eingangs gezeigt, muss für die Schäden, die bereits jetzt durch die Produktion der Lebensmittel entstehen, die Gesellschaft aufkommen. Es ist anzunehmen, dass die Schadkosten bei Beibehaltung des Status quo steigen werden.

Durch verursachergerechte Lebensmittelpreise hätte der Staat Mehreinnahmen, welche er an Landwirt:innen und Bürger:innen zurückverteilen könnte. Für Landwirt:innen würden so Anreize für eine umweltfreundlichere Wirtschaftsweise geschaffen und diese könnten möglicherweise sogar finanziell besser gestellt werden, als dies aktuell der Fall ist. Bürger:innen könnten diese Mehreinnahmen beispielsweise in Form einer Klimadividende zurückerhalten.[26] So könnte ein sozialer Ausgleich geschaffen werden und die verursachergerechte Bepreisung der Lebensmittel würde nicht zusätzlich die soziale Ungleichheit befördern. Eine Klimadividende würde jene finanziell besserstellen, die einen umweltfreundlichen Lebens- und Ernährungsstil pflegen. So gilt sowohl für Landwirt:innen als auch für Konsument:innen, dass diejenigen, die soziale und ökologische Schäden verursachen, für diese auch finanziell aufkommen müssen, und dass jene, die Schäden vermeiden oder gar reduzieren, hierfür finanziell belohnt werden.

Das Beispiel des Marktes »Penny Grüner Weg« zeigt, dass auch die Lebensmittelmärkte einen Unterschied machen können. Die Einführung der doppelten Preisschilder schafft Transparenz und kann für die wahren Kosten und die verursachten Umweltschäden ihrer Produkte sensibilisieren (siehe Kasten II). So kann auch der Lebensmittelhandel einen Beitrag leisten, den zerstörerischen Status quo im Bereich der Land- und Lebensmittelwirtschaft zu überwinden.

Fallstudie »Zweite Preisschilder« bei Penny

Der deutsche Lebensmittelhändler Penny wurde 2020 auf die Forschung zu den wahren Lebensmittelpreisen aufmerksam. So entstand eine Zusammenarbeit zwischen den Forscher:innen und dem Discounter für dessen Nachhaltigkeitsstore »Grüner Weg« in Berlin Spandau. Hier sollten Kund:innen diverse Problematiken rund um die (Nicht-)Nachhaltigkeit von Lebensmitteln nähergebracht werden, wie z. B. nachhaltiger Fischfang oder die hauseigene Bioreihe. Zusätzlich zu den von Penny bearbeiteten Themen errechneten die Forscher:innen also zweite »wahre« Preisschilder für diverse Produkte, welche bis heute im Markt ausgestellt sind. Ein Infopoint bietet den Kund:innen außerdem die Möglichkeit, sich weiter mit dem Thema externer Kosten auseinanderzusetzen und deren Verständnis für die Diskrepanz zwischen den Marktpreisen und den wahren Preisen zu schulen. Die Aktion war national wie international von sehr großem medialem Interesse und half, True Cost Accounting als Forschungsfeld im deutschen Raum zu etablieren.

Fazit

Die aktuellen Preise unserer Lebensmittel spiegeln nicht die Marktrealität wider: Die durchweg zu niedrigen Preise schweigen über die ökologischen und sozialen Schäden, die die Produkte entlang ihrer Wertschöpfungskette verursachen. Kostenwahrheit und die damit verbundene Aufklärung über den Hintergrund einzelner Lebensmittel stellen ein Werkzeug dar, den desaströsen Status quo zu verlassen.

Die ordnungspolitische Umsetzung und Einpreisung von Umweltschäden würde den ökologischen Fußabdruck der Wirtschaft verkleinern, Einfluss auf die Kaufentscheidungen von Konsument:innen nehmen und nachhaltige Landwirtschaft fördern. Über verursachergerechte Lebensmittelpreise würde der Staat Mehreinnahmen generieren, die er in Form einer Klimadividende an umweltbewusst handelnde Landwirt:innen und Bürger:innen zurückverteilen könnte.

Anmerkungen

1 Deutscher Bundestag: Antwort der Bundesregierung auf die kleine Anfrage der Abgeordneten B. Höhn et al.: Drucksache 16/5346. Berlin 2007, S. 1.

2 P. Smith et al.: Agriculture. In: B. Metz et al. (Eds.): Climate change 2007: Mitigation. Contribution of Working Group III. Cambridge/New York 2007, pp. 501-513.

3 A. Mosier et al.: Closing the global N2O budget: Nitrous oxide emissions through the agricultural nitrogen cycle. In: Nutrient Cycling in Agroecosystems 52 (1998), pp. 225-248.

4 IPCC: Climate change and land: An IPCC special report on climate change, desertification, land degradation, sustainable landmanagement, foodsecurity, and greenhousegasfluxes in terrestrial ecosystems. Geneva 2019.

5 M. A. Sutton: Our nutrient world. The challenge to produce more food and energy with less pollution [global overview on nutrient management]. Edinburgh 2013.

6 J. N. Galloway et al.: The nitrogen cascade. In: BioScience 53/4 (2003), pp. 341-356.

7 M. A. Sutton (Ed.):The European nitrogen assessment. Sources, effects, and policy perspectives. Cambridge 2011.

8 R. Klepper: Energie in der Nahrungsmittelkette. In: Johann Heinrich von Thünen-Institut (vTI): Arbeitsberichte aus der vTI-Agrarökonomie, No. 06/2011. Braunschweig 2011.

9 H.-J. Ahlgrimm et al.: Bewertung von Verfahren der ökologischen und konventionellen landwirtschaftlichen Produktion im Hinblick auf den Energieeinsatz und bestimmte Spurengasemissionen. Landbauforschung Völkenrode, Sonderheft 211. Braunschweig 2000.
10 Wissenschaftliche Dienste des Bundestags: Externe Kosten der Stromerzeugung. Berlin 2006.
11 A. Michalke, T. Gaugler und S. Stoll-Kleemann: Abschlussbericht zum Forschungsprojekt How much is the dish? – True Cost Accounting von Umweltfolgekosten und »wahre Preisschilder« in Deutschland. Greifswald und Augsburg 2020, S. 2.
12 IPCC: Global warming of 1.5° C. Geneva 2018
13 BMEL: Statistik. Landwirtschaftlich genutzte Fläche nach Kulturarten: SJT-3070400-0000; Tabellen Kapitel C, H.II und H.III des Statistischen Jahrbuchs: Entwicklung der Gesamtfläche nach Nutzungsarten. Berlin 2019.
14 BUND: Soja-Report 2019: Wie kann die Eiweißpflanzenproduktion der EU auf nachhaltige und agrarökologische Weise angekurbelt werden? Berlin 2019.
15 T. Gaugler und A. Michalke: Was kosten uns Lebensmittel wirklich? Ansätze zur Internalisierung externer Effekte der Landwirtschaft am Beispiel Stickstoff. In: GAIA 26/2 (2017), S. 156 f.
16 M. Pieper, A. Michalke and T. Gaugler: Calculation of external climate costs for food highlights inadequate pricing of animal products. In: Nature Communications 11 (2020) 6117. – Vgl. hierzu auch J. Pretty et al.: An assessment of the total external costs of UK agriculture. In: Agricultural Systems 65/2 (2000), pp. 113–136.
17 S. Stoll-Kleemann and U. J. Schmidt: Reducing meat consumption in developed and transition countries to counter climate change and biodiversity loss: A review of influence factors. In: Regional Environmental Change 17/5 (2017), pp. 1261-1277.
18 Michalke et al. (siehe Anm. 11).
19 EG-Öko-Basisverordnung. Berlin/Bonn 2013.
20 EU: Verordnung (EG) Nr. 889/2008 der Kommission vom 5. September 2008.
21 Michalke et al. (siehe Anm. 11), S. 7.
22 Ebd., S. 8.
23 Ebd., S. 9.
24 C. L. Curl et al.: Synthetic pesticides and health in vulnerable populations: agricultural workers. In: Current Environmental Health Reports 7/1 (2020), pp. 13–29.
25 Siehe hierzu sowie generell zu methodischen Fragen beim True Cost Accounting den Beitrag von Leo Frühschütz in diesem *Kritischen Agrarbericht*, S. 137–142.
26 Sachverständigenrat für Umweltfragen: Für eine entschlossene Umweltpolitik in Deutschland und Europa. Umweltgutachten 2020. Berlin 2020, S. 81.

Allegra Decker
Mag. theol., studierte Umweltethik an der Universität Augsburg. Sie ist Mitglied des Netzwerks »Märkte *für* Menschen« und beschäftigt sich seit 2020 intensiv mit den Folgen der Lebensmittelproduktion vor dem Hintergrund ethischer Fragestellungen.

allegra.decker@maerkte-fuer-menschen.net

Amelie Michalke
M. Sc., forscht an der Universität Greifswald zum Thema *Externe landwirtschaftliche Folgekosten*. Sie steht außerdem in Forschungskooperation mit dem ResLab der Universität Augsburg und ist seit 2017 Mitglied des Netzwerks »Märkte *für* Menschen«.

amelie.michalke@uni-greifswald.de

Dr. Tobias Gaugler
forscht und lehrt an den Universitäten Augsburg und Greifswald an der Schnittstelle zwischen Ökonomie und Ökologie. Seit 2015 leitet er das Netzwerk »Märkte *für* Menschen«, das interdisziplinäre Nachhaltigkeitsforschung und -kommunikation fokussiert.

tobias.gaugler@mrm.uni-augsburg.de

◉ *Schwerpunkt »Preis Werte Lebensmittel«*

Faire Preise in der Landwirtschaft!?

Eine lange Geschichte und Überlegungen zur Lösung

von Onno Poppinga

Faire Preise für die Produkte der Landwirtschaft, ohne die auf Dauer eine bäuerliche Landwirtschaft nicht möglich ist – diese Forderung hat eine lange Geschichte und wird begleitet von immer wieder aufflammenden Konflikten, Protesten und Lösungsversuchen. Nachfolgender Beitrag identifiziert als Kern des Problems, dass Landwirte in der Regel keinen eigenständigen Zugang zum Markt haben und in Ablieferungsbeziehungen stecken, bei denen ihnen für ihre Produkte von Lebensmittelhandel und -verarbeitung die Preise weitgehend vorgeschrieben werden. Im Folgenden werden die drei wichtigsten – bislang letztlich jedoch gescheiterten – Lösungsstrategien vorgestellt und diskutiert. Im Gegensatz zu diesen plädiert der Autor dafür, Umweltpolitik und Einkommenspolitik stärker als bisher zusammenzudenken und miteinander zu verkoppeln. Nur so könne auch ein Weg zu besseren Erzeugerpreisen gefunden werden.

Faire Erzeugerpreise! Die Forderung nach besseren, kostendeckenden Erzeugerpreisen hat eine lange Geschichte und steht in einem engen Zusammenhang mit der Marktposition der landwirtschaftlichen Betriebe. Tatsächlich haben heute Landwirte für ihre wichtigsten Produkte kaum einen eigenständigen Zugang zum Markt, können Mengen, Preise und Qualitäten nicht aushandeln, keine Rechnung dafür schreiben. Sie liefern ab. Sie bekommen was übrigbleibt, wenn alle anderen Beteiligten (Molkereien, Schlachtunternehmen, Einzelhandel …) ihre eigenen wirtschaftlichen Interessen befriedigt haben.

Ablieferungsbeziehungen bestimmen den Preis

Es sind diese Ablieferungsbeziehungen, die das Preisniveau bestimmen, von dem die anderweitig verkauften Produkte sich dann nur mehr oder weniger abheben können. Von seiner ökonomischen Stellung her ist der Landwirt – um einen vielfach vom Europäischen Rechnungshof verwendeten Begriff aufzunehmen – nur ein »Preisnehmer« (ein ebenfalls verwendeter Begriff ist der des »Mengenanpassers«). In dem Fall, dass Landwirte Mitglieder einer Genossenschaft sind, wird der ökonomische Status des »Preisnehmers« begleitet durch den Ablieferungszwang für den landwirtschaftlichen Betrieb und Abnahmezwang für die Genossenschaft (jeweils für 100 Prozent der Erzeugung).

Die ökonomische Stellung als »Preisnehmer« entfaltet für die Landwirte ihre prekäre Wirkung dadurch, dass der Auszahlungspreis, den der Landwirt schließlich erhält, für das »aufnehmende« Unternehmen der einzige Faktor im Wirtschaftsgeschehen ist ohne vorab festgelegten »Einstandspreis«. Nehmen wir das Beispiel Molkerei. Alles hat seinen vorab festgelegten Preis und ist Teil der betrieblichen Kostenrechnung: Lohnarbeit, Maschinen, Gebäude, Treibstoffe, Energie, Transport – nur die vom Milchviehbetrieb gelieferte Milch nicht. Dieser Tatbestand ändert auch nachhaltig die Ökonomie des »aufnehmenden Betriebs« bei seinem Marktverhalten gegenüber beispielsweise dem Lebensmittelhandel. Während das »Normalverhalten« eines Unternehmens in einem durch Konkurrenz bestimmten Markt darin besteht, dass sich seine Produktionskosten und seine Gewinnerwartung in seinen Verhandlungspreisen ausdrücken, ist das für die von ihm übernommenen landwirtschaftlichen Erzeugnisse nicht der Fall; sie sind eine vom Preis her nicht bestimmte Größe. Das ist natürlich auch dem Verhandlungspartner des aufnehmenden Unternehmens in der Verwertungsabfolge bekannt, sodass der Preis, den der Landwirt schließlich erhält, den Charakter einer residualen Größe bekommt.

Es ist diese Struktur, die das unzureichende Niveau der Preise für die Landwirte im Ablieferungsgeschehen zur Konsequenz hat, nicht wie häufig vermutet die größere oder geringere Qualität oder das persönliche Interesse des Managements des aufnehmenden Unternehmens. Das gilt in gleicher Weise für die Genossenschaften, obwohl dort die Landwirte die Eigentümer sind. Die bäuerlichen Vertreter in Aufsichts- und Leitungsgremien sind durch das Genossenschaftsgesetz aufgefordert, sich entsprechend den wirtschaftlichen Interessen der Genossenschaft (und nicht denen der abliefernden Betriebe) zu verhalten.

Ablieferungsbeziehungen haben einen dominierenden Einfluss bei allen Erzeugnissen der Landwirtschaft. Ihre Wirkung ist besonders stark dort, wo die Erzeugnisse unmittelbar nach der Ernte verarbeitet werden müssen (Obst, Gemüse, Reben, Milch, Zuckerrüben, Kartoffeln, Eier, Schlachttiere). Wo die Landwirte sich die Möglichkeit schaffen können, ihre Erzeugnisse länger zu lagern (möglich ist das bei Getreide, Raps und auch bei Kartoffeln), entstehen ihnen trotz Ablieferbeziehung einige Spielräume. Erforderlich sind dafür aber beträchtliche Investitionen in Lagermöglichkeiten.

Die Auswirkung der Ablieferbeziehungen auf die Verteilung der Wertschöpfung zwischen den landwirtschaftlichen Betrieben und den Betrieben der »aufnehmenden Hand« (um hier einen älteren Begriff zu benutzen) hat sich in den letzten Jahrzehnten zudem durch die hohen Konzentrationsprozesse auf der nachgelagerten Seite verstärkt.

Marktordnungen werden durch Direktzahlungen abgelöst

In den ersten Jahrzehnten nach Gründung der EU sorgten die damaligen Marktordnungen dafür, dass die Preis- und Einkommensschwankungen sich innerhalb vorgegebener Grenzen bewegten. Da die »alten« Marktordnungen aber keine Begrenzung der von der Landwirtschaft erzeugten Mengen vorsahen (Ausnahme: Zuckerrüben), auch nicht für den Fall einer bereits vorhandenen Überschussproduktion, verloren sie ihre Fähigkeit zur Regulierung (eine Überforderung wegen ausbleibender Korrekturen durch die Politik).

Hinzu kam im Zusammenhang mit der allgemein starken Ausrichtung der deutschen Wirtschaft auf Drittlandexporte, dass auch für die Unternehmen der Agrarwirtschaft solche Exporte erleichtert werden sollten. Dieser Schritt – weitgehende Reduzierung der Schutzmechanismen für die EU-Agrarbinnenmärkte und Neuausrichtung auf das Preisniveau der Weltagrarmärkte – erfolgte im Rahmen der EU-Agrarreform 1992/93. Für Zuckerrüben und Milch, die in besonderer Weise durch ein Quotensystem geregelt waren, endete die Regulierung erst etwa 15 Jahre später. In der Folge sank – wie beabsichtigt und für die Erleichterung der Exporte erforderlich – das Niveau der Auszahlungspreise und die Preisschwankungen nahmen zu. Als Ausgleich wurden Direktzahlungen durch die EU eingeführt. Die absolute Höhe der Direktzahlungen ist über zweieinhalb Jahrzehnte gleichgeblieben, sodass ihre reale Bedeutung stark abgenommen hat (um 40 Prozent).

Über viele Jahrzehnte konnte die hoffnungslose ökonomische Stellung des »Preisnehmers« von einem Teil der Landwirte dadurch überspielt werden, dass sie ihre Flächen und/oder Tierzahlen stark ausdehnten. Das wurde durch staatliche Maßnahmen aktiv vorangetrieben: So mussten für viele Jahrzehnte Landwirte, die ihre Rente beantragten, mit Erreichen des Alters von 65 Jahren ihren Hof aufgeben und – falls es keinen Hofnachfolger gab – das Land an einen »wachstumsfähigen Betrieb« verpachten oder verkaufen.

Eine weitere sehr wichtige staatliche Fördermaßnahme bestand in der direkten Förderung von Investitionen (durch »verlorene Zuschüsse«), die für betriebliches Wachstum vorgenommen wurden. Diese Fördergelder hatten eine geradezu »systemerhaltende« Bedeutung, weil sie es ermöglichten, trotz unzureichender Gewinne weiter in ein betriebliches Wachstum zu investieren. Inzwischen haben aber viele Betriebe eine Größenordnung erreicht, bei der die *economies of scale* trotz üppiger Investitionsförderung bereits ausgeschöpft zu sein scheinen. So kann zumindest gedeutet werden, dass in jüngster Zeit die Auflösung von Milchviehbetrieben in Regionen besonders stark ist (Schleswig-Holstein, Wesermarsch, Sachsen-Anhalt), die jahrzehntelang gerühmt worden waren für ihre »modernen Agrarstrukturen«. Gleichwohl gibt es noch zahlreiche Betriebe, die weiter auf die Strategie der Kostensenkung durch Wachstum setzen.

Strategie I
Verhandeln auf Augenhöhe

Zum System der Ablieferung gibt es seit Jahrzehnten heftige Auseinandersetzungen, vom *guerre du lait* (Milchkrieg) in Frankreich Ende der 1960er-Jahre, der »Braugerstenaktion« in Süddeutschland Anfang der 1970er-Jahre, den Großdemonstrationen der niederländischen und deutschen Getreidebauern in den 1980er-Jahren bis zum Milchlieferstopp *(No milk today)* in vielen Staaten der EU im Sommer 2008. Ziel dieser Auseinandersetzungen ist das Bestreben der Landwirte, sich von der ökonomisch hoffnungslosen Lage des »Preisnehmers« zu emanzipieren und stattdessen ein tatsächlicher »Partner am Markt« zu werden. Sie lehnen es ab, weiter alleine die Produktions- und Marktrisiken zu tragen und sich mit einem Residualeinkommen zufrieden geben zu müssen. Stattdessen fordern sie eine wirtschaftliche Position, wie sie zumindest nach dem theoretischen Modell der Marktwirtschaft selbstverständlich sein sollte. Sie fordern eine »Vorwärtskalkulation«, mit der sie die Kosten ihrer Produktion sowie ihre Einkommensansprüche in Verhandlungen mit den Abnehmern einbringen können.

Diese Überlegungen haben inzwischen eine erhebliche Bedeutung auch in der politischen Diskussion. Zwar sind Forderungen wie »Verhandeln auf Augenhöhe« aus vielen Sektoren der Landwirtschaft zu vernehmen. Sie haben aber nur bei den Betrieben mit Milchviehhaltung eine wirklich starke Stellung. Die Stärke dieses Sektors hat vor allem folgende Ursachen: Zum einen werden die Forderungen von einer großen Zahl von Landwirten unterstützt, zu denen auch viele Betriebe gehören, die stark in das Wachstum ihrer Produktion investiert haben. Zum anderen wurden eigenständige Organisationen aufgebaut mit eigener qualifizierter Meinungsbildung, eigener Ursachenforschung, eigenen Medien und starkem Auftreten in der Öffentlichkeit.

Für den Sektor Milch lauten deren grundlegenden Überlegungen:

- Abschaffung der Andienungs- und Abnahmepflicht (auch bei den Genossenschaften);
- starke und unabhängige Erzeugergemeinschaften der Landwirte;
- Abschluss langfristiger Verträge über Liefermengen und -preise zwischen Erzeugergemeinschaft(en) und Molkerei(en);
- Vermeidung von Milchüberschüssen durch Abstimmung des Milchangebots der Landwirte.

Diese Forderungen werden komplettiert durch die Aufforderung an die EU, ein Milchmarkt-Krisenmanagement einzurichten, das frühzeitig drohende Preisabstürze erkennt und verhindert. Erwartet wird, dass die EU bzw. ihre Mitgliedstaaten Regeln setzen; abgelehnt wird dagegen eine Subventionierung der Preise. Angestrebt wird ein eigenständiges, höheres Preisniveau (»faire Preise«) für Milch- und Milchprodukte in der EU und ein verbessertes Einkommen in den Milchviehbetrieben. Exporte in Drittlandmärkte soll es nur noch geben bei qualitativ hochwertigen Produkten, die auch eine hohe Wertschöpfung ermöglichen.

Umgesetzt sind diese Forderungen bisher nicht. Ihr »Gewicht« ist gleichwohl anhaltend groß, weil:

- die in den 1990er-Jahren begonnene Neuausrichtung der EU auf Drittlandexporte nicht die erhofften Erfolge, stattdessen aber »volatile Märkte« mit starken Einkommensschwankungen für die Milchviehbetriebe und Druck auf die Politik gebracht hat. Die Zahl der Betriebsaufgaben ist so hoch wie noch nie. Inzwischen sind die Probleme so groß, dass Molkereien eigene »Quotensysteme« für die Anlieferungsmengen einrichten – allerdings ohne, dass die Landwirte reale Mitwirkungsmöglichkeiten hätten.
- die selbständigen Organisationen der Milchviehbetriebe auch europaweit vertreten sind. Zum Teil ist es ihnen sogar gelungen, »Meinungsführer« bei bestimmten Fragen zu werden, so beispielweise bei der Berechnung der Milcherzeugungskosten. Auch der Kontakt zu Verbrauchern wird gepflegt und ist erfolgreich.
- die Forderungen der Milchviehbetriebe inzwischen auch in Entschließungen des Europarates Eingang gefunden haben. Die Forderung, dass die Mitgliedstaaten den Artikel 148 der Gemeinsamen Marktordnung der EU anwenden, der Verträge über Mengen und Preise zwischen Lieferanten und Abnehmer vorschreiben würde, »steht auf der Tagesordnung«.
- die Milchviehbetriebe ihre Proteste auf den Lebensmitteleinzelhandel als Vertragspartner der Molkereien ausgedehnt haben, da ihre anfängliche Konzentration der Forderungen an die Molkereien und an die Agrarpolitik (noch) zu keinen Fortschritten geführt hat. Blockaden von zentralen Auslieferungslagern erwiesen sich als wichtige Möglichkeit, auch dort die eigenen Forderungen zu erheben. Zwar gelang es, von Unternehmen des Lebensmitteleinzelhandels einmalige finanzielle Zusagen zu erhalten, Preisverhandlungen unter Einbeziehung der Molkereien kamen aber (noch) nicht zustande. Zudem wurde bisher auch kein Weg gefunden, wie die Lebensmittelindustrie (die neben dem Lebensmitteleinzelhandel ein sehr wichtiger Abnehmer von Molkereiprodukten ist) ebenfalls einbezogen werden kann.

Zum Ansatz »Verhandeln auf Augenhöhe« gibt es auch offene Fragen:

- Eine zentrale Voraussetzung für eine erfolgreiche Umsetzung des Ansatzes sind wirklich starke und eigenständige Erzeugergemeinschaften. Offen ist, wie angesichts der selten thematisierten Interessenunterschiede innerhalb der Landwirtschaft deren Politik und Interessendurchsetzung dann sein würden.
- Fragen der Umweltwirkung der Milchviehhaltung und die damit verbundene notwendige Infragestellung der Orientierung an Höchstleistungen werden in den Forderungen, die die selbständigen Organisationen der Milchviehbetriebe stellen, so wenig thematisiert wie Fragen zum Verhältnis Viehbesatz zur Betriebsfläche, Weidegang der Kühe, Entlohnung und Arbeitsbedingungen der Angestellten etc.

Strategie II
Staatliche Preisausgleichszahlungen bei Fortbestand der Weltmarktorientierung

Das System staatlicher Preisausgleichszahlungen ist bereits in vielen Staaten der Welt zur Anwendung gekommen. In einer älteren Form wird darunter verstanden, dass die (wegen der Ablieferbeziehungen) zu niedrigen Einkommen der Landwirte durch staatliche Zahlungen ergänzt werden. Eine Spielart dieses Ansatzes galt in Großbritannien vor dem Beitritt zur EU.

Stark diskutiert wurde in Österreich ein Vorschlag vom Kasseler Institut für ländliche Entwicklung, über Preisausgleichszahlungen eine aktive Agrarstrukturpolitik zu erreichen.[1] Kernelemente des Plädoyers sind die Ermittlung durchschnittlicher Produktionskosten für alle wichtigen Betriebstypen. Dabei erfolgt die Ermittlung dieser Kosten auf der Basis der Daten des Testbetriebsnetzes und eines Einkommensansatzes für Selbstständige. Dieser Einkommensansatz wiederum beruht auf den Tarifvereinbarungen für Lohnarbeitskräfte. Die Ausgleichszahlung, so der Vorschlag, erfolgt, wenn die Einkommen um einen bestimmten Prozentsatz unter die Summe aus Produktionskosten und Einkommensansatz sinken.

Preisausgleichzahlungen werden heute noch in der US-Agrarpolitik praktiziert. Auch das System der Direktzahlungen der EU an die Landwirte ist ein solches System (siehe Kasten).

Neben Vorstellungen, die nur die Marktpreise und das Einkommen der Landwirte als Anliegen hatten, gab es auch früh die Überlegung, über solch ein Konzept das Verhältnis zwischen Landwirtschaft und Umwelt zu verbessern. Ein Beispiel dafür ist der Vorschlag Gege*n Bauernsterben – für den Erhalt der Natur* vom Bund Naturschutz Bayern aus dem Jahr 1978, den Ernst Wirthensohn erarbeitet hatte. Ein wesentliches Ziel dabei war die Erhaltung möglichst vieler kleiner Landwirtschaftsbetriebe wegen deren positiven Wirkungen auf die Umwelt (unter anderem durch die Vielfalt zwischen den Betrieben und als Folge der kleinen Flurstücke).

Politisch umgesetzt wurden Preisausgleichszahlungen mit ökologischem Bezug erstmals in der EU-Öko-Verordnung von 1993. Es war dies eine Initiative der EU, nicht eine Forderung der ökologisch wirtschaftenden Betriebe bzw. ihrer Verbände. Die EU wollte den »Wildwuchs« der Ökopioniere ordnen und – über an die Fläche gebundene Zahlungen – auch kontrol-

EU-Agrarpolitik: von der Einkommensstützung zur Bezahlung von Ökoleistungen

Als Ausgleich für die auf das Weltmarktpreisniveau abgesenkten Agrarpreise führte die EU 1992/93 Direktzahlungen ein. Sie waren anfangs gebunden an den Umfang der Fläche und an die Zahl der Tiere. Seit der »Entkoppelung« (2005) ist nur noch die Fläche Bezugsgröße. Mit Einführung der danach eingeführten sog. Cross-Compliance-Regelung mussten die Landwirte sich verpflichten, auch bestimmte Anbauregeln (wahlweise: Anzahl der Fruchtfolgeglieder, Anbau von Körnerleguminosen, Stilllegung, Blühstreifen und ähnliches) einzuhalten. Das war relativ leicht möglich, weil es mit Einhaltung dieser Regelungen den vollen Förderbetrag von etwa 300 Euro je Hektar gab.

Mit Einführung der 2021 entschiedenen Regelungen wird dagegen eine strikte Zweiteilung der Direktzahlungen in der Ersten Säule eingeführt. Der erste Teil entspricht der bisherigen »Basisförderung«, wird etwa 160 Euro pro Hektar betragen und ist nur an die Fläche gebunden. Die konkrete Höhe für den Einzelbetrieb wird modifiziert durch den zusätzlichen Aufschlag für die ersten 60 Hektar und insbesondere durch die Junglandwirteförderung. Den zweiten Teil der Förderung (vermutlich etwa 130 Euro pro Hektar) gibt es dagegen nur, wenn der Betrieb die neu eingeführten Ökoregelungen (»Eco-Schemes«) praktiziert.

Hintergrund für diese Änderung ist die Forderung, die Direktzahlungen in Zukunft an die Erbringung »Öffentlicher Güter« zu knüpfen. Dafür gäbe es auch zahlreiche sehr geeignete Möglichkeiten, um bereits nachhaltig wirtschaftende Betriebe zu fördern:

- Vorhandensein kleinteiliger Agrarflächen (wegen Gewinn an Biodiversität),
- grundwasserschonendes Wirtschaften (definiert in der Düngeverordnung DÜV mit weniger als 160 Kilogramm Stickstoff pro Hektar)
- kraftfutterarme Milchviehhaltung mit Weidehaltung (wegen geringerer Belastung der Kühe, günstige Nährstoffbilanzen, höhere Biodiversität)
- Stroheinstreu und Auslauf für Schweine und Hühner (wegen besserer Lebensbedingungen für die Tiere).

Leider gibt es aber unter den ab 2022 zur Anwendung kommenden Ökoregelungen nur zwei, mit denen bereits nachhaltig wirtschaftende Betriebe gefördert werden können (»Verzicht auf Stickstoffmineraldünger und systemische Pestizide« sowie »Ackerbau mit vielfältiger Fruchtfolge«). Damit wird es aber nur den ökologisch wirtschaftenden Betrieben und einem Teil der Betriebe mit Ackerbau möglich sein, den zweiten Teil der Direktzahlungen zu erhalten. Alle anderen der vorgesehenen Ökoregelungen setzen voraus, dass die Betriebe ihre bisherige Form der Landbewirtschaftung ändern und die damit einhergehenden höheren Kosten ausgeglichen bekommen. Damit entfällt aber die Förderung von Einkommen. Für Gemeinwohlleistungen in der Tierhaltung ist erst gar keine einzige Ökoregelung vorgesehen.

lieren. Als Folge der neu eingeführten Ausgleichszahlungen gab es jetzt einen formalen Rahmen, dessen Einhaltung über bürokratische Kontrollen sichergestellt wurde und der schließlich in die EU-Öko-Verordnung mündete. Parallel zu den Ausgleichszahlungen sanken die Marktpreise für Bioprodukte (in etwa in der Höhe der Zahlungen). Das wiederum führte zu einer Verbilligung der Lebensmittel aus ökologischer Landwirtschaft – und damit sicher auch zu einer Zunahme des Verbrauchs.

Die Höhe der Preisausgleichszahlung (»Ökoförderung«) wird ermittelt über die durchschnittlichen Unterschiede in den Produktionskosten zwischen der konventionellen und ökologischen Form der Landwirtschaft. Höhere Zahlungen (»Förderkomponente«) sind nicht gestattet. Durch die gleiche Höhe der Zahlungen je Hektar werden schwächere Standorte relativ begünstigt. Da die Zahlungen nur an die Fläche gekoppelt sind, erfolgt eine starke Begünstigung des Ackerbaus; die Ökobetriebe mit Tierhaltung und damit der Ansatz der »Kreislaufwirtschaft« sind dagegen benachteiligt.

Im System der Ökoförderung gibt es keine Regelungen für Importe wie für Exporte von Lebensmitteln aus ökologischer Landwirtschaft. Die infolge der Ausgleichszahlungen gesunkenen Marktpreise dürften gleichwohl eine leicht dämpfende Wirkung auf Importe aus Drittländern haben.

Nach dem »Strickmuster« der EU-Öko-Verordnung wurde im Rahmen des »Borchert-Planes« 2020 auch ein System von Preisausgleichszahlungen in Verbindung mit einer Verbesserung der Haltungsbedingungen für die Nutztiere konzipiert. Anlass sind deutliche Proteste von Nichtregierungsorganisationen und deren Unterstützung in den Medien gegen Auswüchse bei Haltungsbedingungen in der Tierhaltung. Gebunden an verbesserte Haltungsbedingungen der Tiere sollen der Um- oder Neubau von Ställen finanziell gefördert werden; zugleich soll über staatliche Preisausgleichszahlungen sichergestellt werden, dass die durch die verbesserten Haltungsbedingungen erhöhten Kosten ausgeglichen werden. Geplant ist eine Förderung pro Produkteinheit (z. B. je Kilogramm Schweinefleisch), nicht pro Flächeneinheit. Da keine Vorstellungen entwickelt worden sind über eine Bindung der Anzahl der Tiere an die Fläche, würde diese Förderung pro Produkt auf eine Begünstigung von Betrieben mit großen Tierzahlen und/oder hohen Tierzahlen pro Flächeneinheit hinauslaufen.

Offene Fragen zu diesem Ansatz im aktuellen Bereich der Tierhaltung sind:

- Das System der Preisausgleichszahlungen für Ökobetriebe korrespondiert mit Landwirten, die von ihrem System überzeugt sind (sie sind ganz überwiegend »Überzeugungstäter«). Das System der Preisausgleichszahlungen für die Nutztierhaltung hat es aber vielfach mit Unternehmen zu tun, die gegenüber den bisher von ihnen praktizierten Haltungsformen wenig »Unrechtsbewusstsein« gezeigt haben. Sie reagieren auf Druck von außen. Als Folge sind die vorgesehenen Zeiträume für Veränderungen der Haltungsformen sehr lang und die Veränderungen sollen auch nur in sehr kleinen Schritten erfolgen. Seit dem Frühjahr 2021 treten Unternehmen des Lebensmitteleinzelhandels mit der Forderung nach einer viel schnelleren Verbesserung der Tierhaltungsbedingungen auf; Ausgleichszahlungen sind darin aber nicht vorgesehen (höhere Preise werden allerdings versprochen).
- Wie bei anderen Preisausgleichssystemen geht es nur um einen Ausgleich für höhere Kosten; eine Verbesserung des Einkommens ist darin nicht angelegt. Ob das angesichts der stark schrumpfenden Zahl an Betrieben mit Schweinehaltung ausreichend ist, ist zumindest nicht sicher.
- Es ist offen, welche Veränderungen in der Umweltwirkung (über die Verbesserung der Tierhaltung hinaus) es geben wird. Es ist möglich, dass es als Teil der verbesserten Haltungsbedingungen (in Verbindung mit dem schon seit Längerem zu beobachtende Rückgang im Verzehr von Schweinefleisch) zu einer Verminderung der Tierzahlen kommt. Das könnte sich positiv bemerkbar machen über geringeren Gülleanfall und eine Verminderung der Ammoniakemissionen.

Strategie III
Mindestpreise für landwirtschaftliche Erzeugnisse

Systeme mit staatlich vorgegebenen Mindestpreisen für landwirtschaftliche Erzeugnisse gibt es in der EU nicht mehr. In der früheren Gemeinsamen Marktordnung der EG gab es sie für Stärke- bzw. Industriekartoffeln sowie für Alkohol aus sog. landwirtschaftlichen »Verschlussbrennereien«.

Vermutlich sind es der starke Rückgang bei den landwirtschaftlichen Betrieben und die nicht weniger starken Proteste von Landwirten in vielen Ländern Europas, die bewirken, dass in Europa die Überlegung »Mindestpreise« wieder auftaucht. In Deutschland ist das bisher eher selten der Fall.

Sehr viel weiter und konkreter sind die Überlegungen, ein Mindestpreissystem für landwirtschaftliche Erzeugnisse einzuführen, in Frankreich und in Spanien gediehen.[2] Jeweils als Antwort auf heftige Demonstrationen von Landwirten und ebenfalls mit Bezug auf die EU-Richtlinie zu unfairen Handelspraktiken wurden dort Gesetze ausgearbeitet und in das jeweilige Parlament eingebracht. Diese Gesetze sehen verpflichtend vor, dass die »effektiven Produktionskosten des Produkts, das Gegenstand des Vertrages ist, unter Berücksichtigung der tatsächlich angefallenen Produktionskosten...berechnet werden«. Der mit dem »ersten Käufer« ausgehandelte Preis muss mindestens dessen Produktionskosten decken. Es wird detailliert aufgezählt, was alles bei der Berechnung der Produktionskosten einzubeziehen ist; sie sind entweder für den Einzelbetrieb als Verkäufer oder für eine Gruppe von Verkäufern nach objektiven Kriterien zu ermitteln. Die Berechnung der Produktionskosten kann vom Einzelbetrieb oder von anderen Einrichtungen vorgenommen werden. Gestritten wird insbesondere darüber, wie der Einkommensanspruch der selbständigen Arbeitskräfte zu berechnen ist.

Offene Fragen zu diesem Ansatz sind:

- Wie werden die nachgelagerten Unternehmen darauf reagieren?
- Welche Konsequenzen hat dieser Ansatz für die Import- und Exportbeziehung zu Drittlandmärkten?
- Sind Umweltwirkungen (einschließlich der Haltungsbedingungen für die Tiere) zu erwarten und, falls ja, welche?

Diese offenen Fragen dürften die politische Durchsetzungsfähigkeit der Forderungen nach einem Mindestpreis schwächen.

Vorschlag
Einkommen und Umweltwirkung *gemeinsam* verbessern

Das öffentliche Interesse an den vielfach prekären Einkommensverhältnissen in den landwirtschaftlichen Betrieben (bei gleichzeitig großer innerlandwirtschaftlicher Differenzierung), an der alltäglichen Überarbeitung von Frauen und Männern, an der Zunahme der Fälle von Burn-out und Selbsttötungen ist sehr gering. Nur mit der »Macht der Straße« können die Landwirte sich für kurze Zeiträume Gehör verschaffen. Das öffentliche Interesse ist dagegen sehr groß, wenn es um die Umweltwirkung von Landwirtschaft geht. Inzwischen mehrt sich aber die Einsicht, dass eine Neuausrichtung der Landwirtschaft nur möglich ist, wenn auch die Einkommensinteressen der Landwirte und der angestellten Mitarbeiter zuverlässig und konkret beachtet werden. So wird in dem Ende Juni 2021 vorgelegten Bericht der Zukunftskommission Landwirtschaft großer Wert darauf gelegt, dass eine Verbesserung der Umweltwirkungen der Landwirtschaft »faire Erzeugerpreise« voraussetzt. Es bleibt aber unklar, wie die konkret zustande kommen sollen.

Nachfolgend möchte ich die wichtigsten Anknüpfungspunkte geben für die Überlegungen, mit der die Einkommensinteressen der Landwirte und das Interesse an einer Verbesserung der Umweltwirkungen der Landwirtschaft verknüpft werden sollen:

- Rücknahme der Intensität in der Produktion auf dem Acker und im Stall nach der Devise »Optimaler statt maximaler Ertrag«.
- Einführung von Mindestpreisen für landwirtschaftliche Erzeugnisse (in Anlehnung an das System der Mindestlöhne).

Als »strategischer Ausgangspunkt« für den Vorschlag wird die Notwendigkeit gewählt, die Grundwasserbelastung durch Überdüngung zu beenden. Die dafür erforderliche Reduzierung der Düngermengen hätte sehr positive Wirkungen auf so gut wie alle anderen Bereiche der landwirtschaftlichen Produktion und deren Wirkung auf die Umwelt. Ausgesprochen hilfreich ist dabei das »Gesetz vom abnehmenden Ertragszuwachs«. Es bedeutet, dass der Einsatz von Produktionsmittel wie Stickstoff und Futtermittel für jede weitere Steigerung des Ertragsniveaus überproportional erhöht werden muss. Für den Ansatz, die Intensität im Produktionsmitteleinsatz zu reduzieren, ergibt sich daraus im Umkehrschluss, dass eine Rücknahme der Intensität im Spitzenbereich nur zu vergleichsweise geringen Ertragseinbußen führt. So hat sich aus langjährigen Feldversuchen der LUFA ergeben, dass eine Rücknahme des Stickstoffeinsatzes um 20 Prozent in Fruchtfolgen auf dem Acker bezogen auf das heute übliche Düngungsniveau nur zu Ertragsminderungen um vier bis fünf Prozent führt.

Bisher wird versucht, die Überdüngung mit einer veränderten Düngerverordnung zu vermindern. Für die Landwirte sind die geforderten parzellengenauen Bilanzierungen mit einem sehr hohen bürokratischen Aufwand verbunden. Es ist zudem offen, ob die erhoffte Wirkung überhaupt eintritt, denn die Übereinstimmung zwischen »Düngung und Entzug« stimmt ja erstmal nur »auf dem Papier«. Das reale Düngeverhalten wird nicht untersucht. An die Stelle dieses Vorgehens, mit dem »von außen in den Betrieb hineinregiert« wird, sollte ein Vorgehen gewählt werden, bei dem es im Eigeninteresse der Landwirte liegt, die Düngung deutlich zu vermindern.

Die Rücknahme der Intensität der Produktion erfordert ein System, das die Höhe der Auszahlungspreise an vorgegebene Inhaltsstoffe in pflanzlichen Ernteprodukten oder Begrenzungen in der Fütterung knüpft. Ein Beispiel dafür, dass dies gelingen kann, zeigt der Zuckerrübenanbau, der bis Ende der 1980er-Jahre stark an der Belastung des Grundwassers beteiligt war. Aufgrund eines Eigeninteresses der Zuckerindustrie (hohe Stickstoff-Düngung führte zu viel Nichtproteinhaltigen Stickstoffverbindungen [NPN] in der Rübe, die den technischen Ablauf in der Zuckergewinnung behindern) wurde einerseits ein genaueres Verfahren der Bodenuntersuchung (EUF) eingeführt und es wurde andererseits nicht mehr nach Gewicht der Rübe, sondern nach ihrem Zuckergehalt bezahlt. Seitdem gehört die Zuckerrübe zu den Lieblingspflanzen der Wasserschutzgebietsberatung, und sie gehörte – bis zur Abschaffung der Zuckerrübenquote – für die Landwirte zu den Kulturen mit hohem Gewinnbeitrag.

Eine ganz ähnlich positive Wirkung für den Grundwasserschutz haben die Obergrenzen für Rohprotein bei Braugerste und Brauweizen. Da, wo es solche Obergrenzen nicht als Eigeninteresse der nachgelagerten Industrie gibt, müssten sie durch eine »Güteverordnung« vorgeschrieben werden. Darin könnte z. B. festgelegt werden, ab welchem Rohproteingehalt Abzüge bei der Bezahlung vorzunehmen seien (für Weizen und Gerste). Bei Raps könnte die Regelung über den Ölgehalt erfolgen. Bei Milch könnte die Begrenzung des Kraftfutteranteils die erforderliche Wirkung haben. Für alle anderen Erzeugnisse müsste nach ähnlichen Ansatzpunkten gesucht werden.

Für die Landwirtschaft wäre dieser Systemwechsel mit erheblichen Anstrengungen und Änderungen verbunden. Diese lägen sowohl in den konkreten Bewirtschaftungsmaßnahmen wie auch »im Kopf«. Über Jahrzehnte auf Erreichen von Höchsterträgen ausgerichtet – in der Kultur der Bauern ist das fest verankert – müsste jetzt ein neues Selbstverständnis und ein neues Verständnis von Leistung treten. Das sind schon erhebliche Herausforderungen!

Hinzu kommt, dass die Wirkung der reduzierten Intensität in der Produktion auf die Auszahlungspreise nicht wirklich vorhersehbar ist. Zwar würde eine Reduzierung der Intensität auch zu einer leichten Verminderung der erzeugten Mengen führen. Welche Auswirkung das auf das Preisgeschehen und auf die Höhe des Einkommens der Landwirte haben würde, ist auch angesichts der aktuell geringen Zollsätze bei Importen aus Drittländern und angesichts von Freihandelsabkommen (für Getreide wichtig ist vor allem das Abkommen mit der Ukraine) nicht wirklich vorherzusehen. Auch ist nicht vorherzusehen, welche Reaktionen eine Reduzierung der Gesamterzeugung von landwirtschaftlichen Erzeugnissen bei den Unternehmen der »aufnehmenden Hand« auslösen würde. Zur Natur des Ablieferungssystems gehört es ja gerade, dass es vor allem die Landwirte sind, die die Lasten bewältigen müssen.

Aus diesem Grund ist es erforderlich, die vorgeschlagene Neuausrichtung der landwirtschaftlichen Erzeugung mit vom Staat gesetzten Mindestpreisen für die landwirtschaftlichen Erzeugnisse zu ermöglichen (ähnlich wie seinerzeit bei der Einführung der Energiewende). Dies auch, weil die schon seit vielen Jahren vorliegenden ungünstigen Verhältnisse zwischen den Kosten der Produktion und den Erlösen bei vielen landwirtschaftlichen Betrieben bereits zu erheblichen Einkommensproblemen geführt haben. Wegen des Bemühens, trotz eines geringen Einkommens und eines geringen Eigenkapitals weiter zu modernisieren, kam es zudem zu einem Anstieg der Verschuldung. Die Mindestpreise hätten die Aufgabe, den Landwirten einen Teil der Risiken bei der Neuausrichtung der Produktion, die Risiken für ihr Einkommen und das Risiko bei notwendigen Anpassungsinvestitionen abzusichern. Bei Landwirten als Selbständige müssten zudem die Preis- und Gewinnschwankungen begrenzt bleiben, weil bei ihnen die Gewinne ja Grundlage für die Bestreitung ihres Lebensunterhalts sind.

Grundlage für die Ermittlung der Höhe der Mindestpreise könnte die Ermittlung der Produktionskosten auf der Basis amtlicher Feststellungen sein. Da es um *Mindestpreise* gehen würde, wäre es naheliegend, sich für den bei der Berechnung der Produktionskosten anzusetzenden Einkommensanspruch für die selbständigen Arbeitskräfte am System der Mindestlöhne zu orientieren.

Anmerkungen

1 F. Thomas: Plädoyer für eine aktive Agrarstrukturpolitik durch Preis-Ausgleichszahlungen. Arbeitsergebnisse Nr. 10 (2016), hrsg. vom Kasseler Institut für ländliche Entwicklung.

4 Siehe hierzu den Beitrag von Philippe Boyer und Marita Wiggerthale in diesem *Kritischen Agrarbericht* (S. 178–185).

Prof. Dr. Onno Poppinga

Hochzeitstr. 5
34376 Immenhausen-Holzhausen
rondopopp@t-online.de

1 Agrarpolitik und soziale Lage

Entwicklungen & Trends 2021

Transformation – ja, aber wie und wann?

von Friedhelm Stodieck

»Transformation« ist 2021 zum zentralen Begriff in der Auseinandersetzung um die zukünftige Gestaltung (nicht nur) des Agrar- und Ernährungssystems geworden. Die Folgen des weltweiten Klimawandels mit seinen Extremwetterereignissen, Dürren, Waldbränden und Flutkatastrophen – auch bei uns! –, der anhaltende Verlust der biologischen Vielfalt vor allem in Agrarlandschaften, das Wissen um »mangelhafte« Wertschöpfungs- oder Lieferketten sowie nicht mehr zu überhörenden Anforderungen aus der Zivilgesellschaft – all das führt bei unterschiedlichsten Akteuren im Agrarsektor zu der Einsicht: eine Transformation muss stattfinden bzw. hat bereits begonnen. Damit scheint sich zu erfüllen, was der Weltagrarbericht bereits vor rund zwölf Jahren postulierte: »Weiter wie bisher ist keine Option«.

Ihren Ausdruck findet diese Erkenntnis auch darin, dass sich 2021 unterschiedlichste Interessensgruppen in – in ihrer Zusammensetzung bislang so nicht gekannten – Kommissionen, Bündnissen, Kooperationen oder Dialogen zusammengefunden und gemeinsame Zielvereinbarungen und mögliche Wege zur Erreichung dieser Ziele formuliert haben. »Das Agrar- und Ernährungssystem wird von zahlreichen Widersprüchen und Spannungslagen geprägt. Es steht mitten in jenem globalen Wandel, welcher unsere Zivilisation zur Gänze erfasst hat, sowie am Beginn eines durchgreifenden Transformationsprozesses«, heißt es beispielsweise in dem Mitte 2021 vorgelegten Abschlussbericht der aus unterschiedlichsten Interessengruppen zusammengesetzten Zukunftskommission Landwirtschaft (siehe dazu den Beitrag von Olaf Bandt, Elisabeth Fresen und Thomas Schröder in diesem *Kritischen Agrarbericht*, S. 52–57).[1] Und bereits 2020 hatte das Kompetenznetzwerk Nutztierhaltung (»Borchert-Kommission«) einen Ansatz vorgeschlagen, »der für Landwirte einen gangbaren Weg der Transformation der Nutztierhaltung aufzeigt, indem er insbesondere eine Entwicklung von Zielbildern, tierartenspezifische Zeitpläne für Schritte in Richtung dieser Zielbilder sowie eine Finanzierungsstrategie für die hierdurch entstehenden Kosten miteinander verbindet«.[2]

Kommissionen verständigen sich auf Ziele und Instrumente der Transformation

Wenn unter Transformation eine grundlegende Veränderung am bestehenden System verstanden wird, welche unter anderem die Produktions- und Konsummuster, den (ordnungs-) rechtlichen Rahmen und die Organisationsformen umfasst, dann wird schnell klar, dass es – nach der noch übereinstimmend erfolgten Formulierung von *Zielen* – bei der konkreten Festlegung von *Maßnahmen* und *Instrumenten* auf dem Weg des Transformationsprozesses im Detail zu Interessenskonflikten kommen kann und kommt, manch Kompromiss gefunden werden muss oder besonders konfliktreiche Punkte gleich ganz ausgeklammert werden müssen. Das zeigt sich auch im Koalitionsvertrag, der Ende November erstmalig in der Geschichte der Bundesrepublik von einer Ampel-Koalition aus SPD, Grünen und FDP vorgelegt wird und vielfach »Transformation«, »Umbau« und »Wandel« verkündet. Von einer grundlegenden Veränderung am bestehenden System weit entfernt bleibt hingegen die 2021 beschlossene Reform der Gemeinsamen Europäischen Agrarpolitik (GAP), wenngleich sie durchaus Chancen für die Nationalstaaten zur Etablierung von Regelungen zugunsten von mehr Umwelt-, Klima- und Tierschutz sowie eine gerechtere Mittelvergabe eröffnet (siehe dazu den Beitrag von Christian Rehmer und Phillip Brändle in diesem *Kritischen Agrarbericht*, S. 40–45).

Bundestagswahl eröffnet Chance für neue Agrarpolitik

Bei der Bundestagswahl im September erreicht die SPD 25,7 Prozent der Stimmen, die CDU/CSU 24,1 Prozent, Bündnis 90/Die Grünen 14,8, FDP 11,5, AfD 10,3 und Die Linke 4,9 Prozent. Laut einer Analyse der Forschungsgruppe Wahlen hat die CDU/CSU bei den Landwirtinnen und Landwirten um 16 Prozent an Zustimmung gegenüber dem Jahr 2017 verloren und kommt jetzt auf »nur« noch 45 Prozent. Zunahmen bei den Zustimmungswerten verzeichnet demgegenüber die SPD von fünf auf zwölf Prozent. Keine Veränderung gegenüber 2017 gibt es bei der FDP mit rund 14 Prozent, der AfD mit acht Prozent und den Grünen mit fünf Prozent der Stimmen in dieser Berufsgruppe. Als Resultat aus der Bundestagswahl kommt es zur Bildung einer sog. Ampel-Koalition. Neuer Landwirtschaftsminister wird der grüne Cem Özdemir. Parlamentarische Staatssekretärinnen werden Ophelia Nick, neu im Bundestag, Tierärztin, Sprecherin der Bundesarbeitsgemeinschaft Landwirtschaft der Grünen und Sprecherin des Landesverbandes der Arbeitsgemeinschaft bäuerliche Landwirtschaft (AbL) in Nordrhein-Westfalen, und Manuela Rottmann aus Bayern, seit 2017 Abgeordnete im Bundestag und dort Obfrau ihrer Fraktion im Ausschuss für Recht und Verbraucherschutz. Da auch das Umweltministerium mit Steffi Lemke in grüner Hand ist, wird davon ausgegangen, dass die in der letzten Regierung zu beobachtende Blockadehaltung zwischen den beiden Ministerien jetzt der Vergangenheit angehört.

Neuer grüner Landwirtschaftsminister

»Mehr Fortschritt wagen« lautet die Überschrift des Koalitionsvertrages von SPD, Bündnis 90/Die Grünen und FDP, die sich im Untertitel des Vertrages als »Bündnis für Freiheit, Gerechtigkeit und Nachhaltigkeit« bezeichnen.[3] Im Kapitel III »Klimaschutz in einer sozial-ökologischen Marktwirtschaft« des Koalitionsvertrags, den wir weiter unten noch ausführlich dokumentieren, heißt es im Punkt »Landwirtschaft und Ernährung« vielversprechend: »Unser Ziel ist eine nachhaltige, zukunftsfähige Landwirtschaft, in der die Bäuerinnen und Bauern ökonomisch tragfähig wirtschaften können und die Umwelt, Tieren und Klima gerecht wird. Wir stärken regionale Wertschöpfungsketten und tragen zum Erhalt ländlicher Strukturen bei.« – Als Punkte zur Umsetzung dieses übergeordneten Ziels nennt die neue Bundesregierung unter anderem folgende:

»Mehr Fortschritt wagen« auch in der Landwirtschaft

- *Nutztierhaltung artgerecht umbauen:* Die Koalitionäre »wollen die Landwirte dabei unterstützen, die Nutztierhaltung in Deutschland artgerecht umzubauen«. Dafür streben sie an, »ein durch Marktteilnehmer getragenes finanzielles System zu entwickeln, mit dessen Einnahmen zweckgebunden die laufenden Kosten landwirtschaftlicher Betriebe ausgeglichen und Investitionen gefördert werden, ohne den Handel bürokratisch zu belasten«. Die Investitionsförderung soll künftig nach den Haltungskriterien ausgerichtet und in der Regel nur nach den oberen Stufen gewährt werden. Das Bau- und Genehmigungsrecht soll entsprechend angepasst werden. »Die Entwicklung der Tierbestände soll sich an der Fläche orientieren« und »in Einklang mit den Zielen des Klima-, Gewässer- und Emissionsschutzes (Ammoniak/Methan) gebracht« werden. Die Emissionen aus Ammoniak und Methan sollen unter Berücksichtigung des Tierwohls deutlich gemindert und die Landwirte »auf dem Weg zur Klimaneutralität im Rahmen des Umbaus der Nutztierhaltung unterstützt werden«. Die Anbindehaltung soll spätestens in zehn Jahren beendet werden. Ab 2022 will die Koalition eine verbindliche Tierhaltungskennzeichnung einführen, die auch Transport und Schlachtung umfasst. Das Ziel sind entsprechende verbindliche EU-weit einheitliche Standards. Die Ampel-Koalition will dezentrale und mobile Schlachtstrukturen fördern.

▪ *30 Prozent Ökolandbau:* Im Verlust der Biodiversität sieht die Ampel »eine weitere ökologische Krise«, der sie durch eine Beschränkung des Einsatzes von Pflanzenschutzmitteln »auf das notwendige Maß« begegnen will. Als Maßnahmen zur Reduzierung nennt die Ampel unter anderem 30 Prozent Ökolandbau bis zum Jahr 2030, digitale Anwendungen und moderne Applikationstechnik zur zielgenauen Ausbringung und Vermeidung von Abdrift von Pflanzenschutzmitteln und das Ende von Glyphosat bis zum Jahr 2023.

Neues Bundesprogramm »Zukunftsfähiger Ackerbau«

▪ *Neuausrichtung bei BVVG-Flächen und »Zukunftsfähiger Ackerbau«:* »Die BVVG-Flächen werden für Ausgleichs- und Ersatzmaßnahmen sowie Klima- und Artenschutz genutzt. Dabei werden landwirtschaftlich genutzte Flächen vorrangig an nachhaltig bzw. ökologisch wirtschaftende Betriebe verpachtet und nicht veräußert«, so der Koalitionsvertrag. Ein Bundesprogramm »Zukunftsfähiger Ackerbau« soll gestartet und die Eiweißpflanzenstrategie weiterentwickelt werden.

▪ *Unterstützen, Prüfen und Beobachten im Lebensmittel- und Milchmarkt:* Im Lebensmittelmarkt will die Ampel-Koalition »fairen Wettbewerb mit fairen Preisen« unterstützen, gegen unfaire Handelspraktiken vorgehen und »prüfen, ob der Verkauf von Lebensmitteln unter Produktionskosten unterbunden werden kann«. Den Milchmarkt will sie »weiter beobachten und die Bilanz der Lieferbeziehungen evaluieren«.

▪ *Nationale Moorschutzstrategie:* Eine nationale Moorschutzstrategie soll zügig verabschiedet und umgesetzt und diese Umsetzung durch einen partizipativen Prozess zur Erarbeitung nachhaltiger Entwicklungskonzepte begleitet werden. In diesem Rahmen sollen alternative Bewirtschaftungsformen wie Paludikulturen gestärkt und unterstützt werden.

Neues Dialogforum »Weidetierhaltung und Wolf«

▪ *Dialog »Weidetierhaltung und Wolf«:* Das Ziel der Ampel ist es, das Zusammenleben von Weidetieren, Mensch und Wolf so gut zu gestalten, dass trotz noch steigender Wolfspopulation möglichst wenige Konflikte auftreten. Mit allen in diesen Fragen befassten Organisationen und Verbänden will die Koalition einen institutionalisierten Dialog »Weidetierhaltung und Wolf« einrichten.

»Wichtige Signale«, ein »gutes Potenzial«, einen »Aufbruch« sowie die Benennung wichtiger Herausforderungen (und das an vielen Stellen mit sehr konkreten Vorstellungen) attestieren Nichtregierungsorganisationen auch aus den Reihen des AgrarBündnisses dem Koalitionsvertrag. Gleichzeitig kritisieren sie aber auch, dass er an einigen Stellen unkonkret oder vage bleibt und zu einzelnen Themen gar nichts sagt. Insbesondere das Fehlen eines direkten Bezugs zu den Empfehlungen der Zukunftskommission Landwirtschaft und der Borchert-Kommission wird bemängelt. Hinter deren Ergebnisse dürfe die neue Bundesregierung nicht zurückfallen und hier bestehe deutlicher Nachbesserungsbedarf. – Nachbesserungsbedarf besteht aus Sicht der Verbände – bei aller Würdigung der im Koalitionsvertrag gesteckten Ziele – auch bei folgenden Punkten:

Mehr Klimaschutz durch Umbau der Tierhaltung und des Ackerbaus

▪ *Agrarpolitischer Neustart:* Die Überschrift des Koalitionsvertrages »Mehr Fortschritt wagen« bedeutet für die AbL einen »agrarpolitischen Neustart«, bei dem jetzt gehandelt werden muss und »jeder Hof zählt«. Die AbL begrüßt das Bekenntnis der Ampel zum Klimaschutz und zur Biodiversität, zu dessen Umsetzung die Bäuerinnen und Bauern grundsätzlich bereit seien. Das bedeutet für die AbL, Klima- und andere Umweltmaßnahmen als gesellschaftliche Leistung einkommenswirksam zu honorieren. Gleichzeitig gehört zu Klimaschutz in der Landwirtschaft aus Sicht der AbL mehr als die Reduktion von Methan und Ammoniak. Neben einem Umbau der Tierhaltung hin zu mehr Tierwohl und Klimaschutz braucht es ebenso einen Umbau des Ackerbaus hin zu resilienten Systemen. Und ein partizipativer Prozess beim Moorschutz bedeute, dass die Bäuerinnen und Bauern, die auf Moor wirtschaften, als wichtige Akteure mit einzubeziehen und gemeinsam mit ihnen Bewirtschaftungsmodelle zu entwickeln sind, die ökologisch und ökonomisch tragbar sind.

▪ *Marktkriseninstrumente nutzen:* Bei der Marktpolitik reiche es nicht aus, den Milchmarkt nur zu beobachten, sondern die neue Bundesregierung muss das Marktkriseninstrument, das in der GAP verankert werden soll, wirksam nutzen und ausgestalten. Und bei der Prüfung, ob der Verkauf von Lebensmitteln unter Produktionskosten unterbunden werden kann, fordert die AbL von der neuen Bundesregierung die Berücksichtigung der konkreten Vorschläge des Agrardialogs (siehe unten).

- *Keine klare Position zur Gentechnik:* Hinsichtlich der Gentechnik respektive der neuen molekularen Züchtungsmethoden vermeidet die Ampel eine klare Positionierung. Auch neue Gentechnikverfahren wie CRISPR/Cas sind Gentechnik und müssen entsprechend des EU-Vorsorgeprinzips reguliert bleiben. Das bedeutet: Risikoprüfung und -bewertung, Durchlaufen eines Zulassungsverfahrens, Kennzeichnungspflicht, Rückverfolgbarkeit, Transparenz und Haftung. Dieses klare Bekenntnis fehlt nicht nur nach Meinung der AbL im Koalitionsvertrag. Die gentechnikkritische Bewegung wird weiter wachsam sein und sich für das Recht auf gentechnikfreie Landwirtschaft und Lebensmittelerzeugung einsetzen.

Neue Gentechnik: Kein klares Bekenntnis zu Vorsorgeprinzip und Regulierung

- *»Schwammig« beim Welthandel:* Und auch zum Stichwort »fairer Welthandel« bleibt die Formulierung im Koalitionsvertrag laut AbL »schwammig« und hinter den Debatten und Forderungen der Landwirt:innen und der Zivilgesellschaft weit zurück. Die neue Bundesregierung darf weder dem EU-Mercosur-Abkommen noch einem anderen Abkommen zustimmen, wenn nicht im gesamten Vertragswerk sichergestellt ist, dass Umwelt- und Sozialstandards, Menschenrechte und Verhinderung von Preisdumping verbindlich eingehalten werden. Das sei mit dem aktuellen EU-Mercosur-Vertrag – auch mit den geplanten Zusatzverträgen – nicht machbar und das Höfesterben hier und in den Mercosur-Ländern würde weitergehen.

Europäische Agrarpolitik – notwendige Nachbesserungen

Mit Blick auf die europäische Agrarpolitik will die neue Bundesregierung »unverzüglich« dafür sorgen, »dass die Begleitverordnungen zum nationalen Strategieplan der GAP mit dem Ziel des Umwelt- und Klimaschutzes sowie der Einkommenssicherung angepasst werden. Die aktuelle Architektur wird spätestens zur Mitte der Legislaturperiode überprüft und im Sinne der Zielerreichung angepasst. Für die verlässliche Weiterentwicklung ab 2027 legt die Bundesregierung mit dieser Evaluierung ein Konzept vor, wie die Direktzahlungen durch die Honorierung von Klima- und Umweltleistungen angemessen ersetzt werden können. Dies dient auch der Einkommenswirksamkeit«, so der Koalitionsvertrag, der vor dem Hintergrund der in Brüssel bereits beschlossenen GAP-Reform sowie in Berlin bereits beschlossener Gesetze und vorgelegter GAP-Verordnungen zustande gekommen ist.

Neue Regierung will Nationalen Strategieplan zur Umsetzung der GAP nachbessern

Im November stimmte das Bundeskabinett den vom BMEL vorgelegten Verordnungen zur nationalen Umsetzung der GAP zu. Bereits im Juni hatten die entsprechenden Gesetze den Bundestag und Bundesrat passiert (siehe dazu den Beitrag von Christian Rehmer und Phillip Brändle in diesem *Kritischen Agrarbericht,* S. 40–45). Die Inhalte der Verordnungen, GAP-Direktzahlungen-Verordnung (GAPDZV) und GAP-Konditionalitäten-Verordnung (GAPKondV) fußen laut Angabe des Ministeriums auf parteiübergreifenden Beschlüssen der Agrarministerkonferenz; und auch die potenziellen Ampel-Koalitionäre hätten den wesentlichen Punkten zugestimmt. Der Kabinettsbeschluss ermöglicht eine Verabschiedung der Verordnungen in der Bundesratssitzung am 17. Dezember 2021 (die bei Redaktionsschluss noch nicht stattgefunden hat), um so den nationalen Strategieplan fristgerecht zum 1. Januar 2022 der Europäischen Kommission zur Genehmigung vorzulegen.

Die AbL begrüßt, dass die Ampel bei der GAP vereinbart hat, ein Konzept vorzulegen »wie die Direktzahlungen durch die Honorierung von Klima- und Umweltleistungen angemessen ersetzt werden können«. Die Punktesysteme von AbL und dem Deutschen Verband für Landschaftspflege (DVL) zeigen, wie dies im konkreten gelingen kann (siehe dazu den Beitrag von Jürgen Metzner und Sönke Beckmann in diesem *Kritischen Agrarbericht,* S. 46–51). Bezüglich ihres Anspruchs an die soziale Gerechtigkeit der GAP haben die Koalitionäre nach Ansicht der AbL offenkundig noch umfangreichen Nachholbedarf. Aussagen zur gerechten Verteilung der Fördermittel sowie zum Ausschluss außerlandwirtschaftlicher Investoren fehlen im entsprechenden Kapitel des Koalitionsvertrages komplett und auch bei den vorgelegten Verordnungen zum nationalen Strategieplan besteht noch deutlicher Nachbesserungsbedarf.

Nachholbedarf auch bei sozialer Gerechtigkeit

Im Vorfeld der Bundesratssitzung und als Aufforderung an die neue Bundesregierung geht es unter anderem um die folgenden Punkte:

- die Öko-Regelungen wirtschaftlich attraktiv und wirksam ausgestalten,
- die Förderung für außerlandwirtschaftliche Investor:innen einschränken,
- Grünlandbetriebe stärken – Klima schützen, Tierwohl honorieren,
- die Agrarstruktur in der Ausgestaltung der Öko-Regelungen angemessen berücksichtigen
- und die Förderung von Agroforstsystemen praxistauglich und gerecht ausgestalten.

Das neue Instrument der Öko-Regelungen wird seine positive Wirkung nur dann entfalten können, wenn die Maßnahmen für Bäuerinnen und Bauern wirtschaftlich attraktiv sind. Dies ist mit den vorgeschlagenen Prämienhöhen (Anlage 4, GAPDZV) nicht gegeben. Die Einheitsbeträge sollten sich an bestehenden Prämienhöhen in Maßnahmen der Zweiten Säule einzelner Bundesländer orientieren (z. B. 85 Euro pro Hektar für vielfältige Fruchtfolge in Mecklenburg-Vorpommern oder 169 Euro pro Hektar für extensive Grünlandbewirtschaftung in Bayern) und um eine Anreizkomponente ergänzt werden. Zudem muss – im Sinne der Empfehlungen der Zukunftskommission Landwirtschaft – für ein ansteigendes Budget der Öko-Regelungen sowie ein nachvollziehbares Bewertungssystem gesorgt werden.

Phillip Brändle

Junglandwirt:innen stärken!

Jugendorganisationen fordern gezielte Förderung für Existenzgründer:innen

Die Steigerung der Attraktivität des Berufs Landwirt:in bei jungen Menschen und die Erleichterung von Unternehmensgründungen und -übernahmen im ländlichen Raum sind agrarpolitische Zielsetzungen der Europäischen Union.[1] Auch die politisch Verantwortlichen der alten und neuen Bundesregierung betonen immer wieder die besondere Bedeutung junger Menschen für die Zukunft der Landwirtschaft und einen lebendigen ländlichen Raum. Trotzdem ist laut den Ergebnissen der Landwirtschaftszählung 2020 bei nur einem Drittel der deutschen Betriebsleiter:innen von landwirtschaftlichen Einzelunternehmen die Hofnachfolge bereits geklärt.[2] Fakt ist zudem: die ökonomischen Hürden für junge Menschen, die sich eine Existenz in der Landwirtschaft aufbauen möchten, sind gewaltig.

Im Jahr 2019 betrug der durchschnittliche Kapitaleinsatz je Arbeitskraft (Kapitalintensität) in der Landwirtschaft rund 610.000 Euro.[3] Legt man für den Fall einer Finanzierung bei Neugründung oder Übernahme eines landwirtschaftlichen Betriebes einen Eigenkapitalanteil von 25 Prozent zugrunde, braucht ein:e Existenzgründer:in im Agrarbereich aktuell rund 150.000 Euro eigenes Geld für die Schaffung alleine des eigenen Arbeitsplatzes. Demgegenüber steht in der Gemeinsamen Europäischen Agrarpolitik (GAP) eine pauschale Junglandwirt:innenförderung über die Fläche. Rund 45 Euro pro Hektar bekommen Antragsteller:innen für die ersten 90 Hektar ihres Betriebes, wenn sie das 40. Lebensjahr noch nicht vollendet haben.

Ein eher unkonventioneller Zusammenschluss aus konservativen, kirchlichen und alternativen landwirtschaftlichen Jugendorganisationen nahm diese Rahmenbedingungen sowie die laufende Debatte um die kommende Förderperiode der GAP nach 2023 zum Anlass, um sich für eine umfassendere sowie gezieltere Junglandwirt:innenförderung auszusprechen. In einer gemeinsamen Stellungnahme[4] an die zu dem Zeitpunkt noch amtierende Bundeslandwirtschaftsministerin Klöckner und ihre Kolleg:innen in den Ländern fordern sie den Anteil der Fördergelder für junge Menschen in der GAP deutlich zu erhöhen und mindestens 50 Prozent dieser Mittel, statt pauschal über die Fläche, per bundesweiter qualifizierter Existenzgründungsprämie zu vergeben.

Eine derartige Existenzgründungsbeihilfe existiert in Sachsen-Anhalt bereits seit 2017 als in der Zweiten Säule verankertes Instrument und sieht für junge Existenzgründer:innen ein maximales Fördervolumen von 70.000 Euro pro Betrieb vor. Zum Erhalt der Prämie muss ein qualifizierter Geschäftsplan vorgelegt werden. Auch soziale sowie Umwelt- und Tierwohlaspekte spielen eine Rolle. Da die Förderung gegenüber der Bank als Eigenkapital angerechnet werden kann, hilft sie, anders als die reine Flächenprämie, auch bei der Realisierung einer Finanzierung.

Trotz der Tatsache, dass das Leibniz-Institut für Agrarentwicklung in Transformationsökonomien (IAMO) die Junglandwirt:innenförderung der GAP über die Fläche bereits im Juni 2020 als »wenig zielgerichtet und wirkungslos« beschrieben hat,[5] sowie der konkreten Alternativ- bzw. Erweiterungsvorschläge konnten sich die deutschen Agrarminister:innen bisher nicht zu einer bundesweiten Prämie für Existenzgründer:innen in der GAP durchringen. Die laut Beschluss des EU-Triloges zur GAP ab 2023 auf drei Prozent der Direktzahlungen aufzustockenden Mittel für Junglandwirt:innen sollen in Deutschland stattdessen für eine Anhebung der Flächenprämie ▸

Die Definition des »Aktiven Betriebsinhabers« (§ 8, GAPDZV) muss aus Sicht der AbL genutzt werden, um außerlandwirtschaftliche Investoren und Menschen mit hohen Einkommen von Fördermitteln auszuschließen. Die aktuell im Verordnungsentwurf vorgelegte Definition ist hierfür ungeeignet und muss ersetzt werden.

Trotz des nachweislich hohen Nutzens des Grünlandes für den Klimaschutz und die Biodiversität sind nur drei der angebotenen Öko-Regelungen für Grünlandbetriebe überhaupt umsetzbar. Weiterhin bedarf es möglichst zeitnah einer zusätzlichen Öko-Regelung zur Weidehaltung von Milchkühen.

GAP: Grünlandbetriebe im Nachteil

In der GAPDZV werden die Verpflichtungen der Öko-Regelung zur Verbesserung der Biodiversität unter anderem mit Bezug zu Schlaggrößen und Maßnahmenflächen definiert. Die AbL ist der Überzeugung, dass sich der nachweislich hohe Nutzen einer kleinstrukturierten Agrarlandschaft für die Biodiversität und Kulturlandschaft hier niederschlagen muss. Zudem sollen Kostendegressionseffekte von Großbetrieben Berücksichtigung finden.

Scharfe Kritik an den Verordnungsentwürfen kommt von Bioverbänden und dem Bund Ökologische Lebensmittelwirtschaft (BÖLW). Da nicht alle sieben Öko-Regelungen den Bio-

für Junglandwirt:innen genutzt werden. Konkret soll diese für die ersten 120 Hektar eines Betriebes, statt der bisher 90 Hektar, gezahlt werden. Auch der Geldbetrag pro Hektar wird sich merklich erhöhen.

Das Thema Existenzgründungsprämie ist damit gleichwohl längst nicht vom Tisch. Erst im Oktober 2021 hat das Land Brandenburg verkündet, eine solche Prämie in der Zweiten Säule einzuführen.[6] Entsprechende Überlegungen gibt es zudem in Bayern, Sachsen und Rheinland-Pfalz. In Nordrhein-Westfalen machen wiederum landwirtschaftliche Jugendorganisationen diesbezüglich und mit Verweis auf die Regelungen in Sachsen-Anhalt merklichen Druck.[7] Da mit ELER bereits eine entsprechende Förderrichtlinie existiert, kann die Existenzgründungsprämie auch nach 2023 eingeführt werden. Nicht zuletzt kann der deutsche GAP-Strategieplan auf Antrag bei der EU jährlich angepasst werden. Der neue Bundeslandwirtschafsminister Cem Özdemir hat also auch bei der Förderung von Junglandwirt:innen noch alle Möglichkeiten für positive Handlungen.[8]

Anmerkungen

1 Europäische Kommission: Vorschlag für eine Verordnung des Europäischen Parlaments und des Rates; COM(2018) 392 final. Brüssel 2018 (www.eur-lex.europa.eu/resource.html?uri=cellar:aa85fa9a-65a0-11e8-ab9c-01aa75ed71a1.0001.02/DOC_1&format=PDF).

2 G. Harms: Landwirtschaftszählung Hofnachfolge überwiegend ungeklärt. In: top agrar vom 4. November 2021 (www.topagrar.com/panorama/news/hofnachfolge-ueberwiegend-ungeklaert-12733121.html). – Siehe auch Statistisches Bundesamt: Hofnachfolge in landwirtschaftlichen Betrieben der Rechtsform Einzelunternehmen – 2020 (www.destatis.de/DE/Themen/Branchen-Unternehmen/Landwirtschaft-Forstwirtschaft-Fischerei/Landwirtschaftliche-Betriebe/Publikationen/Downloads-Landwirtschaftliche-Betriebe/hofnachfolge-lw-betriebe-5411403209004.html?nn=371820).

3 Deutscher Bauernverband: Situationsbericht 2020/2021 – 3.1. Kapitaleinsatz, 2021 (www.bauernverband.de/situationsbericht/3-agrarstruktur-1/31-kapiteleinsatz).

4 Bund der Deutschen Landjugend et al.: Junglandwirt*innen stärken! März 2021 (www.abl-ev.de/uploads/media/2021-03-15_Stellugnahme_landwirtschaftlicher_Jugendverb%C3%A4nde__Junglandwirtinnen_st%C3%A4rken_.pdf).

5 Leibniz-Institut für Agrarentwicklung in Transformationsökonomien (IAMO): Projekt SURE-Farm – Politikoptionen zur Stärkung der Resilienz der Landwirtschaft angesichts demographischer Herausforderungen. Policy Brief, Juni 2020 (www.surefarmproject.eu/wordpress/wp-content/uploads/2020/08/D3.9_Policy-brief-on-farm-demographics-German.pdf).

6 »Brandenburg will Junglandwirte besser unterstützen«. Meldung in top agrar vom 12. Oktober 2021 (www.topagrar.com/management-und-politik/news/brandenburg-will-junglandwirte-besser-unterstuetzen-12711431.html).

7 P. Otte: Jugendverbände fordern Existenzgründungsprämie für Junglandwirte in NRW. In: top agrar vom 29. Oktober 2021 (www.topagrar.com/management-und-politik/news/jugendverbaende-fordern-existenzgruendungspraemie-fuer-junglandwirte-in-nrw-12728791.html). – Siehe auch: Junges Bioland et al.: Vorschläge zur Ausgestaltung einer Richtlinie über die Gewährung von Existenzgründungsbeihilfen für Junglandwirte in NRW (www.abl-ev.de/fileadmin/Dokumente/AbL_ev/Publikationen/Vorschl%C3%A4ge_zur_Ausgestaltung_einer_Richtlinie_%C3%BCber_die_Gew%C3%A4hrung_von_Existenzgr%C3%BCndungsbeihilfen_f%C3%BCr_Junglandwirte_in_NRW_Gemeinsame_Position_Verb%C3%A4nde.pdf).

8 Zum Thema dieses Beitrags siehe auch W. Lehnert: Einstiegshürden beseitigen - Vorschläge zur Neuausrichtung der Junglandwirteförderung in EU, Bund und Ländern. In: Der kritische Agrarbericht 2021, S. 88–92.

Phillip Brändle
Referent für Agrarpolitik bei der Arbeitsgemeinschaft bäuerliche Landwirtschaft (AbL) e.V.

braendle@abl-ev.de

betrieben offenstehen, sei das 30 Prozent Bio-Ziel gefährdet. Der BÖLW fordert die Länder zur Verbesserung der Entwürfe auf. Verbessern die Länder die GAP-Verordnungen nicht, werde die Agrarreform zur ersten Bewährungsprobe für den neuen Bundeslandwirtschaftsminister. »Wir erwarten von Cem Özdemir, dass die neue GAP 30 Prozent Bio ermöglicht. Die GAP ist zentral, denn sie bestimmt mit rund sechs Milliarden Euro jedes Jahr in Deutschland, welche Landwirtschaft sich lohnt. Der neue Bundeslandwirtschaftsminister wird erklären müssen, wie er 30 Prozent Öko finanzieren will«, so Alexander Gerber, Vorstand für Landwirtschaft beim BÖLW, in Bezug auf die künftige Durchfinanzierung von Bio.[4]

Bei Agroforstsystemen droht ein »Förderflop«

Im Koalitionsvertrag der neuen Bundesregierung findet die von der AbL mit Blick auf die GAP-Verordnungen geforderte Agroforstwirtschaft keine explizite Erwähnung. Deutliche positive Signale zur Agroforstwirtschaft kamen demgegenüber 2021 aus dem Bundestag und dem Bundesrat. Im Januar beschließt der Bundestag, dass Agroforstsysteme künftig mit Mitteln der GAP und der Gemeinschaftsaufgabe Agrarstruktur und Küstenschutz (GAK) gefördert werden sollen. »Die Landwirtschaft in Deutschland steht gegenwärtig vor der großen Herausforderung, sich an den Klimawandel anzupassen, die Biodiversität zu fördern und weiterhin Versorgungssicherheit, Produktivität und Wirtschaftlichkeit zu gewährleisten. Agroforstwirtschaft, bei der Gehölze mit Ackerkulturen und/oder Tierhaltung auf der gleichen Fläche kombiniert werden, kann zur Lösung dieser Aufgaben beitragen. Als eine Form der multifunktionalen Landnutzung vereinen Agroforstsysteme viele Vorteile und stellen ebenso vielfältige und wichtige Ökosystemdienstleistungen bereit«, heißt es in dem Beschluss zum Antrag der Fraktionen von CDU/CSU und SPD.[5]

Neu: Agroforstsysteme können gefördert werden …

Im Juni folgte der Bundesrat dann einem Entschließungsantrag des Landes Thüringen (»Initiative Biodiversität- und Klimaschutz – Neue Wege der Landnutzung wagen – Agroforstwirtschaft im Verwaltungssystem verankern«).[6] Darin heißt es unter anderem, »dass sich die Agroforstwirtschaft nach Kenntnis von Wissenschaft, Praxis und Politik als nachhaltiges Landnutzungssystem erwiesen hat, von dem sowohl die Landnutzer als auch Natur und Umwelt profitieren können. Aufgrund ihrer vielseitigen und langfristigen Funktionen sind Agroforstsysteme zudem auch als Instrument für den Wasser-, Boden- und Klimaschutz besonders geeignet. Bei der Frage der Anpassung der Landwirtschaft an aktuelle und zukünftige Anforderungen ist die Agroforstwirtschaft ein wirksamer systemischer Lösungsansatz mit multifunktionalen Eigenschaften, den es zu unterstützen gilt. Dies wurde auf EU- und Bundesebene bereits anerkannt.«

Im Oktober wurden dann erste Entwürfe des BMEL zur Förderung von Agroforstsystemen im Rahmen der GAP-Verordnungen, hier der GAP-Direktzahlungen-Verordnung (GAP-DZV), bekannt, woraufhin ein breites Bündnis aus Verbänden, Organisationen sowie weiteren zivilgesellschaftlichen Akteuren aus den Bereichen Landwirtschaft, Ernährung, Ökolandbau, Klima- und Naturschutz in einer gemeinsamen Stellungnahme dringend erforderliche Kurskorrekturen vom BMEL fordern. Zu ihren Kernforderungen gehören unter anderem: keine Festlegung auf eine vorrangige Wert- und Energienutzung, sondern alle Nutzungsoptionen im Rahmen einer künftigen Agroforstwirtschaft zuzulassen und zu fördern (inklusive Nahrungsmittelerzeugung!), eine deutlich über den vorgesehenen 60 Euro pro Hektar liegende Prämienhöhe, die Implementierung eines bundesweiten Investitionsförderprogramms für die Neuanlage von Agroforstsystemen sowie die Übernahme von zumindest 80 Prozent der Kosten für die Etablierung, Anwuchspflege, Beratung und Planung der Systeme.

… Bündnis fordert Kurskorrekturen

Im November findet sich die Förderung von Agroforstsystemen dann auch in dem im Rahmen der nationalen Ausgestaltung der GAP vom Bundeskabinett gefassten Beschluss zur GAP-Direktzahlungen-Verordnung (GAPDZV). Angesichts der darin vorgesehenen Regelungen droht die Förderung jedoch zum »Förderflop« zu werden, da betriebsindividuelle Ziele bei der Gestaltung und Nutzung von Agroforstflächen durch unnötige Überreglementierungen nicht umgesetzt werden können und gleichzeitig die Honorierung gesellschaftlicher Leistungen mit einer Förderhöhe von 60 Euro pro Hektar Gehölzfläche auf einem äußerst geringen Niveau erfolgt.[7] Der Deutsche Fachverband für Agroforstwirtschaft[8] und auch die

AbL sehen daher einen deutlichen Nachbesserungsbedarf und sind sich dabei insbesondere bezüglich der Förderhöhe mit weiteren Stimmen aus der Landwirtschaft wie auch von Umweltverbänden einig. Bei den konkreten Forderungen an den Bundesrat (der sich Mitte Dezember mit dem Thema befasst und dessen Ergebnis bei Redaktionsschluss noch nicht vorlag) geht es neben der Förderhöhe unter anderem um die Aufhebung oder Verringerung von Abstandsregelungen, die Aufhebung der Beschränkung von Agroforstsystemen auf Systeme mit vorrangiger Holznutzung, eine Erhöhung des Gehölzflächenanteils und eine Überarbeitung der Negativliste der als Bedingung für eine Förderung verwendbaren Gehölze.

Fehlende Umsetzung – Empfehlungen der Borchert-Kommission

Trotz einer vielstimmigen und von unterschiedlichsten Seiten geforderten Umsetzung der Empfehlungen des Kompetenznetzwerks Nutztierhaltung sind konkrete Schritte der Politik respektive aus dem BMEL dazu 2021 faktisch ausgeblieben. Das konnten auch eine im März vorgelegte Machbarkeitsstudie zur rechtlichen und förderpolitischen Begleitung einer langfristigen Transformation der deutschen Nutztierhaltung[9], eine im April vorgelegte Folgenabschätzung des Thünen-Instituts[10] und jeweils eine im März[11] und im September[12] vom Bundesrat verabschiedete Entschließung nicht verhindern. Die Machbarkeitsstudie hatte zum Ergebnis, dass die von der Borchert-Kommission vorgelegten Vorschläge zum Umbau der Nutztierhaltung machbar und finanzierbar sind und auch die Folgenabschätzung des Thünen-Instituts zeigt nach Ansicht des Vorsitzenden des Kompetenznetzwerks, Jochen Borchert, dass die Vorschläge des Kompetenznetzwerks zur konsequenten Verbesserung der landwirtschaftlichen Tierhaltung machbar und wirtschaftlich realistisch sind. »Unsere Folgenabschätzung zeigt: Der Staat sollte perspektivisch die Tierwohlauflagen erhöhen und die Landwirte durch verlässliche Tierwohlprämien in die Lage versetzen, die erhöhten Kosten zu tragen«, so Professor Folkhard Isermeyer, der Präsident des Thünen-Instituts.

Studien bestätigen: Umbau Nutztierhaltung ist »machbar und finanzierbar«

Im März unterstreicht der Bundesrat die Notwendigkeit, die Aufträge, die sich für den Bund aus den Empfehlungen des Kompetenznetzwerks Nutztierhaltung ergeben, mit Nachdruck fortzuführen und sich engagiert für den darin beschriebenen Umbau der Tierhaltung einzusetzen. Er sieht in der Einführung einer »Tierwohl-Abgabe« einen entscheidenden Baustein für die Neuausrichtung der landwirtschaftlichen Nutztierhaltung und hält es im Hinblick auf die Entwicklung dringend benötigter Perspektiven für die Tierhaltung für unumgänglich, dass noch in der laufenden Legislaturperiode die entsprechenden finanziellen und organisatorischen Voraussetzungen und Konzepte entwickelt werden. Die unverzügliche Aufnahme vorbereitender Arbeiten zur Einführung einer »Tierwohl-Abgabe« ist für den Bundesrat daher unerlässlich und prioritär voranzutreiben. Die möglichst zeitnahe Einführung eines staatlichen verpflichtenden Tierwohllabels betrachtet er dabei als einen wichtigen Baustein des Umbaus der Tierhaltung.

Und weil auf Bundesebene nichts passiert, fordert der Bundesrat im September die Bundesregierung mit Nachdruck erneut auf, den Umbau der Nutztierhaltung für mehr Tierwohl, Umwelt- und Klimaschutz voranzutreiben und aufbauend auf den Ergebnissen der infolge der Borchert-Kommission erstellten Machbarkeitsstudie einen verlässlichen Finanzierungsrahmen für alle nutztierhaltenden Betriebe in Deutschland zu schaffen. Dabei betont der Bundesrat, dass die landwirtschaftlichen Betriebe aktuell (im September 2021) und vor dem Hintergrund global gestörter Lieferketten aufgrund von Afrikanischer Schweinepest und Corona-Pandemie kurzfristig Lösungen erwarten. Da der gesamte Umbau der Tierhaltung nicht aus dem Bundeshaushalt zu finanzieren sei, bedarf es »kurzfristig einer Klärung der Finanzierungsfrage. Das Gutachten der Borchert-Kommission und die folgende Machbarkeitsstudie haben Wege hierfür aufgezeigt, deren Umsetzung es nun bedarf. Die Bundesregierung ist aufgefordert, Gesetzentwürfe hierzu auf den Weg zu bringen und mit den Ländern zu beraten«, heißt es in der Begründung der Entschließung.

Bundesrat erhöht Druck auf die Bundesregierung

Ohne die Empfehlungen der Borchert-Kommission zu erwähnen, bekennt sich auch die neue Bundesregierung in ihrem Koalitionsvertrag zum Umbau in der Nutztierhaltung. Zur Finanzierung heißt es da: »Wir wollen die Landwirte dabei unterstützen, die Nutztierhaltung in Deutschland artgerecht umzubauen. Dafür streben wir an, ein durch Marktteilnehmer getragenes finanzielles System zu entwickeln, mit dessen Einnahmen zweckgebunden die laufenden Kosten landwirtschaftlicher Betriebe ausgeglichen und Investitionen gefördert werden, ohne den Handel bürokratisch zu belasten.« Was genau das heißt, bleibt jedoch offen.

»Agrardialog« als neuer agrarpolitischer Akteur

Die massiven Proteste und Blockaden von Bäuerinnen und Bauern bei Verarbeitern und vor den Zentrallagern des Lebensmitteleinzelhandels (LEH) führen zu Beginn des Jahres 2021 zu einer neuen Gesprächsplattform zwischen Landwirtschaftsverbänden, Verarbeitern und dem LEH: dem Agrardialog. Das Ziel dieses Forums sind deutliche Wertschöpfungssteigerungen für die landwirtschaftlichen Betriebe. In drei Arbeitsgruppen (Schwein, Milch und Herkunftskennzeichnung) werden, moderiert von der Deutschen Landwirtschafts-Gesellschaft (DLG), konkrete Lösungsansätze erarbeitet. Nicht an dem neuen Gesprächsformat »Agrardialog« beteiligen will sich der Deutsche Bauernverband (DBV), der für ihn freigehaltene Platz bleibt unbesetzt. Stattdessen gründet der DBV gemeinsam mit dem Deutschen Raiffeisenverband sowie dem Handelsverband Deutscher Einzelhandel (HDE) die »Zentrale Koordinierungsstelle Handel-Landwirtschaft« (ZKHL). Die sieht eine Integration des Agrardialogs und seiner bisherigen Arbeitsergebnisse in die ZKHL vor, was vom Agrardialog jedoch entschieden abgelehnt wird. Getreu ihrem Motto »Verhandeln nur auf Augenhöhe« nimmt der Agrardialog trotzdem Gespräche mit der ZKHL auf, über deren endgültige Ergebnisse bei Redaktionsschluss noch nichts bekannt ist.

Agrardialog: Bauernverband macht nicht mit …

Die existenzbedrohende Situation auf den Höfen, der Wechsel des LEH zur ZKHL und mangelnde Transparenz über die noch stattfindende Kommunikation und abgebrochene Gespräche führen zu erneuten Protesten und der Blockade eines Edeka-Zentrallagers durch Land schafft Verbindung (LsV) Deutschland und die Freien Bauern – angelegt bis Weihnachten. Dabei wird der LEH ultimativ aufgefordert, den Dialog wieder aufzunehmen. Aufgrund des anhaltenden Drucks kommt schließlich ein Austausch zustande zwischen hochrangigen Vertreter:innen von Edeka, dem Bundesverband des Deutschen Lebensmittelhandels (BVLH), Teilnehmer:innen des Agrardialogs und Vertreter:innen der Demonstrierenden. Am Ende des Treffens wird als Ergebnis des sechsstündigen Gesprächs eine gemeinsame Erklärung der Teilnehmer:innen verfasst. Darin wird unter anderem bekräftigt, dass »die Einführung einer einheitlichen verbraucherverständlichen Herkunftskennzeichnung für heimische landwirtschaftliche Produkte, als erster Schritt, zeitnah« umgesetzt werden und die Gesprächsmöglichkeit zwischen Handel und den vielfältigen landwirtschaftlichen Verbänden aufrechterhalten werden soll. Vor allem aber wird der BVLH bei seinen Mitgliedern dafür eintreten, die inhaltlichen Gespräche in den AGs Schwein, Milch und Herkunft »für eine begrenzte Zeit über den Jahreswechsel hinaus weiterzuführen. Ziel ist es, über die gemeinsame Sacharbeit eine Vertrauensbasis auf allen Seiten der Landwirtschaft aufzubauen.«

Herkunftskennzeichnung für heimische Produkte – als »erster Schritt«

Die im Agrardialog zusammengeschlossenen landwirtschaftlichen Verbände[13] sehen in ihrem breiten Bündnis ein Signal an die Politik und haben die folgenden konkreten Anforderungen an den Koalitionsvertrag und somit auch die neue Bundesregierung formuliert:

- »*Leitbild:* Unser Ziel ist eine von vielen ortsansässigen selbständigen Landwirten getragene Landwirtschaft. Das bedeutet Vielfalt an Betriebsgrößen und Produktionsrichtungen. Wir wollen Rahmenbedingungen schaffen, die den Wachstumsdruck beenden: Es muss sich wieder lohnen, neue Betriebe zu gründen und zu bewirtschaften. Es darf sich nicht mehr lohnen, Betriebe und Fläche nur als Geldanlage zu erwerben.
- *Agrarstruktur:* Ortsansässige selbständige Landwirte sollen im Bodenrecht und im Erbrecht privilegiert werden. Die EU-Direktzahlungen sollen auf Betriebe begrenzt werden, die ortsansässigen selbständigen Landwirten gehören. Der Erwerb landwirtschaftlicher Flächen muss grundsätzlich der Grunderwerbssteuer unterliegen – Schlupflöcher für Investoren beim Erwerb von Gesellschaftsanteilen wollen wir schließen.
- *Wertschöpfung:* Wir wollen die Stellung der Landwirtschaft in der Wertschöpfungskette verbessern, durch eine verpflichtende Herkunftskennzeichnung auf allen Lebensmitteln,

Große Erwartungen an die neue Bundesregierung

durch Modernisierung der Lieferbeziehungen sowie durch Marktkriseninstrumente auf europäischer Ebene. Strukturen in Verarbeitung und Handel, die dem fairen Wettbewerb im Wege stehen, sollen entflochten werden.

- *Weltmarkt:* Wir wollen die Stabilität der regionalen Landwirtschaft gegen Versorgungsengpässe verbessern, indem wir dem Preisdruck durch Billigimporte entgegenwirken. Agrarprodukte dürfen nur dann Teil von Handelsabkommen werden, wenn sie zu unseren sozialen und ökologischen Standards produziert wurden. Die massenhafte Einfuhr insbesondere von Soja und Palmöl ist zu verringern.
- *Fläche:* Landwirtschaftliche Flächen sollen wirksam vor Versiegelung geschützt werden. Der naturschutzrechtliche Ausgleich muss auf bereits versiegelte Flächen gelenkt werden. Naturschutz wollen wir weniger in Flächenkonkurrenz zur Landwirtschaft voranbringen, sondern vor allem durch die Verdichtung des Biotopverbundes aus Gehölzstreifen und Wasserläufen in der Kulturlandschaft.
- *Tiere:* Tierhaltung ist ein wichtiger Bestandteil von landwirtschaftlichen Kreisläufen. Artgerechte Haltung und Fütterung aus eigener Produktion sind zu stärken. Wir wollen eine Größenbegrenzung für Stallanlagen, einen Tierseuchenschutz mit Augenmaß und wir wollen die Anzahl der Wölfe regulieren, damit die besonders umweltgerechte Weidetierhaltung wieder Perspektiven hat.
- *Auflagen:* Düngeverordnung und Pflanzenschutzanwendungsverordnung sollen evaluiert werden. Wir wollen die Ursachen von Verunreinigungen genauer identifizieren und gezielt abstellen, statt die Landwirtschaft mit pauschalen Auflagen zu überziehen. Praxisnahe Lösungen und Bagatellgrenzen sollen verhindern, dass durch starre Anwendung des Ordnungsrechts kleine Betriebe zur Aufgabe gezwungen werden.
- *Genetik:* Damit Landwirtschaft ihre wichtigen gesellschaftlichen Aufgaben erfüllen kann, braucht sie freien Zugang zu den genetischen Ressourcen. Nachbaugebühren sind abzuschaffen, Patente auf Pflanzen und Tiere darf es nicht geben. Wir wollen eine naturnahe Lebensmittelerzeugung und keine industrielle Produktion in der Hand von Konzernen. Gentechnikfreiheit werden wir sichern und Laborfleisch nicht zulassen.«[14]

Forderungskatalog der Verbände

Regulierung am Bodenmarkt – Fehlanzeige

Wie schon vom Agrardialog ist 2021 von verschiedensten Seiten die überfällige Regulierung des Bodenmarkts gefordert worden. Zu substanziellen Veränderungen hat das aber auch in diesem Jahr nicht geführt. So hat der Bundestag im April mit den Stimmen der damaligen schwarz-roten Regierungskoalition den von ihr vorgelegten Entwurf zur Änderung des Grunderwerbssteuergesetzes angenommen, dessen Ziel »die Eindämmung missbräuchlicher Steuergestaltungen in der Grunderwerbsteuer durch verschiedene Einzelmaßnahmen« ist, wie es in der Begründung zum Gesetz heißt. Die SPD vermutet trotz des Beschlusses: »das Thema wird uns weiter beschäftigen«. Linke und Grüne sprechen von einem »Skandal«. Das beschlossene Gesetz sieht unter anderem vor, dass die Schwelle der Grunderwerbssteuerbefreiung bei Anteilskäufen von damals aktuell noch 95 Prozent bei zukünftig 90 Prozent liegt und die Haltefrist von fünf auf zehn Jahre erhöht wird. Die an der Regierung beteiligte SPD hätte gerne eine Absenkung auf 75 Prozent gehabt, scheiterte jedoch an der Union. Die AbL hatte bereits im Vorfeld der Entscheidung darauf hingewiesen, dass die vorgeschlagene Änderung nicht ausreicht, um die ungerechte steuerliche Bevorzugung außerlandwirtschaftlicher Investoren auf dem landwirtschaftlichen Bodenmarkt zu beenden, und einen eigenen Vorschlag zur Regulierung von Anteilskäufen (Share Deals) und zu Steuergerechtigkeit bei Landkäufen gemacht. Der AbL-Vorschlag sieht eine Besteuerung entsprechend der Höhe der erworbenen Anteile, eine grundsätzliche Genehmigungspflicht von Anteilskäufen sowie die Einführung einer progressiv gestalteten Grunderwerbssteuer vor.

Gesetz reicht nicht aus …

… um Share Deals zu verhindern

Bereits zuvor war im Februar zwei Monate nach der ersten Lesung im Landtag und vier Monate vor der Landtagswahl in Sachsen-Anhalt die Einführung eines Agrarstrukturgesetzes gescheitert, aus »Zeitmangel« wie es als offizielle Begründung verlautete. Bereits fünf Jahre zuvor scheiterte ein solches Gesetz kurz vor der Landtagswahl. In den Landtag eingebracht hatten das Gesetz die Regierungsfraktionen aus CDU, SPD und Bündnis 90/Die Grünen.

Die Agrarstrukturpolitik des Landes sollte demnach darauf gerichtet sein, eine vielfältige Agrarstruktur zu fördern, in der bäuerliche Betriebe dominieren. Damit verbunden war das Ziel einer breiten Streuung des Eigentums an Grund und Boden. Wie vor fünf Jahren dürfte das Gesetz unter anderem auch am Widerstand seitens des Bauernverbandes und/oder des Genossenschaftsverbandes gescheitert sein. Letztgenannter hatte noch Ende Januar erklärt, dass der Gesetzentwurf »die zukunftsweisend aufgestellte Agrarstruktur in Sachsen-Anhalt« ignoriere und »einseitig auf eine Landwirtschaft kleiner und mittlerer bäuerlicher Einzelbetriebe ausgerichtet« sei. Größere Betriebe würden faktisch benachteiligt.

Keine Deutsche Einheit beim Bodenmarkt

Übernahmen von landwirtschaftlichen Betrieben durch überregionale, teilweise branchenfremde Investoren mittels sog. Share Deals werden auch als ein Grund für eine Veränderung der Agrarstruktur in den neuen Ländern im kürzlich vorgelegten *Jahresbericht der Bundesregierung zum Stand der Deutschen Einheit 2021* genannt.[15] Mit den Übernahmen steige auch die Konzentration von Agrarflächen bei einzelnen Akteuren. Ein weiterer Effekt der Anteilskäufe außerlandwirtschaftlicher Finanzanleger sei die Gefahr der Entfremdung der Landwirtschaft von den Gemeinden, in welchen die Tochtergesellschaften wirtschaften. »Der Unternehmenssitz befindet sich in der Regel nicht an den Standorten der einzelnen Tochtergesellschaften. Ortsfremde Betriebsinhaber integrieren sich in der Regel weniger in das Dorfleben, engagieren sich weniger für die Gemeinde. Im Ergebnis verstärkt diese Entwicklung die Distanz zwischen den Agrarunternehmen und der ländlichen Bevölkerung – z. B. indem

Fünf Kernforderungen an die neue Bundesregierung – aus der Sicht von Agrarpolitik und sozialer Lage

1. Die Empfehlungen der Zukunftskommission Landwirtschaft müssen Grundlage der Agrarpolitik der neuen Bundesregierung sein. Mit dem Umbau der Nutztierhaltung entsprechend den Vorschlägen des Kompetenznetzwerks Nutztierhaltung muss unverzüglich begonnen und ein verlässliches, Planungssicherheit für die Betriebe bietendes Finanzierungskonzept vorgelegt werden. In die Erarbeitung ist die Praxis einzubinden.
2. Bei der nationalen Ausgestaltung der Gemeinsamen Europäischen Agrarpolitik (GAP) muss deutlich nachgebessert werden. Die Öko-Regelungen sind mit einer Anreizkomponente auszugestalten, damit zusätzliche gesellschaftliche Leistungen der Landwirt:innen für Umwelt, Klima und Tierschutz auch wirtschaftlich honoriert werden. Es sind zusätzliche Öko-Regelungen zur Reduktion von Nährstoffüberschüssen und Weidehaltung von Milchkühen einzuführen. Der Ausbau des Ökolandbaus muss finanziell abgesichert werden. Für eine bedarfsgerechte Vergabe der Mittel der Einkommensgrundstützung ist zu sorgen – die Umverteilungsprämie ist zu erhöhen, Kappung und Degression sind einzuführen. Regelungen zur Förderung von Agroforstsystemen sind insbesondere bezüglich der Förderhöhe nachzubessern. Erforderlich ist die sukzessive Anhebung des Budgets der Öko-Regelungen.
3. Die Reform der EU-Agrarförderung – weg von der pauschalen Flächenprämie und hin zur Honorierung gesellschaftlicher Leistungen – ist ab 2023 beginnend innerhalb von zwei Förderperioden abzuschließen. Dabei sind Punktemodelle wie die Gemeinwohlprämie des Deutschen Verbands für Landschaftspflege (DVL) oder der AbL geeignet, Maßnahmen und Leistungen der Betriebe besser an Zielmarken (z. B. Klimaschutz, Biodiversität) auszurichten und entsprechend anzuwenden.
4. Am Bodenmarkt und beim Bezug von Fördermitteln sind außerlandwirtschaftliche Investoren auszuschließen. Dazu ist bei den Förderkriterien eine entsprechende Definition des »aktiven Landwirtes« vorzunehmen und beim Grundstücksverkehr beispielsweise die Regelung zu Anteilskäufen (Share Deals) zu verschärfen. Initiativen einzelner Bundesländer zur Erarbeitung von den Bodenmarkt regulierenden Agrarstrukturgesetzen sind vom Bund zu unterstützen.
5. Erforderlich ist ein deutlich stärkeres Engagement der Politik zugunsten der Förderung von Junglandwirt:innen. Die bestehende Förderung ist um eine zielgerichtete qualifizierte Komponente zu ergänzen, z. B. in Form einer Niederlassungsprämie wie sie bereits in Sachsen-Anhalt existiert, oder einer – in Anlehnung an diese Prämie – in Nordrhein-Westfalen von landwirtschaftlichen Jugendorganisationen geforderten Existenzgründungsbeihilfe, die als Förderkriterium unter anderem Maßnahmen für ökologische Nachhaltigkeit und Ressourcenschutz vorsieht. Auch der nationale GAP-Strategieplan muss zugunsten einer verstärkten Förderung von Junglandwirt:innen genutzt werden.

Icon: Gerald Wildmoser

Wertschöpfung aus der Region zum entfernten Firmensitz abfließt, während die Gemeinde weiterhin die nötige Infrastruktur vor Ort finanzieren muss«, heißt es in dem Bericht. Aufgrund von Regulierungslücken würden dabei in der Regel sowohl der gesetzliche Vorrang von Landwirt:innen auf dem landwirtschaftlichen Bodenmarkt nach dem Grundstückverkehrsgesetz als auch die Grunderwerbssteuer umgangen.

Koalitionsvertrag äußert sich nicht zum Bodenrecht

»Damit haben entsprechende Investoren Wettbewerbsvorteile auf dem Bodenmarkt gegenüber regionalen Landwirtinnen und -wirten. Die zusätzliche Nachfrage wirkt tendenziell preiserhöhend auf dem Bodenmarkt«, so der Bericht, der dann darauf verweist, dass die Länder Sachsen-Anhalt, Brandenburg, Sachsen und Thüringen inzwischen angekündigt haben, die Regulierungslücke im Bodenrecht zu schließen. Jetzt muss den Ankündigungen nur noch die tatsächliche Schließung folgen. Im Koalitionsvertrag der Ampel-Koalition in Berlin sind Aussagen zur Regulierung des Bodenmarktes nicht zu finden.

Der Bodenmarkt ist somit auch eine der Herausforderungen für den neuen Landwirtschaftsminister Cem Özdemir. In ersten Äußerungen nach seiner Ernennung hat er erklärt, dass die Betriebe eine klare wirtschaftliche und nachhaltige Perspektive brauchen und er gemeinsam mit der Landwirtschaft die Transformation zu mehr Tierwohl, Umweltschutz und Klimaschutz gestalten will. Und auch die Empfehlungen der Zukunftskommission Landwirtschaft will er abarbeiten. Nicht an den Ankündigungen, sondern an den Taten wird er sich messen lassen müssen.

Anmerkungen

1 Zukunftskommission Landwirtschaft: Zukunft Landwirtschaft – Eine gesamtgesellschaftliche Aufgabe. Empfehlungen der Zukunftskommission Landwirtschaft. Berlin 2021.

2 BMEL: Empfehlungen des Kompetenznetzwerks Nutztierhaltung. Berlin 2020 (www.bmel.de/SharedDocs/Downloads/DE/_Tiere/Nutztiere/200211-empfehlung-kompetenznetzwerk-nutztierhaltung.pdf;jsessionid=60870A27595D59AE119EEABFE40D1B44.live841?__blob=publicationFile&v=3).

3 Koalitionsvertrag zwischen SPD, Bündnis 90/Die Grünen und FDP: Mehr Fortschritt wagen – Bündnis für Freiheit, Gerechtigkeit und Nachhaltigkeit. Berlin 2021 (www.spd.de/fileadmin/Dokumente/Koalitionsvertrag/Koalitionsvertrag_2021-2025.pdf).

4 »Pläne für Agrarreform gefährden 30 % Bio-Ziel.« Pressemitteilung des BÖLW vom 30. November 2021 (www.boelw.de/themen/eu-agrarpolitik/reform-2020/artikel/plaene-fuer-agrarreform-gefaehrden-30-bio-ziel/).

5 Deutscher Bundestag: Produktivität, Klimaresilienz und Biodiversität steigern – Agroforstwirtschaft fördern, Antrag der Fraktionen von CDU/CSU und SPD. Drucksache 19/24389, 17. November 2020.

6 Entschließung des Bundesrates: Initiative Biodiversität- und Klimaschutz - Neue Wege der Landnutzung wagen - Agroforstwirtschaft im Verwaltungssystem verankern. Drucksache 420/21, Juni 2021.

7 Deutscher Fachverband für Agroforstwirtschaft (DeFAF): Geplante Förderung von Agroforstsystemen entwickelt sich zum Förderflop. November 2021 (https://agroforst-info.de/wp-content/uploads/2021/11/2021_11_29_PM_DeFAF-Stellungnahme-GAPDZV.pdf).

8 Siehe dazu R. Hübner: Den Wald aufs Feld holen – Agroforstwirtschaft als Option für die Landwirtschaft der Zukunft auch in Deutschland. In: Der kritische Agrarbericht 2021, S. 241–246.

9 Redeker, Sellner, Dahs: Machbarkeitsstudie zur rechtlichen und förderpolitischen Begleitung einer langfristigen Transformation der deutschen Nutztierhaltung. Berlin, Bonn, Kraainem, Herne 2021.

10 C. Deblitz et al.: Politikfolgenabschätzung zu den Empfehlungen des Kompetenznetzwerks Nutztierhaltung. Thünen Working Paper 173. Braunschweig 2021.

11 Entschließung des Bundesrates: Konzeption einer Finanzierungsstrategie inkl. einer Tierwohl-Abgabe als Teil der Nutztierstrategie des Bundes zum Umbau der landwirtschaftlichen Nutztierhaltung. Drucksache 105/21 (Beschluss), März 2021.

12 Entschließung des Bundesrates: Umbau der Nutztierhaltung für mehr Tierwohl, Umwelt- und Klimaschutz vorantreiben. Drucksache 544/21 (Beschluss), September 2021.

13 Dazu zählen: Arbeitsgemeinschaft bäuerliche Landwirtschaft (AbL), Land schafft Verbindung (LsV), Europäisches Milchboard (EMB), Bundesverband Deutscher Milchviehhalter (BDM), MEG Milch Board, Freie Bauern.

14 Agrardialog: Forderungen der Landwirtschaft an den Koalitionsvertrag 2021-2025. Oktober 2021 (www.freiebauern.de/images/211025_Forderungen_an_den_Koalitionsvertrag.pdf).

15 Bundesministerium für Wirtschaft und Klimaschutz: Jahresbericht der Bundesregierung zum Stand der Deutschen Einheit. Berlin 2021.

Friedhelm Stodieck
langjähriger Redakteur der *Unabhängigen Bauernstimme* und Mitglied in der Redaktionsleitung des *Kritischen Agrarberichts.*

kuhsprung@aol.com

Dokumentation

Mehr Fortschritt wagen

Bündnis für Freiheit, Gerechtigkeit und Nachhaltigkeit

Koalitionsvertrag 2021 – 2025 zwischen der Sozialdemokratischen Partei Deutschlands (SPD), Bündnis 90/Die Grünen und den Freien Demokraten (FDP) [in Auszügen]

I. Präambel

[...]

Was das Land herausfordert

[...] Die Welt ist am Beginn eines Jahrzehnts im Umbruch, deshalb können wir nicht im Stillstand verharren. Die Klimakrise gefährdet unsere Lebensgrundlagen und bedroht Freiheit, Wohlstand und Sicherheit. Deutschland und Europa müssen angesichts eines verschärften globalen Wettbewerbs ihre ökonomische Stärke neu begründen. Im internationalen Systemwettstreit gilt es, unsere Werte entschlossen mit demokratischen Partnern zu verteidigen. Zugleich verändert die Digitalisierung die Art und Weise wie wir wirtschaften, arbeiten und miteinander kommunizieren. Unsere Gesellschaft wird älter und diverser. Auch gilt es, gesellschaftliche Spannungen in Zeiten des schnellen Wandels zu reduzieren und das Vertrauen in unsere Demokratie zu stärken. [...]

Was wir voranbringen wollen

[...] Die Klimaschutzziele von Paris zu erreichen, hat für uns oberste Priorität. Klimaschutz sichert Freiheit, Gerechtigkeit und nachhaltigen Wohlstand. Es gilt, die soziale Marktwirtschaft als eine sozialökologische Marktwirtschaft neu zu begründen. Wir schaffen ein Regelwerk, das den Weg frei macht für Innovationen und Maßnahmen, um Deutschland auf den 1,5-Grad-Pfad zu bringen. Wir bringen neues Tempo in die Energiewende, indem wir Hürden für den Ausbau der Erneuerbaren Energien aus dem Weg räumen. Schritt für Schritt beenden wir das fossile Zeitalter, auch, indem wir den Kohleausstieg idealerweise auf 2030 vorziehen und die Technologie des Verbrennungsmotors hinter uns lassen. [...]

II. Moderner Staat, digitaler Aufbruch und Innovationen

[...]

Moderner Staat und Demokratie [...]

Planungs- und Genehmigungsbeschleunigung

Um Deutschland zügig zu modernisieren, sind schnelle Verwaltungs-, Planungs- und Genehmigungsverfahren zentrale Voraussetzung. Daher sollen im ersten Jahr der Regierung alle notwendigen Entscheidungen getroffen und durchgesetzt werden, um private wie staatliche Investitionen schnell, effizient und zielsicher umsetzen zu können. Unser Ziel ist es, die Verfahrensdauer mindestens zu halbieren. [...]

Innovation, Wissenschaft, Hochschule und Forschung

Zukunftsstrategie Forschung

[...] Zentrale Zukunftsfelder sind unter anderem: Erstens: Moderne Technologien für eine wettbewerbsfähige und klimaneutrale Industrie (wie Stahl- und Grundstoffindustrie) in Deutschland. Sicherstellung sauberer Energiegewinnung- und -versorgung sowie die nachhaltige Mobilität der Zukunft. Zweitens: Klima, Klimafolgen, Biodiversität, Nachhaltigkeit, Erdsystem und entsprechende Anpassungsstrategien, sowie nachhaltiges Landwirtschafts- und Ernährungssystem. [...]

III. Klimaschutz in einer sozial-ökologischen Marktwirtschaft

[...] Wir denken ökonomische Entwicklung und ökologische Verantwortung zusammen. Es gilt, zu erhalten, was uns erhält und unsere Ressourcen zu schützen. Der Schutz von Umwelt und Natur ist daher essenzieller Bestandteil unseres politischen Handelns, die 17 Nachhaltigkeitsziele der Vereinten Nationen (SDG) sind Richtschnur unserer Politik. Insbesondere der Kampf gegen das Artensterben, verlangt hohe Aufmerksamkeit und politisches Handeln. Unser Ziel ist eine nachhaltige, zukunftsfähige Landwirtschaft, in der die Bäuerinnen und Bauern ökonomisch tragfähig wirtschaften können und die Umwelt, Tieren und Klima gerecht wird. Wir stärken regionale Wertschöpfungsketten und tragen zum Erhalt ländlicher Strukturen bei. [...]

Wirtschaft

[...]

Rohstoffe, Lieferketten und Freihandel

[...] Wir unterstützen ein wirksames EU-Lieferkettengesetz, basierend auf den UN-Leitprinzipien Wirtschaft und ▸

Menschenrechte, das kleinere und mittlere Unternehmen nicht überfordert. Das Gesetz über die unternehmerischen Sorgfaltspflichten in Lieferketten wird unverändert umgesetzt und gegebenenfalls verbessert. Wir unterstützen den Vorschlag der EU-Kommission zum Gesetz für entwaldungsfreie Lieferketten. Wir unterstützen das von der EU vorgeschlagene Importverbot von Produkten aus Zwangsarbeit.

Wir wollen den regelbasierten Freihandel auf Grundlage von fairen sozialen, ökologischen und menschenrechtlichen Standards stärken und sprechen uns für eine deutsche und europäische Handelspolitik gegen Protektionismus und unfaire Handelspraktiken aus. Damit garantieren wir Wohlstand und nachhaltiges Wirtschaftswachstum. Wir setzen uns für die Stärkung des Multilateralismus und für die Weiterentwicklung der Welthandelsorganisation WTO ein, dazu gehört die Erneuerung der Regeln zu marktverzerrenden Subventionen, die Aufhebung der Blockade bei dem Streitbeilegungsmechanismus und eine Ausrichtung am Pariser Klimavertrag sowie den Globalen Nachhaltigkeitszielen der VN. Wir unterstützen die Neuausrichtung der EU-Handelsstrategie und wollen die künftigen EU-Handelsabkommen (u. a. mit Chile, Neuseeland, Australien, ASEAN, Indien) mit effektiven Nachhaltigkeitsstandards unter Anwendung eines Streitbeilegungsmechanismus ausstatten. Wir setzen uns auf europäischer Ebene dafür ein, dass bei der Vertragsfortentwicklung durch die regulatorische Kooperation die Entscheidungskompetenzen des EU-Parlaments gestärkt werden. […]

Umwelt- und Naturschutz

[…]

Naturschutz und Biodiversität

Der Erhalt der Artenvielfalt ist eine Menschheitsaufgabe und eine ethische Verpflichtung. Wir wollen die Biologische Vielfalt schützen und verbessern, ihre nachhaltige Nutzung sichern und die Potenziale des natürlichen Klimaschutzes nutzen. […]

Wir setzen uns im Rahmen der Konvention über Biologische Vielfalt (CBD) im Sinne der europäischen Biodiversitätsstrategie dafür ein, 30 Prozent Schutzgebiete zu erreichen und diese wirksam zu schützen. Für die nationale Umsetzung werden wir die Nationale Strategie zur biologischen Vielfalt (NBS) mit Aktionsplänen, konkreten Zielen und Maßnahmen weiterentwickeln, verbindlich verankern und das wissenschaftliche Monitoring stärken. […]

Wir setzen uns für konsequenten Insektenschutz ein, werden den Einsatz von Pestiziden deutlich verringern und die Entwicklung von natur- und umweltverträglichen Alternativen fördern. […]

Unser Ziel ist es, das Zusammenleben von Weidetieren, Mensch und Wolf so gut zu gestalten, dass trotz noch steigender Wolfspopulation möglichst wenige Konflikte auftreten. Wir werden mit allen in diesen Fragen befassten Organisationen und Verbänden einen institutionalisierten Dialog »Weidetierhaltung und Wolf« einrichten. Wir werden durch eine Überarbeitung der Monitoringstandards die Anzahl der in Deutschland lebenden Wölfe realitätsgetreu abbilden und wollen den Ländern europarechtskonform ein regional differenziertes Bestandsmanagement ermöglichen.

Natürlicher Klimaschutz

Wir entwickeln ein Aktionsprogramm Natürlicher Klimaschutz, mit dem wir Synergien zwischen Natur- und Klimaschutz schaffen und stärken mit Renaturierungsmaßnahmen die Resilienz unserer Ökosysteme, insbesondere Moore, Wälder, Auen, Grünland sowie marine und Küstenökosysteme, gegen die Klimakrise. Wir stellen eine ausreichende Finanzierung aus dem Energie- und Klimafonds bereit. Zusätzlich richten wir einen Bundesnaturschutzfonds ein und bündeln die bestehenden Bundesprogramme zum Naturschutz. Moorschutz liegt im öffentlichen Interesse. Wir werden eine Nationale Moorschutzstrategie verabschieden und zügig umsetzen. Wir werden die Umsetzung von Moorschutzmaßnahmen durch einen partizipativen Prozess zur Erarbeitung nachhaltiger Entwicklungskonzepte begleiten, Perspektiven für die Regionen entwickeln und alternative Bewirtschaftungsformen stärken (u. a. Paludikulturen). […]

Bodenschutz

Das Bundesbodenschutzrecht werden wir evaluieren und an die Herausforderungen des Klimaschutzes, der Klimaanpassung und den Erhalt der Biodiversität anpassen und dabei die unterschiedlichen Nutzungen berücksichtigen. Auf EU-Ebene werden wir uns für einen verbesserten Schutz der Böden und verbindliche Regelungen einsetzen. Wir werden ein nationales Bodenmonitoringzentrum einrichten. Um den Flächenverbrauch für Siedlungs- und Verkehrszwecke auf das 30-ha-Ziel bis spätestens 2030 zu reduzieren, werden wir Anreize setzen, Fehlanreize vermeiden und durch wirksame Initiativen Versiegelung reduzieren. […]

Landwirtschaft und Ernährung

Eine nachhaltige Landwirtschaft dient zugleich den Interessen der Betriebe, des Tierwohls und der Natur und ist Grundlage einer gesunden Ernährung.

Tierschutz

Wir führen ab 2022 eine verbindliche Tierhaltungskennzeichnung ein, die auch Transport und Schlachtung umfasst. Unser Ziel sind entsprechende verbindliche EU-weit einheitliche Standards. Zudem führen wir eine ▶

umfassende Herkunftskennzeichnung ein. Wir begleiten die Einführung mit einer Informations- und Aufklärungskampagne. Wir wollen die Landwirte dabei unterstützen, die Nutztierhaltung in Deutschland artgerecht umzubauen. Dafür streben wir an, ein durch Marktteilnehmer getragenes finanzielles System zu entwickeln, mit dessen Einnahmen zweckgebunden die laufenden Kosten landwirtschaftlicher Betriebe ausgeglichen und Investitionen gefördert werden ohne den Handel bürokratisch zu belasten. Die Investitionsförderung wird künftig nach den Haltungskriterien ausgerichtet und in der Regel nur nach den oberen Stufen gewährt. Das Bau- und Genehmigungsrecht ist entsprechend anzupassen. Die Entwicklung der Tierbestände soll sich an der Fläche orientieren und wird in Einklang mit den Zielen des Klima-, Gewässer- und Emissionsschutzes (Ammoniak/Methan) gebracht. Wir wollen die Emissionen aus Ammoniak und Methan unter Berücksichtigung des Tierwohls deutlich mindern. Die Landwirte sollen auf dem Weg zur Klimaneutralität im Rahmen des Umbaus der Nutztierhaltung unterstützt werden. Wir streben an, Planungs- und Investitionssicherheit herzustellen. Wir führen ein Prüf- und Zulassungsverfahren für Stallsysteme und für serienmäßig hergestellte Betäubungsanlagen ein. Wir verbessern die Rechtsvorschriften zum Schutz vor Bränden und technischen Störungen in Ställen, unter Berücksichtigung von angemessenen Übergangsfristen. Wir schließen bestehende Lücken in der Nutztierhaltungsverordnung und verbessern das Tierschutzgesetz (Qualzucht konkretisieren, nicht kurative Eingriffe deutlich reduzieren, Anbindehaltung spätestens in zehn Jahren beenden). Wir erarbeiten eine Tiergesundheitsstrategie und etablieren eine umfassende Datenbank (inkl. Verarbeitungsbetriebe tierischer Nebenprodukte). Wir werden den wirkstoff- und anwendungsbezogenen Antibiotikaeinsatz in landwirtschaftlichen Betrieben erfassen und senken. Lebendtiertransporte in Drittstaaten werden künftig nur erlaubt, wenn sie auf Routen mit nachgewiesen tierschutzgerechten Versorgungseinrichtungen stattfinden. Wir setzen uns auch auf EU-Ebene für bessere Regelungen für Tiertransporte und einen Ausbau des Datenbanksystems TRACES ein. Wir fördern dezentrale und mobile Schlachtstrukturen. Sie schaffen die Rechtsgrundlage zur Einführung eines standardisierten kameragestützten Überwachungssystems in besonders tierschutzrelevanten Bereichen in Schlachthöfen ab einer relevanten Größe. Wir schließen Rechts- und Vollzugslücken im Bereich des Tierschutzes, um der Verantwortung aus der ausschließlich dem Staat zustehenden Eingriffskompetenz gerecht zu werden. […]

Europäische Agrarpolitik

Wir sorgen unverzüglich dafür, dass die Begleitverordnungen zum nationalen Strategieplan der Gemeinsamen Agrarpolitik (GAP) mit dem Ziel des Umwelt- und Klimaschutzes sowie der Einkommenssicherung angepasst werden.

Die aktuelle Architektur wird spätestens zur Mitte der Legislaturperiode überprüft und im Sinne der Zielerreichung angepasst. Für die verlässliche Weiterentwicklung ab 2027 legt die Bundesregierung mit dieser Evaluierung ein Konzept vor, wie die Direktzahlungen durch die Honorierung von Klima- und Umweltleistungen angemessen ersetzt werden können. Dies dient auch der Einkommenswirksamkeit.

Gemeinschaftsaufgabe Verbesserung der Agrarstruktur und Küstenschutz (GAK)

Orientiert an der Reform der GRW werden wir die Gemeinschaftsaufgabe neu an unseren Zielen ausrichten und setzen uns für eine überjährige und flexible Finanzierung ein. Neue Aufgaben wie Naturschutz und Klimaanpassung müssen durch zusätzliche Finanzmittel gesichert werden. Kooperationen zwischen Naturschutz und Landwirtschaft sollen für die landwirtschaftliche Förderung eine rechtliche Grundlage erhalten. […]

Landbau

Das Artensterben, der Verlust der Biodiversität ist eine weitere ökologische Krise. Wir wollen den Einsatz von Pflanzenschutzmitteln auf das notwendige Maß beschränken. Mit folgenden Maßnahmen wollen wir den Einsatz ambitioniert reduzieren:

- Wir werden die gesamte Landwirtschaft in ihrer Vielfalt an den Zielen Umwelt- und Ressourcenschutz ausrichten (Ökologischer Landbau). Wir wollen eine Landwirtschaft im Einklang von Natur und Umwelt weiterentwickeln. Wir wollen 30 Prozent Ökolandbau bis zum Jahr 2030 erreichen. Hierfür wollen wir die Bundesmittel für das Bundesprogramm Ökolandbau erhöhen und entsprechend dem Ausbauziel Agrarforschungsgelder für Forschungsbelange des Ökolandbaus zur Verfügung stellen. Wir erweitern die Zukunftsstrategie ökologischer Landbau um die gesamte Bio- Wertschöpfungskette.
- Der integrierte Pflanzenschutz wird ergänzt, wir stärken seine Forschung und Förderung und entwickeln den Nationalen Aktionsplan weiter.
- Pflanzen sollen so geschützt werden, dass Nebenwirkungen für Umwelt, Gesundheit und Biodiversität vermieden werden. Die Zulassung von Pflanzenschutzmitteln muss transparent und rechtssicher nach wissenschaftlichen Kriterien erfolgen, bestehende Lücken auf europäischer Ebene werden geschlossen. Gleichzeitig muss eine schnellere Entscheidung stattfinden. ▶

- Zudem sorgen wir für eine Verbesserung der Verfügbarkeit von Pflanzenschutzmitteln, insbesondere für Anwendungen von geringfügigem Umfang bei vielfältig angebauten Sonderkulturen, für den Vorratsschutz und für geeignete Resistenzstrategien.
- Wir setzen auch auf digitale Anwendungen und moderne Applikationstechnik zur zielgenauen Ausbringung und Vermeidung von Abdrift.
- Wir stärken Alternativen zu chemisch-synthetischen Pflanzenschutzmitteln (Biologicals, low risks, Pflanzenstärkungsmittel, physikalisch, biologisch, Anbaumethoden, Robotik, Drohnen, Digitalisierung, Prognosemodelle etc.) und verbessern die zugehörigen Verfahren.
- Analog zu bestehenden Reglungen zu Pestiziden in Naturschutzgebieten, bei den Landwirtinnen und Landwirten einen Erschwernisausgleich bekommen, wollen wir Regeln für die Trinkwasserschutzgebiete finden.
- Wir nehmen Glyphosat bis Ende 2023 vom Markt.
- Ein digitales Herkunfts- und Identifikationssystem Nährstoff- und Pflanzenschutz, mit dem Ziel, die Reduktionsstrategie voranzubringen, soll eingeführt werden.
- Die Züchtung von klimarobusten Pflanzensorten wollen wir unterstützen. Dazu verbessern wir die Rahmenbedingungen auch für Populationssorten, fördern Modellprojekte wie Crowd-Breeding, Digitalisierung, stellen Transparenz über Züchtungsmethoden her und stärken die Risiko- und Nachweisforschung.

Digitalisierung in der Landwirtschaft

Wir werden die von der Landwirtschaft und Ernährung benötigten öffentlichen Daten einfacher und in geeigneter Qualität und Aktualität den berechtigten Nutzern frei zur Verfügung stellen und dazu eine echte Plattform mit zentralem Zugang zu sämtlichen staatlichen Daten und Diensten einrichten, insbesondere auch für entsprechende Verwaltungsdienstleistungen. Staatliche Daten aller Verwaltungsebenen sollen künftig in einheitlichen Formaten zur Verfügung gestellt werden. Der Agrardatenraum in Gaia-X als Basis einer europäischen Dateninfrastruktur mit klarem Nutzungsrecht für Landwirte an den betriebsspezifischen Daten, an deren Entstehung sie mitgewirkt haben, wird mit standardisierten Schnittstellen weiterentwickelt. Open-Source-Formate werden ausdrücklich unterstützt.

Bodenpolitik

Die Debatte der EU-Kommission über die »Carbon Removal Certification Guidelines« begleiten wir aktiv. Wir brauchen eine Aktualisierung des Bodenschutzgesetztes, ein Bodenmonitoringzentrum und wir müssen die EU bei einer Bodenrichtlinie unterstützen. Wir verstärken Forschung und Förderung zu klimarobustem Pflanzenbau. Sie startet hierfür ein Bundesprogramm »Zukunftsfähiger Ackerbau«. Die Eiweißpflanzenstrategie entwickeln wir weiter.

Die BVVG-Flächen werden für Ausgleichs- und Ersatzmaßnahmen sowie Klima- und Artenschutz genutzt. Dabei werden landwirtschaftlich genutzte Flächen vorrangig an nachhaltig bzw. ökologisch wirtschaftende Betriebe verpachtet und nicht veräußert. [...]

Lebensmittelmarkt

Wir unterstützen fairen Wettbewerb mit fairen Preisen im Lebensmittelmarkt. Wir werden die kartellrechtliche Missbrauchsaufsicht und Fusionskontrolle im Bundeskartellamt stärken. Wir gehen gegen unfaire Handelspraktiken vor und prüfen, ob der Verkauf von Lebensmitteln unter Produktionskosten unterbunden werden kann. Den Milchmarkt werden wir weiter beobachten und die Bilanz der Lieferbeziehungen evaluieren. [...]

Klima, Energie, Transformation

[...]

Klimaschutzgesetz

Wir werden das Klimaschutzgesetz noch im Jahr 2022 konsequent weiterentwickeln und ein Klimaschutz-Sofortprogramm mit allen notwendigen Gesetzen, Verordnungen und Maßnahmen auf den Weg bringen. Wir werden Klimaschutz zu einer Querschnittsaufgabe machen, indem das jeweils federführende Ressort seine Gesetzentwürfe auf ihre Klimawirkung und die Vereinbarkeit mit den nationalen Klimaschutzzielen hin prüft und mit einer entsprechenden Begründung versieht (Klimacheck).

Alle Sektoren werden einen Beitrag leisten müssen: Verkehr, Bauen und Wohnen, Stromerzeugung, Industrie und Landwirtschaft. Die Einhaltung der Klimaziele werden wir anhand einer sektorübergreifenden und analog zum Pariser Klimaabkommen mehrjährigen Gesamtrechnung überprüfen. Basis dafür ist das jährliche Monitoring.

Auf dem Weg zur Klimaneutralität müssen alle Sektoren ihren Beitrag zum Erreichen der Klimaziele leisten. Wir wollen mit aller Kraft vermeiden, dass Deutschland aufgrund einer Nichterreichung seiner Klimaziele EU-Emissionshandels-Zertifikate im Rahmen der EU-Lastenteilung kaufen muss, die den Bundeshaushalt belasten.

Wir werden ein Klimaschutzsofortprogramm mit allen notwendigen Gesetzen und Vorhaben bis Ende 2022 auf den Weg bringen und abschließen.

[...]

Zaghafter Schritt in die richtige Richtung

Die Reform der EU-Agrarpolitik hält an pauschalen Flächenprämien fest, bietet aber auch Raum für mehr Umwelt-, Klima- und Tierschutz sowie eine gerechtere Mittelvergabe

von Christian Rehmer und Phillip Brändle

Nach jahrelangen Verhandlungen wurde 2021 in Brüssel beschlossen, wie die EU-Agrarpolitik (GAP) ab 2023 aussehen wird. Auch weiterhin soll ein großer Teil der jährlich knapp 54 Milliarden Euro als pauschale Flächenprämie mit der Gießkanne über Europas Äcker, Weiden und Wiesen verteilt werden. Mit dem neu eingeführten Förderinstrument der Öko-Regelungen (Eco-Schemes) können Leistungen der Landwirt:innen für den Umwelt-, Klima-, und Tierschutz zukünftig gezielt honoriert werden – auch in der Ersten Säule. Insgesamt soll die Verteilung der Fördermittel sowie die Ausgestaltung der Marktregeln zu einer umweltfreundlicheren und faireren Agrarpolitik in den Mitgliedstaaten führen. Ob das gelingt, möchte die EU-Kommission genau prüfen. Dafür mussten die Mitgliedstaaten sog. GAP-Strategiepläne bis Ende 2021 bei ihr einreichen. Der folgende Beitrag analysiert die Brüsseler Beschlüsse und die Vorschläge von Bund und Ländern zur nationalen Umsetzung und benennt notwendige Maßnahmen, um eine Verbesserung der Situation der landwirtschaftlichen Betriebe und für Umwelt-, Klima- und Tierschutz sowie eine gerechte Vergabe der EU-Fördermittel zu erreichen. Der Text entstand, bevor Ende des Jahres die endgültigen GAP-Verordnungen das Bundeskabinett und den Bundesrat passierten.

Nach Jahren im Schneckentempo wurde in Deutschland bei der nationalen Ausgestaltung der EU-Agrarpolitik (GAP) 2021 aufs Tempo gedrückt. Während in Brüssel die Trilog-Verhandlungen noch liefen, einigten sich die Bundesländer bei der Agrarministerkonferenz (AMK) im März 2021 mit der Bundesregierung auf die Rahmenbedingungen der deutschen GAP-Gesetze. Kernpunkte dieser Einigung war die Festlegung auf ein Budget für die Öko-Regelungen (Eco-Schemes) von 25 Prozent, eine anwachsende Umschichtung zwischen der Ersten und der Zweiten Säule von zehn Prozent im Jahr 2023 bis 15 Prozent im Jahr 2026, eine höhere Förderung der ersten 60 Hektar eines jeden Agrarbetriebes (zwölf Prozent des Budgets der Ersten Säule) sowie die Einführung gekoppelter Zahlungen für kleine Wiederkäuer im Umfang von zwei Prozent des Budgets der Ersten Säule. Für Junglandwirt:innen forderte die AMK zwei Prozent des Budgets der Ersten Säule. Die Einführung einer Kappung und Degression lehnte die AMK explizit ab. Mit nur leichten Veränderungen wurden die GAP-Gesetze Anfang Juni 2021 vom Deutschen Bundestag beschlossen.

Förderung von Umwelt-, Klima- und Tierschutzleistungen

Bei den neuen Öko-Regelungen steht in Deutschland vor allem der Naturschutz im Vordergrund. Wirksame Maßnahmen für den Klimaschutz sind unterrepräsentiert. Angebote zur Förderung des Tierwohls fehlen komplett. Die im GAP-Direktzahlungen-Gesetz[1] aufgelisteten Maßnahmen lauten:

- Flächen zur Verbesserung der Biodiversität und Erhaltung von Lebensräumen (Brachen, Blühflächen, Altgrasstreifen),
- vielfältige Ackerkulturen (fünf Ackerfrüchte inklusive zehn Prozent Leguminosen).
- Agroforst auf Ackerland und Grünland,
- Dauergrünland-Extensivierung (gesamter Betrieb),
- Dauergrünlandflächen ergebnisorientiert bewirtschaftet (vier regionale Kennarten),
- Acker- und Dauerkulturen ohne chemisch-synthetischen Pflanzenschutz,
- Bewirtschaftung entsprechend der Schutzziele in Natura 2000-Gebieten.

Die Grundanforderungen (Konditionalität) sind verpflichtend im neuen GAP-Konditionalitäten-Gesetz[2] geregelt und von allen landwirtschaftlichen Betrieben, die Prämien beantragen, umzusetzen. Ab 2023 müssen demnach vier Prozent der betrieblichen Ackerflächen als Brachen oder Landschaftselemente zur Verfügung gestellt werden. Darüber hinaus sollen in der Konditionalität unter anderem ein verpflichtender Schutz des Grünlands und ein Mindestfruchtwechsel verankert werden. Für die Biodiversität besonders wichtige Moorflächen und Feuchtgebiete sowie Grünland in Natura 2000-Gebieten sollen erhalten und in Zukunft nicht mehr umgebrochen werden. Regelungen zur Kontrolle und Verwaltung der GAP finden sich im GAP-Integriertes Verwaltungs- und Kontrollsystem-Gesetz.[3]

Die Bundesrepublik war jahrelang der einzige EU-Mitgliedstaat, der auf Prämien, die an bestimmte Produkte gebunden sind, verzichtete (gekoppelte Prämien). Mit solchen Prämien möchte die EU die Wettbewerbsfähigkeit, Nachhaltigkeit oder Qualität in bestimmten Sektoren und bei bestimmten Erzeugnissen unterstützen, die aus sozialen, wirtschaftlichen oder ökologischen Gründen von besonderer Bedeutung sind und sich in Schwierigkeiten befinden. Ab 2023 soll diese gekoppelte Einkommensstützung nun auch in Deutschland genutzt werden. Es wird Kopfprämien für Schafe und Ziegen (34 Euro) sowie Mutterkühe (78 Euro) geben.

EU-Trilog – Wenn Drei sich streiten, freut sich niemand

Anfangs waren es Triloge. Später nannte man sie »Super-Trilog« und »Jumbo-Trilog«. Besser wurde es dadurch nicht. Die Verhandlungen zwischen der EU-Kommission, die im Sommer 2018 die Entwürfe für die neue GAP-Förderperiode auf den Tisch gelegt hatte, sowie dem Europäischen Parlament und dem EU-Agrar- und Fischereirat zogen sich über Monate. Während das Parlament der etwas progressivere Partner war, zeichnete sich der Rat größtenteils als Blockierer aus. Die EU-Kommission trat nicht als ambitionierte Streitschlichterin in Erscheinung. Am Ende der portugiesischen Ratspräsidentschaft wurde der Trilog im Juni 2021 erfolgreich beendet.[4]

Ein großer Streitpunkt war die Frage, wie viel Geld der Ersten Säule in den Umwelt- und Klimaschutz fließen soll anstatt in die pauschalen Direktzahlungen. Das Europäische Parlament wollte einen Mindestanteil von 30 Prozent, der Rat nur 20 Prozent. Im Ergebnis sind nun mindestens 25 Prozent vorgeschrieben, die allerdings nicht in jedem Jahr erreicht werden müssen. Da die EU keine abschließende Liste für die Öko-Regelungen vorgeschrieben hat, wird es in einigen Mitgliedstaaten voraussichtlich zu weniger ambitionierten Prämien kommen: beispielsweise für Präzisionslandwirtschaft in Belgien, Leguminosenanbau in Slowenien oder GPS-gestützte Düngerausbringung in Irland. Zu einer verpflichtenden Einführung von abschmelzenden Hektarbeträgen für größere Betriebe sowie einen Maximalfördersatz (Kappung und Degression) für alle Mitgliedstaaten konnte sich die EU nicht durchringen. Dafür wurde die höhere Finanzierung der ersten Hektare verbindlich festgeschrieben. Anders als von der AMK gefordert, wurde im Trilog beschlossen, dass die Mitgliedstaaten mindestens drei Prozent der Ersten Säule für die Junglandwirt:innenförderung aufwenden müssen.

Neu ist die Einführung von sozialen Mindestanforderungen. Das bedeutet, dass die Prämienempfänger:innen Elemente des europäischen Sozial- und Arbeitsrechts einhalten müssen, um GAP-Mittel zu erhalten. Erstmals seit der Einführung der GAP im Jahr 1962 gibt es eine solche Verknüpfung, die als »soziale Konditionalität« bezeichnet wird. Die zuständige nationale Behörde muss im Falle der Feststellung eines Verstoßes bei einer regulären Kontrolle des Agrarbetriebes die Informationen an die GAP-Zahlstelle des Mitgliedstaates weiterleiten. Diese kann dann die Zahlungsansprüche kürzen. Die soziale Konditionalität gilt sowohl für Angestellte als auch für saisonale Arbeitskräfte. Sie wird 2023 eingeführt und ist ab 2025 in allen Mitgliedstaaten verbindlich.

Agrar-Plattform kritisiert GAP-Beschlüsse und schlägt Verbesserungen vor

Aus Sicht der Verbände der Agrar-Plattform[5] gehen die deutschen Gesetze bezüglich der Honorierung von tatsächlich erbrachten Leistungen des Gemeinwohls zwar zaghaft in die richtige Richtung, allerdings fehlt aus ihrer Sicht nach wie vor eine konsequente Umstellung der Zahlungen hin zu einer Honorierung des tatsächlichen ökologischen Nutzens aller Maßnahmen durch mehr als einen reinen Kostenausgleich.[6] Die Verbände sind der Ansicht, dass die Klima- und Biodiversitätsziele bis 2030 so nicht zu erfüllen sind. Sie bekräftigen ihre Forderung, mindestens 70 Prozent der gesamten GAP-Mittel für freiwillige Maßnahmen im Bereich Umwelt-, Klima- und Tierschutz zu verwenden. Hierfür sei es notwendig, den über die Jahre ansteigenden Teil, welcher von der Ersten Säule in die Zweite Säule umgeschichtet werden soll, auf deutlich über 15 Prozent ansteigen zu lassen sowie das Budget der Öko-Regelungen ebenfalls sukzessive und deutlich zu erhöhen. Sie fordern zudem, die Option im Gesetz zu streichen, mit welcher das Budget der Öko-Regelungen um zwei Prozent reduziert werden kann, sowie alle Öko-Regelungen mit einer Anreizkomponente auszugestalten. Beide Forderungen spiegeln sich in den Entwürfen der GAP-Verordnungen bisher nur unzureichend wider.

Insbesondere Grünlandbetriebe werden voraussichtlich Schwierigkeiten haben, die Reduzierung der Basisprämie sowie den Wegfall der Greening-Prämie von aktuell rund 280 Euro pro Hektar auf zukünftig rund 150 Euro pro Hektar durch Teilnahme an den Öko-Regelungen ausgleichen zu können. Auch vor diesem Hintergrund schlägt die Agrar-Plattform zusätzliche Öko-Regelungen für die Weidehaltung von Milchkühen sowie die Reduktion von Nährstoffüberschüssen vor. Zudem stellt sie klar, dass die Öko-Regelungen allen Betriebsformen – und damit auch dem Ökolandbau – offenstehen müssen.

Bei der Ausgestaltung der nichtproduktiven Flächen im Rahmen der Konditionalität wurde in Deutschland auf die Anrechenbarkeit von Zwischenfrüchten verzichtet und auf vier Prozent der betrieblichen Ackerfläche festgeschrieben. Um das auch in der EU-Biodiversitätsstrategie formulierte Ziel von mindestens zehn Prozent naturschutzfachlich hochwertiger Lebensräume in der gesamten Agrarlandschaft zu erreichen, müssen zusätzliche Prozente über die Öko-Regelungen erreicht werden. Angesichts der Vorschläge des Bundesministeriums für Ernährung und Landwirtschaft (BMEL) im Herbst 2021 zur konkreten Ausgestaltung der Öko-Regelungen in den GAP-Verordnungen, dürfte dieses Ziel schwierig zu erreichen sein.

Weiterhin viel Geld für wenige

Nach Zahlen des BMEL bekamen im Jahr 2019[7] rund 0,6 Prozent aller Zahlungsempfänger:innen über 20 Prozent aller Direktzahlungen. Auch in der kommenden Förderperiode sollen über 50 Prozent des Budgets der Ersten Säule für pauschale Direktzahlungen aufgewendet werden. Ziel dieser Mittel ist die »Förderung tragfähiger landwirtschaftlicher Einkommen«. Bei der Anhörung zu den GAP-Gesetzen im Deutschen Bundestag wurde diese Mittelverteilung von der Arbeitsgemeinschaft bäuerliche Landwirtschaft (AbL) deutlich kritisiert und eine zielgerichtete Verwendung anhand des konkreten Bedarfs angemahnt.[8] Als Grundlage für die Bedarfsermittlung schlägt die AbL die Ergebnisse und Auswertungen des Thünen-Instituts für Betriebswirtschaft auf Basis des Testbetriebsnetzes Landwirtschaft vor. Landwirtschaftliche Betriebe mit einer Größe ab 400 Hektar erwirtschaften demnach einen Gewinn je nicht entlohnter Arbeitskraft von mehr als 100.000 Euro; Betriebe mit einer Größe ab 600 Hektar von mehr als 130.000 Euro. Betriebe mit einer Flächenausstattung unter 100 Hektar müssen hingegen mit einem Gewinn je nicht entlohnter Arbeitskraft von unter 30.000 Euro klarkommen.

Der uneingeschränkte Einsatz von Mitteln der Einkommensgrundstützung für Nachhaltigkeit in Betrieben der oberen Größenklassen ist aus Sicht der AbL nicht gerechtfertigt. Daher hat sie auf der Anhörung erneut eine Degression der Einkommensgrundstützung oberhalb von 60.000 Euro sowie eine Kappung der Zahlungen bei spätestens 100.000 Euro gefordert, wie sie auch von der Agrar-Plattform empfohlen wird. Freiwerdende Mittel sollen in das Budget der Öko-Regelungen fließen. Während die politisch Verantwortlichen in Deutschland sich mit der Umsetzung dieser Forderungen nach wie vor schwertun, wird in Spanien und Irland ab der kommenden Förderperiode voraussichtlich eine entsprechende Kappung und Degression eingeführt. Ein weiterer Baustein hin zu einer bedarfsgerechten Verwendung der Mittel der Einkommens-Grundstützung muss aus Sicht der AbL eine Verdreifachung der Mittel der Umverteilungsprämie, verbunden mit einer betrieblichen Obergrenze, sein.

Wer gilt als »aktiver Landwirt«?

Nach den Beschlüssen des Triloges müssen alle Mitgliedsaaten den Begriff des sog. »aktiven Landwirts« definieren. Dieser bildet die Grundlage dafür, wer in der kommenden Förderperiode in vollem Umfang Agrarförderung aus der GAP erhält und wer nicht. Die EU sieht vor, dass die Mitgliedstaaten Kriterien wie Einkommensprüfungen oder die Arbeitsintensität eines Betriebes heranziehen können, um bestimmte Unternehmen von der Einstufung als »aktiver Landwirt« auszuschließen. Ausdrücklich möglich ist auch die Einführung einer Negativliste. Aus Sicht der AbL sollte diese Definition genutzt werden, um insbesondere außerlandwirtschaftliche Unternehmen und Holdings von GAP-Fördermitteln auszuschließen, ohne dabei die Förderung klassischer und für die Agrarstruktur wichtiger Nebenerwerbsbetriebe zu gefährden. Hierzu hat sie eine Definition anhand einer Negativliste unter Berücksichtigung der Einkommenssituation vorgeschlagen. Natürliche und juristische Personen wie Versicherungsunternehmen, Immobiliengesellschaften, Möbelhäuser, Flughäfen, Wasserwerke, Eisenbahnverkehrsbetriebe sowie Unternehmen des Lebensmitteleinzelhandels, deren Direktzahlungen sich auf weniger als fünf Prozent der Gesamteinkünfte aus nichtlandwirtschaftlichen Tätigkeiten belaufen, sollen demnach von Fördermitteln ausgeschlossen werden.

Als ergänzendes Kriterium könnte zudem die Definition der Europäischen Kommission für »Kleinstunternehmen sowie kleinen und mittleren Unternehmen« (KMU)[9] aus dem Jahr 2003 herangezogen werden. Diese klassifiziert Unternehmen anhand von Beschäftigtenzahlen und Jahresumsätzen. Bereits heute findet sie in der Agrarinvestitionsförderung der Zweiten Säule Anwendung. Konkret wirksam werden könnte die Definition, wenn etwa Personengesellschaften oder Vereinigungen im »aktiven Landwirt« von der Förderung ausgeschlossen werden, welche nicht als KMU oder mindestens »kleines Unternehmen« klassifiziert sind. Konkret umgesetzt werden muss die Definition in den GAP-Verordnungen. Vorgesehen ist hier bislang, dass alle Unternehmen, welche über einen Versicherungsnachweis der landwirtschaftlichen Berufsgenossenschaft verfügen, als »aktiver Landwirt« angesehen werden sollen. Ausschließen würde diese Definition in der Praxis voraussichtlich so gut wie niemanden.

Preiskrisen verhindern

Auch angesichts der teilweise desaströsen Preise für Erzeuger:innen, insbesondere in der Michvieh- und Schweinehaltung, ist die Kürzung der Basisprämie sowie der Wegfall der Greening-Prämie für viele Betriebe nicht leicht zu verkraften. Vor allem da einige diesen Verlust voraussichtlich nicht durch zusätzliche Prämien aus den Öko-Regelungen ausgleichen werden können. Umso bedeutsamer ist aus betrieblicher Sicht die Debatte bzw. Sicherstellung fairer Erzeuger:innenpreise. Das Forum Ökologisch-Soziale Marktwirtschaft hat im November 2021 im Auftrag des Bunds für Umwelt und Naturschutz (BUND) eine Untersuchung[10] veröffentlicht und mehre Vorschläge zum Erreichen fairer Erzeuger:innenpreise unterbreitet. Diese würden Landwirt:innen und deren Mitarbeitenden die Möglichkeit bieten, ein angemessenes Einkommen zu generieren, das ihren Arbeitsaufwand honoriert und sie finanziell absichert. Darüber hinaus sollte mit fairen Preisen der Investitionsbedarf in Tierwohlmaßnahmen und in Innovationen für eine zukunftsfähige Landwirtschaft wie Digitalisierung, Umwelt- und Klimaschutz gedeckt werden. Außerdem können faire Preise dazu beitragen, die Abhängigkeit von Agrarfördermitteln zu reduzieren. Dabei ist ersichtlich: ein Instrument allein reicht nicht. Notwendig ist eine Mischung aus verschiedenen politischen Instrumenten. Das geht von mehr Information und Transparenz, über freiwillige Selbstverpflichtung, ökonomische Instrumente, bis hin zu Veränderungen im Planungsrecht sowie im Ordnungsrecht.

Auch die Zukunftskommission Landwirtschaft fordert das Ende der pauschalen Flächenprämie bis spätestens 2034.[11] Somit wird sich die Vergabe der Fördermittel weiter ändern. Umso dringender ist die Politik in der Verantwortung, den Rahmen für faire Erzeuger:innenpreise zu setzen. Aus Sicht des Bunds Deutscher Milchviehhalter (BDM) ist mit der Weiterentwicklung des Instruments der freiwilligen Mengenreduzierung gegen Ausgleichszahlung im Zuge der aktuellen GAP-Reform (Marktordung) ein erster Schritt in diese Richtung gelungen. Die zum Zeitpunkt des Verfassens dieses Artikels noch nicht vorliegenden delegierten Rechtsakte der EU werden gleichwohl in hohem Maße darüber entscheiden, wie wirksam dieses Instrument von den einzelnen Mitgliedstaaten tatsächlich genutzt werden kann. Entscheidend wird hierbei sein, wie schnell auf Preiskrisen reagiert werden kann.

Kaum Klimaschutz mit der GAP

Um den Klimawandel und seine ökologischen und sozialen Folgen zu begrenzen, fordert die Zukunftskommission Landwirtschaft die Treibhausgasemissionen so zurückzufahren, dass das 1,5-Grad-Ziel des Pariser Klima-Übereinkommens erreicht wird. Der Anteil dieser Emissionen am derzeitigen bundesdeutschen jährlichen Ausstoß von Treibhausgasen ist mit knapp neun Prozent zu veranschlagen. Dazu kommen Treibhausgasemissionen aus landwirtschaftlicher Landnutzung und Landnutzungsänderungen in Höhe von 4,4 Prozent.[12]

Aus Sicht der Verbände der Agrar-Plattform muss die GAP zwingend genutzt werden, um Bäuerinnen und Bauern beim Klimaschutz zu unterstützen, da agrarpolitisch kein anderes derart wirksames Instrument zur Verfügung steht. Trotzdem wird auch in der kommenden Förderperiode der Klimaschutz bei der GAP voraussichtlich eher klein geschrieben. Die Verbände sprechen sich für eine wissenschaftlich fundierte Berechnung der Klimawirksamkeit der jeweiligen GAP-Maßnahmen aus und forderten dies gegenüber der Kommission ein. Die pauschale Annahme einer Klimaquote von 40 Prozent der »Einkommensgrundstützung für Nachhaltigkeit« und 100 Prozent für sämtliche Öko-Regelungen sind fachlich nicht nachzuvollziehen. Klimaschutz findet in den Öko-Regelungen kaum statt. Die von der Agrar-Plattform vorgeschlagenen zusätzlichen Maßnahmen zur Honorierung der Reduktion von Nährstoffüberschüssen sowie der Stärkung des Grünlandes durch Förderung der Weidehaltung von Milchkühen könnten auch hier Abhilfe schaffen.

Ob der Ökolandbau in Deutschland wie bisher weiter aus der Zweiten Säule oder als eine Öko-Regelung zukünftig aus der Ersten Säule finanziert werden soll, war auch in der Verbändelandschaft lange umstritten. Während einige Mitgliedstaaten den Ökolandbau zukünftig als Öko-Regelung finanzieren, bleibt die Finanzierung in Deutschland in der Zweiten Säule. Gleichzeitig gibt es ambitionierte Ausbauziele. Für Deutschland werden für das Jahr 2030 von der ehemaligen Bundesregierung 20 Prozent Ökofläche anvisiert. Die EU hat sich im gleichen Zeitraum sogar 25 Prozent vorgenommen. Im Koalitionsvertrag der neuen Bundesregierung sind 30 Prozent bis 2030 vorgesehen. Der Ausbau des Ökolandbaus muss dementsprechend finanziell abgesichert werden. Für 20 Prozent Ökolandbau kalkuliert der BUND mit einem Budget von circa 830 Millionen Euro jährlich. Umstellungswillige Agrarbetriebe dürfen nicht schon wieder an leeren Fördertöpfen der Bundesländer scheitern. Neben der Erzeugung ist auch die Verarbeitung und Vermarktung zu fördern – beispielsweise bei der Ausschreibung in der Außer-Haus-Verpflegung.

Punktemodelle werden noch nicht eingeführt

Die vom Deutschen Verband für Landschaftspflege (DVL)[13] sowie der AbL erarbeiteten Punktemodelle zur Honorierung von Gemeinwohlleistungen durch die GAP wurden in den vergangenen Jahren ausgiebig diskutiert sowie vom Thünen-Institut untersucht.[14] Das Ergebnis: die zu erwartende Umweltwirkung der Gemeinwohlprämie des DVL ist höher als die in den Öko-Regelungen bislang konzipierten Maßnahmen. Die EU-Kommission bescheinigt der Gemeinwohlprämie, sie sei »ausgereift« genug, um innerhalb der Öko-Regelung umgesetzt zu werden.[15] Aus Sicht vieler Verbände würde sich eine Einführung der Gemeinwohlprämie gerade in den Öko-Regelungen anbieten, da mit dieser neuen Form von »Direktzahlungen« die konkreten Umweltleistungen der Landwirt:innen gewinnbringend honoriert werden könnten. Stattdessen werden diese weniger an den realen ökologischen Bedürfnissen und (ähnlich den Umwelt- und Klimaprogrammen aus der Zweiten Säule) nur als reiner Nachteilsausgleich programmiert.

Wenngleich mit der Umsetzung eines punktebasierten Prämienmodelles in der GAP noch nicht ab 2023 begonnen wird, so sind sich die Agrarminister:innen in Deutschland dahingehend einig, dass die Modelle von DVL und AbL grundsätzlich ein geeignetes Instrument der zukünftigen »Grünen Architektur« in der GAP darstellen. Zudem sollen sie in der nächsten Förderperiode weiterentwickelt und modellhaft erprobt werden.[16] Spätestens bis Herbst 2025 ist das BMEL aufgerufen, der AMK einen Bericht vorzulegen. In Frankreich und Holland hat man die Jahre seit Veröffentlichung des GAP-Vorschlags der EU-Kommission genutzt und wird Punktesysteme für die Öko-Regelungen in der neuen Förderperiode einführen.

Wie weiter?

Die zum Zeitpunkt des Redaktionsschlusses noch nicht verabschiedeten deutschen GAP-Verordnungen können einen großen Einfluss auf die Ausgestaltung der kommenden Förderperiode der GAP haben. Eine abschließende Bewertung ist somit schwierig. Die aktuellen Entwürfe des BMEL sehen beispielsweise vor, dass der Anbau von Mais in Monokultur trotz Konditionalität auch weiterhin uneingeschränkt möglich bleiben soll. Das Budget der Öko-Regelung soll auf Vorschlag des BMEL zudem um zwei Prozent auf 23 Prozent reduziert werden. Das würde eine Streichung von rund 85 Millionen Euro pro Jahr für die Öko-Regelungen bedeuten. Und das trotz der Tatsache, dass die vom BMEL vorgeschlagenen Prämienhöhen für die meisten Maßnahmen der Öko-Regelungen von allen Seiten als deutlich zu gering eingeschätzt werden. Hier muss nachgebessert werden.

Die GAP-Strategiepläne mussten von den EU-Mitgliedstaaten bis Ende 2021 bei der EU-Kommission eingereicht werden und liegen dort nun zur Prüfung vor. Dafür hat die Kommission sechs Monate Zeit. Anfang 2023 treten sie in Kraft und die neue GAP-Förderperiode beginnt. Der geplanten Evaluation des nationalen GAP-Strategieplans zum 31. Dezember 2025 durch die Mitgliedstaaten sowie der Evaluation der

Folgerungen & Forderungen

- Erforderlich ist die schrittweise Abschaffung der pauschalen Flächenprämie sowie sukzessive Anhebung des Budgets der Öko-Regelungen.
- Die Öko-Regelungen sind mit einer Anreizkomponente auszugestalten, damit zusätzliche gesellschaftliche Leistungen der Landwirt:innen für Umwelt, Klima und Tierschutz auch wirtschaftlich honoriert werden.
- Es sind zusätzliche Öko-Regelungen zur Reduktion von Nährstoffüberschüssen und Weidehaltung von Milchkühen einzuführen.
- Punktemodelle zur Honorierung der Leistungen sind weiterzuentwickeln, zu erproben und einzuführen.
- Die Mittel der GAP sind auch für den Umbau der Nutztierhaltung einzusetzen und gleichzeitig die Empfehlungen des Kompetenznetzwerks Nutztierhaltung (»Borchert-Kommission«) umzusetzen.
- Der Ausbau des Ökolandbaus, so wie er auch im Koalitionsvertrag vorgesehen ist, muss finanziell abgesichert werden.
- Für eine bedarfsgerechte Vergabe der Mittel der Einkommensgrundstützung ist zu sorgen – die Umverteilungsprämie ist zu erhöhen, Kappung und Degression sind einzuführen.
- Außerlandwirtschaftliche Investoren und Gutverdiener:innen sind über eine wirksame Definition des »aktiven Landwirtes« von Fördermitteln auszuschließen.

Instrumente zur Förderung von Umwelt-, Klima- und Tierschutz zum 31. Dezember 2024 durch das BMEL kommt auch angesichts der jüngsten Rechtsprechung des Bundesverfassungsgerichts[17], neuer Klimaziele und anhängiger Vertragsverletzungsverfahren der EU-Kommission eine besondere Bedeutung zu. Die Verbände der Agrar-Plattform sprechen sich deswegen dafür aus, die Wirksamkeit der Konditionalität, der Öko-Regelungen und der Agrarumweltmaßnahmen spätestens zu diesem Zeitpunkt zu überprüfen und diese gegebenenfalls nachzubessern. Jährliche Anpassungen des deutschen GAP-Strategieplans sind per Änderungsantrag auch vorher möglich. Je nach Umfang wären dafür die deutschen GAP-Gesetze und -Verordnungen zu ändern.

Die Verbände der Agrar-Plattform werden sich weiterhin für den Ausstieg aus den pauschalen Flächenprämien im Sinne der Empfehlungen der Zukunftskommission Landwirtschaft einsetzen. Wichtig ist hierfür, dass das Budget der Öko-Reglungen im Laufe der Jahre anwächst und Bäuerinnen und Bauern mit den Öko-Regelungen auch Geld verdienen können. Nur so kann eine schrittweise Transformation der Fördermittelvergabe erreicht werden, die auch dem Anspruch der Farm-to-Fork-Strategie genügt, alle landwirtschaftlichen Betriebe wirtschaftlich mitzunehmen. Spätestens ab der Förderperiode 2028 müssen die bisherigen pauschalen Flächenprämien in dieser Form abgeschafft sein. Ebenso muss der Beitrag der GAP zum Gewässerschutz erhöht werden, wie der Europäische Rechnungshof nach umfassender Analyse zurecht einfordert.[18] Auch hierfür ist die Einführung des neuen Instrumentes der Öko-Regelungen ein wichtiger Schritt.

Das Thema im Kritischen Agrarbericht

- Christian Rehmer und Phillip Brändle: Vom Verwässern und Verbessern. Die Reform der EU-Agrarpolitik auf der Zielgeraden. In: Der kritische Agrarbericht 2021, S. 43–47.
- Christian Rehmer: Zwischen Kuhhandel und Pokerspiel. Die Verhandlungen zur zukünftigen EU-Agrarpolitik. In: Der kritische Agrarbericht 2020, S. 49–53.
- Ulrich Jasper und Christian Rehmer: Die EU-Agrarpolitik vor der Wahl. Plattform-Verbände legen Bewertung der Kommissionsvorschläge und eigene Forderungen zur Gemeinsamen Agrarpolitik vor. In: Der kritische Agrarbericht 2019, S. 40-49.
- Ulrich Jasper und Christian Rehmer: Die Zukunft der Direktzahlungen. Über die neuen Pläne der EU-Kommission und die mögliche Vorreiterrolle Berlins. In: Der kritische Agrarbericht 2018, S. 34–38.
- Ulrich Jasper: Bäuerliche Leistungen honorieren. Ein Vorschlag zur Ausgestaltung der zukünftigen Agrarpolitik. In: Der kritische Agrarbericht 2017, S. 37–40.
- Ulrich Jasper: Dauerkrise überwinden – für Bauern, Umwelt und die Tiere! Deutschlands fataler Einfluss in der EU-Agrarpolitik und die ungenutzten Möglichkeiten für agrarpolitische Verbesserungen. In: Der kritische Agrarbericht 2016, S. 34–39.

Anmerkungen

1 Gesetz zur Durchführung der im Rahmen der Gemeinsamen Agrarpolitik finanzierten Direktzahlungen (GAP-Direktzahlungen-Gesetz – GAPDZG).
2 Gesetz zur Durchführung der im Rahmen der Gemeinsamen Agrarpolitik geltenden Konditionalität (GAP-Konditionalitäten-Gesetz – GAPKondG).
3 Gesetz zur Durchführung des im Rahmen der Gemeinsamen Agrarpolitik einzuführenden Integrierten Verwaltungs- und Kontrollsystems (GAP-Integriertes Verwaltungs- und Kontrollsystem-Gesetz --GAPInVeKoSG).
4 Council of the European Union: Compromise package after the super-trilogue on 24–25 June 2021.
5 Die Plattform besteht aus Verbänden aus Umwelt- und Naturschutz, Landwirtschaft, Entwicklungspolitik, Verbraucherschutz und Tierschutz. Sie wird vom Bund für Umwelt und Naturschutz Deutschland (BUND) in Kooperation mit der Arbeitsgemeinschaft bäuerliche Landwirtschaft (AbL) koordiniert.
6 Verbände-Plattform: Stellungnahme der Verbände-Plattform zur anstehenden Bundestagsbefassung zur GAP ab 2023. 2021.
7 BMEL: Auswertungen zu den gewährten Direktzahlungen für das Antragsjahr 2019. Berlin 2020.
8 AbL: Stellungnahme der Arbeitsgemeinschaft bäuerliche Landwirtschaft e. V. (AbL) für die 85. Sitzung des Ausschusses für Ernährung und Landwirtschaft. 2021, S. 7.
9 Europäische Kommission: Empfehlung der Kommission vom 6. Mai 2003 betreffend die Definition der Kleinstunternehmen sowie der kleinen und mittleren Unternehmen, S. 4.
10 Forum Ökologisch-Soziale Marktwirtschaft: Faire Erzeuger*innenpreise in der Landwirtschaft. Berlin 2021.
11 Siehe dazu auch den Beitrag Olaf Bandt, Elisabeth Fresen und Thomas Schröder in diesem *Kritischen Agrarbericht* (S. 52–57).
12 Zukunftskommission Landwirtschaft: Zukunft Landwirtschaft. Eine gesamtgesellschaftliche Aufgabe. Empfehlungen der Zukunftskommission Landwirtschaft. Berlin 2021, S. 80.
13 Siehe hierzu auch den Beitrag von Jürgen Metzner und Sönke Beckmann in diesem *Kritischen Agrarbericht* (S. 46–51).
14 Thünen-Institut: Ist das DVL-Modell »Gemeinwohlprämie« als potenzielle Ökoregelung der GAP nach 2020 geeignet? Braunschweig 2021.
15 Europäische Kommission: Brief an Herrn Beckmann vom DVL. 2021.
16 Agrarministerkonferenz: Ergebnisprotokoll vom 11. Juni 2021, S. 9.
17 Bundesverfassungsgericht: Beschluss des Ersten Senats vom 24. März 2021. Karlsruhe 2021.
18 Europäischer Rechnungshof: Nachhaltige Wassernutzung in der Landwirtschaft: GAP-Mittel fördern eher eine stärkere als eine effizientere Wassernutzung. Luxemburg 2021.

Christian Rehmer
Leiter Agrarpolitik beim Bund für Umwelt und Naturschutz Deutschland (BUND) e.V.

christian.rehmer@bund.net

Phillip Brändle
Referent für Agrarpolitik bei der Arbeitsgemeinschaft bäuerliche Landwirtschaft (AbL) e.V.

braendle@abl-ev.de

Die Zeit ist reif!

Eine Gemeinwohlprämie kann die Gemeinsame Agrarpolitik zukunftsfähig machen

von Jürgen Metzner und Sönke Beckmann

Der notwendige Transformationsprozess in der Landwirtschaft erfordert auch neue Konzepte in der Agrarpolitik. Diese müssen sowohl die von der Gesellschaft an die Bauern und Bäuerinnen gestellten Forderungen nach mehr Umwelt-, Biodiversitäts-, Klima-, Gewässer- und Tierschutz erfüllen als auch den betrieblichen Interessen gerecht werden und dem Ansatz »öffentliches Geld für öffentliche Leistungen« entsprechend einkommenswirksam werden. Mit dem in Zusammenarbeit mit der Praxis erarbeiteten Modell der Gemeinwohlprämie hat der Deutsche Verband für Landschaftspflege (DVL) ein solches Konzept vorgelegt, das mittlerweile auch von zahlreichen Stimmen aus der Wissenschaft und der Politik Unterstützung erfährt, ohne bisher jedoch umgesetzt zu werden. Der folgende Beitrag beschreibt den Ansatz der Gemeinwohlprämie, benennt vorhandene Umsetzungsmöglichkeiten im Rahmen der Gemeinsamen EU-Agrarpolitik und beantwortet die Frage, ob eine Gemeinwohlprämie kommt, mit einem eindeutigen »Ja«.

Auf Neudeutsch nennt man es einen Gamechanger. Am 28. Juli 2021 veröffentlichte der Europäische Rat die Ergebnisse der Trilogverhandlungen zwischen EU-Kommission, Rat und Parlament. Artikel 4 (1) a erweitert die »landwirtschaftliche Tätigkeit« von der Produktion privater Güter, wie Weizen und Milch, um die Produktion öffentlicher Güter, also Gemeinwohlleistungen.[1] Das bedeutet: Landwirte und Landwirtinnen werden künftig auch als Klima- oder Biodiversitätswirte anerkannt. Die Wiedervernässung eines Mooracker als CO_2-Speicher? Eine klare Produktion öffentlicher Güter im Bereich Klimaschutz! Die Beweidung eines Trockenrasens? Hier produzieren Schäferin und Schäfer Biodiversität! Die Betriebe können also mit Gemeinwohlleistungen zusätzliches landwirtschaftliches Einkommen erwirtschaften. Das Förderkonzept dazu liegt bereits auf dem Tisch – es heißt »Gemeinwohlprämie«. Es fehlt bisher nur der politische Wille für die Umsetzung.

Neues Geschäftsmodell »Gemeinwohl«

Die Agrarpolitik braucht dringend diese Gamechanger, die mit alten Regeln brechen, um Neues zu schaffen. Die Gemeinsame Agrarpolitik (GAP) gilt vielen als zu unbeweglich und nach über 60 Jahren als »ausreformiert«. Die Notwendigkeit für Veränderungen spüren auch Landwirte und Landwirtinnen. Sie brauchen neue Konzepte, um sowohl den Forderungen aus der Gesellschaft als auch den betrieblichen Bedürfnissen gerecht zu werden. Mit dem Konzept der Gemeinwohlprämie hat der DVL ein neues Geschäftsmodell für eine zukunftsorientierte Landwirtschaft vorgelegt und damit einen Paradigmenwechsel in der Förderlogik vorgeschlagen.[2] Das neue Bezahlsystem orientiert sich an dem Leitbild »öffentliches Geld für öffentliche Leistungen« und basiert auf den jeweiligen konkreten Effekten umwelt- und klimaförderlicher Bewirtschaftungsmaßnahmen. In der GAP kann die Gemeinwohlprämie passgenau in den Öko-Regelungen der Ersten Säule verortet werden. Die Öko-Regelungen nehmen eine Schlüsselrolle ein, um das Einkommensniveau mit der Umweltsicherung zu verbinden.

Um eine Leistung anzubieten und auf einem Markt verkaufen zu können, muss man sie auch messen bzw. bewerten. Gemeinwohlleistungen werden überwiegend über öffentliches Geld gefördert. Für die Umrechnung dieser Leistungen ist die quantitative Messgröße »beantragte Fläche« zu unspezifisch. Schließlich ist es entscheidend, was auf dieser Fläche passiert und es ist ein ökologischer Unterschied, ob man auf einer Fläche eine hochwertige Brache anlegt oder nur Sommergetreide anbaut. Mit einem Punktesystem können Maßnahmen gemäß ihrer ökologischen Wertigkeit qualitativ bemessen werden. Im Rahmen eines dreijährigen Forschungs- und Entwicklungsprojektes in enger Zusammenarbeit mit landwirtschaftlichen Betrieben und Expertinnen und Experten aus den Landschaftspflegeorganisationen wurden die Inhalte entwickelt.[3] Ein Maßnahmenset, erarbeitet auf 80 Modellbetrieben in Schleswig-Holstein, wurde vom DVL auf weiteren 93 Betrieben aller Betriebstypen und Größenklassen in Sachsen, Brandenburg und Baden-Württemberg abgeprüft. Es wurden Maßnahmen neu vorgeschlagen, verworfen, angepasst oder wieder verworfen. Die Maßnahmen der Gemeinwohlprämie müssen Alleskönner sein:

- Sie müssen deutschlandweit von möglichst allen Betrieben in unterschiedlichen Landschaften und Agrarstrukturen ansteuerbar sein und viele Betriebe müssen mitmachen, um Gemeinwohlleistungen in die Fläche zu bringen.
- Sie müssen einfach und in die gängigen Betriebsabläufe integrierbar sein.
- Sie müssen im bestehenden Integrierten Verwaltungs- und Kontroll-System (InVeKoS) ohne größere Anpassungen verwaltet werden können.
- Sie sollten als einjährige Maßnahmen fachlich sinnvoll sein, um leicht in das neue Modul der Öko-Regelungen (Eco-Schemes) der Ersten Säule integrierbar zu sein. Die Öko-Regelungen werden jährlich beantragt. Ihre Rahmenvorgaben passen gut zur Gemeinwohlprämie, da sie auf Freiwilligkeit beruhen und einkommenswirksam sein können.
- Alle Maßnahmen müssen klar von Fördermaßnahmen der Zweiten Säule abgrenzbar bzw. kombinierbar sein, da die Gemeinwohlprämie nicht die komplexen Maßnahmen z. B. im Vertragsnaturschutz ersetzen kann und soll. Das System sollte als Flächenförderung möglichst einfach gehalten werden.
- Die Maßnahmen müssen auch innerhalb des Maßnahmensets der Gemeinwohlprämie logisch kombinierbar sei.

Landwirt Fröhlich – Guter Manager und Zukunftsgestalter

Landwirt Fröhlich ist nicht nur ein guter Manager, er ist auch ein kluger Rechner. Er ist es gewohnt, agrarische Produkte anzubauen, die er erntet und die auf einem Markt einen Preis erzielen. Fröhlich bewirtschaftet einen fiktiven Mischbetrieb von 210 Hektar. Er hat auf seinem Betrieb einige Flächen, die ihm seit Jahren Kopfzerbrechen bereiten. Da ist der Waldrand, der zu viel Schatten wirft, da sind die trockenen Kuppen und auch die feuchten Senken, die sich betriebswirtschaftlich kaum rechnen. Grenzertragsstandorte nennt man diese Bereiche und kein Bauer und keine Bäuerin möchten viele davon haben. Gerade auf solchen Standorten lässt sich aber gut Biodiversität produzieren oder den Wasserrückhalt in der Landschaft fördern. Also machen wir dem klugen Rechner Fröhlich mit der Gemeinwohlprämie ein Angebot, wie er bestimmte Bereiche in seinem Betrieb anders nutzen kann als bisher – und zwar freiwillig! Entscheidend ist, dass sich mit den neuen Maßnahmen Geld verdienen lässt – im Optimalfall mehr als mit Weizen oder Mais. Als Unternehmer überlegt er sich, wie und wo er die erforderlichen Maßnahmen in seinen Betrieb integrieren kann.

Vieles muss also zusammenwirken und bedacht werden – auch die betrieblichen Besonderheiten. Ist unser Bauer Fröhlich (siehe Kasten) ein Biolandwirt? Werden seine öffentlichen Leistungen, die er mit dem Ökologischen Landbau erbringt, auch mit der Gemeinwohlprämie abgebildet? Oder hatte Fröhlich noch nie etwas mit Agrarumwelt am Hut und will einen niederschwelligen Einstieg? Es gibt also ein Pro und Kontra aus unterschiedlichen Blickwinkeln von Landwirtschaft, Naturschutz und Verwaltung zu beachten.

19 Alleskönner

19 Maßnahmen haben es durch den Praxistest von Betrieben, Gemeinwohlanforderungen und Verwaltung geschafft (Tab. 1). Sie decken die Nutzungskategorien Ackerland (sieben Maßnahmen), Grünland (sieben Maßnahmen), Sonderkulturen (drei Maßnahmen) sowie die Hoftorbilanzen für Stickstoff und Phosphor ab. Alle Maßnahmen werden gemäß ihres Gemeinwohlnutzens für Biodiversität, Klima- und Gewässerschutz bewertet. Für die Anpassungen wurden ökonomische Analysen und Modellrechnungen durchgeführt und verschiedene Berechnungsansätze getestet.

Grundlage für die Herleitung einer bundesweit einheitlichen Bewertung dieser Maßnahmen ist eine Punkteskala (0 – 12 Punkte). Die Punkte, die je Maßnahme erzielt werden können, reflektieren die jeweilige Gesamtleistung für die betrachteten Schutzgüter (Biodiversität, Klima, Wasser). Als Bezugsgröße gilt der Flächenumfang der einzelnen Maßnahme, der mit Punkten bewertet wird (Punkte je Hektar Landwirtschaftlicher Nutzfläche – LN). Im Falle der Hoftorbilanzen bezieht sich die Punktebewertung auf die gesamte Betriebsfläche (LN netto). Bei Maßnahmenkombinationen addieren sich die Punkte der verschiedenen Maßnahmen auf der jeweiligen Fläche. Die Gesamtpunktzahl je Betrieb ergibt sich durch Aufsummieren der Punkte, die für die einzelnen Maßnahmen erzielt werden. Die Gesamtpunktzahl kann durch einen Bonus für Maßnahmenvielfalt (Tab. 2) gesteigert werden. Die Berechnung der eigentlichen Gemeinwohlprämie, d.h. der Vergütung pro Betrieb, erfolgt abschließend durch Multiplikation der Gesamtpunktzahl mit einem fixen monetären Punktwert (Euro pro Punkt) (Abb.1). Der Punktwert sollte über den gesamten Förderzeitraum konstant gehalten werden. Dies erhöht die Planungssicherheit für die landwirtschaftlichen Betriebe und erleichtert die Budgetverwaltung. Eine Nachsteuerung des monetären Punktwertes sollte jedoch in Abhängigkeit der Zielerreichung beispielsweise im Rahmen einer Zwischen-/Halbzeitbewertung möglich sein.

Mit dem »Bonussystem für Maßnahmenvielfalt« besitzt die Gemeinwohlprämie noch eine Besonderheit. Der Bonus zielt darauf ab, die Nutzungsvielfalt in der Agrarlandschaft zu fördern und zugleich die Anforderungen des Honorierungssystems abzusichern. Bei der Berechnung des Bonus' werden nur Maßnahmen berücksichtigt, die einen bestimmten Mindestflächenanteil an der betreffenden Nutzungskategorie (Acker, Grünland, Sonderkulturen) aufweisen (Tab.1). Zusätzlich muss die betreffende Nutzungskategorie einen Mindestanteil von fünf Prozent an der Betriebsfläche umfassen. Der Bonus wird als Punktezuschlag auf die Gesamtpunktzahl (Punkte je Gesamtbetrieb) gewährt. Er errechnet sich als Prozentsatz der Gesamtpunktzahl, wobei mit steigender Maßnahmenvielfalt linear höhere Prozentsätze veranschlagt werden (Eingangsstufe: vier Maßnahmen, ein Prozentpunkt mehr je zusätzlicher Maßnahme – siehe Tab. 2).

Die Gemeinwohlprämie kann durch die Programmierung einfacher Algorithmen in das bestehende

Tab. 1: Die 19 Maßnahmen der Gemeinwohlprämie, ihre jeweilige Punktebewertung und ihr Bezug zum ergänzenden »Bonus für Maßnahmenvielfalt«

	Maßnahme	Punkte für Maßnahmenumfang [Punkte/ha]	Mindestflächenanteil für Bonus Maßnahmenvielfalt[a] [% der LN (netto)]
Acker (AL)	AL 1 Kleinteilige Ackerbewirtschaftung	1	10
	AL 2 Sommergetreide	1	10
	AL 3 Leguminosen und deren Gemenge	2	5
	AL 4 Unbearbeitete Stoppeläcker	2	10
	AL 5 Blühflächen und -streifen	10	1
	AL 6 Brache mit Selbstbegrünung	12	1
	AL 7 Verzicht auf chemisch-synthetische Pflanzenschutzmittel und Mineraldünger	4	5
Grünland (GL)	GL 1 Kleinteilige Grünlandbewirtschaftung	1	10
	GL 2 Dauergrünland	1	30
	GL 3 Weide	2	10
	GL 4 Altgras- und Saumstreifen	1	10
	GL 5 Verzicht auf chemisch-synthetische Pflanzenschutzmittel und Mineraldünger	4	5
	GL 6 Verzicht auf organische Düngung[b]	4	5
	GL 7 Streuobst mit Grünlandnutzung	4	0,5
Sonderkulturen (SO)	SO 1 Alternierende Bewirtschaftung der Fahrgassen	1	10
	SO 2 Blüh- und Nützlingsstreifen	3	1
	SO 3 Verzicht auf chemisch-synthetische Pflanzenschutzmittel und Mineraldünger	8	5
Hoftorbilanzen (HO)[c]	HO 1 Brutto-Hoftor-Stickstoff (N)-Bilanz	0-12 Punkte/Betrieb * 0,7 * LN Gesamt[d]	keine Anrechnung beim Bonus
	HO 2 Hoftor-Phosphor (P)-Bilanz	0-12 Punkte/Betrieb * 0,7 * LN Gesamt[e]	

a Bezogen auf die jeweilige Kategorie AL, GL, SO; bei Maßnahme GL 2 abweichend bezogen auf die Gesamt-LN; übergeordnet werden Maßnahmen nur für den Bonus gewertet, wenn die LN des dazugehörigen Maßnahmenbereiches AL, GL, SO jeweils mindestens 5 % an der Gesamt-LN (netto) ausmacht. | b Auf Flächen mit GL 5 | c Für die finanzielle Honorierung erfolgt die Multiplikation mit der Bilanz-/Betriebsfläche und dem Koeffizient 0,7 | d Die Punktbewertung erfolgt in Abhängigkeit des betrieblichen Anfalls an N-Düngern organischer Herkunft (kg N/ha). | e Die Punktbewertung erfolgt differenziert nach den betrieblichen Bodengehalts-P-Klassen.
Anmerkung zu c–e: Zur Bewertung und finanziellen Honorierung der Hoftorbilanzen siehe auch GWP-Steckbriefe (siehe www.dvl.org).

Tab. 2: Bonussystem für Maßnahmenvielfalt. Wählt ein Betrieb mindestens vier Maßnahmen aus, erhält er einen Zuschlag

Anzahl unterschiedlicher Maßnahmen im Betrieb[a]	4	5	6	7	8	9	10	...
Zuschlag in % der Gesamtpunktzahl auf Gesamtpunktzahl	10	11	12	13	14	15	16	...

a Eine Maßnahme kann nur in dem Bonussystem angerechnet werden, wenn sie einen definierten Mindestflächenanteil aufweist. Die Hoftorbilanzen werden in dem Bonussystem nicht berücksichtigt.

Abb. 1: Logik der Gemeinwohlprämie – von der Gemeinwohlleistung bis zur Vergütung

Flächengebundene Betriebsleistungen:
- Biodiversität
- Wasserschutz
- Klimaschutz

➡

Bewertung:
Punkte Flächenmaßnahmen
+ ggf. Bonus für Maßnahmenvielfalt
= **Gesamtpunktzahl**

➡

Vergütung:
Gesamtpunktzahl
x €/Punkt
= €/Betrieb
(Gemeinwohlprämie)

elektronische Antrags- und Verwaltungssystem integriert werden. Auf der Benutzeroberfläche für die Onlineantragstellung könnte ein »GWP-Rechner« angeboten werden, mit dem Antragstellende verschiedene Varianten »durchspielen« und vergleichen können. Ein vergleichbarer Direktzahlungsrechner wurde für das Punktemodell der Arbeitsgemeinschaft bäuerliche Landwirtschaft (AbL) e.V. bereits umgesetzt.[4] Die Betriebe können sich dann entscheiden, welche Güter sie produzieren möchten: Mais oder Wildbienen.

Einkommenswirksamkeit als Anspruch

Wie auch immer ein Fördermodell aufgebaut ist und mit welchen Maßnahmen es bestückt wird – das Fördermodell der Zukunft muss es ermöglichen, mit Gemeinwohlleistungen betriebliche Einkommen zu generieren. So einleuchtend es klingt, auch mit zusätzlichen Umweltleistungen Geld verdienen zu können, so ungewöhnlich ist das in der bisherigen Agrarförderung. Gemeinwohlleistungen werden bisher nur als Ausgleich und Mehraufwand entgolten. Die EU-Kommission beruft sich bei dieser Praxis auf die Welthandelsorganisation WTO. Eine Wettbewerbsverzerrung soll mit der Förderpolitik ausgeschlossen werden. Mittlerweile reift die Erkenntnis, dass Gemeinwohlleistungen nicht wettbewerbsverzerrend sind und es bei einem freiwilligen Maßnahmenangebot einen Anreiz für Landwirte benötigt.[5] Die neue »Grüne Architektur der GAP« ermöglicht im Bereich der Ersten Säule und im Speziellen bei den neu etablierten Öko-Regelungen diese Einkommenswirksamkeit.[6] Dies ist für die Umsetzung der unternehmerisch ausgerichteten Gemeinwohlprämie eine Grundbedingung. Grünes Licht kam bereits von der EU: Die Tatsache, dass wegen des breiten Maßnahmenspektrums alle Betriebe Zugang zu der Gemeinwohlprämie haben werden, verhindere eine Wettbewerbsverzerrung.[7]

Mehr Geld für Gemeinwohlleistungen

Wie viel muss eigentlich ein Gemeinwohlprämienpunkt kosten? Der DVL hat für diese Frage ein ökonomisches Gutachten anfertigen lassen, das die Gemeinwohlprämie im Hinblick auf eine betriebswirtschaftliche Ausrichtung analysiert.[8] Darüber hinaus muss man bei der Kalkulation auch die Konkurrenzfähigkeit gegenüber anderen »Produkten« mit in den Blick nehmen. Der DVL schlägt vor, jeden Gemeinwohlpunkt mit 50 Euro zu vergüten. Rechenbeispiele für unterschiedliche Betriebstypen wurden bereits veröffentlicht.[9]

Spannend wird es, wenn wir eine Gesamtbetrachtung wagen und das Förderbudget wirklich an Zielvorgaben ausrichten. Rainer Oppermann und Antonia Schramel haben in einer Studie[10] auf Basis von Expertenbefragungen errechnet, dass in Deutschland auf 25 Prozent der Ackerfläche und auf 35 Prozent der Grünlandflächen aufwertende Maßnahmen erfolgen müssen, um unsere Biodiversitätsziele zu erreichen. Der DVL hat gezeigt, wie die Gemeinwohlprämie beispielhaft auf derartige Zielgrößen ausgerichtet werden könnte. In Deutschland benötigen wir demnach circa 60 Millionen Gemeinwohlprämienpunkte (drei Milliarden Euro), um diese Zielgrößen bei der Biodiversität in der Agrarlandschaft zu erreichen.[11] Das heutige Niveau, also der augenblickliche Istzustand, beinhaltet nur circa 28 Millionen Punkte.

Gehen wir von einem Budget in der Ersten Säule für Deutschland von circa 4,9 Milliarden Euro pro Jahr aus und legt man dem Gemeinwohlpunkt einen Wert von 50 Euro zugrunde, zeigt sich, dass das geplante Budget für Öko-Regelungen von 23 Prozent der Gelder aus der Ersten Säule (im Schnitt eine Milliarde Euro jährlich von 2023 bis 2026) für ein Umsteuern bei Weitem nicht ausreichen kann (Stand 1. Oktober 2021 Entwurf der GAPDZVO). Der DVL hat deshalb vorgeschlagen, das Budget im Zuge der kommenden Förderperiode in stetigen Stufen auf 60 Prozent ansteigen zu lassen. Nachjustieren muss möglich sein. Und auch hier erweist sich die Gemeinwohlprämie als flexibel.

Das Thünen-Institut hat das Modell als mögliche Öko-Regelungen für Deutschland geprüft und ihm grundsätzlich eine gute Eignung und Umwelteffizienz attestiert.[12] Die Autoren kommen zu dem Urteil: »Im Vergleich zu (…) anderen dargelegten Optionen lässt sich mithilfe der GWP voraussichtlich ein deutlich höheres Niveau an Umweltleistungen bei gegebenem Mitteleinsatz realisieren. Ferner kann das System dynamisch weiterentwickelt und um neue Gemeinwohlleistungen ergänzt werden. Auch kann die Gewichtung einzelner Maßnahmen durch Anpassung ihrer Punktwerte über die Zeit erfolgen, ohne einen Systemwechsel zu vollziehen.«[13]

Gerade die mangelnde Anpassungsfähigkeit des jetzigen Förderkorsetts hemmt den Fortschritt, egal ob man die aus der Zeit gefallene strikte Flächenförderung der Ersten Säule oder die komplizierte Zweite Säule[14] betrachtet. Dabei ist es unwichtig, wie wir ein künftiges Fördergebäude nennen, es kommt auf die Förderinhalte und ihre Effekte an! Konzepte wie z. B. Integration des Umbaus der Tierhaltung über die Bemessungsgrundlage der Großvieheinheiten oder die Berücksichtigung von Kostendegressionseffekten, wie sie im Bonussystem der AbL verankert sind, sind wertvoll und könnten durchaus auch Teil eines neuen Fördersystems anhand eines Punktemodelles sein. Die Gemeinwohlprämie ist nur ein Baustein dieses Gebäudes. Sie muss von weiteren spezielleren Fördermaßnahmen flankiert werden – die Instrumente müssen sich logisch ergänzen. Daneben wird es auch künftige Förderprogramme für investive Maßnahmen oder für die Förderung von Junglandwirten geben müssen. Die GAP sollte also künftig nicht in Sektoren, sondern als Ganzes gedacht werden.

Kommt eine Gemeinwohlprämie?

Womit wir bei der Frage sind, ob »die« (oder »eine«) Gemeinwohlprämie in Deutschland eine Chance hat. Die Antwort lautet klar: Ja, denn die Zeit ist reif! Die Signale sind nicht mehr zu übersehen:

- Die Europäische Union hat durch ihre erweiterte Definition der »Landwirtschaftlichen Tätigkeit« auf die Produktion von öffentlichen Gütern einen Gamechanger gesetzt.
- Die Europäische Union schreibt bei den Öko-Regelungen die Darlegung eines Ziele-orientierten Nachweises von deren Effizienz und Wirksamkeit anhand von Bewertungssystemen vor, wie es das Konzept der Gemeinwohlprämie vorsieht.[15]
- Das Thünen-Institut hat die Gemeinwohlprämie unter die Lupe genommen und ihr die Eignung als ein wirksames Fördermodell der Zukunft bestätigt.[16]
- Die Umweltministerkonferenz (UMK)[17] und der Bundesrat[18] sehen die Erprobung der Gemeinwohlprämie als »wichtige Ansätze« für die Weiterentwicklung der GAP.
- Die Agrarministerkonferenz sieht in der Gemeinwohlprämie »eine Möglichkeit, umweltwirksame Maßnahmen der Landwirtschaft zu steigern und einkommensrelevant in den Betriebskonzepten zu verankern«. Und weiter: Es wird angeregt, »die 2023 beginnende Förderperiode zu nutzen, die Gemeinwohlprämie weiterzuentwickeln und nach Möglichkeit modellhaft zu erproben.« »Andere, ähnlich aufgebaute Prämienmodelle, wie sie zum Beispiel die Arbeitsgemeinschaft bäuerliche Landwirtschaft e.V. (AbL) dargelegt hat, sollen mit bewertet werden.«[19]

Wenn wir über die Zukunft der Landwirtschaft spekulieren, müssen wir einen Blick in den Abschlussbericht der Zukunftskommission Landwirtschaft (ZKL) werfen. Dort steht: »Zu (…) verlässlichen Perspek-

Folgerungen & Forderungen

- Ein Fördermodell für die Zukunft muss einen schlüssigen Gesamtrahmen bilden und sich flexibler auf die Herausforderungen ausrichten lassen. Die Gemeinwohlprämie erfüllt diese Anforderungen.
- Punktemodelle wie die Gemeinwohlprämie können helfen, Maßnahmen und Leistungen der Betriebe besser an Zielmarken (z. B. Klimaschutz, Biodiversität) auszurichten.
- Die Gemeinwohlprämie passt sehr gut zu dem unternehmerischen Denken landwirtschaftlicher Betriebe.
- Eine Gemeinwohlprämie kann die Empfehlungen der Zukunftskommission Landwirtschaft sehr gut umsetzen.
- Die jetzt startende Förderperiode muss gezielt genutzt werden, um eine Gemeinwohlprämie ab 2028 flächendeckend anzubieten. Den Beschluss der Agrarministerkonferenz zur Gemeinwohlprämie muss die neue Bundesregierung aktiv aufnehmen.

tiven gehören insbesondere diejenigen ökonomischen Chancen, die sich für landwirtschaftliche Betriebe aus einer Diversifizierung und der Aufnahme neuer Geschäftsfelder ergeben können. (...) Weiterhin sind in diesem Zusammenhang jene neuen oder verbesserten Einkommensquellen zu nennen, zu denen sich den Empfehlungen der ZKL zufolge landwirtschaftliche Gemeinwohlleistungen im Natur-, Klima-, Arten- und Tierschutz sowie in der Pflege der Kulturlandschaft entwickeln sollen.«[20]

Diversifizierung ist ein Schlüsselwort und die Landwirtschaft kann im Rahmen der betrieblichen Diversifizierung auch auf neue Herausforderungen mutig reagieren. Denn die Landwirte und Landwirtinnen als Manager unserer Umwelt auf immerhin rund 50 Prozent der Fläche der Bundesrepublik (in einigen Bundesländern bis zu 70 Prozent) spielen eine immens wichtige Rolle bei der Bewältigung dieser Zukunftsaufgaben. Unser Bauer Fröhlich ist einer davon. Er wird mit seinem Betrieb gebraucht als Rohstoffwirt, Biodiversitätswirt, Energiewirt, Klimawirt oder Wasserwirt. Es wäre unsinnig und auch undenkbar, die flächenbezogenen Aufgaben unserer Zukunft wie den Erhalt der Biodiversität oder den Klimaschutz, ohne die Eigeninitiative und Einbindung dieser Berufsgruppe mit ihrer betrieblichen Vielfalt bewältigen zu wollen. Die ZKL gibt den Fahrplan vor. Es müssen aber erst noch die entsprechenden Gesetzes- und Verordnungsgrundlagen besser auf die unternehmerische Denkweise ausgerichtet werden. Die aktuellen GAP-Gesetze und Verordnungsentwürfe sind leider nur Stückwerk. Wir brauchen mehr Gamechanger!

Anmerkungen

1 Council of the European Union: Interinstitutional File 2018/0216 COD; Proposal for a regulation of the European Parliament and the Council. Brussels 2021 (https://data.consilium.europa.eu/doc/document/ST-11102-2021-INIT/EN/pdf).

2 Deutscher Verband für Landschaftspflege: Gemeinwohlprämie – Ein Konzept zur effektiven Honorierung landwirtschaftlicher Umwelt- und Klimaschutzleistungen innerhalb der Öko-Regelungen in der Gemeinsamen EU-Agrarpolitik (GAP) nach 2020. DVL-Schriftenreihe »Landschaft als Lebensraum« Band 28. Ansbach 2020. Dieser Broschüre sind auch die beiden Tabellen in diesem Beitrag entnommen (ebd. S. 10 bzw. 13) (www.dvl.org/fileadmin/user_upload/Publikationen/Fachpublikationen/DVL-Publikation-Fachpublikation_Gemeinwohlpraemie.pdf).

3 Nähere Informationen dazu auf der DVL-Homepage (www.dvl.org/projekte/projektdetails/gemeinwohlpraemie).

4 Arbeitsgemeinschaft bäuerliche Landwirtschaft (AbL): Vorschlag für eine gerechte EU-Agrarpolitik nach 2020. Hamm 2018 (www.abl-ev.de/uploads/media/Punktepapier_Aufl._2_-_Webversion_Hinweis_Direktzahlungsrechner.pdf). Auf der AbL-Homepage findet sich auch ein Direktzahlungsrechner für das Punktesystem (www.abl-ev.de/themen/agrarpolitik/punktesystem/).

5 P. Feindt et al.: Verbesserung der Wirksamkeit und Praktikabilität der GAP aus Umweltsicht. Abschlussbericht. Umweltbundesamt Texte 91/2021. Dessau-Roßlau 2021.

6 Vgl. EU-Kommission: Verordnungsentwurf COM (2018) 392 final; Art.28, 6a i.V.m. Erwägungsgrund Nr. 31.

7 Europäische Kommission, Generaldirektion Landwirtschaft und ländliche Entwicklung: Schreiben vom 11. März 2021 (www.dvl.org).

8 U. Latacz-Lohmann: Durchführung von Berechnungen zur Überprüfung des neuen Berechnungsverfahrens mit Bonussystem der Gemeinwohlprämie. Abschlussbericht an den Deutschen Verband für Landschaftspflege. Ansbach 2020 (www.dvl.org).

9 Siehe z. B. U. Latacz-Lohmann: Eco-Schemes: So könnten sie aussehen. In: top agrar 6/2020. S. 38-41.

10 R. Oppermann und A. Schraml: Studie zur Gemeinsamen Agrarpolitik (GAP) – Konditionalität, Eco-Schemes und Ländliche Entwicklung. Mannheim und Berlin 2019 (www.nabu.de/imperia/md/content/nabude/landwirtschaft/agrarreform/190405-gap-studie-ifab-2019.pdf).

11 Deutscher Verband für Landschaftspflege (DVL): Anwendung der Gemeinwohlprämie im Rahmen der Öko-Regelungen – Herleitung des notwendigen Umfangs an Maßnahmen und der finanziellen Mittel; Konzeptpapier des DVL. Ansbach 2020 (www.dvl.org).

12 N. Röder et al.: Ist das DVL-Modell »Gemeinwohlprämie« als potenzielle Ökoregelung der GAP nach 2020 geeignet? Hrsg. vom Johann Heinrich von Thünen-Institut, Thünen Working Paper 166. Braunschweig 2021.

13 Ebd., S. i.

14 Staatsministerium für Umwelt und Landwirtschaft Sachsen: Neuausrichtung der ELER-Förderung nach 2020 (ELER-RESET). Dresden 2016 (www.smul.sachsen.de/foerderung/download/NeuausrichtungderELER-Foerderungnach2020_ELER-RESET.pdf).

15 Council of the European Union (siehe Anm. 1).

16 Röder et al. (siehe Anm. 12).

17 96. Umweltministerkonferenz Mecklenburg-Vorpommern: Ergebnisprotokoll vom 21. April 2021, TOP 5/19 Ziff. 6

18 Bundesrat Drucksache 301/1/21.

19 Agrarministerkonferenz am 11. Juni 2021: Ergebnisprotokoll zu TOP 4 und TOP 5, 2021.

20 Zukunftskommission Landwirtschaft: Zukunft Landwirtschaft. Eine gesamtgesellschaftliche Aufgabe. Empfehlungen der Zukunftskommission Landwirtschaft. Berlin 2021, S. 95.

Dr. Jürgen Metzner
Geschäftsführer, Deutscher Verband für Landschaftspflege (DVL) e.V.

j.metzner@dvl.org

Sönke Beckmann
Deutscher Verband für Landschaftspflege (DVL) e.V. Landesbüro Schleswig-Holstein.

s.beckmann@dvl.org

Landwirtschaft sucht Zukunft

Einblick in die Arbeit und die Empfehlungen der Zukunftskommission Landwirtschaft

von Olaf Bandt, Elisabeth Fresen und Thomas Schröder

Wie soll die Landwirtschaft der Zukunft aussehen? Was essen wir morgen? Wie werden unsere Tiere gehalten? Solche und weitere Fragen stellten sich die Mitglieder der von Bundeskanzlerin Merkel einberufenen Zukunftskommission Landwirtschaft. Von September 2020 bis Juni 2021 diskutierten 30 Expert:innen aus Verbänden, Wirtschaft und Wissenschaft und legten einen einstimmig beschlossenen Abschlussbericht vor. Er beinhaltet zwölf gemeinsame Leitlinien und eine Zukunftsvision, bei der ökonomische, soziale und ökologische Herausforderungen zusammengedacht wurden. Zentrale Ergebnisse der Kommissionsarbeit werden im Folgenden dargestellt. Der Deutsche Tierschutzbund, die Arbeitsgemeinschaft bäuerliche Landwirtschaft (AbL) sowie der Bund für Umwelt und Naturschutz Deutschland (BUND) waren Mitglieder der Kommission. Die Vertreter:innen dieser drei Verbände kommen in dem folgenden Beitrag zu dem Ergebnis, dass, wenn die neue Bundesregierung die Empfehlungen der Zukunftskommission aufnimmt und umsetzt, dies ein erster wichtiger Schritt auf dem Weg zu einem neuen Gesellschaftsvertrag über eine zukunftsfähige Agrar- und Ernährungspolitik sein kann. Der Beitrag entstand, bevor die neue Bundesregierung ihren Koalitionsvertrag vorlegte. Ein Hinweis auf die Empfehlungen der Zukunftskommission erfolgt in dem Koalitionsvertrag nicht.

Im Juni 2021 haben die Mitglieder der Zukunftskommission Landwirtschaft (ZKL) unter Vorsitz von Prof. Dr. Peter Strohschneider, dem langjährigen Präsidenten der Deutschen Forschungsgemeinschaft, einstimmig ihren Abschlussbericht mit dem Titel *Zukunft Landwirtschaft – Eine gesamtgesellschaftliche Aufgabe* beschlossen.[1] Das Gremium war nach monatelangen Protesten von Bäuerinnen und Bauern im Sommer 2020 von Bundeskanzlerin Angela Merkel eingesetzt worden. Die Kanzlerin forderte von den Kommissionsmitgliedern »Empfehlungen und Vorschläge zu erarbeiten, um eine nachhaltige, das heißt ökologisch und ökonomisch tragfähige sowie sozial verträgliche Landwirtschaft in Deutschland auch in Zukunft zu ermöglichen«. In vielen Kapiteln des Abschlussberichts ist dies gut gelungen. Angesichts der vielen verschiedenen Interessen und Positionen in der ZKL ist der Bericht ein beachtlicher Kompromiss. Wenn die neue Bundesregierung die Empfehlungen aufnimmt und umsetzt, kann das ein erster Schritt auf dem Weg zu einem Gesellschaftsvertrag über eine zukunftsfähige Agrar- und Ernährungspolitik sein.

Auf den 160 Seiten des Abschlussberichts werden die wichtigsten agrar- und ernährungspolitischen Themen diskutiert. Die ZKL formuliert politische Empfehlungen von unterschiedlicher Detailtiefe. Sie beruft sich im Bericht grundlegend auf die Ziele der Farm-to-Fork-Strategie der Europäischen Union (EU) und fordert eine Agrarpolitik zur Einhaltung des 1,5-Grad-Ziels des Pariser Klimaabkommens. Sie bekennt sich zum Ausbau des Ökolandbaus, fordert die Verringerung des Konsums und der Produktion tierischer Lebensmittel, die Reduzierung der Nutztierbestände und zugleich eine Stärkung der pflanzlichen Ernährungsweise. Sie schließt sich den Forderungen des Kompetenznetzwerks Nutztierhaltung (»Borchert-Kommission«)[2] zum Umbau der Tierhaltung an. Sie erwartet, dass die externen Folgekosten, welche die Land- und Ernährungswirtschaft der Gesamtgesellschaft verursachen, weitestgehend reduziert werden.

In der Richtung seiner Analysen und Empfehlungen lässt sich der ZKL-Abschlussbericht von einer Vision für die Zukunft des Landwirtschafts- und Ernährungssystems leiten, welche die Vertreter:innen der Jugend im Bund für Umwelt und Naturschutz Deutschland und des Bundes der Deutschen Landjugend für die ZKL gemeinsam entwickelt haben.[3] Diese Zukunftsvision verbindet die Bedürfnisse von landwirtschaftlichen Erzeuger:innen und Verbraucher:innen, von Natur, Umwelt und kommenden Generationen weltweit. Dabei waren sich die Kommissionsmitglieder einig, dass derzeit noch nicht erbrachte gesellschaftliche Leistungen der Landwirt:innen einkommenswirksam honoriert werden müssen. Neben ordnungsrechtlichen Änderungen im Abschlussbericht ist dies die zentrale Säule.

Der Jugend folgen

Die ZKL hebt in ihrem Bericht hervor, wie wichtig eine grundsätzlich andere Agrar- und Ernährungspolitik ist. Die große Transformation wird mit Empfehlungen untermauert. Dabei wird auch auf den am 24. März 2021 ergangenen Beschluss des Bundesverfassungsgerichts[4] zum Klimaschutz verwiesen, der eine »objektivrechtliche Schutzverpflichtung auch in Bezug auf künftige Generationen« einfordert. Das verdeutlicht für die ZKL, wie wichtig die Transformation des Landwirtschafts- und Ernährungssystems als eine gesamtgesellschaftliche Aufgabe ist. Es sei geboten »eine Agrar-, Ernährungs- und Umwelt- sowie Tierwohl-Politik zu forcieren, die auch im Sinne jener Vision zukunftsfähig ist, welche die beiden jüngsten Mitglieder der ZKL gemeinsam entwickelten und welche die Empfehlungen dieses Abschlussberichts leitet«.

In dieser Vision ist das Höfesterben beendet und die Arbeit der Landwirt:innen wird wertgeschätzt. Die Bäuer:innen tragen aktiv zum Umwelt- und Klimaschutz bei und halten ihre Tiere artgerecht. Viele Moorstandorte sind wiedervernässt. Nährstoffe werden in Kreisläufen genutzt, die Tierbestände sowie der Konsum tierischer Lebensmittel sind reduziert. Es herrschen ausgewogene Märkte, die Politik hat Oligopole und Monopole verhindert. Unfaire Handelspraktiken werden unterbunden und die Einkommen in der Landwirtschaft sind attraktiv. Klare Kennzeichnungen helfen, nachhaltige Konsumentscheidungen zu treffen. Die Agrarförderung ist auf die Honorierung öffentlicher Leistungen der Bauernhöfe konzentriert. Die Landwirtschaft ist vielfältig und es werden faire Löhne gezahlt. Die deutsche Land- und Ernährungswirtschaft hat keine negativen Folgen für Landwirt:innen in Drittstaaten.

Diese »Vision zur Zukunft der Landwirtschaft« beschreibt die Ziele einer schnellen und umfassenden ökonomischen wie ökologischen Transformation des gesamten Landwirtschafts- und Ernährungssystems in Deutschland. Dies hat die ZKL durch zwölf Leitlinien konkretisiert, die den Rahmen des Transformationsprozesses beschreiben. Dabei geht es beispielsweise um die Vermeidung externer Kosten, die Finanzierung öffentlicher Güter oder regionale Kooperationsmodelle.

Die Sau rauslassen

Der Umbau der Nutztierhaltung ist seit Jahren auf der politischen Agenda – kommt aber kaum voran, da er politisch blockiert wird. Der tierschutzpolitische Stillstand der Bundesregierungen und des Bundesrates in den vergangenen Jahren ist kaum zu akzeptieren angesichts des Gutachtens des Wissenschaftlichen Beirats für Agrarpolitik aus dem Jahr 2015 über *Wege zu einer gesellschaftlich akzeptierten Nutztierhaltung*[5] sowie der Empfehlungen des Kompetenznetzwerks Nutztierhaltung vom Februar 2020. Die wenigen Verbesserungen, die für die Nutztiere erreicht wurden, gingen auf Gerichtsbeschlüsse und -urteile zurück, nicht auf den politischen Willen der Regierenden. Diesen Missstand kritisiert auch die ZKL.

Aus Tierschutzsicht sind viele Punkte im Abschlussbericht enthalten, die Tierschützer:innen hoffnungsfroh stimmen können. Grundsätzlich werden die Umbauempfehlungen des Kompetenznetzwerks Nutztierhaltung bestätigt, konkretisiert und ergänzt. Die ZKL empfiehlt, die Vorschläge des Kompetenznetzwerks unverzüglich umzusetzen und den Transformationsprozess sowohl hinsichtlich seiner wirtschaftlichen Machbarkeit wie auch im Hinblick auf seine öffentliche Akzeptanz politisch zu flankieren. Die ZKL versteht es als eine notwendige Begleitung für einen erfolgreichen Umbau der tierhaltenden Landwirtschaft, dass der Konsum und die damit einhergehende Produktion tierischer Produkte zurückgehen. Voraussetzung dafür ist, dass die Wertschöpfung je Tier steigt und Tierhalter:innen auskömmliche Einkommen erwirtschaften.

Darüber hinaus wird das Ziel formuliert, Tierbestände an die Fläche zu binden sowie die Einführung von Obergrenzen pro Standort zu prüfen. Dies würde Mega-Mastanlagen, wie z. B. die im Frühjahr 2021 ausgebrannte Sauenanlage in Alt Tellin in Mecklenburg-Vorpommern, zukünftig verhindern. Ergänzend strebt die ZKL ein Ende von Tiertransporten in Drittstaaten an, damit die Einhaltung des europarechtlichen Tierschutzstandards sichergestellt werden kann. Auch tierwohlgerechtes Schlachten sowie das Verbot der Qualzucht sind ergänzende Forderungen der ZKL. Zentral war auch das Anerkenntnis, dass die Zucht teils negative Folgen für das einzelne Tier hat.

Nach der Kommission ist vor der Transformation. Es ist erfreulich, dass die Ergebnisse einen Pfad beschreiben, wie mittelfristig eine Landwirtschaft mit höheren Tierschutzstandards, geringerem Konsum und geringerer Produktion tierischer Produkte erreicht wird, in der auch die Landwirt:innen in Deutschland mit dann kleineren Tierbeständen eine Zukunftsperspektive haben. Würde die neue Bundesregierung den Empfehlungen der ZKL und der Borchert-Kommission zum Umbau der Nutztierhaltung und zur Verbesserung des Tierwohls folgen, kann das in der Umsetzung bahnbrechende Fortschritte für den Tierschutz bedeuten.

Das Klima schützen

Um den Klimawandel und seine ökologischen, ökonomischen und sozialen Folgen zu begrenzen, müssen die Treibhausgasemissionen so zurückgefahren werden, dass das 1,5-Grad-Ziel des Pariser Klima-Übereinkommens erreicht werden kann. Hier ist auch die Landwirtschaft gemeinsam mit der Landnutzung gefordert, alle Möglichkeiten für positive Beiträge auszuschöpfen. Die Landwirtschaft, und hier in besonderem Maße auch die landwirtschaftliche Tierhaltung, verursachen in erheblichem Umfang selbst Treibhausgasemissionen. Der Anteil dieser Emissionen am derzeitigen bundesdeutschen jährlichen Ausstoß von Treibhausgasen veranschlagt die ZKL mit knapp neun Prozent. Dazu kommen Treibhausgasemissionen aus landwirtschaftlicher Landnutzung und Landnutzungsänderungen (4,4 Prozent). Angesichts der kurzfristig großen Einsparpotenziale in anderen Sektoren wird der Klimaanteil der Landwirtschaft und der Landnutzung prozentual immer größer werden. Daher müssen schnell wirksame Maßnahmen zur Reduktion der Treibhausgase aus der Landwirtschaft etabliert werden.

Die ZKL fordert, die Potenziale landwirtschaftlicher Treibhausgassenken (Moore, Humus) deutlich zu steigern und attraktiv zu gestalten. Dabei soll im Einklang mit dem Ziel »Klimaneutralität 2045« eine weitgehende Wiedervernässung der derzeit trocken genutzten landwirtschaftlichen Flächen erreicht werden. Für den entstehenden Nutzungsausfall müssen die entsprechenden Mittel für Landwirt:innen bereitgestellt werden. Die Nutzung und Förderung von Paludikulturen ist zu verbessern.

Nicht weniger wichtig ist der ZKL die Schaffung stabiler Agrarökosysteme, der Erhalt und die Bereitstellung biodiversitätsfördernder Strukturen und Landschaftselemente in ausreichendem Umfang sowie die nachhaltige Gestaltung regionaler Wirtschafts- und betrieblicher Nährstoffkreisläufe. In diesem Zusammenhang gibt die ZKL des Weiteren Empfehlungen für eine Reduzierung des Konsums von tierischen Produkten, eine Verbesserung des Tierwohls und eine umweltverträglichere räumliche Verteilung der Tierhaltung, die aller Voraussicht nach mit einer weiteren Verringerung der Tierbestandszahlen einhergehen werden. Um den Methanausstoß zu reduzieren, empfiehlt die ZKL einen den Klimazielen angepassten Umfang der Rinderbestände und die Konzentration auf eine grünlandbasierte Rinderhaltung – einhergehend mit der Anpassung des Konsums. Dies kann nur gelingen, wenn gleichzeitig die Wertschöpfung je Tier steigt und damit das Betriebseinkommen mindestens stabil bleibt. Um die Emissionen aus der Düngeausbringung zu reduzieren, fordert die ZKL eine einzelbetriebliche Stoffstrombilanzierung sowie marktwirtschaftliche Instrumente zur Reduzierung der Stickstoffüberschüsse. Dies soll jedoch erst erwogen werden, wenn die Düngeverordnung nicht ausreicht. Signale aus Brüssel[6] lassen vermuten, dass auch die kürzliche Verschärfung des Düngerechts ungenügend ist und somit die Einführung einer Stickstoffüberschussabgabe ein zwingender Schritt wäre.

Der Scheinlösung »Klimaschutz durch Gentechnik« setzt die ZKL hingegen enge Grenzen: Sie spricht sich bei den neuen Gentechnikverfahren klar für das Vorsorgeprinzip und die daran ausgerichtete Regulierung aus. Nur mit gesetzlich festgeschriebener Zulassung, Kennzeichnung und Rückverfolgbarkeit lassen sich Wahlfreiheit für Verbraucher:innen, für Landwirt:innen sowie für die Lebensmittelbranche sicherstellen und ökologische Risiken vermeiden.

Jeder Hof zählt

Die ZKL empfiehlt, die Vielfalt der landwirtschaftlichen Betriebe mit dem Ziel eines resilienten und zukunftssicheren heimischen Landwirtschafts- und Ernährungssystems weiterzuentwickeln. Zugleich hält die ZKL fest, dass die ökonomische Nachhaltigkeit vieler Betriebe nicht mehr gegeben ist und unzureichende sowie schwankende Einkommen den Strukturwandel weiter zu beschleunigen drohen. Zwei bis drei Prozent aller Höfe geben jedes Jahr auf – vor allem die Betriebe unter 100 Hektar landwirtschaftliche Nutzfläche.

Vielfach decken die Erzeuger:innenpreise für Agrarprodukte derzeit nicht die Vollkosten in der Landwirtschaft ab. Die Diversifizierung der Betriebe ist politisch zu begleiten und mitzugestalten. Die Betriebe sollen so zur zusätzlichen oder alternativen Aufnahme neuer Betriebszweige ermutigt werden. Aus dem Nachhaltigkeitsverständnis der ZKL spricht vieles für eine Politik, die nicht auf Betriebs- bzw. Unternehmensgrößen abzielt, sondern auf Ziele wie die Vielseitigkeit von Betriebskonzepten, die Vielfalt von Landschaftsstrukturen zum Erhalt der Biodiversität, das Tierwohl, den Ausbau von Direkt- und Regionalvermarktung sowie die ländliche Strukturbildung.

In diesem Zusammenhang empfiehlt die ZKL, eine Verbesserung der Chancen von kleineren landwirtschaftlichen Betrieben in den Blick zu nehmen.

Dies kann beispielsweise durch neue Geschäftsmodelle sowie Eigentums- und Organisationsformen mit weitgehenden sozialen, kooperativen und Bildungszielen geschehen (z. B. Genossenschaften, Solidarische Landwirtschaft, Regionalwertinitiativen). Hervorgehoben wird auch die Bedeutung von Produktdifferenzierungen (Nischenmärkte, Lebensmittelspezialitäten, Herkunftsangaben wie geschützte Ursprungsangaben), von regionalen, tierwohlkonformen Verarbeitungsstrukturen (z. B. handwerkliche Schlachtung und Fleischverarbeitung) und Direktvermarktung inklusive innovativer Vermarktungswege (Online-Direktvermarktung, Regionalregale etc.) sowie von marktbezogener Beratung. Des Weiteren spricht sich die ZKL für eine frühzeitige Hofnachfolge mit nachhaltiger Neuausrichtung von Betriebskonzepten, für die Unterstützung von Quer- und Neueinsteiger:innen mit innovativen Wertschöpfungsideen sowie von Wissenspartnerschaften (z. B. Innovationshubs) aus. Eine staatlich geförderte Existenzsicherungsberatung ist zu prüfen.

Besonders wichtig ist der ZKL in diesem Zusammenhang ein Blick auf den landwirtschaftlichen Boden. Bund und Länder sollten den Kauf und die Pacht landwirtschaftlicher Flächen sowie die Förderung bei Existenzgründungen stärker regeln als bisher und die Regeln besser durchsetzen. Dazu wären sie bereits heute in der Lage. Jedoch kaufen Investor:innen bislang ohne Kontrolle des Vorrangs für Landwirt:innen und unter Umgehung der Zahlung von Grunderwerbssteuer große Anteile von Flächen. Junglandwirt:innen soll der Bodenzugang erleichtert werden, Pachtverträge sollen mit einer Anzeigepflicht belegt und Anteilskäufe in das landwirtschaftliche Bodenrecht einbezogen werden.

Transformation rechnet sich

Eine Transformation ist nicht nur aus ökologischen, sondern auch aus ökonomischen Gründen notwendig. Die Kosten zur Behebung entstandener Umweltschäden ist langfristig teurer, als jetzt eine Transformation einzuleiten und flankierend zu fördern. Daher schlägt die ZKL umfassende Änderungen zur Erreichung des Zukunftsbildes vor.

Eine ökonomische Stellschraube ist hierbei die EU-Agrarpolitik und die jährliche Verteilung der gut 54 Milliarden Euro über Europas Äckern, Wiesen und Weiden. Was Wissenschaft, einzelne Parteien und viele Nichtregierungsorganisationen seit Langem fordern, findet sich nun auch im Abschlussbericht der Zukunftskommission: Der Erfolg des Transformationsprozesses des Landwirtschafts- und Ernährungssystems setzt nach einhelliger Auffassung der ZKL zwingend voraus, dass die Finanzmittel der öffentlichen Hand in der bisherigen Größenordnung erhalten bleiben, dass sie aber künftig insgesamt der zielgerichteten Finanzierung der Bereitstellung öffentlicher Güter dienen. Dies erfordert, dass die bisherigen flächengebundenen Direktzahlungen aus der Ersten Säule der GAP im Laufe der nächsten zwei Förderperioden (beginnend ab 2023, bis spätestens 2034) schrittweise und vollständig in Zahlungen umgewandelt werden, die konkrete Leistungen im Sinne gesellschaftlicher Ziele betriebswirtschaftlich attraktiv werden lassen. Dies könnten Prämien sein, wie die ab 2023 geltenden Öko-Regelungen, für welche die ZKL ein schrittweise wachsendes Budget einfordert. Auch ein Punktesystem, wie von der AbL und dem Deutschen Verband für Landschaftspflege vorgeschlagen, wäre denkbar.[7]

Gleichwohl werden die in den staatlichen Haushalten für die Landwirtschaft derzeit zur Verfügung stehenden Finanzmittel nicht ausreichen, um diese Transformationskosten zu decken. Die Höhe der benötigten staatlichen Transferzahlungen wird aus Sicht der ZKL auch davon abhängen, ob es gelingt, einen funktionierenden Markt für nachhaltig erzeugte Lebensmittel hoher Qualität und andere Leistungen der Landwirtschaft zu entwickeln. Mittel- und langfristig dürften damit auf die Bürger:innen höhere Kosten für ihre Ernährung zukommen. Deshalb muss die Transformation für einkommensschwache Verbraucher:innengruppen sozialpolitisch flankiert werden. Das kann z. B. durch eine Erhöhung des ernährungsbezogenen Satzes bei Transfereinkommen und durch jährliche Kompensationszahlungen bei der Anhebung von Verbrauchssteuern erfolgen. Auch die beitragsfreie Kita- und Schulverpflegung könnte zielführend sein. Die ZKL ist davon überzeugt, dass die von ihr beschriebenen Transformationspfade so gestaltet werden können, dass sie mit einer fairen gesellschaftlichen Lastenverteilung und mit volkswirtschaftlichen Einsparungen verbunden sind. Die Zeit drängt, daher nahm auch die Idee großen Raum ein, die notwendige Förderpolitik degressiv umzugestalten, d. h.: wer sofort beginnt, hat Chancen auf höhere Förderung.

Ideen gemeinsam entwickeln

Die Arbeit in der Zukunftskommission wurde von der Corona-Pandemie massiv beeinflusst. Von den zehn Plenarsitzungen fanden nur drei physisch statt, der Rest der Debatte verlagerte sich in den digitalen Raum. Das galt auch für die nahezu 100 Sitzungen der fünf Arbeitsgruppen. Die AG Ökonomie,

AG Soziales, AG Ökonomie, AG Zukünfte und AG GAP lieferten einzelne Textbausteine, die im Plenum diskutiert, angepasst und letztendlich als Grundlage für den Abschlussbericht genutzt wurden. Dabei war mehrmals festzustellen, dass einzelne gesellschaftlich relevante Stimmen in der Diskussion fehlten: der Verband für Landschaftspflege, Gewerkschafter:innen oder auch Entwicklungsorganisationen. Ihre Anliegen versuchten wir so gut es ging, in die Diskussionen einzubringen.

Die Arbeitsgruppen diskutierten über angemessene Formulierungen und erarbeiteten zahlreiche Kompromisse. Zahlen über den Artenschwund, den Beitrag der Landwirtschaft an den Treibhausgasemissionen, das Höfesterben, das Einkommen oder die Nitratbelastung der Gewässer wurden analysiert. Allen war klar: Es kann nicht so weitergehen wie bisher. Daher ist nur schwer nachvollziehbar, warum Bundeslandwirtschaftsministerin Julia Klöckner den Abschlussbericht als »Rückenwind«[8] für ihre Agrarpolitik empfand. Er ist eher das Gegenteil.

Innerhalb der vier Akteursgruppen in der ZKL (Landwirtschaft, Ernährungswirtschaft, Umwelt-Tierschutz-Verbraucherschutz sowie Wissenschaft) gab es unterschiedliche Formen der Zusammenarbeit. Dabei war es genauso wichtig, sich mit anderen Mitgliedern, die vermeintlich näher an der eigenen Position waren, als auch mit denjenigen, die politisch eher eine Gegenposition einnahmen, auszutauschen. Die Vertraulichkeit der Sitzungen und fehlende Öffentlichkeitsbeteiligung (bis auf eine öffentliche Sitzung im Februar 2021) waren hierbei Fluch und Segen zugleich. Sie ermöglichten einen fairen Austausch im geschützten Raum, sorgten aber auch für Skepsis und Misstrauen gegenüber der Arbeit der ZKL. Diese wurde natürlich von allen Seiten beäugt – von Landwirt:innen genauso wie von anderen Verbänden, die nicht Teil der ZKL waren. Nach dem Ausstieg von Greenpeace wurde die weitere Beteiligung der verbleibenden Umweltverbände öffentlich infrage gestellt. Doch es war richtig, dass wir weiter in der ZKL geblieben sind.

Sehr erfreulich war das größtenteils positive Echo, als der Abschlussbericht Ende Juni verabschiedet und Anfang Juli 2021 an Bundeskanzlerin Angela Merkel übergeben wurde. Diese einstimmigen Ergebnisse konnten erreicht werden, weil die Kommissionsmitglieder interessensübergreifend vertrauensvoll, mutig und ohne die üblichen Scheuklappen miteinander gesprochen haben. Dabei haben alle viel gelernt. Auf der Landwirtschaftsseite wuchs das Verständnis für die Themen Klimaschutz, Tierschutz, Artenschutz, Natur- und Umweltschutz. Die Umweltseite hat erkannt, dass die Verbesserung der wirtschaftlichen Situation bei den Betrieben eine Schlüsselrolle bei der notwendigen Transformation einnimmt.

Zukunft jetzt beginnen

Der Abschlussbericht ist mit »Zukunft Landwirtschaft – eine gesamtgesellschaftliche Aufgabe« überschrieben. Es geht nicht nur um die Zukunft von Bäuerinnen und Bauern – es ist unser aller Zukunft. Die Ergebnisse der Zukunftskommission sind ein Schritt zu einer Zeitenwende. Der Bericht ist der Anfang eines gemeinsamen Weges in eine zukunftsfähige Landwirtschaft. Die Kommission hat gezeigt: Die derzeitige Landwirtschaftspolitik geht auf Kosten von Mensch, Tier und Umwelt. Damit ist klar: Das heutige System ist nicht nur aus ökologischen und sozialen, sondern auch aus ökonomischen Gründen nicht zukunftsfähig.

Die Diskussionen wurden von dem gemeinsamen Geist getragen, die Zukunft mit Blick auf Klima, Umwelt und Tiere, aber auch mit Blick auf den Berufsstand und den ländlichen Raum zu sichern. Es handelt sich ausdrücklich um einen *Rahmen*, an dem sich die Politik in den kommenden Jahren ausrichten muss. Es wird die Aufgabe der neuen Bundesregierung sein, die geeigneten Instrumente zu erarbeiten und Fristen für Zwischenschritte zu setzen. Da wird es noch Diskussionen im Detail geben, aber die Richtung der Transformation ist durch den Abschlussbericht der ZKL geklärt. Nun muss gehandelt werden.

Die sehr intensive Arbeit in der ZKL hat sich gelohnt. Der dringend nötige Umbau der Landwirtschaft wird von ihr als gesamtgesellschaftliche Aufgabe begriffen. Durch eine Reihe der Kommissionsempfehlungen werden wirkliche Verbesserungen für viele Betriebe ermöglicht. Wenn die Politik diese aufgreift, können Bäuerinnen und Bauern mit ihrer Arbeit Klima, Umwelt, Wasser und Arten besser schützen und

Folgerungen & Forderungen

- Die externen Folgekosten der heutigen Landwirtschaft sind deutlich höher, als die Kosten für einen Umbau entsprechend der Vorschläge der ZKL wären.
- Der Umbau kann von den Landwirt:innen nicht alleine bezahlt und bewältigt werden. Er ist eine gesamtgesellschaftliche Aufgabe und somit politisch zu begleiten.
- Die Empfehlungen der ZKL müssen Grundlage der Agrarpolitik der neuen Bundesregierung sein.
- Der Umbau der Nutztierhaltung entsprechend der Vorschläge des Kompetenznetzwerks Nutztierhaltung muss unverzüglich begonnen werden.
- Die Reform der EU-Agrarförderung – weg von der pauschalen Flächenprämie und hin zur Honorierung gesellschaftlicher Leistungen – ist ab 2023 beginnend innerhalb von zwei Förderperioden abzuschließen.

ihre Tiere tierwohlgerechter halten. Dafür fordert die ZKL zurecht eine angemessene, finanzielle Entlohnung. Voraussetzung für den Umbau ist, dass die Politik die Empfehlungen umsetzt und politische sowie wirtschaftliche Rahmenbedingungen schafft.

Jetzt heißt es handeln! Das wird eine Kraftanstrengung und bedarf massiver, auch finanzieller staatlicher Leistungen. Klar ist: Gesellschaftliche Forderungen müssen auch von der Gesellschaft mitfinanziert werden. Es gilt aber auch: Notwendige Veränderungen zum Erhalt der planetarischen Grenzen dürfen nicht für Klientelpolitik geopfert werden. Dafür werden wir uns weiter einsetzen.

Anmerkungen

1 Zukunftskommission Landwirtschaft: Zukunft Landwirtschaft – Eine gesamtgesellschaftliche Aufgabe. Empfehlungen der Zukunftskommission Landwirtschaft. Berlin 2021 (www.bmel.de/SharedDocs/Downloads/DE/Broschueren/abschlussbericht-zukunftskommission-landwirtschaft.pdf?__blob=publicationFile&v=4).

2 Empfehlungen des Kompetenznetzwerks Nutztierhaltung. 11. Februar 2020 (www.bmel.de/SharedDocs/Downloads/DE/_Tiere/Nutztiere/200211-empfehlung-kompetenznetzwerk-nutztierhaltung.pdf;jsessionid=20C3ABFD85E2CDE0C0677AADE8C2AD68.live832?__blob=publicationFile&v=3). – Zur Arbeit der Borchert-Kommission siehe auch M. Schulz und H. Gödde: Generationenprojekt wartet auf Umsetzung. »Borchert-Kommission« empfiehlt Transformation zu einer gesellschaftlich akzeptierten Nutztierhaltung. In: Der kritische Agrarbericht 2021, S. 66–73.

3 Bund der Deutschen Landjugend e.V. (BDL), Jugend im Bund für Umwelt und Naturschutz e.V. (BUNDjugend): Gemeinsame Vision zur Zukunft der Landwirtschaft. 2021 (www.bundjugend.de/wp-content/uploads/Zukunftsbild_Landwirtschaft_BUNDjugend_BDL.pdf).

4 Bundesverfassungsgericht (BVerfG): Beschluss des Ersten Senats vom 24. März 2021 - 1 BvR 2656/18 -, Rn. 1-270 (www.bundesverfassungsgericht.de/SharedDocs/Entscheidungen/DE/2021/03/rs20210324_1bvr265618.html).

5 Wissenschaftlicher Beirat Agrarpolitik beim BMEL: Wege zu einer gesellschaftlich akzeptierten Nutztierhaltung. Gutachten. Berlin 2015 (www.bmel.de/SharedDocs/Downloads/DE/_Ministerium/Beiraete/agrarpolitik/GutachtenNutztierhaltung.pdf;jsessionid=26CD106EA83B984A90A473C2B99722A8.live832?__blob=publicationFile&v=2).

6 S. Michel-Berger: Düngeverordnung: Drohen neue Verschärfungen? In: agrarheute vom 21. September 2021 (www.agrarheute.com/politik/duengeverordnung-drohen-neue-verschaerfungen-585461).

7 Siehe hierzu auch den Beitrag von Jürgen Metzner und Sönke Beckmann in diesem *Kritischen Agrarbericht* (S. 46–51).

8 »Julia Klöckner: Abschlussbericht der Zukunftskommission Landwirtschaft ist Rückenwind für meine Arbeit.« Pressemitteilung des Bundesministeriums für Landwirtschaft und Ernährung Nr. 112/2021 vom 30. Juni 2021 (www.bmel.de/SharedDocs/Pressemitteilungen/DE/2021/112-abschlussbericht-zukunftskommission.html).

Olaf Bandt
Vorsitzender des Bund für Umwelt und Naturschutz (BUND) und Mitglied der Zukunftskommission Landwirtschaft.

olaf.bandt@bund.net

Elisabeth Fresen
Bundesvorsitzende der Arbeitsgemeinschaft bäuerliche Landwirtschaft (AbL) und Mitglied der Zukunftskommission Landwirtschaft.

elisabeth.fresen@posteo.de

Thomas Schröder
Präsident Deutscher Tierschutzbund (TSchB) und Mitglied der Zukunftskommission Landwirtschaft.

bg@tierschutzbund.de

◉ *Schwerpunkt »Preis Werte Lebensmittel«*

Schweinepreise zwischen Kostenführerschaft und Qualitätsausrichtung

Bietet das Tierwohl-Schwein eine Chance für neue Preissysteme?

von Hugo Gödde

Angesichts der Preiskrise am Schweinemarkt reicht der Verweis auf den sog. Schweinezyklus, dem mehr oder weniger regelmäßigen Auf und Ab des Preises, nicht mehr aus. Vor diesem Hintergrund benennt der folgende Beitrag die auf den Preis wirkenden Einflussfaktoren und analysiert das bestehende System des Zustandekommens der Erzeugerpreise. Er benennt die unterschiedlichen Interessen am Markt, der nur in der Theorie eine Idylle von gleichberechtigten Teilnehmern ist, betont die Notwendigkeit der Bündelung und Geschlossenheit auf Erzeugerseite und hebt die besondere Leistung des Biofleischmarktes und des Neuland-Qualitätsfleischprogramms bei der Vermarktung und der Preisgestaltung hervor. Da die aus dem Umbau in der Tierhaltung resultierenden Mehraufwendungen wie beispielsweise für mehr Tierwohl auf Erzeugerebene allein weder durch staatliche Subventionen noch durch den Markt mit höheren Verbraucherpreisen ausgeglichen werden, sind hybride Maßnahmen aus Investitionsförderung und/oder durch marktbasierte Tierwohlprämien oder Verbrauchsteuern seitens der Politik erforderlich. Abschließend unterstreicht der Autor, dass Bäuerinnen und Bauern gemeinsam dafür streiten müssen, dass durch die Transformation neue Markt- und Machtverhältnisse entstehen, die ihnen bessere Bedingungen eröffnen. Denn Tierwohl allein garantiere nicht automatisch mehr »Bauernwohl«.

Der Schweinemarkt ist seit über 100 Jahren gekennzeichnet durch den Schweinezyklus und das Ringen um einen kostenorientierten bzw. wettbewerbsfähigen Marktpreis. Der Schweinepreiszyklus bildet eine periodische Schwankung der Angebotsmenge und des Marktpreises ab und hat als feststehender Begriff in die Grundlagen der Wirtschaftswissenschaften Einzug gehalten.[1] Durch verschiedene Einflussfaktoren (Staatssubventionen, internationale Märkte) haben sich die periodischen Zeiträume, die ursprünglich mit drei bis vier Jahren zwischen einem Hoch- und einem Tiefpreis wissenschaftlich beschrieben wurden, deutlich relativiert. Trotzdem ist diese Begründung bei vielen Landwirten tief im Gedächtnis verankert. »Damit leben wir schon immer,« heißt es in Agrarkreisen, wenn der Preis mal wieder im Keller ist. In der aktuellen Preiskrise bildet das Auf und Ab aber mehr ab als nur Normalität. »Schwankende Preise kennen wir. Damit können wir umgehen. Aber so schlimm und an einen so langen Zeitraum kann ich mich nicht erinnern. Und wir sehen kein Ende,« bewerten Schweinehalter die Situation im Herbst 2021.

Die Sprunghaftigkeit, heute Volatilität genannt, hat sich in den letzten Jahren erhöht, weil durch die Internationalisierung der Märkte neue Einflussfaktoren eine Rolle spielen. Die Globalisierung, beeinflusst und ausgelöst durch die Digitalisierung, neue Transportmöglichkeiten der Containerschifffahrt,[2] neue Käuferschichten in Schwellenländern und eine auf Export ausgerichtete Strategie in Deutschland und anderen Industriestaaten, erweiterte auch den Schweinefleischabsatz in ferne Länder, die vorher keine Rolle spielten. Betrug der Export deutschen Schweinefleisches im Jahre 2000 noch 584.000 Tonnen (davon 80 Prozent in die EU), verfünffachte sich der Wert bis 2019 auf 2,904 Millionen Tonnen, davon bereits 1,015 Millionen Tonnen in Drittländer.[3] China hat sich 2019 mit Abstand zum größten Abnehmer mit 580.000 Tonnen entwickelt – aber seit Ende 2019 geht's bergab: Da sich das gesamte System von Produktion bis zur Vermarktung auf den Export eingestellt hatte, schlitterte man sehenden Auges in eine schwere Krise.

Preise – fair, angemessen, marktgerecht?

Grundsätzlich ist zu unterscheiden, ob man die Preissetzung aus der Sicht der Produktion oder des Absatzes auf dem Markt betrachtet. Der Erzeuger muss sich an den Kosten orientieren, die sich für die Produktion berechnen. In einem solchen, kostenorientierten Preis sind alle Auslagen enthalten, von den vorgelagerten Produktionskosten (z. B. Sau oder Ferkel) über das Futter, den Gebäuden, den Tierarztkosten, dem Fremdkapital bis zum Lohn bzw. Gewinn.

Der Abnehmer geht von Angebot und Nachfrage auf dem Markt aus und von seinen Gewinnerwartungen. Dabei zirkuliert der Marktpreis um einen imaginären Punkt, dem sog. Gleichgewichtspreis, wenn Angebot und Nachfrage ausgeglichen sind. Bei Überproduktion kann er nur »unter Wert« verkaufen, bis das Gleichgewicht wieder eingetreten ist. Aber natürlich kann im Vorfeld einer Überproduktionskrise gegengesteuert werden, damit es gar nicht erst so weit kommt – wenn man will. Aber es gibt das Interesse der abnehmenden Hand an permanenter leichter Überproduktion, um einerseits die Marktmacht des Produzenten klein zu halten und andererseits mit niedrigen Preisen auf den Markt zu drängen.

In die Preisdebatte werden oft moralisch-ethische Komponenten eingebracht. Man fordert einen »gerechten« oder einen »fairen« Preis. Für die politische Diskussion ist eine solche Argumentation völlig berechtigt, appelliert man damit auch an die vielfältigen Vorstellungen der Menschen, z. B. an das Gerechtigkeitsempfinden oder an das gute Gewissen und nicht nur an den *homo oeconomicus*. Damit werden subjektive Merkmale und gesellschaftliche Bedürfnisse berücksichtigt, die die Standardisierung der Märkte aufbrechen, neue Differenzierungen ermöglichen und die Vergleichbarkeit neu definieren.

Da der Markt nur in der Theorie eine Idylle von gleichberechtigten Teilnehmern ist, tatsächlich aber wirtschaftliche Machtverhältnisse ausdrückt, sind immer auch diese ungleichen Voraussetzungen zu berücksichtigen. Auf dem regionalen Markt kann sich der Metzger mit dem Bauern auf Augenhöhe treffen, aber den Gesamtmarkt bestimmen die Schlachtkonzerne und die Großabnehmer, wenn sich die vereinzelten Erzeuger nicht eine Gegenmacht aufbauen.

Häufig wird der Preis mit allen möglichen Gesichtspunkten belastet. Er soll das Einkommen sichern, Wertschätzung ausdrücken, Perspektiven absichern, unterschiedliche Strukturen korrigieren bzw. festigen oder einen sozialen Status abbilden. In der Agrargeschichte, auch der alternativen Bauernbewegung, hat diese Überladung des Preises immer wieder zu kontroversen Auseinandersetzungen geführt, z. B. beim gestaffelten Preis der französischen Agraropposition Paysan- Travailleurs[4] und der jungen Arbeitsgemeinschaft bäuerliche Landwirtschaft (AbL)[5] in den 1980er-Jahren.

Es bleibt das Bestreben, die Arbeit der Bäuerinnen und Bauern »fair« zu bezahlen, Mengen durch regulierende Maßnahmen in Einklang zu bringen und dabei die soziale Situation der Betriebe zu berücksichtigen. Diese Maxime spielen auch in den heutigen Auseinandersetzungen um »faire« Preise eine wichtige Rolle.

Wer macht den deutschen Schweinepreis?

Die Ermittlung der agrarischen Preise ist in Deutschland von Produkt zu Produkt unterschiedlich. Anders als am Milchmarkt bestimmen die Erzeuger bei Rindern, Schweinen und Ferkeln über einen Zusammenschluss die Preise am Markt mit. Seit 1998 empfiehlt die Vereinigung der Erzeugergemeinschaft für Vieh und Fleisch (VEZG) wöchentlich Preise für Schlachttiere. Grundlage ist das Marktstrukturgesetz, das ohne Einwände des Kartellrechts erlaubt, dass sich landwirtschaftliche Gemeinschaften preislich absprechen. Dahinter steht die Überlegung, dass Erzeugergemeinschaften ein Gegengewicht zur Marktmacht der Nachfrageseite bilden können. Damit gibt die Erzeugerseite den aktuellen Preis vor. Die Vereinigung ist umso stärker und ihr Einfluss umso höher, je mehr Produzenten mitmachen. Laut VEZG-Vorsitzenden Matthias Frieß vermarkten die Mitgliedserzeugergemeinschaften etwa 13 Millionen Schlachtschweine und 7,5 Millionen Ferkel pro Jahr. »Hinzu kommen über 42.000 Schlachtsauen und fast 170.000 Schlachtrinder. Bei Schweinen liegt unser Marktanteil zwischen 25 und 27 Prozent. Bei frei gehandelten Ferkeln kommen wir auf etwa zehn bis 15 Prozent. Im Rinderbereich sind unsere Anteile geringer: Bei Bullen kommen wir auf sechs bis zehn Prozent und bei Schlachtkühen auf fünf bis sieben Prozent.«[6]

Dieser Notierungspreis wird bei Schweinen und bei Ferkeln im Voraus für die nächsten sieben Tage veröffentlicht und ist zum festen Orientierungspunkt des Schweinemarkts geworden. Er wird ausschließlich von den zurzeit 38 [Stand Oktober 2021] Erzeugergemeinschaften festgesetzt, beruht aber auf einer breiten Markteinschätzung einschließlich der Exportaktivitäten. Die mittleren Schlachthöfe richten sich weitgehend an der Notierung aus. Die großen Schlachtkonzerne reagieren, wenn sie die Marktbeurteilung nicht teilen, mit sog. Hauspreisen, d. h. niedrigeren Preisen, die nur das einzelne Schlachtunternehmen zahlt. In der Regel geht einer der Fleischriesen Tönnies, Westfleisch, Vion, Danish-Crown voran und die anderen hängen sich dran. Dies ist in den letzten Jahren etwa vier bis sechsmal pro Jahr geschehen und immer mit großer Aufregung in der landwirtschaftlichen Öffentlichkeit begleitet worden. Die Hauspreismacher werden oft als Buhmann hingestellt. Die mittelgroßen Schlachthöfe halten sich mit Hauspreisen eher zurück (schließlich kann der Viehhändler auch zum nächsten Schlachter fahren).

Insgesamt, so Frieß, hat sich die Preisfindung bewährt und zum Leitpreis für Europa entwickelt. Aber er weiß auch, dass die Treffsicherheit die größte Herausforderung ist, woran sie sowohl von der »grünen« Erzeugerseite als auch der »roten« Fleischseite gemessen werden. Aber »wir müssen immer versuchen, an die Schmerzgrenze zu gehen. Wie häufig es dann zu Hauspreisen kommt, hängt immer auch von der Marktlage ab.«[7]

Die hohe Akzeptanz der Preisempfehlung ist sicherlich ein Pfund in den Händen der Schweinehalter. Die selbstständige Festlegung der Notierung durch die Erzeugerseite ist europaweit ungewöhnlich.[8] Sie wird aber durch die Konzentration der Schlachtunternehmen und durch den hohen Selbstversorgungsgrad bei Schweinen von 125 Prozent unterlaufen, da sich bei Überschüssen die Marktposition der Produzenten deutlich verschlechtert. Gerade deshalb ist die Notwendigkeit der Bündelung und der Geschlossenheit entscheidend. »Die fehlende Solidarität unter den Berufskollegen ist der Nasenring, an dem man uns immer wieder vorführt«, so Frieß.[9]

Der Abbau der Überschüsse wird aber von der VEZG kaum thematisiert. Inwieweit die zunehmende Differenzierung durch die Haltungsformen des Lebensmitteleinzelhandels (LEH), staatlichen Tierwohlkennzeichnungen (auf der Basis der Borchert-Kommission), freiwillige Systeme wie Strohhaltung, gentechnikfreie Fütterung neue Aufgaben für die VEZG-Notierung bringen wird, hängt von der Flexibilität des Systems ab, wenn die Zahl der Standard-Schlachttiere sinkt. Die VEZG hält bisher an ihrem System fest, will mit der Notierung die Preisbasis bilden, auf die dann die zusätzlichen Tierwohlleistungen aufgesetzt werden. Damit sind aber viele Schweinehalter nicht zufrieden, zumal die Aufschläge bisher nicht wirklich quantifiziert sind. Außerdem wird von den Tierwohlpionieren der Handelsstufen 3 und 4 kritisiert, dass sie mit den Preisen von Standardschweinen vermengt werden, deren Preisbasis ursächlich vom Weltmarktpreis abhängt. Aber warum sollen südostasiatische Markteinflüsse oder Verwerfungen die Basis der heimischen Auslaufschweine für den heimischen Markt definieren?[10]

Das Beispiel Biomarkt

Die große Leistung des biologischen Landbaus ist die Durchsetzung eines zweiten relevanten Marktes neben dem übermächtigen konventionellen Standardmarkt. Noch vor wenigen Jahren waren der Biomarkt und besonders der Biofleischmarkt eine absolute Nische für Erzeuger und Verbraucher, der von den »Großen« in Industrie und Handel nicht ernst genommen wurde. Man ließ sie gewähren. So konnten sich neue Konzepte entfalten und Vorschläge ausprobiert werden, die von den Vorstellungen des Einheitsmarkts abwichen. Wichtige Grundsätze bildeten sich heraus:

- Der Biomarkt ist ein selbstständiger Markt, die Preise haben mit dem konventionellen Standardmarkt nichts zu tun.
- Da die Bäuerinnen und Bauern die »Erfinder« und Entwickler des Bioanbaus waren (und nicht die Industrie, der Handel, die Politik oder die Wissenschaft und Beratung), konnten/mussten sie lange Zeit auch im Rahmen ihrer Möglichkeiten die Bedingungen setzen. So lernte man, seine eigenen Preise zu machen und schrieb die Rechnungen wieder selbst.
- Die Mengen mussten angepasst bleiben. Überschüsse zu erzeugen war teuer und unsinnig, sie durften gar nicht erst entstehen. Alle Beratungsempfehlungen lauteten, sich erst die Vermarktung zu sichern und danach umzustellen.
- Mit zunehmendem Kaufinteresse einer breiteren Kundschaft entstanden Erzeugergemeinschaften, die größere Mengen abnahmen und die Produktion absicherten.

Eigene Preisbildung, Mengenbegrenzungsmaßnahmen und Aufbau starker Erzeugungs-/Vermarktungsgemeinschaften begleiteten das organische Wachstum des Marktes und förderten es.

Bioschweinefleisch ein Nachfragemarkt

Bis auf wenige Monate war der Bioschweinefleischmarkt in den letzten 20 Jahren gekennzeichnet durch eine höhere Nachfrage als Angebot. Dazu trugen vor allem die strengen Richtlinien mit dem hohen Platzangebot, den Biofutterkosten und die besonders in der Ferkelerzeugung anspruchsvollen Auflagen der freien Abferkelung, Auslauf für Sauen, Kupierverbot und so weiter bei. Ferkel sind bis heute der Engpass in der Erzeugung. Die hohen Tierschutz- und Umweltschutzanforderungen führen zu einer Verteuerung der Erzeugung, die am Markt erwirtschaftet werden muss, und beinhalten ein Risiko für die Umstellung, wenn der Absatz nicht vertraglich (schriftlich oder mündlich) abgesichert ist. Aber sie ermöglichen auch, dass

Tab. 1: Erzeugerpreise für Bioschweine

Zeitraum	Handelspreis (ca.)
2002 bis 2006	2,35 €/kg
2007 bis 2010	2,90 €/kg
2011 bis 2015	3,00 bis 3,35 €/kg
2016 bis 2019	3,70 bis 3,80 €/kg
2019 bis Mitte 2021	3,80 €/kg
ab Juli 2021	4,00 €/kg

Tab. 2: Erzeugerpreise für Bioferkel*

Zeitraum	Handelspreis (ca.)
2007 bis 2010	90 bis 100 €/kg
2011 bis 2015	100 bis 115 €/kg
1016 bis 2019	130 bis 140 €/kg
2019 bis Mitte 2021	140 €/kg
ab Juli 2021	150 €/kg

* Für 25-Kilogramm-Ferkel

der Preis trotz/wegen der Marktausweitung erhöht werden konnte und nicht durch den Markteintritt des LEH gedrückt wurde, wie die Entwicklung der Erzeugerpreise für Bioschweine und -ferkel der letzten bald 20 Jahre zeigt (Tab. 1 und 2).

Die Ferkelknappheit trug erheblich zur Bildung des Nachfragemarkts bei. Begrenzte Produktion, Absatzwachstum, keine Abhängigkeit von Importen/Exporten und angepasste Erzeugungs- und Vermarktungsstrukturen ermöglichen einen angemessenen (fairen?) Preis, der auch von der aktuellen Schweinemisere auf dem konventionellen Markt unbeeinflusst ist. Selbst Ferkelimporte aus Holland und Dänemark, die wegen der Unterversorgung auftreten, spielen keine entscheidende Rolle, zumal selbst der Einzelhandel angekündigt hat, Bioschweine mit einer 5D-Kennzeichnung (Geburt, Aufzucht, Mast, Schlachtung, Zerlegung/Verarbeitung in Deutschland) zu favorisieren.[11]

NEULAND und andere Premiumprogramme

NEULAND – das Qualitätsfleischprogramm aus tiergerechter, umweltschonender und bäuerlicher Tierhaltung galt mehrere Jahrzehnte als das wichtigste Programm für Premiumtierhaltung. »Seit mindestens 30 Jahren (Gründung von NEULAND 1988) wird in Deutschland über die Einführung einer Tierschutzkennzeichnung diskutiert, lange Jahre ohne jeden erkennbaren Fortschritt.«[12] Aber NEULANDS Pionierleistung bezieht sich nicht nur auf die alternative Haltungsform, sondern auch auf die Vermarktung und Preisgestaltung. Da aus der Fleischbranche sich viele Jahre niemand für Premiumfleisch interessierte, blieb den NEULAND-Bäuerinnen und -Bauern nichts anderes übrig, als sich selbst um die Vermarktung zu kümmern – nach dem Grundsatz aus den Anfangsjahren der AbL: Widerstand und Selbsthilfe.

Damit war man selbst für die Preisfindung verantwortlich. Auch hier bildete die Vorwärtskalkulation die Grundlage. Man berechnete die durchschnittlichen Erzeugungskosten und legte den Preis fest. Fleischer, Großküchen und andere, die NEULAND-Fleisch kaufen wollten, mussten also den Preis zahlen oder das Geschäft kam nicht zustande. Der Preis war als Festpreis oft für mehrere Jahre definiert, bis sich durch veränderte Kostenberechnungen (Futterkosten) eine neue Situation ergab. In den 1990er-Jahren lag der Mastpreis bei knapp vier Deutsche Mark pro Kilogramm und stieg seitdem auf etwa 2,20 Euro. Mit diesem Festpreis können die Bauern kalkulieren, leichte Absatzschwankungen wurden innerhalb der Erzeugergemeinschaften aufgefangen. Da die Erzeugergemeinschaften die Aufnahme neuer Betriebe steuern konnten, hielten sich die Wirkungen von Nachfragebooms (Skandale wie die BSE-Krise) oder Absatzkrisen im Rahmen. Außerdem begrenzten die für NEULAND-Höfe zum Schutz der bäuerlichen Betriebe geltenden Bestandsobergrenzen für Sauen und Mast potenzielle Mengenüberschüsse. Da die Aufwendungen vergleichsweise hoch waren und nicht durch staatliche Zahlungen (außer bei einem Ringelschwanzprojekt in Niedersachsen) ausgeglichen wurden, war der Markterfolg eher unbedeutend. Aber auch beim Liefervertrag mit Aldi im Rahmen des Programms »fair und gut« konnte ein fairer Festpreis für fünf Jahre vereinbart werden.

Nach ähnlichem (Preis)-Vorbild wirtschaftet auch die Erzeugerorganisation Süd in Baden-Württemberg, die nach den Premiumkriterien des Deutschen Tierschutzbundes »Für mehr Tierschutz« die Marke »Hofglück« von Edeka-Südwest beliefert. Klare strenge Richtlinien, ein fester Preis, langfristige (zehn Jahre!) Abnahmeverträge und eine wachsende Nachfrage ermöglichen Mengenabsprachen, die den Erzeugern für ihre Umstellung eine klare Perspektive bieten und der nachfolgenden Generation eine Chance eröffnen.

Der Umbau der Tierhaltung und die Preisgestaltung

Dass die Tierhaltung und die Fleischverarbeitung in Deutschland vor einem Transformationsprozess stehen, ist nach der gesellschaftlichen Kritik der letzten Jahre und den Verwerfungen durch die Corona-Pandemie und der Afrikanischen Schweinepest inzwischen auch in der Landwirtschaft und Fleischbranche bis zum Handel unbestritten. Es bedarf auch keines aufwendigen Nachweises mehr, dass die Tierhaltungsformen und ihre Kennzeichnung wesentliche Merkmale beim Umbau spielen werden. Wer hätte noch vor ein paar Jahren gedacht, dass Tierhaltung und Tierschutz zum kennzeichnenden und wertsetzenden Kriterium des gesamten Marktes werden würde? Das Zeitalter des Standardschweines neigt sich dem Ende. Und das Ziel der weltweiten Kostenführerschaft wird selbst von einigen Verbandsvertretern selbstkritisch hinterfragt. »Wir sind nicht diejenigen, die Preisführer sein werden. Wir müssen andere Ziele nach vorn stellen. Das fällt mir persönlich zuzugeben auch etwas schwer. In meiner aktiven Zeit dachte ich, wir seien Weltmeister in der Produktion, und wenn die Vermarktungsstrukturen stimmen, seien wir unschlagbar. Das sehe ich heute etwas anders. Wir müssen andere Ziele so lange diskutieren, bis sie ausgereift sind, und dann auch durchziehen,« so der langjährige Präsident des Westfälisch-Lippischen Landwirtschaftsverbands und Vizepräsident des Deutschen Bauernverbands, Franz Josef Möllers, jüngst in einem Interview.[13]

Das beinhaltet, dass natürlich sinnvolle Exporte von Teilstücken, die in Deutschland kaum vermarktet werden (wie Köpfe, Ohren oder fette Bäuche), möglich sein müssen, ohne aber preisbestimmend zu werden. Das gilt auch für sinnvolle Importe, wenn hauptseitig die 5D-Regel eingehalten wird bzw. die Importe nach den gleichen Qualitätsregeln bewertet und kontrolliert werden (EU-Lösung).

Alle Diskussionen drehen sich um die Frage, wie viele Stufen der Haltungsformen es geben wird (vier wie im LEH-Modell oder drei wie in der Staatskennzeichnung) und welche Anforderungen zugrunde gelegt werden. Entscheidend für Erzeuger wie für Verbraucher wird die Frage, wie und wer die unterschiedlichen Auflagen bezahlen wird. Dafür hat die Borchert-Kommission Vorschläge formuliert und in Machbarkeitsgutachten überprüfen lassen. Relative Einigkeit besteht, dass die Mehraufwendungen auf Erzeugerebene allein weder durch staatliche Subventionen noch durch den Markt mit höheren Verbraucherpreisen ausgeglichen werden. Es sind also hybride Maßnahmen nötig – durch Investitionsförderung und/oder durch marktbasierte Tierwohlprämien oder Verbrauchssteuern.

Für die Schweinehalter haben die Beschlüsse große Bedeutung, damit nicht nach der Transformation das gleiche System auf höherer Tierwohlstufe herauskommt, in dem sie wieder als letztes Glied der Wertschöpfungskette und der Marktmachtstrukturen den »Rest« erhalten. Dabei ist es wichtig, dass die neuen bäuerlichen Premiumfleischerzeuger, die bereits heute auf Außenklima-, Offenfront- oder Auslaufhaltung umstellen und sich mangels Erzeugerzusammenschlüssen einzeln auf den Vermarktungsweg mit dem Einzelhandel machen und individuelle Preisabsprachen treffen, sich an den realen Kosten orientieren. Manche LEH wie Kaufland (»Wertschätze«) oder einzelne Supermarktregionen von Rewe und Edeka versuchen die Erzeuger in ihren Haltungsprogrammen 3 oder 4 mit geringen Preisaufschlägen abzufinden und/oder sie mit kurzfristigen Direktverträgen zu locken. Andere LEH schalten ihre üblichen industriellen Fleischlieferanten ein und diktieren denen in alter Manier haltungsmäßige Vorgaben und Preise. Das ist gerade in der aktuellen Übergangszeit zwischen den relativ geringen Tierwohlauflagen des Handels (z. B. keinerlei Anforderungen an die Ferkel) und den (voraussichtlich) kommenden strengeren Konditionen der staatlichen Kennzeichnung zu beachten, um nicht die preislichen Chancen des Umbaus in eine Qualitätsführerschaft zu verspielen.

Für eine »alternative«, bäuerliche Interessenvertretung geht es bei dem Umbau der Tierhaltung nicht nur um mehr Tierwohl. Tierwohl garantiert nicht automatisch mehr »Bauernwohl«. Bäuerinnen und Bauern müssen gemeinsam dafür streiten, dass durch die Transformation neue Markt- und Machtverhältnisse entstehen, die ihnen bessere Bedingungen eröffnen.[14]

Folgerungen & Forderungen

- Der Preis muss sich an durchschnittlichen Kosten orientieren. Ein Mehrkosten-Ausgleichsmodell nach dem Notierungssystem VEZG manifestiert nur einen für die Erzeuger unbefriedigenden Basispreis.
- Mengen und Preise in den einzelnen Stufen müssen (auch) von den (Erzeuger-)Organisationen gesteuert werden und nicht der Fleischindustrie überlassen bleiben, die mit Überschüssen ihre Machtposition verbessert.
- Preise und Mengen müssen längerfristig verbindlich vereinbart werden – was eine gewisse Marktflexibilität (Mindestpreise, Futterkomponente?) nicht ausschließt.
- Die Schweinebestände müssen marktangepasst sein, d. h. aktuell reduziert werden. Neubauten und Umbauten dürfen keine Ausweitung der Schweinebestände ermöglichen. Denn Überschüsse sind der Tod jedes fairen Preises.

Das Thema im Kritischen Agrarbericht

- Ottmar Ilchmann: »Schluss mit lustig – uns geht die Luft aus« – Über Milchpreise, Sektorstrategien und die Notwendigkeit besserer Rahmenbedingungen. In: Der kritische Agrarbericht 2021, S. 169–173.
- In Verhandlung gehen. Gespräch mit Nicolas Barthelmé und Sven Lorenz über die neue Initiative »Du bist hier der Chef!

Die Verbrauchermarke«- In: Der kritische Agrarbericht 2021, S. 173–177.
- Ulrich Jasper, Hugo Gödde und Günther Völker: Umbau der Nutztierhaltung. Hintergründe und notwendige Schritte für Agrarpolitik, Handel sowie Bauern und Bäuerinnen. In: Der kritische Agrarbericht 2018, S. 52–64.
- Karin Jürgens: Deutscher Billigkäse verschärfte die europäische Milchpreiskrise. Erfahrungen mit und Konsequenzen aus der Milchkrise 2015/2016. In: Der kritische Agrarbericht 2018, S. 164–169.
- Rüdiger Brügmann: Stabilität dank Engagement. Wie es den Biomilchbauern gelingt, sich zunehmend vom konventionellen Markt abzusetzen und die Milchpreise stabil zu halten. In: Der kritische Agrarbericht 2018, S. 129–133.
- Onno Poppinga: Weitere Industrialisierung keine Lösung. Kritik an einer Erklärung von Agrarökonomen zur Lösung der Milchkrise. In: Der kritische Agrarbericht 2017, S. 153–157.
- Jochen Dettmer: Wir brauchen eine nationale Nutztierstrategie. Ein Rück- und Ausblick auf Stationen und Strategien zum Umbau der Nutztierhaltung. In: Der kritische Agrarbericht 2017, S. 48–71.
- Thomas Schröder: Billig um jeden Preis. Wie Tiefpreise Tierschutz verhindern. In: Der kritische Agrarbericht 2015, S. 220–226.
- Jochen Dettmer, Torsten Walter: Zeigen, dass es geht. Seit bald 25 Jahren ist NEULAND Pionier und Impulsgeber für eine besonders artgerechte bäuerliche Tierhaltung. In: Der kritische Agrarbericht 2012, S. 216–221.

Anmerkungen

1 Der Begriff geht zurück auf die Arbeit von Arthur Hanau: Die Prognose der Schweinepreise. In: Vierteljahreshefte zur Konjunkturforschung. Dissertation 1927. Hobbing, Berlin 1928.

2 2019 kostete der Containertransport von gekühltem Schweinefleisch von Westfalen über Rotterdam nach Shanghai etwa 0,12 bis 0,15 Euro pro Kilogramm, davon über die Hälfte allein bis Rotterdam. Ein regionaler LKW-Transport mit einer Kühlspedition in Deutschland über 100 oder 200 Kilometer kostete je nach Menge circa 0,30 Euro pro Kilogramm. Aktuell haben sich aber die Logistikpreise stark erhöht.

3 Ami-informiert vom 3. März 2021

4 U. Baumgärtner: Zur Diskussion der Agrarfrage in Frankreich. In: O. Poppinga (Hrsg.): Produktion und Lebensverhältnisse auf dem Land. Opladen 1979, S. 27 ff.

5 Siehe die Formulierung des gestaffelten Preises in der »Aachener Erklärung« der Agraropposition: »Bei Milch soll allen Betrieben, die nicht mehr als 200.000 l produzierten, für die ersten 60.000 l zusätzlich 10 Pfg/l bezahlt werden.« In: Unabhängige Bauernstimme Nr. 84 vom November 1987.

6 »Der VEZG-Preis ist unverzichtbar« – Interview mit VEZG-Vorsitzenden Matthias Frieß. In: top agrar online vom 5. Dezember 2018, S. 2 (www.topagrar.com/markt/aus-dem-Heft/der-vezg-preis-ist-unverzichtbar-10118890.html).

7 Ebd., S. 3. – Im Herbst 2021 ist der Preiskampf besonders ausgeprägt, da beide Seiten rote Zahlen schreiben.

8 In Spanien, dem schweinereichsten Land der EU, wird der Referenzpreis Mercolleida (Markt von Lleida) von einem Gremium von acht großen Erzeugergemeinschaften und acht Vertretern der Fleischindustrie festgelegt, im Zweifel kontrolliert durch die Institution des Stadtrats von Lleida. Siehe G. Burset: Der Refenzmarkt für Schweinefleisch in Spanien: Mercolleida. In: 3drei3.de vom 11. Juni 2021 (www.3drei3.de/artikel/mercolleida-der-referenzmarkt-fur-schweinefleisch-in-spanien_2988).

9 Frieß (siehe Anm. 6), S. 4.

10 Die Exportchancen von Tierwohl-Fleisch nach Japan, Südkorea und China schätzt das Thünen-Institut »bei (fast) gleich null« ein.

11 Eine ähnliche Erfolgsstory schreibt auch der Biomilchmarkt, seitdem er sich vor etwa zehn Jahren vom konventionellen Preis abkoppeln konnte. Die Mengen werden durch begrenzte Aufnahme von neuen Betrieben einigermaßen gesteuert und es können sich weitgehend unabhängig von billigen Importen oder Exportzwängen Preise entwickeln, die sicher nicht immer den Vollkostenwünschen der Erzeuger entsprechen, aber für viele gerade Klein- bzw. Mittelbetriebe die einzige Überlebenschance bieten. – Siehe dazu auch R. Brügmann: Stabilität dank Engagement. Wie es den Biomilchbauern gelingt, sich zunehmend vom konventionellen Markt abzusetzen und die Milchpreise stabil zu halten. In: Der kritische Agrarbericht 2018, S. 129–133.

12 A. Spiller und A. Zühlsdorf: Haltungskennzeichnung und Tierschutzlabel in Deutschland: Anforderungen und Entwicklungsperspektiven. Wissenschaftliches Gutachten im Auftrag von Greenpeace Deutschland e.V.. Göttingen 2018, S. 7.

13 Franz Josef Möllers, 1997 bis 2012 Präsident des westfälisch-lippischen Landwirtschaftsverbandes (WLV), 2006 bis 2012 Vizepräsident des DBV in einem Interview des Wochenblatt für Landwirtschaft und Landleben Nr. 25 (2021), S. 17.

14 Die Entwicklung vom lokalen zum globalen und alternativen Schwein wird gut dargestellt im Buch von Rudolf Buntzel: *Pig Business,* das im Frühjahr 2022 im Münchner oekom verlag erscheinen wird.

Hugo Gödde
Vorstandsmitglied bei NEULAND e.V. sowie Aufsichtsrat der NEULAND-Vermarktungsgesellschaft West.

hugogoedde@web.de

Klima schützen *und* Höfe erhalten

Über die Klimaberichterstattung und die Rolle der Landwirtschaft für die Klimareduktionsziele

von Xenia Brand

Unstrittig ist, dass die Landwirtschaft mit Blick auf den Klimawandel sowohl Verursacher und Betroffener als auch Teil der Lösung ist respektive sein kann. Über das jeweils mögliche Ausmaß existieren jedoch die unterschiedlichsten Zahlen und Vorstellungen. Was steht hinter den verschiedenen Zahlen? Was beziehen sie mit ein, und wie kommen die häufig genannten großen Unterschiede zustande? Eine Bestandsaufnahme und Antworten auf diese Fragen gibt der nachfolgende Beitrag. Neben der Übersicht über die Berechnungsarten und die Rolle der Landwirtschaft im Kontext der insgesamt notwendigen Reduktion der Treibhausgasemissionen benennt er auch die Handlungsfelder für den landwirtschaftlichen Beitrag zum Erreichen der Reduktionsziele.

Landwirtschaft trägt mit Treibhausgasemissionen zur Klimakrise bei und diese müssen gesenkt werden. So viel ist klar. Doch schon bei der Frage, wie hoch der Anteil der Emissionen des Land- und Ernährungssektor eigentlich ist, stehen unterschiedliche Zahlen im Raum. Mal neun, 13 oder sogar 24 Prozent. Was steht hinter den verschiedenen Zahlen? Die Grundlage der Zahlen für Deutschland bildet die nationale Emissionsberichterstattung nach den Richtlinien der Klimarahmenkonvention der Vereinten Nationen (UNFCCC) sowie des Weltklimarates (IPCC). Aufgabe der nationalen Emissionsberichterstattung ist es, jährlich alle in Deutschland entstandenen Emissionen zu erfassen und an die Vereinten Nationen (UN) zu berichten. Dazu werden die verschiedenen Emissionsquellen auf die verschiedenen Sektoren aufgeteilt: auf den Verkehrs-, den Gebäude-, den Energie-, den Landwirtschaftssektor und so weiter.

Die Emissionen nach dem »Territorialprinzip«

Die Emissionen werden nach dem »Territorialprinzip« erfasst. Das heißt, in Deutschland werden jene Emissionen berichtet, die in Deutschland entstehen. Die Emissionen, die Deutschland als Industrienation verantwortet, die aber nicht in Deutschland entstehen, fallen nicht darunter.[1] Das Emissionsinventar umfasst die Treibhausgase CO_2, Methan und Lachgas. Ammoniak als weiteres wichtiges (indirektes) Klimagas der Landwirtschaft fällt unter die Luftschadstoffe und ist Teil einer anderen Berichtskategorie.[2]

Pro Sektor gibt es ein Emissionsbudget, welches ihm jährlich zur Verfügung steht, um bei Einhaltung die gesteckten Klimaziele zu erreichen. Diese Budgets werden jährlich kleiner. Um wieviel Tonnen CO2-Äquivalente es pro Sektor und Jahr sinkt, regelt das Klimaschutzgesetz. Die Überprüfung dieser Ziele anhand von Budgets wurde durch das Klimaschutzgesetz im Jahr 2019 eingeführt.[3] Die Novellierung des Klimaschutzgesetzes im Sommer 2021 schärfte die Ziele der verschiedenen Sektoren nach. Bis 2030 will Deutschland die Emissionen um mindestens 65 Prozent gegenüber den Emissionen aus 1990 reduziert haben, bis 2040 um 88 Prozent und 2045 will das Land klimaneutral sein (das war vorher für das Jahr 2050 geplant). Neu ist auch, dass, wenn ein Sektor in einem Jahr sein Ziel nicht eingehalten hat, von dem zuständigen Ministerium ein Sofortprogramm entwickelt werden muss, um die Emissionen entsprechend zu reduzieren.[4] Die neue Ampel-Regierung möchte die Zielvorgaben aus dem Klimaschutzgesetz nicht ändern, plant aber insbesondere den Ausbau der Erneuerbaren Energien auszuweiten, und möchte so das 1,5 Grad Ziel einhalten.[5] Inwiefern dies umgesetzt wird, wird sich zeigen. Hier wird sich die Regierung am Erfolg ihrer Maßnahmen und nicht an den Versprechen und Zielen messen lassen müssen.

Emissionen aus Landwirtschaft und Landnutzung

Für eine Berechnung der Gesamtemissionen aus der Landwirtschaft spielen eine ganze Reihe von Sektoren eine Rolle. Einmal der Landwirtschaftssektor selbst. Hier werden die Emissionen erfasst, die direkt in der Landwirtschaft entstehen. Das sind vor allem Emissionen durch biologische und biochemische Prozesse wie die Methanemissionen aus der Wiederkäuerhaltung (2020: 23 Millionen Tonnen CO_2-Äquivalente – CO_2e), Emissionen aus Böden (24 Millionen Tonnen CO_2e) und Düngung (rund neun Millionen Tonnen CO_2e). Dazu kommt die Nutzung von fossilen Brennstoffen, z. B. in Form von Diesel oder Energie zur Beheizung von Gewächshäusern (circa sechs Millionen Tonnen CO_2e), Kalkung (zwei Millionen Tonnen CO_2e), Harnstoffanwendungen (0,5 Millionen Tonnen CO_2e) und Andere (1,6 Millionen Tonnen CO_2e). Insgesamt waren das 2020 rund 66 Millionen Tonnen CO_2-e aus dem Landwirtschaftssektor. Diese 66 Millionen Tonnen entsprechen neun Prozent der deutschen Gesamtemissionen.[6] Von diesen 66 Millionen Tonnen sind rund 38 Millionen Tonnen CO_2e der Tierhaltung zuzuordnen.[7]

Allerdings hieß es im November 2021 aus dem Thünen-Institut, dass die Lachgasemissionen aus landwirtschaftlichen Böden bis jetzt immer zu hoch berechnet worden seien. Eine wissenschaftliche Neubewertung ergab, dass die Faktoren Bodenart und Witterung und ihre regionalen Unterschiede bis jetzt nicht genug berücksichtigt worden seien. Für Deutschland müsse deshalb mit einem Emissionsfaktor von 0,6 Prozent der ausgebrachten Stickstoffmenge bilanziert werden, anstatt des global verwendeten Emissionsfaktors von ein Prozent. Diese Berechnung würde die Emissionen aus dem Landwirtschaftssektor von 2020 um vier Millionen Tonnen CO_2e niedriger bewerten. Der neue Faktor soll in der Berichterstattung ab 2022 verwendet werden.[8] Diese neue Bewertung der Lachgasemissionen aus Böden darf aber nicht dazu führen, die Reduzierung vermeidbarer Emissionen nicht weiter voranzubringen und die dafür notwendigen sozialen und wirtschaftlichen Rahmenbedingungen nicht weiter auszubauen.

Zu den oben beschriebenen direkten Emissionen aus dem Landwirtschaftssektor kommen weitere hinzu. Dazu gehört ein Teil der Emissionen, die im LULUCF-Sektor (Land Use, Land Use Change and Forestry, deutsch: Landnutzung, Landnutzungsänderungen und Forst) erfasst sind. Dazu zählen z. B. die CO_2-Emissionen aus der ackerbaulichen Nutzung von Mooren und Grünlandumbruch. Insgesamt kommen aus dem LULUCF-Sektor weitere 40 Millionen Tonnen CO_2e hinzu.[9] Wenn man diese dazurechnet, ergibt sich einen Anteil von rund 13 Prozent aus Landwirtschaft und Landnutzung an den nationalen Emissionen. Der gesamte LULUCF-Sektor stellt jedoch gleichzeitig eine Senke an Emissionen dar, da hier auch die Kohlenstoffspeicherung in Böden, z. B. durch die Wälder, erfasst wird. Dies bedeutet, dass die Gesamtbilanz des Landnutzungssektor negativ (also fürs Klima positiv) ist. Sie betrug im Jahr 2019 ein Minus von 16,5 Millionen Tonnen CO_2e.[10] Neu durch das Klimaschutzgesetz von 2021 hinzugekommen ist, dass es nun auch Ziele für den Ausbau der Senken gibt. So soll die Senkenleistung bis 2045 auf mindestens 40 Millionen Tonnen CO_2e ausgebaut werden.[11]

Auch die EU hat mit dem »Fit for 55«-Paket als Teil des *European Green Deals* im Juli 2021 ihre Ziele verschärft. Danach sollen die Emissionen aus dem Landwirtschaftssektor und dem LULUCF-Sektor zusammengerechnet bis zum Jahr 2035 Netto-Null betragen.[12] Das bringt auch einen Ausbau der Senken mit sich. An der Verrechnung von Emissionen aus dem Landwirtschaftssektor mit den Senken aus dem LULUCF-Sektor gibt es auch Kritik. Denn so könnten Emissionen aus der Landwirtschaft durch die Senkenleistung der Wälder rechnerisch ausgeglichen werden, was zu einem geringeren Ambitionsniveau bei der Reduktion der Emissionen führen könnte.[13]

Zu verantwortende, aber nicht zugeordnete Sektoren

Dann gibt es drittens jene Emissionen, die die Landwirtschaft zwar verantwortet, welche ihr aber nicht zugeordnet werden. Darunter fallen z. B. die Emissionen, die durch die Herstellung von Mineraldünger mit dem Haber-Bosch-Verfahren entstehen. Immerhin ein bis drei Prozent des weltweiten Energieeinsatzes wird für die Produktion von Ammoniak bzw. Mineraldünger genutzt. Pro Tonne produziertem Ammoniak werden zwei Tonnen CO_2 freigesetzt.[14] Informationen zu genauen Zahlen gibt es jedoch nur spärlich. Diese Emissionen werden im Sektor »Industrie« erfasst.

Was nicht als Teil des deutschen Emissionsinventars erfasst wird, sind die Emissionen, die in anderen Ländern entstehen, auch wenn Deutschland sie (mit) verantwortet, wie etwa durch Regenwaldabholzungen. In den Jahren 2005 bis 2017 verantwortete Deutschland jährlich rund 43.700 Hektar Entwaldung, was jährlich rund 23 Millionen Tonnen CO_2 entspricht.[15] Grundlage hierfür ist das bereits genannte »Territorialprinzip«, welches besagt, dass jedes Land nur die Emissionen berichtet, die auf seinem »Grund und Boden« entstehen. So soll sichergestellt werden, dass auch wirklich alle Emissionen erfasst werden. Diese Rechenweise sorgt jedoch für Kritik, da nicht alle in Deutschland verantworteten Emissionen abgebildet sind.

Schaut man sich die globalen Zahlen aus den oben genannten Sektoren an, sind zusammengefasst weltweit knapp ein Viertel der Treibhausgase auf Landwirtschaft, Forst und Landnutzung zurückzuführen.[16] Die oben beschriebene Unterteilung der Emissionen führt dazu, dass es viele verschiedene Zahlen dazu gibt, was den Anteil der Landwirtschaft an den Treibhausgasen betrifft, je nachdem, was man mit einberechnet und was nicht, wo man also die Systemgrenzen zieht.

Produktbilanzen nach dem »Verursacherprinzip«

Neben der Berechnung der nationalen Emissionen gibt es noch weitere Möglichkeiten, Emissionen zu erfassen und abzubilden. Dabei handelt es sich um die Klimabilanzen, die in letzter Zeit in der Debatte an Bedeutung gewonnen haben. In diesen Bilanzen, z. B. von Lebensmitteln oder ganzen Betrieben, wird ganz anders gerechnet als bei der nationalen Emissionsberichtserstattung. Statt dem »Territorialprinzip« kommt hier das »Verursacherprinzip« zum Einsatz. Hier wird alles erfasst, was ein Produkt »verantwortet«, also unter Umständen auch Landnutzungsänderungen oder Humusaufbau. In den Bilanzen werden – vereinfacht gesagt – die Emissionen eines Produkts oder eines Betriebs addiert und auf das Produkt oder den Betrieb verteilt. Ähnlich wie bei einer Hoftorbilanz wird ermittelt, was auf dem Betrieb rein und aus dem Betrieb raus geht. Dabei werden auch die Emissionen vorgelagerter Prozesse, wie z. B. der Herstellung von Mineraldünger, Verpackungsmaterial, zugekaufter Futtermittel und anderer Betriebsmittel miteinbezogen. Positive Auswirkungen, wie etwa die Kohlenstoffspeicherung im Boden, werden als Gutschriften ebenfalls erfasst. Da es unmöglich ist, alle Emissionen eines Betriebes mit Messgeräten zu messen, muss man sich diesen rechnerisch nähern. Die Bilanzen werden auf Basis von betrieblichen Daten erstellt. Dazu gehören die auf dem Betrieb erzeugten Produkte, der Tierbestand, die zugekauften Betriebsmittel, die genutzte und auf dem Betrieb erzeugte Energie und viele weitere.

Das prominenteste Beispiel für Klimabilanzen in der Landwirtschaft ist die Milch. Laut dem Thünen-Institut kam es in den vergangenen Jahren trotz der abnehmenden Zahl von Milchkühen zu einer steigenden Gesamtemission durch Milchkühe. Denn durch Leistungssteigerung nehmen die Emissionen pro Tier zu. Die meisten Klimabilanzen werden allerdings vor allem in Kilogramm CO_2e pro Kilogramm Milch berechnet. In dieser Betrachtungsweise führt eine höhere Milchleistung zu einer besseren Klimabilanz pro Kilogramm Milch. Dies liegt daran, dass der Erhaltungsenergiebedarf einer Milchkuh von der Milchleistung unabhängig ist und daher bei steigenden Milchleistungen nicht mit ansteigt.[17] Für das Klima spielt allerdings die absolute Menge der Emissionen eine größere Rolle, als die Bezugsgröße »Kilogramm Milch«. Ab einer Milchleistung von 7.000 Kilogramm ECM (Energiekorrigierte Milch) pro Jahr flacht die Kurve zudem ab, und der zusätzliche Effekt ist nicht mehr besonders groß. Wenn man berücksichtigt, dass eine Milchleistung über 7.000 Kilogramm ECM zusätzliches Kraftfutter benötigt, wird der Unterschied noch kleiner.

Die Klimabilanzen können als Tool einer unabhängigen Beratung durchaus sinnvoll sein. Allerdings sind die Ergebnisse zweier Betriebe nur schwer vergleichbar, z. B. weil die Datengrundlage auf den Betrieben so verschieden ist. Viele der erfassten Daten beruhen auch auf Schätzungen, etwa der Grundfutterverbrauch, was die Vergleichbarkeit zusätzlich erschwert. Wichtig ist an dieser Stelle auch der Hinweis, dass die Bilanzen nicht von den Molkereien als Preisargument genutzt werden sollten, wie das bei einigen in der Diskussion oder bereits der Fall ist.[18] Denn diese haben natürlich vor allem das Interesse, ihre Produkte als möglichst klimafreundlich zu verkaufen.

Unterschiedliche Darstellungen zu Methan

Schaut man auf Methan als gesellschaftlich besonders stark diskutiertes Treibhausgas, so bieten sich zwei Darstellungen an. Erstens: Methan der Wiederkäuer macht drei Prozent der nationalen Gesamtemissionen aus (klingt wenig), oder zweitens: Die Wiederkäuer verursachen rund 45 Prozent des Methans in Deutschland (klingt viel). Dabei handelt es sich um die gleiche absolute Menge von 23 Millionen Tonnen CO_2-eq und die eine Darstellung ist genauso richtig wie die andere. Diese Zahlen müssen daher im Kontext der weiteren nationalen Methanemissionen betrachtet werden.

Deutschland hat wenig weitere große Methanquellen. Die großen »Methan-Übeltäter« wie Fracking oder leckende Gasleitungen sind eher in anderen Ländern zu finden. Manche Wissenschaftler:innen gehen davon aus, dass das Fracking in Nordamerika in den letzten zehn Jahren zu mehr als der Hälfte aller weltweit gestiegenen Emissionen aus fossilen Brennstoffen und zu etwa einem Drittel der insgesamt gestiegenen Emissionen aus allen Quellen weltweit beigetragen haben könnte.[19] Da es also kaum andere große Methanquellen in Deutschland gibt,[20] ist klar, dass der Anteil der Wiederkäuer hoch ist.[21] Damit steigt der Druck auf die Landwirtschaft, die Methanemissionen zu senken. Auch der Koalitionsvertrag der neuen Ampel-Regierung sieht das vor.[22]

Auf der UN-Vertragsstaatenkonferenz zur Klimarahmenkonvention (COP 26) in Glasgow im November 2021 traten viele Staaten, darunter auch Deutschland, dem von US-Präsident Joe Biden und EU-Kommissionspräsidentin Ursula von der Leyen vorgestellten »Methane Pledge« bei. Dieser besagt, dass die globalen Methanemissionen bis 2030 um

30 Prozent gegenüber 2020 reduziert werden sollen. Im Methane Pledge heißt es, dass das größte Potenzial zur Reduzierung der Methanemissionen im Energiesektor läge, doch auch die Landwirtschaft findet hier Erwähnung. Alle unterzeichnenden Staaten haben sich verpflichtet, geeignete Maßnahmen zu ergreifen, um die Methanemissionen aus dem Energie- und Abfallsektor sowie der Landwirtschaft zu reduzieren.[23] Was das für Deutschland und die Landwirtschaft genau heißen wird, ist aktuell noch offen.

»Alles seinen Gang gehen lassen?«

Die oben beschriebenen Zahlen bilden erst einmal den Status quo ab. Doch was bedeuten sie? Seit dem Referenzjahr 1990 sanken die Emissionen aus dem Landwirtschaftssektor um 24 Prozent, im Jahr 2020 um zwei Prozent gegenüber dem Vorjahr.[24] Damit hat der Landwirtschaftssektor das angestrebte Emissionsminderungsziel für 2020 erreicht. Hauptsächlicher Grund für den Rückgang der Emissionen ist allerdings keine ausgefeilte Klimaschutzstrategie: Seit der Wiedervereinigung 1990 haben besonders in Ostdeutschland die Rinderzahlen aufgrund des Strukturwandels stark abgenommen. Dadurch nahmen auch die Methanemissionen ab.[25] Dieser Trend setzt sich weiter fort.

Dabei nimmt die Anzahl der Tiere langsamer ab als die Gesamtzahl der Höfe.[26] Auch dies ist ein Zeichen dafür, dass der Strukturwandel ungebremst weiter geht. Insbesondere die tierhaltenden Betriebe, und aktuell vor allem die schweinehaltenden Betriebe, sind von einer dramatischen Preiskrise betroffen, deren Ausgang nach wie vor ungewiss ist.[27] Zudem sind in den Dürrejahren 2018 bis 2020 die Erträge auch in Deutschland trockenheitsbedingt massiv zurückgegangen.[28] Schlechte Ernten bedeuten auch weniger Lachgasemissionen, die bei der Ernte entstehen. Gleichzeitig sinkt der Düngereinsatz. Denn wenn sich bereits im Frühjahr abzeichnet, dass die Ernten z. B. aufgrund von Klimabedingungen erneut geringer ausfallen werden, so setzten die Landwirt:innen entsprechend weniger Dünger ein. Dass die Landwirtschaft 2020 aufgrund von Dürre und Höfesterben ihr Klimaziel erreicht hat, ist also alles andere als eine Erfolgsmeldung, sondern vielmehr bittere Ironie.

Zielerreichung offen

Der Zielpfad aus dem Klimaschutzgesetz sieht für den Landwirtschaftssektor einen Rückgang auf 56 Millionen Tonnen CO_2e bis 2030 vor. Für 2045 gibt es noch keine definierten Ziele für die einzelnen Sektoren, nur das Ziel der Reduktion um 88 Prozent gegenüber dem Referenzjahr 1990 steht schon fest.[29] Ob das Ziel für 2030 mit den aktuellen politischen Instrumenten (Klimaprogramm 2030, Gemeinsame Europäische Agrarpolitik – GAP und so weiter) erreicht werden kann, ist zweifelhaft.

Als wichtige Strategie zur Erreichung der oben genannten Ziele fordert die Arbeitsgemeinschaft bäuerliche Landwirtschaft (AbL) beim Umbau der Nutztierhaltung eine flächengebundene Tierhaltung mit maximal zwei Großvieheinheiten pro Hektar einzuführen. Das bedeutet dann eine Reduzierung der Tierzahlen in den besonders viehdichten Regionen. Voraussetzungen dafür sind eine höhere Wertschöpfung pro Tier und faire Erzeuger:innenpreise. Der Einsatz von betriebseigenen oder regional erzeugten Futtermitteln sowie der Verbleib des Wirtschaftsdüngers in der Region (z. B. Landkreis und angrenzende Landkreise) sind durch Anreizsysteme zu unterstützen.

Dies muss einhergehen mit einer Ernährungsoffensive zur freiwilligen Reduzierung des Konsums tierischer Produkte und einer Entwicklung hin zu qualitätsorientiertem Konsum (Weidemilch, Qualitätsfleisch, Tierwohl, ohne Gentechnik). In der EU nachhaltig und klimafreundlich produzierte Agrarprodukte müssen über einen effizienten Außenschutz sowie mit einem auf Lebensmittel angewandten Lieferkettengesetz vor Umwelt- und Sozialdumpingprodukten aus Drittländern geschützt werden. Diese Anerkennung von Qualitätskriterien muss für den gesamten Außenhandel weiterentwickelt werden, denn

Folgerungen & Forderungen

- Auch die Landwirtschaft muss durch Reduzierung ihrer Emissionen zum Einhalten von Klimazielen beitragen. Dazu ist es wichtig genau zu wissen, welche Emissionen wo entstehen.
- Einzelbetriebliche Klimabilanzen können hilfreiche Tools sein, um als Betrieb Stellschrauben zur Reduzierung von Emissionen zu identifizieren. Sie müssen aber von unabhängigen Beratungen erstellt werden und dürfen nicht von Molkereien als Preisargument genutzt werden.
- In der Vergangenheit ist der Rückgang der Emissionen aus der Landwirtschaft zum großen Teil auf den Strukturwandel und in der jüngeren Vergangenheit auch auf Dürre als Folge der Klimakrise zurückzuführen. Beides sind keine zielführenden Klimaschutzstrategien.
- Es braucht wirtschaftliche und soziale Rahmenbedingungen, die es den Bäuerinnen und Bauern ermöglichen, Klimaschutz umzusetzen. Hier hat die neue GAP wichtige Schritte verpasst, z. B. durch eine Öko-Regelung zur Honorierung von Weidehaltung von Milchkühen oder von ausgeglichenen Nährstoffbilanzen. Diese müssen spätestens zu der für die GAP vorgesehenen Halbzeitbewertung eingeführt werden.

auch Exportprodukte dürfen nicht zu Umwelt- und Sozialdumping in anderen Ländern führen.

Der Einsatz von stickstoffhaltigen Düngemitteln erzeugt erhebliche Lachgasemissionen. Die Emissionen sind deutlich zu reduzieren. Es sind Festmistprogramme aufzulegen, auch weil Mist einen besonderen Wert für Bodenlebewesen hat und die Bodenstruktur verbessert. Die Effizienz des Stickstoffeinsatzes in der Landwirtschaft ist erheblich zu erhöhen. Zum Erreichen des Ziels der Bundesregierung, bis 2030 die Nährstoffüberschüsse auf 70 Kilogramm Stickstoff pro Hektar zu senken, bedarf es geeigneter Anreize. Betriebe mit einer ausgewogenen Nährstoffbilanz sind entsprechend zu honorieren. Zudem müssen Forschungs- sowie Demonstrationsvorhaben zusammen mit Praktiker:innen etabliert werden.

Es braucht verlässliche Vorgaben, wie die Landwirtschaft ihre Emissionen reduzieren soll und wie die Bäuerinnen und Bauern dabei mitgenommen werden. Auch muss klar sein: Klimaschutzleistungen müssen honoriert werden. Die Bäuerinnen und Bauern sind bereit für Klima-, Tier- und Umweltschutz, wenn sie wirtschaftliche und soziale Rahmenbedingungen dafür bekommen.

Eines darf ganz sicher nicht passieren: Den Kopf in den Sand stecken und nichts tun. Dazu steht zu viel auf dem Spiel. Es geht gleichermaßen um den Erhalt vieler Höfe wie um das Einhalten von Klimazielen. Hier hat sich die neue Bundesregierung ein wichtiges Ziel gesetzt: »Unser Ziel ist eine nachhaltige, zukunftsfähige Landwirtschaft, in der die Bäuerinnen und Bauern ökonomisch tragfähig wirtschaften können und die Umwelt, Tieren und Klima gerecht wird.«[30] Dieses gilt es, in den nächsten vier Jahren umzusetzen.

Das Thema im Kritischen Agrarbericht

- Claudia Heidecke, Cathleen Frühauf, Sandra Krengel-Horney und Mareike Söder: Klimafolgen und Klimaanpassungsoptionen in der Landwirtschaft in Deutschland – ein Überblick. In: Der kritische Agrarbericht 2021, S. 13–18.
- Martin Häusling: Kein Klimaschutz ohne Systemwechsel. Warum Konzepte wie »klimasmarte Landwirtschaft« und *precision farming* keine Lösung sind. In: Der kritische Agrarbericht 2021, S. 48–52.
- Michael Hauschild, Philipp Weckenbrock und Andreas Gattinger: Ökolandbau – besser für das Klima? Über Landwirtschaft in Zeiten des Klimawandels und die Potenziale der Ökologischen Landwirtschaft. In: Der kritische Agrarbericht 2021, S. 122–127.
- Jessica Weber und Heinz Klöser: Naturschutz und Landwirtschaft in der Klimakrise. Probleme, Herausforderungen und mögliche Synergien. In: Der kritische Agrarbericht 2021, S. 213–217.
- Bernhard Hörning: Tierschutz versus Klimaschutz? Anmerkungen zu (vermeintlichen) Zielkonflikten. In: Der kritische Agrarbericht 2021, S. 269-274.

Anmerkungen

1 BMEL: Lesefassung des Bundes-Klimaschutzgesetzes 2021 mit markierten Änderungen zur Fassung von 2019. Berlin 2021.
2 Johann Heinrich von Thünen-Institut (Thünen-Institut): Emissionsinventare – Buchhaltung für den Klimaschutz. Braunschweig 2021.
3 Deutscher Bundestag: Entwurf eines Gesetzes zur Einführung eines Bundes-Klimaschutzgesetzes und zur Änderung weiterer Vorschriften. Bundestags-Drucksache 19/14337. Berlin 2019.
4 BMEL (siehe Anm. 1).
5 Koalitionsvertrag zwischen SPD, Bündnis 90/Die Grünen und FDP: Mehr Fortschritt wagen. Bündnis für Freiheit, Gerechtigkeit und Nachhaltigkeit. Berlin 2021.
6 Umweltbundesamt: Treibhausgasemissionen in Deutschland 2020 Schätzung. Dessau-Roßlau 2020.
7 Umweltbundesamt: Beitrag der Landwirtschaft zu den Treibhausgas-Emissionen. Dessau-Roßlau 2021.
8 Thünen-Institut: Lachgas-Emissionen aus deutschen Ackerböden – Neues Berechnungsverfahren erlaubt präzisere Kalkulation. Braunschweig 2021.
9 Umweltbundesamt: Emissionen und Senken im Bereich Landnutzung, Landnutzungsänderung und Forstwirtschaft (LULUCF). Dessau-Roßlau 2020.
10 Umweltbundesamt: Emissionen der Landnutzung, -änderung und Forstwirtschaft. Dessau-Roßlau 2021.
11 BMEL (siehe Anm. 1).
12 »Europäischer Grüner Deal - Kommission schlägt Neuausrichtung von Wirtschaft und Gesellschaft in der EU vor, um Klimaziele zu erreichen.« Pressemitteilung der EU-Kommission vom 14. Juli 2021.
13 H. Grethe et al.: Klimaschutz im Agrar- und Ernährungssystem Deutschlands. Die drei zentralen Handlungsfelder auf dem Weg zur Klimaneutralität. 2021.
14 K. Kugler et al.: Ammoniaksynthese 2.0 – Elektrochemie versus Haber Bosch, Ergebnisse einer Prozesssimulation. In: RWTH Themen, 1/015.
15 WWF: Stepping up? The continuing impact of EU consumption on nature worldwide. Brussels 2021.
16 IPCC: Special report on climate change and land. Geneva 2019.
17 Thünen-Institut: Treibhausgas-Emissionen aus der Landwirtschaft. Daten & Fakten. 2021.
18 Z. B.: »Arla Klimacheck – Big data ermöglicht Landwirten eine schnellere Senkung der CO_2e-Emissionen.« Pressemitteilung von Arla Foods vom 26. April 2021. – FrieslandCampina: Nachhaltigkeit ist für uns mehr als nur ein Trend (www.frieslandcampina.com/de/unser-beitrag/).
19 R. W. Howarth: Ideas and perspectives – Is shale gas a major driver of recent increase in global atmospheric methane? 2019.
20 Umweltbundesamt (siehe Anm. 6).
21 Siehe dazu den nachfolgenden Beitrag von Andrea Fink-Keßler in diesem *Kritischen Agrarbericht* (S. 69–74).
22 Koalitionsvertrag (siehe Anm. 5).
23 European Commission, United States of America: Global Methane Pledge. 2021.
24 Bundesumweltministerium: Klimaschutzbericht 2021.
25 IPCC (siehe Anm. 16).
26 Statistisches Bundesamt (Destatis): Land und Forstwirtschaft, Fischerei – Viehbestand.
27 Siehe z. B. die Pressemitteilung der AbL e. V. vom 6. September 2021 »Erzeugerfairpreise statt Strukturzerstörung«.
28 BMEL: Ernte 2019 – Mengen und Preise. Berlin 2019.
29 BMEL (siehe Anm. 1).
30 Koalitionsvertrag (siehe Anm. 5).

Foto: Stefan Müller

Xenia Brand
Referentin für Klimaschutz und artgerechte Tierhaltung bei der Arbeitsgemeinschaft bäuerliche Landwirtschaft (AbL) e.V.

brand@abl-ev.de

Rind und Klima

Das Rind auf der Weide als Teil einer landwirtschaftlichen Klimaschutzstrategie

von Andrea Fink-Keßler

Die Rinder sind in öffentlichen Verruf gekommen: Ihre Methanrülpser würden das Klima ebenso belasten wie emittiertes Lachgas aus der Gülle und – als wäre das nicht genug – zu viel Wasser würden sie auch noch verbrauchen. Die Landwirtschaft muss als Sektor ihre Verantwortung zur Reduktion klimaschädigender Gase übernehmen. Aber wie viel davon das Rind? Wie gestaltet sich die Sachlage, wenn wir den Blickwinkel auf die Ernährungssouveränität legen oder auf das Rind selbst? Der folgende Beitrag beruht im Wesentlichen auf zwei Workshops, die das AgrarBündnis 2021 zu diesem Thema veranstaltet hat.

Das AgrarBündnis hat in Kooperation mit Slow Food Deutschland am 9. Juni und am 19. Oktober 2021 zwei Videokonferenzen zum Thema »Rinderhaltung – nachhaltig und klimagerecht?!« durchgeführt.[1] Anlass war, dass gerade die Rinderhaltung so stark in den Fokus der Klimadebatte geraten ist und Lösungsvorschläge sich zwischen Forderungen nach weiterer Intensivierung der Haltung auf der einen und gänzlichem Verzicht auf Rindfleisch auf der anderen Seite bewegen. In diesem Dickicht von Berechnungen, Meinungen und Fakten wollten wir uns mithilfe von Sachkundigen mehr Klarheit verschaffen, ohne zunächst daraus Strategien oder Forderungen zu entwickeln. Nachfolgender Beitrag ist daher weniger ein »Protokoll«, sondern vielmehr ein persönlicher Versuch der Einordnung und Gewichtung, auch unter Hinzunahme von Aussagen aktueller Studien zur Klimarelevanz der Landwirtschaft in Deutschland.[2] Er entstand zudem in Kooperation mit Xenia Brand, die in ihrem Beitrag in diesem *Kritischen Agrarbericht* die Gesamtschau auf die Landwirtschaft innerhalb der Klimadebatte vornimmt.

Das Rind im Fokus

Die Rinderhalter verstehen die Welt nicht mehr. Das Rind soll am Klimawandel Mitschuld tragen? Rinder, die lange Zeit die bäuerliche Hierarchie der Nutztiere anführten und dem Menschen einst halfen, die Agricultura zu entwickeln? Und doch: Spätestens seit dem Pariser Klimaabkommen und der Festlegung des 1,5 Grad-Zieles haben alle Sektoren, und somit auch die Landwirtschaft, *ihre* Verantwortung zu übernehmen im Rahmen der Reduktion der ihnen zugerechneten klimaschädigenden Gase. Nach dem Klimaschutzgesetz gilt das Territorialprinzip und folgt man den darin festgelegten Berechnungsvorgaben, so hat die Reduktion der Emissionen aus fossiler Energie nach wie vor Priorität. Und neun Prozent der 66 Millionen Tonnen CO_2-Äquivalente Deutschlands wurden der Landwirtschaft zugerechnet (wobei der landwirtschaftliche *Energie*verbrauch nicht der Landwirtschaft und auch keinem anderen Sektor zugeordnet wird, sondern im Topf »Energie« landet[3]). Warum nur ist das Rind dabei so in den Fokus geraten?

- Das Rind hat, wie alle Wiederkäuer, die wunderbare Fähigkeit, Gras und anderer Zellulose so zu verdauen, dass daraus Nahrungsmittel (Milch, Fleisch) für den Menschen entstehen. Als Nebenprodukt dieser Verdauungsarbeit entsteht Methan (CH_4). Dieses ist 24-mal klimawirksamer als Kohlendioxid (CO_2), hat aber nur eine Lebenszeit von zwölf Jahren.
- Die Rinderhaltung hat in Deutschland ihren Schwerpunkt in der Milcherzeugung. 2021 lebten hier gut elf Millionen Rinder, 3,9 Millionen davon sind Milchkühe, der Rest Kälber, Jungvieh und Bullen. Nur 626.000 Mutterkühe dienen ausschließlich der Fleischerzeugung. Weitere Wiederkäuer sind die knapp zwei Millionen Schafe und Ziegen.[4]
- Rechnet man das Rinder-Methan auf die Gesamtemissionen Deutschlands liegt sein Anteil bei nur drei Prozent.

■ Richtet man jedoch den Blick auf die gesamten Methanemissionen Deutschlands, so stammen 80 Prozent davon aus der Landwirtschaft und hier vor allem aus den Verdauungsprozessen der Rinderhaltung.

Der Anteil klimarelevanten Methans, den die Rinderverdauung »zu verantworten hat«, wäre nicht so dominant, wenn Deutschland über Reisfelder verfügen oder andere nennenswerte Methanquellen wie die Erdgasgewinnung, Fracking oder Brandrodung aufweisen würde. Haben wir aber nicht. Und so steht das Rind bei Landwirtschaft und Landnutzung im Fokus der Reduktionsziele.

Mit der Tierhaltung allgemein verbunden ist zudem ein weiteres Drittel der landwirtschaftlichen Treibhausgasemissionen: das 288-mal klimawirksame Lachgas. Es entstammt den bodenbürtigen Umwandlungsprozessen des Stickstoffs und steigt mit Intensität der Stickstoffdüngung. Daher werden der Tierhaltung und dem dazugehörigen Futteranbau 77 Prozent der landwirtschaftlichen Treibhausgasemissionen zugerechnet.[5] Doch diese »Verantwortung« teilen sich die Rinder mit den Schweinen und dem Geflügel. (Allerdings auch nur bezogen auf das in Deutschland erzeugte Futter. Die gesamten Importfuttermittel, die gerade in der Schweine- und Geflügelmast besonders zu Buche schlagen, bleiben bei diesen Berechnungen ausgeklammert.) 56 Prozent dieser tierhaltungsbezogenen Emissionen sind Methanemissionen, 36 Prozent stammen vom Lachgas (vor allem aus der Stickstoffdüngung) und acht Prozent aus dem Verbrauch fossiler Energieträger und anderen Prozessen.

»Schwer vermeidbare« Emissionen?!

Verdauungsprozesse und bodenbürtige Umwandlungsprozesse organischer Substanz und mineralischer Stickstoffdüngung sind unlösbar mit der Landbewirtschaftung, Nutztierhaltung und der Erzeugung von Lebensmitteln verbundene biologische Prozesse. Erst wenn wir die notwendige Reduktion der damit verbundenen Emissionen in den Blick nehmen, wird deutlich, dass unser Land- und Ernährungssystem unter dem Primat der Leistungs- und Effizienzsteigerung diese nach oben getrieben hat: hohe Stickstoffeinträge durch Futter- und Düngesäcke, die ihrerseits die Leistung der Rinder, vorneweg der Milchkühe, antrieben.

Seit dem Aufflammen der Klimawirksamkeit der Wiederkäuer in den 1980er-Jahren fehlt es nicht an Vorschlägen zur Reduktion ihrer Methanemissionen wie unter anderem Bindung des Methans mithilfe technischer Futterzusatzstoffe, verminderte Methanproduktion durch züchterische Eingriffe bzw. die gentechnische Manipulation der Pansenmikroorganismen, Stallhaltung mit Absaugen des Methans etc.[6] Viele dieser Vorschläge folgen der (immer noch) vorherrschenden Logik der Intensivierung zur Effizienzsteigerung, welche den gesamten Agrarsektor in die Klima- und weitere Sackgassen getrieben hat. Dabei bleiben sie in den mit ihr verbundenen Träumen verhaftet, die Natur des Rindes so manipulieren zu können, dass es weiterhin zu der industriellen Ausrichtung der Landbewirtschaftung passt.

Zum Maßstab erhoben wurden die Methanemissionen pro Kilogramm Milch. Leistungssteigernde Zucht und ein Mehr an Kraftfutter im Trog gelten demnach als Reduktionsstrategien. Denn: Je mehr Kraftfutter das Rind erhält, desto geringer der Rohfaseranteil und damit die Methanproduktion der Mikroorganismen pro Milcheinheit. Geflissentlich übersehen wird, dass diese (längst verwirklichten) Leistungssteigerungen nicht erst heute mit nicht mehr wegzudiskutierenden gesundheitlichen Problemen der Milchkühe, stark reduzierten Nutzungsdauern, »Wegwerfkälbern« sowie negativen Effekten für Umwelt und Biodiversität einhergehen, die ihrerseits verbunden sind mit negativen lokalen wie globalen Klimaeffekten (wie unter anderem Brandrodung der Urwälder, Umbruch von Dauergrünland, hohem Stickstoffimport durch Importfuttermittel, Gülleproblematik etc.). Zum Glück weitet sich der wissenschaftliche Blick inzwischen:

Aktuelle Untersuchungen aus dem Jahr 2021 wie unter anderem des Öko-Instituts bzw. des Umweltbundesamtes und der Universität Kiel[7] wagen differenzierte Blicke auf die Milcherzeugung.

■ Die vom Öko-Institut erstellte UBA-Studie[8], über deren zentrale Ergebnisse Jenny Teufel auch in diesem *Kritischen Agrarbericht* berichtet (S. 143–147), errechnete, dass die Milch bei gegenwärtigen Produktionsformen mit sehr hohen direkten Treibhausgasemissionen (vor allem Methan) verbunden ist. Bei den konventionell wirtschaftenden Betriebsmodellen gehen circa 30 Prozent auf direkte Emissionen (Verdauung) und bis zu 36 Prozent auf die Futtermittelbereitstellung zurück. Bei den ökologisch wirtschaftenden Betriebsmodellen sind die anteiligen Beiträge der direkten Emissionen höher (knapp 50 Prozent). In der Bilanz schlagen die niedrigeren Milchleistungen der Biobetriebe zu Buche. *Aber* – je höher die Milchleistung, desto geringer der mögliche Einspareffekt durch eine weitere Steigerung der Milchleistung.[9] Mit anderen Worten, ab 7.000 Kilogramm Milch pro Jahr »flacht die Kurve ab«.[10] Und diesen Peak haben wir längst mit dem Durchschnittswert deutscher Milchkühe überschritten.

■ Emissionssenkend wirken weiter: eine verlängerte Nutzungsdauer der Kühe, längere Zwischenkalbezeiten und die Betonung von Grundfutter als Grundlage der Milcherzeugung.

■ Die UBA-Studie schaute sich zusätzlich zu den Klimawirkungen auch die mit der Milcherzeugung verbundenen Umweltwirkungen und die damit verbundenen Kosten an. Ihr Fazit: Die Fütterung ist die stärkste Stellschraube zur Verbesserung der Umweltwirkungen in der Milcherzeugung. Je weniger Milchleistungsfutter (z. B. importiertes Soja, sprich Stickstoff, sprich Gülle, sprich Lachgas) eingesetzt wird und je höher der grünlandbasierte Anteil im Grundfutter ist und einheimische Futterleguminosen das Importsoja ersetzen, desto günstiger wirkte sich dies auf die spezifische Umweltbelastung der Milcherzeugung aus. Ökobetriebe hatten in der Summe einen »deutlichen Umweltvorteil« und Weidebetriebe deutlich geringere negative Umweltwirkungen und folglich geringere Umweltkosten als Betriebsmodelle ohne Weidegang.[11]

■ Die beste der von der Universität Kiel[12] erstellten Öko- und Klimabilanzen vier verschiedener Produktionsausrichtungen auf norddeutschen Geestböden erhielt ein intensiver Weidebetrieb, der zwar etwas Kraftfuttereinsatz benötigte, jedoch die Weideflächen in einen Ackerbau-Marktfruchtbetrieb mit angesäten, zweijährigen, artenreichen Klee-Kräuter-Gras-Mischungen integrierte. Auf dieser Basis, so Studienleiter Friedhelm Taube, könnte die Rinderhaltung auch jenseits der reinen Grünlandgebiete besser räumlich verteilt und der organische Dünger für den Bodenerhalt bzw. -aufbau besser genutzt werden.

Emissionen mit Senken verrechnen

Diese aus der Natur selbst stammenden Emissionen sind also mit technischen Lösungen oder besser noch biologischen Maßnahmen im Rahmen von Produktionsumstellungen zu reduzieren, jedoch niemals auf »null« zu setzen. Das wird vom Weltklimarat IPCC, dem deutschen Klimaschutzgesetz und vielen Studien auch anerkannt. Selbst wenn die Reduktion der Emissionen aus der Verbrennung fossiler Energieträger bis 2045 erfolgreich ist und eine »Null« ergibt, dann bleibt doch die Frage: Was tun mit den »schwer vermeidbaren«[13] Emissionen aus den biologischen Prozessen?

So fordert das Klimaschutzgesetz daher, dass der Agrarsektor bis 2045 die Emissionen auf »nur« 37,5 Millionen Tonnen CO_2-Äquivalente herunterzufahren hat. Im Gegenzug, so auch der IPCC, müssen Kohlenstoffspeicher auf- und ausgebaut werden, die sog. C-Senken. Mit deren Hilfe sollen diese »Restmengen« aus den biologischen Prozessen der Landwirtschaft ausgeglichen werden. An dieser Stelle kommt nun der Bereich der Landnutzung (LULUCF) verstärkt in den Blick. Obwohl mit der Landwirtschaft und der Bodennutzung eng verbunden, gilt er als eigenständiger Sektor und wird gesondert berechnet. Der Landnutzung werden nun Aufgaben der CO_2-Senke (zusätzliche Kohlenstoffspeicherung) zugesprochen: Wald, wiedervernässte Moore, Agroforstsysteme und Grünland gelten als Kohlenstoffsenken (und *sind* Kohlenstoffspeicher). Die tatsächlichen diesbezüglichen Leistungen der einzelnen Nutzungen sind jedoch umstritten.

Moore spielen dabei eine spezielle Rolle. Sie sind – obwohl global gesehen flächenmäßig relativ »klein« – weltweit der größte Kohlenstoffspeicher (noch vor Grasland und Wäldern).[14] Aber extrem groß ist ihre Bedeutung als Quelle für CO_2-Emissionen – infolge ihrer Entwässerung. Daher kommt ihrem Erhalt als Kohlenstoff*speicher* durch Wiedervernässung eine so immens wichtige Rolle beim Klimaschutz zu (im Sinne einer Schadensbegrenzung). Die Moore bilden allerdings so langsam Biomasse, dass ihre Bedeutung als CO_2-*Senke* durch zusätzliche CO_2-Bindung vergleichsweise gering ist. Entscheidend ist, sie aus der Ackernutzung zu nehmen. Das Ziel sollte nicht Stilllegung sein, sondern nachhaltige Beweidung.

Die Rechnung für den Beitrag der Landwirtschaft beim Klimaschutz könnte wie folgt aussehen: Stehen Flächen für den Erhalt bzw. Ausbau von Kohlenstoffspeichern bzw. CO_2-Senken nicht in ausreichendem Maße zur Verfügung, weil z. B. durch Aufforstung oder Wiedervernässung von Moorflächen Flächen der landwirtschaftlichen Nutzung entzogen werden, müsse, so die aktuellen Empfehlungen, die Tierhaltung und vorneweg die Rinderhaltung deutlich reduziert werden.[15] Tatsächlich »erledigt« diesen Job, seit Jahrzehnten bereits, der von globalen Preisbildungen getriebene Strukturwandel der landwirtschaftlichen Betriebe. So nahm die Zahl der Rinder und Schafe in den letzten 20 Jahren um je 13 Prozent ab, die Zahl der Schweine um 10,6 Prozent. Zugleich nahm die Milchproduktion von 28,3 Millionen Tonnen auf 33,2 Millionen Tonnen zu und der Fleischkonsum schmälerte sich nur wenig: von im Jahr 2000 61,5 Kilogramm pro Kopf (menschlicher Verzehr) um sieben Prozent bzw. 4,4 Kilogramm auf 57,3 Kilogramm im Jahr 2020.[16] Nachhaltiger Klimaschutz sieht anders aus.

Zielkonflikte wirklich nicht zu vermeiden?

Ein wesentliches Problem ist, dass der »Tunnelblick« auf die Tonnen an CO_2-Äquivalenten, die es in Zukunft zu reduzieren gilt, leider den Blick fürs Ganze verstellt. Das ist normal – und doch verschärft sich dadurch mit jedem gut gemeinten Vorschlag zugleich die Debatte, da die realen oder vermeintlichen Zielkonflikte schroffer gegeneinander in Stellung gebracht werden: Klimaschutz versus Tierschutz versus Biodiversität versus nachhaltige Rinderhaltung versus soziale Nachhaltigkeit versus Produktqualität versus Ernährungssouveränität und so weiter.

Nehmen wir als Beispiel die oben im Rahmen der UBA-Studie angesprochene – bezogen auf die Umweltkosten – günstigste Produktionsform bei Milch und damit auch bei Rindfleisch, nämlich die grundfutterbasierte Haltung und Fütterung der Tiere. Hier werden immer wieder Zielkonflikte benannt, die bei näherer Betrachtung jedoch durchaus entschärft, wenn nicht aufgelöst werden können:

- In der für das Tierwohl wesentlichen Weidehaltung würden nicht nur die Methanrülpser ungehindert entweichen, sondern auch die Kuhfladen emittierend herumliegen. In der Stallhaltung können Gase wie Methan und Lachgas technisch kontrolliert aufgefangen und »entsorgt« werden. Andererseits dürfte es keinen schnelleren Abbau von Dung geben als bei nachhaltiger Weidehaltung. Vorausgesetzt allerdings, dass den Rindern zuvor keine Antiparasitika verabreicht wurden. Denn ansonsten sterben die abbauenden und umbauenden Käfer und Mikroorganismen ab, sodass der Kuhfladen für sie zur Todesfalle wird. Kurzum: Bei differenzierter Betrachtung verliert der (vermeintliche) Zielkonflikt an Schärfe.
- Ähnlich verhält es sich mit den Mooren: Weidehaltung benötigt Fläche – Fläche ist knapp (oder wird via Futtersack importiert).[17] Der Ansatz, durch die Vernässung von Mooren Klimaschutz zu betreiben, kann in vielen Regionen direkt auf Kosten der Weidehaltung und damit auch des Tierschutzes gehen. Allein in Deutschland werden 20 Prozent der Milchkühe und Rinder auf Moorstandorten gehalten.[18] Die Entwässerung der Moore war eine Voraussetzung der Besiedlung vieler Regionen und ihrer landwirtschaftlichen Nutzung. Wiedervernässung muss jedoch nicht, wie gemeinhin angenommen wird, mit dem Verlust an Weideflächen verbunden sein. Es gibt nachhaltige Formen der Beweidung von Moorstandorten, wie sie z.B. im Murnauer Moos oder Donaumoos seit Langem praktiziert werden, mit denen eine klimaschädliche Nutzung bzw. Umwidmung der Flächen vermieden wird, die Fläche aber dennoch landwirtschaftlich genutzt wird und das Moor erhalten bleibt. Statt Zielkonflikten ergeben sich auch hier mögliche Win-Win-Situationen.

Milch und Fleisch in der *Planetary Health Diet*

Zielkonflikte gibt es auf der Ebene der Ernährung. Welchen Stellenwert können und sollen Milch, Fleisch und Eier in unserem Ernährungssystem künftig (noch) einnehmen, wenn wir uns klimaschonend, Treibhausgasemissionen reduzierend, nachhaltig und gesundheitswirksam ernähren wollen? Die einzige unveränderbare Konstante – weltweit – ist die Fläche. Wer nimmt sie für sich in Anspruch? Welche Fläche muss der menschlichen Ernährung zur Verfügung stehen?

Nicht von der Fläche, sondern von den planetaren Grenzen ausgehend entwickelte die EAT-Lancet Kommission eine heute viel zitierte und in Klima-Apps bereits angewandte *Planetary Health Diet.*[19] Auf ihren Empfehlungen basierend errechnet eine aktuelle Studie von Greenpeace einen maximalen Konsum von 5,1 Kilogramm Rindfleisch und 26,3 Kilogramm Schweine- und Geflügelfleisch pro Person und Jahr.[20]

Es könnte aber auch anders und radikaler gerechnet werden. Der Acker wird nur noch für den Anbau menschlicher Nahrung genutzt und nicht mehr für Tier- bzw. Kraftfutter. Für die Wiederkäuer bleiben der mehrjährige Kleegrasanbau und das Grünland. Geflügel und Schweine müssten mit den Resten klarkommen. Wie früher.

Das ganze lebendige System betrachten[21]

Ein möglicher (Aus-)Weg aus dem Dilemma liegt darin, die grundlegenden Aufgaben der Landwirtschaft in den Blick zu nehmen:

- Landwirtschaft ist die Grundlage unseres Lebens: Ihre Aufgabe ist, die Basisressourcen unserer Ernährung – die Bodenfruchtbarkeit, die biologische Vielfalt, die Qualität von Gewässern und Luft – zu erhalten. Und nicht primär, das Klima zu entlasten. Sie darf ihm aber auch nicht schaden.
- Zugleich müssen für unsere Ernährungssouveränität dezentrale, risikoarme Versorgungsstrukturen – weltweit – erhalten bleiben und/oder wieder aufgebaut werden.

Diese Aufgaben müssen in einem sinnvollen und angemessenen Verhältnis zum Klimaschutz stehen. Dann und erst dann ist die Rinderhaltung nicht »nur« ein Problem, sondern zugleich auch ein Teil der Lösung. Denn:

- Es kann nicht zu oft betont werden: Rinder sind Grasfresser, Rinder können Grünland nutzen und stickstoffsammelndes Ackerfutter wie Kleegras. Sie erzeugen damit hochwertige, eiweißreiche Lebensmittel für den Menschen, ohne in eine Nahrungskonkurrenz zu ihm zu treten.
- Die dazu notwendige Weidehaltung der Rinder ist Teil der – unterschätzten – C-Senken-Wirkung des weltweiten Graslandes.

Es geht um den Auf- und Abbau von Biomasse durch Wachstumsprozesse ebenso wie durch Zersetzung. Klimawirkungen und Rinderhaltung können daher nur zusammen betrachtet werden: mit Prozessen, die der industriellen Produktionslogik folgen oder einer ressourcenschonenden, aufbauenden Logik, wie wir sie in traditionellen und in neu entstehenden, nachhaltigen Systemen finden.

Dauergrünlandökosysteme sind – unter Klimaaspekten betrachtet (wir sollten sie auch unter Aspekten der Biodiversität betrachten!) – weltweit ein größerer Kohlenstoffspeicher (588 Milliarden Tonnen), als die weltweiten Waldökosysteme (372 Milliarden Tonnen). Der meiste Kohlenstoff wird dabei in den Böden des Dauergrünlands gespeichert: 50 Prozent mehr organischer Kohlenstoff als in den Waldökosystemen.

Zentralen Stellenwert nimmt die Beweidung dieses Dauergrünlandes/Graslandes ein, denn vor 60 Millionen Jahren begann die Koevolution mit den Weidetieren: Einige Tierarten begannen, die sich zunehmend flächig ausdehnenden Gräser zu nutzen. Und die Gräser ihrerseits entwickelten die Fähigkeit, auf den Biss der Weidetiere mit einem Wachstumsimpuls und verstärkter Fotosyntheseleistung zu reagieren: So führt der Verlust oberirdischer Biomasse dazu, dass sie anschließend ober- und unterirdisch mehr Biomasse bilden. Humus, d. h. organische Substanz, ernährt das Bodenleben und wird zugleich von ihm aufgebaut. Humus entsteht zu über 80 Prozent aus Wurzelbiomasse. Jede zusätzlich im Boden gebildete Tonne Humus entzieht der Atmosphäre 1,8 Tonnen CO_2, weil er zu circa 58 Prozent aus Kohlenstoff besteht.

Gemeinhin wird der Wald als die wichtigste Kohlenstoffsenke betrachtet. Die Senkenfunktion der Wälder ist unbestreitbar, aber ihre Einmaligkeit eine optische Täuschung. Denn der weltweite Vergleich zeigt bei ähnlicher Fläche, dass Graslandökosysteme mehr Kohlenstoff speichern als Waldökosysteme. Bäume speichern ihre Energie vorrangig in das oberirdische Holz. Sie bilden mehr oberirdische als unterirdische pflanzliche Biomasse – circa 2 : 1.

Gräser bilden weniger Spross- und mehr Wurzelbiomasse – 1 : 2 bis 1 : 20. Aber nicht ihre Wurzeln sind das Speicherorgan der Gräser für den Kohlenstoff, sondern der Boden. Die Wurzeln der Gräser wirken als temporärer Zwischenspeicher. Die Graslandböden speichern – ohne die pflanzliche Biomasse – 50 Prozent mehr Kohlenstoff als die Waldböden, wie oben bereits angeführt. Humus entsteht vorrangig durch die Exsudate und die Verrottung von Wurzelenden. Davon haben Gräser als *Feinwurzler* besonders viele.

Klimagerechtes Wirtschaften muss daher das Potenzial des Grünlandes unterstützen und dies geht nur zusammen mit den Wiederkäuern und ihrer Beweidung, sprich ihrem Biss einerseits und ihrem Dung, sprich Kuhfladen und dem Urin – genauso, wie sie sich in früheren Zeiten gemeinsam entwickelt haben. Eine Kuh produziert pro Jahr circa zehn Tonnen Dung und ihre auf der Weide verteilten Kuhfladen bieten Futter und Lebensraum für mehr als 100 Kilogramm Insektenbiomasse.[22] Beweidung und Biodiversität sind zentral, denn die Mahd kann diese Funktion der Beweidung nicht ersetzen.

Hinzu kommt: Der CO_2-Fußabdruck von Milch und Fleisch könnte reduziert werden, wenn, wie die Prüf- und Besamungsstation München-Grub bereits vor 20 Jahren ausrechnete, statt auf Milch bzw. Fleisch spezialisierte Rinder, künftig nur noch Zweinutzungsrinder eingesetzt würden. Auch die Umweltprobleme wären geringer, da weniger Tiere für die Produktion gleicher Mengen an Milch und Fleisch benötigt würden.[23]

Transformation unterstützen

Die Entwicklung hin zu einer Landnutzung mithilfe des chemisch-synthetischen Düngersacks (und der damit verbundenen, in der Diskussion meist marginalisierten Lachgasemissionen) haben zur Verdrängung des Wissens um die »Klimaschützer auf der Weide« geführt. Entstanden ist eine energieaufwendige, intensive und klimaschädigende Milcherzeugung und Rinderhaltung sowie eine einseitig auf Milchleistung orientierte Zucht der Tiere. Das ist die Gegenwart und nüchtern betrachtet steht immer noch vieles der Transformation hin zu einer nachhaltigen, grundfutterbasierten und klimaschonenden, zugleich CO_2-Senken fördernden weil Weidehaltung betonenden Rinderhaltung und -zucht entgegen.

Trotz entgegengesetzter Ausrichtung müssen deshalb in der kommenden Agrarförderperiode alle einzelnen Ansatzpunkte für diese notwendige Transformation identifiziert, gefördert und gesellschaftlich honoriert werden.: Beweidung, vielfältige Fruchtfolge mit hohem Leguminosenanteil, mehrjähriger Klee-Gras-

Folgerungen & Forderungen

- Im Zusammenhang mit der Haltung von Wiederkäuern, insbesondere Rindern, stehen Methanemissionen, die zu einem Großteil der Tierhaltung zugerechneten Treibhausgasemissionen führen.
- Um die Reduktionsziele zu erreichen, wird verstärkt der Abbau der Tierhaltung und vorneweg der Rinderhaltung gefordert ebenso eine Wiedervernässung der Moore, die als Grünlandstandorte unter anderem der Rinderhaltung mit Beweidung dienen.
- Das Rind kann jedoch auch Teil der Lösung sein, wenn es das machen darf, was es am besten kann: Milch und Fleisch aus Gras und Leguminosen erzeugen.
- Dazu müssen – auch agrarpolitisch – unterstützt werden: die Zweinutzungsrassen, die Beweidung und der Erhalt von Dauergrünland sowie die Nutzung eines mehrjährigen Klee-Gras-Anbaus auf Ackerstandorten.

Anbau zur besseren Integration der Rinderhaltung in den Ackerbau. Da diese Transformation »schwierig« erscheint, ist es einfacher, gleich die Abschaffung der Rinderhaltung zu fordern. Dem sollten sich alle, denen an Klima- und Umweltschutz, Tierwohl, Agrobiodiversität und auch dem Wohl der tierhaltenden Bäuerinnen und Bauern gelegen ist, entgegenstemmen.

Das Thema im Kritischen Agrarbericht

- Bernhard Hörning: Tierschutz versus Klimaschutz? Anmerkungen zu (vermeintlichen) Zielkonflikten. In: Der kritische Agrarbericht 2021, S. 269–274.
- Anita Idel: Klimaschützer Kuh. Kritische Anmerkungen zu einer aktuellen Debatte. In: Der kritische Agrarbericht 2012, S. 227–232.

Förderhinweis

Der Beitrag beruht auf Vorträgen und Diskussionen von zwei Workshops, die das AgrarBündnis 2021 im Rahmen des Projekts »Die Rolle der Tierhaltung für eine nachhaltige Landwirtschaft und Ernährung« veranstaltet hat. Das Projekt wurde gefördert von der Landwirtschaftlichen Rentenbank.

Anmerkungen

1 Nachfolgender Beitrag fußt auf diesen beiden Veranstaltungen und nimmt sich zugleich die Freiheit, aktuelle Studien und deren Ergebnisse mit einzubeziehen sowie eine eigenständige Argumentationslinie aufzubauen. Die Gesamteinordnung der-Landwirtschaft in die Klimadebatte wird von Xenia Brand in dem diesem Beitrag vorgeschalteten Artikel vorgenommen (S. 64–68). Die grundlegende Einordnung in die Klimabilanzen und Reduktionsziele nahmen auf den Workshops vor: Dr. Kirsten Wiegmann, Öko-Institut (»Klimaschutz, Landwirtschaft und Rindviehhaltung: Wo stehen wir und wo sollten wir hin«) sowie Tobias Reichert, Germanwatch (»Klimaziele für Landnutzung und Landwirtschaft. Methodische Probleme und neue EU-Initiative«). Auf ihren Beiträgen beruhen die ersten beiden Abschnitte des nachfolgenden Beitrages. Speziell über die biologischen Grundlagen einer klimafreundlichen Rinderhaltung, Beweidung und die Senkenpotenziale des Grünlands referierte Dr. Anita Idel, Mediation und Projektmanagement (»Nachhaltige Beweidung für Bodenfruchtbarkeit, Klimaschutz und biologische Vielfalt« sowie »Klimafreundliches Wirtschaften mit Kuh & Co.«). Auf ihren Beiträgen beruht der Teil über Grünland und Beweidung. Christoph Simpfendörfer, Biodynamic Federation Demeter International, referierte über »Das Rind im landwirtschaftlichen Organismus«. Seine Überlegungen flossen ein in den Abschnitt über die Ernährung. Die Beiträge von Günther Czerkus, Bundesverband Berufsschäfer (»Warum kommen klimafreundliche Wirtschaftsweisen in der Praxis nicht zur Geltung«) und Xenia Brand, AbL-Projekt »Tier und Klima« (»Diskussionsstand zu Förderinstrumenten für eine klimafreundliche Rinderhaltung«) sind Grundlage für die Schlussfolgerungen zur klimafreundlichen Transformation der Rinderhaltung.

2 Zu nennen sind vor allem H. Grethe et al.: Klimaschutz im Agrar- und Ernährungssystem Deutschlands. 2021. – Umweltbundesamt: Sichtbarmachung versteckter Umweltkosten der Landwirtschaft am Beispiel von Milchproduktionssystemen. UBA Text Nr. 129. Dessau-Roßlau 2021. – Greenpeace: Landwirtschaft auf dem Weg zum Klimaziel. Hamburg 2021. – K. Wiegmann und M. Schaffler: Ungenutztes Potenzial. Kurzpapier zum Klimaschutz in der Landwirtschaft im Rahmen der GAP bis 2027. Hrsg. von Greenpeace. Hamburg 2021. – T. Reinsch et al.: Toward specialized or integrated systems in Northwest Europe: On-farm co-efficiency of dairy farming in Germany. In: Frontiers in Sustainable Food Systems 2021. DOI: 10.3389/fsufs.2021.614348.

3 H. Flessa et al.: Studie zur Vorbereitung einer effizienten und gut abgestimmten Klimaschutzpolitik für den Agrarsektor. Johann Heinrich von Thünen-Institut Sonderheft 361. Braunschweig 2012, S. 29. – Nicht berücksichtigt oder an anderer Stelle im Nationalen Emissionsbericht ausgewiesen werden Emissionen aus dem vorgelagerten Bereich. Dazu zählen zum einen die Emissionen, die bei der Herstellung von landwirtschaftlichen Geräten und Stallbauten entstehen, und zum anderen die Emissionen, die durch Futtermittelimporte, durch die Bereitstellung von Mineraldünger oder den Energieeinsatz in der Landwirtschaft hervorgerufen werden.

4 Destatis: Viehzählung Mai 2020 und 2021.

5 Greenpeace (siehe Anm. 2), S. 13. Datenbasis entnommen aus UBA: Berichterstattung unter der Klimarahmenkonvention der Vereinten Nationen und dem Kyoto-Protokoll 2021. Nationaler Inventarbericht zum deutschen Treibhausgasinventar 1990–2019. Dessau-Roßlau 2021.

6 Siehe unter anderem B. Keller: Methan aus der Rinderhaltung: Gefahr für das Klima? In: B. Keller: Landwirtschaft, Umwelt und die Mythen der Wissenschaft. Rheda-Wiedenbrück 1998, S. 29–43, S. 39 ff.

7 Reinsch et al. (siehe Anm. 2).

8 UBA (siehe Anm. 2), S. 21 ff.

9 Ebd., S. 24.

10 Kirstin Wiegmann, mündliche Aussage auf dem Workshop des AgrarBündnis am 9. Juni 2021.

11 UBA (siehe Anm. 2), S. 21 ff. und S. 252 f.

12 Reinsch et al. (siehe Anm. 2).

13 Greenpeace (siehe Anm. 2), S. 19.

14 Heinrich Böll Stiftung et al. (Hrsg.): Bodenatlas. Daten und Fakten über Acker, Land und Erde. Berlin 2015, S. 17 (www.boell.de/sites/default/files/bodenatlas2015_iv.pdf).

15 Greenpeace (siehe Anm. 2), S. 8 ff. und S. 22 f.

16 Statista: Pro-Kopf Fleischverbrauch in Deutschland seit 2000.

17 Siehe dazu das interessante Fazit der Universität Kiel (Reinsch et al. – siehe Anm. 2): Das Low-input-System der intensiven Beweidung hat die gleiche Flächennutzungseffizienz wie der intensive Stallhaltungsbetrieb, wenn man die drei Tonnen zugekauften Futterkonzentrats in Fläche umrechnet.

18 Wiegmann (siehe Anm. 10).

19 Siehe hierzu auch den Beitrag von Mireille Remesch in diesem *Kritischen Agrarbericht* (S. 334–339).

20 Greenpeace (siehe Anm. 2), S. 24.

21 Der folgende Abschnitt basiert weitgehend auf Gedanken von Anita Idel, die sie in den beiden Workshops eingebracht hat. Nähere Informationen finden sich unter anderem in folgenden Arbeiten von ihr: A. Idel: Grasland und die Potenziale nachhaltiger Beweidung – für Bodenfruchtbarkeit, Biodiversität, Klima und (Tier-)Gesundheit. In: F.-T. Gottwald, J. Plagge und F. J. Radermacher (Hrsg.): Klimapositive Landwirtschaft. Baden-Baden 2021, S. 105-136. – A. Idel: Die Kuh ist kein Klima-Killer! Marburg [2010], 8. Auflage 2021.

22 Laurcence 1954 (zitiert nach Buse 2020), zitiert von Anita Idel auf dem ersten Workshop.

23 J. Kampschulte: Doppelnutzung statt Hochleistung. In: Der kritische Agrarbericht 2009, S. 136-141.

Dr. Andrea Fink-Keßler
Agrarwissenschaftlerin, Büro für Agrar- und Regionalentwicklung im Netzwerk der Landforscher in Kassel.

afk@agrar-regional-buero.de

Wasser: Agrarwende dringend geboten

Wasserschutz ist nur mit einer nachhaltig agrarökologischen Landwirtschaft erfolgreich

von Martin Häusling

Weltweit steigt der Wasserverbrauch für die Landwirtschaft seit den 1950er-Jahren stark an. Wie beim Klimawandel ist die Landwirtschaft auch beim Wasser Verursacher von Problemen wie beispielsweise der Verschmutzung und einem zu großen Verbrauch, kann aber auch wichtiger Teil der Lösung sein, indem sie zu Wasserspeicherung, Grundwasserneubildung und Wasserreinigung beiträgt. Dafür muss die Landwirtschaft nach Ansicht des Autors ihre Praktiken in Richtung resilienter Systeme und Erhalt der Wasserressourcen ändern. Bewässerung – egal wie effizient konstruiert – werde das Problem nicht lösen, sondern unter Umständen sogar vergrößern. Der Autor widerspricht in diesem Zusammenhang auch der Aussage, wonach Rinder die größten Land- und Wasserverbraucher sind, und kritisiert die dieser Aussage zugrunde liegenden Berechnungsmethoden zum Wasserverbrauch.

Wasser ist neben Boden das zweite Element, das durch die aktuellen Methoden der Landbewirtschaftung massiv beeinträchtigt wird. Doch nicht nur das: Es wird auch knapp. Umso wichtiger ist es, diese Ressource nicht nur effizienter zu verwenden, sondern auch ihre Verschmutzung zu beenden, denn von sauberem Grund- und Trinkwasser hängen wir alle direkt ab.

Wasserqualität in Europa: Landwirtschaft bewegt sich nicht

Die Ende 2000 in Kraft getretene Wasserrahmenrichtlinie der EU (WRRL) fordert, dass Flüsse, Seen, Küstengewässer und das Grundwasser in drei Zeitabschnitten bis zum Jahr 2027 in einen »guten Zustand« versetzt werden sollen. Dieser Zustand hätte schon bis 2015 erreicht werden sollen, ist aber bis heute nicht umgesetzt. Dabei wäre es von Nutzen gewesen, so sagt es die EU-Kommission selbst in ihrem Bericht von 2015, die Anforderungen der WRRL auch in die verpflichtenden Auflagen zur Erhaltung der Direktzahlungen in der Landwirtschaft (früher Cross Compliance, jetzt Konditionalität) einzubeziehen,[1] beispielsweise bei Auflagen zum Pestizideinsatz. Das hatten die Mitgliedstaaten und die konservative Mehrheit im EU-Parlament bereits während der Verhandlungen zur vorletzten Reform der EU-Agrarpolitik (GAP) abgelehnt und es hat auch bei der aktuellen Agrarreform keinen Eingang in die Bedingungen zum Erhalt von Agrarsubventionen gefunden, obwohl die EU-Kommission in ihrer Farm-to-Fork-Strategie eine Halbierung des Pestizideinsatzes und eine um 20 Prozent verringerte Düngungsintensität für die Zukunft anstrebt.

Stickstoff – ein globales Problem für die Wasserqualität

Eine Studie der Weltbank von 2019 zur Wasserqualität zeigt: Nitrate sind weltweit die am häufigsten gefundene chemische Verschmutzung des Grundwassers. Die Kosten der Schäden überwiegen die wirtschaftlichen Vorteile der Kunstdüngereinsätze bei Weitem. Der Report zieht das Fazit: »Die Auswirkungen der Stickstoffverschmutzung werden als eines der wichtigsten Umweltprobleme des 21. Jahrhunderts betrachtet. (…) Die Welt hat die sichere Grenze des Planeten für den Stickstoffaustrag voraussichtlich überschritten.«[2]

Für die Wasserversorgung in der Europäischen Union sind oberflächennahe Grundwasser die wichtigste Bezugsquelle, aus der etwa 75 Prozent der Einwohner ihren Wasserbedarf decken.[3] Nach wie vor belasten Verunreinigungen aus diffusen Quellen in der EU 90 Prozent der Flussgebietseinheiten, 50 Prozent der Oberflächengewässer und 33 Prozent der Grundwasserkörper beträchtlich. Seit Juli 2017 laufen insgesamt gegen sieben Staaten Vertragsverletzungsverfahren aufgrund des Nichterreichens von Wasserqualitätszielen. Hauptquelle der diffusen Verunreinigungen ist laut Bericht der EU-Kommission die Landwirtschaft. Der aktuelle EU-Nitratbericht zeigte 2021 wieder einmal keine Besserung bei den landwirtschaftlichen Nitratbelastungen.[4] Die jährlichen Kosten zur Bereitstellung von Trinkwasser in Europa liegen nach ihren Angaben bei 46,5 Milliarden Euro.[5] In Frankreich hat eine differenzierte Studie die Kosten der notwendigen Wasseraufbereitung infolge der Verunreinigung mit Nitrat und Pflanzenschutzmitteln je nach Wasserschutzgebiet mit 800 bis 2.400 Euro pro Hektar und Jahr beziffert.[6]

Deutschland: Wissenschaft und Wasserversorger werden ignoriert

Die Bund/Länder-Arbeitsgemeinschaft Wasser in Deutschland hat 2019 ihren fünften Bericht zum Problem der Pflanzenschutzmittelrückstände im deutschen Grundwasser veröffentlicht.[7] Dabei kommen neben den Mengen der Einträge, die immer noch zu hoch sind, die sog. »nicht-relevanten Metabolite« (nrM) ins Blickfeld. Diese Abbauprodukte der Pestizide werden in den Trink- und Mineralwassergesetzen nicht von Grenzwerten erfasst; die Untersuchung der Wässer auf diese Stoffe ist somit auch nicht vorgeschrieben. Ein klares Problem für die Trinkwasserqualität. Die Untersuchung auf wichtige nrM sollte daher dringend vorgeschrieben werden.

Eine aktuellere Untersuchung des Helmholtz-Zentrums für Umweltforschung zeigt, dass sich der Trend bislang nicht geändert hat: Nach wie vor sind Kleingewässer in Agrarlandschaften stark mit Pestiziden belastet.[8] Auch der Entwurf des Bundesumweltministeriums vom Juni 2021 für eine nationale Wasserstrategie für Deutschland betont dies erneut.[9]

Seit vielen Jahren steigt der Aufwand zur Bereitstellung qualitativ hochwertigen Trinkwassers für die Wasserversorger. Inzwischen schlagen – nach langem Schweigen – in Europa und Deutschland die Wasserwerke Alarm. Der Leiter Wasserwirtschaft bei Gelsenwasser in Nordrhein-Westfalen schreibt in einer von mir herausgegebenen Studie: »Betrachtet man die Mengen der gemessenen PSM-Wirkstoffe, wird deutlich, dass sich das Problem zwischenzeitlich von Jahr zu Jahr vergrößert hat. Etwa seit 2012 haben sich die Einträge von Mais- und Getreideherbiziden wieder mehr als verdoppelt.«[10]

Der Geschäftsführer der Internationalen Arbeitsgemeinschaft der Wasserwerke im Rheineinzugsgebiet IAWR, Wolfgang Deinlein, wird noch deutlicher. Er kommentierte im Sommer 2021 die Beschlüsse zur GAP der Europäischen Union wie folgt: »Das ist eine Politik der Realitätsverweigerung, die sich den aktuellen Problemen nicht stellt.«[11]

Auch der deutsche Sachverständigenrat für Umweltfragen (SRU) hat bereits mehrfach vorgeschlagen, eine Pestizidabgabe einzuführen, wie sie bereits in einigen anderen EU-Ländern erhoben wird.

Das Märchen von der »bedarfsgerechten« Pflanzenernährung

Wenn es um Reduktion der Düngung geht, werden immer wieder Märchen von der »Unterernährung der Pflanzen« verbreitet. Das ist Unsinn. Der hier zitierte »Bedarf« der Pflanzen wird in dieser Diskussion unwissenschaftlich einseitig definiert. Der natürliche Bedarf einer Pflanze besteht darin, dass die Pflanze wachsen kann, dass sie zur Samenreife gelangt und dass die Samenkörner die Erhaltung und Ausbreitung der Art ermöglichen. Der in den Diskussionen häufig benannte angebliche »Bedarf« ist die Düngermenge, die Maximalerträge ermöglicht, aber häufig den natürlichen Bedarf der Pflanze um einiges übersteigt und so nicht nur die Anfälligkeit der Pflanze gegenüber Krankheiten und Schädlingen erhöht, sondern eben auch zu Nährstoffverlusten in die Gewässer führt.[12]

Hohe Humusgehalte senken den Stickstoffbedarf erheblich, werden beim Nährstoffmanagement aber oft nicht berücksichtigt.[13] Häufig wird auch behauptet, ein zu hoher Humusgehalt führe zu Auswaschungen. Dies ist nur bei grob falscher Betriebsführung der Fall. In der Regel führt ein höherer Humusgehalt zu potenziell deutlich weniger Stickstoffauswaschung.[14]

Ein lückenhaftes unterbesetztes Kontrollsystem verhindert aktuell in den Mitgliedstaaten außerdem, dass Empfänger von Agrarsubventionen bei wiederholten Verstößen auch zur Verantwortung gezogen werden. Das widerspricht klar dem Verursacherprinzip, denn die Kosten für die nachträgliche Wasserreinigung und Wiederinstandsetzung von Ökosystemen trägt zurzeit die Gesellschaft. Der Europäische Rechnungshof (EuRH) rechnet in seinem Bericht von 2021 vor: Den größten Brocken der 29 Milliarden europäischen Umweltkosten macht mit 14,2 Milliarden Euro die Wasseraufbereitung. Lediglich ein Zehntel des Wassers wird von Haushalten verbraucht. Aber es sind die Konsumenten, die für mehr als zwei Drittel der Kosten aufkommen, und das ausstehende Drittel kommt aus den öffentlichen Budgets, also aus Steuereinnahmen. »Die Landwirtschaft, die den größten Druck auf die erneuerbaren Süßwasserressourcen ausübt, trägt den geringsten Teil«, heißt es im Bericht der Prüfer.[15]

Wasserverbrauch in der Landwirtschaft

Weltweit steigt der Wasserverbrauch für Landwirtschaft seit den 1950er-Jahren stark an. Der UN-Bericht zu Wasser von 2021 spricht aktuell von 69 Prozent der globalen Süßwasserressourcen, die in der Landwirtschaft verbraucht werden.[16]

Auch wenn der Gesamtverbrauch in der Landwirtschaft der EU »nur« bei einem Viertel liegt, ist die Intensität des Wasserverbrauchs nicht nachhaltig. Zu diesem Ergebnis kam der Europäische Rechnungshof in einem weiteren 2021 veröffentlichten Sonderbericht. Darin wird vor allem kritisiert, dass es für die Bauern zu viele Ausnahmen von den Regeln der EU-Wasserpolitik gebe. Unbestritten sei, dass die Landwirtschaft »erhebliche Auswirkungen auf die Wasserressourcen« habe. Gerade die EU-Agrarpolitik fördere allzu oft eher eine stärkere als eine effizientere Wassernutzung, so der Report. Zudem habe die Landwirtschaft aufgrund der Belastung des Wassers durch Dünge- oder Pflanzenschutzmittel Auswirkungen auf dessen Qualität und die verfügbare Menge.[17]

Wie beim Klimawandel ist die Landwirtschaft auch beim Wasser Problemverursacher (Verbraucher und Verschmutzer von Wasser), kann aber auch wichtiger Teil der Lösung sein, denn nachhaltige Landnutzung kann aktiv positiv zu Wasserspeicherung, Grundwasserneubildung und Wasserreinigung beitragen. Wechselnde Niederschlagsmuster stellen eine große Herausforderung dar, schon deshalb muss die Landwirtschaft ihre Praktiken in Richtung resilienter Systeme und Erhalt der Wasserressourcen ändern. Bewässerung – egal wie effizient konstruiert – wird das Problem nicht lösen, sondern unter Umständen sogar vergrößern.

Die Europäische Umweltagentur schreibt: »Mit Anwendung der richtigen landwirtschaftlichen Praktiken und der Unterstützung durch politische Lösungen, können wir erhebliche Effizienzsteigerungen bei der Wassernutzung in der Landwirtschaft erreichen. Das würde bedeuten, dass mehr Wasser für andere Nutzungen verfügbar bleibt, insbesondere für die Natur.«[18]

Um den Umgang der Landwirtschaft mit der Ressource Wasser und ihre Wirkung auf dieses für uns alle so wichtige Umweltmedium richtig zu bewerten, gibt es zahlreiche Berechnungsansätze, die den Wasserverbrauch für bestimmte landwirtschaftliche Güter darstellen und vergleichen sollen. Doch die allermeisten sind sehr undifferenziert und ziehen zum Teil falsche Schlüsse.

Modelle zu undifferenziert

Modellen, die den Wasserverbrauch in der Landwirtschaft berechnen und auf bestimmte Produkte herunterbrechen, liegt in der Regel eine falsche Annahme zugrunde: Bei der Berechnung wird Landnutzung in fast allen Modellen mit Verbrauch gleichgesetzt – auch beim Wasser. Das ist so nicht korrekt. Hier muss man genauer hinsehen. Ich versuche das an zwei Beispielen zu zeigen.

Beispiel Rinder

Warum kommen so viele Studien zu dem Schluss, dass Rinder besonders viel Land »verbrauchen«? Die Tierhaltung ist weltweit der mit Abstand größte Landnutzer. Ob sich das gut oder schlecht – oder neutral – auswirkt, hängt vom *Wie* der Landnutzung ab. Diese wird zunehmend industrialisiert und bedroht deshalb Ressourcen. Insbesondere für die Rinderhaltung gilt: Wie energieaufwendig und klimarelevant einerseits oder nachhaltig und artgerecht andererseits Rinder

Abb. 1: Bewertung des Ökologischen Landbaus im Vergleich zum konventionellen Landbau in den Hauptbereichen der Nachhaltigkeit[19]

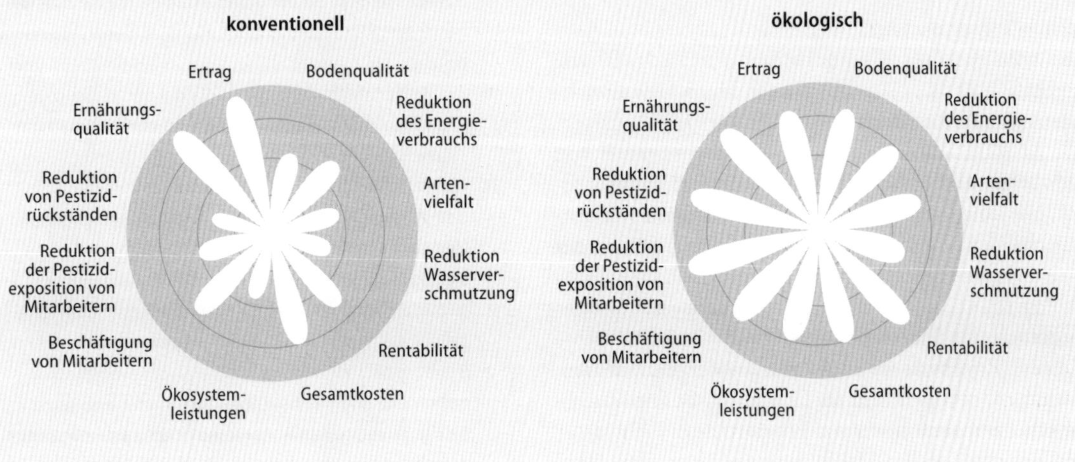

Quelle: Reganild und Wachter

gehalten werden, hängt entscheidend von ihrer Fütterung ab. Und das gilt auch für den Wasserverbrauch.[20]

Neben dem »Landrucksack« stehen Rinder auch wegen ihres »Wasserrucksacks« am Pranger. Die Wahrnehmung des Rindes als »größtem Wasserverbraucher« unter den landwirtschaftlich genutzten Tieren folgt einer ähnlichen Logik wie die, wonach Rinder die »größten Landverbraucher« sind. Für die Erzeugung eines Kilogramms Rindfleisch werden Zahlen bis 100.000 Liter Wasser gehandelt.[21] Solchen Berechnungen liegt vor allem der Regen zugrunde, der auf das Land fällt, von dem das Futter stammt. Deshalb schneidet wiederum zwangsläufig die industrialisierte Produktion, da sie ja einen vermeintlich geringeren Flächenbedarf hat, besser ab und auf Grasland basierende Fütterungssysteme entsprechend schlechter. Dass die nachhaltige Nutzung von Dauergrasland mit Rindern auch beim Wasser mit keiner anderen Nutzung konkurriert und somit gerade nicht auf Kosten der menschlichen Ernährung verbraucht wird, gerät dabei völlig aus dem Blick.

Das gilt auch für die unverzichtbare Bedeutung des Graslandes für die Regeneration des Grundwassers.[22] Auch hier muss Weide anders berechnet werden als Stallhaltung. Neben der Bedeutung für die biologische Vielfalt erfüllt nachhaltige Graslandnutzung eine weitere zentrale Funktion für den Wasserhaushalt der Böden und die Gefahr von Hochwasser: Die Vergrößerung der Wurzelmasse erhöht die Kapazität zur Wasseraufnahme und -speicherung und verringert Wassererosion exponenziell – eine Schlüsselfunktion angesichts des Klimawandels.[23] So heißt es in einem Bericht der Welternährungsorganisation FAO: »In den Fällen, in denen nachhaltiges Beweidungsmanagement den Gehalt an Bodenkohlenstoff erhöht, nimmt auch das Wasserbindungsvermögen des Bodens zu. Beide Aspekte, die den Wasserhaushalt verbessern, werden die Resilienz gegenüber Dürre erhöhen.«[24]

Beispiel Indoorfarming

Hier wird ebenfalls falsch gerechnet, nur ist das falsche Ergebnis hier zu positiv. Und auch hier ist die Gleichsetzung von Landnutzung mit Verbrauch falsch. Die Aussage zum niedrigeren Wasserverbrauch von Indoorfarming-Systemen stimmt nur und ausschließlich bei einem zum Vergleich betrachteten hochindustriellen Monokulturanbau mit Bewässerung in der Wüste. Für den Vergleich mit einem nachhaltig agrarökologisch konzipierten Freiluft-Anbausystem ist das Gegenteil der Fall. Agrarökologische Anbausysteme können Regenwasser nicht nur besser aufnehmen, festhalten, reinigen und als Grundwasser anreichern, sie schützen auch noch vor Erosion und Hochwasser und beeinflussen das Mikroklima positiv, sodass lokal Temperatur und Niederschläge ausbalanciert werden. All das kann ein Indoorfarming-System nicht, im Gegenteil, es unterbindet den Wasser- und Stoffaustausch zwischen Boden und Atmosphäre da wo es existiert, weil dafür ein Gebäude errichtet und Fläche versiegelt werden muss. Der »geringere Flächenverbrauch« und die komplett gesteuerte Wasserversorgung sind hier von keinerlei Vorteil.[25]

Wasser speichern, reinigen und schützen

Im Report des Thünen-Instituts zu *Leistungen des ökologischen Landbaus für Umwelt und Gesellschaft*[26] belegt das deutsche Bundesforschungsinstitut, dass der Ökolandbau rundum gesehen die nachhaltigste Systemalternative zu unserem aktuell praktizierten Anbausystem ist. Schon 2016 hatte eine umfangreiche internationale Studie eindrücklich belegt, dass langfristig der Ökologische Landbau in den Bereichen Produktivität, Wirtschaft, Umwelt und sozialer Wohlstand weltweit durchweg besser abschneidet als der konventionelle (Abb. 1).[27] Auch ist Ökologischer Landbau besser fürs Klima.[28]

Ganz besonders ausgeprägt sind jedoch die Potenziale des Ökologischen Landbaus beim Wasserschutz. In den ausgewerteten Untersuchungen des Thünen-Reports[29] verminderte eine ökologische Bewirtschaftung die Stickstoffausträge im Mittel um 28 Prozent.

Folgerungen & Forderungen

- Die Landwirtschaft ist einer der größten Wasserverbraucher und -verschmutzer, könnte aber auch Wasserlieferant und -reiniger sein und Landschaftswasserhaushalte im Klimawandel stabilisieren.
- Der Wasserverbrauch landwirtschaftlicher Güter hängt vom System ab, in dem sie entstehen. Hier muss bei Berechnungen besser differenziert werden.
- Mineralische Stickstoffdünger und Pestizide müssen besteuert werden. Das folgt aus dem Verursacherprinzip.
- Zur Aufrechterhaltung bzw. Wiederherstellung der Grund- und Trinkwasserqualität ist ein Rückbau der Tierzahlen unvermeidlich.
- Weidehaltung ist aufgrund vielfältiger Vorteile für den Wasserhaushalt und den Hochwasserschutz zu fördern.
- Der Ökologische Landbau muss in Wasserschutzgebieten verpflichtend werden. Anders sind unsere Trinkwasserressourcen nicht zu schützen.
- Die europäischen Mitgliedstaaten müssen die Vorgaben der WRRL umsetzen. Die Kommission muss bei Regelverstößen konsequent Vertragsverletzungsverfahren einleiten.

Ökologisch bewirtschaftete Böden können außerdem im Schnitt mehr als doppelt so viel Wasser aufnehmen, speichern und reinigen wie konventionell bewirtschaftete. Dies beeinflusst auch die Grundwasserneubildungsrate entscheidend. Zu diesem Schluss kommt auch die Kommission Bodenschutz beim Bundesumweltamt.[30] Mit verantwortlich dafür ist ein höherer Humusgehalt. Ein internationales Forscherteam maß durchschnittlich 3,5 Tonnen pro Hektar mehr organischen Kohlenstoff in ökologischen als in konventionell bewirtschafteten Böden.[31] Das führt zu einer deutlich besseren Bodenstruktur und zu einer höheren Wasserspeicher- und -reinigungsfähigkeit. Das ist wichtig für die Grundwasserqualität, aber auch überlebenswichtig für den gesamten Landschaftswasserhaushalt und für stabilere Ernten, besonders in Dürrezeiten.[32]

Es wird Zeit, den Widerstand gegen den Ökolandbau endlich als das zu bezeichnen, was er ist: unklug in jeder Hinsicht. Was nützen uns etwas höhere Ernten, wenn dieses System mit dem Einsatz von Mineraldünger und Pestiziden unsere Boden- und Wasserressourcen zerstört? Da die Ernten ökologischer Anbausysteme in den Tropen sogar höher sind als die konventioneller[33] ist das letzte Argument, an das man sich klammert – die »Sicherung der Welternährung« – ohnehin kein faktenbasiertes Argument gegen den Ökolandbau. Wir brauchen endlich konsequente Schutzmechanismen für unsere Ressourcen. Und für Wasser ganz besonders.

Das Thema im Kritischen Agrarbericht

- Michael Hauschild, Philipp Weckenbrock und Andreas Gattinger: Ökolandbau – besser für das Klima? Über Landwirtschaft in Zeiten des Klimawandels und die Potenziale der Ökologischen Landwirtschaft. In: Der kritische Agrarbericht 2021, S. 122–127.
- Jürn Sanders und Jürgen Heß: Gesellschaftliche Leistungen der Ökologischen Landwirtschaft. Interdisziplinäres Forschungsprojekt vergleicht ökologische und konventionelle Anbausysteme. In: Der kritische Agrarbericht 2020, S. 134–139.
- Jürgen Heß: Per se gut. Die Leistungen des Ökolandbaus für den Grund- und Trinkwasserschutz. In: Der kritische Agrarbericht 2017, S. 118–122.
- Katrin Wenz und Nadja Ziebarth: Düngerüberschüsse aus der Landwirtschaft. Gefahr für Flüsse, Seen und Meere. In: Der kritische Agrarbericht 2017, S. 199–203.
- Der kritische Agrarbericht 2017: Schwerpunkt »Wasser«.

Anmerkungen

1 European Commission: Report on the progress in implementation of the Water Framework Directive Programmes of Measures. Brussels 2015 (www.ec.europa.eu/environment/water/water-framework/pdf/4th_report/CSWD%20Report%20on%20WFD%20PoMs.pdf).
2 The World Bank (Ed.): Quality unknown –The inivisible water crisis. Washington, D.C. 2019 (www.openknowledge.worldbank.org/handle/10986/32245).
3 Grundwasserschutz in Europa, EU Kommission. Brüssel 2008 (https://ec.europa.eu/environment/water/water-framework/groundwater/pdf/brochure/de.pdf).
4 Bericht der Kommission an den Rat und das Europäische Parlament über die Durchführung der Richtlinie 91/676/EWG des Rates zum Schutz der Gewässer vor Verunreinigung durch Nitrat aus landwirtschaftlichen Quellen auf der Grundlage der Berichte der Mitgliedstaaten für den Zeitraum 2016–2019. 11. Oktober 2021 (file:///Users/ms/Downloads/1_DE_ACT_part1_v3.pdf.de.pdf)
5 Europäische Kommission: Wasserrahmenrichtlinie. Brüssel 2018 (www.eur-lex.europa.eu/resource.html?uri=cellar:8c5065b2-074f-11e8-b8f5-01aa75ed71a1.0022.02/DOC_1&format=PDF).
6 O. Bommelaer et J. Devaux: Coûts des principales pollutions agricoles de l'eau. Commissariat Général au Développement durable. Études & Documents n° 52 la Défense. Paris 2011.
7 Bund/Länder-Arbeitsgemeinschaft Wasser (LAWA): Bericht zur Grundwasserbeschaffenheit – Pflanzenschutzmittel – Berichtszeitraum 2013 bis 2016. Gotha 2019 (www.lawa.de/documents/lawa-bericht-zur-gw-beschaffenheit--psm_2_1558355266.pdf).
8 »Bäche stark mit Pestiziden belastet«. Bericht NDR vom 5. Juli 2021 (www.ndr.de/nachrichten/mecklenburg-vorpommern/Baeche-stark-mit-Pestiziden-belastet,pestizide182.html).
9 Nationale Wasserstrategie. Entwurf des Bundesumweltministeriums. Bonn 2021 (www.bmu.de/fileadmin/Daten_BMU/Download_PDF/Binnengewaesser/langfassung_wasserstrategie_bf.pdf).
10 I. Dege et al.: Ohne Wasser kein Leben! Schlechte und gute Nachrichten über unser wichtigstes Lebensmittel ... Im Auftrag von Martin Häusling, MEP, Greens/EFA. Wiesbaden 2020, S. 32 (www.martin-haeusling.eu/images/Wasser2021_Web_mitLinks_Indexverlinkt.pdf).
11 Th. Hummel: EU-Agrarbeschlüsse erzürnen Wasserversorger. In: Süddeutsche Zeitung vom 29. Juni 2021 (www.sueddeutsche.de/politik/trinkwasser-eu-agrarpolitik-wasserversorger-1.5336848).
12 O. Poppinga: Entwicklungen & Trends 2019 – Witterung, Bodennutzung, Tierhaltung, Einkommen. In: Der kritische Agrarbericht 2019, Kasten S. 164-167.
13 Siehe A. Beste: Down to Earth – Der Boden von dem wir leben. Studie zum Zustand der Böden in Europas Landwirtschaft. Im Auftrag von Martin Häusling, MEP, Greens/EFA. Wiesbaden 2015, S. 24 ff.
14 SOILSERVICE: Conflicting demands of land use, soil biodiversity and the sustainable delivery of ecosystem goods and services in Europe. Luxembourg 2012.
15 EuRH: Sonderbericht 12/2021: Das Verursacherprinzip: uneinheitliche Anwendung im Rahmen der umweltpolitischen Strategien und Maßnahmen der EU (www.eca.europa.eu/Lists/ECA-Documents/SR21_12/SR_polluter_pays_principle_DE.pdf).
16 UN: Weltwasserbericht der Vereinten Nationen: Wasser bewerten und wertschätzen. New York 2021. Deutsche Kurzfassung: www.unesco.de/sites/default/files/2021-03/WWDR2021_dt%20Kurzfassung.pdf.
17 EuRH: Sonderbericht 20/2021: Nachhaltige Wassernutzung in der Landwirtschaft: GAP-Mittel fördern eher eine stärkere als eine effizientere Wassernutzung (www.eca.europa.eu/de/Pages/DocItem.aspx?did=59355).
18 Europäische Umweltagentur: Wasser für die Landwirtschaft (www.eea.europa.eu/de/articles/wasser-fur-die-landwirtschaft).
19 Quelle: Reganold and Wachter (siehe Anm. 27).
20 A. Beste und A. Idel: Vom Mythos der klimasmarten Landwirtschaft oder warum weniger vom Schlechten nicht gut ist. Im Auftrag von Martin Häusling, MEP, Greens/EFA. Wiesbaden 2018 (www.martin-haeusling.eu/images/Klimaschutz_kleiner_RZ_copi.pdf).
21 D. Pimentel et al.: Water resources: Agriculture, the environment, and society. In: BioScience 47 (1997), pp. 97–106.
22 Beste und Idel (siehe Anm. 20).

23 G. Gyssels et al.: Impact of plant roots on the resistance of soils to erosion by water: a review. In: Progress in Physical Geography: Earth and Environment 29/2 (2005). DOI: 10.1191/0309133305pp443ra. – I. J. Gould et al.: Plant diversity and root traits benefit physical properties key to soil function in grasslands. In: Ecology Letters 19 (2016), pp. 1140–1149. DOI: 10.1111/ele.12652. – European Environment Agency (EEA): Water and agriculture: towards sustainable solutions. Report No 17. Kopenhagen 2020.

24 R. T. Conant: Challenges and opportunities for carbon sequestration in grassland systems. A technical report on grassland management and climate change mitigation. In: Plant Production and Protection Division (FAO), Rome 2010, p.19 (Übersetzung: Anita Idel).

25 A. Beste: Greenwashing & viel Technik! Vermeintlich nachhaltige Lösungen für die Landwirtschaft. Im Auftrag von Martin Häusling, MEP, Greens/EFA. Berlin 2021.

26 J. Sanders und J. Heß (Hrsg.): Leistungen des ökologischen Landbaus für Umwelt und Gesellschaft. Johann Heinrich von Thünen-Institut, Thünen Report 65. Braunschweig 2019 (https://literatur.thuenen.de/digbib_extern/dn060722.pdf).

27 J. P. Reganold and J. M. Wachter: Organic agriculture in the twenty-first century. In: Nature Plants 2/15221 (2016) (www.nature.com/articles/nplants2015221).

28 C. Skinner et al.: The impact of long-term organic farming on soil-derived greenhouse gas emissions. In: Scientific Reports 9/1702 (2019). DOI: 10.1038/s41598-018-38207-w.

29 Sanders und Heß (siehe Anm. 26).

30 Kommission Bodenschutz beim Umweltbundesamt: Böden als Wasserspeicher. Dessau-Roßlau 2016 (www.umweltbundesamt.de/sites/default/files/medien/377/publikationen/kbu_erhohung_und_sicherung_der_infiltr_ationsleistung_von_boden_juli_2016.pdf).

31 A. Gattinger et al.: Enhanced top soil carbon stocks under organic farming. In: PNAS 109/44 (2012), pp. 18226-18231 (www.pnas.org/content/pnas/109/44/18226.full.pdf).

32 European Environment Agency (siehe Anm. 23).

33 M. Stolze et al.: The environmental impacts of organic farming in Europe. Organic Farming in Europe: Economics and Policy, Vol. 6. Stuttgart 2000. – C. Badgley et al.: Organic agriculture and the global food supply. In: Renewable Agriculture and Food systems 22/2 (2007), pp. 86-108. – Ähnliche und zum Teil höhere Werte (bis zu 250 Prozent) wurden ermittelt in: J. Pretty et al.: Reducing food poverty with sustainable agriculture: A summary of new evidence. Essex 2001. – Siehe auch International Fund for Agriculture Development (IFAD): Organic agriculture and poverty reduction in Asia: China and India Focus. Report No. 1664. Rome 2005.

Martin Häusling
Biomilchbauer und seit 2009 Mitglied des Europäischen Parlaments in der Fraktion Greens/EFA.

info@martin-haeusling.de
www.martin–haeusling.eu

Bäuerliche Protestnetzwerke: Aufbrüche, Zersplitterungen, Ausblicke

Ergebnisse und Schlussfolgerungen aus einer Befragung unter den Protestteilnehmer:innen

von Rolf G. Heinze

Ende 2019 kam es zu Demonstrationen von Bäuerinnen und Bauern, zu deren öffentlichkeitswirksamster Protestform Blockaden gegen den Lebensmitteleinzelhandel gehörten, zu denen über die sozialen Medien mobilisiert wurde und die – wenn auch etwas abgeschwächt – in das Jahr 2021 hineinreichten. Konkret richtete sich der Protest neben dem Lebensmitteleinzelhandel gegen die Agrarpolitik und speziell gegen schärfere Vorgaben zum Insekten- und Umweltschutz sowie existenzbedrohende Erzeugerpreise insbesondere in der Viehwirtschaft. Um die Hintergründe besser einordnen zu können, wurde eine Befragung unter den Protestteilnehmer:innen durchgeführt. Die Auswertungen zeigen die weitreichenden ökonomischen Sorgen und die Repräsentationsdefizite bei den etablierten politischen Organisationen im Agrarsektor, wie einer der die Befragung durchführenden Wissenschaftler im nachfolgenden Beitrag darlegt. Die neuen Kommunikationsoptionen der digitalen Medien bringen einerseits Mobilisierungserfolge mit sich, andererseits erschweren sie die Bildung von dauerhaften Organisationsstrukturen und abgestimmten Strategien.

Wenn es auch in den letzten gut zehn Jahren politisch etwas ruhiger im Agrarsektor zuging, hat es Bauernproteste in der Geschichte der Bundesrepublik immer wieder gegeben. Die Ende 2019 beginnenden Proteste der Bäuerinnen und Bauern kamen vor diesem Hintergrund dennoch überraschend und haben eine neue Qualität insofern gewonnen, als dass sie außerhalb der etablierten politischen Institutionen angesiedelt sind. Es hat sich eine dezentral organisierte *Protestwelle* etabliert, die mit dem schwarmförmigen Netzwerk »Land schafft Verbindung« (LsV) abseits des lange Zeit sehr einflussreichen Deutschen Bauernverbands (DBV) agiert. Laut den Ergebnissen einer Forsa-Umfrage, im Rahmen dessen die agrarpolitischen Einstellungen von Landwirt:innen abgefragt wurden, sahen sich 56 Prozent der Befragten eher schlecht bzw. sehr schlecht vom DBV gegenüber der Politik vertreten.[1] Noch heute ist der Organisationsgrad des DBV mit über 90 Prozent der landwirtschaftlichen Betriebe vergleichsweise hoch, allerdings ist die Zahl der aktiven Mitglieder wie auch in anderen Verbänden wesentlich geringer.

Die erschöpfte Verbandsmacht

Organisatorische Abspaltungen vom DBV sind nicht neu. Schon in der »alten« Bundesrepublik wurden sie praktiziert: etwa durch die Arbeitsgemeinschaft bäuerliche Landwirtschaft (AbL), die stärker an bäuerlichen Strukturen und ökologisch ausgerichtet ist, sowie Spartenverbände wie der Bundesverband Deutscher Milchviehhalter (BDM), der Ende der 1990er-Jahre gegründet wurde, und die Interessengemeinschaft der Schweinehalter Deutschlands (ISN).[2] Hinzu kommen die regionalen Separatismen, die sich in der Interessenvertretung niederschlagen: Während in den neuen Bundesländern oft industriell geprägte Großbetriebe entstanden sind, welche zu den größten Agrarbetrieben Europas zählen, sind beispielsweise in Bayern nach wie vor bäuerliche Betriebe üblich. Diese verbandliche Ausdifferenzierung konnte lange die Machtposition des DBV kaum gefährden, die neuen Proteste zeugen aber davon, dass der Verband es offensichtlich nicht mehr vermag, als organisatorische Klammer die Interessen der gesamten Landwirtschaft zu repräsentieren, was zunehmend auch in der Politik registriert wird.

Die institutionalisierten Einflusswege des Verbandes zur Politik und den Ministerialverwaltungen und die jahrzehntelang aufgebauten Netzwerke (auch zum Agribusiness) werden in der Protestbewegung sogar explizit als kritikwürdig angesehen, weil eine Vernachlässigung der genuin agrarischen Interessen damit verbunden sei. Andererseits war der DBV als erfolgreicher Interessenverband an allen wesentlichen agrarpolitischen Gesetzesvorhaben in der Geschichte der Bundesrepublik aktiv beteiligt und über verschiedene Kanäle in wichtigen berufsständischen Institutionen (wie z. B. den Kammern und dem landwirtschaftlichen Bildungswesen) gut repräsentiert. Je ausgeprägter die Unterschiede im Agrarsektor werden, desto stärker wird nun aber die strategische Positionierung der Verbandspolitik des DBV sichtbar, die sich traditionell *selektiv* zugunsten der ökonomisch starken Landwirt:innen ausrichtet. Persönliche Verflechtungen zwischen der Verbandsführung und den vor- und nachgelagerten Wirtschaftsbereichen gehören dazu und werden schon länger von den Konkurrenzverbänden – und nun auch von den neu entstandenen Protestnetzwerken – massiv kritisiert. Die offensive Interessenvertretung »neben« dem klassischen Großverband weist auf eine verstärkte Heterogenisierung des agrarischen Verbändesystems hin, das sich zerfasert. Parallel dazu breiten sich spezialisierte Interessenverbände und in letzter Zeit lose verkoppelte Protestnetzwerke aus.

Die ökonomischen Sorgen bei einzelnen Gruppen, verstärkte staatliche Auflagen sowie verkrustete innerverbandliche Machtstrukturen schufen so ein *wachsendes Unzufriedenheitspotenzial,* das sich Ventile suchte und in den letzten Jahren durch die sozialen Medien Formate vorfand und weiterentwickelte, die eine rasche Interessenmobilisierung und -aggregation ermöglichten. LsV als dezentral organisiertes Netzwerk hat es innerhalb von zwei Jahren geschafft, sich als oppositionelle Agrarbewegung zu etablieren. Man sieht sich selbst als verbandsübergreifende und parteineutrale Bewegung, die sich in Untergruppen ausdifferenzierte, was wiederum mit der Gefahr verbunden ist, sich als bäuerliche Protestbewegung selbst zu »zerlegen«. Dies zeigt sich unter anderem in der Ausdifferenzierung der ursprünglichen Gruppe von »Land schafft Verbindung«. Neben »Land schafft Verbindung – Das Original« wurde auch »Land schafft Verbindung – Deutschland« gegründet, was auf interne Ungereimtheiten der Initiator:innen zurückzuführen ist. Darüber hinaus gibt es zahlreiche regionale Zusammenschlüsse.

Von außen betrachtet wirken die Aktivitäten und Proteste oft diffus und die Interessenformierung ähnelt eher »Schwärmen« denn strategisch geleiteten Organisationen. Die Protestkommunikation verläuft vorwiegend nur in der eigenen »Blase« und die Schuld für die Misere wird bei den »Anderen« gesucht. Insofern kann diese Protestbewegung auch als populistisch eingestuft werden, weil sie »sich darauf kapriziert, die Verantwortung ‚der Anderen' (Verbraucher, Gesellschaft, NGOs) zu thematisieren und den Staat auffordert, Lösungen zu bieten, die lediglich den Unternehmerlandwirten dienen und deren Kosten andere zu tragen haben«.[3]

Die neuen Proteste organisieren sich nicht nur stärker über soziale Medien und Messengerdienste, sondern treten auch mit spektakulären Formen, wie der Blockade von Supermärkten oder dem Aufstellen grüner Kreuze auf. Blockaden demonstrieren allerdings nicht politische Durchsetzungskraft, sondern weisen eher auf mangelnde Konfliktfähigkeit der vertretenen Interessen hin. Während die Klimaproteste und explizit die Fridays-for-Future-Bewegung (FFF) mit Sit-ins die Massenmedien erregten, müssen die Bäuerinnen und Bauern schon Blockaden errichten, um auf ihre Anliegen aufmerksam zu machen.

Hinzu kommt die *ökologische* Komponente. Viele Bäuerinnen und Bauern fühlen sich durch pauschale Schuldzuweisungen, nach denen sie verantwortlich für das Insektensterben, zu geringe Achtung des Tierwohls oder die Belastungen des Grundwassers sind, nicht nur nicht wertgeschätzt, sondern auch persönlich angegriffen. Sie sehen sich in die Rolle der Sündenböcke für ökologische Verfehlungen gedrängt, die insgesamt in der Gesellschaft begangen werden. Wenn dann noch existenzielle finanzielle Sorgen dazukommen, die durch bürokratische Auflagen weiter gesteigert werden, steigt der Frustrationspegel und macht sich in zum Teil spektakulären Protesten Luft. Solche Aktionen sind für Bauernproteste teilweise ungewöhnlich, passen allerdings zum gegenwärtigen Trend einer emotionalisierten politischen Öffentlichkeit, in der es schwer ist, Gehör zu finden. Ohnehin nicht mehr so konfliktfähigen agrarischen Interessen droht deshalb eine politische Marginalisierung.

Eine erste Vermessung des agrarischen Protestmilieus

Während beispielsweise die Klimaproteste oder die Proteste gegen die Corona-Maßnahmen von verschiedenen Untersuchungen begleitet wurden,[4] liegen zu den landwirtschaftlichen Protestnetzwerken bisher keine empirischen Analysen vor. Deshalb wurde Ende 2020 eine Onlinebefragung durchgeführt, um die Reichweite und Wirkungen der Proteste abzuschätzen.[5] Der Teilnahmeaufruf erfolgte einerseits über diverse Kanäle und Foren in sozialen Medien, die dem

Protestumfeld zuzuordnen sind. Andererseits wurde die Umfrage über eine einschlägige landwirtschaftliche Fachzeitschrift und einen Newsletter verbreitet. Nach der Datenaufbereitung sind insgesamt 603 gültige Teilnahmen zu verzeichnen, wovon 492 Teilnahmen im weiteren Verlauf genauer betrachtet werden, da diese Personen sich selbst als Landwirt:innen im Voll- oder Nebenerwerb (n = 396) einordnen bzw. eine Tätigkeit oder Beruf in Bezug zur Landwirtschaft (n = 96) ausüben. Knapp 82,6 Prozent der Befragten sind männlich und 17,4 Prozent weiblich. Im Folgenden werden einige empirische Ergebnisse vorgestellt.

Anhand der Frage nach den Sorgen lassen sich die komplexen Problemlagen ablesen: So machten sich zusammengenommen über 83 Prozent der Befragten einige bzw. große Sorgen um das Ansehen aufgrund des Berufes. Die Angaben zu den Sorgen um die persönliche wirtschaftliche Zukunft (über 95 Prozent) und die generelle Zukunft der Landwirtschaft (98 Prozent) zeigen, dass die Befragten zum Großteil grundlegende ökonomische Existenzfragen haben. Obwohl die Klimawandelfolgen und die Umwelt Besorgnis bereiten, sind die größten Sorgen bei möglichen neuen politischen Vorgaben für die Landwirtschaft zu verzeichnen.

Bei der Beobachtung der Proteste im Agrarmilieu taucht immer wieder die Frage auf, inwieweit es populistischen Gruppen und Parteien gelingt, die Unzufriedenheit und den Zorn der Protestierenden in ihren Organisationen zu bündeln. Rechtspopulistische Akteur:innen versuchen, in den aufbrechenden agrarischen Protestmilieus Einfluss zu gewinnen, da sie in ihnen eine potenzielle Zielgruppe sehen. Ein großer Teil der protestierenden Bäuerinnen und Bauern stuft aber die eigenen politischen Ansichten mittig – weder links noch rechts – ein. Darüber hinaus ist die Tendenz zu erkennen, dass sich die Befragten eher politisch rechts der Mitte verorten, was sich auch im Wahlverhalten äußert. Bislang sind die Bäuerinnen und Bauern aber gegenüber den rechtsradikalen Strömungen resistent.

Allerdings werden im populistischen Stil Protestaktionen durchgeführt und einige Beiträge aus der Protestszene enthalten stark vereinfachende und pauschale, eher an populistischen Narrativen angelehnte Argumentationen. Vieles ist stark von Gefühlen geprägt und deshalb kommt es auch zwischen einzelnen Personen hinsichtlich der Proteststrategien zum Streit. Soziale Medien sorgen zwar für eine schnelle Kommunikation, die allerdings in den Protestgruppen manchmal auch zu Beleidigungen führt. Generell zeigt sich ein starkes Misstrauen gegenüber der etablierten Politik und ihren Institutionen sowie den öffentlich-rechtlichen Medien. Deshalb ist das Risiko nicht auszuschließen, dass der Protest sich teilweise auch anderen Protestströmungen anschließen könnte – gerade mit Blick auf vergleichbare Länder wie Frankreich oder die Niederlande.

Ein großer Teil der befragten protestierenden Bäuerinnen und Bauern (37,4 Prozent) sieht die Interessen der Landwirtschaft durch keine der politischen Parteien vertreten. Die FDP kommt auf 40 Prozent, dem nachfolgend erfährt die CDU/CSU den meisten Zuspruch (18,4 Prozent). Keine Rolle spielen die AfD, Grüne, SPD oder Linke. Eine Hinwendung zum Rechtspopulismus ist also auf parteipolitischer Ebene bislang ausgeblieben. Die hohen Werte der FDP in Bezug auf die Interessen der Landwirtschaft zeigen sich nicht nur bei den protestierenden Bäuerinnen und Bauern, sondern werden auch in anderen Untersuchungen bestätigt.[6]

Bei der Bundestagswahl im September 2021 hat sich gezeigt, dass die CDU/CSU bei den Bauern und Bäuerinnen Wählerstimmen eingebüßt hat. Laut der Forschungsgruppe Wahlen wählten nur noch 45 Prozent von ihnen die CDU/CSU, was im Vergleich zu 2013 (75 Prozent) und 2017 (61 Prozent) einen massiven Verlust bedeutet. Die SPD hat demgegenüber stark zugelegt, allerdings von einem geringen Stand: während 2017 nur fünf Prozent der Landwirt:innen die SPD gewählt haben, waren dies 2021 zwölf Prozent der Stimmen. Die FDP liegt mit 14 Prozent zwar über dem Bundesdurchschnitt, spiegelt das in unserer Umfrage angegebene Vertrauen und die Interessenvertretung damit jedoch nicht ganz wider. Die AfD liegt bei den Landwirt:innen mit acht Prozent unter dem Bundesdurchschnitt und bleibt beim Stimmenanteil von 2017.

Der CDU/CSU, welche lange Zeit parteipolitische Heimat landwirtschaftlicher Interessenvertretung war, wird zwar weiterhin eher vertraut als den anderen bereits genannten Parteien, aber nicht so stark wie der FDP. Gründe hierfür könnten sein, dass sich die Liberalen als die Partei der »Selbstständigen« definieren und somit an die kulturelle Tradition des »freien« Bauern erinnern. Wie auch andere Gruppen des selbstständigen »alten« Mittelstandes betonen Bäuerinnen und Bauern ihre Eigenständigkeit und Entscheidungsfreiheit und reagieren sensibel auf externe Einflussnahmen. Auch deshalb haben sie sich verstärkt gegen die Ausweitung bürokratischer Auflagen ausgesprochen, von der die Landwirtschaft betroffen ist. Appelle an ein ständisches Gemeinschaftsbewusstsein und die Betonung des freien Unternehmertums finden trotz der sozialstrukturellen Differenzierungsprozesse (es gibt nicht mehr »den« Bauern) auch heute noch bei manchen landwirtschaftlichen Produzentengruppen Resonanz. Dies liegt sicherlich an der besonderen Verbundenheit der Landwirt:innen mit ihrem Hof und der naturverbundenen Produktionsweise, aber auch an den überlieferten Bindungen an das »Bauerntum«. Da von den Grünen oder der SPD noch mehr staatliche Regulierung (etwa mit Blick auf Umweltauflagen) erwartet wird, verbleibt im klassischen Parteienspektrum die FDP als Hoffnungsträger.

In den Verlautbarungen der Protestgruppen werden durchaus auch populistische Argumentationsmuster, die auf das Besondere der Landwirtschaft als »Ernährer des Volkes« setzen, bemüht. Allerdings ist zweifelhaft, ob diese ideologischen Versatzstücke aus den 1950er-Jahren (ganz zu schweigen von der Zeit vor 1945) noch nachhaltige Wirkungen in der Öffentlichkeit erzeugen können. Emotional können sie helfen, manche von Verlustängsten betroffene Bäuerinnen und Bauern zu Protestaktionen zu mobilisieren. Gesamtgesellschaftlich weisen sie auf die gewachsenen Spaltungsprozesse hin, die viele Landwirt:innen insofern treffen, als dass sie sich selbst als eine vom Abstieg bedrohte Gruppe definieren, die kaum über Partizipationsmöglichkeiten verfügt und sich sozial isoliert fühlt. Schon durch ihre Tätigkeit bleiben kaum zeitliche Kapazitäten für Begegnungen mit anderen gesellschaftlichen Gruppen, woraus sich Kommunikationsblockaden ergeben können. Hinzu kommt – vorangetrieben durch die Corona-Pandemie – der in empirischen Studien festgestellte allgemeine Rückzug in die Häuslichkeit, der den sozialen Zusammenhalt weiter schwächt.

Alternativ zum Rückzug in die Privatsphäre sind in den letzten Jahren (angestachelt durch die neuen Protestformen wie FFF) einzelne landwirtschaftliche Gruppen (insbesondere bei den Fleischerzeugern und der Milchwirtschaft) aktiv geworden und verzeichnen Mobilisierungserfolge. Die Vermischung von ökonomischen Sorgen, Abstiegsängsten, weiteren gesetzlichen Auflagen und kulturellen Verunsicherungen prägen die Bauernproteste, wobei die Bedeutung wirtschaftlicher Faktoren anhand der den Protest tragenden Gruppen in unserer Befragung sichtbar wird. In diesen Gruppen ist die Unzufriedenheit mit der Demokratie deutlich erhöht; sie fühlen sich von den traditionellen Interessenvertretern nicht mehr repräsentiert.

Wenngleich durch die kollektiven Proteste eine politische Mobilisierung bei einer wachsenden Zahl von Bäuerinnen und Bauern erreicht wird, bedeutet dies jedoch nicht, damit erfolgreich Maßnahmen zur Verbesserung der eigenen Wirtschafts- und Lebenslage durchzusetzen. Insofern werden die Unsicherheiten nicht verschwinden und das Stabilitätsbedürfnis ebenfalls nicht befriedigt werden. Ob sich die Frustrationen kurzfristig abbauen lassen, muss deshalb bezweifelt werden, denn die Fokussierung auf höhere Marktpreise verkennt, dass der von den traditionellen politischen Organisationen der Bauern gewünschte Weg in einen globalen Agrarmarkt immer mit Schwankungen und Risiken verbunden ist.

Proteste als Katalysator für neuen Gesellschaftsvertrag?

Dennoch können die Proteste die Bevölkerung für ein Thema sensibilisieren, das ohnehin in den letzten Jahren und insbesondere in der Corona-Krise an Bedeutung gewonnen hat: eine *regional* verankerte Ernährung, die auch den Umwelt- und Klimaanforderungen gerecht wird. Und in diesem Kontext könnten auch die Forderungen nach höheren Preisen für ökologisch und sozialverträglich hergestellte Lebensmittel Auftrieb bekommen, weil die in den letzten Jahrzehnten zurückgegangenen Haushaltsbudgets für Lebensmittel (derzeit geben die deutschen Haushalte nur rund 14 Prozent der gesamten Konsumausgaben für Nahrungsmittel und Getränke aus) Spielräume für die Mehrzahl der Bevölkerung zulassen. Gefragt sind ein konstruktiver Dialog und ein neuer *Gesellschaftsvertrag* für die Landwirtschaft,[7] damit die Frustrationen und Abstiegsängste vieler in ihrer Existenz gefährdeten Bäuerinnen und Bauern nicht in Apathie oder politische Radikalisierungen umschlagen.

Ein konkretes Handlungsfeld wäre im Feld der Viehwirtschaft die Schweinehaltung, die schon seit einiger Zeit für die in diesem Sektor tätigen Landwirt:innen Verluste einfährt. Hier ballen sich seit einiger Zeit existenzielle Probleme der Schweinehalter:innen, ohne dass die Politik bislang (Stand Oktober 2021) eine Lösung für die niedrigen Preise gefunden hat. Dabei gibt es Alternativen, aber nur, wenn mit der traditionellen Poli-

Folgerungen & Forderungen

- Die politische Protestlandschaft in Deutschland hat sich in den letzten Jahren um Bäuerinnen und Bauern erweitert.
- In den Protesten scheint auf, wie stark die Sorgen und Abstiegsängste in einzelnen Sparten der Landwirtschaft sind und dass sie sich vom DBV und der CDU/CSU immer weniger repräsentiert fühlen.
- Deshalb wurden konkurrierende Protestnetzwerke (wie LsV) aufgebaut, die allerdings flüchtiger sind und schnell zersplittern können. Zudem spiegeln sie die Heterogenität des Agrarsektors wider und bieten kaum Anknüpfungspunkte für einen sozialökologischen Umbau des Agrar- und Ernährungssystems.
- Über eine Vernetzung der verschiedenen Akteur:innen könnten Steuerungsressourcen hierfür realisiert werden.
- Der Handlungskonsens aus den Debatten um einen neuen Gesellschaftsvertrag muss in einen Umsetzungskonsens mit lokalen Experimenten transferiert werden.

tikstrategie gebrochen wird, so Michael Bauchmüller in einem Kommentar zum »Schweinesystem« in der *Süddeutschen Zeitung:* »Es gibt zu viele Ställe in Deutschland, und in diesen Ställen zu viele Schweine, denen es deshalb zu schlecht geht. Dabei gäbe es viele gute Ideen: die Niederlande zahlen Prämien für die Stilllegung von Ställen. Die Zahl des Viehs in Ställen ließe sich konsequent an entsprechend große Äcker und Weiden knüpfen; das würde helfen, Kreisläufe zu schließen. Eine ›Tierwohl-Abgabe‹, ein Aufschlag auf jedes Kilo Fleisch, könnte Geld für bessere Ställe eintreiben.«[8]

Die Traktorendemonstrationen im Herbst 2021 weisen allerdings auf die nach wie vor bestehenden Existenzängste und auch Konfliktfronten zwischen Bäuerinnen und Bauern sowie Umwelt- und Klimaschützer:innen hin. Obwohl die Problemlagen seit Jahrzehnten bekannt sind, setzen erst langsam konstruktive Diskussionsprozesse ein und die verschiedenen Organisationen kommen in einen Dialog, wie Verbraucher:innen und Erzeuger:innen gemeinsam die Qualität der agrarischen Produkte, deren ökologische Kosten, aber auch die erforderlichen Erzeugerpreise gestalten können. Nur über den Austausch zwischen diesen Akteursgruppen, wie ihn die Zukunftskommission Landwirtschaft inszeniert hat, kann sich eine gemeinsame Vorstellung der zukünftigen Landwirtschaft entwickeln. Insgesamt ist eine *sektorenverkoppelnde Strategie* erforderlich, die verschiedene Interessen (gesunde Ernährung, Klima- und Umweltschutz, soziale Gerechtigkeit) zusammenbindet und kollektive Lernprozesse organisiert. Dazu gehören Reallabore, in denen eine integrierte Agrar- und Umweltpolitik auf regionaler und lokaler Ebene erprobt wird.

Das Thema im Kritischen Agrarbericht

- Jan Douwe van der Ploeg: Die Bauern und »die Anderen«. Über Bauernrevolte und Populismus in den Niederlanden und Frankreich. In: Der kritische Agrarbericht 2021, S. 81–87.
- Es geht nur gemeinsam ... Gespräch mit Georg Janßen über die neuen bäuerlichen Protestbewegungen. In: Der kritische Agrarbericht 2021, S. 83–85.
- Martin Schulz, Bernd Schmitz und Ulrich Jasper: Bauernproteste unterstreichen den Veränderungsbedarf. Die Bedeutung der Bauern und die Notwendigkeit politischer Problemlösungen. In: Der kritische Agrarbericht 2020, S. 30–32

Anmerkungen

1 Forsa Politik- und Sozialforschung: Zukünftige Ausrichtung der deutschen und europäischen Agrarpolitik. Eine Befragung von Landwirten in Deutschland. Berlin 2019.

2 Zur Geschichte der deutschen »Agraropposition« siehe auch das Gespräch mit Georg Janßen (AbL), das Götz Schmidt und Hugo Gödde für den vorliegenden Kritischen Agrarbericht geführt haben (S. 316–320).

3 J. D. van der Ploeg: Die Bauern und »die Anderen«. Über Bauernrevolte und Populismus in den Niederlanden und Frankreich. In: Der kritische Agrarbericht 2021, S. 87.

4 Vgl. etwa die Beiträge in Heft 2/2021 des Forschungsjournals Soziale Bewegungen: Abstand von Protest oder Protest auf Abstand? Soziale Bewegungen in der Covid-19 Pandemie (www.forschungsjournal.de/jahrgaenge/2021heft2).

5 Vgl. ausführlich R. G. Heinze et al.: Bauernproteste in Deutschland. Aktuelle Einblicke und politische Verortung. In: Forschungsjournal Soziale Bewegungen 34/3 (2021), S. 360–379.

6 Vgl. J. Michel: Bundestagswahl: Unionsparteien nicht mehr erste Wahl der Landwirte. In: agrarheute vom 19. April 2021 (www.agrarheute.com/politik/so-wuerden-landwirte-2021-waehlen-579397).

7 Vgl. die Beiträge in J. Lange (Hrsg.): Ein Gesellschaftsvertrag für die Landwirtschaft? Loccumer Landwirtschaftstagung 2020. Rehburg-Loccum 2021 und Zukunftskommission Landwirtschaft: Zukunft Landwirtschaft. Eine gesamtgesellschaftliche Aufgabe. Berlin 2021.

8 M. Bauchmüller: Schweinesystem. In: Süddeutsche Zeitung vom 15. September 2021 (www.sueddeutsche.de/meinung/krisengipfel-schweinehaltung-tierwohl-1.5411535).

Prof. Dr. Rolf G. Heinze
Fakultät für Sozialwissenschaft der Ruhr-Universität Bochum, von 1988 bis 2021 Lehrstuhl für Allgemeine Soziologie, Arbeit und Wirtschaft, seit SS 2021 Seniorprofessur.

rolf.heinze@rub.de

Das System Saisonarbeit

Prekäre Beschäftigungsverhältnisse durch fehlende soziale Absicherung

von Katharina Varelmann und Benjamin Luig

Saisonarbeiter:innen sind seit Jahrzehnten ein fester Bestandteil der Landwirtschaft in Deutschland. Auch in der zweiten Saison, die von der Covid-19-Pandemie geprägt war, kamen 2021 viele Menschen aus Südost- und Osteuropa zur Arbeit auf deutsche Felder. Ihre zum Teil sehr prekären Lebens- und Arbeitsverhältnisse sind jedoch erst seit der Corona-Pandemie verstärkt in den Blick der Öffentlichkeit gerückt. Schon seit Jahren beobachtet die Initiative Faire Landarbeit massive Probleme wie Lohnbetrug, überlange Arbeitszeiten und schlechte Unterkünfte in der Branche. Ein kurzer Aufenthalt, hohe Flexibilität und Mobilität sowie eine fehlende Integration in soziale Sicherungssysteme führen zu besonders prekären und unsicheren Beschäftigungsverhältnissen und Ausbeutung. Der folgende Beitrag beruht auf dem von der Autorin und dem Autor mitverfassten jährlich erscheinenden Bericht der Initiative Faire Landarbeit zur Saisonarbeit in der Landwirtschaft aus dem Jahr 2021.[1]

Agrarbetriebe, die Sonderkulturen wie Spargel oder Erdbeeren anbauen, stehen unter einem hohen Preisdruck. Wegen des handarbeitsintensiven Anbaus von Obst- und Gemüsekulturen machen Löhne einen erheblichen Teil der Betriebskosten aus. 2016 lag der Anteil der Lohnkosten an den Produktionskosten von Erdbeeren zwischen 43 und 66 Prozent und beim Anbau von Spargel zwischen 40 und 48 Prozent.[2] Für eine möglichst kostengünstige Produktion findet eine starke Spezialisierung der Betriebe statt. Für kurze Zeiträume entsteht so ein hoher Bedarf an Arbeitskräften, wie z. B. für die Spargelernte. Diese Arbeitsspitzen werden fast ausschließlich (95 Prozent) von mobilen Beschäftigten, sog. Wander- oder Saisonarbeiter:innen übernommen.[3] Um für diese kurze Arbeitszeit temporär nach Deutschland zu migrieren, müssen Saisonbeschäftigte enorm flexibel sein.

Laut dem Statistischen Bundesamt waren 2019 rund 274.700 der 937.900 Beschäftigten in der Landwirtschaft Saisonarbeiter:innen und stellen so fast ein Drittel aller Beschäftigten dieser Branche. Die anderen Beschäftigtengruppen waren Familienarbeitskräfte (434.400) und ständig angestellte Arbeitskräfte (228.900).[4] Detaillierte Daten, etwa zu der Staatsangehörigkeit oder soziodemographische Angaben, sind allerdings nicht verfügbar.[5] Denn seit 2010 werden keine Genehmigungen der Bundesagentur für Arbeit für die Anstellung von Saisonarbeiter:innen mehr benötigt.

Bei den Feldaktionen der Initiative Faire Landarbeit treffen wir überwiegend Menschen aus Rumänien und Polen, aber auch aus Bulgarien, Kroatien oder der Ukraine an. Bis vor wenigen Jahren stellte Polen das wichtigste Herkunftsland von Saisonarbeiter:innen dar. Polen und Deutschland verbindet eine lange Geschichte der Arbeitsmigration in der Landwirtschaft bereits seit der Frühindustrialisierung.[6] Seitdem 2014 von der EU die Freizügigkeit für Arbeitnehmende gewährt wurde, hat sich Rumänien zum bedeutendsten Herkunftsland für Saisonarbeiter:innen entwickelt. Jedoch wendet sich dieser Trend aktuell: Spätestens seit im Frühjahr 2020 die Bilder von unhaltbaren Verstößen gegen die Infektionsschutzmaßnahmen im Zusammenhang mit der Einreise per Flugzeug und in Arbeitsunterkünften in Deutschland durch die rumänischen Medien gingen, scheint die Zahl der Rumän:innen abzunehmen. Inzwischen berichten viele Betriebe von zunehmenden Schwierigkeiten bei der Suche nach Saisonarbeiter:innen. »Wir sind für Rumänen keine attraktiven Arbeitgeber mehr«, meinte auch Jürgen Jakobs, Verbandsvorsitzender der ostdeutschen Spargelanbauer, in der Tagesschau.[7]

Herkunftsländer außerhalb der EU, sog. Drittstaaten, gewinnen als Rekrutierungsräume mehr und

Die Arbeit der Initiative Faire Landarbeit

Die Initiative Faire Landarbeit ist ein Bündnis von gewerkschaftsnahen Beratungsstellen, wie dem Beratungsnetzwerk »Gute Arbeit« von Arbeit und Leben, Faire Mobilität und dem Europäischen Verein für Wanderarbeiterfragen, der Gewerkschaft IG BAU sowie weiteren Organisationen. Unser Ziel ist die Verbesserung der Situation von Saisonarbeiter:innen in der Landwirtschaft. Dazu führen wir koordinierte Feldaktionen durch, bei denen wir Informationen zu Arbeitsrechten in verschiedenen Sprachen verteilen und mit den Kolleg:innen aus Südost- und Osteuropa in Kontakt treten. Bei Bedarf bieten wir ihnen Rechtsberatung und weitere Unterstützung an. Darüber hinaus leisten wir Recherche- und Öffentlichkeitsarbeit, um die Situation von Saisonarbeiter:innen in der Landwirtschaft öffentlich besser sichtbar zu machen. Die Initiative Faire Landarbeit wurde 2016 gegründet. Durch das neue Mitgliedschaftsmodell der IG BAU für mobile Beschäftigte wird seit 2020 versucht, auch die gewerkschaftliche Organisierung von Saisonarbeiter:innen stärker zu fördern. Im Jahr 2021 wurden auf 44 Feldaktionen circa 2.500 Saisonarbeiter:innen erreicht. In diesem Jahr wurde in deutlich mehr Fällen als in den Vorjahren versucht, jegliche Kontaktaufnahme zwischen uns und den Saisonarbeiter:innen zu unterbinden.

mehr an Bedeutung. Seit Jahren üben die landwirtschaftlichen Arbeitgeberverbände Druck auf die Bundesregierung aus, bilaterale Abkommen mit Drittstaaten abzuschließen. Nach der Unterzeichnung von Vermittlungsabsprachen ist es seit 2021 Georgier:innen erlaubt, in der Landwirtschaft zu arbeiten. Nach Informationen der Bundesagentur für Arbeit arbeiteten jedoch nicht einmal 200 Georgier:innen 2021 in Deutschland. Ein vergleichbares Abkommen wurde im Juli 2021 mit der Republik Moldau geschlossen und wird ab 2022 umgesetzt.[8] In der Beratung und auf den Feldern treffen wir zudem immer wieder Menschen aus der Ukraine an. Diese kommen überwiegend im Rahmen eines Ferienjobs oder eines studienfachbezogenen Praktikums zur Arbeit in der Landwirtschaft nach Deutschland. Bei einem Pflichtpraktikum muss nicht der Mindestlohn gezahlt werden. Untersuchungen des PECO-Instituts kommen allerdings zum Ergebnis, dass bei den angemeldeten studentischen Fachpraktika häufig weder ein organisatorischer noch ein inhaltlicher Bezug zu Studieninhalten in der Ukraine vorliegt.[9]

Durch die Ausweitung des Rekrutierungsraums auf Drittstaaten wird auf eine potenzielle Gruppe von Beschäftigten zugegriffen, die in Deutschland weniger Rechte als EU-Bürger:innen haben und deren Aufenthaltsrecht direkt an das Arbeitsverhältnis geknüpft ist. Dies verschärft Abhängigkeiten von Arbeitgeber:innen und erschwert es den Menschen aus Drittstaaten, sich gegen Arbeitsrechtsverletzungen zu wehren.

Viele Einzelfälle ergeben ein System – arbeitsrechtliche Verstöße

Seit Jahren beobachten wir bei Feldbesuchen arbeitsrechtliche Verstöße. Die Saisonarbeiter:innen wendeten sich aufgrund von massiven Problemen an die Beratungsstellen und Gewerkschaft. Die folgenden Hauptprobleme sind seit Jahren regelmäßig anzutreffen:

- Lohnbetrug und überhöhte Lohnabzüge,
- fehlende Sozial- und Krankenversicherung aufgrund von kurzfristiger Beschäftigung,
- intransparente Arbeitszeitaufzeichnungen und fehlende Arbeitsverträge,
- mangelhafte Unterkünfte,
- Verstöße gegen den Arbeits- und Gesundheitsschutz (inkl. Infektionsschutzmaßnahmen),
- hohe Kosten durch private Vermittlungsagenturen.

Lohnbetrug und die Umgehung des Mindestlohns ist ein Problem, auf das wir bei Feldbesuchen und in der Beratung besonders häufig stoßen. Zwar gilt in der Landwirtschaft der gesetzliche Mindestlohn,[10] zugleich ist es jedoch erlaubt nach Arbeitsleistung zu bezahlen. Akkordlöhne müssen umgerechnet pro Stunde mindestens dem gesetzlichen Mindestlohn entsprechen. In der Praxis ist es für Beschäftigte häufig jedoch schwierig, den genauen Akkordlohn und die Abzüge nachzuvollziehen, da Lohnabrechnungen zum Teil intransparent und unübersichtlich gestaltet werden. Auch kommt es immer wieder vor, dass Arbeitszeitbögen zu Beginn der Saison als Blankodokument unterschrieben werden müssen. Später werden dann durch die Betriebe weniger Stunden eingetragen als real gearbeitet oder die Akkordmenge erreicht »zufällig« immer genau den Mindestlohn.

Eine weitere Methode, die Löhne niedrig zu halten, ist es, hohe Abzüge für Unterkunft und Verpflegung zu berechnen. Eigentlich ist die Anrechnung von Verpflegung und Unterkunft als Mindestlohnbestandteil nur im Rahmen gesetzlich definierter Sachbezugswerte erlaubt. In den meisten Fällen schließen Arbeitgeber:innen jedoch einen separaten

Miet- und Verpflegungsvertrag mit ihren Beschäftigten ab. Durch diesen Trick müssen die gesetzlichen Werte nicht mehr eingehalten, aber die Miete darf auch nicht direkt vom Lohn abgezogen werden. In den vergangenen Jahren wurde uns von Beschäftigten immer wieder berichtet, dass sie 22 bis 28 Euro pro Tag für Unterkunft und Verpflegung zahlen mussten und in Vier- bis Achtbettzimmern oder Containern untergebracht wurden. Für ein Mehrbettzimmer und Verpflegung wären 11,93 Euro Abzug vom Lohn 2021 erlaubt.[11] Mancherorts gab es dafür nicht mal ausreichend Toiletten und Waschmöglichkeiten. Die sanitären Anlagen sind zudem nicht immer abschließbar und nach Geschlechtern getrennt; dies stellt besonders für die Frauen in den Unterkünften ein Problem dar.

Ein weiteres Problem stellen private Vermittlungsagenturen dar, die überhöhte Kosten für die Vermittlung fordern. Sie sorgen zum Teil dafür, dass der Arbeitsort sowie die Arbeits- und Unterkunftsbedingungen den Saisonarbeiter*innen nicht bekannt sind, bis sie vor Ort angekommen sind.

Fehlende soziale Absicherung durch kurzfristige Beschäftigung

Für Saisonarbeitskräfte gelten Ausnahmeregeln in der Sozialversicherung, die dazu führen, dass die Beschäftigten weitgehend ohne soziale Sicherung arbeiten. Bei der sog. kurzfristigen Beschäftigung müssen keine Sozialabgaben gezahlt werden und so fehlt eine Integration in die sozialen Sicherungssysteme. Eine kurzfristige Beschäftigung ist zeitlich begrenzt (2021 maximal 102 Tage) und darf nicht zur Sicherung des Lebensunterhaltes dienen. Diese wird bei Schüler:innen, Student:innen, Rentner:innen sowie Hausmännern bzw. Hausfrauen vorausgesetzt und gilt unabhängig von der Höhe des Verdienstes. Die Regelung sieht vor, dass die Arbeitnehmer:innen über ihre Hauptbeschäftigung im Herkunftsland versichert sind. Dies wird jedoch kaum überprüft. Wir gehen davon aus, dass ein erheblicher Teil der Saisonarbeiter:innen in der Landwirtschaft über das Modell der kurzfristigen Beschäftigung arbeitet. Konkrete Zahlen zur kurzfristigen Beschäftigung werden nicht veröffentlicht.

Aus der fehlenden Integration in die sozialen Sicherungssysteme ergeben sich unter anderem folgende Probleme:

- *Rentenversicherung:* Saisonarbeiter:innen sind während der kurzfristigen Beschäftigung gar nicht versichert und ihnen entstehen dadurch Lücken im Rentenversicherungsverlauf.
- *Krankenversicherung:* Das größte Problem in der Praxis stellt eine häufig fehlende Krankversicherung dar. Im Falle einer Erkrankung müssen Kosten für die Behandlung im Zweifel aus eigener Tasche bezahlt werden. Diese Situation ist im Kontext der Corona-Pandemie besonders verantwortungslos. Um die Beschäftigten gegen solche Risiken abzusichern, schließen manche Arbeitgeber:innen private Gruppen-Krankenversicherungen ab. Diese umfassen allerdings nicht den vollen Leistungsumfang der Pflichtversicherung und sind für die Saisonarbeiter:innen sehr intransparent, da die Versicherung von Seiten der Arbeitgeber:innen abgeschlossen wird. Ab 2022 ist eine gesetzliche Nachweispflicht der Krankenversicherung durch die Arbeitgebenden geplant. Es ist davon auszugehen, dass die privaten Gruppen-Krankenversicherungen dann flächendeckend genutzt werden.

Lohnbetrug und Übergriffe auf einer Baumschule in Nordrhein-Westfalen

In der Düsseldorfer Beratungsstelle von Arbeit und Leben berichteten zehn rumänische Beschäftigte einer Baumschule im Februar 2021, dass während der gesamten Zeit ihres Arbeitsverhältnisses ihre Pässe als »Kaution« vom Arbeitgeber einbehalten worden waren. Außerdem seien sie gezwungen worden, ihnen nicht verständliche Dokumente zu unterzeichnen. Der Arbeitgeber sagte ihnen, dass es sich dabei um einen Arbeitsvertrag handelte, ein eigenes Exemplar von diesem erhielten sie allerdings nicht. Sie beklagten Verstöße gegen die Arbeitszeit und Verstöße gegen das Mindestlohngesetz. Der ausgezahlte Akkordlohn lag bei Berücksichtigung der tatsächlich geleisteten Arbeitszeit bei circa vier Euro pro Stunde. Die Beschäftigten schilderten außerdem die Anwendung von Gewalt durch ihren Arbeitgeber: Diese reichte von Drohungen und Anschreien bis zu körperlichen Übergriffen.

Als die zehn rumänischen Beschäftigten nach ihrem Lohn fragten und außerdem die schlechten Arbeitsbedingungen gegenüber ihrem Arbeitgeber beklagten, setzte dieser sie auf die Straße. Ohne Vorankündigung verloren sie am frühen Morgen ihre Arbeit und Unterkunft – ohne Pässe und ohne Geld. Nach mehreren Stunden Verhandlung mit Unterstützung der Beratungsstelle erhielten die Betroffenen am selben Tag ihre Pässe zurück und es wurde ihnen der zustehende Lohn ausgezahlt. Zudem wurde Strafanzeige bei der zuständigen Staatsanwaltschaft gestellt und die gravierenden Vorwürfe auch an die Bezirksregierung in Düsseldorf weitergeleitet.

Folgerungen & Forderungen

- *Saisonarbeiter:innen mit einer kurzfristigen Beschäftigung in der Landwirtschaft müssen in Deutschland vollumfänglich sozialversichert sein.* Die kurzfristige Beschäftigung in der Landwirtschaft stellt keine Ausnahme dar, sondern wird systematisch im Bereich der Sonderkulturen genutzt.
- *Eine deutliche Ausweitung konzertierter staatlicher Kontrollen ist notwendig.* In der Saisonarbeit treten unseren Erfahrungen nach auf der einen Seite Lohnbetrug und Verletzungen der Standards im Arbeitsschutz besonders häufig auf und auf der anderen Seite finden kaum Kontrollen durch die zuständigen Behörden statt.
- *Die verpflichtende Einführung eines manipulationssicheren, digitalen Zeiterfassungssystems ist notwendig.* Auf Grundlage des Urteils des Europäischen Gerichtshofs von 2019 ist die Bundesregierung verpflichtet, eine gesetzliche Regelung für die Einführung von Zeiterfassungssystemen zu schaffen, die objektiv, verlässlich und auch für die Beschäftigten zugänglich sind.
- *Die Kosten für angemessene Unterkünfte müssen von Arbeitgeberseite übernommen werden.* Die Bereitstellung der Unterkünfte in unmittelbarer Nähe zum Betrieb ist eine Voraussetzung dafür, dass die Arbeitsleistung erbracht werden kann. Daher sollten Gemeinschaftsunterkünfte unentgeltlich bereitgestellt werden.
- *Eine striktere Regulierung der Arbeitsvermittlung von Saisonarbeiter:innen als bislang ist erforderlich.* Es müssen Mindeststandards für Vermittlungsakteure gelten und es dürfen für die Saisonarbeiter:innen keine Gebühren für eine Vermittlung anfallen. Eine klare Zuständigkeit für die Kontrolle der Einhaltung dieser Mindeststandards ist erforderlich.
- *Die Einhaltung der Standards der EU-Saisonarbeiter-Richtlinie muss für alle Saisonarbeiter:innen aus Drittstaaten durchgesetzt werden.* Die Bundesregierung muss sicherstellen, dass die Mindeststandards der EU-Richtlinie, etwa die Standards zu Unterkünften und die Pflicht zur Krankenversicherung, durchgesetzt werden, unabhängig vom Aufenthaltsstatus.

Kaum möglich: Arbeitsrechte aktiv einfordern

Die Monate der Saisonarbeit in Deutschland bedeuten für Menschen aus Südost- und Osteuropa nicht einfach ein Beschäftigungsverhältnis. Sie leben für diese Monate oft in abgelegenen Regionen, teils mit schlechter digitaler Anbindung, weit weg von ihren Familien. Betriebe üben häufig einen enormen Druck auf Länge und Geschwindigkeit der Arbeitsleistung aus und wird diese nicht erbracht, können Beschäftigte von heute auf morgen gekündigt werden. Sollten sie sich entscheiden, einen Betrieb wegen schlechter Arbeitsbedingungen zu verlassen, sind sie praktisch obdachlos. Es gibt immer wieder Fälle, in denen der Pass einbehalten wird, um die Menschen an der Abreise zu hindern. Auch 2021 erreichten die Beratungsstellen Anrufe von Saisonarbeiter:innen, denen aufgrund eines Konflikts gekündigt wurde, gleichzeitig mussten sie die Unterkunft verlassen und wurden ohne Deutsch- und Ortskenntnis, ohne Lohn und zum Teil ohne Pass auf die Straße gesetzt. Diese Abhängigkeiten sind ein wesentliches Hindernis dafür, Arbeitsrechte aktiv einzufordern.

Auf vielen Betrieben erhalten Saisonarbeiter:innen ihren Lohn erst am Tag der Abreise. Falls der Lohn zu niedrig ausfällt, ist es schwierig für sie, den ausstehenden Lohn einzufordern. Sie müssten hierfür mit einer eigenen Arbeitszeitdokumentation ihre geleistete Arbeit belegen und sich länger in Deutschland aufhalten, um den Lohn im Zweifel gerichtlich geltend zu machen.

Ein Problem stellen auch die fehlenden Kontrollen dar. Zahlen aus einigen Bundesländern deuten darauf hin, dass es viel zu wenige staatliche Betriebskontrollen gibt, um arbeitsrechtliche Verstöße effektiv aufzudecken. In Bayern führte der Zoll in dem Spargelerntemonat April in den letzten Jahren nur jeweils zwei bis vier Kontrollen durch.[12] In ganz Niedersachsen lag die Zahl der Kontrollen durch den Zoll im Jahr 2020 bei insgesamt 105.[13]

Politische Entwicklungen

Nach jahrzehntelangem Widerstand wurde nun endlich eine zentrale Forderung der IG BAU und des Europäischen Dachverbandes der Agrargewerkschaften (EFFAT) in die Gemeinsame EU-Agrarpolitik (GAP) aufgenommen: Die Vergabe der Milliarden Euro an Agrarsubventionen für Betriebe wird nun neben ökologischer auch an soziale und arbeitsrechtliche Kriterien geknüpft. Dies ist ein bedeutender Schritt hin zu einer sozialen Ausrichtung der europäischen Agrarpolitik.

Die Anwendung der sog. sozialen Konditionalität kann ab dem 1. Januar 2023 erfolgen, ist aber erst ab 1. Januar 2025 für die EU-Mitgliedstaaten obligatorisch. Bei der Entwicklung der nationalen Strategiepläne muss darauf geachtet werden, dass die Maßnahmen tatsächlich zur konkreten Verbesserung von Arbeitsbedingungen eingesetzt werden. Nur durch eine konsequente und möglichst schon ab 2023 beginnende Umsetzung auf nationaler Ebene stellt die soziale Konditionalität der EU-Agrarsubventionen eine wichtige Weichenstellungen für den Schutz der Rechte von Saisonarbeiter:innen dar.

Die Landwirtschaft in Deutschland ist ein Niedriglohnsektor. Neben den Saisonarbeiter:innen, verdienen auch viele der ständig angestellten Beschäftigten so wenig, dass sie von Altersarmut gefährdet sind.[14] Für die ganze Branche gilt daher: Bessere Arbeitsbedingungen und höhere Löhne sind dringend notwendig. Die Rolle der abhängig Beschäftigten und Saisonarbeiter:innen in der Agrarbranche benötigt eine spürbare Wertschätzung und Anerkennung durch die Regierung und Agrar- und Umweltverbände. Eine Kombination aus kollektiv ausgehandelten Lösungen wie Tarifverträge, die auch für Saisonarbeiter:innen Löhne über dem Mindestlohn enthalten, sowie staatlichen Regulierungen und Kontrollen (statt Wegschauen staatlicherseits) sind dringend erforderlich.

Anmerkungen

1 Initiative Faire Landarbeit: Saisonarbeit in der Landwirtschaft - Bericht 2021. Frankfurt am Mai 2021 (www.igbau.de/Binaries/Binary16991/2021-InitiativeFaireLandarbeit-Saisonarbeitsbericht.pdf).
2 H. Garming: Auswirkungen des Mindestlohns in Landwirtschaft und Gartenbau: Erfahrungen aus dem ersten Jahr und Ausblick. Thünen Working Paper 53. Braunschweig 2016.
3 U. Hemmerling und P. Pascher: Situationsbericht 2018/19. Trends und Fakten zur Landwirtschaft. Unter Mitarbeit von Joachim Rukwied. 1. Auflage. Berlin 2018.
4 Statistisches Bundesamt: Landwirtschaftszählung 2020 – Arbeitskräfte und Berufsbildung der Betriebsleiter/Geschäftsführer (Fachserie 2 – Reihe 2.1.8), Tabellenteil 0601R. Wiesbaden 2021 (www.destatis.de/DE/Themen/Branchen-Unternehmen/Landwirtschaft-Forstwirtschaft-Fischerei/Landwirtschaftliche-Betriebe/Publikationen/Downloads-Landwirtschaftliche-Betriebe/arbeitskraefte-2030218209004.pdf?__blob=publication-File). – Die aktuellen Datengrundlagen zur Erfassung der Saisonbeschäftigten sind nicht konsistent und umfassen nach unserer Ansicht nicht alle Beschäftigten. Insbesondere geben sie keinen flächendeckenden Aufschluss über Beschäftigungsformen (kurzfristig/sozialversicherungspflichtig), Herkunftsländer und Aufenthaltsstatus der Saisonbeschäftigten. Eine entsprechend zuverlässige Datengrundlage ist dringend notwendig.
5 J. Späth et al.: Auswirkungen des Mindestlohns im Bereich Saisonarbeit. Studie im Auftrag der Mindestlohnkommission. Tübingen 2018.
6 D. Biaback Anong: »Saisonarbeitskräfte dringend benötigt«. Das Regime landwirtschaftlicher Saisonarbeit in Deutschland im Kontext der Corona-Pandemie. IMIS Working Paper 09, Institut für Migrationsforschung und Interkulturelle Studien (IMIS) der Universität Osnabrück. Osnabrück 2021.
7 U. Crüwell: Erntehilfe kommt diesmal aus Georgien. In: Tagesschau vom 9. April 2021 (www.tagesschau.de/wirtschaft/unternehmen/erntehelfer-georgien-101.html).
8 Publika: Moldoveni cu DREPTURI DEPLINE în Germania. Cele două ţări au semnat un MEMORANDUM . 2. Juni 2021. (www.publika.md/moldoveni-cu-drepturi-depline-in-germania-cele-doua-tari-au-semnat-un-memorandum_3105552.html).
9 IG BAU und PECO-Institut (Hrsg.): Initiative Faire Landarbeit: Bericht 2019 –Saisonarbeit in der Landwirtschaft – Bundesweite Aktionswochen. Frankfurt am Main/Berlin 2020 (www.peco-ev.de/docs/2019_Bericht_Saisonarbeit_Landwirtschaft_END.pdf).
10 Eine positive Entwicklung stellen die aktuellen Tarifverträge im Gartenbau in Nordrhein-Westfalen, Schleswig-Holstein, Hamburg, Niedersachsen, Bremen und Mecklenburg-Vorpommern dar. Hier konnte von der IG BAU erreicht werden, dass in der untersten Lohngruppe, zu der die meisten Saisonbeschäftigten gehören, ab 1. Januar 2022 ein Bruttostundenlohn von zehn Euro gilt. Hiermit ist eine Regelung geschaffen, die in der untersten Lohngruppe über dem Mindestlohn liegt.
11 Sachbezugswerte 2021: www.landwirtschaftskammer.de/bildung/pdf/sachbezugswerte-2021.pdf.
12 Bayerischer Landtag: Drucksache 18/7853, Anfragen zum Plenum (zur Plenarsitzung am 5. Mai 2020) mit den dazu eingegangenen Antworten der Staatsregierung. München 2020 (www.bayern.landtag.de/www/ElanTextAblage_WP18/Drucksachen/Basisdrucksachen/0000005000/0000005457.pdf).
13 R. Paul: Alle 350 Jahre Kontrolle. In: die tageszeitung (taz) vom 25. Juni 2021 (www.taz.de/Mindestlohn-auf-Spargelhoefen/!5782840/).
14 M. M. Grabka und K. Göbler: Der Niedriglohnsektor in Deutschland. Falle oder Sprungbrett fü Beschäftigte. Hrsg. von Bertelsmann Stiftung. Gütersloh 2020.

Förderhinweis
Die Redaktion dieses Beitrags wurde gefördert im Rahmen des Projekts »Plattform landwirtschaftliche Sozio-Ökonomie«. Das Projekt wird gefördert von der Landwirtschaftlichen Rentenbank.

Benjamin Luig
hat Wirtschaftsgeschichte studiert. Er arbeitet seit 2011 zu Fragen der Agrarpolitik und zu Arbeitsrechten in der Landwirtschaft.

benjamin.luig@emwu.org

Katharina Varelmann
ist Agrarwissenschaftlerin und arbeitet seit 2015 schwerpunktmäßig zu Saisonarbeit und Arbeitsbedingungen in der Landwirtschaft im gewerkschaftlichen Kontext.

katharina.varelmann@emwu.org

Beide koordinieren die Initiative Faire Landarbeit und sind in den gewerkschaftsnahen Beratungsorganisationen EVW und Faire Mobilität für die Koordination der Branchen Landwirtschaft und Bau zuständig.

www.faire-mobilitaet.de/landwirtschaft

Soziale Aspekte einer nachhaltigen Landwirtschaft

Memorandum der »Plattform landwirtschaftliche Sozio-Ökonomie«

von Frauke Pirscher, Lutz Laschewski und Frieder Thomas (Redaktion)

In der aktuellen gesellschaftlichen Debatte über die anstehende Transformation unserer Landwirtschaft hin zu mehr Nachhaltigkeit ist die soziale Dimension bislang unterbelichtet. Beim Diskurs über die Gestaltung des Wandels dominiert stattdessen ein ökonomischer und technologischer Blick. Aber innovative ökologische Produktionsweisen und deren Unterstützung durch Fördermittel reichen nicht aus. Es mangelt an Studien und Ansätzen, die die Veränderungen der Land- und Ernährungswirtschaft als komplexes gesellschaftliches Phänomen betrachten. Deshalb haben im Oktober 2021 Vertreter:innen aus Wissenschaft, Verbänden und landwirtschaftlichen Institutionen ein gemeinsames Memorandum vorgelegt, in dem sie dazu auffordern, bei der Transformation der Landwirtschaft die sozialen Rahmenbedingungen stärker zu berücksichtigen. Die vom AgrarBündnis koordinierte, neu gegründete »Plattform landwirtschaftliche Sozio-Ökonomie« fordert, dass die sozialwissenschaftlichen Perspektiven auf die Landwirtschaft in wissenschaftlichen und politischen Diskursen mehr Raum einnehmen und Forschung und Beratung entsprechend gestärkt werden. Denn nur mit einem Bewusstsein für agrarsoziale Fragen könne der anstehende Transformationsprozess gelingen. Das im Folgenden dokumentierte Memorandum der »Plattform landwirtschaftliche Sozio-Ökonomie« benennt und analysiert in sieben zentralen Punkten den konkreten Handlungs- und Forschungsbedarf.

Ausgangssituation

Die Landwirtschaft ist gegenwärtig wieder in das Zentrum gesellschaftlicher Debatten gerückt. In westlichen Industriegesellschaften hat sich hierbei der Fokus von der Ernährungssicherung und der Steigerung landwirtschaftlicher Produktionsmengen hin zu den vielfältigen ökologischen, gesundheitlichen, sozialen, wirtschaftlichen und moralischen Nebenfolgen der Landwirtschaft verschoben. In globaler Perspektive scheint das zentrale zu lösende Dilemma in den kommenden Jahrzehnten die Vereinbarkeit der Ernährung einer wachsenden Weltbevölkerung mit dem Schutz der natürlichen Ökosysteme und des Klimas zu sein.

Die gesellschaftliche Debatte unterscheidet sich von den Debatten früherer Jahrzehnte in mindestens drei relevanten Punkten:

- Diejenigen, deren wirtschaftliche Existenz mit der landwirtschaftlichen Produktion verbunden ist, sind in der modernen Industrie- und Dienstleistungsgesellschaft nur noch eine kleine Minderheit. Als Folge davon hat sich ein großer Teil des sozialen Gefüges sowohl innerhalb des Dorfes als auch innerhalb der ländlichen Regionen grundlegend verändert.
- Ein wachsender Anteil der Gesellschaft verfügt weder unmittelbar noch indirekt über Kenntnisse der Lebenswirklichkeit der landwirtschaftlichen Bevölkerung. Dies beeinflusst das Verhältnis zwischen städtischen und ländlichen Regionen, zwischen Konsument:innen und Produzent:innen sowie das grundlegende Verständnis füreinander.
- Darüber hinaus stehen die Konsumpraktiken heute auf vielfältige Weise selbst zur Diskussion.

In den Agrarwissenschaften, in der Politik und in der Gesellschaft dominiert ein ökonomisch, technologisch und naturwissenschaftlich geprägter Blick auf diese Veränderungen. Entsprechend werden Erklärungs- und Lösungsansätze auch vorwiegend innerhalb dieser Perspektiven gesucht. Die soziale Dimension ist in der Debatte unterentwickelt und es mangelt damit an Ansätzen und Studien, die die Veränderungen inner-

Selbstverständnis und Arbeitsauftrag der Plattform

Die »Plattform landwirtschaftliche Sozio-Ökonomie«[1] versteht sich als Forum für Akteur:innen, die sich in Wissenschaft, Praxis und Politik für soziale Aspekte einer nachhaltigen Landwirtschaft einsetzen und dabei die Menschen in den Mittelpunkt rücken.

Zentrale Ziele der Plattform sind:

- eine breite Sensibilisierung für soziale Fragen der Landwirtschaft und der ländlichen Räume,
- die Bereitstellung von Informationen über die soziale Situation in der Landwirtschaft und über die Einflussfaktoren sowohl positiver als auch negativer Entwicklungen sowie
- die Unterstützung der Institutionalisierung von agrar- und landsoziologischer Forschung.

Die Plattform bietet unterschiedlichen Akteursgruppen die Möglichkeit, sich miteinander zu vernetzen und so den inhaltlichen Austausch über agrarsoziale Fragen wiederzubeleben, zu vertiefen und zu fördern. Die Plattform fördert den Austausch sowohl interdisziplinär innerhalb der Wissenschaft als auch transdisziplinär zwischen Wissenschaft und anderen gesellschaftlichen Gruppen, die sich mit den Lebens- und Arbeitsverhältnissen in der Landwirtschaft auseinandersetzen.

Mit der Etablierung einer Plattform zu sozialen Aspekten einer nachhaltigen Landwirtschaft soll erreicht werden, dass die sozialwissenschaftliche Perspektive auf die Landwirtschaft in wissenschaftlichen und gesellschaftspolitischen Diskursen deutlich sichtbarer und klarer erkennbar wird und damit das Bewusstsein für agrarsoziale Fragen wächst. Die Plattform möchte die Land-, Agrar- und Ernährungssoziologie[2] als einen wichtigen Bereich in der Politikberatung neben ökonomischen, ökologischen und technischen Beratungsfeldern etablieren und damit Einfluss nehmen auf politische Diskussionsprozesse.

halb der Landwirtschaft als komplexe gesellschaftliche Phänomene betrachten und analysieren. Eine Land-, Agrar- und Ernährungssoziologie als wissenschaftlicher Zugang ist unverzichtbar, will man tragfähige Antworten auf die gesellschaftlichen Herausforderungen finden, vor denen die in der Landwirtschaft Tätigen, ihr gesellschaftliches Umfeld auf dem Land, die Konsument:innen landwirtschaftlicher Erzeugnisse und Dienstleistungen sowie die Gesellschaft insgesamt augenblicklich stehen.

Agrarsoziale Diskurslinien

Durch Modernisierung, verbunden mit Technisierung und Globalisierung, unterliegen ländliche und bäuerliche Organisationsformen und Lebensstile einem fundamentalen Wandel. Eine Folge dieser gesellschaftlichen Differenzierungsprozesse führt nicht nur zu einer wachsenden räumlichen Trennung zwischen Produktion und Konsum, sondern auch zu einer Vervielfältigung von Wertvorstellungen und Konsummustern. Innerhalb der Landwirtschaft haben sich dadurch sowohl soziale Rollen und Positionen verändert als auch die Selbst- und Fremdwahrnehmung gewandelt.

Entlang folgender Diskurslinien entwickeln sich entscheidende gesellschaftliche Fragen:

- Pluralität von Lebensstilen und Veränderung des eigenen Rollenverständnisses in der Landwirtschaft
- Veränderung von Betriebsmodellen und Eigentumsverhältnissen in der Landwirtschaft
- Neue Technologien und Produktionsweisen sowie Veränderungen von Arbeitsprozessen in der Landwirtschaft
- Landwirtschaft als Teil von Wertschöpfungsketten
- Die Rolle der Landwirtschaft im Dorf und in ländlichen Regionen
- Verhältnis zwischen Produzent:innen und Konsument:innen
- Selbst- und Fremdbild der Landwirtschaft

1. Pluralität von Lebensstilen und Veränderung des eigenen Rollenverständnisses in der Landwirtschaft

Situationsbeschreibung

Familiäre Lebensformen haben sich auch in der Landwirtschaft pluralisiert. Das bedeutet, dass sich die traditionellen Rollenverständnisse von Familie, Ehe und Partnerschaft sowie die geschlechterspezifischen Aufgabenverteilungen wandeln und differenzieren. Gerade in landwirtschaftlichen Familienbetrieben können neue, individuelle Lebensmodelle mit traditionellen Werten und Normen sowie Arbeitsabläufen konfligieren. Außerbetriebliche Arbeitsmöglichkeiten, eine stärkere Orientierung an »urbanen« Lebensstilen und zunehmend nach persönlichen Interessen gestaltete Berufsbiografien führen dazu, dass bäuerlich geprägte Lebenskonzepte immer stärker hinterfragt werden. Für die Arbeitsorganisation und die Hofnachfolgeregelung der Betriebe ist die Bereitschaft von Familienangehörigen auf dem Betrieb mitzuarbeiten essenziell. Dies ist aber nicht selbstverständlich. Entscheiden sich einzelne Angehörige zum Ausscheiden aus dem Betrieb, so kann dies zu Arbeitsüberlastung der verbleibenden Personen oder zur Hofaufgabe führen. Die Frage, ob und wie der Betrieb weitergeführt werden kann, stellt landwirtschaftliche Familien oft vor erhebliche Probleme, denen sie nicht selten ratlos gegenüberstehen, wenn sie nicht entsprechend beraten werden.

Agrarsoziologische Fragen

Grundsätzlich besteht die dringende Notwendigkeit, die Lebenssituation und Lebenszufriedenheit von Landwirt:innen systematisch zu beschreiben und, wenn möglich, auch statistisch zu erfassen. Denn die Agrarstatistik spiegelt die soziale Wirklichkeit in den landwirtschaftlichen Betrieben nur unzureichend wider. Generell mangelt es an aussagefähigen sozialen Indikatoren.

Der anhaltend hohe Bedarf an Familien- und Sozialberatung bei zugleich sinkenden Unternehmenszahlen ist ein Indikator für die Herausforderungen und Problemlagen, die mit dem Werte- und Rollenwandel verbunden sind. Hier wirkungsvoll Unterstützung und Hilfe anzubieten ist Aufgabe und Arbeitsfeld der unterschiedlichen Beratungsorganisationen und Dienstleister, die zumeist auf der Ebene der Bundesländer sowie teilweise auch überregional agieren. Es ist offen, ob und wie die wachsende Pluralität von Beratungsanbietern geeignet ist, den Wandel in der Landwirtschaft so zu begleiten, dass soziale Aspekte der nachhaltigen Landnutzung angemessen berücksichtigt werden können. Die Entwicklung und Erprobung von neuen Konzepten und Formen der Beratung, die Unterstützung von Erfahrungsaustausch zwischen Praktiker:innen und wissenschaftliche Begleitforschung sind mögliche Kernelemente für eine gezielte Förderung sozialer Nachhaltigkeit, in der sich dann die vielfaltigen neuen familiär-betrieblichen Organisationsformen und sozialen Interaktionssysteme widerspiegeln.

In der Praxis haben sich vielfältige neue familiär-betriebliche Organisationsformen und soziale Interaktionssysteme entwickelt. Die wachsende Zahl der Personengesellschaften, neuer Formen der Teilzeitlandwirtschaft, außerfamiliärer Hofübergaben oder alternativer Organisationsformen von Landwirtschaft (wie beispielsweise genossenschaftliche Zusammenarbeit oder Solidarische Landwirtschaft) ist aber noch kein ausreichender Indikator für die konkrete soziale Situation auf den Betrieben. Denn es gibt zurzeit nur wenig Wissen über die Realitäten solcher innovativen Betriebsformen.

Eine besondere Bedeutung muss bei der Analyse dieser Veränderungen der Geschlechterfrage zukommen. Wie gestaltet sich die Arbeits- und Eigentumsteilung zwischen Männern und Frauen in den sich wandelnden Organisationsformen? Inwiefern ist die Landwirtschaft spezifisch oder vergleichbar zu Entwicklungen in anderen Wirtschaftsbereichen? Ergeben sich eine höhere Attraktivität des Landwirtschaftsberufs für Frauen und neue Perspektiven für die Vereinbarkeit von Familie und Beruf und anderes mehr?

2. Veränderung von Betriebsmodellen und Eigentumsverhältnissen in der Landwirtschaft

Situationsbeschreibung

Während der klassische Familienbetrieb immer noch die dominierende Betriebsform darstellt, haben sich andere Betriebsformen, verbunden mit anderen Rechtsformen, in der Landwirtschaft entwickelt. Diese Veränderung ist zum einen eine Folge der Wiedervereinigung. Zum anderen entwickeln sich aber auch ganz neue Wirtschafts- und Eigentumsformen, wie z. B. Solidarische Landwirtschaft oder Bodengenossenschaften, oft aus einer Kritik an kapitalistischen Eigentumsbegriffen und gewinnorientierten Wirtschaftsweisen heraus. Diese neuen Eigentumsformen orientieren sich stärker am Gemeinwohl und an ökologischen Kreisläufen. So versuchen alternative Modelle wie die Solidarische Landwirtschaft das Problem der Arbeitskosten kollektiv durch eine Kombination von höheren Preisen, der Neuausrichtung des Konsums und gemeinschaftlicher Subsistenzproduktion zu lösen.

Gleichzeitig können wir eine gegenläufige Tendenz in Form einer stärkeren Kapitalisierung der Landwirtschaft durch außerlandwirtschaftliche Investoren beobachten, bei der Boden als eine wertstabile Kapitalanlage fungiert. Veränderungen der sozialen Struktur ländlicher Regionen werden hierbei sowohl von politischer als auch zivilgesellschaftlicher Seite befürchtet. Die Debatte um ein Agrarstrukturgesetz zur Neuregulierung des Zugangs zu Bodeneigentum macht dies deutlich.

Auch die Zusammensetzung der landwirtschaftlich Beschäftigten verändert sich. Ein wachsender Anteil der geleisteten Arbeit im Agrarsektor wird durch Lohnarbeitskräfte – Saisonarbeitskräfte, aber auch dauerhaft Beschäftigte in Voll- oder Teilzeit – geleistet. Dies hat Einfluss auf Arbeitsorganisation und Selbstverständnis innerhalb der Landwirtschaft.

Für die große Anzahl der Nebenerwerbsbetriebe (ein konstitutiver Bestand der hiesigen Agrarstruktur) zeichnen sich ebenfalls Veränderungsprozesse in der Motivation der Fortführung dieser Erwerbsform ab. Während traditionell der Wunsch oder die Erwartung im Vordergrund stand, den vorhandenen Familienbetrieb fortzuführen, ist dies in entsprechenden Befragungen nicht mehr als dominierendes Motiv festzustellen. Hedonistische Motive gewinnen erheblich an Bedeutung (»life-style farming«).

Agrarsoziologische Fragen

Zunächst ist es notwendig, diese Pluralität von Wirtschaftsstilen, Motivlagen und Eigentumsformen stärker in gesellschaftlichen und politischen Debatten sichtbar zu machen. Ihnen liegt jeweils ein unterschiedliches Verständnis der eigenen Rolle als Landwirt:in, aber auch von Landwirtschaft innerhalb ländlicher Räume und in der Gesellschaft als Ganzes zugrunde. Dabei verwischen die Grenzen zwischen nichtlandwirtschaftlichen und landwirtschaftlichen Akteur:innen und verschränken sich diese Beziehungen.

Welche Veränderungen sich dadurch für die vielfältigen sozialen Mikro- und Mesosysteme in ländlichen Räumen ergeben können – z. B. im Dorf, unter den Berufskolleg:innen, in den Verbänden sowie für das Verhältnis der Bevölkerung zur Landwirtschaft –, ist noch wenig erforscht. Insbesondere Fragen von Teilhabe durch Kommunikation, Mitwirkung, Verantwortungsübernahme und durch Eigentum sind hinsichtlich ihrer sozialen Dimension weitgehend unbeantwortet. Solche Kenntnisse sind aber erforderlich, damit Beratung und Politik auf derartige Ausdifferenzierungsprozesse innerhalb der Landwirtschaft adäquat reagieren können.

Im Hinblick auf die Veränderungen der Beschäftigungsformen ist es notwendig zu untersuchen, wie sich Strukturveränderungen durch aufgebende und auf der anderen Seite wachsende Betriebe auf die Arbeits- und Lebensbedingungen der in der Landwirtschaft Tätigen auswirken. Gerade zu lohnabhängig Beschäftigten wissen wir sehr wenig, sowohl hinsichtlich ihrer Arbeitsbedingungen als auch ihres Selbstverständnisses (gibt es besondere Motivationen, Werte und so weiter?). Wichtig ist es zudem, die Aufmerksamkeit auf die oft prekären Arbeits- und Lebensbedingungen von Saisonarbeiter:innen im Obst- und Gemüseanbau sowie in Schlachtbetrieben zu richten.

3. Neue Technologien und Produktionsweisen sowie Veränderungen von Arbeitsprozessen in der Landwirtschaft

Situationsbeschreibung

Modernisierungsprozesse vollziehen sich in der Landwirtschaft so schnell wie in anderen Wirtschaftszweigen auch. Technisierung und Digitalisierung verändern Arbeitsprozesse und Berufsprofile. In der westlichen Welt haben die technologischen Entwicklungen vor allem in Richtung einer steigenden Arbeits- und Flächenproduktivität gewirkt und dadurch maßgeblich den landwirtschaftlichen Strukturwandel vorangetrieben. Damit einher ging historisch eine zunehmende Kapitalisierung der Produktion verbunden mit einer wachsenden Abhängigkeit von Dienstleistern und einer Auslagerung von Produktion, aber auch eine zunehmende Unabhängigkeit von natürlichen Gegebenheiten. Diese Entwicklung ist aus einzelbetrieblicher Sicht ambivalent zu betrachten. Sie bedeutet einerseits die Reduktion unternehmerischen Risikos aufgrund von Naturereignissen, andererseits aber auch eine Lösung der Arbeitsprozesse von den lokalen ökologischen und auch sozialen Verhältnissen.

Das agrarpolitische Steuerungsproblem stellte sich im vergangenen Jahrhundert als eine »Quadratur des Kreises« dar, in der einerseits der arbeitssparende technische Fortschritt in der Landwirtschaft nicht zu schnell erfolgen konnte, um die Land-Stadt-Wanderung nicht zu sehr zu forcieren, und andererseits das Produktivitäts- und Lohngefälle zwischen städtischer Industrie und Landwirtschaft nicht zu groß werden durfte.

Die gesellschaftlichen Widersprüche und konkurrierenden Wertvorstellungen finden ihren Ausdruck in Auseinandersetzungen um Schlüsseltechnologien (Gentechnik, chemischer Pflanzenschutz und mineralische Düngung). Ein wesentliches Leitmotiv dieser Debatten ist auch hier die Sorge der landwirtschaftlichen Produzent:innen, in eine wachsende Abhängigkeit von nichtlandwirtschaftlichen Akteur:innen zu geraten und die Kontrolle innerhalb des landwirtschaftlichen Produktionsprozesses zu verlieren. Heute sind es vor allem die ökologischen Nebenfolgen der landwirtschaftlichen Produktion und sich wandelnde moralische Einstellungen zu den eingesetzten Verfahren, bei gleichzeitiger Forderung, eine wachsende Weltbevölkerung zu ernähren, die den gesellschaftlichen Diskurs über landwirtschaftliche Technologien bestimmen.

Dabei scheint es, dass die in der heutigen Gesellschaft und in agrarpolitischen Institutionen zugrunde liegenden Leitbilder und Konzepte (Bauern, Dorf) häufig noch durch historische Vorstellungen geprägt sind, die in vieler Hinsicht der heutigen Lebens- und Arbeitswirklichkeit in der Landwirtschaft und in den ländlichen Räumen nicht (mehr) gerecht werden. Auf den ersten Blick erscheint manch kritische Perspektive auf die Landwirtschaft einen Verzicht auf Technologien zu postulieren. Bei näherer Betrachtung wird jedoch deutlich, dass bestimmte technologische Innovationen kritisch betrachtet, andere Innovationen wiederum begrüßt werden. Die Frage, ob und welche Technologien entwickelt werden und sich durchsetzen, ist somit Gegenstand gesellschaftlicher Auseinandersetzungen. Es ist notwendig, die Perspektive auf Techniktransfer und Technikfolgen um die Technikgenese (Wissenschaft und Industrie) zu erweitern.

Ob die technologischen Entwicklungen auch zukünftig ein weiteres Betriebsgrößenwachstum befördern oder gerade auch neue Spielräume für kleinere Betriebe ermöglichen werden, ist aus heutiger Sicht daher unbestimmt und nicht deterministisch. Manche Technologien scheinen im Hinblick auf Skaleneffekte auch unbestimmt. So befördern neue Möglichkeiten des E-Commerce sowohl die Etablierung großer Lieferdienste als auch die Etablierung gänzlich neuer Direktvermarktungsmodelle kleiner Landwirtschaftsunternehmen in der Peripherie.

Aus sozialwissenschaftlicher Perspektive wird zudem Technisierung immer auch mit der Frage nach der Humanisierung der Arbeitswelt verbunden. In landwirtschaftlichen Diskursen überwiegt die Sicht auf Technik zur Entlastung von körperlicher Arbeit. Jedoch bergen neue Techniken immer auch spezifische, neue Risiken (z. B. der Umgang mit chemischen Pflanzenschutzmitteln), die der Regulierung bedürfen. Mit der Einführung und Nutzung von neuen Techniken gehen Prozesse der Qualifizierung und zugleich der Dequalifizierung bisherigen Wissens einher, wodurch sich innerhalb der Unternehmen Rollenpositionen und Machtverhältnisse verändern können. Oft sind Effekte der Arbeit weniger von den Technologien selbst bestimmt, sondern von der Arbeitsorganisation, in denen die Technologien eingebettet sind.

Agrarsoziologische Fragen

Vor diesem Hintergrund stellt sich eine Vielzahl von Fragen, die Praxis, Beratung und Wissenschaft gleichermaßen betreffen:

- Welche Technologien werden gegenwärtig von wem (etwa öffentliche Forschung, industrielle Forschung) mit welchen Zielen entwickelt und welche Vorstellungen von Landwirtschaft liegen diesen Entwicklungen zugrunde? Inwieweit und auf welche Weise werden diese Prozesse durch sich wandelnde gesellschaftliche Diskurse beeinflusst (z. B. über Tierwohl, Klimawandel, Ernährungsstile, Ernährungssicherung)?
- Wie verläuft der Technologietransfer in die Landwirtschaft in den unterschiedlichen technologischen Bereichen?
- Welche Betriebsformen und welche Unternehmertypen nutzen welche Arten von neuen Technologien und wie verändern sich dadurch Produktionsprozesse und wie eigenen sich Menschen Technik an? Inwieweit tragen neue Technologien und/oder der Verzicht auf Technologien zur Bewältigung der ökologischen Krise bei?
- Inwieweit wirken technologisch bedingte Skaleneffekte auf den landwirtschaftlichen Strukturwandel oder bieten die neuen Technologien weitere Spielräume zur Pluralisierung landwirtschaftlicher Erwerbs- und Organisationsformen?
- Wie werden die neuen Informations- und Kommunikationstechnologien, insbesondere die Robotik, die landwirtschaftlichen Produktionsprozesse verändern? Und welche Auswirkungen werden sie auf Agrarstruktur und Arbeitsbedingungen haben?

4. Landwirtschaft als Teil von Wertschöpfungsketten

Situationsbeschreibung

Globale Wertschöpfungsketten verbinden Stoffströme, Menschen und Ökosysteme in sehr komplexer Weise. Ursachen und Folgen fallen häufig räumlich und zeitlich auseinander. Insbesondere nicht intendierte Nebenfolgen entziehen sich oft der Wahrnehmung der Akteur:innen oder wollen von ihnen nicht wahrgenommen werden. Die Einbindung der landwirtschaftlichen Unternehmen in globale Wertschöpfungsketten erfordert eine Ausrichtung der Produktion an internationalen Produktionsstandards, die Eingliederung in übergeordnete logistische Systeme, Digitalisierung und die Mechanisierung und Standardisierung von Arbeitsprozessen. Gleichzeitig befördern sie die Anwendung weiterer Innovationen, wie z. B. die Blockchain-Technologie, um Transparenz entlang der Wertschöpfungskette zu gewährleisten. Dies führt zu einem ständigen Weiterbildungs- und Qualifizierungsbedarf für die in der Landwirtschaft tätigen Personen. Neue Technologien implizieren Investitionen, denen nicht jedes Unternehmen gewachsen ist oder denen sich nicht jedes Unternehmen stellen möchte. Dies betrifft die Landwirtschaft des globalen Nordens genauso wie die des globalen Südens. Jenseits von Investitionen in neue Technologien ist die institutionelle Ausgestaltung von Handelsbeziehungen entscheidend dafür, ob sich Machtstrukturen einseitig entwickeln oder nicht. Dies kann als *die* soziale Frage des 21. Jahrhunderts angesehen werden.

Agrarsoziologische Fragen

Wichtig ist es daher, die Potenziale und Risiken der Veränderungen innerhalb der Lieferketten und den damit verbundenen technologischen Veränderungen zu untersuchen. Schaffen sie mehr oder weniger Vertrauen der Verbraucher:innen in die Produkte? Befördern oder verhindern sie den Erhalt oder die Entwicklung bestimmter Betriebsstrukturen? Forciert die Einbindung in globale Wertschöpfungsketten Wachstumszwänge in der Landwirtschaft oder bleiben Optionen, sich dem zu entziehen, weiterhin bestehen? Führen diese institutionellen Regelungen gleichzeitig zu einer Verschiebung der Machtstrukturen innerhalb von Produktions- und Lieferketten und zwischen Staat und Privatwirtschaft? Dabei ist es zunächst wichtig, die normativen Setzungen von institutionellen Regelungskonzepten sichtbar zu machen, damit sie diskutierbar werden. Die sich anschließenden Fragen von Verteilungsgerechtigkeit beinhalten auch immer die Berücksichtigung von agrarsozialen Implikationen.

5. Die Rolle der Landwirtschaft im Dorf und in ländlichen Regionen

Situationsbeschreibung
Landwirtschaftlicher Strukturwandel bedeutet gleichzeitig, dass der Anteil der in der Landwirtschaft Beschäftigten an der Bevölkerung innerhalb der Dörfer sinkt. Mittlerweile ist die landwirtschaftliche Bevölkerung in ländlichen Regionen in der Regel eine Minderheit. Gleichzeitig lässt sich ein Trend der Rückwanderung von Städter:innen auf das Land beobachten, entweder temporär oder dauerhaft. Dieser Wandel hat die ländliche Sozialstruktur entscheidend verändert. Es treffen nun unterschiedliche Vorstellungen über die Funktion von Landschaft und ihre Form der Nutzung aufeinander. Produktive und konsumtive Formen der Landnutzung sind nicht immer miteinander vereinbar und so werden lokale Aushandlungsprozesse über die Art und Weise der Nutzung lokaler Ressourcen nötig. Soziale Spannungsverhältnisse können aber auch dadurch entstehen, dass die urbanen »Migrant:innen« nicht selten ein sehr idealisiertes Bild von Landwirtschaft mitbringen. Diese Vorstellungen sind nur schwer mit den üblichen Produktionsweisen moderner Landwirtschaft, vor allem im Bereich der Tierhaltung, vereinbar. Berichte über Mobbing von Kindern von Landwirt:innen sind Ausdruck dieser sozialen Spannungen.

Agrarsoziologische Fragen
Neben einer differenzierten Analyse der verschiedenen lokalen Akteurskonstellationen in Dörfern und in ländlichen Räumen mit ihren jeweiligen unterschiedlichen sozialen Verwerfungen ist eine begleitende und unterstützende Arbeit notwendig; sowohl von wissenschaftlicher Seite als auch von Seiten der praktischen Beratung. Vor allem partizipative Ansätze können hier hilfreich sein. Dabei ist es wichtig, dass die landwirtschaftliche und ländliche Bevölkerung nicht nur Forschungsobjekt ist, sondern ein Diskurs mit gleichberechtigten Partner:innen aus Wissenschaft, Bevölkerung und beratenden Institutionen vor Ort stattfindet.

6. Verhältnis zwischen Produzent:innen und Konsument:innen

Situationsbeschreibung
Die räumliche Trennung von Produktion und Konsum hat zu einer zunehmenden Entfremdung zwischen der nichtlandwirtschaftlichen Bevölkerung und landwirtschaftlichen Produzent:innen geführt. Ernährung ist damit entkoppelt von regionaler Produk-

Autor:innen des Memorandums

An der Erstellung dieses Memorandums im Rahmen der »Plattform landwirtschaftliche Sozio-Ökonomie« waren beteiligt:

- Jochen Dettmer (Vorstand AgrarBündnis e.V., Neuland e.V.)
- Lisa Eberbach
- Ines Fahning (Agrarsoziale Gesellschaft)
- Prof. Dr. Theo Fock (Hochschule Neubrandenburg)
- Clemens Gabriel (Junglandwirtenetzwerk, Demeter e.V., Vorstand AgrarBündnis e.V.)
- Christa Gotter (Leibniz-Institut für Agrarentwicklung in Transformationsökonomien – IAMO)
- Wilfried Häfele (Evangelisches Bauernwerk in Württemberg e.V.)
- Thomas Hentschel (PECO-Institut e.V.)
- Lena Jacobi (Arbeitsgemeinschaft bäuerliche Landwirtschaft (AbL) e.V.)
- Dr. Karin Jürgens (Büro für Agrarsoziologie)
- Prof. Dr. Andrea Knierim (Universität Hohenheim, Fachgebiet Kommunikation und Beratung in ländlichen Räumen)
- Dr. Oskar Kölsch
- Dr. Lutz Laschewski (Sektion Land-, Agrar- und Ernährungssoziologie der Deutschen Gesellschaft für Soziologie)
- Thorsten Michaelis (Universität Kassel)
- Monika Nack (Georg-August-Universität Göttingen, Department für Agrarökonomie und Rurale Entwicklung)
- Prof. Dr. Marianne Penker (Universität für Bodenkultur Wien, Institut für Nachhaltige Wirtschaftsentwicklung)
- Dr. Frauke Pirscher (Martin-Luther-Universität Halle-Wittenberg)
- Dr. Monika Putzing (SÖSTRA Institut für sozialökonomische Strukturanalysen)
- Žana Schmid-Mehić (Bundesarbeitsgemeinschaft der Landwirtschaftlichen Familienberatungen und Sorgentelefone)
- Prof. Dr. Insa Theesfeld (Martin-Luther-Universität Halle-Wittenberg)
- Dr. Frieder Thomas (AgrarBündnis e.V.)
- Carla Wember (Promotionsplattform Ernährungswirtschaft und Technologie; Hochschule Fulda und Universität Kassel)
- Dagmar Wicklow (Universität Kassel-Witzenhausen, Fachgebiet Soziologie ländlicher Räume)

tion und auch oft von der Kenntnis über landwirtschaftliche Produktionsprozesse. Die Globalisierung von Lebensmittelwertschöpfungsketten ermöglicht eine ständige Verfügbarkeit jeglicher Nahrungsmittel zu jeder Zeit. Konsum muss sich damit nicht mehr an Knappheit ausrichten. »Sich ernähren« bedeutet schon lange nicht mehr nur satt zu werden, sondern hat sich zu einem Teil des eigenen, individuellen Lebensstils entwickelt. In diesen Ernährungsstilen wollen Konsument:innen auch moralische Wertmaßstäbe über den Umgang mit der Natur und Tieren ausdrücken. Ebenso wollen sie dadurch soziale Wertmaßstäbe über Fairness von Arbeitsbedingungen, über Eigentumsverhältnisse an Boden oder Haltungen zu neuen Technologien zum Ausdruck bringen. Gleichzeitig ist zu beobachten, dass sich Ernährungsstile auch zum sozialen Distinktionsmerkmal entwickeln. Auf jeden Fall sind Konsument:innen damit von ihrer passiven Rolle des Sich-versorgen-Lassens zu einer gestaltenden Macht geworden. Oft ist damit ein weiterer Rollenwechsel von dem der Konsument:innen zu dem der Bürger:innen verbunden, die ihre Vorstellungen von »guter Landwirtschaft« im politischen Raum artikulieren.

Konventionell wirtschaftende Landwirt:innen stehen dieser Entwicklung oft mit Unmut gegenüber und fühlen sich in ihrer Rolle als Produzent:innen missverstanden, vor allem, weil die gesellschaftlichen Forderungen an die Landwirtschaft nicht mit einer entsprechenden Zahlungsbereitschaft einhergehen. Sie sehen die soziale und ökologische Multifunktionalität, die die Landwirtschaft neben der Produktion von Lebensmitteln erfüllt, nicht ausreichend anerkannt. Produzent:innen fühlen sich zudem im gesellschaftlichen Diskurs in eine Minderheitenrolle gedrängt, trotz ihres Beitrages, den sie zur Ernährung für die gesamte Bevölkerung leisten.

Agrarsoziologische Fragen

Wir beobachten einen Prozess des Aushandelns neuer Wertvorstellungen über die Formen der Produktion von Nahrungsmitteln. Dabei ist es einerseits von Interesse, Werthaltungen der am Diskurs beteiligten Akteur:innen aufzudecken, und andererseits Konzepte zu entwickeln, wie es zu Annährungen zwischen divergierenden Wertvorstellungen kommen kann. Zudem wird dabei die Notwendigkeit sichtbar, Landwirtschaft und Ernährungssysteme zusammenzudenken. Wenn es z. B. gesellschaftspolitisch wünschenswert ist, den Fleischkonsum oder den Nitrateinsatz zu senken, dann müssen die Folgen für die Produktionsmethoden und die sich anschließenden agrarsozialen Fragen mitgedacht werden. Grundsätzlich bedarf es neuer Konzepte, die die ökologischen und sozialen Folgen des eigenen Konsums sichtbar machen und rückkoppeln. Inwieweit eine Re-Regionalisierung der Produktion einen Schritt in diese Richtung darstellen kann, gilt es zu untersuchen.

7. Selbst- und Fremdbild der Landwirtschaft

Situationsbeschreibung

Zurzeit werden die gesellschaftlichen Grundlagen der Agrarpolitik neu verhandelt. Vor dem Hintergrund der ökologischen Krise und des Klimawandels werden die Grundlagen der bisherigen Gemeinsamen Agrarpolitik zunehmend hinterfragt. Die gesellschaftspolitische Debatte über die Art und Weise, wie wir Landwirtschaft betreiben oder betreiben wollen, hat eine Diskrepanz zwischen dem Selbstbild und Fremdbild der Landwirt:innen sichtbar gemacht. Zwischen den ökonomischen Anforderungen liberalisierter Märkte und den gesellschaftlichen Ansprüchen an Umwelt-, Klimaschutz und Tierwohl sehen sich viele konventionelle Landwirt:innen zerrieben. Sie fühlen sich als Sündenbock der Gesellschaft und Opfer einer Agrarpolitik, die die Modernisierung und Weltmarktorientierung fördert, die sozialen Folgen dabei aber nur unzureichend im Blick hat. Zugleich finden sich in den überkommenen Modellen der Landwirtschaft Vorstellungen, die zum Teil quer zu allgemeinen gesellschaftlichen Entwicklungen (Geschlechterverhältnisse, Tierwohl, Rolle der Landwirtschaft im Dorf) stehen. Die soziale Funktion, die Landwirtschaft in ländlichen Räumen wahrnimmt, ist im Schwinden begriffen.

Es lässt sich eine Polarisierung des gesellschaftlichen Diskurses über Landwirtschaft erkennen, in dem Landwirt:innen sich als Umweltsünder:innen und Tierquäler:innen stigmatisiert fühlen. Dies hat zu neuen Protestformen seitens der Landwirtschaft geführt. Jenseits der etablierten Verbandsstrukturen organisieren sich Landwirt:innen über die sozialen Medien und versuchen so, oft mit sehr drastischen Mitteln, mediale Aufmerksamkeit für ihre Lage zu erlangen. Agrarische Influencer:innen machen teilweise mit überzogener Polemik Stimmung gegen ein diffuses »die da oben« und »die Städter:innen«, von denen sie sich missverstanden fühlen und von denen sie glauben, dass sie einer Idylle von Landleben und Landwirtschaft nachhängen, die es so schon lange nicht mehr gibt oder jenseits von Kinderbüchern auch noch nie gab. Doch auch innerhalb der Landwirtschaft vertreten die Akteur:innen sehr unterschiedliche Positionen im Hinblick auf ihr eigenes Selbstverständnis, die Ursachen der Polarisierung des Diskurses und mögliche Ansätze für ein gegenseitiges Verständnis. Auch diese gesellschaftliche Debatte trägt jenseits von ökonomischen Erwägungen dazu bei, dass Landwirt:innen ihre Höfe aufgeben bzw. die Hofnachfolge nicht antreten.

Agrarsoziologische Fragen

Die Neustrukturierung der Interessenvertretung außerhalb der üblichen Verbandsstrukturen ebenso wie die Radikalisierung von Protestformen sind ein Novum, das analysiert werden muss; auch als Teil einer Untersuchung der Demokratieentwicklung in ländlichen Räumen. Die Diskrepanz zwischen Selbst- und Fremdbild in der Landwirtschaft weist aber zudem auf Fragen des Verhältnisses von Tradition und Moderne innerhalb der Landwirtschaft hin:

- Welches Selbstverständnis und welche soziokulturellen Zuordnungen sind charakteristisch für unterschiedliche landwirtschaftliche Akteursgruppen? Sehen sich landwirtschaftliche Arbeitnehmer:innen vornehmlich als Landwirt:innen oder eher als »normale« Angestellte?
- Inwiefern stehen Werte wie »bäuerliche Traditionen und Normen«, »unternehmerische Landwirtschaft« oder »Solidarische Landwirtschaft« im Kontrast zu Zuschreibungen aus urbanen Milieus?
- Können sich annähernde Lebensstile zwischen Stadt und Land die derzeitigen Konflikte zwischen Landwirtschaft und Gesellschaft entschärfen? Oder werden sie aufgrund der Besonderheiten landwirtschaftlicher Produktion – von der Naturnähe über den Familienbetrieb bis hin zum geringen Einfluss auf die Preisbildung – sogar noch weiter zunehmen?
- Welche gesamtgesellschaftlichen Konfliktlinien zeigen sich in diesen Auseinandersetzungen und welche Rolle spielen die Medien im Hinblick auf den Umgang mit diesen Konflikten? Welche Rolle spielen Medien bei der Entstehung von Selbstbild und Fremdbild der Landwirtschaft?
- Welchen Einfluss hat Digitalisierung und die damit verbundene Frage nach der Privatheit von Daten auf das berufliche Selbstverständnis und die Sicht der Gesellschaft auf die Landwirtschaft?
- Welche anderen Faktoren sind maßgeblich für die Herausbildung des eigenen Selbstverständnisses? Lassen sich regional oder historisch bedingte Differenzierungen erkennen?

Anmerkungen

1 Nähere Infos unter www.agrarbuendnis.de/Plattform-landwirtschaftliche.324.0.html. Eine eigene Internetpräsenz ist zurzeit im Aufbau.

2 Land-, Agrar- und Ernährungssoziologie wird hier als eine transdisziplinäre Perspektive zur Untersuchung gesellschaftlicher Fragen in ländlichen Räumen und der gesamtgesellschaftlichen Rolle von Landwirtschaft verstanden.

Förderhinweis

Die »Plattform landwirtschaftliche Sozio-Ökonomie« wird gefördert von der Landwirtschaftlichen Rentenbank.

Redaktion

Dr. Frauke Pirscher
Institut für Agrar- und Ernährungswissenschaften der Martin-Luther-Universität Halle-Wittenberg.

frauke.pirscher@landw.uni-halle.de

Dr. Lutz Laschewski
Sektion Land-, Agrar- und Ernährungssoziologie der Deutschen Gesellschaft für Soziologie.

laschewski@alcedo-sozialforschung.de

Dr. Frieder Thomas
Plattform-Koordination im AgrarBündnis e.V.

thomas@agrarbuendnis.de

Welthandel und Ernährung 2

Entwicklungen & Trends 2021

Ohne Transformation der Ernährungssysteme kein Ende des Hungers

von Tobias Reichert

Die Entwicklung des Hungers in der Welt gibt Anlass zu großer Sorge. Bereits in den letzten fünf Jahren ist die absolute Zahl der Unternährten von gut 600 auf etwa 650 Millionen im Jahr 2019 gestiegen. Aufgrund des Bevölkerungswachstums stagnierte ihr Anteil an der Weltbevölkerung bei etwas über acht Prozent. Die Ernährungs- und Landwirtschaftsorganisation der Vereinten Nationen (FAO) rechnet für 2020 mit einem drastischen Anstieg um etwa 100 Millionen und damit einem Anteil von zehn Prozent an der Weltbevölkerung. Das entspricht der Situation von vor etwa 15 Jahren (Abb. 1).

Corona, Kriege und Klimakrise – Folgen für die Welternährung

Die Zahl der Unterernährten wird in dem jüngsten Welternährungsbericht der FAO[1] für die gesamte betrachtete Periode seit 2005 um etwa 180 Millionen niedriger angegeben als in den Vorjahren. Dies liegt vor allem daran, dass China rückblickend festgestellt hat, dass dort in den letzten Jahren bedeutend weniger Menschen unternährt waren als gedacht. So wird im Welternährungsbericht 2018 die Zahl der Unterernährten in Ostasien für das Jahr 2015 mit 215 Millionen angegeben. Im aktuellen Bericht werden für dasselbe Jahr »nur« noch 106 Millionen angegeben. Zudem werden im aktuellen Bericht die Unterernährten nicht mehr mitgezählt, die in Regionen leben, in denen weniger als 2,5 Prozent der Bevölkerung unterernährt sind. Damit fallen seit 2010 Ostasien und seit 2005 Europa und Nordamerika aus der Zählung. Worin der Erkenntnisgewinn dieser neuen Zählweise liegt, wird im Bericht nicht ausgeführt.

Neue Zählweise – weniger Unterernährte …

Die Schätzung ist wegen der Corona-Pandemie aus zwei Gründen mit größeren Unsicherheiten behaftet. Zum einen hat die Pandemie selbst und noch stärker die zu ihrer Bekämpfung ergriffenen Maßnahmen drastische Auswirkungen auf Beschäftigung und Einkommen gerade auch der armen und von Hunger bedrohten Bevölkerungsteile in Entwicklungsländern. Zum anderen erschweren Reise- und Kontaktbeschränkungen, Daten zum Ernährungsstatus zu erheben. Es ist allerdings unwahrscheinlich, dass die Prognosen so falsch liegen wie 2007/2008, als die FAO aufgrund höherer Weltmarktpreise einen noch dramatischeren Anstieg der Hungerzahlen erwartet hatte, der dann im globalen Maßstab nicht eingetreten war. Seither hat die FAO ihre Datenbasis und ihre Prognosemodelle deutlich verbessert – zudem sind die Gründe für den Anstieg des Hungers neben der Corona-Pandemie struktureller Natur.

Abb. 1: Anzahl und Anteil der Unterernährten an der Weltbevölkerung 2005 bis 2020

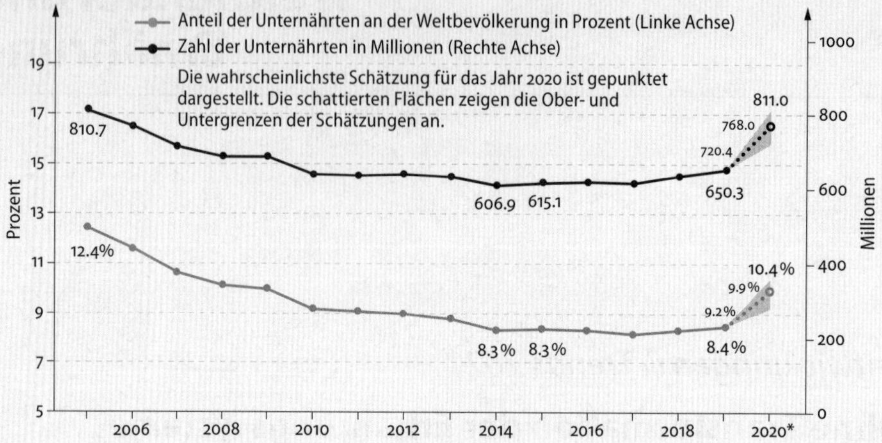

Quelle: FAO et al.[2]

Die sich verschärfende Klimakrise, Corona-Pandemie und die immer schwereren und langwierigeren Kriege und internen Konflikte haben die früheren Fortschritte in der Hungerbekämpfung verlangsamt oder zunichte gemacht.[3] In den letzten Jahrzehnten war der Hunger insgesamt zwar deutlich zurückgegangen – doch in vielen Ländern gibt es kaum noch Fortschritte oder es hat sogar Rückschläge gegeben. Auch bei den globalen Zielen für nachhaltige Entwicklung (*SDGs*) zur Kinderernährung sind die meisten Länder nicht auf Kurs, ihre Ziele in der Senkung von Auszehrung (ein Zeichen akuter Unterernährung), Wachstumsverzögerung (ein Zeichen chronischer Unterernährung) und Kindersterblichkeit unter fünf Jahren bis 2030 zu erreichen.[4]

In vielen Ländern kaum Fortschritte bei der Hungerbekämpfung

Mehr als die Hälfte der Unterernährten lebt mit 418 Millionen nach wie vor in Asien, ein Drittel in Afrika (282 Millionen). Der Anteil der Hungernden an der Gesamtbevölkerung ist in Afrika mit mehr als einem Fünftel mit Abstand am höchsten – mehr als doppelt so hoch wie in Asien und Lateinamerika mit jeweils etwa neun Prozent.[5]

Nach Analyse der Welthungerhilfe befindet sich ein Land (Somalia) in einer gravierenden Hungersituation. In fünf Ländern der Zentralafrikanischen Republik, Tschad, der Demokratischen Republik Kongo, Madagaskar und Jemen ist die Hungersituation sehr ernst. In vier weiteren Ländern – Burundi, Komoren, Südsudan und Syrien – wird die Lage trotz unvollständiger Daten vorläufig als sehr ernst bewertet.[6] Dramatisch ist die Situation auch in Afghanistan.[7] Das Welternährungsprogramm geht davon aus, dass mehr als die Hälfte der Bevölkerung akut von Ernährungsunsicherheit betroffen ist und fast neun Millionen sich in einer Notlage befinden.

Gewaltsame Konflikte sind die Hauptursache für Ernährungskrisen. Sie beeinträchtigen fast jeden Bereich von Ernährungssystemen – vom Anbau über die Ernte, die Verarbeitung und den Transport bis hin zur Versorgung mit Betriebsmitteln, Finanzierung, Vermarktung und zum Konsum. In acht von zehn Ländern mit sehr ernsten oder gravierenden Hungerniveaus tragen Konflikte maßgeblich zum Hunger bei. Durch die negativen Auswirkungen auf die landwirtschaftliche Produktion verschärfen sie Ernährungsunsicherheit. Zugleich kann eine erhöhte Ernährungsunsicherheit wiederum zu gewaltsamen Konflikten beitragen. Konflikte sind vor allem für Kinder verheerend und treiben Unterernährung und Kindersterblichkeit in die Höhe.[8]

Gewaltsame Konflikte führen zu Ernährungskrisen

Auch die Folgen des Klimawandels wie höhere Temperaturen, veränderte Niederschläge, vor allem längere Dürren und häufigere Extremwetterereignisse verschärfen die Ernährungsunsicherheit. Ein besonders drastisches Beispiel ist Madagaskar, wo die verheerendste Dürre seit 40 Jahren herrscht. Das Welternährungsprogramm befürchtet, dass sich dort die Zahl der akut Unterernährten Kinder in den nächsten Monaten auf über 500.000 vervierfachen wird.[9]

Die Corona-Pandemie zeigt die Anfälligkeit für eine globale Infektionsverbreitung und die damit verbundenen gesundheitlichen und wirtschaftlichen Folgen. Dies ist besorgniserregend, weil ein Zuwachs des Hungers zu beobachten ist, ohne dass die Auswirkungen der Pandemie in vollem Umfang bislang voll in den erfassten Daten berücksichtigt werden konnten. In den nächsten Jahren ist daher ein weiterer Anstieg des Hungers zu befürchten.[10] Dabei hat die Pandemie die Erzeugung von Lebensmitteln bislang nicht spürbar beeinflusst. Vielmehr sind die wirtschaftlichen Auswirkungen, die Armut und Ungleichheit verstärken, für den wachsenden Hunger während der Pandemie verantwortlich.

Corona-Pandemie: weiterer Anstieg des Hungers wahrscheinlich

Daten zu Übergewicht und Fehlernährung werden nicht so regelmäßig erhoben wie die zu Unterernährung. Eine aktuelle Untersuchung zu Lateinamerika zeigt aber, dass in dieser Region während der Corona-Krise die Zahl der Hungernden besonders stark zunahm und *gleichzeitig* der Anteil übergewichtiger Kinder weiter anstieg.[11] Zur Entwicklung des Übergewichts bei Erwachsenen liegen keine aktuellen Daten vor.

Die Produktion steigt – und die Preise auch

Die Erzeugung der wichtigsten Agrarprodukte hat – mit der bedeutenden Ausnahme von Weizen – im letzten Jahr weiter zugenommen. Während mit 0,8 Prozent weniger Weizenangebot gerechnet wird, sind bei Reis (plus 0,9 Prozent), Grobgetreide (plus 1,5 Prozent), Ölsaaten (plus 3,7 Prozent) höhere Mengen zu erwarten.[12] Auch bei Zucker, Milchprodukten und insbesondere Fleisch stieg die Erzeugung weiter an. Besonders groß war der Zuwachs bei Schweinefleisch mit mehr als elf Prozent, wobei vor allem der Wiederaufbau der Produktion in China und anderen Teilen Ostasiens nach dem Abklingen der Afrikanischen Schweinepest die entscheidende Rolle spielte. Trotz der weiter ansteigenden Erzeugung sind die Weltmarktpreise für Lebensmittel drastisch angestiegen. Während sie sich in den letzten Jahren im Wesentlichen auf dem Niveau der Jahre 2014 bis 2016 oder sogar leicht darunter bewegten, sind sie seit Mitte 2020 um etwa ein Drittel angestiegen (Abb. 2).[13]

Drastischer Anstieg der Weltmarktpreise

Besonders stark war der Preisanstieg bei Speiseöl und Getreide, während die Preise für Fleisch und Milchprodukte etwas weniger stark zulegten. Ein wichtiger Grund für die deutlich höheren Preise von Lebensmitteln ist der Preisanstieg für wichtige Betriebsmittel, insbesondere für Treibstoff und Mineraldünger. Diese werden wiederum von den steigenden globalen Energiepreisen für Öl und Gas ausgelöst.[14] Entsprechend profitieren viele Betriebe nur eingeschränkt von höheren Erzeugerpreisen, da die Kosten ebenfalls stark zulegen. Die Erzeuger von tierischen Produkten sind davon besonders betroffen, da sich ihre Erzeugerpreise weniger stark gesteigert haben und die höheren Preise für Ölsaaten und Getreide zu zusätzlich höheren Kosten für Futter führen. Viele schweinehaltende Betriebe machen daher kaum Gewinn oder sogar Verluste. Da für Sojabohnen weniger Mineraldünger nötig ist und gleichzeitig die Erzeugerpreise besonders stark gestiegen sind, ist die Erzeugung besonders lohnend.

Höhere Lebensmittelpreise machen es für Verbraucher:innen schwieriger, sich gesund zu ernähren. Die Weltgesundheitsorganisation definiert als gesunde Ernährung eine ausreichende Versorgung mit Kalorien, Ballaststoffen und Nährstoffen wie Kohlehydraten, Fett und Eiweiß sowie Vitaminen und Mineralien. Dazu zählen auch mindestens 400 Gramm Obst und Gemüse täglich.[15] Die Kosten für eine gesunde Ernährung sind etwa 60 Prozent höher als für eine, die bloß

Abb. 2: Preisindex der FAO (die Jahre 2018 bis 2021 im Vergleich)

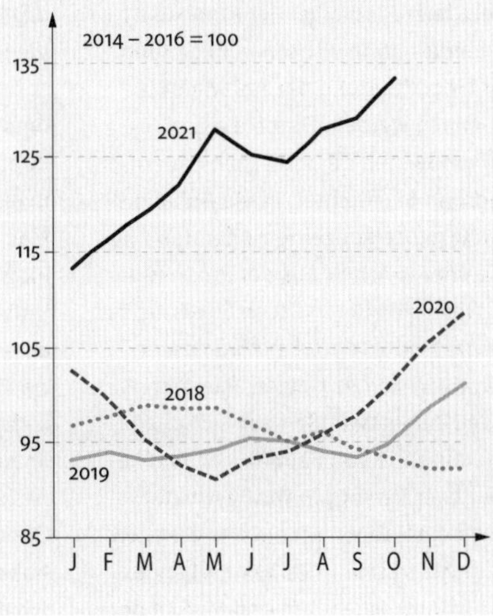

Quelle: FAO[16]

die Versorgung mit den wichtigsten Nährstoffen sicherstellt, und sogar fünfmal teurer als die Deckung des bloßen Kalorienbedarfs mit stärkehaltigen Grundnahrungsmitteln. Im weltweiten Durchschnitt konnten sich 2019 etwa 40 Prozent der Haushalte keine gesunde Ernährung leisten. In Afrika traf dies sogar auf über 80 Prozent der Bevölkerung zu, während dieser Anteil in Nordamerika und Europa bei etwa 1,5 Prozent lag.[17] Die gestiegenen Preise für wichtige Lebensmittel und die auch durch die Corona-Pandemie verursachten niedrigeren Einkommen werden diese Zahlen in den nächsten Jahren noch weiter in die Höhe treiben und lassen damit mehr Fehl- und Mangelernährung befürchten. Weltweite Preistrends für Obst und Gemüse werden nicht systematisch erhoben, es ist allerdings in den meisten Teilen der Welt mit eher steigenden als sinkenden Preisen zu rechnen. In vielen Entwicklungsländern spielen informelle Märkte eine besondere Rolle für die Versorgung mit frischen Lebensmitteln – diese waren und sind zum Teil noch von coronabedingten Einschränkungen betroffen[18] – mit entsprechend negativen Auswirkungen auf eine gesunde Ernährung.

40 Prozent der Haushalte: keine gesunde Ernährung

Kleine und mittlere Betriebe entscheidend für nachhaltige Ernährungssysteme

Nach Daten des Internationalen Fonds für ländliche Entwicklung (IFAD) bewirtschaften mehr als 98 Prozent aller landwirtschaftlichen Betriebe eine Fläche von höchstens 20 Hektar.[19] Sie belegen damit etwa ein Viertel der gesamten landwirtschaftlichen Fläche, sind aber für 59 Prozent der globalen Lebensmittelerzeugung verantwortlich. Entsprechend erzeugen Großbetriebe mit mehr als 20 Hektar auf drei Viertel der landwirtschaftlichen Fläche nur etwa 41 Prozent der Lebensmittel. Gleichzeitig kann vor allem mit sehr kleinen Betrieben mit weniger als einem Hektar Fläche in der Regel kein ausreichendes Einkommen erwirtschaftet werden, weshalb Kleinbäuerinnen und -bauern oft von Armut, Ernährungsunsicherheit und Hunger betroffen sind. In afrikanischen Ländern ist dies besonders häufig der Fall. Schon heute sind Familien, die diese sehr kleinen Flächen bearbeiten, auf zusätzliche Einkommen entweder durch Landarbeit auf größeren Betrieben oder Tätigkeiten außerhalb der Landwirtschaft angewiesen. Landwirtschaft ist damit meist nur *eine*, oft aber eine besonders wichtige Einkommensquelle.[20]

Bauernproteste in Indien – am Ende erfolgreich

Im Herbst 2020 begannen in Indien die größten und eindrücklichsten Bauernproteste, die die Welt in den letzten Jahrzehnten gesehen hat. Mehrere hunderttausend Bäuer:innen waren und sind über Monate beteiligt, manche über das ganze letzte Jahr. Ziel der Proteste ist es, dass drei von der hindu-nationalistischen Regierung erlassene Gesetze zur Liberalisierung der Agrarmärkte komplett zurückgenommen werden. Durch die drei Gesetze sieht sich ein großer Teil der indischen Bauernschaft existenziell bedroht. Sie fürchtet, in die Abhängigkeit der großen Nahrungsmittelkonzerne zu geraten und im Sinne des »Wachse oder weiche!« aus der Produktion gedrängt zu werden, wenn sich der indische Staat aus der Preisgestaltung für Agrarprodukte stärker zurückzieht.

Um ihre Kernforderungen durchzusetzen, kampierten über Monate an den Zufahrtsstraßen zur indischen Hauptstadt Neu-Delhi tausende von Bäuer:innen in eigenen Zeltstädten mit eigener Versorgungsinfrastruktur. Mehrere Wochen wurde die Hauptstadt auch strategisch von den Bäuer:innen blockiert und in Teilen des Landes der Eisenbahnverkehr unterbrochen. Um den Marsch der Bäuer:innen auf Delhi zu verhindern, griff die indische Zentralregierung zu drastischen Mitteln. So wurden ganze Straßen abgetragen und mit Gräben unterbrochen. Der Einsatz dieser brachialen Mittel zeugt von der Mächtigkeit des Protests und der Sprengkraft, den dieser Protest für die indische Gesellschaft hat.

Lange Zeit konnten sich aber weder die hindu-nationalistische Regierung noch die Bauernbewegung mit ihren Forderungen durchsetzen. Vielmehr verharrten sie in einer Pattsituation. Keine Seite war bereit, die eigenen Maximalforderungen aufzugeben. Selbst das Urteil des indischen Verfassungsgerichts vom Januar 2021, das die Umsetzung der drei umstrittenen Gesetze bis auf Weiteres aussetzte und die Einsetzung einer Expertenkommission zur Beilegung des Streits vorsah, konnte den Konflikt nicht beilegen. Viel mehr spitzte sich der Bauernprotest immer mehr zu einem Konflikt zwischen der hindunationalistischen Bundesregierung und verschiedenen Oppositionsgruppen zu, in dem die zum Teil essenziellen Anliegen der Bäuer:innen immer mehr Macht- und Herrschaftsfragen untergeordnet werden. ▸

Um die Situation zu verbessern, muss die landwirtschaftliche Produktion vielfältiger und nachhaltiger gestaltet werden, sodass sie einen größeren Beitrag zur Versorgung der Haushalte mit nährstoffreichen Lebensmitteln leistet, natürliche Ressourcen stärker im Kreislauf nutzt und damit auch Kosten für externe Betriebsmittel verringert. Produktionssystem und Beratung dürfen sich daher nicht, wie bislang, daran ausrichten, die Erträge einer einzelnen Frucht wie Reis oder Mais zu maximieren, sondern naturnahe Nährstoffkreisläufe optimal zu nutzen. Ein wichtiger Ansatz dazu ist die Agrarökologie, zu denen das UN-Komitee für Ernährungssicherheit (CFS) Politikempfehlungen beschlossen hat.[21] Dabei kann die an die lokalen Ressourcen angepasste Tierhaltung eine wichtige Rolle spielen, mit der sich auch Ernährung ärmerer Bevölkerungsschichten verbessern lässt. IFAD unterscheidet hier klar zwischen der klima- und gesundheitspolitisch notwendigen Reduktion des Überkonsums von tierischen Produkten in Industriestaaten und den Ober- und Mittelklassen der Schwellenländer und dem Beitrag, den ein angemessener Verbrauch tierischer Produkte zu gesunder Ernährung leisten kann.[22]

Empfohlenes Paradigma: Agrarökologie

Daneben sind auch lohnendere Tätigkeiten außerhalb der Landwirtschaft notwendig. Für viele Betriebe bietet die handwerkliche oder kleinindustrielle Verarbeitung von Lebensmitteln besonders große Potenziale. Sie kann gleichzeitig dazu beitragen, Lieferketten zu verkürzen und damit klimafreundlicher zu gestalten.

Ernährungssysteme, die auch die der landwirtschaftlichen Erzeugung vor- und nachgelagerten Schritte in den Blick nehmen, werden international auf vielen Ebenen diskutiert. So legten sowohl der Bericht zur Lage der Ernährungssicherheit, der jährlich von allen mit Landwirtschaft und Ernährung befassten UN-Organisationen herausgegeben wird, als auch der IFAD-Bericht einen inhaltlichen Schwerpunkt auf Ernährungssysteme. Das CFS hat zu dem Thema freiwillige Leitlinien verabschiedet, die darauf abzielen, dass Lebensmittel für eine gesunde Ernährung nachhaltig erzeugt und so verteilt werden, dass alle Menschen, insbesondere aus benachteiligten Gruppen, ausreichenden Zugang dazu haben.[23] Die Leitlinien bleiben dabei an wichtigen Punkten ambivalent. So wird positiv auf das Konzept der Agrarökologie Bezug genommen, aber direkt im Anschluss die »nachhaltige Verwendung« von Mineraldüngern und Pestiziden angeführt, um die Erträge zu »optimieren«. Auch der in fast

Ambivalente Leitlinien

Ein wichtiges Anliegen der protestierenden Bäuer:innen war und ist, dass der Mindestpreis des staatlichen Aufkaufprogramms allen zugänglich ist und auf alle bäuerlichen Produkte ausgeweitet wird und nicht auf Reis, Weizen und wenige Grundnahrungsmittel beschränkt bleibt sowie dass Aufkaufpreise angehoben werden. Diese Anliegen eint die mehrheitlich aus dem Norden von Indien stammenden und in der Produktionsweise stark von der ersten Grünen Revolution geprägten Bäuer:innen, die den Protest um und in Delhi anführten, mit ihren Kolleg:innen aus anderen Landesteilen und mit Dalits und Indigenen, die oft vom bestehenden System ausgegrenzt sind. Mit anderen Forderungen, wie der Beibehaltung und Erhöhung von Subventionen für Diesel und Bewässerungsanlagen, können sich die benachteiligten Gruppen hingegen nicht identifizieren. Sie haben schlicht nicht den Zugang zu diesen Produktionsmitteln.

Mit Blick auf die landwirtschaftliche Gesetzgebung und Politikgestaltung sollte insgesamt festgehalten werden, dass diese auf der einen Seite auch heute noch Betrieben unter einem Hektar eine gewisse Möglichkeit gibt, überhaupt wirtschaften zu können. Gleichzeitig wurden aber seit Jahrzehnten geforderte Reformen verschleppt, wie die genannte Ausweitung der staatlichen Aufkaufprogramme, die insbesondere Kleinstbetriebe stützen soll. Reformen sind in Indien angesichts hoher Nachernteverluste und bitterer Not auf vielen bäuerlichen Betrieben dringend notwendig. Trauriger Ausdruck dieser bedrückenden Realität sind in Indien die mehrere hunderttausend Selbstmorde von Bäuer:innen in den letzten Jahrzehnten. Fakt ist, Millionen von Bäuer:innen geben allein deshalb ihren Betrieb nicht auf, weil sie wissen, dass in den Städten ihre Not nur noch größer wäre, wenn sie dort überhaupt noch einen Platz zum Leben finden.

Am 19. November 2021, kurz bevor sich die Bauernblockade von Delhi jährte und neue landesweit angekündigte Proteste stattfinden konnten, nahm der indische Premierminister Modi die umstrittenen Gesetze überraschend zurück. Über ein Jahr von beispielloser bäuerlicher Mobilisierung und harter Verhandlungsführung war erfolgreich. Gleichzeitig kündigten die beteiligten Bauernbewegungen an, ihren Kampf für die dringend notwendige Verbesserung der bäuerlichen Lebensumstände fortzusetzen.

allen Industriestaaten und der Mehrzahl der Schwellenländer zu hohe Fleischkonsum mit der einhergehenden industriellen Tierhaltung wird trotz des überragenden Beitrags zu Umweltzerstörung und Emissionen von Treibhausgasen nicht problematisiert.

Besonders umstritten war der vom UN-Generalsekretär im September 2021 in Zusammenarbeit mit dem Weltwirtschaftsforum veranstaltete UN-Gipfel zu Ernährungssystemen (UNFSS) (siehe hierzu auch den Beitrag von Lena Bassermann, Roman Herre und Stig Tanzmann in diesem *Kritischen Agrarbericht*, S. 111–116). Das einzige offizielle Ergebnisdokument, die Zusammenfassung des UN-Generalsekretärs, wiederholt im Wesentlichen bereits bestehende Nachhaltigkeitsziele und ruft dazu auf, Ernährungssysteme daran auszurichten.[24] Einziger konkreter Punkt ist die Ankündigung, auf nationaler und internationaler Ebene einen Follow-up-Mechanismus zum UNFSS zu etablieren, der Parallelstrukturen zum CFS bedeuten würde – und sich gleichzeitig mit ihm abstimmen soll. Zivilgesellschaftliche Gruppen wie das deutsche Forum Umwelt und Entwicklung vermuten, dass damit das CFS mit seiner relativ gut funktionierenden Beteiligung besonders von Kleinbäuerinnen und -bauern sowie indigenen Gruppen umgangen werden soll. Im UNFSS-Prozess würden die unterschiedlichen Machtverhältnisse zwischen den verschiedenen Stakeholdern ignoriert und somit *de facto* den Vorschlägen der mächtigeren Agrarindustrie und ihren technologischen Lösungsansätzen mehr Gewicht eingeräumt. Daraus folgt die Forderung, die internationale Diskussion über Ernährungssysteme im CFS zu führen und den UNFSS-Prozess zu beenden.[25]

Problematische Parallelstrukturen

Landwirtschaft und Ernährung in der Klimapolitik

Die ehrgeiziger werdenden Klimaziele führender Volkswirtschaften, die bis zur Mitte des Jahrhunderts klimaneutral werden wollen, rückt auch die Rolle der Landwirtschaft im Klimawandel stärker in den Fokus. Neben verringerten Emissionen geht es dabei auch um die

Lena Bassermann und Gertrud Falk

Zunehmend in der Defensive

Eine menschenrechtsbasierte Ernährungspolitik wird immer weiter zurückgedrängt

Während der Corona-Pandemie haben Regierungen soziale Menschenrechte weitgehend ignoriert. Durch die Maßnahmen zur Eindämmung der Infektionen wurden marginalisierte Gruppen z. B. durch die Schließung von Wochenmärkten, Schulküchen und Obdachloseneinrichtungen zusätzlich ausgegrenzt. Doch die Pandemie stellt keine Trendwende dar, sie legte viel mehr offen, was sich in den politischen Prozessen auf internationaler Ebene bereits lange abzeichnete.

So ist beispielsweise die UN-Bauernrechteerklärung (UNDROP)[1] nicht nur weit von einer Umsetzung entfernt, sondern bereits ihre Aufnahme in offizielle UN-Dokumente höchst umkämpft. Dies belegen die Verhandlungen zu freiwilligen Leitlinien für Ernährungssysteme, die in diesem Jahr von Regierungen weltweit im Welternährungsausschuss (CFS) verabschiedeten wurden. Dies geschah allerdings ohne Zustimmung der im CFS organisierten Zivilgesellschaft, die sich aus elf verschiedenen Gruppen aus allen Weltregionen zusammensetzt, deren Rechte in der UNDROP geschützt werden. So ging aus den offiziellen Stellungnahmen der Europäischen Union bereits hervor, dass eine Aufnahme der UNDROP von der EU abgelehnt wird – obwohl die UNDROP vor drei Jahren von der UN-Vollversammlung verabschiedet wurde und die Umsetzung nun bei den Staaten liegt.

Während der oben genannten Verhandlungen eskalierte der Streit dermaßen, dass die Zivilgesellschaft drohen musste, auszusteigen – und die Aufnahme der UNDROP als rote Linie formulierte. So fand die Bauernrechteerklärung, die gerade auch viele wichtige Paragraphen zu Teilhabe von Bäuerinnen und Bauern in Ernährungssystemen enthält, zwar Erwähnung in den Leitlinien, von einer konsistenten Aufnahme in den Text kann aber keine Rede sein. Wenn aber ein offiziell verabschiedetes Menschenrechtsdokument in einem auf dem Menschenrecht auf Nahrung beruhenden Gremium umstritten ist, lässt sich ableiten, wie schlecht es um den Menschenrechtsansatz als Prinzip für die Steuerung von Ernährungssystemen steht. Das war nicht immer so.

So wurden Menschenrechtsformulierungen, die in den vielgelobten Freiwilligen Landleitlinien (VGGT) als *agreed language* Eingang fanden, bei den Verhandlungen zu den Leitlinien für Ernährungssysteme nicht mehr akzeptiert oder nur in sehr abgeschwächter Form aufgenommen. ▸

Möglichkeit, Kohlenstoff in den Böden zu speichern. Weder in allen industriellen Prozessen noch in der Landwirtschaft selbst lassen sich Emissionen vollständig vermeiden, da bei der tierischen Verdauung, dem Nassreisanbau und der Düngung mit Stickstoff Methan und Lachgas entstehen, zwei sehr wirksame Klimagase. Treibhausgasneutralität lässt sich also nur erreichen, wenn diese weiter bestehenden Emissionen ausgeglichen werden, indem Kohlendioxid aus der Atmosphäre entnommen und dauerhaft gespeichert wird. Neben der im großen Maßstab kaum erprobten und jedenfalls kostspieligen technischen Abscheidung von Kohlendioxid und der natürlichen Aufnahme von Kohlenstoff in den Meeren, die nur schwer durch den Menschen zu beeinflussen ist, sind hier das Holzwachstum in den Wäldern und der Aufbau von kohlenstoffhaltigem Humus in den Böden die wichtigsten Möglichkeiten. Durch die intensive Nutzung bzw. Abholzung der Wälder und die Humusverluste in intensiv bewirtschafteten Böden wird diese Senkenfunktion allerdings immer weiter geschwächt.

Wälder und Böden: Senkenfunktion geschwächt

Um diesen Trend umzukehren, müssen Anreize geschaffen werden, sowohl Wälder besser zu schützen als auch Böden besser zu bewirtschaften. Die Europäische Kommission schlägt vor, dass sich die EU zunächst klare Ziele setzt, wie viel Kohlenstoff bis 2030 in Wäldern und Böden gespeichert wird, und dass ab 2035 diese Speicherung mehr zum Klimaschutz beitragen soll als die durch Lachgas und Methan erfolgte Erwärmung. Damit würden Landnutzung und Landwirtschaft zusammen zu einer Treibhausgassenke, was nur erreicht werden kann, wenn auch die Emissionen zurückgehen. Diese Senkenfunktion soll dann immer weiter zunehmen, um unvermeidbare (Rest-)Emissionen aus anderen Sektoren ausgleichen zu können. Mit welchen Anreizsystemen dies erreicht werden soll, ist noch unklar. In der nächsten Förderperiode der EU-Agrarpolitik ab 2028 könnten Subventionen an Klimaleistungen geknüpft werden. Zugleich bereitet die EU ein System vor, mit dem Landwirt:innen Zertifikate für das auf ihren Betrieben gespeicherte Kohlendioxid generieren können und diese gegebenenfalls

Zentrale Bezüge wie zum Recht auf Wasser, zum Recht auf Gesundheit, zu Arbeitnehmer:innenrechten oder zu Geschlechtergerechtigkeit, wie sie auch in der UNDROP zentral sind, wurden gar nicht oder nur sehr marginal aufgenommen. Gleichzeitig versäumte das 2021 verhandelte Dokument, die Rolle von Staaten, als diejenigen, die für Regulierungen gegenüber dem Privatsektor verantwortlich sind, klar zu definieren. Anstatt öffentlichen Interessen Vorrang vor privatwirtschaftlichen Interessen zu garantieren, wird der Weg immer weiter in Richtung einer Kollaboration in Form eines Multistakeholder-Ansatzes geebnet, bei dem Verantwortlichkeiten aufgeteilt werden und Konzerne neben Regierungen gleichberechtigt am Tisch sitzen. Rechenschaftspflichten und Interessenkonflikte werden dadurch nicht mehr klar benannt.

Das aktuellste Beispiel für eine Verfestigung dieser Tendenzen ist der 2021 Ernährungsgipfel des UN-Generalsekretärs, der die Krise des Menschenrechtsansatzes weiter manifestierte und dessen Auswirkungen uns noch lang in verschiedenen Foren begleiten werden.[2] Es muss eine Aufgabe der neuen Bundesregierung sein, sich eindeutig zum Recht auf Nahrung zu bekennen, eine menschenrechtsbasierte Ernährungs- und Agrarpolitik aktiv zu gestalten und sich in den entsprechenden Diskursen auf EU-Ebene dafür stark zu machen. Dazu gehören ernstgemeinte Umsetzungsschritte der UNDROP, klare Zuständigkeiten auf Regierungsebene und ein proaktiver Beitrag für die Stärkung des CFS.

Anmerkungen

1 Siehe hierzu auch den Beitrag von L. Bassermann, G. Falk und P. Gioia: Die UN-Kleinbauernerklärung UNDROP – Umsetzung auch in Deutschland nötig. In: Der kritische Agrarbericht 2021, S. 98–99.

2 Siehe hierzu auch den Beitrag von Lena Bassermann, Roman Herre und Stig Tanzmann in diesem *Kritischen Agrarbericht* (S. 111–116).

Lena Bassermann
Referentin für Welternährung und globale Landwirtschaft bei INKOTA.

bassermann@inkota.de

Gertrud Falk
Referentin für Menschenrechte bei FIAN Deutschland.

g.falk@fian.de

verkaufen. Ob dies sinnvoll ist, solange die Landwirtschaft insgesamt noch eine Quelle von Treibhausgasen ist, scheint zweifelhaft.

In den internationalen Klimaverhandlungen ist von Emissionsminderungen aus der Landwirtschaft noch nicht die Rede. Hier liegt der Fokus darauf, die Anpassung an den Klimawandel zu fördern und damit zur Ernährungssicherung beizutragen.[26] Dass es hier gerade durch agrarökologische Methoden, die dem Humusaufbau dienen, große Synergieeffekte geben kann, scheint sich unter den Klimaverhandler:innen noch nicht ausreichend herumgesprochen zu haben. Neuere Untersuchungen deuten darauf hin, dass die Rolle von Grasland als Kohlenstoffsenke an Bedeutung gewinnen könnte, da bei höheren (durch menschliche Emissionen verursachten) Kohlendioxidgehalt in der Atmosphäre mehr Kohlenstoff in den Wurzeln gespeichert werden kann als in Pflanzen über der Erde (vor allem Holz in Wäldern).[27] Da Grasland dazu angemessen bewirtschaftet werden muss, muss auch eine angemessene Zahl von Wiederkäuern auf den Weideflächen gehalten werden. Möglicherweise muss damit die Zahl der Rinder aus Klimaschutzgründen weniger reduziert werden als in vielen Modellen geschätzt (zu diesem Themenkomplex siehe auch den Beitrag von Andrea Fink-Keßler in diesem *Kritischen Agrarbericht*, S. 69–74).

Bislang unterschätzte Rolle von Grasland als Kohlenstoffsenke

Eine umfassendere Betrachtung[28] der Emissionen nicht nur aus der Landwirtschaft, sondern aus den Ernährungssystemen insgesamt hat gezeigt, dass die Emissionen aus den vor- und nachgelagerten Bereichen (Düngemittelerzeugung, Landmaschinen, Verarbeitung, Verpackung, Transport, Kühlung) weltweit deutlich schneller steigen als aus der landwirtschaftlichen Erzeugung direkt. In hoch industrialisierten Systemen wie in den USA sind die vor- und nachgelagerten Emissionen sogar insgesamt höher als die aus der Landwirtschaft. Kürzere, regionalere Lieferketten von weniger verarbeiteten Lebensmitteln, die mit weniger Inputs erzeugt werden, könnten folglich einen wichtigen Beitrag zum Klimaschutz leisten. Die Studie schätzt, dass etwa 30 Prozent aller vom Menschen verursachten Treibhausgasemissionen in Ernährungssystemen entstehen.

Lieferkettengesetz in Deutschland – Meilenstein mit Nachbesserungsbedarf[29]

Deutschland hat endlich ein Lieferkettengesetz oder wie es etwas bürokratischer heißt: »Lieferkettensorgfaltspflichtengesetz« (LkSG).[30] Das neue Gesetz tritt 2023 in Kraft und gilt zunächst für Unternehmen ab 3.000 Mitarbeiter:innen, ab 2024 dann für Unternehmen ab 1.000 Mitarbeiter:innen mit Sitz oder Zweigniederlassung in Deutschland. Das Gesetz bezieht sich auf die UN-Leitprinzipien für Wirtschaft und Menschenrechte (UNLP). Die UNLP gehören zu den wichtigsten international anerkannten Standards der Unternehmensverantwortung für die Menschenrechte. Im Sinne der UNLP verfolgt das LkSG das Ziel, die Rechte von Menschen entlang von globalen Lieferketten gegenüber Unternehmen zu stärken. Denn freiwillig kommen viele Unternehmen ihrer Verantwortung in globalen Lieferketten nicht ausreichend nach. Studien der Europäischen Kommission[31] und zuletzt der Bundesregierung[32] haben das bestätigt. – Das am 11. Juni 2021 vom Deutschen Bundestag verabschiedete deutsche Lieferkettensorgfaltspflichtengesetz ist ein politischer Kompromiss, wie die folgende Gegenüberstellung zeigt.

Politischer Kompromiss

Endlich am Start …

Mit den folgenden Punkten leistet das Gesetz einen wichtigen Beitrag gegen Menschenrechtsverletzungen und Umweltzerstörung in den Lieferketten von Unternehmen:

- Das Gesetz leitet in Deutschland einen dringend notwendigen *Paradigmenwechsel* ein: weg von rein freiwilliger Corporate Social Responsibility hin zu verbindlichen menschenrechtlichen und umweltbezogenen Vorgaben für Unternehmen.
- Das Gesetz entfaltet *präventive Wirkung,* indem Unternehmen ihr Verhalten ändern und Schäden an Mensch und Umwelt durch vorsorgende Maßnahmen vorbeugen müssen. So sind sie z. B. dazu verpflichtet, in ihren Lieferketten menschenrechtliche und umweltbezogene Sorgfaltspflichten zu beachten (§ 3). Dazu gehört, dass sie ein wirksames Risikomanagement (§ 4) einrichten und entweder systematisch für den eigenen Geschäftsbereich und unmittelbare Zulieferer oder anlassbezogen für mittelbare Zulieferer, Risikoanalysen durchführen, um

Risiken für Mensch und Umwelt zu erkennen und Verletzungen vorzubeugen, zu beenden oder zu minimieren.

- Das Gesetz schafft eine starke behördliche *Kontrolle und Durchsetzung*. Verstoßen Unternehmen gegen ihre Sorgfaltspflichten, handeln sie ordnungswidrig und können von der zuständigen Behörde, dem Bundesamt für Wirtschaft- und Ausfuhrkontrolle (BAFA), mit Bußgeldern belegt werden, die sich an der Schwere des Vergehens wie auch an dem Gesamtumsatz des Unternehmens orientieren.

Rechte der Betroffenen gestärkt …

- Durch das Gesetz können *Betroffene* verlangen, dass das BAFA tätig wird. Wenn Betroffene gegenüber dem Bundesamt geltend machen, dass ihre Rechte durch die Nicht-Erfüllung der Sorgfaltspflichten eines Unternehmens verletzt oder unmittelbar bedroht werden, so muss das BAFA tätig werden und prüfen, ob ein Verstoß vorliegt und darauf hinwirken, dass das Unternehmen diesen beseitigt.
- Das Gesetz führt eine *Prozessstandschaft* ein. Betroffene können zukünftig NGOs und Gewerkschaften über die bereits bestehenden Klagewege dazu ermächtigen, dass diese ihre Rechte im eigenen Namen vor deutschen Gerichten einklagen.
- Das Gesetz regelt einige wenige umweltbezogene Pflichten, die sich aus drei von Deutschland ratifizierten Übereinkommen ergeben, die im Wesentlichen jedoch auf den Schutz der menschlichen Gesundheit abzielen. Über die Abkommen hinaus erfasst das Gesetz die Schutzgüter Boden, Wasser und Luft im Rahmen der menschenrechtlichen Risiken.

… aber noch nicht am Ziel

Das Gesetz wurde an vielen entscheidenden Stellen abgeschwächt – auf massiven Druck einiger Wirtschaftsverbände, des CDU-Wirtschaftsrats und des Bundeswirtschaftsministers. Durch diese Schwachstellen büßt das Gesetz an Wirksamkeit ein und fällt in Teilen hinter die UNLP zurück. Die folgenden Punkte sorgen dafür, dass das Gesetz nicht wirkungsvoll genug ist:

… aber zivilrechtliche Haftungsregeln fehlen

- Die *Sorgfaltspflichten* gelten vollumfänglich nur für den eigenen Geschäftsbereich und für unmittelbare, nicht aber für mittelbare Zulieferer. Bei mittelbaren Zulieferern müssen Unternehmen nicht proaktiv und systematisch, sondern nur anlassbezogen eine Risikoanalyse durchführen, wenn sie »substantiierte Kenntnis« über eine mögliche menschenrechtliche Verletzung erlangen. Diese Einschränkung ist mit dem Präventionsgedanken der UNLP unvereinbar. Es ist bekannt, dass ein Großteil der Menschenrechtsverletzungen gerade am Beginn der Lieferketten, also im Bereich der mittelbaren Zulieferer, zu verzeichnen ist. Ohne systematische und vorausschauende Analyse möglicher – auch nicht öffentlich bekannter – Risiken, können Unternehmen diese auch nicht angemessen vermeiden.
- Es fehlt eine *zivilrechtliche Haftungsregel*, wonach Unternehmen für Schäden haften, die sie durch Missachtung ihrer Sorgfaltspflichten verursacht haben. Der Gesetzgeber versäumt dadurch, die Rechtsschutzmöglichkeiten von Betroffenen im Sinne der UNLP zu verbessern. Geschädigte sind weiterhin so gut wie chancenlos, wenn sie deutsche Unternehmen vor deutschen Zivilgerichten wegen Menschenrechtsverstößen zur Verantwortung ziehen wollen.
- Das Gesetz berücksichtigt *Umweltaspekte* nur marginal, eine eigenständige und umfangreiche umweltbezogene Sorgfaltspflicht fehlt. Das Gesetz beschränkt die umweltbezogenen Pflichten auf eine vermeintlich abschließende Auflistung von drei Übereinkommen. Ein solcher Ansatz reicht aber nicht aus, um dem Präventionsgrundsatz des Umweltrechts gerecht zu werden, weswegen eine schadens- und umweltgutbezogene Generalklausel eingeführt werden sollte. Zwar erfasst das Gesetz bisher die Schutzgüter Boden, Wasser und Luft im Rahmen der menschenrechtlichen Risiken, massive Umweltzerstörungen durch Biodiversitätsverlust werden hingegen nicht erfasst, auch das Klima findet keine Berücksichtigung als Schutzgut.
- Die Regelungen für eine wirksame Abhilfe und Wiedergutmachung für *Betroffene* sowie eine Beteiligung von Betroffenen am Verfahren greifen zu kurz. Wirksame Abhilfe und Wiedergutmachung für Betroffene spielen in den UNLP eine zentrale Rolle. Dabei geht es nicht nur um Schadensersatzklagen, sondern auch um die Wiedergutmachung als eigener Bestandteil der Sorgfaltspflichten. Das Gesetz sieht hingegen gar nicht vor, dass Betroffene über eine

Beschwerde auch Wiedergutmachung erlangen können. Die UNLP sehen zudem vor, dass Unternehmen Konsultationen mit potenziell betroffenen Gruppen durchführen, um ihre menschenrechtlichen Risiken einzuschätzen und wirksame Maßnahmen zu ergreifen. Diese Konsultation Betroffener schreibt das Gesetz nicht zwingend vor.

Manko: Zu wenig Unternehmen fallen unter das Gesetz

- Die *Anzahl* der erfassten *Unternehmen* ist zu gering. Anstatt alle großen Unternehmen mit über 250 Mitarbeitenden sowie kleine und mittlere Unternehmen (KMU) in Sektoren mit besonderen menschenrechtlichen Risiken in den Blick zu nehmen, erfasst der Gesetzentwurf nur Unternehmen mit über 3.000 Mitarbeitenden (ab 2024: mit über 1.000 Mitarbeitenden).
- Es bestehen große Lücken bei den Themen *Geschlechtergerechtigkeit* und *indigene Beteiligungsrechte.* So ist geschlechtsbezogene Gewalt und Diskriminierung nicht als Verbotstatbestand aufgeführt, obwohl solche schwerwiegenden Menschenrechtsverletzungen entlang von globalen Lieferketten weit verbreitet sind. Ebenso fehlt der Bezug zu indigenen Beteiligungsrechten nach der ILO-Konvention 169, obwohl Deutschland dieses Dokument gerade

Fünf Kernforderungen an die neue Bundesregierung – aus Sicht von Welthandel und Ernährung

1. Ausstieg aus der industriellen Tierhaltung und Umbau der Landwirtschaft: Die Ausrichtung der Landwirtschaft auf immer mehr Produktion zu international wettbewerbsfähigen Preisen verursacht hohe Treibhausgasemissionen, gefährdet durch Antibiotikaeinsatz die Gesundheit, beschleunigt das Höfesterben und zerstört Märkte für Bauern im globalen Süden. Wir fordern die Reduktion der Tierbestände, die Bindung der Tierzahlen an die lokale Futterfläche und eine Abgabe auf tierische Lebensmittel, um eine tierwohlgerechte Haltung mit existenzsichernden Erzeugerpreisen zu ermöglichen. Die Regierung muss agrarökologische Ansätze sowohl in der eigenen Entwicklungszusammenarbeit als auch innerhalb der EU, in internationalen Organisationen und gerade in der deutschen G7 Präsidentschaft 2022 voranbringen
2. Neuausrichtung der Handelspolitik an den Menschenrechten und am Schutz der Lebensgrundlagen: Statt der bisherigen Freihandelsabkommen, die Menschenrechte, *SDGs* und Pariser Klimaziele unzureichend berücksichtigen, fordern wir eine neue Form von Partnerschaftsabkommen. Die Ratifikation des Mercosur-Freihandelsabkommens muss ausgesetzt werden, solange der Schutz von Menschenrechten, Klima und Wald nicht gesichert ist. Die Investitions- und Handelspolitik mit den Staaten Afrikas muss im Sinne eines Pakts für soziale und ökologische Nachhaltigkeit neu gestaltet werden.
3. Wirksames europäisches Lieferkettengesetz: Die Bundesregierung muss sich dafür einsetzen, dass das geplante EU-Lieferkettengesetz über das beschlossene deutsche Gesetz hinausweist: Unternehmen müssen für ihre gesamte Lieferkette Verantwortung übernehmen und dabei Menschenrechte und Umwelt achten. Das Gesetz braucht klare Haftungsregeln zum Schutz Betroffener. Es sollte die wirksamsten Elemente aus Lieferkettengesetzen der Mitgliedstaaten aufgreifen. Das deutsche Gesetz muss entsprechend nachgeschärft werden.
4. Internationale Zusammenarbeit für Klima, Nachhaltigkeit und Hungerbekämpfung: Wir fordern eine strategische und kohärente Klimaaußenpolitik, ambitionierte Klimapartnerschaften mit anderen Ländern und eine Erhöhung der internationalen Klimafinanzierung, die sich am tatsächlichen Bedarf für die Einhaltung der Pariser Ziele und die Bewältigung von Klimafolgen orientiert – zusätzlich zu den lange zugesagten 0,7 Prozent des Bruttonationaleinkommens für Entwicklungsfinanzierung. Es braucht eine Initiative zur Um- und Entschuldung für Länder des globalen Südens, damit diese nach der Corona-Krise einen gerechten und klimakompatiblen Wiederaufbau stemmen können. Kurzfristig müssen die von Corona, Klimakrisen und Konflikten betroffenen Länder unterstützt werden, um akuten Hunger und Mangelernährung zu verhindern. Dazu ist eine gute Abstimmung in der EU und mit den relevanten UN-Organisationen nötig.
5. Nachhaltigkeitsziele als Richtschnur des Regierungshandelns: Die nachhaltigen Entwicklungsziele der UN (Sustainable Development Goals – SDGs) und Klimaschutz müssen für alle Ministerien verbindlich werden. Die Zusammenarbeit der Ministerien muss dafür anders und besser organisiert, jedes Gesetz hinsichtlich der Auswirkungen auf Menschenrechte, Klimaschutz und Nachhaltigkeit überprüft werden. Ein Bundestagsausschuss für Nachhaltigkeit muss Mitsprache im Gesetzgebungs- und Haushaltsverfahren erhalten.

Icon: Gerald Wildmoser

ratifiziert hat und indigene Völker besonderen Gefahren durch wirtschaftliche Großprojekte ausgesetzt sind.

Die Initiative Lieferkettengesetz erwartet daher von der neuen Bundesregierung, dass sie das Gesetz entsprechend nachbessert und dass sie sich auf EU-Ebene für ein Lieferkettengesetz einsetzt, das die oben genannten Schwachstellen behebt.

WTO wird zum Corona-Opfer – Nachhaltigkeitsdiskussion findet außerhalb statt

Die seit Jahren krisengeschüttelte Welthandelsorganisation WTO wurde nun Opfer der jüngsten Corona-Virusvariante. Die für Ende November 2021 unter strengen Hygieneauflagen geplante Ministerkonferenz in Genf wurde abgesagt, da Delegierte aus dem südlichen Afrika aufgrund der dort entdeckten Omikron-Variante keine Einreiseerlaubnis erhielten. Ohnehin war offen, ob auf der Konferenz substanzielle Ergebnisse erzielt worden wären. Selbst bei relativ begrenzten Verhandlungsthemen wie dem Verbot von Subventionen für Fischereiunternehmen, die zur Überfischung beitragen, gab es noch große Differenzen. Für die Landwirtschaft stand eine Überarbeitung der Regeln für öffentliche Lagerhaltung an, um die Frage zu klären, ob und inwieweit staatlich festgelegte Ankaufspreise als Unterstützung für die Landwirtschaft angerechnet und damit gegebenenfalls reduziert werden müssten. Die heftigen Auseinandersetzungen um die staatlich regulierten Ankaufpreise in Indien (siehe Kasten), bei der sich die Bäuerinnen und Bauern letztlich gegen die geplante Liberalisierung durchsetzen konnten, spielen in diesem Zusammenhang eine Rolle. Mit der geplanten Freigabe der Preise hätte Indien einen Konfliktpunkt in der WTO ausgeräumt, wobei dies sicher nicht die wichtigste Motivation war.

WTO-Konferenz abgesagt

Die auch mit Blick auf die Umgestaltung der Ernährungssysteme nötige Diskussion über eine stärkere Verankerung von Nachhaltigkeitsstandards im internationalen Handelssystem[33] hätte in Genf ohnehin nicht auf der Tagesordnung gestanden. Erste Initiativen in dieser Richtung finden eher unilateral statt, zuletzt vonseiten der EU mit dem Vorschlag der Kommission zu entwaldungsfreien Lieferketten (siehe hierzu den Beitrag von Tina Lutz in diesem Kritischen Agrarbericht, S. 117–121). Die 2022 beginnende französische Ratspräsidentschaft diskutiert eine Initiative, nach der nur landwirtschaftliche Produkte in die EU eingeführt werden sollen, die in Bezug auf Pestizide und Tierschutz/Tiergesundheit Standards einhalten, die auch für die europäische Landwirtschaft gelten.[34] Der Ansatz stellt stark die Interessen der europäischen Agrarwirtschaft und bereits bestehende Standards in den Vordergrund, könnte aber ein Einstieg in die Diskussion darüber sein, wie Handelsregeln so mit Nachhaltigkeitszielen verknüpft werden können, dass sie eine Transformation der Ernährungssysteme nicht behindern, sondern befördern.

EU: Verankerung von Nachhaltigkeitsstandards für den Welthandel geplant

Im Koalitionsvertrag der gerade ins Amt gekommenen Bundesregierung sind die Aussagen zum Welthandel vergleichsweise fortschrittlich: Die WTO soll weiterentwickelt und an den UN-Nachhaltigkeitszielen (*SDGs*) und dem Klimaabkommen von Paris ausgerichtet werden. Das Freihandelsabkommen mit den Mercosur Staaten soll (erst) dann ratifiziert werden, wenn »durchsetzbare Zusatzvereinbarungen« zum Erhalt der Wälder abgeschlossen worden sind und die Mercosur Länder darüberhinaus verbindliche Verpflichtungen zu Umwelt-, Sozial- und Menschenrechtsschutz eingehen. In zukünftigen Freihandelsabkommen sollen Nachhaltigkeitsbestimmungen integriert und durch einen Streitbeilegungsmechanismus durchgesetzt werden. Im Abschnitt zu Entwicklungszusammenarbeit werden Agrarökologie und kleinbäuerliche Landwirtschaft ausdrücklich als Strategien zur Ernährungssicherung genannt. – Klar ist: Es bedarf des Drucks großer, engagierter Teile der Gesellschaft, damit das Potenzial für einen echten Aufbruch, das im Koalitionsvertrag in diesen und anderen Politikfeldern steckt, auch genutzt wird.

Anmerkungen

1 FAO, IFAD, UNICEF, WFP and WHO: The state of food security and nutrition in the world 2021.Transforming food systems for food security, improved nutrition and affordable healthy diets for all. Rome 2021. DOI: 10.4060/cb4474en.
2 Ebd., p. 10.
3 K. von Grebmer et al.: Welthunger-Index 2021: Hunger und Konflikte: Ernährungssysteme ändern, Frieden fördern. Bonn und Dublin 2021 (www.welthungerhilfe.de/hunger/welthunger-index/).
4 Ebd.
5 FAO et al. (siehe Anm. 1).
6 Von Grebmer et al. (siehe Anm. 3).
7 World Food Programme: Afghanistan. 2021 (www.wfp.org/countries/afghanistan).
8 Von Grebmer et al. (siehe Anm. 3).
9 Welthungerhilfe: Dürre und Hunger in Madagaskar. 2021 (www.welthungerhilfe.de/spenden-madagaskar/hunger-in-madagaskar-jetzt-spenden-und-helfen/).
10 Von Grebmer et al. (siehe Anm. 3).
11 FAO, IFAD, PAHO, WFP and UNICEF: Latin America and the Caribbean – Regional overview of food security and nutrition 2021: Statistics and trends. Santiago 2021. DOI: 10.4060/cb7497en.
12 FAO: Food outlook – Biannual report on global food markets. Rome 2021. DOI: 10.4060/cb7491en.
13 FAO: World Food Situation. Release date 2 December 2021 (www.fao.org/worldfoodsituation/foodpricesindex/en).
14 Ebd.
15 FAO et al. (siehe Anm. 1).
16 FAO (siehe Anm. 13).
17 Ebd.
18 Vgl. S. Tanzmann: Therapie mit schweren Nebenwirkungen. Corona und die Folgen für Welternährung und Weltgesundheit. In: Der kritische Agrarbericht 2021, S. 102-107.
19 International Fund for Agricultural Development (IFAD): Transforming food systems for rural prosperity. Rural development report 2021. Rome 2021 (www.ifad.org/en/rural-development-report/).
20 Ebd.
21 Committee on World Food Security (CFS): Agroecological and other innovative approaches for sustainable agriculture and food systems that enhance food security and nutrition. Policy recommendations. Rome 2021 (www.fao.org/fileadmin/templates/cfs/Docs2021/Documents/Policy_Recommendations_Agroecology_other_Innovations/2021_Agroecological_and_other_innovations_EN.pdf).
22 IFAD (siehe Anm. 19).
23 Committee on World Food Security (CFS): CFS-Voluntary guidelines on food systems and nutrition. Rome 2021 (www.fao.org/cfs/vgfsn/en/).
24 United Nations: Secretary-General's Chair Summary and Statement of Action on the UN Food Systems Summit. New York 2021 (www.un.org/en/food-systems-summit/news/making-food-systems-work-people-planet-and-prosperity).
25 Forum Umwelt und Entwicklung: Ernährungsgipfel gescheitert: Zwei Jahre Energie und Ressourcen in die falschen Bahnen gelenkt. Berlin 2021 (www.forumue.de/ernaehrungsgipfel-gescheitert-zwei-jahre-energie-und-ressourcen-in-die-falschen-bahnen-gelenkt/).
26 IISD: Glasgow Climate Change Conference: 31 October – 13 November 2021, Earth Negotiations Bulletin 12/793 (2021).
27 C. Terrer et al.: A trade-off between plant and soil carbon storage under elevated CO_2. In: Nature 591 (2021), pp. 599-603. DOI: 10.1038/s41586-021-03306-8.
28 F. N. Tubiello et al.: Pre- and post-production processes along supply chains increasingly dominate GHG emissions from agri-food systems globally and in most countries. In. Earth System Science Data 8. November 2021. DOI: 10.5194/essd-2021-389.
29 Das Folgende basiert auf einer Analyse der *Initiative Lieferkettengesetz* (www.germanwatch.org/de/20324). Dies ist ein Bündnis aus mehr als 125 zivilgesellschaftlichen Organisationen, die sich gemeinsam für ein europäisches Lieferkettengesetz einsetzen, darunter z. B. Germanwatch, BUND, Misereor und Brot für die Welt (www.lieferkettengesetz.de).
30 Gesetz über die unternehmerischen Sorgfaltspflichten in Lieferketten vom 16. Juli 2021 (www.bgbl.de/xaver/bgbl/start.xav?startbk=Bundesanzeiger_BGBl&jumpTo=bgbl121s2959.pdf#__bgbl__%2F%2F*%5B%40attr_id%3D%27bgbl121s2959.pdf%27%5D__1638979647764).
31 European Commission: Study on due diligence requirements through the supply chain. Final report. Brussels 2020 (file:///Users/ms/Downloads/DS0120017ENN.en.pdf).
32 Auswärtiges Amt: Monitoring des Umsetzungsstandes der im Nationalen Aktionsplan Wirtschaft und Menschenrechte 2016–2020 beschriebenen menschenrechtlichen Sorgfaltspflicht von Unternehmen. Abschlussbericht. Berlin 2020 (www.auswaertiges-amt.de/blob/2405080/23e76da338f1a1c06b1306c8f5f74615/201013-nap-monitoring-abschlussbericht-data.pdf).
33 IFAD (siehe Anm. 19).
34 Fondation Nicolas Hulot, Institut Veblen, Interbev (Eds.): How can we stop the import of food produced using banned practices in Europe? A European regulation to protect the environment and our farmers. 2021 (www.veblen-institute.org/Globalisation-How-can-we-stop-the-import-of-food-produced-using-banned.html).

Tobias Reichert
Referent für Agrarpolitik und Welthandel sowie Projektleiter Klimafreundliche Landwirtschaft bei Germanwatch e.V.

reichert@germanwatch.org

Gipfel der Ignoranz

Wie der UN-Ernährungsgipfel und seine Folgen der Bekämpfung des Hungers mehr schadet als nützt

von Lena Bassermann, Roman Herre und Stig Tanzmann

Die globale Ernährungskrise ist so alarmierend, dass der Generalsekretär der Vereinten Nationen bereits vor Beginn der Corona-Pandemie einen Ernährungsgipfel für das Jahr 2021 angekündigt hatte, den United Nations Food Systems Summit. Staats- und Regierungschefs sollten im Rahmen der UN-Vollversammlung in New York zusammenkommen und eine Trendwende in der Ernährungs- und Agrarpolitik einläuten. Dafür sollte das gesamte Ernährungssystem in den Blick genommen werden. Was angesichts der multiplen Krisen – steigende Hungerzahlen, fortschreitende Klimakrise und Wasserknappheit, gewaltsame Konflikte und eine rasant wachsende Schere zwischen Arm und Reich – zunächst wie ein folgerichtiger Weckruf anmutete, entpuppte sich bereits in der Planung als Versuch der globalen Ernährungs- und Agrarindustrie, ihren Platz in der globalen Steuerung von Ernährungs- und Agrarpolitik zu stärken und die Debatte über einen Systemwechsel im Agrar- und Ernährungssektor gezielt zu verhindern. Der folgende Beitrag fasst die Kontroversen um den Ernährungsgipfel zusammen und berichtet, wie eine gut organisierte zivilgesellschaftliche Gegenbewegung nicht nur den Gipfel boykottierte, sondern auch die Relevanz des Gipfels und seiner Ergebnisse abschwächen konnte.

Die wichtigste Frage der Welternährung ist und bleibt weiter ungelöst, nämlich wie sich alle Menschen weltweit mit ausreichend gesunder Nahrung versorgen, sprich ihr Recht auf Nahrung verwirklichen können. Ein Drittel der Weltbevölkerung hatte im Jahr 2020 keinen Zugang zu angemessener Nahrung, das sind 2,4 Milliarden Menschen – so die Schätzungen der Ernährungs- und Landwirtschaftsorganisation der Vereinten Nationen (FAO). Von ihnen leiden bis zu 811 Millionen an chronischem Hunger. Die Zahlen sind Ausdruck eines sich über Jahre verschärfenden Negativtrends, der sich in Folge der Corona-Pandemie weltweit nochmals stark beschleunigt hat.

Internationale Organisationen, soziale Bewegungen und kritische Wissenschaftler:innen schlagen daher seit Jahren Alarm und fordern eine konsequente Umgestaltung des vorherrschenden industriellen Ernährungs- und Agrarsystems. Bereits der Weltagrarbericht (IAASTD) stellte im Jahr 2008 fest: »Weiter wie bisher ist keine Option«. Hunger und die aktuelle Ernährungskrise sind nicht der einzige Ausdruck von zu lange versäumtem Handeln. Der Druck auf die Landökosysteme ist aufgrund von Übernutzung und Nutzungskonkurrenzen so hoch wie nie,[1] gleichzeitig ist das Ernährungssystem für etwa ein Drittel der Treibhausgasemissionen verantwortlich.[2] In Industrieländern sind bereits bis zu 90 Prozent Tier- und Pflanzenvielfalt verloren gegangen. Das Umweltbundesamt nennt massiven Düngemittel- und Pestizideinsatz wie auch eine zunehmende Technisierung in der intensiven Landwirtschaft als Ursachen.[3] Die Liste der Reports und Studien, die diese Probleme belegen und ein Umsteuern fordern, ist mittlerweile sehr lang.

Pandemie verstärkt Hungerkrise

Seit der Corona-Pandemie zeigen sich die vielfältigen Krisen und Probleme offensichtlich, da vielen Menschen, gerade in Ländern des globalen Südens, schlicht der Zugang zu Essen durch die unterschiedlichen Reaktionen auf die Pandemie verwehrt wurde. Essen war weiter genug vorhanden, wird doch weltweit genug für alle produziert. In den letzten 60 Jahren ist die globale Agrarproduktion um etwa 300 Prozent angestiegen.[4] Entscheidend ist jedoch der Zugang zu ausreichend gesunder Nahrung sowie die Möglichkeit, sich selbstbestimmt zu ernähren. Gerade in der Pandemie wurde dieser Zugang durch Schließung von Schulen (Schulspeisung), Bauernmärkten und Straßenküchen, der besonders für arme Menschen, die finanziell keine Möglichkeiten haben, Vorräte anzulegen, wichtig ist, überproportional stark eingeschränkt. Für sie führt die Coronapandemie zu Hunger.

Doch das Ernährungssystem bringt nicht nur Verlierer hervor. So zählen Supermärkte und Onlinelieferdienste gerade in der Krise zu den großen Gewinnern und verzeichnen Rekordumsätze. Der Handelskonzern Walmart war im Jahr 2020 mit mehr als 500 Milliarden Dollar das umsatzstärkste Unternehmen überhaupt, in Deutschland kam Edeka auf ein Umsatzplus von rund 15 Prozent.[5] Die Folge: das Machtgefälle und die soziale Ungleichheit wachsen immer weiter an. Große Konzerne profitieren auf Kosten von Arbeiter:innen, die in der Fleischindustrie, auf Kaffee- und Kakaoplantagen und in Supermärkten für Hungerlöhne ausgebeutet werden sowie auf Kosten von Kleinbäuerinnen und Kleinbauern, die Erzeugerpreise erhalten, die kein existenzsicherndes Einkommen sichern. In Ghana z. B., wo der Kakaosektor für etwa 800.000 Haushalte die Lebensgrundlage bildet, erhalten Bäuerinnen und Bauern nicht mal 50 Prozent eines existenzsichernden Einkommens.[6]

Der UN-Sonderberichterstatter für das Recht auf Nahrung, Michael Fakhri, zeigt in seinem jüngst der UN-Vollversammlung vorgestellten Bericht eindrücklich auf, dass Hunger und Ernährungskrisen die Folge von politischem Handeln – oder Unterlassen – sind.[7] Mit den umfangreichen Berichten und Analysen über die Probleme von Ernährungssystemen ist mittlerweile der Ansatz, das gesamte System in den Blick zu nehmen (*food system*), in aller Munde. Mit einer solchen systemischen Betrachtung lassen sich vielfältige sozio-ökologische Ziele verbinden, wie der Schutz und die Regeneration natürlicher Ressourcen, Gesundheit von Mensch und Tier, Schutz von Lebensgrundlagen, Kultur und Wissen, Arbeit und soziale Beziehungen. Doch die Zunahme des Diskurses über Ernährungssysteme hat hitzige Debatten über die Konzeptualisierung und Implikationen des Begriffs ausgelöst – ein Beleg dafür, dass Ernährungssysteme grundlegend von Machtverhältnissen geprägt sind.[8]

Aktionslyrik statt entschlossenem Handeln

Das zeigen auch die Debatten um den UN Food Systems Summit (UNFSS). Im Frühjahr 2020 stand die Weltgemeinschaft an einem Scheideweg: Wohin sollen Energie, Geld und Arbeit zur globalen Pandemiebekämpfung fließen? Im UN-Welternährungsausschuss (CFS) wurden Stimmen laut, entschlossen und koordiniert auf die sich damals bereits deutlich abzeichnenden Auswirkungen der Corona-Pandemie auf die Welternährung zu reagieren und entsprechend des CFS-Mandats eine globale Antwort in Form kohärenter Aktivitäten zu koordinieren. Parallel allerdings begannen an anderer Stelle die Vorbereitungen für den UNFSS als das globale Gipfeltreffen. Diese Richtungsentscheidung lag offen auf dem Tisch – auch auf dem der Bundesregierung. Die weltweite Zivilgesellschaft hatte die Regierungen aufgefordert, international gebündelt über den Zivilgesellschaftsmechanismus des CFS, den Civil Society and Indigenous Peoples Mechanism (CSM), alle Energie in eine globale koordinierte Antwort auf die Corona-Pandemie zu stecken und dabei die bestehenden, etablierten Strukturen des CFS zu nutzen.

Doch de facto geschah das Gegenteil: Deutschland und die EU wurden ein zentraler Geldgeber des Gipfels und die Reaktion auf die coronabedingte Ernährungskrise wurde weder Thema des Gipfels noch Arbeitsstrang des CFS.[9] Damit nahm eine Konferenz Fahrt auf, die virtuellen Aktivismus ins Schaufenster stellte, die aber von Beginn an im Chaos aufging – und damit echte und notwendige Aktionen unterbunden hat. »Während der gesamten Zeit konnte niemand klar erklären, was der Gipfel sein und tun sollte. Wenn man fünf verschiedene Leute fragte, bekam man zehn unterschiedliche Antworten. Die Regierungen waren verwirrt, die Menschen waren verwirrt, und manchmal war auch die Leitung des Gipfels verwirrt«, beschreibt es Michael Fakhri als UN-Sonderberichterstatter für das Recht auf Nahrung.[10]

Teilnahme vs. Teilhabe: der Schein der Inklusivität

So sollte der Titel People's Summit – also ein Gipfel aller Menschen – überdecken, dass der Gipfel eigentlich von einem Schattennetzwerk aus globalen Philanthropen, multinationalen Konzernen und mächtigen, exportierenden Staaten dominiert wurde.[11] Beispielsweise stellte der Stellvertreter der Sondergesandten für den UNFSS, Martin Frick, den Gipfelprozess mehrfach als herausragend inklusiv dar.[12] Richtig ist: Jede und jeder durfte sich anmelden und bei den diversen Formaten des Gipfels dabei sein. Dies ist jedoch kein Gradmesser für Inklusivität. Die Teilhabe am Gipfel in Form von Mitsprache und Einfluss auf die Ergebnisse von besonders diskriminierten Gruppen war von Beginn an – anders als im CFS – nicht gegeben.

Statt der Verbesserung der Situation der von Hunger und Ausgrenzung betroffenen Menschen standen ganz andere Interessen im Vordergrund. Dies zeigte sich spätestens mit der Berufung von Agnes Kalibata, der Präsidentin der Allianz für eine grüne Revolution in Afrika (AGRA), als Sonderbeauftragte für den UNFSS. Diese Personalie kann als eine Positionierung des UNFSS für den stark mit der Agrar- und Ernährungsindustrie verbundenen Ansatz der Grünen Revolution und gegen marginalisierte Gruppen, Agrarökologie, bäuerliche Landwirtschaft und das Recht auf Nahrung gewertet werden. Das bestätigte bereits das erste Treffen zwischen Kalibata und bäuerlichen Organisationen, unter anderem der weltweit mitgliederstärksten Bauernorganisation La Via Campesina. Die Sonderbeauftragte äußerte ist stark negativ zum Begriff »bäuerlich«, da dieser mit Rückständigkeit verbunden sei. Bäuer:innen seien in erster Linie Unternehmer:innen – ein Affront gegenüber den Vertreter:innen von La Via Campesina, die weltweit den Kampf für die Rechte von Bäuer:innen anführen. Gleichzeitig zeigte sie völlige Unkenntnis gegenüber Menschenrechtsfragen. Weder das Recht auf Nahrung noch die UN-Bauernrechte-Erklärung waren ihr bekannt.[13]

Doch anstelle auf zivilgesellschaftliche Kritik auf den Einfluss von AGRA zu reagieren, wurde mit der Berufung von Joachim von Braun, der neben vieler anderer einflussreicher Funktionen auch im Aufsichtsrat von AGRA sitzt, als Vorsitzenden der Wissenschaftsgruppe des UNFSS quasi eine AGRA-Doppelspitze in den Gremien des UNFSS installiert. Für die Wissenschaftsgruppe war im UNFSS eine zentrale beratende Funktion vorgesehen, wodurch der Vorsitzende der Gruppe privilegierten Zugang zu den Entscheidungsgremien hatte. Insgesamt wurde die Zusammensetzung der Wissenschaftsgruppe, deren Auswahlkriterien bis heute unbekannt sind, als undemokratisch und einseitig gerade auch in Richtung von Befürwortern der Gentechnik kritisiert.

Die fehlende Inklusivität und die Dominanz von Interessen der Agrar- und Ernährungsindustrie spiegeln sich deutlich in den Ergebnissen des Gipfels wider. Forderungen sozialer Bewegungen und der breiteren Zivilgesellschaft, wie das Verbot hochgiftiger Pestizide, die Stärkung der Menschenrechte, Förderung von Ernährungssouveränität, eine faire Handelspolitik, angemessene Reaktionen auf die Corona-Pandemie oder auch schlicht nur die Aufforderung, die Entscheidungsstrukturen im Gipfelprozess auf den Tisch zu legen, wurden weitgehend ignoriert.[14] Dies ist auch der Tatsache geschuldet, dass der UNFSS das hart erkämpfte und bewährte Prinzip der Selbstorganisation der Zivilgesellschaft, wie es im CFS praktiziert wird, und das zu vielen wegweisenden Produkten, wie etwa den UN-Landleitlinien, geführt hat, ignoriert hat.

Kurzer Rückblick zur Entstehung des UNFSS: Leider waren all diese Probleme von Beginn an absehbar und wurden von der Zivilgesellschaft immer wieder benannt. Bereits die Konzeption des Gipfels verdeutlichte weit im Vorfeld die Zielrichtung des ganzen Vorhabens. Initiiert vom Weltwirtschaftsforum (WEF), hat der UN-Generalsekretär den Gipfel einberufen – nicht wie üblich ein Beschluss der UN-Staaten. Wegen der Initiative von Privatwirtschaftsakteuren, die am meisten vom Erhalt des aktuellen Systems profitieren, stand der Gipfel von Beginn an unter scharfer Beobachtung der Zivilgesellschaft. Insbesondere die im CSM organisierte Zivilgesellschaft des CFS zweifelten von Beginn an, ob ein solcher Gipfel der Verwirklichung des Menschenrechts auf Nahrung und der Beendigung von Hunger und Mangelernährung dienen könnte. Die Zweifel wuchsen, als über zwei Jahre vor dem Gipfel Fragen nach Informationen zum Planungsprozess und angemessener Beteiligung der Zivilgesellschaft im Planungsprozess unbeantwortet blieben. Auch in Deutschland haben wir nachgefragt. Die Antworten zeigten, dass auch die Bundesregierung weitgehend in der Luft hing, zentrale Fragen zum Planungsprozess, zu Zielsetzungen und Entscheidungsstrukturen nicht beantworten konnte oder auch selbst intransparent agierte – wie etwa die nationalen Dialoge zeigten.

»Nationalen Dialoge« – nicht inklusiv

In allen Mitgliedstaaten sollten im Vorfeld des Gipfels nationale Dialoge mit Akteur:innen des Ernährungssystems stattfinden. Diese galten den Befürworter:innen des Gipfels als ein weiteres Argument für die vermeintlich hohe Inklusivität der Veranstaltung. Eine Definition, wie ein nationaler Dialog ausgerichtet sein musste, um sich als Input für den UNFSS zu qualifizieren, gab es aber nicht. Die jeweiligen Ergebnisse sollten in ein Online-Formular gegeben und an das Sekretariat des UNFSS geschickt werden. Wie diese zahlreichen Inputs ausgewertet und konkret aufgegriffen wurden, ist bis heute unklar.

Das Bundesministerium für Ernährung und Landwirtschaft (BMEL) startete diesen Dialog in Deutschland im Juni 2021 – zu einem Zeitpunkt, als sich die Bundesregierung bereits über ihre Positionen zum UNFSS verständigt hatte. Dabei ist der Eindruck entstanden, dass die bisher geäußerte Kritik an den Prozessen und Strukturen des UNFSS bei der Planung des nationalen Dialogs auch nicht berücksichtig wurde: Die Dialoge selbst fanden mit einer begrenzten Teilnehmer:innenzahl und einem intransparenten Auswahlverfahren statt. Es fehlten zentrale Vertreter:innen der Landarbeiter:innen, Obdachlosen oder Kleinbäuer:innen – allesamt diskriminierte Gruppen im dominierenden Ernährungssystem. Diese Probleme der fehlenden Inklusivität zeigten sich bei den Dialogen weltweit.

Fundierte Kritik – blieb unbeantwortet

Die Kritik am Gipfel drang in Deutschland und weltweit anfangs nicht aus einer kleinen Nische der Zivilgesellschaft heraus. Diese war nicht von Beginn an ablehnend, sondern kritisch und an Veränderung orientiert. Ab Mitte 2020, nachdem sich abzeichnete, dass Vorschläge sowie Kritik der Zivilgesellschaft bei den Organisatoren des Gipfels weitgehend abprallten, wurden Stellungnahmen erarbeitet und Aufrufe initiiert, die dann von über 500 Organisationen mitgetragen wurden – weit über den Kreis von sozialen Bewegungen und kritischer Nichtregierungsorganisationen hinaus. Die kritische Begleitung des UNFSS mündete schließlich im Mai 2021 in der Entscheidung, zu einer Mobilisierung gegen den virtuellen Gipfel in New York sowie dessen Vorgipfel in Rom aufzurufen. Mit großem Erfolg.[15] Alleine bei den Protesten zum Vorgipfel beteiligten sich über 300 Organisationen und rund 9.000 Personen. Ein weiteres starkes Signal sendete die Stellungnahme von über 300 Wissenschaftler:innen[16] gegen ein zusätzliches Forum zum Austausch von Wissenschaft und Politik im Bereich Ernährung und Landwirtschaft.

Problematisch: die neuen *Coalitions of Action*

Das Chaos rund um UNFSS kulminierte beim anderthalbtägigen sog. *Peoples Summit* in einer 13-stüngigen Abfolge aus 143 dreiminütigen Videobotschaften von Regierungsvertreter:innen. Auch hier wurde die schiere Zahl an Teilnehmenden irreführend als Zeichen großer Teilhabe dargestellt. Auffällig war auch, dass Regierungsvertreter:innen aus den Bereichen Gesundheit, soziale Sicherung oder Arbeit weitgehend abwesend waren. Auch aus diesem Blickwinkel war die formulierte Idee des holistischen Blicks des Gipfels auf Ernährungssysteme letztendlich kaum mehr als ein Narrativ.

Letztlich sind nahezu alle von der Zivilgesellschaft im Vorfeld geäußerten Befürchtungen eingetreten. Statt sich auf einheitliche, kohärente Strategien von Staaten zu einigen, um etwa die Handlungsspielräume von Unternehmen einzuschränken und eine gesündere Ernährungsweise zu begünstigen, natürliche Ressourcen zu schützen oder Schritte in Richtung einer fairen Welthandelspolitik zu gehen, setzte der Gipfel auf freiwillige, lose Zusammenschlüsse, sog. *Coalitons of Action,* zu unterschiedlichen Themenfeldern. Völlig unklar ist, wie diese Koalitionen zu Handlungen kommen sollen, gegenüber wem sie rechenschaftspflichtig sind und wie ihr Fortschritt überprüft wird. Klar ist nur, dass bereits einige Staaten, auch Deutschland, den Allianzen beigetreten sind, was zu einer Schwächung des CFS führt und von der Zivilgesellschaft als Etablierung von Parallelstrukturen gewertet wird.

Diese *Coalitions of Action* – auch laut Bundesregierung ein »zentrales Ergebnis« des UNFSS – liefern unter dem Deckmantel der UN Greenwashing-Lösungen der Privatwirtschaft. Dies zeigen beispielsweise die von der Privatwirtschaft propagierten Lösungsideen mit Fokus auf sog. *soil health:* Ackerland soll vermehrt in Kohlenstoffsenken umgewandelt werden. Dabei ist wirksamer Klimaschutz nur mit der realen Beendigung von Treibhausgasemissionen möglich. Dies ist durch solche kohlenstoffzentrierten Ansätze – oftmals

Folgerungen & Forderungen

- *Multistakeholder-Ansätze zurückdrängen:* Deutschland sollte sich gegen die wachsende Zahl dieser Ansätze als Teil globaler Governance-Strukturen aussprechen und einsetzen. In diesen Ansätzen werden die unterschiedlichen Ebenen von Rechteinhaber:innen (Bürger:innen), der Staat als Pflichtenträger gegen über den Bürger:innen und privaten Unternehmen auf problematische Weise gleichgesetzt und so schon vorhandene Machtasymmetrien ignoriert und verstärkt. Dies kann nicht im Interesse eines Staates sein, der im Sinne seine Bürger:innen handelt und sich für die Menschenrechte stark macht.
- *Stattdessen inklusiven Multilateralismus stärken:* Deutschland muss sich zum Thema Welternährung, Ernährungssysteme und Menschenrecht auf Nahrung für eine echte Teilhabe der Zivilgesellschaft und aller Staaten einsetzen. Dies beinhaltet die Stärkung der selbstorganisierten und glaubwürdigen Teilhabe der Zivilgesellschaft; marginalisierte Gruppen müssen in diesem Prozess eine prominente Rolle innehaben. Auch arme Länder müssen dabei unterstützt werden, ihren Themen angemessen Gehör zu verschaffen.
- *Menschenrechte als zentraler Kompass:* Deutschland und die EU müssen ihre Politik im Bereich Welternährung und Hunger an den Menschenrechten ausrichten, und zwar über das Benennen der Menschenrechte hinaus. Sie müssen offensiv progressive menschenrechtliche und agrarökologische Positionen in multilaterale Prozesse einbringen und vertreten – und verabschiedete Beschlüsse dann auch umsetzen.
- *Welternährungsausschuss stärken:* Statt Parallelaktivitäten aufzubauen, muss der Welternährungsausschuss (CFS) mit seiner einzigartigen, inklusiven Beteiligungsstruktur politisch wie finanziell gestärkt werden.

Carbon-Farming-Initiativen genannt – nicht möglich. Es handelt sich dabei auch nicht um permanente Speichermöglichkeiten von Kohlenstoff. Weiterhin können solche vermeintlichen Lösungsansätze – wie wir beim Agrartreibstoffhype Anfang der 2000er gesehen haben - zu verstärkten Landkonflikten führen. Und gewiss helfen sie Kleinbäuerinnen und -bauern nicht dabei, sich aus der Abhängigkeit von agrochemischen Produktionsmitteln zu befreien.

Ähnlich stellen sich die Ergebnisse der Wissenschaftsgruppe dar. Die von ihr erarbeiteten Papiere lesen sich häufig wie Ausschnitte aus Bioökonomie-Strategien in Deutschland und Europa. Als ein zentrales Ziel wird definiert, alles Leben auf dem Land und im Wasser zu sequenzieren und so genetisch zu erfassen. Als nächster bedeutender Schritt wird dann die systematische Nutzung dieser biogenen Ressourcen und die züchterische *Verbesserung*, gerade auch über neue Gentechnikmethoden, benannt. Letztlich eine Fortsetzung des alten Mantras, Hunger sei ein Produktionsproblem. Ein Standpunkt, der im CFS längst überwunden war. Gefährlich ist vor allem, dass sich dieser Ansatz (Hunger sei ein Produktions- und nicht ein sozioökonomisches Problem, das der Nichtumsetzung des Rechts auf Nahrung geschuldet ist) durch viele verschiedene *Coalitions of Action* und im Rahmen des Gipfels vorgestellter Initiativen zieht.

Statt an einer koordinierten Antwort auf die drängenden Fragen der Welternährung zu arbeiten, verfestigte der Gipfel zudem geostrategische Gräben. Dies zeigt sich am offenen Streit zwischen der Europäischen Union und den Staaten Amerikas über die Farm-to-Fork-Strategie der EU. Das aggressive Anpreisen der EU-Strategie und der formulierte Anspruch der EU, diese als globale Richtschur setzen zu wollen, provozierte die Gründung einer *Coalition of Action* durch die USA, zusammen mit anderen Staaten Nord- und Südamerikas, die sich aktiv *gegen* die Farm-to-Fork-Strategie der EU positioniert. So entstanden Koalitionen, die, anstatt an einer gemeinsamen Strategie ausgerichtet zu sein, aktiv gegeneinander arbeiten. Auf Basis dieser Ergebnisse muss der UNFSS als komplett gescheitert betrachtet werden. Nicht einmal die völlige Beliebigkeit des »Multistakeholderismus« des Gipfels konnte verhindern, dass die bestehenden globalen Differenzen im Bereich der Hungerstrategien so offen zutage getreten sind wie selten zuvor.

Wie weiter?

Die wachsende Konzernmacht in der UN, im gesamten Nahrungsmittelsektor und auch im Bereich der Wissenschaft (Stichwort: Drittmittelforschung) birgt enorme Gefahren für die globale Steuerung und Demokratisierung von Ernährungssystemen. Daher ist die Beschränkung der Macht und des Einflusses der Konzerne zum Schutz von Klima, Umwelt und Menschenrechten dringend erforderlich. Diese Notwendigkeit hat auch der UN-Sonderberichterstatter für das Recht auf Nahrung, Michael Fakhri, in seinem aktuellen Bericht zum UN-Gipfel angezeigt. »Wenn man die Agrarindustrie, die über Geld und Macht verfügt, in die Bestimmung der Zukunft einbezieht, wird diese unweigerlich die Diskussion dominieren«, so Fakhri.

Solch offene Worte eines UN-Beauftragten kommen nicht bei allen gut an, wie sich auf dem Jahrestreffen des CFS zwei Wochen nach dem UNFSS zeigte. Dort kulminierte die Diskussion zu den Ergebnissen des UNFSS in der öffentlichen Kritik Deutschlands am UN-Sonderberichterstatter zum Recht auf Nahrung. Die Bundesregierung – insbesondere das BMEL – war in der Vergangenheit ein wichtiger Unterstützer des CFS und auch der multilateralen Arbeit zum Recht auf Nahrung.

Für uns als Zivilgesellschaft stellt sich mit dem Auftreten der Bundesregierung rund um den UNFSS die Frage: Ist hier ein Paradigmenwechsel eingeläutet oder war dies lediglich eine chaotisch anmutende Episode deutscher Politik im Bereich der Global Food Governance? Hier sehen wir dringenden Klärungsbedarf bei der neuen Bundesregierung, von der zu hoffen bleibt, dass sie sich klar zu einer multilateralen und menschenrechtsbasierten Welternährungsarchitektur bekennt – und die dringend notwendigen finanziellen und politischen Schritte zu deren Stärkung geht.

Anmerkungen

1 Wissenschaftlicher Beirat der Bundesregierung Globale Umweltveränderungen (WBGU): Landwende im Anthropozän: Von der Konkurrenz zur Integration. Berlin 2020.

2 IPCC Sonderbericht über Klimawandel und Landsysteme (SRCCL): »If emissions associated with pre- and post-production activities in the global food system are included, the emissions are estimated to be 21–37% of total net anthropogenic GHG emissions« (www.de-ipcc.de/254.php).

3 Umweltbundesamt: Gefährdung der Biodiversität (www.umweltbundesamt.de/themen/boden-landwirtschaft/umweltbelastungen-der-landwirtschaft/gefaehrdung-der-biodiversitaet).

4 Laut FAOStat ist die Weltgetreideernte von 1961 bis 2019 um 240 Prozent angestiegen, die Gemüseernte um 470 Prozent. Parallel wuchs die Weltbevölkerung um 150 Prozent.

5 Oxfam Deutschland: Pandemie-Profiteure und Virus-Verlierer*innen. Supermärkte erwirtschaften Rekordumsätze, während die Pandemie vor allem Frauen weltweit trifft. Berlin 2021, S. 3.

6 INKOTA: Ghana – ein Land lebt vom Kakao. Infoblatt 4. Berlin 2018, S. 2.

7 United Nations General Assembly: Seventy-sixth session, Item 75 (b) of the provisional agenda: The right to food. Note by the Secretary-General New York 2021, p. 17.

8 M. C. Canfield, J. Duncan and P. Claeys: Reconfiguring food systems governance: The UNFSS and the battle over authority and legitimacy. In: Development (2021). DOI: 10.1057/s41301-021-00312-1.

9 UN Food Systems Summit Financial Report, Annex 9. New York, April 2021, p. 2. Nach Stand im April 2021 belaufen sich die Ausgaben und Zusagen für 2020/2021 von Deutschland (BMEL und BMZ) auf rund 1,85 Millionen Euro, der EU auf 2,4 Millionen Euro.
10 M. Fakhri: A trade agenda for the Right to Food. In: Development (2021). DOI. 10.1057/s41301-021-00305-0.
11 Canfield et al. (siehe Anm. 8).
12 »Towards the UN Food Systems Summit: More inclusive and fairer sustainable food systems.« Press release of FAO dated 28. May 2021 (www.fao.org/brussels/unfss-news/detail/en/c/1402904/).
13 »Via Campesina denounces UN Special Envoy for the UN Food Systems Summit for diminishing peasants and their rights.« Presse release of La Via Campensina dated 26. February 2020 (www.//viacampesina.org/en/viacampesina-denounces-un-special-envoy-for-the-un-food-systems-summit-for-diminishing-peasants-and-their-rights/).
14 Siehe unter anderem: »Declaration: No to corporate food systems! Yes to Food Sovereignty!« Presse release of CSM dated 17. September 2021 (www.csm4cfs.org/no-to-corporate-food-systems-yes-to-food-sovereignty/).
15 »Call to action | Peoples' Counter-Mobilization to Transform Corporate Food Systems.« Presse release of CSM dated 20. May 2021 (www.csm4cfs.org/call-action-mobilization-challenge-un-food-systems-summit-re-claim-peoples-sovereignty-food-systems/).
16 Agroecology Research-Action Collective: Open letter to policy makers: No new science-policy interface for food systems (www.agroecologyresearchaction.org/open-letter-to-policy-makers-no-new-science-policy-interface-for-food-systems/).

Lena Bassermann
Referentin für Welternährung und globale Landwirtschaft bei INKOTA.

bassermann@inkota.de

Roman Herre
Agrarreferent von FIAN Deutschland.

r.herre@fian.de

Stig Tanzmann
Landwirt und Agrarwissenschaftler, seit 2010 als Referent für Landwirtschaft bei Brot für die Welt.

stig.tanzmann@brot-fuer-die-welt.de

◉ *Schwerpunkt »Preis Werte Lebensmittel«*

Importierte Zerstörung

Zur aktuellen Debatte über entwaldungsfreie Lieferketten – nicht nur – in der Land- und Lebensmittelwirtschaft

von Tina Lutz

Zwei der größten existenziellen Krisen unserer Zeit, der Verlust der Biodiversität und der Klimawandel, schreiten im hohen Tempo voran. Natürliche Ökosysteme wie Wälder, Savannen oder Feuchtgebiete haben hier eine besonders große Bedeutung. Denn sie beherbergen und schützen eine große Artenvielfalt, regulieren Wasserkreisläufe, sind als Kohlenstoffsenken unverzichtbar und dienen indigenen und traditionellen Gemeinschaften als Lebensgrundlage. Viele dieser Ökosysteme stehen bereits durch den gestiegenen Nutzungsdruck und den fortschreitenden Klimawandel so sehr unter Stress, dass sie ihre Funktion als natürliche Kohlenstoffsenken mehr und mehr einbüßen. Gleichzeitig nimmt die Artenvielfalt dramatisch ab. Landnutzungsänderungen im Zuge der Ausweitung und Intensivierung der globalisierten landwirtschaftlichen Produktion sind ein Hauptgrund dafür. Der folgende Beitrag fokussiert vor allem auf die dramatische Entwaldungssituation in Südamerika, benennt die ökonomischen Gründe für die fortschreitende Zerstörung von Ökosystemen und Verletzung von Menschenrechten und stellt Eckpunkte für den Aufbau entwaldungsfreier Lieferketten auf EU-Ebene vor.

Die Lage ist dramatisch. Im Schnitt werden pro Stunde etwa 800 Fußballfelder Wald vernichtet, vor allem in den Tropen und Subtropen. Rund 80 Prozent der weltweiten Entwaldung gehen auf die Ausweitung der Landwirtschaft zurück, etwa für den Anbau von Palmöl, Kautschuk oder Sojafuttermitteln, auch für den EU-Markt. Rund zehn Prozent der weltweiten Waldzerstörung lassen sich auf den Konsum von entwaldungskritischen Rohstoffen in der EU zurückführen.[1]

So nähert sich z. B. das Amazonas-Biom zunehmend einem Kipppunkt. Der brasilianische Teil des Amazonasgebiets hat zwischen 2010 und 2019 erstmals rund 18 Prozent mehr CO_2 ausgestoßen als im selben Gebiet vom Regenwald gespeichert wurde.[2] Entwaldung und der Umbruch von intakten Ökosystemen für die industrielle Landwirtschaft ist weltweit die zweitgrößte Quelle von Klimagasen, nach der Verbrennung von Kohle, Öl und Gas. Gleichzeitig werden die regionalen Wasserkreisläufe gestört. Die Regenfälle haben in manchen Regionen im Amazonas aufgrund von Entwaldung und fortschreitender Degradierung bereits deutlich abgenommen. Landwirtschaft könnte in einigen Teilen der Region künftig schwierig bis unmöglich werden.[3] Ohne den Schutz von Wäldern und anderen kohlenstoffreichen und biodiversen Ökosystemen werden wir weder die Pariser Klimaziele noch die UN-Ziele für nachhaltige Entwicklung erreichen.

Entwaldungskritische Rohstoffe: steigende Nachfrage

Ein wichtiger Treiber für die Entwaldung in Südamerika ist die Nachfrage nach Eiweißfuttermitteln. Getrieben von der weltweit wachsenden Nachfrage für die Fleisch-, Milch und Eierproduktion expandiert der Anbau immer weiter in die artenreichsten Ökosysteme der Welt – nach dem Amazonas-Regenwald nun vermehrt in den Cerrado und Gran Chaco.[4] Mit schwerwiegenden ökologischen und sozialen Folgen.

Die europäische Tierproduktion ist mit ihren Hochleistungszüchtungen auf die Importe von Sojafutter angewiesen. Durch den Abbau von Zöllen und die Vernachlässigung von heimischen Eiweißpflanzen haben heimische Eiweißquellen praktisch keine Bedeutung mehr. 2019 wurden nur knapp 2,2 Millionen der insgesamt 32,4 Millionen Tonnen in der EU28+ verfügbaren Sojafuttermittel in der EU produziert. Der überwiegende Teil wurde importiert – meist aus Südamerika. 2019 kamen 37 Prozent der Importe aus Brasilien, weitere 20 Prozent aus Argentinien.[5] Im gleichen Jahr waren nur etwa 25 Prozent des in der EU28 verwendeten Sojafutters zertifiziert entwaldungsfrei. Rund 58 Prozent des Sojas entsprachen noch nicht einmal den Leitlinien des europäischen Futtermittelindustrieverbands (FEFAC), die bisher nur die illegale Entwaldung verbindlich ausschließen.

Der Futtermittelmarkt ist sehr intransparent. Ein Großteil der Futtermittelbranche weigert sich beharrlich offenzulegen, wie sie mit Risiken für Entwaldung und Landraub in ihren Lieferketten umgehen. Die im Juli 2020 im Fachblatt *Science* erschienene Studie *The rotten apples of Brazil's agribusiness*[6] zu EU-Importen aus Entwaldungsgebieten in Brasilien zeigt auf, dass mehr als jede fünfte Tonne der EU-Sojaimporte aus Brasilien von Farmen kommen, die illegal Wälder roden. Allein über ihre Sojaimporte sei die EU zwischen 2009 und 2017 für jährliche Treibhausgasemissionen von 58 Millionen Tonnen verantwortlich. (Das entspricht fast der Menge an Treibhausgasemissionen der gesamten deutschen Landwirtschaft 2020 von 60,4 Millionen Tonnen.[7] Die Studie kommt zu dem Schluss, dass »alle Wirtschaftspartner Brasiliens die Schuld dafür teilen, dass sie indirekt Entwaldung und Treibhausgasemissionen vorantreiben, indem sie Importe und Konsum von landwirtschaftlichen Produkten erlauben, die mit Entwaldung verunreinigt sind, illegal oder nicht.«[8]

Dieser Verantwortung stellt sich nach wie vor nur eine Minderheit der deutschen Wirtschaft. Allen Berichten über Brandrodungen und illegalen Landnahmen zum Trotz nahmen die Sojaimportzahlen aus Brasilien in die EU im Jahr 2020 deutlich zu.[9] Im Juni 2021 untersuchte die Deutsche Umwelthilfe den Umgang der großen deutschen Lebensmittelhändler mit dem Entwaldungsrisiko in den Lieferketten ihrer tierischen Produkte. Ergebnis: Die deutschen Supermärkte tun zu wenig, um Entwaldung und Landraub für ihre Sojafuttermittel zu verhindern. Kein einziger der untersuchten Supermärkte konnte für seine Soja-Nachhaltigkeitsstrategie insgesamt als »gut« bewertet werden.

Positiv ist, dass mittlerweile fast alle großen Ketten nachhaltige und entwaldungsfreie Lieferketten anstreben, wenn auch meist nur für ihre Eigenmarken. Und auch für den Bereich Sojafuttermittel haben mittlerweile fast alle Supermärkte Leitlinien entwickelt. Weiterhin schlecht schneiden die Supermarktketten aber bei der Rückverfolgbarkeit des Sojas, der Qualität der gesetzten Standards und der Transparenz gegenüber Konsument:innen ab. Bei fast allen großen Lebensmittelhändlern ist nur ein geringer Teil der tierischen Produkte nachweislich frei von legaler und illegaler Entwaldung. Die Ergebnisse zeigen, dass freiwillige Initiativen des Lebensmittelhandels trotz einiger gut gewollter Ansätze nicht ausreichen. Rückverfolgbarkeit und Transparenz sind hier die Schlüsselanforderungen, an denen die meisten Unternehmen aber scheitern. Kein einziges Unternehmen kann das gesamte in der Lieferkette verwendete Soja lückenlos bis zur Anbauregion zurückverfolgen. Das wäre aber notwendig, um etwa Risiken für Naturzerstörung und Menschenrechtsverletzungen sicher auszuschließen.[10]

Oft unterschätzt: das Entwaldungsrisiko der Autoindustrie

Neben dem Lebensmittelhandel ist die Automobilindustrie für einen Großteil der importierten Entwaldung, etwa für Leder in Innenausstattungen und Kautschuk für Reifen, nach Deutschland verantwortlich. In einer gemeinsamen Recherche haben Rainforest Foundation Norway und die Deutsche Umwelthilfe im April 2021 das Risiko von Entwaldung für Ledersitze der Autokonzerne untersucht. Die Analyse fand deutliche Hinweise darauf, dass die deutschen Autobauer Volkswagen, BMW und Daimler Leder von brasilianischen Unternehmen beziehen, die mit großflächiger Entwaldung in Verbindung stehen. Allein im Bezugsgebiet von JBS, dem weltweit größten Rindfleischproduzenten und Lederlieferanten, wurden in den letzten zwei Jahren bis zu einer Million Hektar Wald vernichtet.[11]

Die Rinderzucht ist der wichtigste direkte Treiber von Entwaldung in Südamerika. In den letzten zehn Jahren gelangten regelmäßig Berichte an die Öffentlichkeit, in denen die brasilianische Rinderindustrie mit illegaler Landnahme und Entwaldung sowie Menschenrechtsverletzungen bis hin zur Sklaverei in Zusammenhang gebracht wurde. In Brasilien leben die meisten Rinder weltweit, mehr als 214 Millionen, fast die Hälfte von ihnen werden in der Amazonasregion gezüchtet. Bisher lag die Aufmerksamkeit vor allem auf brasilianischem Rindfleisch als Treiber der Entwaldung. Doch Leder ist keineswegs nur ein unwichtiges Nebenprodukt. Das Land ist der wichtigste Lederexporteur weltweit und der Handel mit Leder ein Milliardengeschäft, das die Waldvernichtung anheizt. Zwischen 2018 und 2020 exportierte Brasilien insgesamt 1,26 Millionen Tonnen Leder. Rund 50 Prozent der brasilianischen Lederexporte nach Europa gehen über Zwischenhändler und Verarbeiter in die Autositzproduktion.

Keiner der untersuchten Autohersteller verfügte über ausreichende Richtlinien und Maßnahmen, um Entwaldung in seinen Lieferketten sicher auszuschließen. Dafür bräuchte es eine lückenlose Rückverfolgbarkeit vom Geburtsbetrieb über die Mästung und Schlachtung bis zum Lederproduzenten. Die Schlachthäuser können die Rinder aber wenn überhaupt nur bis zum letzten Mastbetrieb zurückverfolgen. Untersuchungen, etwa von Repórter Brasil, zeigen aber, dass Rinder immer wieder erst in den letzten Wochen ihres Lebens für die Schlussmast von frisch gerodeten Flächen auf ökologisch unbedenkliche Gebiete umgesiedelt werden, um das im »Cattle Moratorium« vereinbarte Entwaldungsverbot zu umgehen. »Cattle Laundering« heißt diese verbreitete Praxis.[12]

Bolsonaro & Co.: Nutznießer der europäischen Handelspolitik

Seit der Amtsübernahme des mit der Agrarindustrie eng verwobenen brasilianischen Präsidenten Jair Bolsonaro haben die Entwaldungszahlen, nach einer kurzen Erholungsphase während der Vorgängerregierungen, wieder deutlich zugenommen. Allein 2020 wurden mehr als eine Million Hektar Regenwald vernichtet.[13] Getrieben wurde die Zerstörung vor allem von einer stark zurückgeschraubten Umsetzung des Umweltrechts, etwa durch eine gezielte Schwächung der IBAMA, der brasilianischen Umweltbehörde.

Jair Bolsonaro hat bisher keinen Hehl daraus gemacht, dass der Amazonas für ihn ein landwirtschaftliches Entwicklungsgebiet ist, das erschlossen werden sollte. Seine Regierung hat in den letzten Monaten daher auch verstärkt daran gearbeitet, Landnahmen von öffentlichen Gebieten durch die Agrarindustrie oder Bergbauunternehmen über Gesetzesinitiativen zu vereinfachen. Etwa durch eine Schwächung von Umweltprüfungen und Anhörungsverfahren. Bolsonaro steht derzeit innenpolitisch massiv unter Druck und muss sich um das Wohlwollen seiner Verbündeten in der Industrie bemühen. Darum treibt er auch die Umsetzung des EU-Handelsabkommens mit den Mercosur-Ländern Argentinien, Brasilien, Paraguay und Uruguay massiv voran, da hiervon vor allem die ihm nahestehende Agrarindustrie profitieren würde.

Kern des Abkommens ist der Handelsteil mit zahlreichen Verpflichtungen etwa zum Abbau der Zölle auf Autos, Agrarprodukte und Rohstoffe. Im Gegenzug für den freien Marktzugang für unter anderem deutsche Autos und Chemieprodukte wie Pestizide könnten mehr Fleisch, Milchprodukte und auch Soja aus Südamerika auf den EU-Markt gelangen.[14]

Laut eines von der französischen Regierung veröffentlichten Berichts könnte allein durch die zusätzliche Rindfleischquote über 99.000 Tonnen im Mercosur eine zusätzliche Weidefläche von 3,6 Millionen Hektar erforderlich werden und das Tempo der jährlichen Entwaldung um 25 Prozent zunehmen. Die Treibhausgasemissionen könnten aufgrund der durch den Vertrag induzierten Rodungen in Amazonien, Cerrado und dem Chaco 15-mal so hoch ausfallen wie von der offiziellen EU-Folgenabschätzung angenommen. In diesem Fall würden die jährlichen Kosten der Klimaschäden die dem Abkommen zugeschriebenen Handelsgewinne um mehrere Milliarden Euro übersteigen.[15]

Das Mercosur-Abkommen würde in seiner bisherigen Form keinen Beitrag dafür leisten, künftig Brandrodungen und Landraub für den Export von brasilianischen Agrarprodukten auszuschließen. Denn dafür fehlten durchsetzbare Standards sowie Sanktions- und Beschwerdemechanismen und eine Revisionsklausel. Mehrere EU-Mitgliedstaaten, darunter auch Deutschland, haben daher zusätzliche Vereinbarungen zum Schutz der brasilianischen Wälder gefordert. Allerdings ist fraglich, ob Zusatzvereinbarungen hier effektiv sein können. Vom Abkommen profitieren würde vor allem die europäische Auto- und Chemieindustrie.[16] Deshalb macht die Industrie massiven Druck für ein solches Abkommen. Gleichzeitig lobbyiert vor allem die deutsche Autoindustrie, und hier vor allem die Zulieferer, gegen die Bemühungen der EU, ökologische und soziale Standards in den Lieferketten von EU-Unternehmen sicherzustellen.

EU-Initiativen für nachhaltigere Lieferketten

Bis dato existieren weder in Deutschland noch in der Europäischen Union verbindliche Vorgaben für Unternehmen, um die importierte Zerstörung von Ökosystemen zu stoppen. Selbst Produkte aus illegaler Entwaldung und Landraub können noch ungehindert auf den EU-Markt gelangen. Erst seit Kurzem arbeitet die EU an Rechtsrahmen, um verbindliche Sorgfaltspflichten und Marktzugangsbeschränkungen für Produkte aus Naturzerstörung festzuschreiben.

Die EU plant gerade zwei Initiativen, die in die Lieferketten von Unternehmen eingreifen sollen. Zum einen erarbeitet sie ein EU-Lieferkettengesetz, dass sektorübergreifend (also nicht produktspezifisch) verbindliche Sorgfaltspflichten für Unternehmen in Bezug auf Menschenrechte und die Umwelt festschreiben soll. Unternehmen sollen also z. B. eine Risikoanalyse durchführen, Maßnahmen zur Risikominimierung vornehmen und darüber berichten. Die Initiative war unter massiven Beschuss von Industrievertretern und dem EU-Normenkontrollrat, der die Verhältnismäßigkeit des Vorhabens infrage stellte, weshalb der Entwurf verschoben werden musste. Dem progressiven Justizkommissar Didier Reynders wurde danach der industrienahe Binnenmarktskommissar Thierry Breton zur Seite gestellt. Von deutscher Seite versuchten konservative Abgeordnete, das deutsche Lieferkettengesetz als Blaupause für ein EU-Gesetz durchzusetzen.

Das deutsche Lieferkettengesetz ist zwar ein erster wichtiger Schritt hin zu verantwortungsvolleren Lieferketten. Es bleibt aber insbesondere im Hinblick auf Umweltbelange sowie den Geltungs- und Anwendungsbereich weit hinter den Erwartungen zurück. Wirtschaftsverbände wie der BDI oder der

VDA haben zusammen mit dem Wirtschaftsflügel der Union und Wirtschaftsminister Altmaier bis zuletzt starken Druck ausgeübt und das Gesetz massiv ausgehöhlt. So soll das Gesetz nur für Unternehmen mit mehr als 1.000 Mitarbeitenden gelten und uneingeschränkt nur für mittelbare Zulieferer gelten. Viele Menschenrechtsverletzungen und Umweltschäden passieren aber gerade am Anfang der Lieferkette. Hier muss ein Unternehmen aber nur bei substantiierter Kenntnis tätig werden. Umweltbelange werden, bis auf wenige Ausnahmen, nur dann berücksichtigt, wenn sie im konkreten Zusammenhang mit einer Menschenrechtsverletzung stehen wie beispielsweise einer Gesundheitsschädigung. Die drängendsten Umweltprobleme unserer Zeit – Biodiversitätsverlust und Klimawandel – bleiben dagegen unberücksichtigt.[17]

Daneben arbeitet die EU gerade an einer Verordnung gegen importierte Entwaldung, die bei einigen entwaldungskritischen Rohstoffen greifen soll. Hier geht es sowohl um Marktzugangsbeschränkungen für Produkte aus Rohstoffen, die von Flächen stammen, die nach einem bestimmten Datum entwaldet wurden, als auch um verbindliche Sorgfaltspflichten, die Unternehmen einhalten sollen, wenn sie kritische Produkte in ihren Lieferketten verwenden.

Auch hier üben Industrievertreter:innen bereits massiven Druck aus – insbesondere die Autoindustrie, die im großen Umfang entwaldungskritische Rohstoffe einsetzt, etwa Kautschuk für Reifen und Leder für Autoinnenausstattungen. Nur nach massiven Druck von Umweltverbänden wurde Leder wieder in den Anhang der Verordnung mit aufgenommen, nachdem es zwischenzeitlich gestrichen worden war. Kautschuk bleibt von der Verordnung ausgenommen. Dabei zeigen Studien deutlich, dass etwa der Kautschukanbau einer der Hauptgründe für Entwaldung in Ländern wie Kambodscha und Laos darstellt.[18] Bliebe Leder unberücksichtigt, könnten wir einen großen Teil der nach Europa importierten Entwaldung durch die Rinderhaltung in Ländern wie Brasilien nicht adressieren. Denn selbst wenn es zu einer schnellen Umsetzung des Mercosur-Abkommens kommt, bleibt der Marktzugang von Rindfleisch in die EU limitiert. Die Mengen werden hier nur moderat steigen. 80 Prozent des brasilianischen Rindfleisches bleibt eh für den Eigenkonsum im Land, während 80 Prozent des brasilianischen Leders exportiert werden, knapp die Hälfte davon kommt in der Autoindustrie zum Einsatz.

Auch die Umweltschäden durch die europäischen Sojafuttermittelimporte bleiben durch den Verordnungsentwurf vermutlich in vielen Fällen unberührt. So wird die Verordnung wohl nur Wälder im Sinne der FAO-Definition abdecken, die vor allem die Kronendichte in den Blick nimmt. Der Brennpunkt der Entwaldung für den Sojaanbau, der Trockenwald des Cerrado bliebe so komplett unberücksichtigt. Der Cerrado ist einer der wichtigsten Biodiversitätshotspots unseres Planeten und speichert große Mengen Kohlenstoff. Lediglich Soja aus Entwaldung aus dem Amazonas-Biom bliebe dann vom EU-Markt ausgeschlossen. Zwar werden auch im Amazonas-Regenwald noch Verstöße gegen das Soja-Moratorium beobachtet, der Großteil der Entwaldung findet aber inzwischen in anderen Ökosystemen statt. Auch Naturzerstörung für den Sojaanbau in anderen Regionen, etwa in den USA oder der Ukraine, würden nicht be-

Folgerungen & Forderungen

Die EU-Verordnung gegen importierte Entwaldung sollte

- für alle Wirtschaftsakteur:innen gelten, die auf dem EU-Markt tätig sind, einschließlich Finanzdienstleister:innen, und die gesamte Wertschöpfungskette abdecken, also für alle Zulieferer und Auftragnehmer aus allen Regionen und Ländern ohne pauschale Risikokategorien gelten;
- sicherstellen, dass Unternehmen keine Produkte platzieren, für die Wälder oder andere natürliche Ökosysteme wie Savannen und Feuchtgebiete zerstört oder degradiert oder Menschenrechte verletzt wurden, insbesondere die Rechte von indigenen und traditionellen Gemeinschaften;
- für alle Agrar- und Holzrohstoffe und ihre Produkte gelten, die am häufigsten mit der Degradierung und Zerstörung von Wäldern und anderen natürlichen Ökosystemen in Verbindung gebracht werden, darunter mindestens: Palmöl, Soja, Fleisch, Leder, Kakao, Kaffee, Kautschuk, Holz und Mais;
- verbindliche Sorgfaltspflichten für Unternehmen festschreiben, die eine Risikoanalyse, Informations- und Transparenzpflichten sowie Maßnahmen zur Risikominimierung sicherstellen;
- eine effektive behördliche Durchsetzung und funktionierende Sanktionssysteme sowie eine zivilrechtliche Haftung festschreiben.
- Ein EU-Lieferkettengesetz muss neben menschenrechtlichen Sorgfaltspflichten auch verbindliche, unabhängige und weitgehende Umweltsorgfaltspflichten unter Einbeziehung des Klima- und Biodiversitätsschutzes für die gesamte Wertschöpfungskette festschreiben.
- Das Mercosur-Abkommen darf so nicht ratifiziert werden. Wir brauchen eine Handelspolitik, die sich an den Zielen der Klimaneutralität, dem Erhalt der biologischen Vielfalt und der Einhaltung der Menschenrechte ausrichtet.

rücksichtigt. Die Auswirkungen auf dem EU-Markt blieben also gering. Umweltverbände drängen daher darauf, wie auch im Bericht des Europäischen Parlaments zur Initiative vorgesehen, alle Ökosysteme mit hoher Biodiversität und wichtiger Senkenfunktion in den Geltungsbereich aufzunehmen.

Bis hin zu funktionierenden Gesetzen, die die Zerstörung von Ökosystemen und Menschenrechtsverletzungen sicher ausschließen, ist es noch ein langer Weg. Die EU muss beim Schutz der Wälder und anderer Ökosysteme eine führende Rolle spielen. Wenn wir die Entwaldung oder die Umwandlung und Degradierung von Ökosystemen nicht stoppen, werden wir unseren Kampf gegen den Klimawandel und den Zusammenbruch der biologischen Vielfalt verlieren.

Das Thema im Kritischen Agrarbericht

- Alessa Hartmann und Bettina Müller: Spiel mit dem Feuer. Warum das EU-Mercosur-Abkommen die Klimakrise verschärft. In: Der kritische Agrarbericht 2021, S. 108–112.
- Berit Thomsen: Handel ja, aber nicht so. Über das geplante Freihandelsabkommen der EU mit dem Mercosur. In: Der kritische Agrarbericht 2020, S. 114–119.
- Nicole Polsterer: Vermeidbare Krise. Wie Deutschland die fatale Verbindung zwischen Fleischkonsum in der EU, Entwaldung und Menschenrechtsverletzungen kappen könnte. In: Der kritische Agrarbericht 2019, S. 231–235.
- Bernhard Walter: Kein Palmöl für Biodiesel? Ein EU-weites Verbot greift zu kurz – aber auch sozial und ökologisch akzeptables Palmöl allein ist keine Lösung ... In: Der kritische Agrarbericht 2018, S. 107–111.
- Christian Russau: »Das Ende der fliegenden Flüsse« – Wie die Wasserkrise in Brasilien mit der agrarindustriellen Inwertsetzung Amazoniens und der Cerrado-Trockensavanne zusammenhängt. In: Der kritische Agrarbericht 2017, S. 98-102.
- Norbert Suchanek und Stefanie Hess: Agrarproduktion – treibende Kraft für Tropenwaldzerstörung. In: Der kritische Agrarbericht 2014, S. 210–214.
- Peter Gerhard: Der Palmöl-Hype. Vernichtung tropischer Regenwälder und Verletzung von Menschenrechten als Folge des weltweiten Palmöl-Booms. In: Der kritische Agrarbericht 2013, S. 199–202.

Anmerkungen

1 EU-Commission: Stepping up EU action to protect and restore the world's forests (COM/2019/352) (https://eur-lex.europa.eu/legal-content/EN/TXT/?qid=1565948417196&uri=CELEX%3A52019DC0352).

2 Y. Qin et al.: Carbon loss from forest degradation exceeds that from deforestation in the Brazilian Amazon. In: Nature Climate Change 11 (2021), pp. 442-448 (www.nature.com/articles/s41558-021-01026-5).

3 A. T. Leite-Filho et al.: Deforestation reduces rainfall and agricultural revenues in the Brazilian Amazon. In: Nature Communications 12/2591 (2021) (www.nature.com/articles/s41467-021-22840-7).

4 Profundo und Deutsche Umwelthilfe: Brandbeschleuniger Soja. Handlungsoptionen gegen Entwaldung durch Futtermittelimporte nach Deutschland. Radolfzell 2020 (www.duh.de/fileadmin/user_upload/download/Projektinformation/Naturschutz/Soja/Studie_Deutsche-Sojalieferkette_DUH-Profundo_200930.pdf).

5 The Sustainable Trade Initiative: European soy monitor report 2019 (www.idhsustainabletrade.com/uploaded/2021/06/2019-IDH-European-Soy-Monitor-report.pdf).

6 R. Rajão et al.: The rotten apples of Brazil's agribusiness. In: Science 369/6501 (2020), pp. 246–248. DOI: 10.1126/science.aba6646.

7 Umweltbundesamt: Beitrag der Landwirtschaft zu den Treibhausgas-Emissionen (21. Juni 2021) (www.umweltbundesamt.de/daten/land-forstwirtschaft/beitrag-der-landwirtschaft-zu-den-treibhausgas).

8 Rajão et al. (siehe Anm. 6). Übersetzung Tina Lutz.

9 Rainforest Foundation Norway und Deutsche Umwelthilfe: Waldvernichtung in Brasilien. Deutschlands steigende Sojaimporte befeuern das Problem. Recherchebericht. Radolfzell und Berlin 2020 (www.duh.de/fileadmin/user_upload/download/Projektinformation/Naturschutz/Soja/Recherchebericht_Sojaimporte_final.pdf).

10 Deutsche Umwelthilfe: Markt-Check Soja. Radolfzell und Berlin 2021 (www.duh.de/fileadmin/user_upload/download/Projektinformation/Naturschutz/Markt-Check_Soja/Markt-Check_Soja.pdf).

11 Aidenvironment (J. Faggin, S. Drost, M. Garcia): Nächste Ausfahrt Entwaldung. Der Beitrag der deutschen Automobilindustrie zur Entwaldung in Brasilien. Hrsg. von Rainforest Foundation Norway und Deutsche Umwelthilfe. Oslo und Radolfzell 2021 (www.duh.de/fileadmin/user_upload/download/Projektinformation/Naturschutz/Leder/210431_DUH_RFN_Bericht_N%C3%A4chste_Ausfahrt_Entwaldung.pdf).

12 Repórter Brasil: Steak in the supermarket. Forests on the ground. In: Monitor #9 (February 2021) (https://reporterbrasil.org.br/wp-content/uploads/2021/02/fil%C3%A9-no-supermercado-EN-14-02.pdf).

13 Celso H. L. Silva Junior et al.: The Brazilian Amazon deforestation rate in 2020 is the greatest of the decade. In: Nature Ecology & Evolution 5 (2021), pp. 144-145.

14 F. Teller, K. Brand und B. Thomsen: Auswirkungen des EU-Mercosur Abkommens auf den Agrarhandel und die Ziele für nachhaltige Entwicklung. Hrsg. von Germanwatch und Arbeitsgemeinschaft bäuerliche Landwirtschaft (AbL). Bonn, Berlin und Hamm 2020 (https://germanwatch.org/sites/default/files/Auswirkungen%20des%20EU-Mercosur%20Abkommens%20auf%20Agrarhandel%20und%20SDGs_aktualisiert_1.pdf).

15 S. Ambec et al.: Rapport au Premier ministre: Dispositions et effets potentiels de la partie commerciale de l'Accord d'Association entre l'Union européenne et le Mercosur en matière de développement durable. Paris 7. April 2020.

16 Deutsche Umwelthilfe: Das EU-Mercosur-Abkommen. Steckbrief zum Ratifizierungsverfahren und zu zentralen Kritikpunkten. Radolfzell und Berlin 2021 (www.duh.de/fileadmin/user_upload/download/Projektinformation/Naturschutz/Soja/Factsheet_Mercosur_Soja.pdf).

17 Deutsche Umwelthilfe et al.: Umweltbezogene Aspekte im Sorgfaltspflichtengesetz. 2021 (www.duh.de/fileadmin/user_upload/download/Projektinformation/Naturschutz/Umweltbezogene_Aspekte_im_Sorgfaltspflichtengesetz_-_Forderungen_der_Umweltverb%C3%A4nde.pdf).

18 M. H. Wang et al.: Reconciling rubber expansion with biodiversity conservation. In: Current Biology 30 (2020), pp. 3825–3832 (www.researchgate.net/publication/343493811_Reconciling_Rubber_Expansion_with_Biodiversity_Conservation).

Tina Lutz

Campaignerin Naturschutz und Biologische Vielfalt bei der Deutschen Umwelthilfe (DUH) mit Arbeitsschwerpunkt entwaldungsfreier Lieferketten.

lutz@duh.de

Smarter Landraub

Menschenrechtliche Risiken der Digitalisierung im Landsektor

von Astrud Lea Beringer und Mathias Pfeifer

Digitalisierung im Landsektor wird als Wunderwaffe zur Erhöhung von Transparenz, Effizienz und Schutz vor Betrug und Korruption propagiert. Sie soll Vorteile für alle bieten, einschließlich der marginalisierten ländlichen Bevölkerung in den Ländern des globalen Südens. Eine aktuelle Studie der Menschenrechtsorganisation FIAN, die auch diesem Beitrag zugrunde liegt, hingegen zeigt, dass Menschenrechte bei landbezogenen Digitalisierungsprozessen in der Regel nicht berücksichtigt werden. Dadurch kann die Marginalisierung weiter Teile der ländlichen Bevölkerung weiter verfestigt oder verschärft werden. In einigen Fällen wird sogar Landraub befördert.

Die Verwaltung von Land wird immer häufiger mit digitalen Technologien durchgeführt. In allen Teilen der Welt existieren Initiativen, Prozesse und Projekte, welche Digitalisierung im Landsektor vorantreiben. Dies geschieht durch GPS-Erfassung und digitaler Kartierung von ländlichen Gebieten und dem Aufbau von digitalen Landregistern und Plattformen für die Landverwaltung und *Land Governance*. Dabei wird immer häufiger mit der in der Öffentlichkeit zunehmend diskutierten Blockchain-Technologie experimentiert, welche für die Speicherung von Grundbesitzdaten oder auch für Transaktionen von Grundstücken mithilfe von sog. *smart contracts* genutzt werden soll. Seit 2016 wurde in mindestens 22 Ländern versucht, die Technologie in der Landverwaltung oder im Immobiliensektor einzusetzen oder zu testen.[1] Zur tatsächlichen Anwendung kommt die Blockchain-Technologie im Landsektor bisher nur in Georgien.

Blockchain

... ist eine Technologie, die Daten dezentral über ein Netzwerk von Computern verteilt und speichert. Informationen werden in Blöcken gespeichert und jeder Datenblock enthält eine digitale Signatur (Hash), einen Zeitstempel und einen Verweis auf den vorherigen Block, wodurch eine wachsende Kette von unveränderlichen Aufzeichnungen entsteht. Dies soll es unmöglich machen, Daten hinzuzufügen, zu löschen oder zu ändern, ohne von anderen Netzwerkmitgliedern entdeckt zu werden. Eine mögliche Anwendung sind smart contracts (intelligente Verträge). Diese ermöglichen eine automatische Ausführung bestimmter Maßnahmen, sobald vorher festgelegte Bedingungen erfüllt sind (»Wenn-Dann-Prinzip«). Damit lassen sich Verkaufsprozesse wesentlich vereinfachen.

Im globalen Süden wird Digitalisierung zumeist im Rahmen der »Modernisierung« der Landverwaltungssysteme vorangetrieben, oft in Verbindung mit großen Landtitulierungsprogrammen. Vermeintlich »archaische«, papierbasierte Grundbücher und Kataster sollen in volldigitale Landverwaltungssysteme verwandelt werden. Finanziert wird der Digitalisierungsschub im globalen Süden mit erheblichen Mitteln internationaler Entwicklungsbanken, allen voran der Weltbank. Noch befinden sich viele Digitalisierungsprojekte in der Anfangsphase, doch schon jetzt haben sie in Asien, Afrika und Lateinamerika konkrete Auswirkungen auf die Landrechte von Menschen und ländlichen Gemeinden.

Befürworter behaupten, dass digitale Landtitel und Landverwaltungssysteme die Besitzsicherheit für Arme und Marginalisierte erhöhen und dadurch Investitionen in Land freisetzen können. Es wird eine direkte Verbindung zwischen digitalen Grundbüchern und einem verbesserten Zugang zu Krediten für die Bevölkerung hergestellt.[2] Auch die Steigerung der Effizienz der Landverwaltung sowie die Reduzierung von Betrug und Korruption gehören zu den häufig genannten Argumenten für die Digitalisierung.

Solche potenziellen Beiträge zur Verbesserung der Landverwaltung müssen sorgfältig gegen die Risiken abgewogen werden. Zu diesen zählt, dass z. B. die bereits bestehenden Ungleichheiten verstärkt werden beim Zugang zu und der Kontrolle über Land und andere natürliche Ressourcen durch die arme ländliche (und städtische) Bevölkerung. Die Umsetzungsprozesse sowie der soziale, politische und wirtschaftliche Kontext sind wichtige Faktoren, die darüber entscheiden, ob sich der Einsatz digitaler Technologien im Landsektor als nützlich oder schädlich herausstellen wird. Aus menschenrechtlicher Sicht ist es von entscheidender Bedeutung, dass digitale Technologien häufig in einem Kontext struktureller Ungleichheiten und Diskriminierung sowie einer zunehmenden Kommodifizierung und Finanzialisierung von Land und Natur eingesetzt werden.[3] Im Rahmen der FIAN-Studie *Disruption or déjà vu? Digitalization, land and human rights*[4] wurden solche Prozesse und konkrete Projekte daher genauer untersucht. Die Studie bietet eine erste Analyse von Digitalisierungsprozessen im Landsektor aus Menschenrechtsperspektive, die in den aktuellen Debatten zur Digitalisierung weitgehend fehlt.

Fokus auf privatem Landbesitz

Die Analyse und die untersuchten Fallbeispiele zeigen, dass Digitalisierungsprozesse in der Praxis oftmals existierende Probleme im Landsektor reproduzieren oder vertiefen. Denn der Fokus vieler Projekte liegt auf exklusivem, individuellem und privatem Eigentum sowie der Förderung von landbasierten Investitionen und Landmärkten. Dies kann die bestehenden – meist ungleichen – Besitzverhältnisse sowie Probleme wie Landgrabbing noch verschärfen. Diese Befunde machen deutlich, dass Digitalisierung allein keine Lösung für die drängenden Probleme im Landsektor ist und Prozesse einschließen muss, die auf den Menschenrechten basieren und die politischen und rechtlichen Rahmenbedingungen adressieren.

Darüber hinaus ist in vielen Ländern die Verfügbarkeit ausreichender technischer Kapazitäten und finanzieller Ressourcen für die Landverwaltungsbehörden ein grundlegendes Problem. In vielen Fällen – insbesondere in ländlichen Gebieten – behindern die fehlende digitale Infrastruktur, mangelnde Kapazitäten zum Betrieb der Systeme und/oder fehlendes technisches Wissen den Einsatz digitaler Landverwaltungsinstrumente. Die zunehmende Digitalisierung trägt daher auch zu einer problematischen (Teil-)Privatisierung der Landverwaltung in einigen Ländern bei, da der Privatsektor nach Ansicht vieler Digitalisierungsbefürworter besser geeignet ist, den erhöhten Anforderungen gerecht zu werden.

Insgesamt zeigen die FIAN-Studie und die untersuchten Fälle, dass landbezogene Digitalisierungsprozesse alleine weder Probleme wie Korruption oder die Konzentration von Land lösen und sogar Risiken für marginalisierte Bevölkerungsgruppen mit sich bringen können, darunter Landraub, Enteignung und Landkonzentration in den Händen mächtiger Akteure. Grundprobleme wie ungerechte Landverteilung oder die Respektierung von (kollektiven und gewohnheitsrechtlichen) Landrechte marginalisierter Gruppen sind politischer Natur, die auch politisch gelöst werden müssen.

Fallstudie Ruanda
Digitale Landregister, Blockchains und digitale Landmärkte

Ruanda hat von 2009 bis 2019 ein landesweites Landregistrierungsprogramm umgesetzt und ist der einzige Staat in Subsahara-Afrika mit einem digitalen Landregister, welches das gesamte Land abdeckt. Die Weltbank und andere internationale Geber betrachten das Programm als Vorbild für andere Länder der Region. Doch der Nutzen für die Ärmsten ist zweifelhaft. Die ruandische Regierung nutzt die digitalen Landdaten unterdessen für Onlineplattformen, um Investoren den Zugang zu Land zu erleichtern.

2009 begann die ruandische Regierung mit der systematischen Vergabe von Landtiteln im Kontext des *Land Tenure Regularisation Programme* (LTRP), welches eine effiziente Landverwaltung, die Armutsbekämpfung durch Investitionen, eine Optimierung der Landnutzung und die Reduzierung von Landkonflikten zum Ziel hatte. In der ersten Phase des LTRP (2009 bis 2013) wurden mehr als zehn Millionen privater Grundstücke registriert und ein digitales Landregister aufgebaut. Derzeit werden weitere Maßnahmen mit dem Ziel durchgeführt, Dienstleistungen wie Landtransaktionen vollständig papierlos anzubieten, möglicherweise mithilfe der Blockchain-Technologie. Seit Ende 2018 kooperiert die ruandische Landmanagementbehörde dazu mit dem US-Unternehmen Medici Land Governance (MLG) im Rahmen eines Pilotprojekts.

Die Auswirkungen der Landtitulierung und -digitalisierung auf die Bevölkerung sind jedoch unklar. Die am Ende des LTRP durchgeführte Wirkungsevaluierung[5] ergab einerseits, dass Landrechte von Frauen gestärkt und die Anzahl von Landkonflikten reduziert werden konnte. Allerdings wurden keine Beweise dafür gefunden, dass das Programm Armut im ländlichen Raum reduziert oder Agrarinvestitionen gefördert hat. Außerdem ist es laut der Evaluation möglich, dass das LTRP »unabsichtlich zu einem Anstieg der Armut in ländlichen Gebieten«

und zu Landkonzentration beitragen könnte. Auch die Nachhaltigkeit ist fraglich: Für einen großen Teil der ruandischen Bevölkerung ist das neue System laut dem Evaluierungsbericht »zu komplex, zu schwer zugänglich und/oder zu teuer«. Die Übertragung von Besitzrechten wird daher häufig nicht in dem System dokumentiert, wodurch Diskrepanzen zwischen den im Landregister gespeicherten Informationen und den tatsächlichen Besitzverhältnissen entstehen. Diese Situation birgt das Risiko, in Zukunft neue Konflikte zu schaffen.

Landtransaktionen per Mausklick

Während erhebliche Herausforderungen für das digitale Landregister bestehen, treibt Ruandas Regierung die Digitalisierung im Landsektor im Kontext mehrerer Programme weiter. Während des LTRP wurden mehr als 24.000 Hektar Land, die sich in Staatsbesitz befinden, als landwirtschaftlich geeignet identifiziert und kartiert. Um Investitionen anzulocken und die Verpachtung dieser öffentlichen Grundstücke zu erleichtern, entwickelte das Landwirtschaftsministerium 2018 in Zusammenarbeit mit der US-Entwicklungsagentur USAID das *Agriculture Land Information System* (ALIS), eine interaktive Onlineplattform, welche auch auf die Daten des digitalen Landregisters zugreift. ALIS bietet detaillierte Informationen über die zur Verfügung stehenden landwirtschaftlichen Pachtflächen – samt Informationen zu Landnutzung, Topografie, Bodenqualität, Bewässerungsmöglichkeit und Infrastruktur.[6] Jeder kann heute die digitale Karte online nach öffentlichen (und einigen privaten) Grundstücken durchsuchen, die gepachtet werden können. Ein Klick auf das gewünschte Grundstück

Abb. 1: Öffentliche und private Grundstücke in Ruanda werden Investoren über die interaktive Onlineplattform ALIS angeboten.[7]

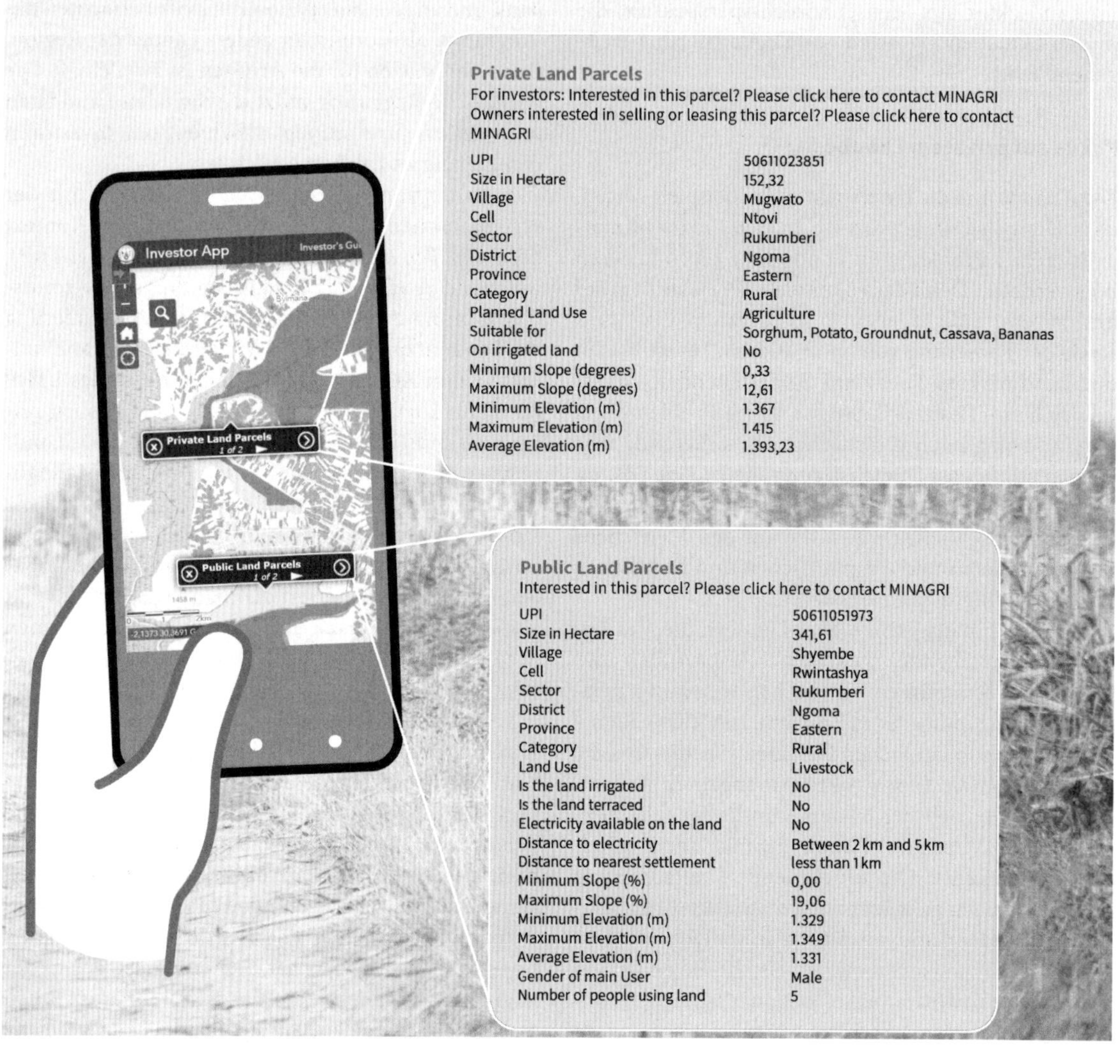

genügt, um in Kontakt mit dem Landwirtschaftsministerium zu treten und sich über die Pachtvereinbarungen zu erkundigen (Abb 1.).

ALIS wird derzeit mit Unterstützung der Weltbank zum *Smart Agriculture Information System* (SAIS) umgebaut, mit dem Ziel, weitere sechs Millionen privater Grundstücke auf die Webplattform hinzuzufügen und den Landmarkt zu befördern. SAIS wird auch eine detaillierte Registrierung von Kleinbäuerinnen und Kleinbauern sowie eine Landprofil-Datenbank umfassen. Die Regierung beabsichtigt, das SAIS zur Verwaltung ihres Agrarsubventionsprogramms zu nutzen, welches sich auf die Kommerzialisierung der Landwirtschaft durch die Bereitstellung von Düngemitteln und Hybridsaatgut für Kleinbäuerinnen und Kleinbauern konzentriert.

Fallstudie Brasilien
Digitaler Landraub

In Brasilien haben sich digitale Landregistrierungssysteme zu einem neuen Instrument des Landraubs entwickelt. Agrar- und Bergbauunternehmen, lokale Eliten und örtliche Behörden nutzen digitale Register, um Land illegal in ihren Besitz zu bringen und ländliche Gemeinden zu enteignen. Durch die Digitalisierung werden die akuten Probleme im Landsektor somit weiter verstärkt: Landkonzentration, mangelnder Schutz der Besitzrechte der Landbevölkerung – insbesondere von kollektiven Formen des Landbesitzes – sowie die weit verbreitete Korruption in der Landverwaltung.

In den letzten Jahren haben sich zwei digitale Landregister als Schlüsselinstrumente für die Vertreibung ländlicher Gemeinden herausgestellt: das *Sistema de Gestão Fundiária – Titulação* (SIGEF) und das *Sistema Nacional de Cadastro Ambiental Rural* (SICAR). Die Registrierung in diesen Katastern ist Voraussetzung für den Erhalt von Darlehen, den Zugang zu landwirtschaftlichen Unterstützungsprogrammen, für Umweltgenehmigungen sowie den Nachweis der Einhaltung von Umweltvorschriften.

SIGEF und SICAR sind im Gegensatz zu älteren Landregistern wie SNCR und SNCI volldigitalisiert, automatisiert und selbst-deklaratorisch – d. h., jeder kann die Eintragungen in der Onlinedatenbank selbst vornehmen. Auch wenn die zuständige Behörde verpflichtet ist, die eingegebenen Daten zu überprüfen, passiert dies in der Realität nur selten. Betrug ist an der Tagesordnung. Theoretisch erfordert eine Registrierung in den digitalen Katastern einen Eigentumsnachweis, jedoch kann das Zertifikat in der Praxis auch erworben werden, ohne das erforderliche Dokument online einzureichen.

Stig Tanzmann

Digital divide und die Corona-Pandemie

In der Corona-Pandemie mit all ihren weltweit ausgesprochenen Lockdowns und Kontaktbeschränkungen wurde die Bedeutung der Digitalisierung in ihrer Zwiespältigkeit deutlich. Wer keinen Zugang zu digitalen Kommunikationsmitteln hatte, war überproportional darin eingeschränkt, weiter an dem teilzunehmen, was es noch an gesellschaftlichen Austausch und Teilhabe gab. Kein Handy, kein Computer, kein Internet, kein Datenvolumen – und plötzlich ist man eingesperrt und wird gar nicht mehr gehört. So erging es Millionen von Menschen auf der ganzen Welt. Insbesondere denen, die die Digitalisierung aus der Armut und von Hunger befreien sollte.

Doch ebenso wenig, wie man das Internet essen kann, ist die Teilhabe an der Digitalisierung kostenlos. Die großen Konzerne lassen sie sich mit harter Währung und Daten bezahlen. Die drastisch um über 100 Millionen Menschen angestiegenen Hungerzahlen und die um über 300 Millionen auf 2,4 Milliarden Menschen gestiegene Zahl der zeitweise Hungernden[1] zeigen, dass es 2020 für fast ein Drittel der Weltbevölkerung nicht einmal genügend Geld gab, um sich ausreichend mit Lebensmitteln zu versorgen. Besonders betroffen von dieser Entwicklung sind die am wenigsten entwickelten Staaten (LDCs) und insbesondere Frauen.

Da überrascht es nicht, dass der *digital divide* nach Angaben des Berichts der Internationalen Telekommunikation Union (ITU) von 2020[2] zwischen den LDCs und den restlichen Staaten (und zusätzlich in Afrika zwischen Männern und Frauen) klar zugenommen hat. Diese Entwicklung ist für die Vereinten Nationen und die Erreichung ihrer *Nachhaltigen Entwicklungsziele* (*SDGs*) dramatisch, denn es zeigt sich: Die Armen werden immer weiter von der Entwicklung abgekoppelt.

Insbesondere weil die Ärmsten der Armen und auch die ärmsten Staaten der Welt während der Corona-Pandemie immer weniger am Weltgeschehen teilhaben konnten, gab es immer wieder Forderungen, verschiedene internationale Verhandlungsprozesse wie die zu Biodiversität, Klima[3] und Welternährung auszusetzen, bis wieder physische Treffen möglich sind. Doch die Stimmen wurden nicht oder nur unzureichend gehört. So sind viele Verhandlungsergebnisse zu Biodiversität, Klima und ▸

Darüber hinaus gibt es große Diskrepanzen zwischen den vier existierenden Landregistern; keines der Systeme spiegelt die Realität vor Ort wider. Finanzstarke Akteure nutzen diese Lücken bewusst aus, um Besitzansprüche geltend zu machen und damit lokale Gemeinden von ihrem Land zu vertreiben – obgleich die Registrierungsbescheinigung rechtlich keinen Nachweis des Grundbesitzes darstellt und nicht als Landtitel anerkannt wird.

Zwei Beispiele aus dem südlichen Bereich des Bundesstaats Maranhão, welcher zur MATOPIBA-Region im Nordosten Brasiliens gehört, zeigen, wie die digitalen Landregister von mächtigen Akteuren genutzt werden, um sich das Land ländlicher und indigener Gemeinden anzueignen.

Nationalpark Mirador

Das Naturschutzgebiet Mirador mit einer Fläche von mehr als 700.000 Hektar ist 1980 zum Schutz des Itapecuru-Flusses eingerichtet worden, einer für die Region zentralen Wasserquelle. Durch die Schaffung des Nationalparks wurden über 1.000 indigene Familien enteignet; ihre Anwesenheit in dem Gebiet wurde als illegal erklärt. Die Gemeinden kämpfen seitdem um die Rechte auf ihr angestammtes Land. Parallel dazu ist eine große Anzahl von Agrarunternehmen in den Nationalpark vorgedrungen, was zur Marginalisierung der Landbevölkerung und der Bedrohung ihrer Menschenrechte weiter beiträgt.

Derzeit können mehr als 50 der in SIGEF und SICAR registrierten Grundstücke im Mirador-Nationalpark verschiedenen Agrarunternehmen zugeordnet werden – obwohl Privateigentum in dem Naturschutzgebiet eigentlich illegal ist. Mit Hilfe der SIGEF- und SICAR-Zertifikate konnten sich die Firmen die Kontrolle über das Land der Gemeinden aneignen; die zuständigen Behörden haben die falschen Eintragungen nie überprüft. Darüber hinaus trägt nach Angaben der betroffenen Gemeinden das Staatssekretariat für Umwelt und natürliche Ressourcen (SEMA), welches für die Überwachung der Naturschutzbestimmungen im Park zuständig ist, eine Mitschuld.

Fazenda Picos

Der Fall Fazenda Picos unterstreicht, wie angebliche Grundbesitzer Unregelmäßigkeiten zwischen den verschiedenen Registern nutzen, um Verwirrung über Besitzverhältnisse zu schaffen und sich Land anzueignen. So hat ein angeblicher Besitzer der Fazenda Picos, die sich in der Nähe der Gemeinde Balsas befindet, Klage eingereicht und Anspruch auf Land erhoben, das seit den frühen 1900er-Jahren teilweise von einer Kleinbauerngemeinde genutzt wird. Er behauptet, im Januar 2013 eine Fläche von 4.000 Hektar erworben zu

Welternährung noch stärker als in den letzten Jahren von den reichen Staaten geprägt, die sich eine gute digitale Infrastruktur leisten konnten.

Dies zeigte sich auch im Komitee für Welternährung (CFS) der UN-Landwirtschaftsorganisation FAO. Trotz der Pandemie wurden dort zwei wichtige Prozesse, einmal zu Ernährungssystemen und dann zu Agrarökologie, virtuell zu Ende verhandelt. Die Ergebnisse waren so sehr von den agrarindustriellen und agrarexportierenden Staaten geprägt, dass sie von der dem Recht auf Nahrung verpflichteten Zivilgesellschaft nicht unterstützt werden können. Noch negativer waren die Erfahrungen mit digitalen Prozessen im Rahmen des UN Food Systems Summit (UNFSS) am 23. September 2021 in New York, der aus zivilgesellschaftlicher Sicht als großer Rückschritt betrachtet werden muss.[4]

Wie die neue digitale Macht von den Mächtigen genutzt wird, lässt sich auch daran ablesen, dass es bis heute keine im Rahmen der Vereinten Nationen verankerte Antwort auf die Hungerkrise in Folge der Corona-Pandemie gibt. In allen Prozessen sowohl im CFS als auch im UNFSS nutzten die reichen Staaten ihre digitale Dominanz, um entsprechende Forderungen der von Hunger stark betroffenen Staaten und der Zivilgesellschaft abzuschmettern. Denn für die reichen Staaten und große Teile ihrer Bevölkerung und vor allem für deren Agrarindustrie funktionieren die globalen Agrarwertschöpfungsketten ja auch in der Pandemie bestens weiter …

Anmerkungen

1 FAO: The state of food security and nutrition in the world. Rome 2021 (www.fao.org/publications/sofi/2021/en/).
2 ITU: Measuring digital development: Facts and figures 2020. Geneva 2020 (https://www.itu.int/en/ITU-D/Statistics/Documents/facts/FactsFigures2020.pdf).
3 A. Dewan: Pressure mounts on UK to delay UN climate talks as delegates complain of vaccine gap. In: CNN September 9, 2021 (https://edition.cnn.com/2021/09/07/world/groups-call-for-cop26-postponement-covid-climate-intl/index.html)
4 Siehe hierzu auch die Analyse von Lena Bassermann, Roman Herre und Stig Tanzmann in diesem *Kritischen Agrarbericht* (S. 111–116).

Stig Tanzmann
Landwirt und Agrarwissenschaftler, seit 2010 als Referent für Landwirtschaft bei Brot für die Welt.

stig.tanzmann@brot-fuer-die-welt.de

haben. In den verschiedenen Registern – SNCI, SNCR und SIGEF – sind aber unterschiedliche Größen und mehrere Eigentümer für das Grundstück der Fazenda Picos verzeichnet.

Das traditionelle Land der lokalen Bauerngemeinde umfasst rund 1.000 Hektar. Diese überschneiden sich im SIGEF-System mit den Grundstückseintragungen des angeblichen Eigentümers. Obwohl es den SIGEF-Registrierungen an Validierung oder einem Eigentumsnachweis des angeblichen Besitzers mangelt, muss die Bauerngemeinde nun vor Gericht beweisen, dass die Ansprüche ungerechtfertigt sind. Dies ist nicht nur eine kostspielige Angelegenheit, sondern könnte auch einen Verlust ihrer gemeinschaftlichen Landbesitzrechte bedeuten.

Verschärfung der Probleme im Landsektor

Die beiden Fälle zeigen, dass digitale Registrierungsmechanismen die Schwächen der Landverwaltung in Brasilien nicht lösen und die Enteignung und Marginalisierung indigener und bäuerlicher Gemeinden noch verschärfen können. Die automatisierten Systeme, in welche Landbesitzerinnen und Landbesitzer eigenständig Eintragungen vornehmen können, führen zu unklaren Besitzverhältnissen. Dies kommt denjenigen zugute, die über den Zugang, das Wissen und die finanziellen Ressourcen verfügen, um die Registrierungen durchzuführen. Institutionen akzeptieren Zertifikate, welche auf Grundlage falscher Behauptungen vergeben wurden, häufig als De-facto-Eigentumsnachweis. Mächtige Akteure nutzen die digitalen Register bewusst dafür, ihre Ansprüche und brutalen Landraub zu »legalisieren«.

Es steht zu befürchten, dass die Funktionsweise der digitalen Register die bestehenden Probleme verschlimmert und die Marginalisierung weiter vorantreibt. Dies führt unter anderem zu:

- Landkonzentration,
- fehlendem Schutz gemeinschaftlicher Besitzverhältnisse,
- Betrug und Korruption in der Landverwaltung,
- Landkonflikten und
- Ungleichheit und Marginalisierung von armen Menschen.

Darüber hinaus führt die Digitalisierung der Katastersysteme zu weiterer Privatisierung und zur Schaffung eines – langfristig sogar internationalen – Landmarktes. Der Anteil von Privateigentum an öffentlichen Grundstücken nimmt stetig zu, während ländliche Gemeinden aus ihren angestammten Gebieten vertrieben werden. Auch wird das Versprechen, Zugang zu Krediten und öffentlichen Förderprogrammen zu erlangen, dazu verwendet, indigene und bäuerliche Gemeinden dazu zu animieren, ihr Land als Privateigentum statt als Gemeinschaftsland zu registrieren. Zudem machen die Marginalisierung der Landbevölkerung, strukturelle Ungleichheiten, ungenügende digitale Kompetenzen, mangelnder Zugang zu digitalen Geräten, begrenzte finanzielle Mittel sowie Misstrauen gegenüber staatlich kontrollierten Landregistern solche digitalen Kataster unzugänglich oder unbrauchbar für Gemeinden, die ihre Landrechte sichern wollen.

Insgesamt liegt der Fokus der Digitalisierungsprozesse in Brasilien auf der Erleichterung von Grundstückstransaktionen und Investitionen. Sie fördern Land als »anlagefähigen« und handelbaren Vermögenswert, welcher für Spekulation zur Verfügung steht. Indigene Völker hingegen sehen Land als ein gemeinschaftliches Gut mit sozialer und kultureller Bedeutung an. Es gibt eine deutliche Übereinstimmung zwischen der Einführung der neuen digitalen Registrierungssysteme im Jahr 2015 und der massiven landwirtschaftlichen Expansion im MATOPIBA-Gebiet. Seitdem hat die Region einen Anstieg von Landraub und Grundstücksspekulation erlebt, der von Menschenrechtsverletzungen und Umweltzerstörung begleitet wird.[8]

Folgerungen & Forderungen

- Es muss sichergestellt werden, dass landbezogene Digitalisierungsprozesse in eine auf Menschenrechten basierende Landpolitik eingebettet sind und grundlegende politische Ziele wie die Verwirklichung des Rechts auf Nahrung, Beseitigung von Armut, soziale Gerechtigkeit und nachhaltige Nutzung von Land und natürlichen Ressourcen befördern.
- Alle legitimen Land- und Nutzungsrechte, insbesondere auch kollektive und gewohnheitsmäßige Rechte, müssen im Rahmen der Digitalisierungsprozesse respektiert, geschützt und gefördert werden.
- Es sind wirksame Mechanismen zur Durchführung umfassender menschenrechtlicher Folgenabschätzungen von Digitalisierungsprozessen und ihren Auswirkungen einzurichten, die eine effektive Beteiligung von marginalisierten und ländlichen Bevölkerungsgruppen und zivilgesellschaftlichen Organisationen sicherstellen.
- Die betroffenen Bevölkerungsgruppen, vor allem auch marginalisierte Gruppen, sind an allen Phasen dieser Prozesse effektiv zu beteiligen.
- Die Ergebnisse sollten öffentlich gemacht werden und in Maßnahmen zur Verhinderung, Beendigung und Wiedergutmachung von Schäden einfließen.

Fazit und Ausblick

Wie die Ergebnisse der FIAN-Studie zeigen, ist die Digitalisierung im Landsektor in unterschiedlichen Formen und in allen Teilen der Welt weit fortgeschritten und hat konkrete Auswirkungen auf den Zugang zu, die Kontrolle über und die Nutzung von Land. Der Einsatz von digitalen Instrumenten hat zwar das Potenzial, zur Verbesserung der *Land Governance* beizutragen, birgt aber auch erhebliche Risiken. Landbezogene Digitalisierungsprozesse müssen daher Teil eines kohärenten Bündels von Maßnahmen sein, die darauf abzielen, die strukturellen Ursachen von Diskriminierung, sozialer Ungerechtigkeit sowie von Hunger und Unterernährung zu überwinden.

Die Studie zeigt des Weiteren auf, wie die freiwilligen Landleitlinien der FAO – nach wie vor das umfassendste internationale normative Dokument, das sich mit der Verwaltung von Land und natürlichen Ressourcen aus einer Menschenrechtsperspektive beschäftigt – als Orientierungshilfe für die Konzeptionierung und Ausrichtung von Digitalisierungsprojekten im Landsektor genutzt werden können, auch wenn Digitalisierung in den Landleitlinien nicht explizit angesprochen wird. FIAN hat dafür ein Analyseraster[9] für die Bewertung von landbezogenen Digitalisierungsprojekten und -prozessen aus Menschenrechtsperspektive entwickelt und zur Verfügung gestellt.

Anmerkungen

1 FIAN International: Mapping of digitalization and blockchain projects in the land sector. Annex to the paper: Disruption or déjà vu? Digitalization, land and human rights. Case studies from Brazil, Indonesia, Georgia, India and Rwanda (published November 2020) (www.fian.org/files/files/FIAN_Research_Paper_Digitalization_and_Land_Governance_Mapping.pdf).

2 K. Deininger and A. Goyal: Going digital: Credit effects of land registry computerization in India. Policy Research working paper WPS 5244. World Bank, Washington D.C. 2010 (https://openknowledge.worldbank.org/handle/10986/3740).

3 FIAN International, Transnational Institute, Focus on the Global South: Rogue capitalism and the financialization of territories and nature. 2020 (www.fian.org/files/files/Rogue_Capitalism_and_the_Financialization_of_Territories_and_Nature_(1).pdf)

4 FIAN International: Disruption or déjà vu? Digitalization, land and human rights. Case studies from Brazil, Indonesia, Georgia, India and Rwanda. Heidelberg 2020 (www.fian.org/files/files/FIAN_Research_Paper_Digitalization_and_Land_Governance_final.pdf).

5 M. Durieux: The impacts of land tenure regularisation programme in Rwanda. Paper prepared for presentation at the »2019 World Bank Conference On Land And Poverty«, 2019 (www.conftool.com/landandpoverty2019/index.php?page=downloadPaper&ismobile=true&filename=01-05-Byamukama-214_paper.pdf&form_id=214&form_version=final).

6 K. Lesnick and K. McGill: Enabling responsible private investment in Rwanda. Agrilinks July 18, 2018 (https://agrilinks.org/post/enabling-responsible-private-investment-rwanda).

7 Quelle: www.minagri.gov.rw/investorapp.

8 Siehe: FIAN International, Rede Social de Justiça e Direitos Humanos and Comissão Pastoral da Terra: The human and environmental cost of land business. The case of MATOPIBA, Brazil. Heidelberg 2018 (www.fian.org/files/files/The_Human_and_Environmental_Cost_of_Land_Business-The_case_of_MATOPIBA_240818.pdf).

9 FIAN International: Analysis grid for the assessment of land-related digitalization projects and processes from a human rights perspective, Annex to the paper Disruption or déjà vu? Digitalization, land and human rights. Case studies from Brazil, Indonesia, Georgia, India and Rwanda, 2020. (www.fian.org/files/files/FIAN_Research_Paper_Digitalization_Analysis_final.pdf)

Astrud Lea Beringer
hat Internationale Entwicklung in Wien studiert und ist Advocacy-Koordinatorin zum UN-Welternährungsgipfel bei FIAN Deutschland e.V.

astrud.beringer@gmail.com

Mathias Pfeifer
ist Sozialwissenschaftler und Referent für Fallarbeit bei FIAN Deutschand e.V.

m.pfeifer@fian.de

Ökologischer Landbau 3

Entwicklungen & Trends 2021

Licht und Schatten auf dem Weg zu mehr Bio

Joyce Moewius und Peter Röhrig

2021 bedeutet für den Weg zu einer ökologischen Landwirtschaft eine echte Achterbahnfahrt zwischen guter Entwicklung, fortdauerndem Stillstand und steigenden Herausforderungen – etwa was die Finalisierung des neuen Biorechts, die Reform der EU-Agrarpolitik, die Zukunftskommission Landwirtschaft oder den Umbau der Tierhaltung anging.

Maßgeblich bestimmte auch Corona das Jahr 2021. Dabei wurde deutlicher, was sich bereits im ersten Pandemiejahr zeigte: Große Krisen wie Klimawandel, Arten- und Höfesterben oder eine Pandemie bewältigen wir nur gemeinsam – anders geht es nicht. Deswegen heißt das Zauberwort für alle, die etwas bewegen möchten: Zusammenarbeit. Damit Zusammenarbeit gelingt, braucht es einen scharfen Blick dafür, was Krisen wirklich verursacht. Es braucht systemische Lösungen für die komplexen Krisenursachen. Und es braucht Verständnis für die Perspektiven der anderen – und Kompromisse, die manchmal nicht einfach zu finden sind.

Zauberformel Zusammenarbeit

Welchen Punch ein starkes Bündnis innerhalb kurzer Zeit entwickeln kann, zeigt Fridays for Future, wo sich vor allem junge Menschen aus unterschiedlichen Gründen gemeinsam für Klimaschutz engagieren – ohne dabei ihre Identität aufzugeben. »Worin wir unsere Zukunft seh'n? Erneuerbare Energien!«, schallt es freitags immer wieder von Rostock bis München. Einen solchen Konsens brauchen wir auch für die Zukunft unseres Essens und die Art und Weise, wie es produziert wird. Und auch wenn Bio sich immer weiter entwickeln wird und muss, ist jetzt bereits klar: Nur, wenn alle *mindestens* Bio machen, werden wir auf diesem Planeten auch in Zukunft noch Landwirtschaft betreiben und gute Lebensmittel produzieren. Ohne Naturzerstörung und ohne Klimaüberhitzung.

Für eine Ernährungswende braucht es viele

Für eine Ernährungswende brauchen wir viele – mit ihren vielen Perspektiven, Erfahrungen, kritischen Anstößen, ermutigendem Zu- und entschiedenem Widerspruch: Die mutigen »Revoluzzer« mit ihren »verrückten« Ideen! Alle, die mit vielen kleinen Veränderungen im Alltag immer mehr Platz für Bio schaffen! Und jene, die auch im Großen in den Regalen auf Öko setzen.

Jeder für sich allein wird die großen Ziele nicht erreichen können. Zu stark sind die Beharrungskräfte, zu gut eingerichtet die Industrien, deren Geschäftsmodelle die Zukunft verbauen. Politik muss ran und grundlegende Veränderungen anlegen – ein echter Lichtblick hier: der Koalitionsvertrag der neuen Bundesregierung, der in solcher Form nie hätte entstehen können, ohne den Druck für Umbau aus der Zivilgesellschaft.

Doch ohne viele, die gemeinsam und vehement die Ernährungswende einfordern, wird der Umbau auch trotz des besten Koalitionsvertrages nichts. Nur wenn Umwelt- und Unternehmensverbände, Tierschützer und Biometzger, Kundinnen aus der Stadt und Biobauern vom Land, Naturkosthändlerinnen und Unternehmen der traditionellen Lebensmittelwirtschaft an einem Strang ziehen, wird auch Politik nicht nur ambitionierter sprechen, sondern auch handeln müssen. Und alle gemeinsam können eine gute, nachhaltige Ernährung für alle, Artenvielfalt und Klimaschutz, vielfältige Strukturen in der Land- und Ernährungswirtschaft und Bio in jeder Einkaufsstätte und in vielen Qualitäten von der Vision zur Realität werden lassen.

Gute Zukunftsperspektiven: Bäuerinnen und Bauern stellen auf Bio um …

Biofläche legt weiterhin zu

2021 ging es für die Biobewegung auf den Flächen, in der Herstellung und am Markt weiter voran. Jeden Tag nutzten neue Betriebe die Chance Bio. 2020 wirtschafteten über 13 Prozent aller landwirtschaftlichen Betriebe in Deutschland ökologisch.[1] 2020 entschieden sich nicht ganz so viele Bäuerinnen und Bauern für die beratungs-, arbeits- und teilweise auch investitionsintensive Umstellung auf Öko als 2019, für 2021 war der Umstellungstrend noch nicht klar. In den letzten fünf Jahren stellten 8.000 Betriebe auf Ökolandwirtschaft um – im selben Zeitraum verlor Deutschland insgesamt fast 12.000 Höfe. In den letzten fünf Jahren legte die Biofläche insgesamt um etwa ein Viertel zu. Das ist gut, aber noch zu wenig.

Die Verbands-Bioflächen summierten sich 2020 auf 1.065.794 Hektar, die von 17.083 Höfen bewirtschaftet wurden. Ökolandwirtinnen und -landwirte, die ihre Betriebe nach der EU-Öko-Verordnung – und damit dem mit Abstand höchsten gesetzlichen Standard der Landwirtschaft – umstellten, trugen mit über 20.000 Hektar neuer Ökofläche zu mehr enkeltauglichen Äckern, Obst- und Gemüsebau-, Wein- oder Grünlandflächen bei.

Auf dem Acker und im Stall stellten Bäuerinnen und Bauern aller Produktionsrichtungen ihre Höfe um. Ein Rückblick: 43 Prozent oder 700.000 Hektar der deutschen Bioflächen wurden 2019 als Ökoackerland bewirtschaftet, 80.000 Hektar mehr als 2018. Auch Grünland stellten die Betriebe wieder reichlich um, sodass die Fläche um 50.000 Hektar auf 830.000 Hektar anwuchs und 51 Prozent der gesamten Ökofläche ausmachte.

Einkommen für Biobetriebe bleibt stabil

Im Wirtschaftsjahr 2019/20 erzielten die Biotestbetriebe ein Betriebsergebnis von durchschnittlich 58.555 Euro.[2] Der Gewinn plus Personalaufwand pro Arbeitskraft (AK) betrug im Durchschnitt 37.444 Euro. Im Vergleich zum Vorjahr veränderten sich die Einkommen nicht nennenswert. Von den Haupterwerbsbetrieben erzielten 74 Prozent einen Gewinn plus Personalaufwand je AK von über 20.000 Euro. Bei 33 Prozent der Betriebe lag der Gewinn bei über 40.000 Euro. Ein Grund für die stabilen Einkommen: Von der Trockenheit im Sommer 2019 waren die Ökotestbetriebe vergleichsweise wenig betroffen und konnten etwas höhere Ernten als im Vorjahr einfahren.

Wie die nach Betriebsformen differenzierte Analyse des Thünen-Institutes zeigt, konnten neben Bioackerbau- und Biomilchbetrieben auch die »sonstigen« Biofutterbaubetriebe und -gemischtbetriebe höhere Einkommen im Vergleich zu den jeweiligen konventionellen Vergleichsbetrieben erzielen. Die Einkommensdifferenz variierte im Durchschnitt zwischen 24 bis 35 Prozent. Die in den letzten Jahren teilweise deutlichen Unterschiede zwischen den Betriebsformen zeigte die aktuelle Auswertung nicht.

… und mehr Biohersteller sorgen für lebendige Regionen und vielfältiges Essen

Neben der Umstellung in der Landwirtschaft entscheiden sich auch immer mehr Hersteller, in die Bioproduktion ein- oder umzusteigen. In den letzten fünf Jahren stiegen 3.351 Betriebe in die Produktion von Ökolebensmitteln ein. Das Gros der Biohersteller sind kleine und mittlere Unternehmen, die im ländlichen Raum wirtschaften. Die Bioumsatzanteile der befragten Unternehmen wuchsen zwischen 2015 und 2019 um 29 Prozent – doppelt so stark wie ihre Umsätze insgesamt.

Dass immer mehr Kundinnen und Kunden zu Bio greifen, liegt vor allem an der hohen Qualität, der Vielfalt und dem guten Geschmack der Ökolebensmittel. Dafür maßgeblich: die Bioherstellung, für die in der EU-Öko-Verordnung anspruchsvolle gesetzliche Standards festgelegt sind. Vorgeschrieben ist, dass Biolebensmittel zu 95 Prozent aus Ökozutaten hergestellt werden müssen. Gentechnik, radioaktive Bestrahlung, künstliche Aromen sind tabu. Von circa 400 allgemein erlaubten Zusatz- und Hilfsstoffen sind in Bioprodukten nur etwa 70 zugelassen, noch weniger erlauben die Bioverbände. Mit viel handwerklichem Know-how und natürlichen Helfern wie Apfelpektin oder Johannesbrotkernmehl stellen Biobäcker, -käseherstellerinnen oder -metzger gesunde Biolebensmittel her – und punkten mit Vielfalt, etwa was die Verarbeitung vieler verschiedener Getreide- oder Obst- und Gemüsesorten angeht, die gerade für Biohersteller typisch sind.

Waren 2014 in Deutschland noch 12.930 Lebensmittelverarbeiter gemeldet, die Bioprodukte verarbeiten, stieg ihre Zahl bis 2019 auf 16.281 Betriebe an – ein Zuwachs von fast 26 Prozent. Die Spitzenränge sicherten sich 2019 Bayern mit 4.025, Baden-Württemberg mit 1.751 und Nordrhein-Westfalen mit 1.426 Bioherstellern. Den höchsten prozentualen Fünf-Jahres-Zuwachs an Betrieben konnten Hamburg (plus 51 Prozent), Sachsen-Anhalt (plus 37 Prozent) und Sachsen (plus 35 Prozent) verzeichnen, in Bayern (plus 1.044 Prozent), Nordrhein-Westfalen (+ 544 Prozent) und Baden-Württemberg (plus 443 Prozent) kamen die meisten Betriebe hinzu.[3]

Wachstum auch bei denen, die Biolebensmittel herstellen

Eine Umfrage des BÖLW[4] wirft einen tieferen Blick auf die Branche. Die Unternehmen sind stark mittelständisch geprägt: 72 Prozent der befragten Unternehmen beschäftigten 2019 zwischen 20 und 250 Arbeitskräfte, im Schnitt waren es 123. Die befragten Betriebe sind in Deutschland breit gestreut; wirtschaften vor allem im ländlichen Raum sowie im Umfeld von Ballungsgebieten. Die standorttreuen (85 Prozent der Betriebe haben nur einen Standort) und wachsenden Biohersteller schaffen damit ebenso nachhaltig Wertschöpfung und Arbeitsplätze in den Regionen, wie sie auch die Menschen in den Städten mit heimischen Biolebensmitteln versorgen. Und: Die Biohersteller setzen auf Ökorohstoffe aus der Region. Die höchsten Anteile an regionalen Rohstoffen verzeichneten die fleisch- und milchverarbeitenden Betriebe, bei denen je 70 Prozent der Urprodukte aus einem Umkreis von unter 200 Kilometer kamen. Die Zusammenarbeit der Biounternehmen mit den Bäuerinnen und Bauern vor Ort stärkt damit auch die heimische Ökolandwirtschaft, die wachsende Nachfrage trägt dazu bei, dass mehr Betriebe auf Bio umstellen können.

Biohersteller setzen auf Rohstoffe aus der Region

Hohe Bionachfrage auch in Corona-Jahren

Der Biomarkt wuchs im ersten Corona-Jahr 2020 auf insgesamt 14,99 Milliarden Euro an. Damit investierten die Deutschen 22 Prozent mehr Geld in Biolebensmittel und -getränke als 2019. Öko legte ungefähr doppelt so stark zu wie der Lebensmittelmarkt insgesamt, da die Menschen zu Pandemiezeiten mehr zu Hause gekocht und gegessen hatten und auf gesunde, umwelt- und tierfreundliche Lebensmittel setzten. Der Bioanteil am Lebensmittelmarkt erhöht sich damit auf vorläufige 6,4 Prozent.

Deutsche investieren mehr Geld in Biolebensmittel

Dem Naturkosthandel bescherten Stammkundschaft und Neukunden in der Corona-Krise ein Umsatzplus von 16,4 Prozent. Insgesamt steigerten die Biofachhändler ihren Umsatz mit Lebensmitteln und Getränken 2020 auf 3,70 Milliarden Euro. Der Marktanteil des Fachhandels betrug 25 Prozent.

Mit einem Plus von 35 Prozent erzielten die »Sonstigen Einkaufsstätten«, zu denen die Reformhäuser und Hofläden, der Onlinehandel (inklusive Lieferdienste), Wochenmärkte, Bäckereien und Metzgereien gehören, den höchsten Umsatzzuwachs. Den Verbraucherwunsch nach vertrauenswürdigen, regionalen Lebensmitteln, der in der Pandemiezeit immer wichtiger wurde, erfüllen die Direktvermarkter am besten, die ihren Umsatz um knapp 30 Prozent steigern konnten. Sehr erfolgreich war auch der Onlinehandel, zu dem auch Lieferdienste und Bio-Abokisten zählen. Die Umsätze der Biokisten verdoppelte sich fast. Die Kundinnen und Kunden vermieden mit dem Onlinekauf den Gang in den Einzelhandel und bestellten gleichzeitig Bioprodukte in großer Auswahl. Viele Lieferdienste stießen bereits im Frühjahr an ihre Kapazitätsgrenzen und konnten keine neue Kundschaft mehr aufnehmen.

Großes Umsatzplus im Onlinehandel und bei Biokisten

Der Lebensmitteleinzelhandel (LEH) konnte seine Umsätze mit Biolebensmitteln und Getränken um 22 Prozent steigern. Mit insgesamt 9,05 Milliarden Euro hielt der LEH 2020 damit einen Anteil am Biomarkt von 60 Prozent. Insbesondere die Lebensmittelvollsortimenter trugen mit größeren, diversen Sortimenten dazu bei – die Händler listeten häufig neben der Handelsmarke auch ein Ökoangebot aus der Region oder von einem Bioverband. Seit Beginn der Pandemie waren die Kundinnen und Kunden bestrebt, ihre Einkäufe in möglichst wenigen Geschäften zu erledigen. Daher bevorzugten viele Menschen Food-Vollsortimenter, in denen sie möglichst alles bekamen, was sie brauchten. Auch die Discounter entwickelten sich 2020 gut, blieben aber weit hinter den Vollsortimentern zurück.

Bio im Umsatzplus, aber kaum Preissteigerungen

Die Verkaufsmengen legten, über alle Verkaufswege betrachtet, in fast dem gleichen Maße zu wie die Umsätze. Die Verbraucherpreise stiegen nur bei Biofleisch, -obst und -gemüse, blieben in den anderen Warengruppen weitgehend stabil. Das Umsatzwachstum resultierte also fast ausschließlich aus größeren Verkaufsmengen und nur wenig aus Preissteigerungen.

Die Bioprodukte mit den größten Entwicklungsraten waren 2020 Biogeflügel und andere Fleischsorten, die von ihrem jeweils kleinen Bioanteil einen ordentlichen Sprung nach oben taten. Biomehl war nicht nur durch die anfänglichen Hamsterkäufe, sondern das ganze Jahr über stärker gefragt als sonst. Der Trend zu veganen Lebensmitteln ließ den Verkauf der biologisch hergestellten Milchalternativen um mehr als 50 Prozent steigen. An fünfter und sechster Stelle folgten die großen Warengruppen Biogemüse und -obst, deren Umsätze 29 bzw. 25 Prozent größer ausfielen als im Jahr zuvor. Die Umsätze der meisten anderen Frischewarengruppen wie Biowurst, -eier und -molkereiprodukte wuchsen von Werten zwischen 15 und 22 Prozent. All diese Warengruppen profitierten davon, dass die Verbraucherinnen und Verbraucher mehr zuhause kochten und aßen. Für 2021 zeichnete sich weiter eine positive Entwicklung beim Bioumsatz ab, auch wenn zu erwarten ist, dass das coronabedingte Superwachstum sich abschwächen wird.

Pandemiebedingtes Superwachstum schwächt sich ab

Neues Biorecht in trockenen Tüchern

Die neue Öko-Verordnung[5] bleibt ihren Grundsätzen treu. An allen Stellen, wo die Ernährungswirtschaft in der Breite nachhaltiger werden muss, sorgt das Biorecht dafür mit der Fortführung des Grundsatzes des Prozessqualität – auch in der Kontrolle. Der moderne Prozessansatz macht das Biorecht nicht nur einmalig, sondern auch zum strengsten Standard in der Land- und Lebensmittelwirtschaft. Systemprägend: Die Zertifizierung vom Acker bis in den Handel, Regeln für Importe und ein umfassendes Kontrollsystem sowie eine gesetzliche, geschützte Biokennzeichnung, ferner die flächengebundene, artgerechte Tierhaltung, die organische Düngung, das Verbot von chemisch-synthetischen Pestiziden, mineralischen Düngern und von Gentechnik. Die Herstellung von Biolebensmitteln setzt weiter auf die Maxime: so viel wie nötig, so wenig wie möglich.

Neues Biorecht: Prozessansatz bleibt erhalten

Übergeordnet stechen folgende Neuheiten hervor: Das neue Biorecht wurde um »landwirtschaftsnahe Produkte« wie beispielsweise Mate, Bienenwachs oder pflanzliche Zubereitungen wie Heiltees erweitert. Frühere Grenzfälle sind jetzt klar dem Biogrundgesetz zugeordnet. Der Lebensmittelverschwendung beugt die Öko-Verordnung mit einer Abverkaufsregel vor: Rohstoffe wie Getreide und verpackte Produkte wie Müsli, die nach altem Recht erzeugt wurden, dürfen unbegrenzt verkauft bzw. verarbeitet werden, ebenso Halbfertigerzeugnisse wie Fruchtpürees – alles natürlich in den Grenzen der Haltbarkeit. Viel diskutiert wurden die Regeln zu den Vorsorgemaßnahmen, mit denen Stoffe vermieden werden sollen, die nicht ökozulässig sind. Neu hier: Neben den Herstellern müssen auch die Landwirtschaftsbetriebe, die Händler sowie Importeure bei der Biokontrolle die Umsetzung von Vorsorgemaßnahmen nachweisen. Die Vorsorge betrifft jedoch natürlich nur den eigenen Einflussbereich der Unternehmen – aber selbstverständlich weder das, was beispielsweise der Nachbar oder Lieferant tut, noch Umweltkontaminanten wie Dioxin.

Neue Nachweispflichten für Vorsorgemaßnahmen

Beim Pflanzenbau festigt das neue Biorecht das Prinzip des bodengebundenen Anbaus und schließt jetzt auch den Unter-Glas-Anbau ein. In dem Zusammenhang wird auch geregelt, wie mit Topf- und Jungpflanzen, Sprossen und Chicorée-Treiberei umgegangen werden muss. Ebenfalls neu: ein verpflichtender Leguminosenanteil in der Fruchtfolge. Beim Thema Saatgut stärkt die Öko-Verordnung das Prinzip »Bio von Anfang an« mit Regeln für ökologisch gezüchtete Sorten und heterogenes Material. Anreize für mehr ökologisch vermehrtes Saatgut entstehen daraus, dass künftig alle EU-Staaten eine Liste von Kulturen/Arten führen müssen, für die es keine Ausnahmegenehmigungen für konventionelles Saatgut bzw. Vermehrungsmaterial mehr gibt – in Deutschland ist das längst etabliert.

Was Pflanzengesundheit angeht, bleibt Öko den altbewährten Naturstoffen treu. Es wurde lediglich neu sortiert und die unkritischen Grundstoffe prominenter platziert. Wieder zugelassen wurde (in Deutschland) der Bodenverbesserer Bentonit.

Flächenbindung der Tierhaltung ist Alleinstellungsmerkmal von Bio

Im Bereich Tierhaltung bleibt der Grundsatz der Flächenbindung erhalten – ein echtes Alleinstellungsmerkmal von Bio. In den Fütterungsvorschriften erhöht das Biorecht die Anteile an betriebseigenem Futter bzw. Futter aus der Region: bei Pflanzenfressern von 60 auf 70 Prozent ab dem Jahr 2024; bei Schweinen und Geflügel von 20 auf 30 Prozent ab 2022. Es bleibt, trotz zwischenzeitlicher Diskussionen, erlaubt, Mischfutter mit bestimmten Anteilen an Umstellungsware als ökokonform zu kennzeichnen.

Viele neue Vorschriften gibt es für die Biogeflügelhaltung. Elterntier-, Bruderhahn- und Junghennenhaltung sind erstmals überhaupt geregelt. Europäisch verankert wurde die Veranda, die bei Verbandshöfen schon lange üblich ist, und ein anrechenbarer Außenbereich im Stall – sowie viele weitere Regeln, unter anderem zu Stallabteilen, Klappen, Abtrennungen, Volieren, Mobilställen und zur Auslaufdistanz. Und: Erstmals gibt es im Biorecht auch Vorschriften für Hirsche und Kaninchen.

Bei der Ökoherstellung setzt das Biorecht den Rahmen noch stärker auf ökologisch und wenig verarbeitet: Ab sofort gilt ein Nano-Verbot in Biolebensmitteln. Ionenaustauscher und Absorberharze dürfen nur noch eingeschränkt verwendet werden, und zwar bei Baby- und Kleinkindnahrung und bei der Weinbereitung – auch in diesem Bereich gelten damit erstmals EU-einheitliche Regeln.

Neue Begrenzung bei Aromen

Weitreichend ist die Begrenzung konventioneller Aromen auf natürliche Aromaextrakte und natürliche Aromen aus dem namensgebenden Rohstoff. Ein Orangenaroma für Bioprodukte muss also aus Orangen hergestellt sein. Gänzlich neu sind Vorgaben für Ökoaromen. Kleinere Anpassungen gibt es bei Zusatz- und Hilfsstoffen sowie Weinbehandlungsmitteln, die z. B. bei den Hefen zu einer weiteren Ökologisierung führen. Grundsätzlich wird eingeschränkt, welche konventionellen Zutaten ab 2024 in Biolebensmitteln verwendet werden dürfen – mengenmäßig sind weiter nur maximal fünf Prozent des Produkts zugelassen.

Auch im Handel gibt es Änderungen. Läden, die nur mit vorverpackten Biowaren handeln, wie z. B. Kioske, sind weiterhin von der Zertifizierung befreit. Für Läden, die auch mit unverpackten Biolebensmitteln handeln, gelten künftig etwas unpraktische Obergrenzen: Ab jährlich 5.000 Kilogramm oder 20.000 Euro Umsatz mit unverpackten Biolebensmitteln ist der Handel kontrollpflichtig.

Biokontrolle: mindestens einmal in Jahr und risikoorientiert

Die Biokontrolle wird auch künftig mindestens einmal jährlich stattfinden, wird aber risikoorientierter gestaltet. Betriebe, die als risikoarm gelten, können in jedem zweiten Jahr aus der Ferne überprüft werden. Betriebe mit erhöhten Risiken müssen weiterhin mit einer höheren Zahl an zusätzlichen und unangekündigten Kontrollen vor Ort rechnen.

Paradigmenwechsel bei den Importregelungen

Bei den Importregeln gibt es mit der neuen Öko-Verordnung einen Paradigmenwechsel: Galt bisher das Prinzip der Gleichwertigkeit, wird künftig Konformität herrschen. Das bedeutet, dass in allen Drittländern, die nicht auf der Liste anerkannter Drittstaaten stehen oder ein Handelsabkommen mit der EU haben, die Bioregeln eins zu eins angewendet werden müssen – von Nordasien bis Feuerland. Das wird Länder mit ganz anderen klimatischen und sonstigen Bedingungen definitiv herausfordern.

Zwar konnten viele kritische Punkte bereits im Verlauf der Revision mit viel gemeinsamer Anstrengung abgeräumt werden, ein paar finden sich aber noch im neuen Biorecht. Weiterer Klärung mit den Bundesländern bedarf es etwa, was den Umgang mit Spurennachweisen von nicht zugelassenen Stoffen in Bioprodukten angeht. Diese können ein Indiz für Betrug sein, weit häufiger aber auf Umweltfaktoren zurückgeführt werden. Letzteres darf, da Umweltkontaminationen nicht im Einflussbereich der Biobetriebe liegen, nicht zur Warensperrung führen. Zieht aber jeder Minimalbefund umfangreiche Untersuchungen nach sich, blockiert das die Produkte. Neu: Betriebe sind sowohl berechtigt als auch verpflichtet, die erste Prüfung durchzuführen – und können entscheiden, ob der Fund tatsächlich einen Verdacht anzeigt.

Kritisch für Obst und Hopfen ist die Auslistung von Quassia, das bislang als Spritzbrühe z. B. gegen die Apfelsägewespe oder die Kirschfruchtfliege Verwendung fand. Auch kritisch: Nach aktuellem Stand gelten Jungpflanzen oder Bäume aus konventionellem Ausgangsmaterial künftig als »für bio zulässig« und nicht mehr als »bio«.

Strengere Regeln zum Weidegang – eine Herausforderung

Bei den Tieren machen Regeln zum Weidegang von Wiederkäuern Sorgen. Die bleiben zwar überwiegend gleich, sollen aber verschärft werden. Bleiben dann »Altbetriebe«, die nicht umrüsten können, auf der Strecke? Bei einigen tierwohlrelevanten Regeln bleibt die Öko-Verordnung zudem hinter nationalen Vorschriften zurück.

Auch die neue Öko-Verordnung muss vom Gesetzgeber als lebendiges Recht verstanden werden, das an neue Anforderungen und Innovationen angepasst werden muss. Hier kommt es vor allem darauf an, dass die Regierenden Bio auch unterstützen, wenn es um den Rechtsrahmen für Bio und das Zusammenspiel mit dem Fachrecht geht. Für mehr Bio in Deutschland und Europa braucht es innovationsfreundliche, verlässliche und praxistaugliche Rahmenbedingungen. Denn das neue Biorecht ebnet den Weg zu nachhaltiger Land- und Ernährungswirtschaft. Die strengen Regeln sorgen für ein System, das mehr Umwelt-, Klima- und Tierschutz ganz praktisch auf die Äcker, in die Lebensmittelproduktion und den Handel bringt.

Zwei Kommissionen sind sich einig: Landwirtschaft braucht Transformation

Zukunftskommission Landwirtschaft: Öko besonders nachhaltig

Einen wichtigen Schritt für mehr Bio wurde mit der Zukunftskommission Landwirtschaft gegangen. Zehn Monate haben 30 Akteurinnen und Akteure aus Wirtschaft, Umwelt, Landwirtschaft, Tier- und Verbraucherschutz sowie Wissenschaft – unter Beteiligung des Bio-Dachverbandes BÖLW – in der »Zukunftskommission Landwirtschaft« (ZKL) darum gerungen, ein »übergreifendes gemeinsames Verständnis zu entwickeln, wie mehr Tierwohl, Biodiversität, Klima- und Umweltschutz mit den fundamentalen Aufgaben der Erntesicherung und der ökonomischen Tragfähigkeit«[6] gelingen kann. Das Ergebnis der ZKL fiel eindeutig aus. Ein »Weiter-so« ist keine Option, Landwirtschaft und Ernährung brauchen Transformation, auch um die Umweltschäden der Landwirtschaft von jährlich 90 Milliarden Euro zu mindern. Wichtig mit Blick auf Bio: Die ZKL erkennt Öko als einziges Nachhaltigkeitsprogramm an, das wirkt und über einen relevanten und dynamischen Markt verfügt.

Der Umbau der Tierhaltung ist elementar. Auch dazu gibt es breite Einigkeit in einer Kommission: dem Kompetenznetzwerk Nutztierhaltung (»Borchert-Kommission«). Zu einem schlüssigen Ende konnte die Kommission allerdings noch nicht kommen. Weder wurde eine Empfehlung für die Finanzierung des Umbaus ausgesprochen noch gibt es Einigkeit zur Gestaltung der Haltungsstufen. Die Bio-Bewegung setzt sich dafür ein, dass der Umbau über eine Fleischabgabe finanziert wird und dass eine verpflichtende Kennzeichnung der Tierhaltung wie beim Ei erfolgt – mit Bio als elementarem Teil des Umbauplans.

Afrikanische Schweinepest: Seuchensicherheit gewährleisten und artgerechte Tierhaltung sichern

Afrikanische Schweinepest: Exportinteressen bremsen Umbau der Tierhaltung aus

Die Afrikanische Schweinepest breitete sich 2021 weiter aus. Es sind nun mehrere Landkreise in Brandenburg, Sachsen und Mecklenburg-Vorpommern betroffen. Die Ausbreitung zeigt, dass es neben der engagierten Bekämpfung einen Plan braucht, wie eine artgerechte Schweinehaltung auch mit der Seuche funktionieren kann. Der fehlt – und so wird der Umbau der Tierhaltung ausgebremst. Denn genau *die* Betriebe sind benachteiligt, die ihre Tiere besonders tiergerecht mit Auslauf oder im Freiland halten.

Dabei zeigte sich 2021 mehrfach, dass die artgerechte Haltung mit Zugang zum Freien nicht als spezifischer Grund für die Ansteckung mit der Afrikanischen Schweinepest infrage kommt. Es muss deshalb von Infektionsquellen ausgegangen werden, die alle Schweinehalter betreffen. Die Wissenschaft benennt hier beispielsweise den Menschen als Virenvektor, Futter und weitere Infektionswege. Es ist daher weiter dringende Aufgabe der Behörden, zur Afrikanischen Schweinepest weitere Nachforschungen anzustellen und die Ausbreitung der infizierten Wildschweine im Umfeld möglicher Infektionsregionen einzudämmen, um die Verbreitung über deren Populationen so weit als möglich abzuschneiden.

Die Erfahrung aus Nachbarländern wie Polen zeigt, dass sich auch Deutschland auf lange Zeit darauf einrichten muss, mit dem Virus und der von ihm ausgehenden Ansteckungsgefahr umzugehen. Das erfordert auch, dass Sicherheitskonzepte für Seuchen entwickelt werden, die auf die einzelbetrieblichen Gegebenheiten zugeschnitten sind und zugleich tiergerechte Haltungsverfahren ermöglichen, wie sie in Biobetrieben praktiziert werden. Es gilt also beide Ziele zu kombinieren: größtmöglichen Schutz vor der Ausbreitung von Tierseuchen und artgerechte, für das Tierwohl unerlässliche Haltungsformen.

Tiergerechte Haltungssysteme dürfen nicht der Seuche zum Opfer fallen

Die neue Bundesregierung hat die dringende Aufgabe, verstärkt in die Entwicklung von Impfstoffen zu investieren. Andere Tierseuchen, wie die Europäische Schweinepest, haben gezeigt, dass hier Erfolge möglich sind. Allerdings braucht es dann auch eine konsequente Anwendung der Impfstoffe. Diese dem Tierwohl und der Tiergesundheit dienende Maßnahme darf nicht durch wirtschaftliche Interessen am Fleischexport verhindert werden.[7]

Koalitionsvertrag vs. EU-Agrarreform?

Gute Nachrichten für Öko im November aus Berlin: Mit 30 Prozent Bio bis 2030 wagt die neugewählte Ampel mehr Fortschritt, der sich auch in anderen Zielen und Maßnahmen spiegelt, die im Koalitionsvertrag verankert sind: etwa, dass 2022 eine verbindliche Haltungskennzeichnung auf den Weg gebracht werden soll, die Regierung bis 2023 eine Ernährungsstrategie beschließen will, das Bundesprogramm Ökolandbau wieder auf Bio fokussiert wird und die Bioforschung gestärkt sowie die Innovationsförderung auf soziale und ökologische Innova-

Fünf Kernforderungen an die neue Bundesregierung – aus Sicht des Ökolandbaus

1. *Zukunftsstrategie Bio zünden! Für 30 Prozent Bio alle Bereiche von der Züchtung bis zum Teller auf Bio ausrichten!* Mit Bio ist es wie beim Klimaschutz: Gute Ziele schafft man nur, wenn man auf dem Acker, im Stall, in der Lebensmittelherstellung und im Handel die Weichen auf Öko stellt – und entsprechend investiert. Mehr Bio gelingt nur, wenn man Umwelt-, Wirtschafts-, Forschungs-/Bildungs- und Gesundheitspolitik entsprechend mitgestaltet. Gefordert sind für die im Koalitionsvertrag vorgegebenen 30 Prozent Bio bis 2030 deshalb nicht nur das Agrarministerium, sondern die gesamte Bundesregierung.
2. *Agrarpolitik in Deutschland so umsetzen, dass Umweltschutz sich lohnt und Bio vorankommt!* Sechs Milliarden Euro pro Jahr bestimmen in der Bundesrepublik, welche Landwirtschaft sich lohnt. Wer 30 Prozent Öko will, der muss damit die Höfe unterstützen, die auf Öko umstellen wollen. Und jene Betriebe ausreichend unterstützen, welche die Lebensentscheidung Ökolandbau längst getroffen haben.
3. *Haltung erkennen: Fleisch verpflichtend kennzeichnen wie beim Ei – mit Bio als höchste Qualitätsstufe!* Die Regierung muss dafür sorgen, dass auf jeder Fleischpackung erkennbar ist, wie Huhn, Schwein oder Rind gehalten wurde. Das macht es den Kundinnen und Kunden möglich, sich für Tier- und Umweltschutz zu entscheiden. Und warum das Rad neu erfinden? Eine Tierhaltungskennzeichnung sollte dem Eier-Beispiel folgen und alle Qualitätsstufen labeln. Das ist gelernt und das sorgt für Transparenz.
4. *Bioforschung stärken: Mit Ökowissen wird Landwirtschaft und Ernährung enkeltauglich!* Öko-Forschende zielen seit Jahrzehnten darauf ab, Landwirtschaft umwelt-, boden- und klimafreundlich zu machen – mit Innovationen, praxisnah, günstig und risikofrei. Viele Bioerfindungen werden längst breit genutzt, weil sie das ganze System nachhaltiger machen. Bioforschung braucht von der Politik den 30 Prozent-Booster, das nutzt allen: den Bäuerinnen und Bauern, Umwelt und Klima.
5. *Gentechnik streng regulieren – Wahlfreiheit sichern und Vorsorgeprinzip umsetzen!* Gentechnik auf dem Acker und dem Teller ist teuer und riskant. Das Gros der Bürgerinnen und Bürger lehnt die Risikotechnik ab. Bei Öko ist Gentechnik tabu. Bio-Züchtende setzen auf Open-Source und patentfreies Saatgut. Die Regierung muss sicherstellen, dass Gentechnik streng reguliert bleibt. Nur so kann die Wirtschaft frei wählen, was sie produziert, und Kundinnen und Kundinnen, was sie essen. Und nur so wird Genmanipuliertes auch einer Prüfung unterzogen.

Icon: Gerald Wildmoser

tionen ausgeweitet werden soll – um nur einige positive Aspekte im Bereich Landwirtschaft und Ernährung zu benennen. Wie transformationswillig und umbautauglich die neue Regierung ist, wird sich zeigen, wenn die Vorhaben in die konkrete Umsetzung kommen. Denn ein Punkt ist an einigen Stellen im Koalitionsvertrag unklar geblieben, der aber eine große Rolle dabei spielen wird, wenn Transformation gelingen soll: die Frage der Finanzierung. Wie soll der Umbau konkret finanziert werden?

30 Prozent Bio erfordern 30 Prozent mehr Investitionen

Für 30 Prozent Bio wird es darauf ankommen, dass die Ampel jetzt auch mindestens 30 Prozent Umbaupower überall dort investiert, wo es nötig ist: 30 Prozent, wo es um Investitionen in den Umbau von Höfen und Unternehmen geht, 30 Prozent Bio in der Gemeinschaftsverpflegung, 30 Prozent bei der Forschung und Ausbildung, 30 Prozent der Personalkapazität in den relevanten Ministerien und Behörden beispielsweise. Das alles braucht einen guten Plan. Angelegt ist dieser im Koalitionsvertrag, in dem die Bundesregierung die Zukunftsstrategie Ökolandbau auf die ganze Wertschöpfungskette erweitern will. Elementar wichtig ist es, die nationale Ausgestaltung der Gemeinsamen Agrarpolitik (GAP) so anzulegen, dass das 30 Prozent Bioziel erreicht werden kann. Dazu taugen die aktuellen Pläne nicht.

GAP: Biohöfe hoffen auf Intervention des neuen Landwirtschaftsministers

Das Problem mit den GAP-Gesetzen, wie sie Ende November 2021 vorlagen: Ökobetriebe würden schlechter gestellt anstatt den Höfen eine gute Perspektive zu bieten – und mehr Betriebe dabei zu ermutigen, auf Öko umzustellen. So sollen nicht alle sieben Öko-Regelungen (Eco-Schemes), mit welchen ab 2023 Klima- und Umweltleistungen honoriert werden sollen, den Biobetrieben offenstehen. Das bedeutet, dass es Ökohöfen verwehrt würde, mehr für die Umwelt leisten zu können. Die GAP wird somit zum Ökotest für Cem Özdemir, dem neuen Bundeslandwirtschaftsminister. Die Erwartung der Ökobranche: aus der schlechten Reform seiner Vorgängerin wenigstens noch rauszuholen was geht für Höfe, Umwelt und Klima. Schließlich kann kein Programm und keine Förderinitiative jemals ausgleichen, was eine schlecht gemachte GAP zerstört. Das lehrt die Vergangenheit der EU-Agrarpolitik deutlich. Denn die EU-Agrarpolitik bestimmt mit Milliarden Euro Steuergeld, welche Landwirtschaft sich lohnt. Und bis 2027 den Umbau der Landwirtschaft auf Eis zu legen, das würde bedeuten, das Ziel aus dem Koalitionsvertrag »30 Prozent Ökolandbau bis 2030« mit Ansage zu verfehlen. Deshalb ist entscheidend, dass alle Eco-Schemes auch Biobetrieben offenstehen. Besonders wichtig ist es unter anderem, die Weidehaltung über die Eco-Schemes zu stützen.

Anmerkungen

1 Zum Folgenden siehe auch BÖLW: Branchenreport 2021. Ökologische Lebensmittelwirtschaft. Berlin 2021 (www.boelw.de/fileadmin/user_upload/Dokumente/Zahlen_und_Fakten/Brosch%C3%BCre_2021/B%C3%96LW_Branchenreport_2021_web.pdf).
2 Für die Auswertung wurden vom Thünen-Institut für Betriebswirtschaft die Daten von 485 Ökobetrieben und 2.071 vergleichbaren konventionellen Betrieben herangezogen.
3 Erfasst sind alle Betriebe, die mindestens ein bio-zertifiziertes Produkt verarbeiten: Hersteller (inklusive Lohnverarbeiter), Hersteller/Importeure sowie Erzeuger, die zusätzlich Verarbeitung betreiben (Kategorien B, BC, AB, ABC – siehe BLE-Strukturdaten 2020).
4 Schriftliche Befragung unter den verarbeitenden Unternehmen der BÖLW-Verbände im Sommer 2020. Es nahmen 90 Unternehmen teil, die im Jahr 2019 insgesamt 3,3 Milliarden Euro umsetzten und rund 11.000 Arbeitnehmende beschäftigten.
5 Siehe hierzu die wichtigsten Infos unter www.boelw.de/themen/eu-oeko-verordnung/. Ab Februar 2022 siehe auch die neue Webseite speziell zum Biorecht: www.allesüberbio.de.
6 Bundesministerium für Ernährung und Landwirtschaft: Zukunftskommission Landwirtschaft verabschiedet Abschlussbericht (www.bmel.de/DE/themen/landwirtschaft/zukunftskommission-landwirtschaft.html).
7 Eine weitere Option, für die z. B. Anita Idel in ihrem Beitrag in diesem *Kritischen Agrarbericht* (S. 269–270) plädiert, wäre das Ausbringen von Impfköderstoffen für Wildschweine.

Joyce Moewius
Referentin Presse beim Bund Ökologische Lebensmittelwirtschaft (BÖLW) e.V.

Marienstr. 19–20, 10117 Berlin
presse@boelw.de

Peter Röhrig
Geschäftsführender Vorstand des Bund Ökologische Lebensmittelwirtschaft (BÖLW) e.V.

Marienstr. 19–20, 10117 Berlin
info@boelw.de

◉ *Schwerpunkt »Preis Werte Lebensmittel«*

Vorsicht Falle!

Externe Kosten – auch bei Biolebensmitteln

von Leo Frühschütz

Werden die externen Kosten der Lebensmittel wie z. B. die Schädigungen der Umwelt bei der Produktion eingerechnet, verlieren konventionelle Produkte ihren Preisvorteil und Bio wird wettbewerbsfähig. In der Theorie. In der Praxis bergen die gängigen Rechenmodelle einige Fallstricke, auf die der folgende Beitrag näher eingeht. Im Zentrum steht dabei die vermeintlich geringe Effizienz der Bioproduktion durch den erhöhten Flächenbedarf und geringere Erträge. Dabei entsteht jedoch ein verzerrtes Bild. Denn die Vermeidung von Pestiziden oder die Verbesserung des Artenschutzes und des Tierwohls im Ökolandbau werden bei den gängigen Kostenberechnungen nicht berücksichtigt und »gegengerechnet«. Der Beitrag plädiert dafür, diese »weichen« Faktoren in belastbarer Form zu monetarisieren und standardmäßig in die Berechnung externer Kosten einzubeziehen. Aber auch dann ist nicht alles gut: Die Biolandwirtschaft erzeugt ökologische und vor allem soziale Folgekosten, die manche nicht im Blick haben, die es aber zu vermeiden gilt, wenn der Ökolandbau seinem eigenen Anspruch gerecht werden will.

Inzwischen gibt es einige Studien, in denen die externen oder »wahren« Kosten von Lebensmitteln berechnet werden; differenziert nach konventionellem und Ökologischem Landbau. Diese Studien kommen zu teilweise unterschiedlichen Ergebnissen; es lassen sich jedoch drei Tendenzen klar erkennen: Die großen Unterschiede gibt es nicht unbedingt zwischen konventionell und bio, sondern zwischen tierischen und pflanzlichen Lebensmitteln. Zugespitzt: Wer mit seinem Ernährungsstil möglichst viel externe Kosten vermeiden will, muss sich vegan ernähren. Bio kommt erst an zweiter Stelle. Denn – das ist die zweite Tendenz – der Unterschied zwischen den Anbauformen ist nicht so ausgeprägt, wie es die »Bios« oft annehmen. Und die dritte Tendenz: Ausgeprägt sind die Unterschiede innerhalb der jeweiligen Anbaumethode. Die externen Kosten zu verringern ist also nicht nur eine Aufgabe der Politik, sondern auch der betrieblichen Praxis.

Kurz möchte ich zwei Studien vorstellen, die im Text eine größere Rolle spielen: Der niederländische Bioobst- und Gemüseimporteur Eosta hatte bereits 2015 bis 2018 zusammen mit Soil&More, Unternehmensberatern von EY und anderen Partnern ein *true cost accounting* (englisch für wahre Kostenerfassung) für einige Produkte erstellt.[1] Die Daten dafür wurden bei realen Erzeugerbetrieben und ihren konventionellen Nachbarn erhoben. Die größten Unterschiede zeigten sich in der Bewertung der Pestizidrückstände (dazu später mehr) und beim Boden (Humusaufbau, Erosionsschutz). Beim Wasserverbrauch und den Klimagasen schnitten die Bioprodukte nur wenig besser ab als die konventionellen, wobei deutlich mehr Emissionen auf Verpackung und Transport entfielen als auf den eigentlichen Anbau.

Der Discounter Penny ließ sich für acht seiner Lebensmittel (jeweils konventionell und Bio) einige externe Kosten abschätzen und schrieb sie – zumindest in einer Vorzeigefiliale – aufs Preisschild. Und da steht dann: externe Kosten für ein Kilo Tomaten – konventionell 17,8 Cent, biologisch 19,7 Cent. Bei Kartoffeln herrscht mit knapp sieben Cent Gleichstand und für ein Kilo gemischtes Hack liegen die externen konventionellen Kosten bei 9,66 Euro. Für Biohack sind es 11,58 Euro. Erstellt hat die im November 2020 veröffentlichte Studie Tobias Gaugler von der Uni Augsburg; Grundlage waren produktbezogene Durchschnittsdaten.[2]

Tierisch hohe Nebenkosten

Die von Gaugler und seinem Team ermittelten externen Kosten für Obst und Gemüse liegen in einer ähnlichen Größenordung wie bei anderen Studien. Für die tierischen Lebensmittel jedoch kommt er zu mehrfach höheren externen Kosten als etwa eine zeitgleich von Greenpeace veröffentlichte Gesamtkostenrechung für Schweine- und Rindfleisch, differenziert nach konventionell und Bio.[3] Die darin errechneten externen Kosten pro Kilogramm lagen um das Fünf- bis Achtfache niedriger als in der Penny-Studie. Bioschweine schnitten weit besser ab als ihre konventionellen Pendants, bei den Rindern war es umgekehrt. Autoren waren Tobias Bandel und die Crew von Soil&More Impacts. Ebenfalls deutlich niedriger als bei Gaugler lagen die externen Kosten für Rind- und Schweinefleisch sowie Milch, die das Ökoinstitut 2020 in zwei Arbeiten für das Umweltbundesamt ermittelt hatte.[4] Hier schnitt Bio bei Rindfleisch und Milch etwas besser ab, bei Schweinefleisch aber schlechter als konventionell. Die Beispiele zeigen, dass es je nach Studienansatz und Systemgrenzen zu sehr unterschiedlichen Ergebnissen kommen kann. Mehr Klarheit wäre wünschenswert, denn es macht in der öffentlichen Diskussion schon einen Unterschied, ob die externen Kosten den Preis eines Lebensmittels mal eben verdoppeln oder ihn nur um zehn Prozent anheben.

Die Effizienzfalle

Die Zahlen externer Kostenberechnungen beziehen sich auf das Kilogramm produziertes Lebensmittel. Damit schlagen die geringeren Bioerträge deutlich zu Buche. Ähnliche Effekte fanden sich etwa beim Thema CO_2-Ausstoß bereits in der Arbeit des Thünen-Instituts von 2019 zu den Leistungen des Ökolandbaus.[5] Auf den Hektar bezogen schnitt Bio bei den Klimagasen gut ab, doch der geringere Ertrag egalisierte das wieder. Energieverbrauch und Klimagase sind jedoch ein wesentlicher Bestandteil vieler Betrachtungen.

Dass sich in der Kostenrechnung alle Zahlen auf die Produktmenge beziehen, ist korrekt. Schließlich wollen wir ja den externen Preis für das Kilo Kartoffel oder das Schnitzel wissen. Doch diese Sichtweise kommt der auf Effizienz getrimmten industrialisierten Landwirtschaft entgegen. Es gibt aus Sicht des Ökolandbaus gute Gründe, nicht mit Nitrophoska Blaudünger das Letzte aus dem Boden zu holen oder Turbohähnchen in vier Wochen schlachtreif zu mästen. In der Bilanz macht es sich aber erst einmal nicht gut. Denn bilanziert werden die Parameter, für die es gute Daten gibt. Das sind Treibhausgasemissionen, die Schadstoffe aus Heizungen und Dieselmotoren oder Stickstoff, der als Nitrat und Ammoniak in die Umwelt gelangt. Hier gibt es Datenbanken, die Zahlen für verschiedene Produktgruppen liefern, oft schon nach konventionell und Bio differenziert. Und es gibt belastbare Kosten, die sich für jede Tonne CO_2 oder Nitrat als Schaden berechnen lassen.

Tobias Gaugler beschränkte sich für seine Berechnungen auf Stickstoff, Klimagase, Energie und Landnutzungsänderungen. »Wir können mit unseren Zahlen nur einen Teil der Wahrheit abbilden und das schreiben wir auch«, sagt er deshalb.[6] Denn weitere externe Kosten fehlen in der Penny-Studie. »Unsere Studie berücksichtigt einige Kostentreiber nicht, die Bio entgegenkämen, etwa den Pestizideinsatz, resistente Keime oder die Artenvielfalt«, erklärt Gaugler. Denn diese Parameter ließen sich nur schwer in Zahlen fassen. Das gilt auch fürs Tierwohl: »Es ist schlichtweg effizienter, ein Tier schnell, auf wenig Platz, ohne Auslauf und mit viel Eiweißfutter großzuziehen. Das schlägt sich in unseren Zahlen nieder.« Doch wie soll es in eine Kostenrechnung eingehen, dass die Tiere artgerecht – und damit weniger effektiv – gehalten werden?

Die Simplizierungsfalle

Dass sich die einzelnen Posten einer externen Kostenrechung unterschiedlich gut operationalisieren lassen, kann für die Biobranche zum Problem werden. Denn komplexe Zusammenhänge lassen sich im öffentlichen Diskurs nur schwer vermitteln. Die Einschränkungen, die Gaugler und andere Autoren für ihre Ansätze einräumen, gehen in der öffentlichen Darstellung meist unter. Hängen bleibt vor allem, dass die externen Kosten der Lebensmittel ermittelt und die »wahren Preise« berechnet worden seien. Wenn diese im Vergleich zu den bisherigen Produktkosten gering sind, kann das leicht den ganzen Argumentationsstrang diskreditieren. »Nicht so wild, macht ja bloß sieben Cent« – etwa bei den Kartoffeln in der Penny-Studie. Von dort ist es nur ein kleiner Schritt bis zur Neutralisation externer Kosten, wie wir sie derzeit schon mit klimaneutral gestellten Lebensmitteln erleben. Mit »Alles schon eingepreist« könnten sehr unvollständige und deshalb niedrige externe Kosten sogar zum Werbefaktor werden. Bei den Klimakosten sind sie es bereits. Übrigens meist mit 15 bis maximal 30 Euro Ausgleich je Tonne CO_2, während das Umweltbundesamt empfiehlt, mit einem Schaden von 180 Euro pro Tonne zu rechnen.

Die öffentliche Vereinfachung hat auch zur Folge, dass sich die Medien als Multiplikatoren selten in die Details solcher Studien vertiefen. Deshalb wurde bei der Penny-Studie auch nicht negativ über hohe externe Kosten bei Bio berichtet – zumal niemand die Medien auf die anfangs erwähnten Biobeispiele hinwies. Penny hatte in seiner Pressemitteilung nur die prozentualen Preisaufschläge veröffentlicht, nicht aber die absoluten externen Kosten in Euro pro Kilogramm.

Bei dieser Betrachtungsweise schnitt Bio bei allen acht Lebensmitteln besser ab.

Trotzdem ist es nur eine Frage der Zeit, bis die dargestellten Mechanismen zu Studien führen werden, deren (womöglich gewolltes) Ergebnis lautet: »Hohe externe Kosten: Wie Bio der Umwelt schadet«. Studien in dieser Richtung, insbesondere mit den Aspekten Flächenverbrauch, Ernährungssicherheit und Klimaschutz gab es bereits. Neu wäre, dass mit dem Bezug auf die externen Kosten plötzlich ein Lieblingsargument der Biobranche gegen sie gewandt würde.

Weiche Faktoren monetarisieren

Eine Möglichkeit, zu breiter angelegten und damit zu realistischeren externen Kosten zu kommen, ist es, bisher ausgeklammerte Aspekte, vom Pestizideinsatz bis zum Tierwohl, in realistische Kosten umzurechnen und diese ebenfalls anzusetzen. Am wenigsten schwierig ist das beim Pestizideinsatz. Die Gesundheitskosten der Pestizidrückstände in konventionellem Obst finden sich schon in der TCA-Studie von Eosta – mit einer durchaus belastbaren Datengrundlage und Methodik. Die Gesundheitsgefahr für Landarbeiter:innen und Landwirt:innen bei der Anwendung wurde bei diesem Ansatz nicht berücksichtigt und dürfte vor allem bei Produkten aus Ländern des globalen Südens aufgrund des oft fehlenden Arbeitsschutzes zusätzlich ins Gewicht fallen.

In der Eosta-Studie ergaben sich für ein Kilogramm konventioneller Äpfel 21 Cent pro Kilogramm an verursachten Gesundheitskosten. Das würde die von Gaugler ermittelten externen Kosten für konventionelle Äpfel von 17,4 Cent pro Kilogramm mehr als verdoppeln. Auch wenn die Pestizidkosten bei anderen Eosta-Früchten weniger hoch ausfielen, zeigt sich doch, wie wichtig es wäre, den Aspekt der Pestizidrückstände einzubeziehen.

Bei multiresistenten Keimen aus der Nutztierhaltung lassen sich die externen Kosten bisher nur auf einer volkswirtschaftlichen Ebene abschätzen.[7] Daten zur Häufigkeit von MRSA- oder ESBL-Erregern in konventionellen und Bioställen liegen für Deutschland vor. Auch epidemiologische Daten zum Anteil der mit Landwirtschaft assoziierten multiresistenten Erreger (LA-MRE) an der Gesamtzahl der MRE-Infizierten lassen sich finden. Schwierig wird es, diese Zusammenhänge auf ein Kilogramm Fleisch herunterzubrechen. Wie er zu Buche schlägt, zeigt folgende Abschätzung: Ein volkswirtschaftlicher Schaden von einer Milliarde Euro, aufgeteilt auf die 2020 in Deutschland erzeugten 4,7 Milliarden Kilogramm Schweinefleisch und 1,8 Milliarden Kilogramm Geflügelfleisch, bewegt sich in einer Größenordnung von 15 Cent je Kilo Fleisch.

Besonders schwierig ist es, die externen Kosten des Biodiversitätsverlusts zu berechnen und womöglich noch nach konventionell und Bio zu differenzieren. Denn der Begriff umfasst nicht nur die Frage nach dem Wert einer gefährdeten Art, etwas eines Blaukehlchens oder eines Feldhamsters. Es geht auch um damit verbundene Ökosystemleistungen, z. B. die Bestäubungsleistung der Insekten, die immer weniger werden, oder die Vielfalt des Bodenlebens, das für Humusaufbau sorgt. Bereits auf nationaler Ebene lassen sich diesen externen Kosten nur sehr grob abschätzen. Die Boston Consulting Group kam 2019 für die gesamte deutsche Landwirtschaft auf eine Summe von 50 Milliarden Euro im Jahr, zusätzlich zu 40 Milliarden Euro an sonstigen externen Kosten.[8] Das zeigt zumindest, wie bedeutend dieser Aspekt ist, auch wenn er sich nicht auf Euro pro Kilogramm herunterbrechen lässt.

Auch das Leiden überschwerer Mastputen oder im Kastenstand fixierter Sauen lässt sich nicht in Cent und Euro beziffern. Vergleichend kalkulierbar wären die Haltungsbedingungen über die jeweiligen Stallbaukosten: konventioneller Standard versus Biohaltung, jeweils heruntergebrochen auf die in der Abschreibungszeit erzeugte Menge an Milch, Eiern oder Fleisch. Das Bundesinformationszentrum Landwirtschaft kommt in einer aktuellen Abschätzung zu dem Ergebnis, dass eine tiergerechte Ferkelerzeugung und -mast zu Mehrkosten zwischen 30 und 71 Cent je Kilogramm Schlachtgewicht führt.[9] Neben den Kosten für den Stallbau sind auch die zusätzlich anfallende Arbeit und die Einstreu einberechnet. Bei den 71 Cent ist ein Auslauf mit dabei, wie er für die Biohaltung vorgeschrieben ist. Das zeigt, dass der Aspekt Tierwohl in einer Berechnung der externen Kosten eine erhebliche Rolle spielt. Ähnliche Berechnungen müssten sich mit dem Datenmaterial des Kuratoriums für Technik und Bauwesen in der Landwirtschaft (KTLB), der Landwirtschaftskammern und der Bioberater auch für die Haltung anderer Nutztiere anstellen lassen. Das ganze Tierwohl ist damit noch nicht abgedeckt, es fehlen etwa die Mehrkosten für eine artgerechte Ernährung. Doch die vermiedenen Kosten bei artgerechter Haltung ließen sich belastbar darstellen und könnten so in die Gesamtkosten einbezogen werden. Dort würden sie die eingangs beschriebenen externen Kosten aufgrund geringerer Effizienz der Bioproduktion womöglich mehr als ausgleichen.

Raus aus Sackgassen der Effizienz

Nicht reichen für einen Ausgleich dürfte es dort, wo Biolandwirte noch weitergehend die Effizienz zugunsten des Tierwohls hintanstellen: beim Zweinutzungshuhn (sowie der Vorstufe Bruderhahnaufzucht) und

Vergesst das Soziale nicht!

Bei der Diskussion um externe Kosten werden die sozialen Kosten oft vergessen. Diese zahlen nicht unbedingt die Gesellschaft, sondern diejenigen in der Wertschöpfungskette, die für ihre Arbeit nicht genug bekommen. Menschen, die im Dauerstress an der Kasse sitzen, 15 Stunden am Tag schaffen, um ihren Hof zu erhalten, oder für einen Hungerlohn Tomaten und Erdbeeren ernten. Faire Erzeugerpreise, die den Landwirt:innen ein angemessenes Einkommen ermöglichen, wären eigentlich die Basis, auf der zusätzliche Leistungen für Artenschutz oder Tierwohl aufbauen sollten.

Der MilchMarkerIndex zeigt, dass die derzeit gezahlten Milchpreise, Bio und konventionell, rund ein Viertel unter dem liegen, was wissenschaftlich hergeleitet notwendig wäre. Vergleichbare Zahlen ließen sich auch für andere Grundnahrungsmittel erarbeiten, damit die oft ausgelobten »fairen Preise« kein Werbegag bleiben. Auch faire Arbeitsbedingungen und Löhne für Erntehelfer:innen gehören dazu. Sie sind in konventionellen Betrieben in Deutschland kein Alltag, wie die jährlichen Recherchen der IG BAU und weiterer Organisationen zeigen. Biobetriebe hat die IG nicht auf dem Schirm, weswegen hier Daten fehlen.

Bei importierten Lebensmitteln etwa aus Spanien, sind Arbeitsbedingungen auch bei Bio immer wieder ein Thema. Das Engagement einzelner Zertifizierer wie Naturland zeigt, wie wichtig hier offene Augen und wie verheerend der auch bei Bio übliche Wettbewerbsdruck sind.

Wütend macht die Hartnäckigkeit, mit der die meisten Bioimporteure den Menschen des globalen Südens existenzsichernde Löhne und Preise verweigern. Immerhin ein Menschenrecht. Die Fairhandelsbewegung hat erkannt, dass staatliche Mindestlöhne nicht vor Armut schützen und ihre bisherigen Mindestpreise kein existenzsicherndes Einkommen garantieren. Sie hat sich fixe Termine gesetzt, wann sie existenzsichernd zahlen will. Selbst der konventionelle Handel hat sich zumindest zu einschlägigen Absichtserklärungen drängen lassen. In der Biobranche? Nichts, nada, niente. Stattdessen heißt es unisono: »Wir zahlen fair und mehr gibt der Markt nicht her.«

Die Lücke zwischen gezahltem und existenzsicherndem Erzeugerpreis könnte auch als externe Kosten angesehen werden. Geld, das sich der Anbieter und wir als Kunden gespart haben und das nun andere mit ihren Lebensumständen bezahlen. Das ließe sich über die pro Jahr geerntete Menge aufs Kilogramm Bananen oder Kakao runterbrechen. Für konventionellen Kakao aus Ghana und der Elfenbeinküste gibt es entsprechende Zahlen.[10] Die Kleinbauern und Kleinbäuerinnen dort bräuchten für ein Kilogramm rohe Kakaobohnen gut drei US-Dollar, das wären 80 Prozent mehr als bisher. Eine Schokoladentafel im Supermarkt würde dennoch nur um wenige Cent teurer. Das wäre fair, und das würde der Markt wohl auch hergeben!

bei der kraftfutterfreien Haltung von Milchkühen. Das Zweinutzungshuhn soll eine Fehlentwicklung in der Züchtung korrigieren, die es erst ermöglicht hat, Eier und Hühnerfleisch mit der heutigen Effizienz zu produzieren; die aber auch eine Qual für die derart auf Leistung selektierten Tiere bedeutet – und die Tötung männlicher Legehennen als Küken oder demnächst als Embryo beinhaltet. Eier und Fleisch von Zweinutzungshühnern werden signifikant teurer sein, weil die Landwirte ihre Kosten auf deutlich weniger Erzeugnisse umlegen müssen. Ebenso steigen die externen Kosten bei Aspekten wie Klimagasen und Stickstoff, weil die Tiere für die gleiche Menge an Erzeugnissen deutlich mehr fressen. Vernünftig kommunizieren lässt sich diese doppelte Kostenbelastung nur im Kontext, dass der Konsum tierischer Lebensmittel sowieso massiv zurückgehen muss.

Dies gilt auch für den Verzicht auf Kraftfutter in der Milcherzeugung. Hier steht im Vordergrund, die Milchkühe auf ihre eigentliche ökologische Leistung (und Berechtigung) zu konzentrieren, nämlich für den Menschen unverwertbares Gras in wertvolle Lebensmittel umzuwandeln. Gleichzeitig wird dadurch Grünland als wertvoller Kohlenstoffspeicher erhalten. Als Nebeneffekt entfällt die derzeitige Zucht auf extreme Milchleistungen, die nur mit Kraftfutter zu erzielen sind – und zu Bullenkälbern führt, die sich kaum noch mästen lassen.

Kurzes Zwischenfazit: Die Biobranche muss mithelfen, dass die weichen Faktoren Pestizide, Artenschutz und Tierwohl möglichst schnell in belastbarer Form monetarisiert und standardmäßig in die Berechnung externer Kosten einbezogen werden. Denn die großen Vorteile des Biolandbaus liegen in diesen drei Bereichen.

Die Praxis macht's

Viele Studien über die Leistungen des Ökolandbaus und ihren Wert haben große Unterschiede zwischen einzelnen Betrieben gezeigt. Die Höhe der externen Kosten hängt auch vom Management ab, vom Engagement und der Erfahrung der Landwirt:innen. Die meisten Gesamtkostenrechnungen verwenden Durchschnittszahlen für den Bioapfel in Deutschland oder den konventionellen Schweineerzeuger. Immer mehr Arbeiten bilanzieren jedoch einzelne Betriebe, um Daten für die Grundlagenforschung zu gewinnen oder um Leistungen des Betriebs bewertbar zu machen, etwa beim Humusaufbau oder für individuelle Naturschutzpläne. Darin liegt für die einzelnen Betriebe eine große Chance, aber auch durch Wissenstransfer und Praxisbeispiele für die Biobranche als Ganzes. Bioverbände und -organisationen nutzen die Chance auch durch Beratung und Projekte, etwa zu Naturschutz auf dem Hof oder regenerativer Landwirtschaft. Gleichzeitig zeigt sich dabei, welche Potenziale noch genutzt werden könnten, würden solche Projekte vom Leuchtturm zum Alltag.

Dabei stellt sich auch die Frage, ob es reicht, die Best-Practise-Beispiele vorzustellen oder ob nicht die ein oder andere für den Artenschutz förderliche Maßnahme in die Ökostandards, zumindest der Verbände, mit aufzunehmen wäre. Etwa einen Mindestanteil an ökologischen Vorrangflächen pro Betrieb, Vorgaben für die Fruchtfolge oder maximale Schlaggrößen. Für letzteres spricht auch die Wissenschaft: »Der Öko-Landbau allein führt nur zu begrenzten Vorteilen für die Biodiversität, solange die Öko-Zertifizierung nicht mit einer vielfältigen und kleinteiligen Agrarstruktur verbunden wird«, schrieb Professor Teja Tscharntke, einer der bekanntesten deutschen Agrarökologen, im März 2021 in einem Gutachten für die Bundestagsgrünen.[11] So führe »eine Reduzierung der mittleren Feldgröße pro Landschaft von 6 ha auf 1 ha zu einer 6-fach höheren Artenzahl«.[12]

Solange es durch Richtlinienvorgaben keine Wettbewerbsgleichheit gibt, wäre es hilfreich, die Betriebe, die trotzdem zu solchen Maßnahmen greifen, durch bessere Preise zu entlohnen, quasi einen Gemeinwohlzuschlag. In diese Richtung weist die Leistungsrechnung der Regionalwert AG Freiburg. Sie schreibt den Nachhaltigkeitsleistungen eines Betriebs konkrete Beträge zu.[13] Eine siebengliedrige Fruchtfolge bewertet sie mit 100 Euro je Hektar, eine viergliedrige dagegen nur mit 40 Euro. Für fünf Prozent Blühflächen auf der gesamten Fläche des Betriebs gäbe es 200 Euro je Hektar. In die Berechnung floss die Bestäubungsleistung von Insekten ebenso ein wie der Arbeitsaufwand der Landwirte.

Eine produktbezogene Abmachung hat die Molkerei der Bauerngemeinschaft Hamfelder Hof mit ihren Landwirt:innen getroffen. Sie erhalten seit 1. Oktober 2021 70 Cent je Liter Milch. Im Gegenzug haben sie sich verpflichtet, binnen zehn Jahren ein ganzes Paket an Maßnahmen vor allem für Biodiversität und Tierwohl umzusetzen: von der kuhgebundenen Kälberaufzucht bis hin zu Naturschutzmaßnahmen auf mindestens zehn Prozent der Fläche. Dazu gehört es auch, Grünland weniger intensiv zu nutzen als bisher. Auch so lassen sich externe Kosten aufs Preisschild bringen: Indem man dafür sorgt, dass sie nicht mehr anfallen.

Folgerungen & Forderungen

- Die Preise für Lebensmittel sagen nicht »die Wahrheit«. Das gilt für konventionelle und ökologische Lebensmittel – wenn auch nicht in gleichem Maß.
- Ziel muss es sein, externe Kosten, die z. B. in Form von Umweltschädigungen, erhöhtem Tierleid oder aber auch prekären Arbeitsbedingungen und -löhnen entstehen, »einzuspreisen«.
- Hierfür muss die Fixierung auf die reine »Effizienz« der landwirtschaftlichen Produktion überwunden werden und ein umfassenderer Monetarisierungsansatz verfolgt werden. Dieser ist zum Teil noch zu entwickeln.
- Die Richtlinien des (verbandlichen) Ökolandbaus sind weiterzuentwickeln, um dem eigenen Anspruch gerecht zu werden, aber auch um die ökologischen Potenziale dieses Anbausystems zu entfalten (z. B. Mindestanteil an ökologischen Vorrangflächen pro Betrieb, Vorgaben für die Fruchtfolge oder maximale Schlaggrößen).
- Dies gilt auch für die sozialen Kosten. Existenzsichernde Löhne und Preise für die Menschen im globalen Süden sollten gerade bei Bioimporten eine Selbstverständlichkeit werden. Dass dies auch unter aktuellen Wettbewerbsbedingungen möglich ist, zeigen – einige wenige – Beispiele.

Das Thema im Kritischen Agrarbericht

- ▶ Jörn Sanders und Jürgen Heß: Gesellschaftliche Leistungen der Ökologischen Landwirtschaft. Interdisziplinäres Forschungsprojekt vergleicht ökologische mit konventionellen Anbausystemen. In: Der kritische Agrarbericht 2020, S. 134–139.
- ▶ Christian Hiß und Jörgen Beckmann: Was leistet die Landwirtschaft wirklich? Über Nachhaltigkeit auf dem Land und die Reform der Finanzbuchhaltung. In: Der kritische Agrarbericht 2020, S. 317–322.
- ▶ Rüdiger Brügmann: Stabilität dank Engagement. Wie es den Biomilchbauern gelingt, sich zunehmend vom konventionellen Markt abzusetzen und die Milchpreise stabil zu halten. In: Der kritische Agrarbericht 2018, S. 129–133.
- ▶ Leo Frühschütz: Wieviel Lohn ist fair? Die Auseinandersetzung über Tarife in der Biobranche. In: Der kritische Agrarbericht 2013, S. 98–101.

Anmerkungen

1 Eosta, Soil&More, EY, Triodos Bank and Hivos: True cost acounting for food, farming & finance (TCA-FFF). Waddinxveen 2017 (https://eosta.com/sites/www.eosta.com/files/documenten/tca-fff-report_o.pdf).

2 Zum Ganzen siehe auch den Beitrag von Allegra Decker, Amelie Michalke und Tobias Gaugler in diesem *Kritischen Agrarbericht*, S. 11–16.

3 T. Bandel et al.: Der teure Preis des Billigfleischs. Eine Studie der Soil & More Impacts GmbH für Greenpeace. Hamburg 2020 (www.greenpeace.de/sites/www.greenpeace.de/files/publications/s03201_landwirtschaft_studie_wahre_kosten_fleisch_2020.pdf).

4 J. Teufel et al.: Umweltkosten von Konsumgütern als Ansatzpunkt zur Verbesserung marktlicher und nicht-marktlicher Verbraucherinformationen (»Zweites Preisschild«). Umweltbundesamt Texte 187/2020. Dessau-Roßlau 2020 (www.umweltbundesamt.de/sites/default/files/medien/5750/publikationen/2020_10_22_texte_187_2020_zweites_preisschild.pdf).

5 Siehe hierzu die Zusammenfassung der wichtigsten Ergebnisse der Thünen-Studie in dem Beitrag von J. Sanders und J. Heß: Gesellschaftliche Leistungen der Ökologischen Landwirtschaft. Interdisziplinäres Forschungsprojekt vergleicht ökologische mit konventionellen Anbausystemen. In: Der kritische Agrarbericht 2020, S. 134–139.

6 Dieses und die folgenden Zitate stammen aus L. Frühschütz: Wie die Bio-Branche aus Pennys »Wahre Verkaufspreise«-Studie lernen kann. In BioHandel vom 3. Dezember 2020.

7 Siehe hierzu V. Engelsman und B. Geier (Hrsg.): Die Preise lügen. Warum uns billige Lebensmittel teuer zu stehen kommen. München 2018, S. 43.

8 T. Kurth et al. (Boston Consulting Group): Die Zukunft der deutschen Landwirtschaft nachhaltig sichern. Denkanstöße und Szenarien für ökologische, ökonomische und soziale Nachhaltigkeit. 2019 (https://image-src.bcg.com/Images/Die_Zukunft_der_deutschen_Landwirtschaft_sichern_tcm108-234154.pdf).

9 Bundesanstalt für Landwirtschaft und Ernährung (BLE) und Bundesinformationszentrum Landwirtschaft (BLZ): Gesamtbetriebliches Haltungskonzept Schwein – Sauen und Ferkel. Bonn 2021 (file:///Users/ms/Downloads/0073_1995_web_7.pdf).

10 A. C. Fountain and F. Hütz-Adams: Cocoa barometer 2020. 2020 (file:///Users/ms/Downloads/2020-cocoa-barometer-1.pdf).

11 T. Tscharntke: Bedeutung einer vielfältigen und kleinteiligen Agrarstruktur für die Biodiversität und ihre Förderung im Rahmen der Gemeinsamen Europäischen Agrarpolitik (GAP). Studie im Auftrag der Bundestagsfraktion Bündnis 90/Grünen. Berlin 2021 (www.gruene-bundestag.de/fileadmin/media/gruenebundestag_de/themen_az/agrar/PDF/Studie_Kleinteilige_vielfaeltige_Agrarstruktur_und_Biodiversitaet-2021.pdf), S. 2.

12 Ebd. S. 3.

13 Siehe hierzu auch den Beitrag von Christian Hiß in diesem *Kritischen Agrarbericht*, S. 200–205.

Leo Frühschütz
Leo Frühschütz begleitet als selbständiger Fachjournalist (Journalistenbüro Biotext) die Biobranche seit über 20 Jahren.

fruehschuetz@biotext.de

◉ *Schwerpunkt »Preis Werte Lebensmittel«*

Milch mit Umweltvorteil

Bessere Umweltbilanz und geringere externe Kosten bei Biomilch

von Jenny Teufel

Milch, die in Ökologischer Landwirtschaft erzeugt wurde, ist aus Umweltsicht vorteilhafter als konventionell erzeugte Milch. Zu diesem Ergebnis kommt eine Studie von Öko-Institut, INFRAS und KTBL, die im Auftrag des Umweltbundesamtes die Ökobilanz verschiedener Formen der Milcherzeugung in Deutschland untersucht hat. Als Hauptgrund für den Umweltvorteil von Biomilch hat sich der weitgehende Verzicht auf Pflanzenschutzmittel und Mineraldünger im Futtermittelanbau erwiesen. Dieser ist im Ökolandbau mit deutlich geringeren Umweltbelastungen verbunden als in konventionellen Anbausystemen. Trotz der geringeren Erträge in der Ökologischen Landwirtschaft und der im Vergleich geringeren Milchleistungen schneidet die Ökomilch auch in ihrer Klimabilanz nicht schlechter ab. Ein Grund für das positivere Ergebnis ist unter anderem, dass Ökobetriebe weniger Milchleistungsfutter füttern. Außerdem konnte in der Studie, deren zentrale Ergebnisse im Folgenden vorgestellt werden, gezeigt werden, dass die Milchproduktion mit Weidehaltung sich durch zum Teil deutliche Umweltvorteile auszeichnet.

Das Ziel der Studie *Sichtbarmachung versteckter Umweltkosten der Landwirtschaft am Beispiel von Milchproduktionssystemen*[1] war die Erstellung einer vergleichenden Ökobilanz konventioneller und ökologischer Milcherzeugung in Deutschland, jeweils mit und ohne Weidegang, sowie eine ökonomische Bewertung der bilanzierten Umwelteffekte.

Da in Deutschland eine große Zahl unterschiedlicher Milcherzeugungsbetriebe existiert, musste zunächst eine für die Fragestellung der Studie geeignete Auswahl an zu untersuchenden Milchproduktionssystemen getroffen werden. Die Auswahl erfolgte auf Basis der regionalen Schwerpunkte der Milcherzeugung in Deutschland. Dabei sind folgende Regionen ausgewählt worden:

- die Region Nord (bzw. Nordwestdeutschland mit dem nördlichen Teil Niedersachsens und dem Bundesland Schleswig-Holstein) mit einer durchschnittlichen Herdengröße pro Betrieb von 120 Kühen der Rasse Holstein bzw. Schwarzbunt;
- das Allgäu (mit den angrenzenden Regionen Oberbayern, Schwäbische Alb). Herdengröße: 40 Kühe, Rasse: Fleckvieh;
- die Mittelgebirgsregionen in Rheinland-Pfalz (Eifel) und Nordrhein-Westfalen (Bergisches Land), Herdengröße: 100 Kühe, Rasse: Holstein bzw. Schwarzbunt;
- die Region Ost mit Mecklenburg-Vorpommern und Brandenburg. Herdengröße: 500 Kühe, Rasse: Holstein bzw. Schwarzbunt.

Durch Kombination der vier ausgewählten Regionen mit den Parametern Wirtschaftsweise (konventionelle bzw. ökologische Wirtschaftsweise) und Weidegang (mit und ohne Weidegang) ergeben sich insgesamt 16 verschiedene typische Betriebsmodelle, die in ihrer Ökobilanz verglichen wurden.

Für die ökobilanzielle Bewertung der 16 Betriebsmodelle wurden die folgenden Teilprozesse berücksichtigt:

- Haltung der Tiere, jeweils untergliedert nach Milchkühen, Kälbern und Jungvieh;
- Futtermittelbereitstellung, inklusive der Ermittlung des Energiebedarfs, des Grund- und Kraftfutterbedarfs und daraus abgeleiteter Futterrationen;
- Stallgebäude und dazugehörige bauliche Anlagen (Wirtschaftsdüngerlager) inklusive Einstreu;
- Berechnung der Emissionen aus Stall, Wirtschaftsdüngerlager und Weide;
- Humusbilanz und Humusveränderung im Zuge des Eigenfutteranbaus.

Basierend auf den Stoff- und Energieflüssen innerhalb der genannten Teilprozesse wurden die potenziellen Umweltbelastungen der Milcherzeugung in den verschiedenen Betriebsmodellen berechnet. Die quantifizierten Umweltwirkungen aus der Ökobilanz sind anschließend ökonomisch bewertet worden.

Zentrale Ergebnisse

Die durchgeführte vergleichende Ökobilanz von Rohmilch[2] zur Abholung ab Hoftor (*from cradle to farmgate*) aus unterschiedlichen Betriebsmodellen konventioneller und ökologischer Milchproduktionssysteme hat gezeigt, dass für die überwiegende Mehrzahl der betrachteten Wirkungsindikatoren die ökologischen Betriebsmodelle gegenüber den konventionellen einen mehr oder weniger deutlichen Umweltvorteil aufweisen. Lediglich in Bezug auf das terrestrische Versauerungspotenzial (als Folge von Gülleausbringungen) und bei der Inanspruchnahme landwirtschaftlicher Flächen schneiden die konventionellen Betriebsmodelle beim direkten Vergleich besser ab. Ergebnisrelevant ist dabei insbesondere der geringere Bedarf an Milchleistungsfutter und die zugrunde liegenden geringeren Umweltwirkungen bei der Produktion des Futters bei den ökologisch wirtschaftenden Betriebsmodellen.

Die Betriebsmodelle mit Weidehaltung zeichnen sich im Vergleich zu ihrem Pendant ohne Weidehaltung durch geringere negative Umweltwirkungen in den verschiedenen Kategorien aus. Das trifft insbesondere auf Energieaufwand, Wasserverbrauch, Süßwassereutrophierung, terrestrische Versauerung, terrestrische Toxizität und Aquatoxizität zu. Die Weidehaltung kann daher aus Umweltsicht als besonders vorteilhaft bewertet werden.

Im Zuge einer detaillierten Beitragsanalyse konnte gezeigt werden, dass *erstens* die direkten Emissionen der Milcherzeugung (vor allem Methanemissionen aus der Verdauung) und die Futtermittelbereitstellung die größten Einzelbeiträge zum Treibhausgaspotenzial liefern. Bei den konventionell wirtschaftenden Betriebsmodellen gehen circa 30 Prozent auf die direkten Emissionen und bis zu 36 Prozent auf die Futtermittelbereitstellung zurück. Bei den ökologisch wirtschaftenden Betriebsmodellen sind die anteiligen Beiträge der direkten Emissionen noch etwas höher (knapp 50 Prozent). *Zweitens* hat sich gezeigt, dass die höheren direkten Emissionen bei den Ökobetriebsmodellen ganz wesentlich auf die niedrigere Milchleistung der ökologisch wirtschaftenden Betriebsmodelle zurückzuführen sind. Bei vergleichbarem Grundumsatz im Stoffwechsel (insbesondere Methanemission aus der Verdauung) der Milchkühe wirkt sich hier die im Vergleich geringere Milchleistung in der Bilanz aus. Schließlich konnte *drittens* nachgewiesen werden, dass die Bereitstellung des Milchleistungsfutters für alle Wirkungskategorien einen entscheidenden Beitrag zum Gesamtergebnis verursacht.

Diese Ergebnisse der ökobilanziellen Untersuchung wurden daraufhin verschiedenen Sensitivitätsanalysen unterzogen, um herauszufinden, welche Parameter für die Ökobilanz von Milchproduktionssystemen besonders ausschlaggebend sind. Auf fünf der wichtigsten Parameter sei im Folgenden näher eingegangen.

Funktionelle Einheit

Die Ergebnisse der ökobilanziellen Bewertung von Milcherzeugungssystemen sind abhängig von der jeweiligen Bezugsgröße bzw. funktionellen Einheit. Für die funktionelle Einheit »pro Kilogramm ECM-Milch«[3] weisen die ökologischen Betriebsmodelle gegenüber den konventionell wirtschaftenden Betrieben für die überwiegende Mehrzahl der betrachteten Wirkungsindikatoren einen Umweltvorteil auf. Vergleicht man die Ergebnisse pro Euro marktfähigem Produkt mit den Ergebnissen pro Kilogramm ECM-Milch, so betont dies den Umweltvorteil der ökologischen Produkte gegenüber den konventionellen Produkten. Bezieht man die Ergebnisse der ökobilanziellen Bewertung auf eine flächenbezogene Größe, so betont dies den Umweltvorteil der ökologisch wirtschaftenden Betriebsmodelle ebenfalls deutlich.

Milchleistung

Die angesetzte Milchleistung pro Kuh stellt ein wesentliches Charakterisierungsmerkmal für die jeweiligen Betriebsmodelle dar. Die Milchleistung pro Kuh ist der Hauptfaktor bei der Berechnung des Gesamtenergiebedarfs der Milchkühe, aus dem wiederum der Futterbedarf und die mit der Verdauung korrelierten Emissionen der Milcherzeugung resultieren. Es konnte gezeigt werden, dass eine weitere Erhöhung über die durchschnittliche Milchleistung hinaus keine geeignete Maßnahme zur Reduktion der Umweltbelastung der Milchproduktion ist. Zwar nimmt bei höherer Milchleistung der anteilige Beitrag aus dem Grundumsatz der Milchkühe ab, jedoch wird dieser Effekt durch einen erhöhten Aufwand bei der Bereitstellung von Milchleistungsfutter wieder ausgeglichen. Für ökologisch wirtschaftende Betriebe wurde zusätzlich auch der Effekt einer deutlich reduzierten Milchleistung untersucht. Für die Mehrheit der betrachteten Umweltauswirkungen führt dies zu Vorteilen, nicht jedoch für die Umweltauswirkung Treibhausgasemissionspotenzial. Hier bewirkt die reduzierte Milchleistung einen signifikant erhöhten Wert für das Treibhausgasemissionspotenzial.

Ökobilanz und Monetarisierung – Anmerkung zur Methodik

Die quantifizierten Umweltwirkungen aus der Ökobilanz sind im Rahmen der durchgeführten Studie ökonomisch bewertet worden. Die Analyse fokussierte auf die Umweltfolgen und deren Kosten. Nicht Teil der Analyse war folglich eine umfassende ökonomische Bewertung von verschiedenen Produktionssystemen inklusive Berücksichtigung der Betriebskosten. Die vorliegende Analyse sollte aufzeigen, welche volkswirtschaftlichen Kosten sich aus den Umweltwirkungen der untersuchten Milchproduktionssysteme ergeben. Dazu werden die Ergebnisse der Ökobilanz, die in Wirkungsindikatoren vorliegen, mit jeweils passenden Kostensätzen aus etablierten Studien und Methodenhandbüchern monetarisiert. Nicht für alle Umweltwirkungen war eine umfassende Monetarisierung möglich. Mithilfe verschiedener Sensitivitätsanalysen sind Unsicherheiten bei der Monetarisierung aufgezeigt worden. Die Ergebnisse der monetären Bewertung der verschiedenen Umweltwirkungen wurden schließlich zu gesamten Umweltkosten je Produktionssystem addiert. Auf diese Weise ergaben sich für die verschiedenen (Milch-)Produktionssysteme jeweils Gesamtwerte der volkswirtschaftlich relevanten Umweltkosten, die miteinander vergleichbar sind. Mit der Monetarisierung in der Form von Umweltkosten werden verschiedene Umweltwirkungen folglich aggregiert dargestellt. Hierin liegt ein großer Vorteil dieser Methodik. Die Umweltfolgen von Konsumgütern (bzw. der Nutzung von Konsumgütern) werden in einer einzigen leicht verständlichen Einheit dargestellt. Diese Einheit kann mit dem Herstellungspreis oder Kaufpreis oder gegebenenfalls den Kosten für die Nutzung verglichen werden. Die Monetarisierung von Umweltkosten ist also – auch wenn es bislang methodische und datenseitige Einschränkungen gibt – grundsätzlich eine geeignete Form der Aggregation.

Futtergrundlage und Milchleistungsfutter

Das für die Fütterung der Milchkühe eingesetzte Futtermittel und insbesondere der Bedarf und die Zusammensetzung des Milchleistungsfutters sind von hoher Relevanz für die Umweltauswirkungen der Milcherzeugung. Ein wichtiger Bestandteil des konventionellen Milchleistungsfutters sind sojabasierte Futtermittelkomponenten. Im Rahmen einer Sensitivitätsanalyse wurde gezeigt, dass sich durch die Substitution von aus Übersee importierten sojabasierten Komponenten durch einheimische Futterleguminosen, wie z. B. Ackerbohnen, potenzielle Umweltverbesserungen erzielen lassen können. Auch wenn auf Basis der Ergebnisse dieser Studie keine Empfehlungen hinsichtlich einer aus ökologischer Sicht optimalen Zusammensetzung des Milchleistungsfutters gegeben werden können, kann dennoch generell festgehalten werden, dass je weniger Milchleistungsfutter in einem Betriebsmodell eingesetzt werden muss, desto günstiger sich dies auf die spezifische Umweltbelastung der Milcherzeugung auswirkt.

Größe des Tierbestands

Die definierten regionaltypischen Betriebsmodelle zeichnen sich durch spezifische Bestandsgrößen aus. Die Auswirkungen der Bestandsgröße auf das Ergebnis sind allerdings vergleichsweise gering. Tatsächliche Skaleneffekte, etwa beim Energieaufwand (z. B. Melken mit verschiedenen Melkständen), wurden in der vorliegenden Studie zwar berücksichtigt, wirken sich jedoch angesichts der Dominanz anderer Prozesse kaum auf die absoluten Ergebnisse aus. Zu beachten ist hierbei, dass unter betriebswirtschaftlichen Gesichtspunkten gegebenenfalls relevante Aspekte (z. B. Mehrarbeit beim Weidemanagement einer größeren Herde) in der vorliegenden ökologischen Betrachtung nicht berücksichtigt werden.

Bedeutung der Erzeugungsregion

In der Studie wurden vier wichtige Milcherzeugungsregionen Deutschlands betrachtet. Dabei werden über die Bestandsgröße, die Tierrasse und insbesondere über die regionalspezifischen Futterrationen wesentliche naturräumliche Gegebenheiten in den ausgewählten Regionen berücksichtigt. Auch wenn sich die Grundfuttererzeugung im Hinblick auf Ackerland und Grünlandflächen in den ausgewählten Regionen mitunter deutlich unterscheidet, ergeben sich bezogen auf das Endprodukt Milch für die Regionen Mittelgebirge, Nord und Ost weitgehend vergleichbare Umweltbelastungen. Etwas größere Unterschiede weist die Region Allgäu auf, in der einerseits ein Zweinutzungsrind (Fleckvieh) betrachtet wird und andererseits eine stark auf Grundfutter basierende Futterration.

In der Studie konnten nicht alle relevanten Umwelt- und Klimawirkungen betrachtet werden. Bei Einbezug von Kohlenstoffspeicherung durch Humusaufbau z. B. würde sich das Treibhausgaspotenzial der ökologischen Betriebsmodelle um 13 bis 20 Prozent verringern. Hätten die Forscherinnen und Forscher zudem die ökotoxikologischen Wechselwirkungen, die durch den Einsatz von Pflanzenschutzmitteln hervorgerufen werden, sowie ihre Auswirkungen auf die Biodiversität in den Ökobilanzen mit berücksichtigen können, würde der Umweltvorteil des Ökologischen Landbaus nochmal deutlich größer ausfallen.

Ökonomische Bewertung

Vor dem Hintergrund drängender globaler Umweltprobleme, wie dem Klimawandel und dem Verlust an Biodiversität und Ökosystemleistungen und dem dringenden Handlungsbedarf effektive Lösungsansätze hierfür zu entwickeln, drängt sich verstärkt die Frage nach den »externen Kosten« nicht nachhaltiger Produktionsweisen in den Vordergrund gesellschaftlicher Diskussionen. Diese Frage beruht auf der Tatsache, dass im Rahmen der Produktion von konkreten Produkten über ihren gesamten Lebenszyklus hinweg (externe) Kosten verursacht werden, die von der Gesellschaft getragen werden und nicht im Preis des Produktes enthalten sind. Diese Kosten entstehen z. B. durch ökologische Schäden, die durch den Produktionsprozess entstehen und für die der Produzent oder die Produzentin nicht aufkommen muss. Externe Kosten können aber auch durch Risiken für die Gesundheit des Nutzers oder der Nutzerin der Produkte oder der Belegschaft entlang der Lieferketten der Produkte entstehen.

Im Gegensatz zu den Umweltkosten des Verkehrs oder der Energieproduktion sind die Umweltkosten der Landwirtschaft bislang aber deutlich weniger umfassend untersucht. Die für die untersuchten Betriebsmodelle ermittelten Umweltkosten liegen in einer Bandbreite von rund 21 bis 34 Cent pro Kilogramm Rohmilch. Vergleicht man Betriebssysteme mit und ohne Weidegang, zeichnen sich die Betriebssysteme mit Weidegang durchweg durch geringere Umweltkosten aus. Die Betriebsmodelle mit Weidegang verursachen zwischen zwei und 24 Prozent weniger Umweltkosten als diejenigen ohne Weidegang. In absoluten Zahlen sind das zwischen 0,6 und 6,6 Cent pro Kilogramm Rohmilch.

Vergleicht man die Umweltkosten der untersuchten Betriebsmodelle nach ihrer Wirtschaftsweise, zeigt sich bis auf eine Ausnahme ein Vorteil der ökologisch wirtschaftenden Betriebe. Das heißt sieben der acht untersuchten ökologischen Betriebssysteme zeichnen sich im Vergleich zu ihrem konventionellen Pendant durch geringere Umweltkosten aus. Konkret sind die Umweltkosten dieser sieben ökologischen Betriebssysteme um zwei bis 19 Prozent niedriger als die des konventionellen Vergleichspaares. Ausgedrückt in Euro sind das 0,5 bis fünf Cent weniger Umweltkosten pro Kilogramm Rohmilch.

Die geringsten Umweltkosten verursacht die Kombination ökologisch mit Weidegang. Die Betriebssysteme mit dieser Kombination verursachen zwischen 15 und 24 Prozent weniger Umweltkosten als die übrigen Betriebssysteme.

Die durchschnittlichen Umweltkosten über sämtliche untersuchten Betriebsmodelle liegen bei rund 30 Cent pro Kilogramm ECM-Milch. Der Anteil der einzelnen Wirkungskategorien auf die gesamten Umweltkosten unterscheidet sich deutlich. Die Klimakosten machen mit rund 62 Prozent der gesamten Kosten

Folgerungen & Forderungen

- Die ökologische und weidebasierte Milcherzeugung hat Vorteile für den Umweltschutz und auch aus Sicht des Klimaschutzes kann hier kein Nachteil ausgemacht werden.
- Die geringsten Umweltwirkungen haben Ökobetriebe mit Weidegang, während konventionelle Betriebe mit reiner Stallhaltung die höchsten Umweltschadenskosten verursachen.
- Die wichtigsten Stellschrauben zur Verbesserung der Umweltauswirkungen von Milchproduktionssystemen finden sich in der Fütterung. Dies betrifft vor allem den Anteil des Milchleistungsfutters an der Gesamtfutterration, die Zusammensetzung des Kraftfutters sowie die Zusammensetzung des Grundfutters.
- Beim Einsatz heimischer Futtermittel, aber auch beim Weidegang und dem Einsatz von Grassilage oder Heu im Grundfutter liegen daher wichtige Hebel für Landwirtinnen und Landwirte, die Umweltauswirkungen zu minimieren, ohne dass dadurch Nachteile für den Klimaschutz einhergehen.
- Die durchschnittliche Milchleistung von Kühen in der Ökologischen Landwirtschaft weiter zu erhöhen, ist keine geeignete Maßnahme zur Reduktion der Umweltbelastung der Milchproduktion. Der Effekt auf den Klimaschutz ist gering und andere Umweltbelastungen, wie der Flächenbedarf und der Energieaufwand nehmen zu.
- Bei den ermittelten Umweltkosten handelt es sich um *Mindestkosten*. Insbesondere bei der Monetarisierung der Ökotoxizität sind die methodischen Unsicherheiten noch erheblich und die Datenlage unzureichend. Das führt dazu, dass die Umweltkosten, die durch potenzielle ökotoxikologische Wirkungen entstehen, noch unterschätzt werden. Vor diesem Hintergrund ist zu erwarten, dass der Unterschied der Umweltkosten von Milch aus konventionellen und ökologischen Produktionssystemen größer ist, als in dieser Studie ermittelt werden konnte.

Abb. 1: Anteil der Wirkungskategorien auf die gesamten Umweltkosten*

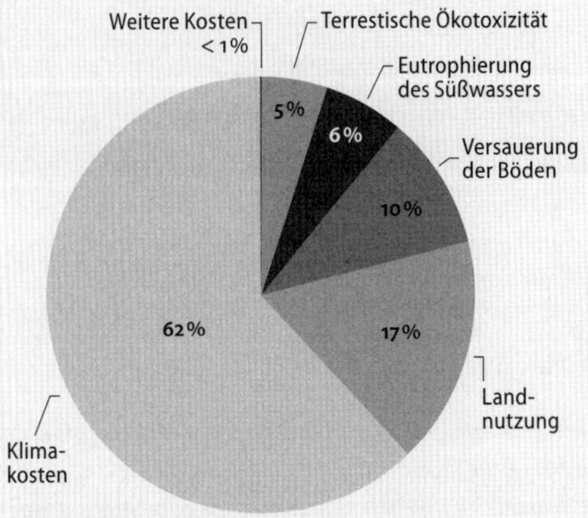

* Circa-Angaben in Prozent

den mit Abstand größten Anteil aus. Die zweitgrößte Fraktion ist im Durchschnitt die Landnutzung mit rund 17 Prozent Anteil, gefolgt von der Versauerung der Böden mit einem Anteil von rund zehn Prozent, der Eutrophierung der Gewässer mit rund sechs Prozent und der terrestrischen Ökotoxizität mit rund fünf Prozent. Die Humantoxizität und die Ökotoxizität des Süßwassers tragen beide weniger als ein Prozent zu den gesamten Umweltkosten bei (Abb. 1). Für die Interpretation der Bewertung nach Betriebsmodell spielt der Anteil der Wirkungskategorie eine wichtige Rolle. Umweltwirkungen, deren Monetarisierung noch wenig etabliert ist, wurden nicht berücksichtigt oder aber, wie beim Tierwohl, lediglich in einem separaten Exkurs im Rahmen der Studie behandelt. Die Ergebnisse sind vor diesem Hintergrund daher als *Mindestwerte* für die tatsächlichen Umweltkosten zu verstehen.

In Richtung Landwirtschaft können die Ergebnisse der Studie genutzt werden, um aufzuzeigen mit welchen Umweltvorteilen und welchen Umweltnachteilen bestimmte Betriebssysteme in der Milchproduktion verbunden sind. Die Ergebnisse können Forderungen stützen, umweltvorteilhaftere Systeme stärker zu unterstützen. Außerdem untermauern die Ergebnisse die Vorzüge, mit denen »Weidemilch« und »Weidemilch-Produkte« derzeit im Handel beworben werden. Die Kommunikation könnte basierend auf den Ergebnissen der Studie ergänzt werden. Das bedeutet, dass Weidemilch beispielsweise nicht nur im Hinblick auf Tierwohl, sondern auch im Hinblick auf weitere Umweltvorteile und damit geringere Umweltkosten beworben werden könnte.

Hinweis

An der Studie *Sichtbarmachung versteckter Umweltkosten der Landwirtschaft am Beispiel von Milchproduktionssystemen,* die diesem Artikel zugrunde liegt, haben mitgewirkt:
- für das *Öko-Institut:* Dr. Jenny Teufel (Projektleitung), Dr. Florian Antony und Ran Liu (Projektbearbeitung: ökobilanzielle Erfassung und Bewertung der Umweltauswirkungen);
- für *INFRAS:* Cuno Bieler, Daniel Sutter und Gina Spescha (ökonomische Bewertung);
- für das *KTBL:* Dr. Wilfried Hartmann und Dr. Jan Ole Schroers (Auswahl und Charakterisierung der Milchproduktionssysteme, Erhebung der Sachbilanz-Daten).

Anmerkungen

1 F. Antony et al.: Sichtbarmachung versteckter Umweltkosten der Landwirtschaft am Beispiel von Milchproduktionssystemen. Hrsg. vom Umweltbundesamt (Texte 129/2021). Dessau-Roßlau 2021 (www.umweltbundesamt.de/sites/default/files/medien/479/publikationen/texte_129-2021_sichtbarmachung_umweltkosten.pdf).
2 Der Begriff Rohmilch wird in dieser Studie verwendet, da die Umweltwirkungen bis Hoftor erfasst worden sind. Als funktionelle Einheit der Ökobilanz ist konkret aber eine ECM-Milch (Energy Corrected Milk), also eine standardisierte Milch mit vier Prozent Fett- und 3,4 Prozent Eiweißgehalt verwendet worden.
3 ECM-Milch bedeutet »Energy Corrected Milk« (siehe Anm. 2).

Redaktion
Dr. Jenny Teufel
Senior Researcher Produkte & Stoffströme bei Öko-Institut e.V. in Freiburg und Projektleiterin der Studie.

j.teufel@oeko.de

◉ ***Schwerpunkt »Preis Werte Lebensmittel«***

We Care

Ein neuer umfassender Nachhaltigkeitsstandard für Lebensmittelunternehmen

von Axel Wirz

We Care *ist ein vom Forschungsinstitut für biologische Landwirtschaft (FiBL) Deutschland gemeinsam mit Pionieren der Biobranche entwickelter Standard zur Bewertung des Managementsystems eines Unternehmens hinsichtlich der unterschiedlichen Dimensionen von Nachhaltigkeit. Mit seinem ganzheitlichen Verständnis von Nachhaltigkeit unterscheidet sich der neue Standard deutlich von vielen anderen Standards und Siegeln, die meistens produktkettenbezogen sind oder nur einzelne Aspekte der Nachhaltigkeit wie Fair, Bio, umweltfreundliche Verpackung oder Tierwohl betrachten. Kontrolliert und zertifiziert werden die Nachhaltigkeitsaktivitäten des gesamten Unternehmens sowohl im Bereich Unternehmensführung, Lieferkettenmanagement, Umweltmanagement und Mitarbeiterverantwortung. Mit seinen 45 Themenfeldern und 164 Kriterien, speziell für die Lebensmittelbranche entwickelt, ist er sehr umfassend und z. B. im Bereich Lieferkettenmanagement deutlich konkreter als die aktuellen Vorgaben des deutschen Lieferkettengesetzes. Der folgende Beitrag stellt das neue* ***We Care****-Siegel vor und berichtet von ersten Erfahrungen bei Umsetzung und Etablierung des Standards in der Lebensmittelbranche.*

Um mit einer immer wieder gern gestellten Standardfrage zu beginnen: »Braucht es noch ein neues Siegel?« Und auch gleich die Antwort: »Ja! Es braucht einen neuen Nachhaltigkeitsstandard, der umfassend ist, alle Dimensionen der Nachhaltigkeit betrachtet und nicht nur eine einzelne Produktkette, einen einzelnen Nachhaltigkeitsaspekt oder ein Leuchtturmprojekt eines Unternehmens«.

Ganzheitliche Anforderungen

Der *We Care*-Standard entstand aus der mehrjährigen Diskussion mit Pionieren der Biobranche, wie Lebensbaum und Alnatura, und dem FiBL Deutschland e.V., weil man auf der Suche war, ein gemeinsames Nachhaltigkeitszeichen für die vielen anspruchsvollen Einzelsiegel zu finden. *We Care* richtet sich nur an Unternehmen der Lebensmittelwirtschaft, ist jedoch bewusst nicht auf die Biobranche beschränkt. Der Standard formuliert ganzheitliche Anforderungen für die Nachhaltigkeit und bietet Unternehmen dafür ein Zertifizierungssystem an. Er ist ausgerichtet auf die unternehmerische Nachhaltigkeit als Ganzes, d. h. auf:

- ökologische, soziale und ökonomische Themen,
- das gesamte Sortiment, nicht nur ausgewählte Leuchtturmprodukte,
- Nachhaltigkeit an eigenen Standorten ebenso wie in der gesamten Lieferkette.

We Care richtet sich an Unternehmen, die selbst Lebensmittel importieren, verarbeiten oder herstellen und hilft damit diesen, ihre Verantwortung systematisch zu verankern, kontinuierlich weiterzuentwickeln und durch externe Überprüfung und Zertifizierung glaubwürdig zu belegen und auch kommunizierbar zu machen. Das Ziel von *We Care* ist:

- Einführung eines ganzheitlichen Standards mit einheitlichem Bewertungssystem,
- integrierte Systematik für das Nachhaltigkeitsmanagement von Standorten und Lieferketten für Unternehmen der Lebensmittelwirtschaft,
- unabhängige Prüfung und Bestätigung der nachhaltigen Arbeitsweise,
- Zertifizierung des Managementsystems,
- Entwicklungsorientierung mit Basislevel und Höherem Level,

- ein integriertes System statt mehrerer Zertifizierungen für Unternehmen, bei denen noch keine Nachhaltigkeitsstandards implementiert sind,
- Integration vorhandener Umwelt- und Sozialzertifizierungen und Schließung von gegebenenfalls noch vorhandenen Lücken im Nachhaltigkeitsmanagement für Unternehmen, die schon einzelne nachhaltigkeitsrelevante Zertifizierungen haben,
- Sicherstellung der Glaubwürdigkeit und Transparenz entlang der Lieferkette,
- Nutzbarkeit für die Unternehmenskommunikation und Nachweis des Nachhaltigkeitsmanagements und nachhaltiger Lieferketten gegenüber Geschäftspartnern und interessierter Öffentlichkeit.

Auf der Ebene der Gewinnung landwirtschaftlicher Rohstoffe existieren bereits zahlreiche Systeme zur Bio-, Fair- und Nachhaltigkeitszertifizierung. Daher nimmt *We Care* vorrangig das Nachhaltigkeitsmanagement auf den nachfolgenden Stufen der Wertschöpfungskette, z. B. bei Importeuren, Herstellern und Markeninhabern in den Blick. Durch den integrierten Fokus auf nachhaltiges Lieferkettenmanagement ist *We Care* zugleich darauf ausgerichtet, in den Lieferketten die Anwendung erzeugerorientierter Bio-, Fair- und weiterer Nachhaltigkeitszertifizierungen zu fördern. Auch bietet *We Care* eine Alternative zu der gerade aufkommenden Diskussion um ein Klimalabeling oder den CO_2-Footprint auf Produktketten. Ein CO_2-Fußabdruck eines Produkts, insbesondere ein niedriger, sagt nichts über die ganzheitliche Nachhaltigkeitsperformance eines Unternehmens, es berücksichtigt z. B. keine Biodiversitäts-, Tierwohl- oder Fair-Aspekte und fördert bei einer Bezugsgröße/funktionellen Einheit wie »CO_2 pro Kilogramm Produkt« eine Landwirtschaft, die auf einen hohen Ertrag und intensive Bewirtschaftung ausgerichtet ist.

Zentrale Handlungsfelder

We Care prüft stattdessen umfassend die nachhaltige Arbeitsweise und das Managementsystem eines Unternehmens anhand von vier zentralen Handlungsfeldern: Unternehmensführung, Lieferkettenmanagement, Umweltmanagement und Mitarbeiterverantwortung. Diese sind wiederum in 45 Themenfelder und 164 Kriterien unterteilt (Tab. 1). Betrachtet und überprüft werden die dokumentierten Ziele und Verfahrensabläufe in den Handlungsfeldern und über Vor-Ort-Audits auch in ihrer tatsächlichen praktischen Umsetzung im Ablauf des Unternehmens.

Die Bereiche *Umweltmanagement* und *Mitarbeiterverantwortung* gelten für den eigenen Standort. Hier geht es vor allem um klassische Nachhaltigkeitsthemen: z. B. gentechnikfreie Sortimente, Biodiversität und Tierwohl, Reduzierung der Treibhausgasemissionen, Energiemanagement, Wasser- und Abwassermanagement, Abfallmanagement oder Maßnahmen zur Weiterbildung von Mitarbeiterinnen und Mitarbeitern, Bezahlung mindestens nach Tarif- bzw. Mindestlohn, Arbeits- und Gesundheitsschutz, Gleichberechtigung und Vermeidung von Diskriminierung.

Im Handlungsfeld *Umweltmanagement* gibt es insgesamt acht Themenfelder und 36 Kriterien, im Handlungsfeld *Mitarbeiterverantwortung* elf Themenfelder und 46 Kriterien. Im Handlungsfeld *Unternehmensführung* gibt es 13 Themenfelder und insgesamt 34 Kriterien; sie umfassen Bereiche von den Unternehmensgrundsätzen, Berücksichtigung von Anspruchsgruppen, Sortimentspolitik und Produktentwicklung bis Compliance und Beschwerdemanagement.

Neu im Vergleich zu anderen Nachhaltigkeitsstandards ist der starke Fokus auf das Handlungsfeld *Lieferkettenmanagement*. Ausführlich ist hier durch insgesamt acht Themenfelder und 36 Kriterien festgelegt, wie ein Unternehmen Verantwortung entlang der gesamten Lieferkette übernehmen, sie formulieren und in der Umsetzung dokumentieren muss. So muss es sich einerseits Regeln für seine alltäglichen Vorgehensweisen setzen und andererseits Sofortmaßnahmen ergreifen, wenn in der Lieferkette Sozial-, Umwelt- oder auch Tierwohlstandards verletzt werden. So lautet das entsprechende Kriterium dafür:

- Grundsätzliche Nachhaltigkeitsanforderungen im Lieferkettenmanagement: »Das Unternehmen ergreift notwendige Sofortmaßnahmen, um negative Auswirkungen zu minimieren, und leitet erforderliche Korrekturmaßnahmen ein (…), wenn Vorfälle in der Lieferkette bekannt werden, durch die grundlegende Sozial-, Umwelt- oder Tierwohlstandards verletzt werden.«

Ein weiteres Kriterium ist z. B.:

- Soziale Risiken in der Lieferkette: »Das Unternehmen bewertet, welche Herkünfte bezogen auf die Sozialanforderungen als Risikoherkünfte für die Beschaffung seiner Rohwaren einzustufen sind (mind. gemäß amfori BSCI).
  Es berücksichtigt bei der Bewertung gegebenenfalls auch die Informationen aus dem CSR Risiko-Check (www.mvorisicochecker.nl/de) sowie öffentlich bekannte Hinweise (aus Studien, der Medienberichterstattung etc.) zu kritischen Menschenrechtssituationen in konkreten Anbauregionen.«

Dies sind nur zwei von den insgesamt 36 Kriterien, die für die Bewertung des Handlungsfelds Lieferkettenmanagement entwickelt wurden. In diesem Handlungsfeld kommt dem Einkauf eine Schlüsselrolle zu.

Dieser hat unter anderem darauf zu achten, dass faire und für eine nachhaltige betriebliche Entwicklung notwendige Erzeugerpreise für Rohwaren gezahlt werden. Insbesondere zählen dazu eine auf langfristige Zusammenarbeit ausgerichtete, partnerschaftliche und verlässliche Gestaltung von Geschäftsbeziehungen unter Berücksichtigung der *We Care*-Anforderungen und ein diskriminierungsfreier Umgang mit Beschäftigten und Geschäftspartnern entlang der gesamten Lieferkette. Geschäftsbeziehungen sollen so gestaltet werden, dass sie einer nachhaltigen Entwicklung aller Beteiligten in der Wertschöpfungskette förderlich sowie diskriminierungsfrei sind.

Dies umfasst auch, beschränkt sich aber nicht auf angemessene Preise, Zahlungsbedingungen und Löhne, durch die die erbrachten Leistungen gebührend, kostendeckend und existenzsichernd honoriert werden sollen. Dabei wird anhand der vorgelegten Dokumente überprüft, ob bei der notwendigen Risikoanalyse, die jedes Unternehmen auch laut Lieferkettengesetz vornehmen muss, die Informationen zu den Sozialstandards und dem Einkommensniveau erfasst worden sind. Des Weiteren wird überprüft, ob das Unternehmen in seinem Managementsystem bzw. den vorgelegten Dokumenten sich dazu verpflichtet hat, seinen Lieferanten Erzeugerpreise zu bezahlen, die für eine betriebliche Weiterentwicklung geeignet sind. Legt ein Unternehmen z. B. eine Transfair- oder Naturland Fair-Zertifizierung vor, so gehen wir automatisch davon aus, dass auch entsprechende Erzeugerpreise vertraglich gezahlt werden und weitere Sozialstandards wie die ILO-Kernarbeitsnormen ein-

Tab. 1: Übersicht über die 45 Themenfelder in den vier zentralen Handlungsfelder

Zu jedem der Themenfelder wurden unterschiedliche Kriterien definiert, deren Erfüllung eindeutig belegt werden müssen. So z. B. im Handlungsfeld Lieferkettenmanagement durch den schriftlichen Nachweis, ob Sozialstandards wie SA 8000 oder ILO-Kernarbeitsnormen eingehalten worden sind.

Handlungsfeld Unternehmensführung
- Unternehmensgrundsätze
- Berücksichtigung von Anspruchsgruppen
- Wesentlichkeitsanalyse
- Prozessintegration
- Notfall- und Krisenmanagement
- Unternehmensziele und Planungen
- Sortimentspolitik und Produktentwicklung
- Mitarbeiterqualifikation
- Interne Audits
- Managementbewertung
- Compliance
- Umgang mit Beschwerden
- Unternehmenskommunikation

Handlungsfeld Lieferkettenmanagement
- Grundsätzliche Nachhaltigkeitsanforderungen im Lieferkettenmanagement
- Vertragsgestaltung und faire Partnerschaften
- Soziale Risiken in der Lieferkette
- Umweltrisiken in der Lieferkette
- Tierwohlrisiken in der Lieferkette
- Lieferantenbestätigungen zur Einhaltung von Nachhaltigkeitsstandards
- Lieferantenfreigabe, Lieferantenmanagement und Lieferantenentwicklung
- Operative Beschaffung

Handlungsfeld Umweltmanagement
- Umweltauswirkungen und Umweltrisiken
- Energiemanagement
- Klimaschutz
- Abfallmanagement
- Wasser- und Abwassermanagement
- Bodenmanagement
- Biodiversität
- Tierwohl
- Schutz der umgebenden Umwelt
- Umgang mit Chemikalien/Gefahrstoffen
- Liegenschaften/Gebäudeausstattung/ Technik/ Investitionen
- Mitarbeitermobilität
- Logistik

Handlungsfeld Mitarbeiterverantwortung
- Mitarbeiterthemen in Unternehmensgrundsätzen und Wesentlichkeitsanalyse
- Arbeitsverträge und Beschäftigungsbedingungen
- Entlohnung und Sozialleistungen
- Arbeitszeiten
- Mitarbeiterentwicklung, Weiterbildung und Ausbildung
- Arbeitssicherheit und Gesundheitsschutz
- Gleichberechtigung und Vermeidung von Diskriminierung
- Disziplinarische Praktiken
- Vereinigungsfreiheit und Recht auf Kollektivverhandlungen
- Ausschluss von Kinder- und Zwangsarbeit
- Führungs- und Unternehmenskultur

gehalten werden. So wird aktuell eine Liste mit anerkannten und glaubwürdigen Sozialstandards erstellt und demnächst verabschiedet, um sicherzustellen, dass die notwendige Sorgfaltspflicht von den Unternehmen auch eingehalten wird.

Ebenso müssen Unternehmen ihren Sorgfaltspflichten nachkommen, um an ihren Standorten und in ihren Lieferketten angemessene, sichere und gerechte Beschäftigungsverhältnisse unter Einhaltung von Menschenrechten und ILO-Kernarbeitsnormen sicherzustellen. Die Lieferanten müssen sich auch ihrerseits nachweislich *We Care*-konform verhalten, um mit *We Care*-zertifizierten Unternehmen zusammenarbeiten zu können. Für das *We Care*-Siegel müssen Unternehmen nachweisen, dass sie ihre Partnerinnen und Partner zu Verhaltensweisen verpflichtet haben, die mit anerkannten Sozialstandards konform sind und dass die Unternehmen überprüfen, ob auch tatsächlich so gehandelt wird.

Gerade mit der ausführlichen Beschreibung des Handlungsfelds Lieferkettenmanagement zeigt der *We Care*-Standard einen seiner Schwerpunkte auf. *We Care* ist besonders für Unternehmen geeignet, um sich auf die Anforderungen des deutschen Sorgfaltspflichten- respektive Lieferkettengesetzes vorzubereiten. Die im *We Care*-Standard beschriebenen Kriterien sind in ihrer Deutlichkeit wesentlich konkreter als die Gesetzesformulierungen. So wird z.B. vom Gesetz gefordert, dass es ein Risikomanagement geben muss, regelmäßige Risikoanalysen oder Präventionsmaßnahmen. Wie dies für die Lebensmittelbranche aussehen kann, wird durch die Beschreibung und Umsetzung der verschiedenen *We Care*-Kriterien aufgezeigt. Auch wenn aktuell nur die großen Lebensmittelhersteller und -händler, ob konventionell oder Biounternehmen, von dem Gesetz betroffen sind (ab 2024 Unternehmen mit mehr als 1.000 Mitarbeitern), müssen sich auch die kleineren Biohersteller damit beschäftigen, da abzusehen ist, dass mit der Zeit *alle* Biolieferanten als Teil der Lieferketten dieser Großunternehmen auch von diesen zu ihrer Sorgfaltspflicht entlang ihrer Lieferketten bewertet werden. Ein weiterer Punkt wird in der Zukunft sein, dass mit der neuen EU-Definition von KMU-Unternehmen eine Mitarbeiterobergrenze von 500 Mitarbeitern ab 2024 gelten soll. Und damit fallen weitere Lebensmittelunternehmen unter das deutsche Lieferkettengesetz.

Struktur und Organisation

Träger von *We Care* ist das Forschungsinstitut für biologischen Landbau (FiBL) Deutschland e.V. Alle Rechte am Standard sowie an dem zugehörigen *We Care*-Siegel als Gewährleistungsmarke liegen beim FiBL. Damit übernimmt das FiBL eine hohe Verantwortung und gewährleistet, dass die zertifizierten Unternehmen ein nachhaltiges Managementsystem, gemäß den *We Care*-Kriterien, besitzen und an einer kontinuierlichen Verbesserung der Nachhaltigkeitsperformance arbeiten.

Unter dem unabhängigen Dach des Forschungsinstituts erfolgt die Qualitätssicherung und die Weiterentwicklung von *We Care* durch einen Steuerungsausschuss aus sieben Expertinnen und Experten. Der Ausschuss ist in Form eines Kammersystems organisiert und ist das oberste Entscheidungsgremium des Standards. Der Ausschuss ist in seinen Entscheidungen unabhängig vom FiBL. Die Mitglieder des Steuerungsausschusses werden jeweils für drei Jahre berufen. Vier seiner Mitglieder sind aus der Kammer der Wissenschaft, Forschung und Zivilgesellschaft personengebunden berufen (aktuell Öko-Institut, IÖW, FH-Münster und das Institut agroecology.science), die drei weiteren Mitglieder sind Sprecher der drei Kammern Handel, Hersteller und Kontroll- und Zertifizierungsstelle. Vorsitz und Mehrheit im Steuerungsausschuss liegen immer in den Händen der Kammer Wissenschaft/Zivilgesellschaft. Damit ist die Unabhängigkeit des Ausschusses gewährleistet, gleichzeitig kann auch auf die notwendigen praxisbezogenen Erfahrungen der übrigen Mitglieder zurückgegriffen werden.

Eine Teilnahme und Zertifizierung erfolgt in neun Schritten: 1. Registrierung beim Standardträger FiBL Deutschland e.V; 2. Beauftragung einer unabhängigen Zertifizierungsstelle, die vom FiBL zugelassen ist und als Voraussetzung eine Akkreditierung für Managementsysteme (ISO 17021/ISO 17065) besitzt; 3. Selbstbewertung anhand eines umfangreichen Fragebogens und Bereitstellung der notwendigen Dokumente und Nachweise; 4. erfolgt eine Vorbewertung durch den Auditor, dann folgt 5. das Vor-Ort-Audit mit Gesprächsrunden von Verantwortlichen und Mitarbeitern in jedem Handlungsfeld, z.B. im Handlungsfeld Lieferkettenmanagement mit der Einkaufsleitung und den operativ tätigen Mitarbeitern. Beim Vor-Ort-Audit erfolgt auch eine Stichprobenprüfung von ausgewählten Lieferanten. 6. Erstellung des Auditberichts, Zertifizierung und vertragliche Vereinbarung mit dem Standardträger. Dann erfolgen die beiden Überwachungsaudits im ersten und zweiten Jahr und 9. im dritten Jahr die Rezertifizierung.

Die Bewertung erfolgt durch ein Noten- bzw. Punktesystem. Dabei entspricht die Note A 20 Punkten (Kriterium exzellent umgesetzt) und D 0 Punkten (nicht umgesetzt). Bestanden hat ein Unternehmen, wenn es mindestens 60 Prozent des möglichen Referenzwerts erreicht. Der Referenzwert setzt sich aus der möglichen Summe alle betrachteten Kriterien mit der Note A zusammen, was gleich 100 Prozent entspricht.

Mit dem Erreichen eines Werts von 60 Prozent wird das sog. Basis-Level vergeben, was zur Kommunikation des *We Care*-Siegels in der Unternehmenskommunikation berechtigt. Ab einem Wert von 80 Prozent des Referenzwerts (höheres Level) kann das Siegel auch auf einer Produktverpackung als Unternehmenssiegel verwendet werden. Dabei müssen zusätzlich zwei Kriterien erfüllt sein: a) das Produkt muss ein Bioprodukt sein und b) das Unternehmen muss mindestens 80 Prozent seines gesamten Produkt- und Sortimentsangebots in Bioqualität herstellen oder handeln.

Der Zeitaufwand durch die Zertifizierungsstelle liegt, je in Abhängigkeit der Größe des Unternehmens und der betrachteten Handlungsfelder, zwischen drei und fünf Tagen. Dabei können die Zeiten kürzer ausfallen, wenn schon bestimmte Handlungsfelder einen Zertifizierungsstandard haben, wie z. B. EMAS im Umweltmanagement oder bestimmte Sozialstandards wie SMETA, SA 8000 oder eine Fair-Zertifizierung. Der Kontroll- und Zertifizierungsaufwand ist noch überschaubar. Jedoch ist der Vorbereitungsaufwand für die einzelnen Unternehmen unterschiedlich groß. Voraussetzung ist, dass man ein gut dokumentiertes Managementsystem bereits etabliert hat. Solche Managementsysteme beschreiben und steuern unter Berücksichtigung der Unternehmensziele und Rahmenbedingungen die notwendigen Aufgaben, Abläufe und Verantwortlichkeiten. Je genauer diese Aufgaben oder Abläufe beschrieben und dokumentiert sind, umso weniger Vorbereitungszeit wird benötigt. Diese Vorbereitung kann zwischen drei und sechs Monaten liegen.

Nutzen und aktueller Stand

Die *We Care*-Zertifizierung bietet drei große Nutzen: *We Care* ist ein Leitfaden, ein Zertifizierungssystem und ein Siegel für Nachhaltigkeit.

- Ein *Leitfaden,* weil er standardisierte Kriterien für die soziale, nachhaltige und faire Gestaltung eines Managementsystems enthält und vor dem Hintergrund einer zunehmenden nationalen und internationalen Diskussion um Verantwortung und Gerechtigkeit in den immer internationaler gestalteten Lieferketten auch einen Beitrag für das Risikomanagement und die Umsetzung der Sorgfaltspflichten gemäß des Lieferkettengesetzes liefert.
- Ein *Zertifizierungssystem,* weil er eine Prüfung und Zertifizierung durch qualifizierte externe Auditoren vorgibt und damit für eine externe Nachweisbarkeit und gleichzeitig für eine kontinuierliche interne Verbesserung der Nachhaltigkeit sorgt.
- Ein *Siegel,* weil er eine gesamtheitliche Kommunikation der Nachhaltigkeitsleistung eines gesamten Unternehmens ermöglicht und durch die Einbindung bereits existierender anspruchsvoller Einzelsiegel für eine Reduzierung der Siegelflut sorgen kann.

Seit dem Start des Standards im Februar 2021 im Rahmen der Biofach haben sich bisher [Stand: Oktober 2021] vier Handelsunternehmen und sieben Hersteller zertifizieren lassen bzw. sind im Zertifizierungsprozess. Als Pioniere haben die Unternehmen Alnatura und Lebensbaum schon im letzten Jahr gestartet, um die *We Care*-Kriterien und den Kontrollablauf auf ihre Praxistauglichkeit zu überprüfen. Beide Betriebe haben 2021 bereits das erste Überwachungsaudit erfolgreich bestanden.

Das *We Care*-Siegel ist als Gewährleistungsmarke beim Europäischen Patentamt angemeldet und durchläuft noch aktuell das markenrechtliche Prüfverfahren. Mit einer Gewährleistungsmarke, im Gegensatz zur Individualmarke (Wort/Bild-Marke), übernimmt der Markeninhaber die Gewähr für die ausgelobten Eigenschaften zur Nachhaltigkeit eines ausgezeichneten Unternehmens.

Fazit

We Care ist ein umfassender Nachhaltigkeitsstandard für Lebensmittelunternehmen mit besonderem Fokus auf soziale und ökologische Aspekte entlang der Lieferkette. Dieser Managementsystem-Standard prüft und bestätigt die systematisch nachhaltige und partnerschaftliche Arbeitsweise von Unternehmen entlang ihrer Lieferketten. Damit geht *We Care* über andere Standards hinaus.

Der *We Care*-Standard betrachtet die Ziele, Regeln und Dokumentationen im täglichen nachhaltigen Handeln auf Unternehmensebene. Er ist ein Managementsystem-Standard, der prüft, ob ein Unternehmen an jeder Stelle auch tut, was es z. B. mit Blick auf seine Lieferketten oder seine umweltfreundliche Arbeitsweise sagt. Dieser Standard bestätigt somit die systematisch nachhaltige und partnerschaftliche Arbeitsweise von Unternehmen entlang ihrer Lieferketten. *We Care* verbessert die Managementsysteme der zertifizierten Unternehmen und gewährleistet deren kontinuierliche nachhaltige Weiterentwicklung. Der Standard ermöglicht es, unterschiedliche Zertifizierungen bei den eigenen Lieferanten anzuerkennen. Gegenüber externen Stakeholdern zeigt die *We Care*-Zertifizierung eines Unternehmens, dass es von unabhängiger, fachkompetenter Seite auf die Umsetzung anspruchsvoller Nachhaltigkeitskriterien entlang der Lieferkette geprüft wurde.

Mit seinem Schwerpunkt auf das Lieferkettenmanagement, welcher schon zeitlich früher und unabhängig vom 2021 verabschiedeten Lieferkettengesetz der Bundesregierung entwickelt wurde, bietet der Standard mit Blick auf internationale Lieferketten in hohem Maß vergleichbare Ziele: die Einhaltung von Sozial- und Umweltstandards entlang der Lieferkette zum Wohl von Mensch und Umwelt. Damit kann der *We Care*-Standard ein Branchenstandard für die Biobranche werden.

Axel Wirz
Dipl.-Ing. Agrar (FH) und Betriebswirt, wissenschaftlicher Mitarbeiter beim FiBL Deutschland e.V., zuständig für Nachhaltigkeitsanalyse, sozial-ökologische Forschung und Beratung sowie We Care-Koordinator.

axel.wirz@fibl.org
www.we-care-siegel.org

Der soziale Mehrwert von Bio – das FairBio-Siegel

von Birgit Will

Bio ist doch auch fair – die meisten Verbraucher:innen sind wohl dieser Meinung. Sie wissen jedoch wenig über die aktuelle wirtschaftliche Situation der Landwirte und Gärtner, die hierzulande Biolebensmittel erzeugen. Die Biobranche wird zunehmend anonymer. Die Konzentration auf der Handelsseite sowie viele Übernahmen kleinerer Unternehmen durch Konzerne verändern den Biomarkt: Biobauern, mittelständische Biohersteller und regionale Biohändler geraten zunehmend unter Druck.

Die Biopioniere sind vor Jahrzehnten für faire Partnerschaften und Transparenz angetreten. Diese Werte gelten für die FairBio-Unternehmen auch heute noch. Sie wirtschaften anders, weil sie wissen, dass es richtig ist. »Im Moment haben wir die historische Chance, Bio grundlegend weiterzuentwickeln. Menschen kaufen Bio aus anderen Motiven heraus. Sie wollen nicht nur für sich etwas Gutes tun, sondern die Welt retten«, sagt Boris Voelkel, FairBio-Vorstand und Geschäftsführer Einkauf bei Voelkel Naturkostsäfte. Mit langfristigen Lieferpartnerschaften und empathischem Wirtschaften will er stabile Rahmenbedingungen für die Biolandwirtschaft schaffen und mittelständische, gesunde Strukturen sichern.

Den Grundstein für das FairBio-Konzept legte die Upländer Bauernmolkerei bereits im Jahr 2005 mit ihrer Erzeuger-fair Milch. »Damit haben wir Fairness für heimisches Bio erstmalig als Thema gesetzt«, sagt Karin Artzt-Steinbrink, FairBio-Vereinsvorsitzende und Geschäftsführerin der Upländer Bauernmolkerei. FairBio ist eine Unternehmenszertifizierung und steht für einen gemeinsamen sozialen Prozess entlang einer Wertschätzungskette. Das Siegel soll den Begriff Fairness für heimisches Bio über alle Vertriebskanäle hinweg stärker in das Bewusstsein der Verbraucher:innen rücken. Auf mehr als 200 heimischen Produkten setzt das Zeichen heute bereits bei vielen Milch- und Getreideprodukten, Säften, Backwaren, Käse sowie Obst und Gemüse ein klares Signal für faires Bio von hier.

Warum noch ein Siegel?

Der Begriff Fair ist rechtlich nicht geschützt und wird derzeit in vielen Bereichen inflationär genutzt – ohne genau definiert zu sein. Das markenrechtlich geschützte Siegel macht transparent, wofür FairBio steht. Die zertifizierten Mitglieder sind eigenständige Unternehmen, in denen die Entscheidungen von Inhabern, Gesellschaftern oder Genossen getroffen werden. Bei FairBio gibt es keine Konzernstrukturen. Alle Mitgliedsunternehmen sind reine Biobetriebe. Faire Preise für heimische Erzeuger und langfristige Verträge sind ihnen ein wichtiges Anliegen. Ob eine Lieferbeziehung für den Produzenten fair ist, sichert der Verein über eine Feedbackfunktion in der jährlichen Zertifizierung. Dort haben die Lieferanten die Möglichkeit, ihre persönliche Einschätzung bei der unabhängigen Kontrollstelle abzugeben.

FairBio steht für:

- Bio aus der Heimat
- konzernfreie Strukturen
- reine Biobetriebe
- faire Preise für Bauern
- faire Löhne für Mitarbeiter
- unabhängige Zertifizierung

Faire Löhne sichern die Mitglieder durch eine Anlehnung an die Gemeinwohlökonomie, die eine maximale Lohnspreizung zwischen der niedrigsten und höchsten Lohnstufe benennt. Ein Einsatz von permanenten Leiharbeitern ist ausgeschlossen. Die Unternehmen machen ihren Warenbezug transparent. Die Konsumenten können sich darüber informieren, woher und von wem die heimischen Rohstoffe bezogen werden.

Neben dem Ausbau der regionalen Wertschöpfungsketten fördern die FairBio-Unternehmen vielseitige Forschungsinitiativen zur Weiterentwicklung des Ökolandbaus sowie der ökologischen Pflanzen- und Tierzüchtung. Mit einer klimafreundlichen Landbewirtschaftung erhalten sie die Biodiversität und erhöhen gezielt den Humusanteil der Böden. In einem Pilotprojekt wird aktuell durch CO_2-Kompensationen der Humusaufbau auf regionalen Biobetrieben gesichert. Die Mitglieder engagieren sich in Wiederaufforstungsprojekten und entwickeln Konzepte gegen die Verschwendung von Lebensmitteln. Investitionen in Logistik und Baumaßnahmen stellen sie hinsichtlich der Energieeffizienz gezielt auf den Prüfstand. Sie investieren zudem in plastikfreie Verpackungskonzepte.

Das langjährige Engagement der Pioniere für mehr Fairness für heimisches Bio trägt Früchte. Im Vergleich mit anderen Siegeln kann das Label punkten: »FairBio zeichnet sich durch einen hohen Anspruch im Bereich Ökologie aus: Durch die Mitgliedschaft in einem ökologischen Anbauverband sowie Forderungen zur Reduzierung der Abhängigkeit von nicht-erneuerbaren Energien sind hohe Maßstäbe gewährleistet. Auch die sozialen Ansprüche sind gut und gewähren existenzsichernde Löhne und ein unabhängiges Beschwerdemanagement. FairBio überzeugt in puncto Glaubwürdigkeit mit einem transparenten Rückverfolgbarkeitssystem und jährlich durchgeführten Audits durch unabhängige Dritte«, so die Abschlussbewertung des diesjährigen Labelchecks der Christlichen Initiative Romero. Für ihren *Wegweiser durch das Label-Labyrinth* stellten die Initiatoren mehr als 60 verschiedene Siegel auf den Prüfstand. Das FairBio-Siegel erreichte als einziges Label drei grüne Ampeln für Soziales, Ökologie und Glaubwürdigkeit und sicherte sich damit bei Lebensmitteln den ersten Platz.

Birgit Will
Geschäftsführerin des FairBio e.V.

will@fairbio.bio
www.fairbio.bio

Produktion und Markt 4

Entwicklungen & Trends 2021

Witterung, Bodennutzung, Tierhaltung, Einkommen

von Onno Poppinga

Wetter und anderes mehr

Auch das Wettergeschehen scheint »volatil« geworden zu sein: nach zwei (in manchen Regionen sogar drei) Jahren mit großer Sommertrockenheit war das Jahr 2021 ein Jahr mit sehr vielen Niederschlägen. Es wurde eingeleitet durch einen regenreichen Winter, der vor allem im Februar auch viel Schnee brachte und Tage mit Temperaturen zwischen minus 15 bis minus 20 Grad Celsius. Zwar gab es dann im Frühjahr und auch im Frühsommer genügend Zeitfenster mit Sonnenschein und Trockenheit für die Aussaat von Mais und Zuckerrüben bzw. – einige Wochen später – für die Einbringung von Grassilage und Heu, die in den Wetterberichten vorherrschenden Ansagen waren aber fraglos »Niederschläge« und »Schauer«.

In manchen Regionen auftretende Starkregenereignisse führten zu vollgelaufenen Kellern, überschwemmten Feldern und starker Bodenerosion vor allem auf Ackerflächen. Rheinland-Pfalz und das westliche Nordrhein-Westfalen traf es besonders schlimm: Aus schmalen Flüsschen wurden reißende, braune Ströme, die hunderte von Brücken und Häuser und sogar für den Hochwasserschutz gebaute Dämme mit sich rissen. Auch zahlreiche Bauernhöfe mit Ställen, Tieren und Futtervorräten versanken in den Fluten. Mehr als 150 Menschen kamen ums Leben. Eine Welle der Hilfsbereitschaft ging durch das Land. Viele Bauern beteiligten sich an Geldsammlungen für die so sehr getroffenen Berufskollegen. Aus den verschiedensten Gegenden machten sich Schlepper und LKWs auf den Weg, um die überfluteten Höfe zumindest für eine Übergangszeit wieder mit Heu oder Silage zu versorgen. Es gibt sie noch, Mitgefühl und Nachbarschaftshilfe.

Überflutungen belasten auch Landwirtschaft

Die vielen Niederschläge führten auch dazu, dass die nach den Jahren der Trockenheit sehr niedrigen Grundwasservorräte sich wieder etwas erholen konnten. Auch die Talsperren füllten sich. Das Grünland und die Kulturen auf dem Acker konnten wegen der häufigen Niederschläge »aus dem Vollen schöpfen«. Die Wiesen und Weiden zeigten ein sehr frühes und intensives Wachstum und ergaben erfreulich hohe Erträge. Große Nachteile brachten die häufigen Niederschläge dagegen beispielsweise beim Spargel, bei der Sommerkirschenernte (fiel großteils aus), bei den anderen Steinobstarten, bei Erdbeeren, Tomaten (massiver Befall von Krautfäule) und vielen anderen Acker- und Gartenbaukulturen. Während der Ernte von Wintergerste, Raps und Roggen reichten dann wieder einige »Sonnenfenster« für problemlose Erntearbeiten. Bei Weizen – zumindest außerhalb der Gebiete mit frühem Erntebeginn –

Grundwasservorräte erholen sich

war Mähdrusch aber bisweilen im vollen Wortsinn »durch(ge)wachsen«. Zum ersten Mal seit vielen Jahren mussten größere Partien wieder getrocknet werden. Erst Anfang September konnte das letzte Getreide gedroschen werden. Für die Erntemengen bei Getreide wurde ein Minus von etwa fünf Prozent geschätzt. Auch die Kartoffelernte verzögerte sich durch die häufigen Niederschläge; auf lehmigen Böden sammelte der Vollernter nicht nur Kartoffeln, sondern auch viele Kluten.

Betriebe, Arbeitskräfte und Flächenverbrauch

Immer weniger Arbeitskräfte, Betriebe …

Nach der neuen repräsentativen Landwirtschaftszählung arbeiteten im April 2020 938.000 Arbeitskräfte in der Landwirtschaft.[1] Gegenüber der letzten Landwirtschaftszählung von 2010 ist das ein Rückgang von 15 Prozent. Aufgrund des gleichzeitig stattfindenden Rückgangs der Betriebszahlen blieb die Zahl der Arbeitskräfte je Betrieb unverändert. Dagegen verminderte sich die Zahl der Arbeitskräfte je 100 Hektar Fläche von 6,6 auf 5,6. Etwa die Hälfte (434.000 Personen) waren Familienarbeitskräfte, 228.000 fest angestellte Arbeitskräfte und 274.000 Saisonarbeitskräfte. Sowohl bei den Familienarbeitskräften wie bei Festangestellten waren etwa ein Drittel Frauen; bei den Saisonarbeitskräften war ihr Anteil mit 43 Prozent deutlich höher. Unter den Betriebsleitern waren dagegen nur neun Prozent Frauen.

Ein Vergleich der letzten zehn Jahre (2010 zu 2020) zeigt bei der Zahl der Betriebe die Fortsetzung des oft beschriebenen und politisch seit Jahrzehnten vorangetriebenen Zerstörungsprozesses des »Wachsens und Weichens«: Die Zahl der Betriebe verminderte sich um 37.000 von 300.000 auf 263.000 um minus 12 Prozent. Dabei ist zu beachten, dass wegen der bei intensiven Veredelungsbetrieben üblichen mehrfachen Teilungen des »eigentlichen« Betriebes (aus steuerlichen Gründen) diese Zahlen noch deutlich zu hoch sind. Zwar ist dieser Tatbestand seit Jahrzehnten bekannt, die Bundesregierung hat aber nichts unternommen, um realitätsnahe Zahlen für die landwirtschaftlichen Betriebe erheben zu lassen. Bei einer pauschalen Betrachtung zeigt sich, dass die Wachstumsschwelle inzwischen über 100 Hektar liegt, d. h. bei einer Flächenausstattung von mehr als 100 Hektar nimmt die Zahl der Betriebe zu. Die Zahl der Betriebe mit mehr als 1.000 Hektar hat dagegen leicht abgenommen und die von ihnen bewirtschaftete Flächen verminderten sich um circa 130.000 Hektar.

… und landwirtschaftliche Nutzfläche

Ebenfalls verminderte sich weiter – wie schon seit vielen Jahrzehnten – der Umfang der landwirtschaftlichen Nutzfläche. Wurden 2010 noch 16,7 Millionen Hektar bewirtschaftet, so waren es 2020 100.000 Hektar weniger. Im Gegensatz zu früheren Jahrzehnten gab es die Verluste diesmal (in der Summe) zulasten des Ackerbaus (2020 noch 11,6 Millionen Hektar und damit 1,5 Prozent weniger gegenüber 2010). Das Grünland nahm dagegen geringfügig auf 4,7 Millionen Hektar zu.[2]

Die Verluste an landwirtschaftlich genutzten Flächen ergaben sich bisher vor allem aus den Zuwächsen für Siedlungs- und Verkehrsflächen. Für den Vierjahreszeitraum 2016 bis 2019 nennt das Statistische Bundesamt dafür 52 Hektar je Tag! Zwar wird seit Langem gefordert, diesen Wert auf 30 Hektar zu drücken und vermutlich würde hier auch nur eine Rationierung der Flächenumwandlung helfen können. Da dazu aber von politischer Seite nichts unternommen wird, geschieht auch nichts.

Solarparks breiten sich aus

In der nahen Zukunft könnten »Solarparks« eine zusätzliche bedeutende Quelle für die Verluste an landwirtschaftlicher Nutzfläche werden. Es gibt sie schon seit einigen Jahren, aber doch in überschaubarem Ausmaß. Als Grund für einen möglichen Boom von Solaranlagen auf Ackerland werden vor allem zwei Gründe genannt: die starke Kostensenkung für neue Anlagen sowie eine Änderung des EEG zum 1. Januar 2021. Konnten bisher Großanlagen nur im Abstand von 110 Meter zu Autobahnen und Bahntrassen gefördert werden, so wurde dieser Abstand jetzt auf 200 Meter erweitert. Die meisten und größten (bis 300 Hektar!) Anlagen sind bisher in Brandenburg und Mecklenburg-Vorpommern geplant. Den Grundstückseigentümern werden Pachtzinsen zwischen 1.000 und 3.000 Euro je Hektar bei einer Laufzeit von bis zu 30 Jahren geboten.[3] Angesichts des schier unendlichen »Hungers nach Strom« und der Weigerung, auch die unsinnigsten Stromfresser wie das Bitcoin-System (es hat etwa den gleichen Stromverbrauch wie die Niederlande!) abzuschalten, ist hier für die Zukunft durchaus Schlimmes zu befürchten.

Bodennutzung

Ackerbau

Seit Langem hat der Anbau von Winterweizen den höchsten Anteil am Anbau auf dem Acker. 2020 waren es 2,84 Millionen Hektar und damit 100.000 Hektar mehr als im Vorjahr. Im Gegenzug verminderte sich die Anbaufläche der Gerste, der zweitwichtigsten Getreideart, um 100.000 Hektar auf 1,57 Millionen Hektar. Der Anteil aller Sommergetreidearten ist seit Langem niedrig und zeigt wenig Veränderung; nur bei Hafer – einer Kulturart mit vielen Vorzügen in der Fruchtfolge und in der Ernährung für Mensch und Tier – gab es erfreulicherweise eine leichte Zunahme um 20.000 Hektar.

Die Anbaufläche für Hülsenfrüchte nahm gegenüber dem Vorjahr leicht zu und betrug 260.000 Hektar. Von der Zunahme profitierte vor allem der Anbau von Erbsen. Seit gut einem Jahrzehnt wird auch in Deutschland mit dem Anbau der Sojabohne experimentiert; 2021 wurden 33.000 Hektar angebaut. Die Sojabohne ist immer noch eine »schwierige Frucht«.

Greening förderte Anbau von Erbsen und Sojabohnen

Für die in den letzten Jahren zu beobachtende Ausdehnung des Anbaus von Hülsenfrüchten dürften die bisherigen »Greening«-Regelungen eine bedeutende Rolle gespielt haben. Es ist deshalb eine wichtige Frage, welche Wirkung die ab 2023 geltenden veränderten Regeln der EU-Direktzahlungen haben werden. Zwar beinhaltet die zweite der insgesamt sieben neuen »Öko-Regelungen« im GAP-Direktzahlungsgesetz (wie zuvor beim Greening) die Bestimmung, dass bei dem Fördertatbestand »Vielfältige Kulturen« Leguminosen einen Mindestanteil von zehn Prozent haben müssen. Es ist aber erstens offen, welchen Anteil daran die Körnerleguminosen haben werden, und zweitens, wie die Landwirte mit dem neuen Direktzahlungssystem überhaupt umgehen werden.

Vergleichsweise sehr stark reduziert wurde die Anbaufläche für Winterraps. Waren es 2010 noch 1,46 Millionen Hektar, so sind es 2021 nur noch eine Million Hektar! Daran beteiligt dürfte wesentlich sein, dass die Beimengung von Rapsöl zu Kraftstoffen, die mit Hilfe einer steuerlichen Förderung vor Jahren mit viel politischem Getöse eingeführt worden war, Zug um Zug wieder an Bedeutung verloren hat (gemäß dem Motto: »Rin in die Kartoffeln, raus aus den Kartoffeln«).

Der Anbau von Zuckerrüben scheint sich nach Abschaffung der Quotenregelung, die erst einen Boom im Anbauumfang und dann einen Verfall bei den Auszahlungspreisen bewirkte, bei etwa 390.000 Hektar neu auszurichten. Das sind immer noch etwa 60.000 Hektar mehr als im letzten Jahr der Quotenregelung, aber eben bei gänzlichem Verlust des einstmals herausgehobenen Gewinnbeitrags, den die Zuckerrübe für die Landwirte jahrzehntelang hatte. Unter den anderen Hackfrüchten hat sich der Kartoffelanbau um etwa 15.000 Hektar leicht vermindert auf 258.000 Hektar.

Maisanbau geht zurück – Futterleguminosen gewinnen an Bedeutung

Bei den »Pflanzen zur Grünernte« dominiert seit der speziellen Förderung des Maisanbaus im Rahmen der EU-Reform von 1992/93 und dann des »NAWARO/Nachwachsende Agrarrohstoffe«-Bonus bei der Vergütung für Biogasanlagen der Silomais. Nach jahrelanger Ausdehnung ging der Anbau 2021 um 66.000 Hektar auf 2,23 Millionen Hektar zurück. Das für die intensive Milchviehhaltung inzwischen wichtige Feldgras hat wie in den beiden Vorjahren einen Flächenumfang von 320.000 Hektar. Eine auffällige Zunahme im Futterbau gab es dagegen bei den Futterleguminosen (Kleegras und Luzerne). Betrug die Anbaufläche 2010 noch 246.000 Hektar, so sind es 2021 bereits 340.000 Hektar! In diesem höchst erfreulichen Zuwachs von 90.000 Hektar spiegelt sich wahrscheinlich die Ausdehnung des Ökolandbaus wider.

Während für das Jahr 2021 noch die bisherigen Greening-Regeln für den Ackerbau galten, werden ab Antragstellung der Direktzahlung für das Jahr 2022 die neuen Regeln des GAP-Direktzahlungsgesetzes gelten. Danach haben die Ackerbaubetriebe nur wenige Möglichkeiten, Direktzahlungen über die Öko-Regelungen der Ersten Säule zu beantragen. Ähnlich wie bisher gibt es die Möglichkeit, die Förderung über den »Anbau vielfältiger Kulturen …« zu erhalten (Öko-Regelung Nr. 2). Trotz der vielen Reden über die Umstellung der Erste Säule von einer Flächenförderung auf die »Bezahlung öffentlicher Güter« gibt es für die Ackerbaubetriebe keine neuen Möglichkeiten. Nicht einmal die schon in der Düngeverordnung (DÜV) erwähnte »Grundwasserschonende Bewirtschaftung« (definiert als maximal 160 Kilogramm

Stickstoff pro Hektar), die sowohl für Ackerbau- wie für Grünlandbetriebe eine große Entlastung bringen könnte, ist als Öko-Regelung aufgenommen worden.

Maßgeschneidert für die ökologisch bewirtschafteten Betriebe dürfte der Fördertatbestand Nr. 6 (»Bewirtschaftung von Acker- und Dauerkulturflächen des Betriebes ohne Verwendung chemisch-synthetischer Pflanzenschutzmittel«) sein. Bereits die Wortwahl, nicht pauschal von »Pflanzenschutzmitteln« zu sprechen, sondern von »chemisch-synthetischen Pflanzenschutzmitteln«, zeigt, dass diese Maßnahmen gezielt die Ökobetriebe ansprechen soll. Ohne diese Einschränkung würde ein sehr großer Teil der Ökobetriebe mit Obst- und Weinbau, mit Gemüse und Kartoffeln erhebliche Probleme bekommen. Beim Greening galten die Anforderungen dagegen schon als erfüllt, wenn ein Betrieb als Ökobetrieb anerkannt war. Zwar ist es möglich, dass auch einige bereits sehr extensiv ausgerichtete konventionelle Ackerbaubetriebe diesen Fördertatbestand Nr. 6 nutzen können; die zahlenmäßige Bedeutung dürfte aber gering sein. Genauer abschätzen wird man die neuen Regeln erst können, wenn Durchführungsverordnungen vorliegen.

Maßgeschneidert für Ökobetriebe

Grünland

2020 wurden 4,73 Millionen Hektar als Grünland genutzt (bei leichter, vielleicht auch nur der Statistik geschuldeter Ausdehnung) und es gibt im Umgang mit Grünland schroffe Widersprüche. Auf der einen Seite wird die Bedeutung des Grünlands für den Arten- und Biotopschutz sowie als wichtigste Senke klimawirksamer Gase betont und das Umbruchverbot detailliert geregelt (in dem dafür wichtigen neuen GAP-Konditionalitäten-Gesetz gibt es gleich sieben Paragrafen zu Grünland). Andererseits stehen die für die Nutzung des Grünlands existenziell wichtigen Betriebe mit Rinder-, Schaf- und Ziegenhaltung unter starkem wirtschaftlichem Druck. Nur bei Betrieben, bei denen die Grünlandnutzung über eine Pensionspferdehaltung erfolgt, gibt es etwas bessere Bedingungen. Als wenn das nicht schon schwierig genug wäre: Im Rahmen des GAP-Direktzahlungsgesetzes gibt es keine einzige Öko-Regelung, die für Betriebe mit ertragsorientiert genutztem Grünland infrage kommen dürfte! Während im Greening noch der »Erhalt von Dauergrünland« verpflichtend gefordert wurde, geht es bei den Öko-Regelungen Nr. 4 (»Extensivierung des gesamten Dauergrünlands des Betriebes«) und Nr. 5 (»Ergebnisorientierte extensive Bewirtschaftung von Dauergrünlandflächen …«) nur noch um die Extensivierung von Grünland bzw.um Grünland, das bereits extensiv genutzt wird.

Schroffe Widersprüche im Umgang mit Grünland

Für die vielfach propagierte Umstellung des Direktzahlungssystems auf »öffentliche Güter« ist dieser weitgehende Ausschluss von Wirtschaftsgrünland ein denkbar schlechtes Zeichen, denn damit dürften ab 2022 die allermeisten Rinder-, Schaf-, Ziegen- und Pferdebetriebe erhebliche Verluste in der Größenordnung von 130 Euro je Hektar (!) haben. Bei der Öko-Regelung Nr. 4 gibt es die Förderung nur für die *Extensivierung* und damit nicht einmal für das bereits bisher extensiv bewirtschaftete Grünland! Es handelt sich bei dieser Öko-Regelung also nicht um eine Erhöhung der Einnahmen aus Grünlandnutzung, sondern (wie bisher bei dem entsprechenden Fördertatbestand in der Zweiten Säule) nur um den Ausgleich von höheren Kosten bzw. um den Ausgleich von Einnahmeverlusten.

Aus diesem Grund kann man der Kritik des Deutschen Grünlandverbandes mit dem Titel »Dauergrünland – Klima- und Biodiversitätsschützer aber Verlierer der GAP« nur uneingeschränkt zustimmen. »Das Dauergrünland (…) droht damit in der Ersten Säule zum Verlierer der Reform zu werden«, so der Verband in seiner Presseerklärung vom 18. August 2021.[4] Leider begründet der Deutsche Grünlandverband seine Kritik aber nicht vorrangig mit der Bedeutung des Grünlandes als Futtergrundlage für Rinder, Schafe, Pferde und Ziegen (manchmal auch Schweine und Hühner), auch nicht über die große Bedeutung von Milch und Fleisch dieser Tiere für eine gesunde Ernährung der Menschen, sondern ausschließlich mit der großen Bedeutung für die Kohlenstoffspeicherung. Das eine ist aber ohne das andere nicht einmal zu denken.

Dauergrünland – Verlierer der GAP

Neben dieser massiven Benachteiligung des Großteils aller Betriebe mit Grünlandnutzung ist allerdings auch eine nicht unwichtige Verbesserung zu vermelden. Während bisher alle Grünlandflächen, die länger als fünf Jahre als Grünland genutzt worden waren, nicht (bzw. nur bei Erwerb von »Umbruchrechten«) umgebrochen werden durften, gilt jetzt (Paragraf 6 Konditionalitätengesetz), dass alles Grünland, das ab dem 1. Januar 2021 neu entstanden ist, »vorbehaltlich anderer rechtlicher Regelung, ohne Genehmigung umgewandelt werden darf«. Die bisherige Regelung des Umbruchverbots nach fünf Jahren hat die Neuanlage von Grünland sehr behindert. Betriebe, die trotzdem Grünland mit dem Ziel angesät hatten, ihre Wirtschaftlichkeit und das Tierwohl zu verbessern, kamen in die absurde Situation, dass sie, um den als höherwertig angesehenen »Ackerstatus« zu behalten, die neu angesäten Flächen nach fünf Jahren wieder umbrechen mussten, um sie gegebenenfalls nach einjähriger Ackernutzung wieder neu einzusäen.

Tierhaltung

Landwirtschaftliche Betriebe mit Tierhaltung

Historisch gesehen hat die Anzahl der Rinder und Schweine, Hühner und Puten in den vergangenen Jahrzehnten zugenommen, lediglich die Anzahl der Schafe und Ziegen nahm stetig ab. Der scharfe Rückgang der Anzahl an Pferden in den 1950er- und 1960er-Jahren hat sich seither auf einem sehr viel niedrigeren Niveau stabilisiert.

Aktuell weniger Rinder und Schweine …

Aktuell jedoch (siehe Tab. 2) haben die gänzlich unzureichenden Auszahlungspreise für Milch und Schweine in den letzten fünf Jahren bei Rindern und Schweinen zu einer Trendwende geführt. Wie Tabelle 1 zeigt, ist auch die Anzahl tierhaltender Betriebe deutlich zurückgegangen.

Tab. 1: Anzahl tierhaltender Betriebe*

	2000	2010	2020
Betriebe mit Rindern	225	176	133
davon mit Milchkühen	139	94	58
Schweine insgesamt	124	33	20
davon mit Zuchtschweinen	47	16	7
Schafe	32	22	9
Pferde	k. A.	49	41
Hühner	k. A.	58	49

* Viehzählung jeweils im Mai, in 1.000

Am schärfsten sind die Rückgänge in den letzten 20 Jahren zweifellos bei den Betrieben mit Schweinen gewesen (minus 85 Prozent) und bei den Schafhaltern (minus 72 Prozent). Die Anzahl rinderhaltender Betriebe ging in diesem Zeitraum um 39 Prozent zurück und die der Milchkuhbetriebe um 58 Prozent.

… und weniger Betriebe

Vermutlich nur wegen der unverzichtbaren Bedeutung weidender Schafe und Rinder für das, was »Landschaftspflege« genannt wird, hat dieser starke Rückgang der Betriebe mit Rinder- und Schafhaltung dazu geführt, dass es ab 2022 wieder an die Tiere gekoppelte Direktzahlungen der EU geben soll (für Rinder gibt es diese Förderung aber nur, wenn der Betrieb ausschließlich Mutterkühe hat).

Tab. 2: Zahl der Tiere in landwirtschaftlichen Betrieben*

	2010	2015	2020	2021
Rinder	12.809	12.563	11.423	11.176
Davon Milchkühe	4.183	4.272	3.969	3.892
Davon Mutterkühe	717	683	640	626
Schweine insg.	27.571	27.652	26.300	24.639
Schafe	2.089	1.580	1.809	k. A.
Ziegen	150	k. A.	155	k. A.
Pferde** und Esel	462	k. A.	453	454
Geflügel	128.900	k. A.	173.148	173.148

* Maizählung; jeweils in 1.000
** Pferde in landwirtschaftlichen Betrieben; die tatsächliche Zahl liegt bei etwa einer Million Tieren.

Rinder- und Milchviehhaltung

Bei den Rindern setzte der Bestandsabbau bereits im Jahr 2016 ein und es liegt hier ein Zusammenhang mit der Abschaffung der Milchquote sehr nahe. Statt der vielfach von Agrarpolitikern und Professoren der Agrarökonomie verheißenen »goldenen Zeiten« durch lukrative Exportmöglichkeiten auf dem Weltmarkt folgten der Abschaffung der Quote starke Preisschwankungen mit sehr kurzen Hochs und sehr langen Tiefs. In den Wirtschaftsjahren 2020 und 2021 bewegten sich die Milchauszahlungspreise zwischen 31 und 33 Cent je Kilogramm Milch; die Kosten der Milcherzeugung betrugen dagegen (je nach Region) zwischen 39 und über 45 Cent je Kilogramm Milch.[5]

Abbau der Milchviehherden regional sehr unterschiedlich

Regional betrachtet war der aktuelle Abbau der Milchviehbestände sehr unterschiedlich (Vergleich 2020 zu 2018): Während es in Sachsen mit minus 0,8 Prozent so gut wie keine Veränderungen gab, lagen die Werte bei Mecklenburg-Vorpommern, Baden-Württemberg und NRW unter drei Prozent und bei Bayern, Niedersachsen, Hessen, Rheinland-Pfalz und dem Saarland zwischen drei und vier Prozent. Die größten Verluste hatten die Bundesländer Sachsen-Anhalt mit minus 5,1 Prozent, Thüringen mit minus 5,2 Prozent und Brandenburg mit minus 5,6 Prozent!

Kleine Milchviehbetriebe erstaunlich stabil

In Kommentaren zur Entwicklung der Milchkuhzahlen wird in aller Regel betont, dass es vorzugsweise kleine Bestände seien, die aufgegeben werden. Wenn man sich aber die Entwicklung genauer ansieht, so ist trotz weit unter dem Durchschnitt liegenden Bestandsgrößen in Bayern und Baden-Württemberg eine erstaunliche Stabilität zu beobachten. Woran liegt das?

In Verbindung mit dem in aller Regel höheren Milchauszahlungspreis (ein bis zwei Cent je Kilogramm Milch) und den deutlich höheren Schlachterlösen (Fleckvieh dominiert) erklären das Verhalten der Betriebsleiter (Pachtpreise, Zinsaufwand) und der Landesagrarpolitik, dass der Gewinn je Hektar bei den spezialisierten Milchviehbetrieben in Schleswig-Holstein nur bei 490 Euro liegt, in Bayern dagegen 859 Euro beträgt.

Tab. 3: Vergleich Bayern und Schleswig-Holstein (2019/20)6

	SH	Bayern	Vorteil Bayern (Euro/Hektar)
Kuhzahl	114	48	
Landwirtschaftsfläche LF in Hektar	117	53	
davon Pachtland (Hektar)	66	31	
Pachtpreis (Euro je Hektar)	393	280	65*
Zinsaufwand (Euro je Hektar)	79	53	26
EU-Direktzahlungen (Euro je Hektar)	282	302	20
Ausgleichszulagen	0	52	52
Agrarumweltmaßnahmen	16	102	86
Summe Vorteil Bayern:		249 Euro je Hektar	

* bei einem Anteil Pachtfläche in beiden Bundesländern von 56 bzw. 58 Prozent

Nur noch zehn Prozent der Rinder in Anbindehaltung

Die Landwirtschaftszählung 2020 hat neben den Betriebs- und Tierzahlen auch den Umfang der Weide- und Anbindehaltung erhoben. 2020 wurden nur noch zehn Prozent aller Rinder in Anbindehaltung gehalten (2010 war ihr Anteil noch mehr als doppelt so hoch). Gut die Hälfte der Tiere, die in Anbindung gehalten wurden, erhielten von Frühjahr bis Herbst auch Weidegang (Kombinationshaltung). Die Anbindehaltung steht seit Langem in der Kritik, neuerdings auch durch Molkereien und Schlachthöfe. Trotz der Vorteile, die sie auch haben kann (unter anderem Schutz rangniederer Tiere; keine Konkurrenz ums Futter; bei viel Einstreu stehen die Kühe auf weichen Flächen) hat sie aber – vor allem, wenn die Anbindung ganzjährig ist – auch sehr fundamentale Nachteile. Die Kombinationshaltung aus Anbindehaltung im Winter und Weidehaltung von Frühjahr bis Herbst wäre ein durchaus vertretbarer Kompromiss, um kleinere Milchviehbestände zu erhalten und um Betriebe vor den exorbitanten Neubaukosten zu schützen. So kostet ein neugebauter Stallplatz einschließlich neuer Siloanlage aktuell in aller Regel mehr als 15.000 Euro. Dabei entfallen allein 50 bis 60 Prozent der Kosten auf Beton und damit auf einen Werkstoff, dessen Erzeugung mit sehr hohen Emissionen verbunden ist. (Allein bei der Herstellung von drei Tonnen Beton entsteht etwa eine Tonne CO_2-Äquivalente.) Wer diese Zusammenhänge ernst nimmt, sollte die Nutzung der »grauen Energie«, die in Altgebäuden steckt, wieder anfangen wertzuschätzen und über Umnutzungsmöglichkeiten statt Neubau nachdenken.

Gangbarer Weg: Weide im Sommer und Anbindehaltung im Winter

Trotz vieler Bemühungen von Bauern mit Grünlandbetrieben um Aufwertung ist der Weidegang der Rinder weiterhin stark rückläufig. Kamen 2010 noch gut 37 Prozent der Rinder auf die Weide, so waren es 2020 nur noch gut 30 Prozent. Bei den Milchkühen dürfte der Anteil noch sehr viel niedriger sein. Ein sehr wichtiger Grund für das ganzjährige Einsperren vieler Kühe dürfte die inzwischen sehr geringe Zahl von Arbeitskräften auf den Milchviehbetrieben sein (Nachbarn können nicht mehr mobilisiert werden, da nicht mehr vorhanden). Es ist schlicht nicht mehr vorstellbar, dass ein bis zwei Personen 100 Kühe und (häufig genug noch viel mehr) bei Weidegang sicher »händeln« können. Was geschieht, wenn Kühe in großer Zahl mal durch den Weidezaun gehen und der nächsten Straße zueilen? Ein Thema für Angstträume.

Die Abschaffung des Weidegangs bei Milchviehbetrieben ist aber gleichbedeutend mit einer erheblichen Verschlechterung der Haltungsbedingungen. Wenn Kühe nur in den Laufställen laufen können, dann laufen sie immer nur auf Beton. Dafür sind die Klauen der Kühe aber nun mal nicht »konstruiert«; die Gewichtszunahme der Kühe als Nebenprodukt der Zucht auf hohe Milchleistungen kommt noch erschwerend hinzu.

Eine deutliche Zunahme erfährt seit Jahren der Einsatz von Melkrobotern, dies sowohl in kleineren Betrieben mit 40 bis 50 Kühen als auch in sehr großen. Gründe sind wohl vor allem: fehlende qualifizierte Mitarbeiter; das Streben nach Erhöhung der zeitlichen Souveränität; der Wunsch, technisch mitzuhalten (»unbedingt modern sein«). Abgesehen von den technischen Schwierigkeiten am Anfang und den Umstellungsschwierigkeiten für die Kühe scheint inzwischen folgendes Fazit möglich:

- Zumindest in einer Untersuchung bei Großbetrieben lagen die Kosten für Roboterbetriebe und Betriebe mit herkömmlicher Melktechnik gleichauf. Sie lagen zwischen 4,45 und 4,71 Cent je Kilogramm Milch.[7] Für circa 120 Kühe betragen die Investitionskosten für zwei Melkroboter etwa 250.000 Euro; zu beachten sind auch höhere Strom- und Verbrauchskosten. Von der Kostenseite dürften Melkroboter daher nur dann angesagt sein, wenn statt der Melkarbeit andere finanziell gut entlohnte Arbeiten erledigt werden können (bei der obigen Kalkulation wurden 17 Euro je Stunde angesetzt).
- Ein sehr großer Nachteil ist immer, dass Weidegang in Betrieben mit Melkroboter entweder gar nicht oder zumindest nur sehr schwer zu organisieren ist.

Mehr Melkroboter – trotz hoher Kosten

Bezüglich der Tiergesundheit in Milchviehbetrieben sorgte die sehr differenzierte Untersuchung *Tiergesundheit, Hygiene und Biosicherheit in deutschen Milchkuhbetrieben*[8] für einige Aufregung. Sie kam für die intensive Milchviehhaltung zu sehr kritischen Ergebnissen. Dem Deutschen Bauernverband und den Rinderzuchtverbänden gelang es aber schnell, sie durch konsequentes Totschweigen aus der öffentlichen Wahrnehmung zu verdrängen. Zu den wichtigen Studienergebnissen dieser bundesweit repräsentativen Untersuchung (es wurden 765 Milchviehbetriebe mit über 120.000 Kühe untersucht!) zählen:

- Lahmheiten waren unter den Milchkühen erschreckend weit verbreitet: Im Süden (Bayern) waren 22,7 Prozent aller Kühe lahm, im Norden (Schleswig-Holstein und Niedersachsen) waren es 22,8 Prozent und in ostdeutschen Bundesländern sogar 39,4 Prozent! Lahmheiten waren geringer in Betrieben mit kleinen Beständen und in Biobetrieben.
- Lahmheit ist für Kühe eine sehr ernste, multifaktoriell verursachte Erkrankung, die mit dauerhaften Schmerzen einhergeht.

- Lahmheiten waren deutlich geringer, wenn die Kühe Weidegang hatten.
- »Deutlich erkennbar«, so der Abschlussbericht sei, »dass ganztägige Weidehaltung – was die Lahmheitspräferenz betrifft – im Vergleich zu allen anderen Haltungsformen deutlich besser abschneidet«.[9]
- Der Vorteil der Weidehaltung ergab sich allerdings nur, wenn der Weidegang länger als vier Stunden je Tag war. Dann waren die Werte für Lahmheit im Norden noch 21,2 Prozent, im Osten 24,0 und im Süden 11,2 Prozent.
- Ausläufe führten dagegen nicht zu einer Verminderung der Lahmheit.
- Mit Zunahme der Bestandsgrößen nahm die Bedeutung der Weidehaltung jedoch sehr deutlich ab. Dies konnte nicht kompensiert werden durch die von Betrieben mit großen Milchviehbeständen im Vergleich zu kleineren Betrieben genauer durchgeführten Futteranalysen und Auswertung großer Datenmengen, die die modernen Melkanlagen liefern. Die Tiergesundheit verbesserte sich dadurch nicht!

Weidegang: weniger Lahmheiten bei Kühen

Schweinehaltung

Bereits in den vergangenen Jahren hatte es immer wieder Brände in Ställen gegeben. Der Großbrand in Europas größter Schweinezuchtanlage in Alt Tellin (Kreis Vorpommern-Greifswald) Ende März 2021 erreichte nun geradezu apokalyptische Ausmaße: 7.000 Sauen und 55.000 Ferkel kamen in den Flammen um. Nur etwa 1.300 Tiere konnten gerettet werden. Natürlich fühlte sich niemand verantwortlich, obwohl seit dem Bau der Anlage im Jahre 2011 schon auf den fehlenden Brandschutz hingewiesen worden war.

Brandkatastrophe in Alt Tellin

In der Schweinehaltung hat der Anteil der Schweine, die auf Vollspaltenböden gehalten werden, von 67 Prozent (2010) der Schweine auf 79 Prozent (2020) erneut stark zugenommen. Es ist seit Langem bekannt, dass Spaltenböden für die Schweine schwere Nachteile haben, so treten unter anderem geschwollene Sprunggelenke, Lahmheiten, Schäden an der Lunge durch Ammoniak auf. Tiefstreuställe, die das Potenzial für eine sehr viel »schweinegerechtere« Stallumwelt haben, hatten 2020 nur einen Anteil von vier Prozent der Schweine.

Seit 2014 gehen die Schweinebestände zurück, anfangs recht gleichmäßig von Jahr zu Jahr. Als Folge eines katastrophalen Markteinbruchs nach dem Ausbruch der Afrikanischen Schweinepest (ASP) in China und einem anschließend kurzlebigen Preishoch in der EU kam es im Wirtschaftsjahr 2019/20 sogar wieder zu einer leichten Bestandszunahme. Umso heftiger stürzten die Preise und reduzierten sich die Bestände, als die ASP auch Deutschland erreichte: Allein zwischen September 2020 und April 2021 gaben 3,3 Prozent der Betriebe auf und die Schweinebestände gingen um 5,5 Prozent zurück!

Abbau der Schweinebestände – regional unterschiedlich

Der Abbau der Schweinebestände vor allem in den ostdeutschen Bundesländer sowie in Schleswig-Holstein, Baden-Württemberg, Rheinland-Pfalz und Hessen erreichte teilweise zweistellige Abbauraten. In den westdeutschen Zentren der Schweinehaltung, aber auch in Bayern, war der Bestandsabbau dagegen viel geringer, in Niedersachsen nur minus 1,3 Prozent der Betriebe und 2,7 Prozent der Bestände.

Schwerpunkte der Tierhaltung liegen bei den ökologisch wirtschaftenden Betrieben unverändert bei Rindern und kleinen Wiederkäuern (sowie Pferden). Das kann durchaus als anhaltender Vorzug gesehen werden, weil diese Tierarten hervorragend geeignet sind, Futter vom Grünland und vom Klee-Gras-Anbau gut zu verwerten. Geflügel und Schweine sind (zumindest unter den heutigen Bedingungen) spezialisierte Getreide- und Sojabohnenfresser und damit Nahrungskonkurrenten für den Menschen.

Biobetriebe favorisieren Wiederkäuer

Unter den Biobetrieben mit Schweinehaltung gibt es nicht wenige, die als besonders artgerechte Form die Weide- oder Offenstallhaltung praktizieren. Für sie hat das

Tab. 3: Anteil der Viehbestände in Ökobetrieben

	Anteil in Prozent am Gesamtviehbestand (2020)
Rinder	7,6
Schafe	23,5
Ziegen	33,2
Pferde	9,2
Hühner	5,2
Sonstiges Geflügel	1,9
Schweine	0,8

Vorrücken der ASP besonders schwerwiegende Folgen, weil dann von den Veterinärämtern die Stallhaltung vorgeschrieben wird. Oft gibt es aber gar nicht Stallplätze in ausreichendem Umfang. Vor allem aber sind die Tiere eine reine Stallhaltung gar nicht gewöhnt und erleben sie als ganz außergewöhnlichen Stress.[10]

Dringend geboten: Impfen gegen Afrikanische Schweinepest

Es gibt viele Gründe dafür, dass endlich die Blockadehaltung in der EU gegenüber einer Impfung aufgegeben werden sollte. Inzwischen dürfte auch der immer wieder erhobene Gegeneinwand, die Impfung würde den Drittlandexport behindern, an Bedeutung verloren haben, da in der VR China ein Impfstoff bereits in der Erprobungsphase ist. Eine Impfstoffentwicklung in der EU sollte dringend gefördert werden.[11]

Hühnerhaltung

Bei der Hühnerhaltung gibt es eine enorme Konzentration der Tiere im Bundesland Niedersachsen; mit 80 Millionen Tieren befindet sich dort gut die Hälfte aller in Deutschland gehaltenen Hühner! Größere Bestandszahlen gibt es daneben noch in Sachsen-Anhalt (15 Millionen), Bayern (13 Millionen) und NRW (zwölf Millionen).

Tab. 4: Zahl der Legehennen in bestimmten Haltungsformen (2021)[12]

Haltungsform	Legehennen in Millionen Tiere	Veränderung 2021 gegenüber 2020
Bodenhaltung	26,338	+
Freilandhaltung insgesamt	9,232	-
Freilandhaltung in ökologischen Betrieben	5,764	+
Ausgestaltete Käfige	2,355	unverändert

Einige aktuelle Studien[13] haben ein schon lange bekanntes Problem zurück in die Diskussion gebracht: Beim Großteil der Legehennen bricht im Laufe der Legeperiode das Brustbein, zum Teil mehrfach, oder es wird deformiert. Die Schäden nehmen vor allem ab der 55. Lebenswoche der Tiere zu. Sie treten sowohl im Großteil der ökologischen wie in konventionellen Betrieben auf und bei allen Haltungsformen, am stärksten wohl bei Volierenhaltung. Auch die Mobilställe, die ja ansonsten außerordentliche Vorzüge für die Tiere bieten, sind nicht davon ausgenommen.

Gebrochene Brustbeine bei Legehennen …

Der Bruch des Brustbeins ist eine schwere und schmerzhafte Verletzung des Tieres. Am Brustbein setzen die Brustmuskeln des Huhnes an, so dass jede Bewegung mit Schmerzen verbunden ist. Zudem müssen die Hühner in Ruhestellung auf dem Brustmuskel sitzen! Als Ursachen für diese schwerwiegende Verletzung werden angegeben:

- Eine *ungeeignete Stallausstattung* (zu eng, zu viele Tiere, sodass sie beim Anflug auf die Sitzstangen mit diesen kollidieren). Schräg stehende Aufstiegshilfen werden empfohlen.
- Zu *früher Legebeginn* bei den Legehybriden, da die Verknöcherung des Brustbeins und damit dessen Belastbarkeit erst in der 33. Lebenswoche abgeschlossen ist. Zu diesem Zeitpunkt aber sind die Hennen schon in der Hauptlegeperiode. Eine Verschiebung des Legebeginns ist (in gewissem Umfang) durch die Fütterung möglich.
- Viel *zu hohe Leistung*. Für die Bildung der Eischale ist ein hoher Calciumbedarf gegeben. Die Hühner haben für die Calciumspeicherung zwar ein spezielles Organ (die sog. »medullären Knochen«), es ist aber durch das Niveau der heutigen Legeleistung schlichtweg überfordert. Gab das ursprüngliche Batavia-Huhn etwa zwölf Eier pro Jahr, so sind es heute 320 und mehr! In einer Vergleichsstudie mit kastrierten Hennen zeigte sich, dass bei diesen Tieren auch bei zunehmendem Lebensalter und gleicher Haltungsumwelt keine Frakturen auftraten. Deshalb ist es auch nicht überraschend, dass die Verletzungen umso häufiger auftreten, je länger die Hühner legen.

… Ursachen liegen bei Zucht und Haltung

Angesichts der Schwere der Verletzung und ihrer fast schon »Normalität« muss es erstaunen, dass sie erst jetzt wieder zur Kenntnis genommen wird, zumal sie in den 1990er-Jahren bereits ein Thema war. Ein Grund dafür könnte sein, so die Vermutung von damit befassten Sachkundigen, dass die Verletzung äußerlich nicht zu sehen ist bzw. erst im Schlachthof sichtbar wird. Verändern könnte sich die Lage nur durch eine Änderung der Haltung und vor allem der Zuchtausrichtung. Große Hoffnungen werden in der Verwendung alter Hühnerrassen gesehen.

Kosten

Pachtpreise

Der Anteil der Pachtflächen hatte lange Zeit zugunsten der Flächen im Eigentum abgenommen. Das hatte wesentlich mit den Veränderungen der Agrarstruktur in den (ehemals) »neuen« Bundesländern zu tun. In jüngerer Zeit nimmt dagegen der Anteil der Pachtflächen wieder zu. Aktuell liegt der Pachtflächenanteil in Deutschland bei etwa 64 Prozent.

Anstieg der Pachtflächen und -preise

Der Anstieg der Pachtpreise begann – erst langsam, dann schneller – zu Beginn des 20. Jahrhunderts. 2020 betrugen die Pachtpreise in Deutschland durchschnittlich für Ackerland 375 Euro je Hektar (plus 50 Euro je Hektar gegenüber 2016), für Grünland 198 Euro je Hektar (plus 23 Euro) bei zugleich extremen regionalen Preisunterschieden. Die höchsten Pachtpreise für Ackerland wurden in Nordrhein-Westfalen (614 Euro je Hektar) und in Niedersachsen (595 Euro je Hektar) bezahlt. Es folgen Schleswig-Holstein mit 547 Euro und dann Bayern mit 444 Euro je Hektar. In Ostdeutschland sind die Pachtpreise für Ackerland am höchsten in Sachsen-Anhalt mit 339 Euro je Hektar etwa doppelt so hoch wie in Brandenburg.

Bei Grünland liegen die Pachtpreise 2020 mit 305 Euro je Hektar in Schleswig-Holstein am höchsten (plus sieben Euro gegenüber 2016). In Niedersachsen liegen die Preise durchschnittlich bei 296 Euro (plus 26 Euro), in Nordrhein-Westfalen bei 266 Euro und in Bayern bei 257 Euro je Hektar. In Ostdeutschland waren in Mecklenburg und Sachsen-Anhalt mit 158 bzw. 154 Euro je Hektar die höchsten Pachtpreise für Grünland zu zahlen.

Die Unterschiede in den Pachtpreisen (bei den Kaufpreisen ist es ganz ähnlich) sind abhängig vor allem vom:

Pachtpreise hängen von vielen Faktoren ab …

- *Interesse an Betriebsteilungen.* Wohl vor allem deshalb sind die Pachtpreise für Betriebe mit Flächen bis fünf Hektar mit 963 Euro je Hektar (!) fast dreimal so hoch wie der Durchschnitt.
- *»Gewicht« der Veredelungsbetriebe und der Betriebe mit Biogasanlagen in einer Region.* Beide Betriebsformen sind, als Ausbringungsfläche für die Gülle bzw. als Produktionsfläche für den Maisanbau, auf möglichst viel Fläche angewiesen. Der Flächenhunger dieser Betriebe dürfte wohl den größten Einfluss haben. Sich gegenseitig das Pachtland wegnehmen, das kommt bei diesen Betriebsformen besonders häufig vor. (In der früheren bäuerlichen Kultur war so ein Verhalten schlicht undenkbar.)
- Übergang der politischen Gemeinden und der Kirchen von der traditionell üblichen Verpachtung zur *öffentlichen Ausschreibung der Flächen.* Die Folgen sind nicht nur höhere Preise, sondern auch eine nachhaltige Zerrüttung der nachbarschaftlichen Beziehungen.
- *Reagieren der Landwirte auf ein fallendes Einkommen.* Diese Reaktion ist weit verbreitet und führt ihrerseits zu einem Anstieg der Pachtpreise. Es ist der Versuch, bei fallenden Einkommen sich in die Vergrößerung der Fläche und/oder der Tierbestände zu »retten« (»inverse Reaktion«). Das ist zwar nicht sonderlich erfolgreich, aber trotzdem der doch auch verständliche Versuch, den Lebensunterhalt für die Familie und den Bestand des Hofes zu sichern.

… und nicht von den Direktzahlungen

Es gehört zu den »Lebenslügen« der deutschen Agrarökonomen, dass trotz der oben genannten deutlichen Zusammenhänge für die Entwicklung der Pachtpreise immer aufs Neue die EU-Direktzahlungen verantwortlich gemacht werden, obwohl:

- die Direktzahlungen (real) von Jahr zu Jahr weniger werden, die Pachtpreise aber von Jahr zu Jahr steigen;
- die Direktzahlungen (Öko-Prämie mitgerechnet) bei Biobetrieben am höchsten sind, die Pachtpreise bei ihnen aber keineswegs;

- der Anteil der Direktzahlungen am Gewinn bei den Veredlungsbetrieben deutlich am niedrigsten ist, die Pachtpreise bei ihnen aber ebenso deutlich am höchsten sind.

Agrarholdings kaufen sich ein

Nachdem Eckehard Niemann mit seinem Online-Informationsdienst AGRAR-HINWEISE über viele Jahre der Einzige war, der auf den zunehmenden Aufkauf landwirtschaftlicher Betriebe durch landwirtschaftsfremde Investoren aufmerksam machte, nahm sich dann auch das Thünen-Institut des Themas an und ermittelte (eingegrenzt allerdings auf Ostdeutschland) den schon allgemeinen Charakter dieses Prozesses. Erstmalig wurden nun auch im Rahmen der Landwirtschaftszählung 2020 Daten zur Zugehörigkeit landwirtschaftlicher Betriebe zu Unternehmensgruppen bzw. außerlandwirtschaftlichen Investoren erhoben. Einige wichtige Ergebnisse:

Agrarholdings bereits auf elf Prozent der Fläche

- Elf Prozent (1,84 Millionen Hektar) der landwirtschaftlichen Gesamtfläche in Deutschland gehören inzwischen Agrarholdings.
- Den höchsten Flächenanteil haben Agrarholdings in Thüringen (37 Prozent). In Mecklenburg-Vorpommern sind es 19 Prozent.
- Der »Übernahme«-Prozess ist bisher am stärksten in Ostdeutschland, gewinnt aber auch im Westen an Bedeutung, so in Niedersachsen, wo Agrarholdings 70.000 Hektar bewirtschaften, in Bayern (50.000 Hektar) und in Schleswig-Holstein mit 30.000 Hektar.
- Hinzu kommt, dass vielerorts auch Unternehmen des klassischen Großgrundbesitzes Flächen in erstaunlichem Umfang kontrollieren (in Westfalen sind es bei einem Unternehmen beispielsweise etwa 10.000 Hektar).

Die Aktivität der Holdings umfasst nicht nur die Flächenbewirtschaftung, sondern auch die Tierhaltung. Ausgedrückt in Großvieheinheiten werden in Deutschland etwa zehn Prozent der Tiere von Holdings gehalten (38 Prozent in Thüringen, 23 Prozent in Mecklenburg-Vorpommern). Dabei dürfte es sich vor allem um Milchviehbetriebe handeln. Im Westen sind die Holdings vor allem in Niedersachsen wichtig, und zwar in der Schweinehaltung. Alle Versuche, zumindest die Anteilskäufe dadurch zu erschweren, dass auch für sie die Grunderwerbssteuer zu zahlen sei, sind bisher (so gut wie) erfolglos geblieben.

Einsatz von Pflanzenschutzmitteln

Nach Angaben des Bundesamtes für Verbraucherschutz und Lebensmittelsicherheit (BVL) wurden 2020 47.800 Tonnen an Wirkstoffen ausgebracht.[14] Dabei handelte es sich bei gut 20.000 Tonnen um inerte Gase, für deren Verwendung der Schutz von Vorräten angegeben wird; stofflich gesehen handelt es sich dabei vor allem um Kohlendioxyd. Der Einsatz dieses Stoffes wurde erstmals für das Jahr 1989 erwähnt.

Sommertrockenheit reduziert Pestizideinsatz

Seit 2017 ging der Einsatz von Wirkstoffen in Pestiziden ohne inerte Gase um fast 5.000 Tonnen auf 27.611 Tonnen im Jahr 2020 zurück. Es ist anzunehmen, dass das vor allem auf die Jahre mit großer Sommertrockenheit zurückzuführen ist. So waren es vor allem die Fungizide, die weniger eingesetzt worden sind (etwa 4.000 Tonnen weniger). Es könnte sein, dass das »normal feuchte« Wetter des Jahres 2021 aus diesem Grund erneut den Einsatz an Fungiziden hat wieder zunehmen lassen.

Die Umsätze der Pflanzenschutzmittelindustrie im Inland sind seit sechs Jahren leicht rückläufig. 2020 lagen sie noch bei 1,146 Milliarden Euro und damit 3,9 Prozent geringer als vor sechs Jahren. Seit einigen Jahren werden zunehmend illegale Pflanzenschutzmittel in der EU beschlagnahmt. Nach einer Meldung von Europol waren das bezogen auf die EU 1203 Tonnen allein im Zeitraum von Januar bis April 2021.[15]

Zu erheblichen Auseinandersetzungen führte es, dass das Bundeslandwirtschaftsministerium für den Einsatz der ansonsten verbotenen Neonikotinoide bei der Beizung von Zuckerrübensaatgut »Notfallzulassungen« erteilte. Diese Stoffgruppe ist hochgiftig für Bienen und viele andere Insekten. Dem – endlich – 2018 angeordneten Entzug der Zulassungen durch die EU waren lange Auseinandersetzungen vorausgegangen.

Stickstoffbilanzen und Mineraldünger

Seit mehreren Jahren veröffentlicht das Bundesministerium für Ernährung und Landwirtschaft BMEL dankenswerterweise Flächen- und Stallbilanzen der Nährstoffe Stickstoff, Phosphor und Kali. Bei der Flächenbilanz wird aus der Zufuhr der Nährstoffe (bei Stickstoff sind das beispielsweise: Mineraldünger, Wirtschaftsdünger [aus inländischer Erzeugung und Import], Gärreste aus Biogasanlagen, Stickstoffdeposition, Biologische Stickstofffixierung sowie Saat- und Pflanzgut) und aus der Abfuhr von Nährstoffen dann eine Bilanz gebildet. Diese Bilanz schwankt von Jahr zu Jahr, ist aber vom Niveau her seit 2010 wenig verändert (bei leicht abnehmender Tendenz). So gab es 2017, ähnlich wie in den Jahren davor, einen Stickstoffüberschuss von 56 Kilogramm Stickstoff pro Hektar, er erhöhte sich 2018 auf 76 Kilogramm pro Hektar, um dann 2019 wieder bei 52 Kilogramm pro Hektar zu liegen. Der höhere Wert für 2018 ergab sich daraus, dass sowohl die Erträge für Getreide wie für Grünfutter deutlich unter dem Durchschnitt lagen (und deshalb die Nährstoffabfuhr geringer war). Solche Bilanzen werden inzwischen nicht nur auf Bundesebene gemacht, sondern auch von Bundesländern durchgeführt.

Stickstoff wird nach wie vor »verschleudert«

Neben den Flächenbilanzen gibt es auch die analog aufgebauten Stallbilanzen. Beide zusammen ergeben die Nährstoffbilanzen. Deren Werte waren höher als die Flächenbilanzen. Für 2017 ergab sich ein Überschuss von 91 Kilogramm Stickstoff pro Hektar, für das Jahr 2018/19 und 2019/20 ein Überschuss in Höhe von 80 Kilogramm Stickstoff pro Hektar.[16] Diese Werte sind viel zu hoch; sie stellen eine Verschleuderung von Ressourcen dar und sind die Quelle vielfältiger Belastungen und Verschmutzungen.

Der rückläufige Bestand an Tieren sowie der verminderte Einsatz von Stickstoffmineraldünger ermöglichte es auch dem Bundesland mit den traditionell höchsten Nährstoffüberschüssen, Niedersachsen, zumindest für die meisten Landkreise (Ausnahme war der Landkreis Cloppenburg) einen Rückgang der Nährstoffüberschüsse zu vermelden. Im vorhergehenden Nährstoffbericht lagen noch fünf Landkreise über der gesetzlichen Obergrenze.[17]

Rückgang der Nährstoffüberschüsse …

Bei den Bilanzen auf einzelbetrieblicher Ebene, die nach DÜV inzwischen ja (fast) alle Betriebe im Falle einer Kontrolle vorlegen müssen, ergibt sich für die Betriebe mit intensiver Milchviehhaltung, dass durch den Ersatz von Soja durch Rapsextraktionsschrot (ein Vorgang, der von einem Großteil der Molkereien gefordert wird, um von gentechnisch verändertem Soja wegzukommen) der Eintrag von Phosphat deutlich ansteigen kann.

Eine Erhebung zur Menge und Verteilung der Wirtschaftsdünger, die neu in die Landwirtschaftszählung 2020 aufgenommen wurde, brachte folgendes überraschendes Ergebnis:

- Der Dünger setzt sich aus 178 Millionen Kubikmeter flüssigem und 21 Millionen Kubikmeter festem Wirtschaftsdünger zusammen.
- Vom flüssigem Wirtschaftsdünger stammen inzwischen 63 Millionen Kubikmeter aus Biogasanlagen.

… auf nach wie vor zu hohem Niveau

Resümee: Die Nährstoffüberschüsse sind noch viel zu hoch, nehmen aber immerhin langsam ab. Die Frage ist, wieweit das bisherige »Drehen an den kleinen Schrauben« ohne Infragestellung der Grundlagen der Produktion und Struktur der Betriebe gehen kann und insbesondere, wieweit diese »Verbesserung auf dem Papier« auch ihre Entsprechung in der Praxis haben wird.

Die Beschaffungsmärkte

Bei zahlreichen wichtigen Produktionsmitteln kam es 2021 zu einer starken Kostenzunahme (Index 2015 =100; für 2021, Angaben für April)[18]:

- *Futtermittelzukäufe:* Von 2015 bis 2018 gab es einen leichten Umsatzrückgang, ab 2018 dagegen einen starken Anstieg auf 113 Prozent; mit 17 Prozent war der Anstieg bei den Eiweißfuttermitteln besonders stark.
- *Dünger- und Pflanzenschutzmittel:* Nachdem die Kosten bis 2016 deutlich rückläufig waren (2016 ein Minus von zehn Prozent), gab es in der Folgezeit wieder einen Anstieg (2021 auf 104 Prozent). Einen wirklich extremen Preissprung gab es für Phosphat; die Preise verdoppelten sich im Vergleich zu 2020!

- Auch bei *Energie und Treibstoffen* gab es von 2015 bis 2020 einen Preisrückgang; danach aber einen deutlichen Anstieg auf 106 Prozent.
- Die Preise für *Schlepper und Landmaschinen* stiegen 2021 ebenfalls auf 104 Prozent.
- Unverändert blieben dagegen die *Veterinärkosten*.

Erlöse

Im Gegensatz zur Kostenseite, die durchgängig durch Preisanstieg gekennzeichnet ist, entwickelte sich die Erlösseite 2021 höchst unterschiedlich.

Nachdem die *Preise für Mastschweine* in Europa als Folge des Auftretens der Afrikanischen Schweinepest (ASP) in China auf fast zwei Euro pro Kilogramm Schlachtgewicht angestiegen waren, lösten die ersten an ASP gestorbenen Wildschweine in Brandenburg im September 2020 einen bisher in seiner Dauer nicht gekannten Preisverfall aus: Zum November 2020 stürzten die Preise auf etwa 1,20 Euro ab, »erholten« sich zwischen März und Juli 2021 auf etwa 1,50 Euro, um danach wieder auf etwa 1,20 Euro abzusacken.[19]

Schweinehalter in schwerer Preiskrise

Wie üblich verursachte der Preisverfall für Schlachtschweine auch den Preisverfall für Ferkel. Erlösten die Züchter für Ferkel (Lebendgewicht 25 Kilogramm) im April 2020 noch circa 85 Euro je Tier, stürzte der Preis bis Juni 2021 auf etwa 20 Euro ab, »erholte« sich etwas für wenige Monate auf dem Niveau von 50 bis 60 Euro, um ab Juni wieder bei den hoffnungslosen 20 Euro zu landen.

Dieser Preisverfall kommt für Mäster wie für Züchter einer wirtschaftlichen Katastrophe nahe. Er ist aber leider zugleich ein Beispiel dafür, wie hoffnungslos die Lage von Landwirten ist, wenn sie sich in der Wirtschaftsstellung eines »Preisnehmers« befinden. Es war ein Bericht in der Zeitschrift *top agrar* vom 11. Februar 2021, der die Marktgläubigkeit vieler Schweinehalter »ins Mark« traf. Ein Vertreter von Lidl wies in einem Gespräch darauf hin, dass das Unternehmen »trotz Einbruch der Notierungen mit Beginn der Afrikanischen-Schweinepest-Krise die Beschaffungspreise nicht nachverhandelt und das Preisniveau unverändert gehalten« habe. (Vertreter von Aldi und Rewe bestätigten das in den folgenden Tagen auch für ihre Unternehmen.) Im Klartext bedeutet das: Die Schlachtkonzerne erlösten unverändert 1,47 Euro je Kilogramm Schlachtgewicht, während sie gleichzeitig die Auszahlung der Landwirte um 28 Cent absenkten; sie reichten damit ihre Erlösausfälle durch den Wegfall der Drittlandexporte nach China komplett an die Landwirte weiter.

Die Krise der Schweinehalter wurde noch verschärft dadurch, dass wegen der Corona-Krise auch die Ablieferung der Tiere an die Schlachthöfe ins Stocken geraten war. Die Schlachtkonzerne nutzten die Situation und legten den Mästern individuelle Ablieferungsverträge vor: für jeden Lieferanten einen eigenen Vertrag, der die Mäster langfristig zu den vorgegebenen Konditionen an den Schlachthof binden würde.

Beim *Absatz von Milch* gab es 2021 im Gegensatz zum Schlachtschweinemarkt wenig Veränderungen: Die Preise verharrten auf dem sehr niedrigen Niveau, das auch schon 2020 die Verhältnisse bestimmt hatte. Bei den konventionellen Milchviehhaltern bewegten sich die Milcherzeugungskosten in Deutschland um die 43 Cent, während die Milchauszahlungspreise um 33 Cent lagen. Die Auszahlungspreise erhöhten sich zum Herbst 2021 hin leicht um ein bis zwei Cent. Da es aber einen starken Kostenanstieg insbesondere für Futtermittel und Energie gab, erschien »kein Licht am Ende des Tunnels«.

Milchpreise stagnieren auf zu geringem Niveau

Für die Betriebe mit Biomilch waren die Verhältnisse ganz ähnlich: Die Auszahlungspreise bewegten sich zwischen 47 und 50 Cent je Kilogramm, die Milcherzeugungskosten lagen dagegen über 60 Cent. Sowohl für den Durchschnitt der konventionellen wie für den der ökologisch wirtschaftenden Milchviehbetriebe lag das Einkommen 2021 erneut deutlich unter dem allgemeinen Mindestlohn!

Seit den Auseinandersetzungen um die Düngeverordnung und der zusammenbrechenden Preise für Schweine und Ferkel sowie der anhaltend miserablen Auszahlungspreise für Milch hatte sich mit »Land schafft Verbindung« Ende 2019 eine neue Bauernbewegung gebildet. In Verbindung mit anderen oppositionellen Bauerngruppen brachten sie Zehntausende von Landwirten mit ihren Schleppern auf die Straßen und vor die Parlamente. Nachdem Proteste vor Molkereien und Schlachthöfen ohne Wirkung blieben, machten sie mit der Blockade von zentralen Auslieferungslagern eine empfindliche Stelle des Lebensmittelhandels aus. Unternehmen wie Lidl und Rewe ließen sich auf Gespräche ein, leisteten sogar Einmalzahlungen bzw. kündigten für die Zukunft »Mindestpreise« an (Lidl), die sie zahlen würden. In der Sache änderte sich wenig. Nachdem der Druck der Bauernbewegung nachließ (vielleicht nur vorübergehend?) zog sich der Handel aus den direkten Gesprächen mit den oppositionellen Bauerngruppen wieder zurück.

Handelskonzerne gehen voran – Politik schweigt

Da die Agrarpolitiker der EU und Deutschlands nicht mit lenkenden Eingriffen reagierten, gingen die Handelskonzerne zunehmend dazu über, entsprechend ihren Eigeninteressen selbst zu regulieren. So kündigten sie an, für die Zukunft keine Produkte mehr von Tieren aus den industrialisierten Ställen ohne »Tierwohl« (Stufe 1 und, für etwa später, Stufe 2) mehr zu verkaufen; Molkereien wie Ammerland und Friesland-Campina begannen mit einer eigenen Regulierung der Anlieferungsmengen. Eigeninitiativen von Bäuerinnen und Bauern, die aus eigener Überzeugung die Haltungsbedingungen ihrer Tiere verbessert haben und sich darüber neue Absatzperspektiven eröffneten, kommen voran, haben aber die grundlegende Schwierigkeit, dass durch die industrialisierte Massenproduktion das Preisniveau so niedrig ist, dass es schwerfällt, angemessene bessere Preise durchzusetzen.

Geradezu gegenläufig zu den Preisentwicklungen bei Schweinefleisch und Milch entwickelten sich die Preise bei Getreide und dann auch bei Rindfleisch. Schon wenige Wochen nach der Ernte des Vorjahres begannen die *Getreidepreise* deutlich zu steigen, sehr zur Freude von den Bauern, die einen größeren Teil ihrer Ernte hatten einlagern können (diejenigen, die direkt vom Feld aus abliefern mussten, gingen weitgehend leer aus). Die Analysten schauten ungläubig auf die Börsendaten: Vor allem der Weizenpreis stieg und stieg. Nachdem er viele Jahre sich zwischen 14 und 15 Euro pro Dezitonne bewegt hatte, erreichte er schließlich die 20-Euro-Marke und überstieg sie sogar. Mit geringen Schwankungen blieb es bei diesem Preisniveau bis zur Ernte 2021. Während üblicherweise vor einer neuen Ernte die Preise nachgeben, behauptete sich das Preisniveau. Ende September lagen die Preise für Brot- und Futterweizen bei 22 Euro je Dezitonne, für Gerste bei 20 Euro je Dezitonne, für Brotroggen bei 18 Euro je Dezitonne und für Raps bei 54 Euro je Dezitonne. Für die Betriebe mit dem Schwerpunkt Ackerbau bedeutet das für den Jahresabschluss gute bis ungewöhnlich gute Ergebnisse. Über die Gründe für diese ungewöhnliche Entwicklung wird viel gemutmaßt: Trockenheit in Australien, Kanada und den USA, geringere Überschüsse in Russland, Ertragsanstieg in der Ukraine – aber »nichts genaues weiß man nicht«. Schließlich werden die Weltmärkte für Getreide von vier Unternehmen kontrolliert.

Weizenpreis steigt und steigt

Der *Rindfleischpreis* hatte sich, nach Abschaffung der Kopplung der Direktzahlungen an Tiere, für fast eineinhalb Jahrzehnte auf sehr niedrigem Niveau bewegt, mit leichten saisonalen Schwankungen. Viele Rindermäster hatten aufgegeben, immer wieder kam es vor, dass Bullenkälber aus Milchrassen kaum noch abzusetzen waren. 2021 kam dann auf einmal eine Aufwärtsentwicklung: Die Preise für Jungbullen stiegen auf über vier Euro je Kilogramm Schlachtgewicht, die für Färsen blieben knapp unter vier Euro, und auch die Preise für Schlachtkühe erzielten je nach Einstufung um die 3,50 Euro. Das war jeweils ein Plus von etwa 50 Cent je Kilogramm! Vergleichsweise ungünstig blieben die Preise für die Kühe, die nur als »P-Kühe« eingestuft worden waren (hier lagen die Preise aber immerhin auch bei drei Euro; ein Großteil der Kühe von Milchrassen wird hier eingestuft). Als Folge der gestiegenen Preise für Rindfleisch gab es endlich auch eine leichte Preisverbesserung für Schlachtkälber aus Milchviehrassen (im Januar 20 bis 30 Euro je Bullenkalb, im Juli 80 bis 100 Euro).

Auch Rindfleischpreise steigen erfreulich gut an

Auch hier ein einziges Rätselraten für die Analysten. Als Folge der extremen weltweiten Verknappung von (Kühl-)Containern, so wurde vermutet, kam es zu einer Verminderung der Rindfleischimporte aus Uruguay (Uruguay ist derzeit größter Exporteur von Rindfleisch in die EU). Für die heimischen Rindermäster gab es im Gegenzug endlich mal wieder bessere Ergebnisse.

Wie dauerhaft diese Gegebenheiten sind, ist nicht abschätzbar. Rindfleisch hat trotz seines hohen Wertes für die menschliche Ernährung für den direkten Gebrauch in den privaten Haushalten und in der Gastronomie seit Längerem schon an Bedeutung verloren (auch, weil es einfach mehr Kenntnisse für die Zubereitung erfordert als das »Schnellgebratene«). Hinzu kommt, dass die Ausrichtung der Tierzucht bei den Milchviehrassen immer noch ausschließlich auf die Milcherzeugung abhebt. Wenn solche Tiere dann abgegeben werden, ist außer Hackfleisch auch kaum eine andere Weiterverarbeitung möglich.

Deutlich anders als bei den Erzeugnissen der konventionellen Betriebe entwickelten sich die *Erlöse bei einigen Bioprodukten.* So setzte sich der schon seit 2016 zu beobachtende Anstieg der Preise für Bioschlachtschweine fort und erreichte im Juli 2021 fast vier Euro je Kilogramm frei Schlachtstätte.[20] Auch die Preise für Biorindfleisch (Färsen, Handelsklasse R) erhöhten sich deutlich auf 4,80 Euro je Kilogramm.

Weiterhin Anstieg der Preise für Bioschweine und Bioroggen

Betrüblich (aber nicht neu) ist, dass es beim Verkauf von Schweinen wieder zu einem größeren Betrugsfall gekommen ist. Ein Landwirt aus Vorpommern hat insgesamt 8.500 Ferkel aus konventionellen Betrieben zugekauft und als Bioschweine verkauft. Niemand hatte Anstoß genommen, obwohl die Schweine kupierte Schwänze und die Ohrmarken auf die Herkunft der Ferkel auf ein anderes Bundesland hingewiesen hatten.[21]

Der Biogetreidemarkt zeigte sich im Gegensatz zum konventionellen nur leicht verbessert gegenüber den ungünstigen Vorjahresergebnissen. Während die Abgabepreise für Brotweizen bei 37 Euro je Dezitonne unverändert blieben, stiegen die Preise für Brotroggen sowie für Futterweizen um etwa drei Euro je Dezitonne auf jeweils 32 Euro an (Großhandelspreise; die Preise ab Hof können deutlich niedriger liegen). Für Dinkel, ein Getreide, das im Biolandbau eine erhebliche Bedeutung hat, wurden Abgabepreise zwischen 42 und 45 Euro je Dezitonne erzielt. Wegen der erheblichen Zahl an Betrieben, die auf Ökologische Landwirtschaft umgestellt haben, konnte ein Teil der Umstellungsware nur zu konventionellen Preisen verkauft werden.

Fünf Kernforderungen an die neue Bundesregierung – aus Sicht von Produktion und Markt

1. Die Intensität der Düngemaßnahmen ist auf ein Niveau auszurichten, bei dem es nicht zu Nährstoffüberschüssen und -verlagerungen kommen kann. Als sofort wirksame Maßnahme sind die »grundwasserschonend wirtschaftenden Betriebe«, d. h. diejenigen Betriebe, die nach DÜV maximale Stickstoff-Düngermengen in Höhe von 160 Kilogramm pro Hektar und davon maximal 80 Kilogramm Stickstoff in Form von Mineraldünger ausbringen, von den Bilanzierungsanforderungen der DÜV freizustellen und über die Öko-Verordnungen besonders zu fördern. Als dauerhaft Lösung ist über Güteverordnungen für pflanzliche Erzeugnisse nach dem Modell der Bezahlung bei Zuckerrüben und Braugerste (bei Überschreitung bestimmter Werte für das Rohprotein im Erntegut gibt es Abzüge beim Preis) zu erreichen, dass die Vermeidung von Überschüssen zum Eigeninteresse der Landwirte wird.
2. Die Anzahl der Tiere ist an den betrieblichen Futtergrundlagen und an der Höhe der Düngungsmaßnahmen (siehe Punkt 1) auszurichten. Zwei Großvieheinheiten pro Hektar sind als Obergrenze anzusehen. Als sofort wirksame Maßnahme sind diejenigen Betriebe, die einen Tierbesatz unter zwei Großvieheinheiten pro Hektar haben, über eine Öko-Verordnung besonders zu fördern. Für die Anpassung der Tierzahlen an die Fläche ist eine Beihilfe des Bundes erforderlich.
3. Einführung von Mindestpreisen für alle wichtigen landwirtschaftlichen Erzeugnisse. Begründung: Für landwirtschaftliche Betriebe sind die Preissprünge in »volatilen Märkten« zerstörerisch. Sie benötigen den betrieblichen Gewinn für den existenziellen Bedarf der Betriebsleiterfamilie und der angestellten Mitarbeiterinnen und Mitarbeiter sowie für die Fortführung des Betriebes; es geht bei ihnen nicht abstrakt um die »Verzinsung von Kapital«, sondern um die Sicherung ihrer Lebensgrundlage. Der Verfall der Preise ist deshalb durch die Einführung von Mindestpreisen zu begrenzen.
4. Zur Annäherung an artgerechtes Tierverhalten ist für alle Tiere mindestens ein freier Auslauf und soweit möglich für Rinder und Kühe, Zuchtschweine und Hühner Weidegang vorzusehen. Als sofort wirksame Maßnahme werden Betriebe, die das einhalten, über eine Öko-Verordnung gefördert.
5. Dauerhafte Lösungen erfordern, dass die Landwirte nicht mehr nur abliefern, sondern Mitentscheidungskompetenzen über das Aushandeln von Mengen, Preisen und Qualitäten für ihre Erzeugnisse erhalten.

Icon: Gerald Wildmoser

Abschließende Bemerkung

Das Jahr 2021 war für die Landwirte von der Produktionsseite auf Acker und Grünland wieder ein einigermaßen »normales Jahr« (außer, man war von Starkregen betroffen). Von der wirtschaftlichen Seite her war es ein »goldenes Jahr« für die Ackerbauern, ein schon fast gewohnt schlechtes Jahr für die Milchviehhalter und eine Katastrophe für die auf Schweinehaltung spezialisierten Betriebe. Durch die Blockade von zentralen Auslieferungslagern gelang es, den Lebensmittelhandel mit der Misere der Landwirte zu konfrontieren und einige zu Einmalzahlungen zu bewegen. Abgesehen von solchen Erfolgserlebnissen gab es im Bereich der Absatzverhältnisse aber keine strukturellen Verbesserungen.

Anmerkungen

1 Wenn nicht anders angegeben stammen alle Zahlen aus: Statistisches Bundesamt/DESTATIS: Landwirtschaftszählung 2010, sowie Landwirtschaftszählung 2020 und aus der Fachserie 3, Reihe 4.1 Viehbestand sowie aus Bundesministerium für Ernährung und Landwirtschaft (BMEL): Statistischer Monatsbericht Heft 6, 2021 (Ertragslage, Nährstoffbilanzen).
2 Angesichts von im Zeitablauf immer mal wieder vorgenommenen Änderungen an den Erhebungsmethoden sind die Werte über die Flächennutzung recht unsicher.
3 O. Zinke: Solarparks fressen Ackerland. In: agrarheute vom 12. Mai 2021.
4 »Dauergrünland – Klima- und Biodiversitätsschützer aber Verlierer der GAP«. Presseerklärung des Deutschen Grünlandverbands vom 18. August 2021.
5 »Gesetze des Marktes gelten nicht für Milch.« In: BDM aktuell Heft 4/6 (2021), S. 16–17.
6 Spezialisierte Milchviehbetriebe im Haupterwerb, Ergebnisse des Testbetriebsnetzes für 2019/2020, aus: www.bmel-statistik.de/landwirtschaft/testbetriebsnetz.
7 J. Harms und B. Bruhs: Neuer Melkkostenvergleich – Roboter vs. Melkstand. Landesforschungsanstalt für Landwirtschaft und Fischerei Mecklenburg-Vorpommern. Gülzow-Prüzen 2018.
8 Tiergesundheit, Hygiene und Biosicherheit in deutschen Milchkuhbetrieben – eine Prävalenzstudie (PraeRI-Verbundprojekt) der Tierärztlichen Hochschule Hannover, Juni 2020. Berichtsanhang für den Bereich Kühe – Lahmheit und weitere haltungsassoziierte Leiden und Schäden (LP).
9 Tierärztliche Hochschule Hannover (siehe Anm. 8): Abschlussbericht, S. 144.
10 F. Schwinn: Grenzzaun Ost. In: NachDenkSeiten (www.nachdenkseiten.de)
11 C. Fetzer: Afrikanische Schweinepest: Wann gibt es einen Impfstoff? In: www.vetline.de, Veröffentlichung am 7. September 2020.
12 BMEL: Statistischer Monatsbericht Nr. 8. Bonn 2021.
13 L. Jung und S. Petow: Was das Huhn zusammenhält. Brustbeinschäden bei Legehennen. In: DGS: Magazin für Geflügelwirtschaft 72/36 (2020), S. 16–18.
14 Bundesamt für Verbraucherschutz und Lebensmittelsicherheit BVL: Absatzmengen an Pflanzenschutzmitteln und -wirkstoffen in der Bundesrepublik Deutschland 2020.
15 Aus: agrarheute, digitale Ausgabe, Juni 2021.
16 BMEL: Statistischer Monatsbericht Nr. 6. Bonn 2021, S. 390–401.
17 »Agrarministerin Barbara Otte-Kinast: Nährstoffüberschüsse schrumpfen deutlich«. Pressemitteilung des Niedersächsischen Ministeriums für Ernährung, Landwirtschaft und Verbraucherschutz vom 10. März 2021.
18 O. Zinke: Bauern zahlen für alles Rekordpreise. In: agrarheute vom 29. Juni 2021.
19 Wochenblatt für Landwirtschaft 37 (2021), S. 46.
20 Zeitschrift »bioland«, Oktober 2021, S. 48.
21 Schweriner Volkszeitung vom 14. September 2021, S. 6.

Prof. Dr. Onno Poppinga

Hochzeitstraße 5
34376 Immenhausen-Holzhausen
rondopopp@t-online.de

Schwerpunkt »Preis Werte Lebensmittel«

Zu einseitig – zu leistungsorientiert

Milchkühe und ihre Kälber brauchen bessere Perspektiven – Kritische Anmerkungen zur Branchenvereinbarung in Nordrhein-Westfalen

von Kristina Schmalor

Was geschieht mit den vielen Kälbern von Milchkühen? Diese Frage ist in jüngster Zeit verstärkt ins öffentliche Bewusstsein gekommen und hat einen gesellschaftlichen Diskurs über die Milchviehhaltung ausgelöst, der von der Politik aufgegriffen wurde. In Nordrhein-Westfalen haben sich auf Initiative des Landwirtschaftsministeriums die Akteur:innen an einen Tisch gesetzt und im Juni 2021 eine Branchenvereinbarung für eine zukunftsfähige Nutztierstrategie im Bereich Milchviehhaltung erarbeitet. Die anfangs noch kritische Problemanalyse und die auf einen Systemwechsel hinzielenden Argumente wurden in der Vereinbarung letztlich jedoch nicht aufgenommen. Stattdessen der Versuch, im Sinne eines »Weiter so!« ein krankes und krankmachendes System für ein paar weitere Jahre am Leben zu erhalten. Der Vielfältigkeit der Betriebe und der damit verbundenen eigentlich nötigen Vielfalt an Lösungsmöglichkeiten wird das Papier, so die Kritik, nicht gerecht. Der Lösungsversuch orientiere sich allein an Betrieben, die sehr intensiv und mit maximaler Milchleistung arbeiten möchten. Nachfolgender kritischer Beitrag einer Milcherzeugerin führt die unterbrochene Debatte fort und zeigt Perspektiven auf für Alternativen in der Milchviehhaltung, von denen Mensch, Tier und Klima gleichermaßen profitieren.

Eine gesellschaftlich akzeptierte, wirtschaftlich tragfähige und nachhaltige Tierhaltung. Das ist das erklärte Ziel der Nutztierstrategie der nordrhein-westfälischen Regierung und speziell der CDU-Ministerin für Umwelt, Landwirtschaft, Natur- und Verbraucherschutz (MULNV) Ursula Heinen-Esser. Der darauf bezogene Arbeitsschwerpunkt der Regierung lag 2021 bei der problematischen Marktlage männlicher Kälber aus der Milchviehhaltung, bei gesundheitlichen Problemen der Hochleistungszucht und auch den Umweltaspekten der Milchviehhaltung allgemein. Im Dezember 2020 startete der Diskussionsprozess zu diesen Themen und er erreichte seinen vorläufigen Höhepunkt in der *Branchenvereinbarung zur nachhaltigen Weiterentwicklung der Tiergesundheit und Verbesserung der Wertschöpfung in den Milchviehbetrieben in NRW,* welche passend zum Tag der Milch am 1. Juni 2021 offiziell vorgestellt wurde.

Unterzeichnet wurde diese Branchenvereinbarung von Minsterin Heinen-Esser sowie von Vertretern des Landeskontrollverbandes, der Landwirtschaftskammer NRW, des Rheinischen Landwirtschaftsverbandes, der Rinder-Union West eG, der Tierärztekammer NRW, der Tierärztekammer Westfalen-Lippe und des Westfälisch-Lippischen Landwirtschaftsverbands. Der Landesvorstand der Arbeitsgemeinschaft bäuerliche Landwirtschaft (AbL) NRW hat an verschiedenen Stellen zu dieser Diskussion Stellung genommen. Die Argumente aus der Praxis der AbL-Bauern und -Bäuerinnen wurden jedoch leider nicht berücksichtigt. Dabei fing der Diskussionsprozess gar nicht so schlecht an.[1]

Überraschend kritisch: erstes Diskussionspapier

Den Auftakt hat das Ministerium am 2. Dezember 2020 mit dem Diskussionspapier »Milchkuh-Kälber-Markt-Umwelt« gemacht. Ein überraschend kritisches Papier, in dem viele der aktuellen Probleme ausführlich beschrieben wurden: Sorgen der Milchviehbetriebe, die dazugehörigen Strukturen und insbesondere die von der Holsteinzucht ausgelösten Probleme. Konkret ging es um ein ganzes miteinander verwobenes Knäuel an Problemen: nahezu wertlose Bullenkälber durch deren viel zu geringen Fleischansatz und nicht ausreichenden Absatzmärkten in Deutschland, ein zu schwaches Immunsystem der Kälber im Handelsalter von 14 Tagen, eine zu geringe Nutzungsdauer der Milchkühe und deren zu hohe Leistungen in der Frühlaktation mit dementsprechendem Energiemangel und Folgeerkrankungen. Zudem wurden auch Umweltaspekte betrachtet, wie die Tatsache, dass Kühe eigentlich auf die Weide gehören und vor allem von Grundfutter leben sollten. Auch findet sich in dem Papier der Hinweis darauf, dass die Entkopplung von Fleisch- und Milchproduktion eines der großen Probleme ist, besonders im Hinblick auf die Umwelt.

Es finden sich aber auch schon erste Ideen wieder, wie man Lösungen angehen könnte: verlängerte Zwischenkalbezeiten, um weniger Kälber zu produzieren, der Einsatz von gesextem Sperma für die weibliche Nachzucht, Fleischrassebullensperma für die Mastkälber sowie der Hinweis darauf, dass die Holsteinzucht sich über ihre Zuchtwerte in den Gesundheitsparametern stetig weiterentwickelt.

Im weiteren Prozess und der zweiten Auflage des Diskussionspapieres, das im März 2021 vorgelegt wurde, hat das Problembewusstsein dann leider schon ziemlich abgenommen. Im Vordergrund standen in diesem Papier die »riesigen Fortschritte«, die Holsteinzucht und landwirtschaftliche Beratung in den letzten Jahren erreicht haben. Schließlich entstand eine Branchenvereinbarung, die darauf abzielte, das erklärte Ziel der gesellschaftlich akzeptierten, wirtschaftlich tragfähigen und nachhaltigen Tierhaltung über eine schlichte Weiterführung der Holsteinzucht auf dem Weg der letzten Jahre zu erreichen.

»Weiter so!« – die Branchenvereinbarung

Im Klartext der *Branchenvereinbarung zur nachhaltigen Weiterentwicklung der Tiergesundheit und Verbesserung der Wertschöpfung in den Milchviehbetrieben in NRW* heißt es dann so: Der Schwerpunkt wird auf die Möglichkeiten zur Verbesserung der Marktfähigkeit von Kälbern und eine Verbesserung des Managements der Milchviehhaltenden Betriebe gesetzt.[2] Die »bereits wirtschaftsseitig eingeleiteten Maßnahmen zur Verbesserung des betrieblichen Anpaarungs- und Besamungsmanagements sowie die Fortentwicklung funktionaler Zuchtmerkmale wie Nutzungsdauer, Fruchtbarkeit, Euter- und Klauengesundheit sowie Stoffwechselstabilität bilden dafür wichtige Grundlagen.«

Die Vereinbarung über den notwendigen Wissenstransfer in die Landwirtschaft erfolgt über diese Punkte: (1) Verlängerung der Zwischenkalbezeit; (2) Einsatz von gesextem Sperma für die Nachzucht; (3) Einsatz von Sperma von Fleischrinderrassen zur Erzeugung von Kreuzungskälbern; (4) Verfahren zur Stärkung der Kälbergesundheit und (5) Herdentypisierung. Überwacht wird der Fortschritt mithilfe eines Monitorings.

Soweit die Ziele der Branchenvereinbarung. Meine Meinung zu diesen Themen ist eine deutlich andere: Wir brauchen einen wirklichen Systemwechsel. Die Branchenvereinbarung ist in dieser vorliegenden Form der Versuch, ein krankes System für ein paar weitere Jahre am Leben zu erhalten. Lösungen und Perspektiven finden sich darin nicht: nicht für die Betriebe, nicht für die Milchkühe und ihre Kälber. Insbesondere nicht für die Landwirt:innen unter uns, die möglichst natürlich und biologisch wirtschaften möchten. Der Vielfältigkeit der Betriebe und der damit verbundenen eigentlich nötigen Vielfalt an Lösungsmöglichkeiten wird das Papier nicht gerecht. Der Lösungsversuch orientiert sich alleine an Betrieben, die sehr intensiv und mit maximaler Milchleistung arbeiten möchten.

Im Folgenden möchte ich daher auf die einzelnen Punkte genauer eingehen und aus Sicht der AbL unsere Lösungsvorschläge erläutern.

Perspektiven für die Milchkuh

Vorab: Zu oft und auch in dieser Branchenvereinbarung wird pauschal von »Milchkuhhaltung« und den dazu gehörigen Problemen des Kälberabsatzes und der Masteignung gesprochen. Tatsächlich aber gibt es immer noch (oder wieder) eine Diversität in den Milchviehrassen. So kann eine Jerseykuh nicht mit einer Holsteinkuh und mit einer Fleckviehkuh gleichgesetzt werden. Auch steigt der Anteil der Zweinutzungstypen und diese können durchaus erfolgreich in der Milchproduktion sein. Nicht nur Rassen unterscheiden sich, auch innerhalb der Rassen kann es je nach persönlicher Zuchtausrichtung große Unterschiede geben. Eine Lösung für alle? Das ist nicht zielführend. Nachfolgend möchte ich mich daher vorrangig auf die Holsteinkuh beziehen.

Die Holsteinzucht betont bislang den rassebedingt schmalen Körperbau und den schlechten Fleischansatz. Dieses Problem betrifft nicht allein die Vermarktung der für die Mast bestimmten Nachkommen, sondern auch die Milchkuh selbst. Das kritisieren auch Schlachtunternehmen. Der Anteil an Kühen, die über die Schlachtklasse »P« nicht hinauskommen, ist seit Jahren viel zu hoch. Dabei könnte durch eine Aufwertung des Schlachtkörpers der Kuh ebenfalls ein wichtiger Mehrerlös erzielt werden, der neben dem Mehrerlös für das Kalb nicht vernachlässigt werden darf. Zuchtziel für Holsteinkühe müsste daher sein, dass auch die Rasse selbst hinsichtlich ihrer Fleischleistung aufgewertet wird. Neben dem viel zu schmalen Körperbau der Kühe ist auch leider der Geschlechtsdimorphismus innerhalb der Milchrassen in den vergangenen Jahren komplett vernachlässigt worden. Auch eine Betrachtung dieses Merkmals könnte dabei helfen, zumindest dem Bullenkalb eine etwas bessere Masteignung zurückzugeben.

Die verlängerte Zwischenkalbezeit mag für manche Kühe eine Möglichkeit sein, ist aber sicherlich zu diesem Zeitpunkt keine allgemeingültige Empfehlung. Diese pauschale Empfehlung wird in keiner Weise dem unterschiedlichen Leistungsniveau verschiedener Herden gerecht. Und auch innerhalb einer Herde gibt es von Kuh zu Kuh große Unterschiede in der Leistungshöhe und vor allem der Persistenz. Eine gute Persistenz, also eine möglichst gleichmäßige und lang anhaltende Milchleistung über die gesamte Laktation, ist die absolute Grundvoraussetzung für eine verlängerte Zwischenkalbezeit, damit diese nicht zu Stoffwechselproblemen in der Folgelaktation führt. Dieses Merkmal wurde in der Vergangenheit züchterisch überhaupt nicht betrachtet. Langfristig gesehen ist die Idee einer verlängerten Zwischenkalbezeit sicherlich interessant, hier muss die Zucht unbedingt aktiv werden. Kurzfristig ist sie aber nur eine Lösung für einzelne Tiere.

Spermasexing und die Kreuzung mit Fleischrinderrassen sind nicht die einzigen Lösungsstrategien für wertvollere Mastkälber, auch wenn das in der Branchenvereinbarung als einziger Weg gesehen wird. Diese Empfehlung kann nur als eine Lösung für einzelne Betriebe gesehen werden. Neben der Tatsache, dass so der Einsatz eines Deckbullen unmöglich wird, gibt es auch für Betriebe, die ausschließlich mit künstlicher Besamung arbeiten, durchaus viele Gründe, diesen Weg abzulehnen:

- Spermasexing bedeutet, dass noch weniger Bullen zur Besamung eingesetzt werden als dies ohnehin schon erfolgt. Da der Anteil an gesext verfügbarer Bullen bei den Besamungsstationen nicht hoch ist, wird die genetische Vielfalt der Population weiter eingeschränkt.
- Die Einkreuzung von Fleischrinderrassen zur Aufwertung des Schlachtkörpers der zur Mast bestimmten männlichen Holsteinkälber ändert nichts am zu geringen Schlachtwert der Milchkühe.
- Der Anteil an Schwergeburten bei der Einkreuzung von Fleischrinderrassen ist höher als im Vergleich zu reinen Holsteinpaarungen. Dadurch steigt für die Kuh auch die Gefahr eines Abganges nach der Geburt. Die Einkreuzung von Fleischrinderrassen zur Aufwertung der Mastleistungen ist durchaus interessant. Setzt aber voraus, dass gute Zuchtarbeit geleistet wird, um in Zukunft den Anteil an Schwergeburten zu reduzieren.
- Eine alleinige Ausrichtung der reinrassigen Holsteinzucht über Spermasexing führt darüber hinaus zu einer völligen Abhängigkeit der Landwirte von Zuchtunternehmen. So wird Spermasexing nur von den beiden weltweit agierenden amerikanischen Firmen *Sexing Technologies* und *ABS* angeboten. Sexing Technologies ist Inhaber des Patentes, auf das auch ABS, die das Verfahren ebenfalls nutzen, zurückgreift. Größer können das Monopol und die Abhängigkeit für die Landwirt:innen kaum sein.

Ein wichtiger Punkt in der Branchenvereinbarung ist die Herdentypisierung. Die genetische Analyse der weiblichen Nachzucht wird hier als Grundvoraussetzung für den Einsatz des gesexten Spermas von Holsteinbullen und der Kreuzung mit Fleischrassebullen genommen. Die Tiere, die in der Theorie die »besten« Gene besitzen, sind für die Nachzucht bestimmt, die anderen für die Erzeugung von Fleischrassekreuzungen. Bevor man sich für diesen Weg entscheidet, sollte man sich aber gut damit auseinandersetzen, nach welchen Kriterien das weibliche Tier eigentlich eingestuft wird. Wie sieht das definierte Zuchtziel aus? Welche Merkmale werden dazu bestimmt? Passt dieses Zuchtziel zu meinem persönlichen Zuchtziel?

Ich denke, dass die Antwort darauf sein wird und muss, dass die Selektion durch die Herdentypisierung nicht für jeden Betrieb der richtige Weg in die Zukunft sein kann. Jedenfalls dann nicht, wenn die Herdentypisierung sich nur auf ein Zuchtziel konzentriert. Ist es wirklich möglich, dass wir Kühe für Biobetriebe und konventionelle Betriebe, Kühe mit einer angestrebten Leistung von 7.000 Kilogramm oder 13.000 Kilogramm, Kühe für eine grundfutterbasierte Fütterung und Kühe für eine intensive Fütterung mit Getreide, Kühe für Weidehaltung oder für Stallhaltung etc. alle innerhalb eines für die Rasse definierten Zuchtziels züchten können? Ich denke nicht. In manche Systeme passt das Zuchtziel besser als in andere. Hier muss sich jeder fragen, ob das Rassezuchtziel zum eigenen Betrieb passt. Die Leistungen der Hochleistungsbetriebe und die genetische Leistungsveranlagung der jungen Bullen gehen immer weiter nach oben. Der Unterschied zwischen intensiv und extensiv wirtschaftenden Betrieben wird immer größer.

Es ist also dringend an der Zeit, sich nicht mehr nur auf ein Rassezuchtziel zu konzentrieren, sondern für die verschiedenen Systeme jeweils gut passende Bullen anzubieten. Erste Lösungsansätze gibt es regional, z. B. der »ökologische Zuchtwert« oder das Zuchtprogramm »EUNA«. Hier muss noch viel mehr in die Richtung der Diversifizierung der Zucht unternommen werden. Die ideale Kuh für das jeweilige System zu haben, ist am Ende auch tierschutzrelevant, da es unsere Aufgabe ist, Kühe zu züchten, die gesund alt werden können.

Perspektiven für das Kalb

Die Branchenvereinbarung spricht von »Etablierung praxistauglicher Verfahren zur Stärkung der Kälbergesundheit«. In der Tat: Kälber sind in den ersten Lebenswochen sehr anfällig für Krankheiten, da ihr Immunsystem nicht ausreichend entwickelt ist. Eine gute Kolostrumgabe ist sicherlich wichtig, aber nicht alleine zielführend. Vielmehr muss die übliche Praxis des Umgangs mit den Kälbern in den ersten Wochen nach der Geburt überdacht werden. Erste Ansätze sind durch eine Erhöhung des Handelsalters der Kälber von 14 auf 28 Tage von der Politik gerade in die Wege geleitet worden. Das kann aber nicht die einzige Lösung sein. Die kuhgebundene Kälberaufzucht ist eine Alternative, die aktuell auch gesellschaftlich stärker wahrgenommen wird (siehe Kasten unten). Viele Betriebe beschäftigen sich damit, aber es braucht weitere Unterstützung, Forschung und Wissenstransfer für diesen Weg.

Da muttergebundene Kälberaufzucht idealerweise für die gesamte Tränkedauer und nicht nur 14 oder 28 Tage lang praktiziert wird, bedeutet dies auch eine spätere Vermarktung der Kälber. Wer sich dafür entscheidet, trifft aktuell aber auf das Problem, dass ein späterer Verkauf der Kälber in die bestehenden Strukturen, besonders wenn die Kälber ins Ausland verkauft werden, oft gar nicht möglich ist, weil zu »alte« Kälber nicht mehr abgenommen werden. Aber auch hier gibt es erste Lichtblicke. Betriebe, die für sich eigene Wege in der Direktvermarktung suchen oder kleinere Vermarktungszusammenschlüsse. Mehr politische Unterstützung für den Aufbau dieser Alternativen wäre wünschenswert.

Hilfreich ist sicherlich auch die Einführung des RZ-Kälberfit, ein Zuchtwert, mit dem die Überlebensrate der weiblichen Kälber bewertet wird. Obwohl dieser eine sinnvolle Ergänzung auf dem Weg zu gesünderen Tieren darstellen kann, kann man ihm meiner

Saro Ratter

Kalb & Kuh

Initiative im Biobereich gibt sich Regeln für die kuhgebundene Kälberaufzucht

Die heute gängige Praxis der Aufzucht von Milchviehkälbern mit einer Trennung von der Kuh kurz nach der Kalbung und dem damit frühen Verkauf des Kalbes ist mit tierethischen Problemen verbunden. Da die aktuellen Preise für Kälber in der Regel nicht die Kosten decken, die Landwirt:innen für eine Aufzucht mit mehr Tierwohl benötigen würden, ist diese Praxis weit verbreitet. Speziell im Biobereich ist das Problem, dass der starken Nachfrage nach Biomilch keine entsprechend starke Nachfrage nach Biorindfleisch gegenübersteht. In der Folge werden die Kälber früh abgesetzt und oftmals ins europäische Ausland zur Weitermast verkauft.

Die kuhgebundene Aufzucht von Milchviehkälbern stellt eine artgerechtere Alternative zu dieser gängigen Aufzuchtpraxis dar. Sie bedeutet, dass die Kälber von der eigenen Mutter oder einer Ammenkuh gesäugt werden und täglich Kontakt mit erwachsenen Kühen haben. Studien zeigen, dass sich dies positiv auf Gesundheit, Entwicklung und Sozialverhalten der Kälber auswirkt. Dabei profitieren auch die Landwirt:innen: Sie berichten häufig, dass ihnen durch die kuhgebundene Kälberaufzucht die Arbeit mit den Tieren mehr Freude bereitet und monotone Arbeiten der Eimertränke wegfallen. Dennoch wird diese Aufzucht nur von sehr wenigen Betrieben praktiziert und es gab bislang keine Definition, was genau darunter zu verstehen ist.

Eine Initiative von Biomilchbetrieben konnte mit Unterstützung der Schweisfurth Stiftung Kriterien für die kuhgebundene Kälberaufzucht entwickeln. Das erfolgte in einem partizipativen Prozess von Landwirt:innen zusammen mit Fachberatung, Ökoverbänden, Tierschutzorganisationen, Wissenschaft und Handel. Im Februar 2021 konnte die Initiative eine abgestimmte Version mit breiter Unterstützung der Öffentlichkeit vorstellen.

Die Kriterien bauen auf den Anforderungen der Bio-Anbauverbände für die Kälberhaltung auf. Daher sind Kriterien wie z. B. das Platzangebot und die Fütterung bereits geregelt und ihre Einhaltung wird in den Biokontrollen geprüft. Bei der jährlichen Biokontrolle müssen darüber hinaus Tierwohlkontrollen mit tierbezogenen Parametern (entsprechend AG-Tierwohl oder demeter-Tierwohlcheck) durchgeführt werden.

Als weiteres Kriterium wurde ein Mindestzeitraum der kuhgebundenen Aufzucht von 90 Tagen ab der Geburt auf dem Geburtsbetrieb oder einem Ammenkuhbetrieb festgesetzt. Im Verlauf des Abstimmungsprozesses gab es auch Forderungen nach längeren Mindestzeiträumen, welche auch in der Praxis meist umgesetzt werden. Es wurde jedoch der Zeitraum von 90 Tagen festgesetzt, der auch der in der EU-Öko-Verordnung vorgeschriebenen Periode an Vollmilchfütterung entspricht.

Weitere Kriterien sind:

- Um eine hohe Glaubwürdigkeit bei der Vermarktung der Produkte zu erreichen, wurde festgelegt, dass *alle* Kälber eines Milchviehbetriebes nach diesen Kriterien ▸

Meinung nach nicht die Bedeutung zumessen, dass wir allein mit diesem Zuchtwert eine sehr große Verbesserung der Kälbergesundheit erreichen werden. Das Unternehmen VIT, welches deutschlandweit Zuchtwertschätzungen vornimmt, gibt die Heritabilität der Kälberfitness vom dritten zum 14. Lebenstag mit 0,008 an.[3] Damit fällt dieses Merkmal eindeutig in die Gruppe der Merkmale mit einer sehr geringen Erblichkeit. Mit anderen Worten: Der Zuchtwert entscheidet nicht allein, den größten Einfluss hat die Haltung. Viel wichtiger ist es, für eine nachhaltig gute Erlössituation der Kälber zu sorgen, damit sich eine hochwertige Aufzucht lohnt und damit die Verlustrate der Kälber sinkt.

Nicht zuletzt: Das in der Branchenvereinbarung aufgeführte Monitoring der Gesundheitszuchtwerte ist keine Lösung. Das Ergebnis ist klar: Das Monitoring wird positiv ausfallen, da die Bullen auf immer höhere Zuchtwerte selektiert werden und damit in den Zuchtwerten ein Fortschritt zu sehen sein wird. Ein Abbild dessen, wie es unseren Kühen in den Ställen wirklich geht, muss das aber nicht zwangsläufig sein.

Das ganze System ändern!

Die Zuchtziele für die Holsteinkuh sind sicherlich ein zentraler Punkt, aber nicht allein. So ist eine bedarfsgerechte Fütterung eines der wichtigsten Elemente zur Gesunderhaltung der Milchkühe. Um diese zu erreichen, kommt erneut die Zucht ins Spiel. Der Relativzuchtwert Milch (RZM) der heutigen Bullen entspricht einer Milchleistungsveranlagung von fast 10.000 Liter pro Kuh und Jahr.[4] Fast alle Bullen im Angebot der Zuchtunternehmen haben einen RZM von über 100 und vererben damit Leistungen von über 10.000 Liter! Betriebe, die solche Bullen einsetzen und nicht zugleich diesen Herdendurchschnitt erreichen (wollen oder können), züchten sich damit

aufgezogen werden müssen. Nur wenn ein Kalb aus gesundheitlichen Gründen (Kuh oder Kalb) nicht am Euter trinken kann, dürfen für den Bedarfszeitraum alternative Methoden zum Einsatz kommen. Um die Zusammenarbeit mit Züchtern und Mästern weiterhin zu ermöglichen, gilt noch eine Ausnahmeregelung, dass bis zu 15 Prozent der Kälber als Zucht- oder Masttiere bereits nach vier Wochen den Betrieb verlassen dürfen. Der übernehmende Betrieb muss sich jedoch dazu verpflichten, die Tiere bis zur Schlachtung oder zur Zuchtreife zu behalten. Damit wird verhindert, dass Kälber über den Viehhandel auf lange Tiertransporte gelangen.

- Die Kälber müssen von den eigenen Müttern (muttergebunden) oder von Ammenkühen (ammengebunden) gesäugt werden. Zur Ammenkuhhaltung können Kälber ab der dritten Lebenswoche in einen Ammenkuhbetrieb wechseln, der auch am Kontrollverfahren teilnimmt.
- Das Kalb muss mindestens zweimal täglich aus dem Euter einer Kuh trinken können und die Möglichkeit zu angemessenem Sozialkontakt haben.
- Im Stall müssen sich die Kälber in einen geschützten Bereich zurückziehen können.
- Um den Stress am Ende der Aufzucht zu reduzieren, darf das Abtränken und die Trennung von Kuh und Kalb nicht abrupt erfolgen, sondern muss durch ein stufenweises Verfahren schonend für Kalb und Kuh durchgeführt werden.
- Für die Umstellungszeit gilt eine Übergangsregelung von bis zu 24 Monaten. In dieser Zeit dürfen maximal 50 Prozent aller auf dem Milchviehbetrieb geborenen Kälber nach vier Wochen kuhgebundener Aufzucht den Milchvieh- oder Ammenkuhbetrieb verlassen.

Wichtig war der Initiative, dass die Anforderungen praxistauglich sind, die praktizierenden Betriebe die Kriterien selbst bestimmen und eine hohe Glaubwürdigkeit bei Verbraucher:innen erreicht wird. Eine Zertifizierung über die Einhaltung der Kriterien wird als freiwillige Zusatzzertifizierung für Verbands-Biobetriebe angeboten. Eine Verpflichtung dieser Aufzuchtmethode für Biobetriebe wird nicht angestrebt.

Als Trägerstruktur wurde am 31. März 2021 die »Interessengemeinschaft kuhgebundene Kälberaufzucht e.V.« gegründet. Stimmberechtigte Vollmitglieder können landwirtschaftliche Betriebe werden, die in ihrer Rinderhaltung die Kriterien der Interessengemeinschaft umsetzen. Das waren Ende 2021 circa 100 Betriebe. Die IG Kuhgebundene Kälberaufzucht sieht die Möglichkeit, durch die klaren und einfachen Regeln einen breit anerkannten Branchenstandard zu etablieren, der von der Kompetenz der Ökoverbände profitiert und sich durch eine hohe Glaubwürdigkeit im Handel auszeichnet.

Hinweis
Kriterien, Satzung und Anträge auf Mitgliedschaft sind verfügbar unter www.ig-kalbundkuh.de.

Saro Ratter
Diplom-Agraringenieur und Projektmanager Tierwohl bei der Schweisfurth Stiftung.

sratter@schweisfurth-stiftung.de

automatisch Kühe heran, die in der Leistungsveranlagung höher sind, als sie der Betrieb umsetzen kann oder will. Die Konsequenzen sind eine Energiemangelsituation durch die genetische Entkoppelung von Futteraufnahme und Leistung.

Insbesondere in Betrieben, die ökologisch orientiert wirtschaften und mit einem hohen Grundfutteranteil arbeiten oder möglichst viel Weidegang realisieren möchten, wird das schnell zum Problem. Hier wird erneut deutlich: Wir benötigen eine breitere Aufstellung in der Zucht statt sich nur auf ein Zuchtziel hin zu konzentrieren. Hinzu kommt die Tatsache, dass sehr hohe Leistungen eben oft nicht aus Gras, Mais und Kraftfutter ermolken werden, sondern Futterzusatzstoffe notwendig machen, um die Kuh ideal zu versorgen. Hier tangiert die Zuchtfrage auch die Umweltfragen! Wir wollen schließlich Kühe, die sich von dem, was auf unseren Wiesen und Äckern wächst, gesund ernähren können. Gerade unter Klimaaspekten gewinnt die Weide eine besondere Bedeutung.[5]

Ein tierschutzrelevanter Aspekt ist auch die Exterieurzucht der Holsteinkühe, dabei vor allem die Funktionalität der einzelnen Körpermerkmale. So sind unsere Kühe in den vergangenen Jahrzehnten z. B. immer größer geworden. Das ist nicht nur ein Problem in alten Ställen, die einfach für manche Kühe zu klein geworden sind. Sondern auch für die Kuh selbst, die auf ihren Klauen immer mehr Gewicht tragen muss. Auch wenn extreme Größe mittlerweile in der Zuchtwertschätzung negativ bewertet wird, darf die Betrachtung dieses Merkmales nicht vernachlässigt werden.

Zentral ist daher die Forderung, die noch immer stattfindende Ausrichtung der Zucht auf Milchleistung zu beenden. Auch wenn heute weitere Zuchtwerte hinzugekommen sind und der RZG breiter aufgestellt ist als bisher: Es ändert nichts an der Tatsache, dass wir de facto weiterhin eine Ausrichtung auf immer höhere genetische Leistungsveranlagung haben. Landwirt:innen, die diesem Weg nicht folgen wollen, haben kaum Alternativen. Hinzu kommt, dass die Heritabilität in allen Gesundheitszuchtwerten sehr gering ist, sodass sicherlich weitere Maßnahmen in den Bereichen der Fütterung, Haltung, des Managements und der Umwelt notwendig sind, um die Situation der Kühe, der Kälber sowie die der Betriebe zu verbessern.

In diesem Zusammenhang ist auch zu fordern, dass Bullen, die über bekannte rezessive Erbmerkmale verfügen, die in der reinerbigen phänotypischen Form Kühe schädigen können, konsequent aus den Zuchtprogrammen der Besamungsstationen ausgeschlossen werden müssen. Als Beispiel sind hier die Haplotypen zu nennen, die, je nach Typ, verschiedene Probleme wie Fruchtbarkeitsstörungen mit sich bringen können. Die Forschung macht hier Fortschritte und es werden immer mal wieder neue, bisher unbekannte rezessive Merkmale, die für die Gesundheit nachteilig sind, gefunden. Die Reaktion auf diese Forschungsergebnisse ist in Deutschland deutlich zu langsam. Diese Merkmalsträger müssen sofort aus der Zucht entfernt werden. Realität ist jedoch, dass es oft viele Jahre dauert, bis diese Tiere aus der Zucht entfernt werden. Auch Ausreden wie »es sind ja nur wenige Tiere betroffen, in der großen Masse merkt man das ja nicht« dürfen an der Stelle nicht mehr gelten. Für jedes betroffene Tier kann das unnötiges Leid bedeuten und deshalb dürfen wir das nicht akzeptieren.

Ein weiteres Ziel der Zucht, insbesondere im Hinblick auf die Klimaverträglichkeit der Milchviehhaltung, sollte die Futtereffizienz sein. Auch hier gibt es noch viel Arbeit, insbesondere, wenn man Futtereffizienz von Grundfuttereffizienz und Weideeffizienz unterscheiden möchte. Vor dem Hintergrund der klimafreundlicheren Weidehaltung ist es hier dringend an der Zeit für mehr Forschung. Das gilt in dem Zusammenhang dann auch für die bessere Erforschung verschiedener Rassen und ihrer Stärken im Hinblick auf Grundfuttereffizienz und die Erzeugung von Milch und Fleisch aus dem Grundfutter. Die bisherigen Bemühungen der Ermittlung der Futtereffizienz sind an der Stelle nicht vollständig genug, denn es geht darin in der Regel nur um die Milchleistung. In dem Zusammenhang muss aber auch die Fleischleistung der Rasse bewertet werden, um ein vollständiges Bild über die Klimaverträglichkeit einer Rasse zu bekommen.

Folgerungen & Forderungen

- Das Beispiel der Branchenvereinbarung aus NRW zeigt, an wie vielen Stellen es noch an der Bereitschaft zu einer vielseitigen Landwirtschaft für die Zukunft mangelt. Landwirtschaft ist viel mehr als nur *ein* System: Gesündere Kühe bekommen wir zwar *auch* mit einer guten Zucht, aber nicht, wie in der Branchenvereinbarung dargestellt, *nur* durch eine gute Zucht.
- Wir müssen die Zucht neu denken. Zucht muss vielfältiger werden. Die großen Unterschiede zwischen den Systemen der Milchviehbetriebe lassen sich nicht in *einem* Zuchtziel und *einer* Rasse abbilden.
- Wir brauchen Unterstützung für alternative Systeme und den Aufbau von Absatzmärkten für Kalb- und Jungbullenfleisch in Deutschland. Für die meisten Betriebe gibt es sonst kaum eine Alternative zum Verkauf der zur Mast bestimmten Kälber ins Ausland.
- Ganz wichtige Stellschrauben sind eine Unterstützung besserer Haltungssysteme und gute Erlöse, um in Tierwohl investieren zu können.

Die Rassenvielfalt, auf die wir zurückgreifen könnten, findet sich in der Branchenvereinbarung leider in keinem Punkt. Die Milchviehhaltung wird in der Wortbedeutung gleichgesetzt mit der Holsteinhaltung. Vor dem Hintergrund der im Text genannten Herausforderungen und Probleme ist die Betrachtung insbesondere alter, noch im Doppelnutzungstyp stehender Rassen, absolut notwendig. Auch wenn aufgrund der Ministeriumsvorlage diese Rassen in dieser Abhandlung keine Aufmerksamkeit bekommen haben, haben sie dennoch ganz viel Aufmerksamkeit verdient. Die Suche nach der Kuh, die betriebswirtschaftlich rentabel ist, gute Milch und gutes Fleisch liefert, lange gesund bleibt und möglichst gut in den umwelt- und klimarelevanten Fragen abschneidet, darf nicht nur innerhalb der Holsteinpopulation stattfinden.

Doch neben all diesen Aspekten bleibt einer zentral: die Erlössituation der Betriebe! Nach vielen Jahren schlechter Erzeugerpreise sowohl für die Milch als auch für das Fleisch, müssen die Höfe an allen Ecken und Kanten sparen. Einige der Probleme, die wir bezüglich der Gesundheit der Milchkühe, ihrer Kälber und des Tierwohls diskutieren, wären sicherlich mit einer besseren Liquidität der Höfe zu verbessern. Es könnte einfach mehr Geld ausgegeben werden für die Gesundheitsvorsorge und die Behandlung der Tiere.

Anmerkungen

1 Arbeitsgemeinschaft bäuerliche Landwirtschaft (AbL) NRW: Offener Brief an die Ministerin Heinen-Esser. Stellungnahme zum Diskussionspapier Milchkuh-Kälber-Markt-Umwelt mit Stand vom 17. März 2020.

2 Ministerium für Umwelt, Landwirtschaft, Natur- und Verbraucherschutz (MULNV) (Hrsg.): Branchenvereinbarung zur nachhaltigen Weiterentwicklung der Tiergesundheit und Verbesserung der Wertschöpfung in den Milchviehbetrieben in NRW. (Fassung 1. Juni 2021). Düsseldorf 2021 (www.umwelt.nrw.de/fileadmin/redaktion/PDFs/landwirtschaft/mulnv_01.06.2021a_Anlage_Branchenvereinbarung_nachhaltige_Entwicklung_Milchviehbetriebe.pdf).

3 Das Unternehmen VIT ist Informationsdienstleister und bietet unter anderem Datenverarbeitung für Zuchtwertschätzungen an. Daten aus: www.vit.de/fileadmin/DE/Zuchtwertschaetzung/Zws_Bes_deu.pdf.

4 Quelle: ebd.

5 Siehe hierzu auch den Beitrag von Andrea Fink-Keßler in diesem Kapitel des Kritischen Agrarberichts (S. 69–74).

Kristina Schmalor
B.Sc. Ökologische Agrarwissenschaften, ehemalige Zuchtberaterin, Milcherzeugerin und stellvertretende Landesvorsitzende der AbL NRW.

schmalors.bauernhof@gmail.com
www.schmalors-bauernhof.de

Schwerpunkt »Preis Werte Lebensmittel«

Mehrwert fair verteilen

Gesetzesinitiativen aus Frankreich und Spanien

von Philippe Boyer und Marita Wiggerthale

Nicht nur reden von fairen Preisen – auch entsprechend handeln! Frankreich hat 2018 nach einem Beteiligungsprozess der Stakeholder der Landwirtschafts- und Lebensmittelbranche das Gesetz ÉGalim verabschiedet und Spanien 2020 eine Konkretisierung zum Lebensmittelliefergesetz. Beide Initiativen haben das Ziel, den Mehrwert zwischen den einzelnen Stufen der Wertschöpfungsketten fairer und d. h. stärker zugunsten der landwirtschaftlichen Lieferanten zu verschieben. Frankreich versucht über eine Neuberechnung der Mindest-Einstandspreise die Margen zu verschieben. In Spanien muss die Ermittlung der Produktionskosten in die Verträge aufgenommen werden. Können diese Gesetze den Landwirt:innen in beiden Ländern zu faireren Erzeugerpreisen verhelfen? Und welche Schlussfolgerungen können für die Debatte um faire Preise in Deutschland gezogen werden? Nachfolgende Beiträge von Philipp Boyer und Marita Wiggerthale gehen diesen Fragen nach.

Umgekehrte Preisbildung – das Gesetz ÉGalim in Frankreich

von Philippe Boyer

Im Oktober 2018 wurde in Frankreich das »Gesetz für das Gleichgewicht in den Agrar-Handelsbeziehungen und eine gesunde und nachhaltige Ernährung«, auch Gesetz ÉGalim (États Généraux de l'alimentation)[1] genannt, mit dem Ziel verabschiedet, auf die Verteilung der Wertschöpfung in den Lebensmittelketten so einzuwirken, dass sich die Vergütung der Landwirte verbessert.[2] Dieses Vorhaben erfolgt vor dem Hintergrund der aktuell schwierigen politischen und wirtschaftlichen Bedingungen, denen sich die Landwirtschaft ausgesetzt sieht: Deregulation der Agrarmärkte, fragwürdige Anwendung verstärkter Wettbewerbsregeln auf den Agrarsektor, Preisvolatilität und Konzentration des Lebensmitteleinzelhandels.[3]

Der landwirtschaftliche Teil des ÉGalim-Gesetzes hat drei Hauptkomponenten:

- Verbesserung der Verhandlungsposition der Landwirtschaft gegenüber der abnehmenden Hand durch Ausbau bestehender Maßnahmen in den Vertragswerken, die jetzt schon zugunsten der Landwirte wirken sollen;
- Änderung der Stellschrauben, die in die Margenbildung der Händler eingreifen;
- verstärkte Kontrolle der Konzentrationsentwicklung im Lebensmitteleinzelhandel.

Das ÉGalim-Gesetz reiht sich ein in eine ganze Reihe handelsbezogener Regelungen.[4] Teilweise haben diese gegenteilige Wirkungen erzielt. Kann daher das ÉGalim-Gesetz das Ziel nun erreichen, das der Präsident der Republik zum Auftakt des Konsultationsprozesses »États Généraux de l'alimentation« geäußert hat: »Den Landwirten zu ermöglichen, von dem fairen Preis zu leben, den sie erhalten ...«?[5]

Ambivalenzen in der Regulierung

Seit Jahren stehen die Marktmacht der großen Einzelhandelsketten und ihre Auswirkungen auf die Agrarpreise im Mittelpunkt der Debatten um die Verteilung des Mehrwerts entlang der Wertschöpfungsketten. Dies bildete auch den Ausgangspunkt des Konsultationsprozesses.[6] Diese Marktmacht zu begrenzen, darauf zielten bereits zahlreiche nationale Regelungen ab, die teilweise widersprüchliche bis kontraproduktive Wirkungen zeigen. Um eine stete Erhöhung der Verbraucherpreise entgegenzuwirken, versuchte die Politik zunächst die größeren Handelsketten zu stärken. Dazu verbot sie 1960 die Diskriminierung von Verkaufsstellen größerer Handelsketten durch Lieferanten. Doch bald darauf kehrte sich diese Politik um und es wurden Vorschriften zur städtebaulichen Planung erlassen, die ab einer bestimmten Verkaufsfläche den Bau eines Supermarktes genehmigungspflichtig machten. So sollte der traditionelle Einzelhandel im Stadtgebiet erhalten bleiben. 1996 wurde ein Gesetz erlassen, das sich insbesondere gegen Supermärkte in Innenstädten richtete, da diese »Marktnische« inzwischen von den deutschen Discountern besetzt worden war.[7]

Diese zahlreichen Beschränkungen der Ansiedlung neuer Geschäfte haben jedoch die Erosion des traditionellen Einzelhandels nicht verhindert. Sie haben vielmehr zu einer weiteren Konzentration des Sektors beigetragen, da sie mit ihren Eintrittsbarrieren die bereits bestehenden Unternehmen vor der Etablierung neuer Betreiber schützten, ohne zugleich deren Wachstum (z. B. durch Fusionen, Übernahme von Unternehmen und Filialen sowie durch Flächenwachstum) zu verhindern.[8]

Inzwischen wird davon ausgegangen, dass diese Maßnahmen lediglich die Oligopolmacht der Einzelhandelsketten gegenüber ihren kleinen atomisierten Lieferanten (Landwirte, kleine und mittlere Agrar- und Lebensmittelunternehmen) sowie die bilaterale Oligopolmacht, die der Handel mit seinen größten Lieferanten (große nationale oder multinationale Verarbeiter) teilt, auf Kosten der Verbraucher gestärkt haben.[9]

Im Jahr 2008 wurde mit dem »Gesetz zur Modernisierung der Wirtschaft« (Loi de modernisation de l'économie – LME)[10], neben anderen »wettbewerbsfördernden« Maßnahmen, die das Wachstum steigern und die Kaufkraft der Verbraucher erhalten sollen, die Schwelle angehoben, ab welcher die Verkaufsfläche neuer Geschäfte[11] behördlich genehmigungspflichtig wird, sowie die freie Aushandlung von Allgemeinen Verkaufsbedingungen (Conditions générales de vente – CGV) eingeführt. Dies wiederum gab dem Handelsunternehmen die Möglichkeit, von seinem Lieferanten für ein bestimmtes Produkt einen niedrigeren Einstandspreis zu fordern, als andere Handelsunternehmen unter vergleichbaren Bedingungen bieten. Dadurch erhöht sich die Möglichkeit für Handelsunternehmen, Preissenkungen bei Lieferanten durchzusetzen, die zu zersplittert sind, um der Macht der konzentrierten Einkaufsgruppen etwas entgegenzusetzen.

Dieser Vorteil, der den Handelsketten gewährt wurde, wird noch verstärkt durch zwei weitere Gesetze, die die Handelsketten begünstigen. Diese haben in der gleichen wettbewerbsfördernden und die Verbraucherpreise stabilisierenden Absicht[12] kurz vor Verabschiedung des LME die zu berechnende Schwelle des Einkaufspreises (SRP), unterhalb derer der Weiterverkauf verboten ist, gesenkt.[13] Bis dahin wurde dieser SRP-Einstandspreis berechnet, ohne die Rabatte (auch Boni oder Preisnachlässe, franz.: »marge arrières«[14]) zu berücksichtigen, die das Handelsunternehmen von seinem Lieferanten erhält, damit die Listung vorgenommen werden kann. Diese Definition des SRP sollte kleine Unternehmen vor den potenziell räuberischen Praktiken großer Einzelhändler schützen. Aufgrund der Nichtverhandelbarkeit der Allgemeinen Verkaufsbedingungen (CGV) fungierte dieser SRP dann wie ein Mindestverkaufspreis, der von allen Handelsunternehmen desselben Produkts angewandt wurde. Dies wiederum schränkte den Wettbewerb ein, förderte die Inflation und die Entwicklung von Rabatten/Preisnachlässen, die der Lieferant zu geben hatte.[15] Da Lieferanten daraufhin die Preise erhöhten, um ihre Gewinne aufrechterhalten zu können, trug auch dies zur Inflation bei.[16] Die nun erfolgte Senkung des SRP *nach* (und nicht mehr *vor*) Abzug der vom Lieferanten zu gebenden Preisnachlässe ermöglicht dem Handel, über die Verkaufspreise zu konkurrieren, insbesondere seitdem das LME-Gesetz ihnen die Möglichkeit einräumte, mit den Lieferanten Einkaufspreise auszuhandeln.

Die landwirtschaftlichen Organisationen kritisierten diese Bestimmungen. Sie würden nur zu einer Wiederbelebung des Wettbewerbs auf der Ebene der großen Einzelhandelsketten führen und weniger zu einer Verringerung der Gewinnspannen von Handel und Industrie und darüber einen verstärkten Druck auf die Agrarpreise ausüben.

Regulierung über Vertragsbildung

Im Jahr 2010 wurde das »Gesetz zur Modernisierung der Landwirtschaft und der Fischerei« (LMAP)[17] als Antwort auf die Einwände der Agrarbranche gegen das LME-Gesetz von 2008 verabschiedet. Hauptmerkmal des neuen Gesetzes war die Möglichkeit, Verträge für die Vermarktung landwirtschaftlicher Produkte an die erste Verarbeitungsstufe (z. B. Molkerei, Schlachtunternehmen, Mühlen) obligatorisch zu machen (contractualisation). Zusammen mit anderen Bestimmungen des LMAP zielt diese Möglichkeit der Vertragsbildung darauf ab, die Bündelung des landwirtschaftlichen Angebots durch Erzeugergemeinschaften etc. zu stärken und auf diese Weise die Stellung der landwirtschaftlichen Produzenten gegenüber den nachgelagerten Unternehmen zu verbessern;

dies auch angesichts der zunehmenden Preisvolatilität und angesichts der rückläufigen staatlichen Marktinterventionen im Rahmen der GAP.

Tatsächlich aber haben diese Verträge keinen signifikanten Einfluss auf die Entwicklung des Preisniveaus der betreffenden landwirtschaftlichen Produkte gezeigt. Insbesondere im Fleischsektor bleibt der Marktpreis die Hauptvariable in den Preisformeln, die in diesen Verträgen enthalten sind.[18] Auch im Milchsektor werden in den Verträgen lediglich die Methoden zur Berechnung des Milchpreises formalisiert und dies auf der Grundlage der Marktpreise für Milchprodukte. Die Landwirte bedauern, dass die Verträge keine Verfahren zur Aufteilung der Marge und des Wertes vorsehen, und sehen sich, trotz dieser Verträge, oft in einer unterlegenen Position und Abhängigkeit von den Unternehmen. Diese Defizite des LMAP waren auch Gegenstand der Debatten über das ÉGalim-Gesetz[19], das 2018 daraus hervorging. Künftig sollten das Gesetz flankierende Maßnahmen den Einfluss der Vertragsbildung auf die Agrarpreisbildung verbessern.

»Umkehrung der Preisbildung« (ÉGalim-Gesetz)

Preisbildung auf Basis landwirtschaftlicher Produktionskosten

Die Hauptforderung, die von den landwirtschaftlichen Organisationen während der Generalversammlung zum Thema Ernährung gestellt wurde, war, Erzeugerpreise zu erhalten, die die Produktionskosten besser abdeckten, und zwar durch Vertragsklauseln, die sich auf Indikatoren für diese Kosten beziehen. Anstatt die Erzeugerpreise aus den nachgelagerten Preisen abzuleiten, sollte das neue Gesetz helfen, die »Preisbildung umzukehren«.

Das ÉGalim-Gesetz setzt diese Forderung um, indem es vorsieht, dass Verträge für die Erstvermarktung landwirtschaftlicher Produkte, die im LMAP vorgesehen sind, künftig auf der Grundlage eines Vertragsvorschlags der kollektiv organisierten Erzeuger ausgehandelt werden sollen. In diesen Verträgen sollen Indikatoren für die durchschnittlichen Produktionskosten genannt und die Art und Weise definiert werden, wie diese Indikatoren im Verkaufspreis berücksichtigt werden.

Um zu vermeiden, dass die »Umkehrung der Preisbildung« zu marktfernen Preisvorschlägen führt, sieht das Gesetz jedoch auch vor, dass Indikatoren berücksichtigt werden müssen, die sich auf »die auf dem Markt oder den Märkten (...) festgestellten Preise für landwirtschaftliche Erzeugnisse und Lebensmittel und die Entwicklung dieser Preise« beziehen (unter anderem durch amtliche Statistiken, Daten der Marktpreisbeobachtung etc.). Allerdings schreibt es keine Berechnungsmethode für die Indikatoren vor, geschweige denn einen Wert oder ein Preisniveau, das berücksichtigt werden müsste, da dies gegen den Rechtsgrundsatz der Vertragsfreiheit verstoßen würde.

Damit die nachgelagerten Marktteilnehmer ihrerseits besser über die Weitergabe ihrer Kosten, die sich aus der Berücksichtigung der Kosten ihrer Lieferanten ergeben, verhandeln können, wurde mit dem ÉGalim-Gesetz und den ergänzenden Verordnungen, ein Mechanismus der »Kaskaden-Indikatoren« eingeführt: Jeder Vertrag, welcher zwischen zwei Gliedern der Wertschöpfungskette abgeschlossen wird, muss die Indikatoren berücksichtigen, die in dem Vertrag der vorhergehenden Stufe verankert wurden.

Anhebung der Einstandspreise und erhoffter Trickle-down-Effekt

Eine weitere wichtige Bestimmung des ÉGalim-Gesetzes betrifft den SRP, die Berechnung des Einstandspreises. Versuchsweise und vorläufig wird dieser um zehn Prozent im Vergleich zu seiner bisherigen Berechnungsmethode mit dem Ziel erhöht, zu einem neuen Ausgleich der Preismargen in den Supermärkten zu gelangen. Über die Anhebung des SRP werden nun die Margen der Händler bei Markenware der Ernährungsindustrie, bei denen sie für gewöhnlich eine geringe Verhandlungsmacht haben und folglich niedrige Margen akzeptieren, angehoben. Im Gegenzug, so die Zielsetzung, können die Händler dann eine höhere Bereitschaft zeigen, ihre Margen bei frischen oder leicht verarbeiteten Lebensmitteln mit hohem Agraranteil so zu senken, dass ihren Lieferanten höhere Preise gewährt werden können. Darüber hinaus wird erwartet, dass die Erhöhung des Preises für verarbeitete Markenprodukte eine Verlagerung des Verbrauchs auf Produkte bewirkt, die nicht von der Erhöhung des SRP betroffen sind, insbesondere solche mit einem hohen Anteil landwirtschaftlicher Rohstoffe. Dies würde zu einer Verbesserung des Umsatzes der Lieferanten dieser Produkte führen, die dann den Landwirten höhere Preise gewähren könnten.

Erwartet wird, dass dieser Transfer auf den nachgelagerten Bereich eine Art Trickle-down-Effekt auslöst, d. h. den erhöhten Mehrwert via Angleichung der Margen und Kaufverlagerung in Richtung vorgelagerten Bereichen »rieseln« lässt und sich so die Erzeugerpreise und damit die Einkommen der Landwirte verbessern.

Einschränkung der Marktmacht des Handels im Agrarbereich?

Da das ÉGalim-Gesetz nicht dazu geeignet ist, die Struktur des Lebensmittelmarkts (Oligopol und bilaterales Oligopol), welche die Basis der Marktmacht der großen Handelsketten bildet, zu verändern, beschränkt sich das Gesetz darauf, der Wettbewerbsbehörde mehr Spielraum für die Kontrolle der Zusammenschlüsse der Einkaufsgemeinschaften oder der großen Handelsketten einzuräumen. Werden wettbewerbswidrige Wirkungen auf den nachgelagerten Markt, d. h. auf andere Handelsunternehmen und letztlich auf den Verbraucher erwartet, kann die Überwachungsbehörde die Vertragsparteien anweisen, zum vorherigen Zustand zurückzukehren oder die Vereinbarung zu ändern. Dies kann sie auch dann tun, wenn die Einkaufsvereinbarung auf dem vorgelagerten Markt »die Gefahr einer Schwächung der Anbieter birgt und ihre Investitions- und Innovationsfähigkeit eingeschränkt«.[20]

Die französische Wettbewerbsbehörde (in Deutschland entsprechend dem Bundeskartellamt) hat die Handelsunternehmen daraufhin aufgefordert, weniger stark verarbeitete Lebensmittel (also solche, deren Wert eng verbunden ist mit dem Wert ihres landwirtschaftlichen Rohprodukts) aus den üblichen Einkaufsvereinbarungen auszuschließen. Ziel war es, zu verhindern, dass diese Vereinbarungen zu Preissenkungen führen, die diesen schwachen Sektor (Landwirtschaft, kleine Verarbeitungsunternehmen) noch weiter schwächen. Die Handelsunternehmen haben sich verpflichtet, dieser Aufforderung der Behörde nachzukommen, und die Behörde überwacht ihrerseits die Einhaltung der Verpflichtung.

Für Landwirte geht die Rechnung (noch) nicht auf

Eine Studie über die Auswirkungen der Erhöhung der SRP[21] für bestimmte Produkte zeigt eine Umsatzsteigerung bei den Supermärkten an. Eine Analyse der möglichen Rückwirkungen auf die Erzeugerpreise und die landwirtschaftlichen Einkommen steht jedoch noch aus.[22] Es ist jedoch ziemlich unsicher, ob die Erhöhung des SRP einen signifikant positiven Effekt auf die Erzeugerpreise und die landwirtschaftlichen Einkommen haben wird. Es gibt keine Garantie dafür, dass die Umsatzsteigerungen der Supermärkte über höhere Einkaufspreise für die Verarbeitungsunternehmen oder Großhändler weitergereicht werden an die landwirtschaftlichen Produzenten. Das Gesetz sieht keine Anreiz- oder Zwangsmaßnahmen zugunsten dieses sehr hypothetischen Trickle-down-Effekts vor. Diesem Effekt wirken laut französischer Wettbewerbsbehörde zugleich mehrere Mechanismen, die der Marktmacht der Verarbeitungsunternehmen geschuldet sind, entgegen. Daher können die Befürworter einer Anhebung des SPR nur an den »guten Willen« der Parteien appellieren und hoffen, die gewünschten Effekte zu erzielen.

Die vom ÉGalim-Gesetz eingeführte und durch die jüngste Entwicklung der EU-Marktordnung (GMO)[23] unterstützte stärkere Vertragsbildung ist eine vielversprechendere Maßnahme als die Erhöhung des SPR. Das zeigen einige neuere Initiativen von »dreiseitigen Verträgen«, die zwischen einer großen Handelskette, einem industriellen Verarbeitungsunternehmen und den zuliefernden Landwirten geschlossen wurden und mit denen sich die Vertragspartner langfristig über einen bestimmten Lieferumfang und zu Preisfestlegungsformeln verpflichteten. Überall dort jedoch, wo die Anbieter landwirtschaftlicher Produkte zersplittert sind und/oder das Angebot austauschbar bzw. wenig differenziert ist und/oder einem starken europäischen oder globalen Wettbewerb unterliegt, sind die erwartbaren positiven Auswirkungen der »umgekehrten Preisbildung« begrenzt.

Die Agrarmärkte sind künftig wenig geschützt gegen Importe, und ohne Angebotsregulierung (maitrise de l'offre)[24] sind sie abhängig von Exporten, um ihr Gleichgewicht zu halten. Um in diesem Umfeld nationale »Teilmärkte« für den Inlandsverbrauch abzuspalten, Märkte, auf denen sich die Agrarpreise nachhaltig auf einem deutlich höheren Niveau bilden würden, bedarf es neben Ad-hoc-Verträgen Folgendes:

- eine starke Differenzierung der Produkte, begleitet von Informationen über die Besonderheiten ihrer landwirtschaftlichen Produktionsmethode, die die »Zahlungsbereitschaft« der Verbraucherinnen und Verbraucher erhöhen kann;
- die Rückkehr zu einem gewissen Maß an Kontrolle über das Angebot (maitrise de l'offre);
- eine gewisse Korrektur des auf den Agrar- und Lebensmittelsektor anwendbaren Wettbewerbsrechts, die deutlicher ist als die, die durch die jüngste Entwicklung der Doktrin der Wettbewerbsbehörde und der GMO-Verordnung skizziert wurde.

Darüber hinaus würde eine allgemeine Aufwertung der Agrarpreise auch ein gewisses Maß an Inflation[25] bedeuten und könnte daher die Kosten der Arbeit erhöhen, die die europäische und nationale Politik im Namen der Wettbewerbsfähigkeit zu kontrollieren beabsichtigt.

Fazit und Ausblick

Das ÉGalim-Gesetz ist aus einem staatlich initiierten Stakeholder-Prozess mit dem Ziel hervorgegangen, die Verteilung der Wertschöpfung entlang der Ketten so zu verbessern, dass den Landwirten faire Preise bezahlt werden. Die bisherigen Regulierungen der Handelsketten und ihrer Einkaufs- und Preisbildungspraxis haben zwar eine Art Mindestpreis hervorgebracht, nicht jedoch den Strukturwandel des Handels gestoppt oder die Marktstellung der landwirtschaftlichen Lieferanten verbessert. Das ÉGalim-Gesetz verschiebt zwar die Verteilung der Margen auf Handelsebene, ob die Gewinne jedoch an die Verarbeiter landwirtschaftlicher Erzeugnisse und über diese gar an die Landwirte selbst weitergegeben werden, ist mehr als fraglich.

Zweifellos fördert jedoch das ÉGalim-Gesetz die Vertragsbildung und damit die Bündelung des landwirtschaftlichen Angebots. Damit dies wirksamer die Marktmacht der landwirtschaftlichen Anbieter verbessert, müsste das Angebot noch stärker differenziert und damit weniger austauschbar gemacht werden und es müsste zu einer gewissen politisch getragenen Kontrolle der Angebotsmenge zurückgekehrt werden dürfen.

Kurz vor Redaktionsschluss für diesen Beitrag wurde in Frankreich am 19. Oktober 2021 das Gesetz ÉGalim 2 (Loi N° 2021-1357) veröffentlicht. Das Gesetz will die Erzeuger verpflichten, mehrjährige Verträge mit ihren Hauptabnehmern wie Schlachthöfe, landwirtschaftliche Genossenschaften und Herstellern zu schließen. Mit Hilfe dieser Dreijahresverträge sollen die Kosten der landwirtschaftlichen Rohstoffe im Rahmen der Preisverhandlungen zwischen Verarbeitern und Einzelhandel nicht mehr zu einer nach unten zu drückenden Variablen werden können. Das bedeutet, dass die Kosten der landwirtschaftlichen Rohprodukte nun in die Preisverhandlungen mit dem Handel direkt einfließen müssen. Vereinbart wurde eine automatische Anpassung der Festpreise (nach oben wie nach unten) auf Basis verbindlicher Indikatoren für die Produktionskosten (vor allem der variablen Kosten wie Energie, Verpackung, Transport). Im Gegensatz zum Gesetz von 2018 erlaubt ÉGalim 2 die Weitergabe der Erhöhungen an die Händler, um so ihre Gewinnspannen zu erhalten.

Übersetzung aus dem Französischen:
Andrea Fink-Keßler

Verkauf unter Produktionskosten in Spanien verboten[26]

von Marita Wiggerthale

In Spanien gibt es seit 2013 ein Lebensmittellieferkettengesetz (»Ley de la Cadena Alimentaria«). Es soll sowohl die Lieferkette wettbewerbsfähiger, transparenter und effizienter machen als auch die Landwirtschaft stärken sowie der Gesellschaft und den Verbraucher:innen Vorteile bringen. Mit dem Real Decreto-ley 5/2020, das am 27. Februar 2020 in Kraft getreten ist, wurden wichtige Änderungen vorgenommen. Erstmalig müssen die Produktionskosten verpflichtend im Vertrag aufgeführt werden. Anders ausgedrückt, der vertraglich festgelegte Preis zwischen dem Erzeuger in der Land- Vieh-, Forst- und Fische-

Auszüge aus dem Ley de la Cadena Alimentaria

§ 9 (c): »[…] In jedem Fall müssen die effektiven Produktionskosten des Produkts, das Gegenstand des Vertrags ist, unter Berücksichtigung der tatsächlich angefallenen, angenommenen oder ähnlichen Produktionskosten des Betreibers berechnet werden. Bei landwirtschaftlichen Betrieben werden Faktoren wie Saatgut und Baumschulpflanzen, Düngemittel, Pestizide, Brennstoffe und Energie, Maschinen, Reparaturen, Bewässerungskosten, Futtermittel für Tiere, Veterinärkosten, Auftragsarbeiten oder die Arbeit von Festangestellten. Unter objektiven Faktoren sind solche zu verstehen, die unparteiisch sind, unabhängig von den Parteien festgelegt werden und denen öffentliche Konsultationsdaten als Referenz dienen […].«[27]

§ 9 (j): »ausdrückliche Angabe, dass der zwischen dem primären landwirtschaftlichen, tierischen, fischerei- oder forstwirtschaftlichen Erzeuger oder einer Gruppe von diesen und ihrem ersten Käufer vereinbarte Preis die effektiven Produktionskosten abdeckt«.

Art. 12ter: »Um die Zerstörung des Wertes in der Lebensmittelkette zu vermeiden, muss jeder Betreiber[28] dem unmittelbar vorhergehenden Betreibers einen Preis zahlen, der gleich oder höher ist als die effektiven Produktionskosten eines solchen Produkts, die diesem Betreiber tatsächlich entstanden sind oder die er übernommen hat […].

Der Betreiber, der den endgültigen Verkauf des Produkts an den Verbraucher vornimmt, darf in keinem Fall sein Geschäftsrisiko, das sich aus seiner Handelspolitik in Bezug auf die der Öffentlichkeit angebotenen Preise ergibt, an einen der vorherigen Betreiber weitergeben.«[29]

reiwirtschaft oder seiner Vereinigung und ihrem ersten Käufer muss ausdrücklich die effektiven Produktionskosten decken (Artikel 9 c und 9 j). Die Regelung gilt für alle Handelsgeschäfte mit einem wertemäßigen Umfang von mehr als 2.500 Euro.

Das Gesetz verpflichtet die Vertragsparteien nicht, die effektiven Produktionskosten des Produktes darzulegen, wohl aber dazu, die Klausel § 9 (j) einzufügen, erklärt die Direktorin der spanischen Ombudsstelle AICA.[30] Die Preise können als Fixpreise festgelegt werden oder es kann ein variabler Index als Referenz angewendet werden. Nach Angaben der AICA können auch Branchenorganisationen, autonome Gemeinden oder Universitäten Produktionskosten berechnen, die als Referenz herangezogen werden können. Diese sollten jedoch »in keinem Fall berücksichtigt werden«, da »jeder Landwirt seine eigenen Produktionskosten hat«. Mit der neuen Regelung können keine Mindestpreise festgelegt werden.[31] Das Ministerium wird Indizes veröffentlichen, die zur Ermittlung der Produktionskosten in Verträgen verwendet werden können. Es verpflichtet sich, die Preisbeobachtungsstelle zu erneuern und die Berechnung von Margen bei den wichtigsten Produkten zu aktualisieren.

Das Lebensmittelliefergesetz wird aktuell in Spanien überarbeitet, um den Anforderungen der EU-Richtlinie zu unfairen Handelspraktiken nachzukommen. Bei der Überarbeitung wurde festgelegt, dass in Zukunft die Namen der sanktionierten Unternehmen, die schwere oder sehr schwere Verstöße begehen, veröffentlicht werden. Wenn ein Produkt unterhalb der Produktionskosten verkauft wird, drohen Geldstrafen in Höhe von 3.000 bis 100.000 Euro. Bei wiederholten Verstößen erhöhen sich diese auf 100.000 bis eine Million Euro.

Bewertungen des neuen spanischen Gesetzes

Die Bauernorganisation COAG vertritt kleine und mittlere landwirtschaftliche Betriebe. Sie begrüßt das Gesetz, weil es einen Paradigmenwechsel einläute.[32] Der Wert eines Lebensmittels solle nun vom Anfang der Kette – also von der landwirtschaftlichen Produktion – bis zu den Verbraucher:innen aufgebaut werden und nicht umgekehrt. COAG geht detailliert auf die einzelnen Abschnitte ein:

- *Ad § 9 (c):* Die Referenzwerte müssten detailliert, korrekt aktualisiert und spezifisch für die Sektoren sein. Es liege im Ermessen der Parteien, die Indizes des Landwirtschaftsministeriums oder andere Referenzwerte zu verwenden. Es werde also – wie bisher – die Partei mit der größeren Verhandlungsmacht sein, die festlege, welches die zu berücksichtigenden Kriterien seien und welcher Endpreis im Vertrag stehe.
- *Ad § 9 (j):* Die alleinige Aufnahme einer Klausel sei nicht ausreichend, es komme nicht zu einer Klärung, »ob das Verhältnis zwischen Preis und Kosten korrekt« sei. AICA wäre nicht dafür zuständig zu prüfen, ob die Preise die Kosten decken. Die Landwirt:innen können auf Druck der Käufer:innen in die Situation geraten, einen Preis unterhalb der Produktionskosten akzeptieren und legitimieren zu müssen. Zudem sei die Berechnung individueller Produktionskosten sehr komplex und kompliziert, sowohl für die Landwirt:innen als auch für die Käufer:innen.
- *Ad Art. 12ter:* In Kombination mit § 9 (c) könnten die Produktionskosten der Landwirt:innen in der Lebensmittellieferkette stärker berücksichtigt werden und die Landwirt:innen ihre Preise eher als gerecht empfinden. Es könnte aber in der Praxis der Fall eintreten, dass die Industrie ihre Wertvernichtung gegenüber den Landwirt:innen geltend macht, wenn der Einzelhandel einen niedrigeren Preis zahlt, ohne dass die Landwirt:innen in der Lage wären, ihre eigenen Kosten genauso darzulegen und mit den Verkaufspreisen der Industrie vergleichen zu können. Da die Verbraucher:innen nicht von dieser Regelung erfasst seien, könnte der Einzelhandel Lebensmittel mit Verlust verkaufen, solange er dafür selbst die Kosten trage und das Geschäftsrisiko nicht auf die übrigen Glieder der Kette abwälze.

Die Bauernorganisation UPA vertritt kleine Landwirt:innen und Viehzüchter:innen. Sie bezeichnet die neuen Regeln als »historischen Erfolg«, weil Landwirte zukünftig gerechte Preise für ihre Produkte erzielen könnten.[33] Die Bildung des Preises von unten nach oben, wie jetzt vom Gesetz vorgesehen, sei der einzige logische und faire Weg. Das neue Gesetz schaffe Rechtssicherheit, weil klar festgelegt sei, dass immer die Käufer:innen für die Zahlung eines gerechten Preises verantwortlich seien. Wichtig sei, das Gesetz jetzt buchstabengetreu umzusetzen. Mit der bisherigen Situation gewönnen nur einige wenige Akteure in der Kette, die sich ihren Anteil am Kuchen nähmen, darunter auch Genossenschaften, und verlören die große Mehrheit der Landwirt:innen und Viehzüchter:innen.

Die Genossenschaften verweisen auf ihre mangelnde Verhandlungsmacht gegenüber ihren Abnehmer:innen. Das Landwirtschaftsministerium müsse eindeutig festlegen, welche Elemente bei der Ermittlung der effektiven Produktionskosten zu berücksichtigen seien. Ebenso brauche es Lösungen für Situationen, in denen ein Ungleichgewicht zwischen Angebot und Nachfrage oder eine sektorale Krise bestehe. Strafen sollten ihrer Meinung nach nur zur Anwendung kommen, wenn der Verkauf unterhalb der Produktionskosten das Ergebnis von Missbrauch ist. Gesetzlich solle ihnen als Genossenschaften erlaubt werden, ihre durchschnittlichen Kosten basierend auf dem Durchschnittspreis ihrer Geschäftstätigkeit in einem Wirtschaftsjahr selbst zu ermitteln. Ein Vergleich von Kosten und erzielten Preisen solle über einen Zeitraum von mehreren Jahren oder einen Sektorenzyklus hinweg erfolgen.[34]

Die Ernährungs- und Getränkeindustrie verweist einseitig auf die Schwierigkeiten, die auftreten können, etwa bei der Berechnung der Kosten, plötzlichen Preisänderungen oder Veränderungen im Verhältnis von Angebot und Nachfrage.[35]

Schlussfolgerungen für die Debatte in Deutschland

Folgende Aspekte sollten bei einem Verbot des Einkaufs unterhalb der Produktionskosten, auch basierend auf den spanischen Erfahrungen, berücksichtigt werden.

- *Preisbildung von unten nach oben:* Sie ist eine Voraussetzung dafür, dass Landwirt:innen gerechte Preise und Plantagenarbeiter:innen existenzsichernde Löhne erzielen können.
- *Gerechte Verteilung der Wertschöpfung:* Um dieses Ziel zu erreichen, ist eine Erhebung von Margen innerhalb der Lebensmittellieferkette notwendig. Sie werden in Frankreich bereits von der Preisbeobachtungsstelle erhoben und sind in Spanien geplant.
- *Definition der »Produktionskosten«:* Die neue, unabhängige Preisbeobachtungsstelle sollte auf der Basis der Produktionskosten der landwirtschaftlichen Betriebstypen inklusive des ökologischen Anbaus das Spektrum von Referenzerzeugerpreisen ermitteln.
- *Soziale und ökologische Kosten:* Die Preisbeobachtungsstelle sollte für wichtige Produkte die Preise ermitteln, welche die externalisierten sozialen und ökologischen Kosten in der Lebensmittellieferkette berücksichtigen.
- *Festlegung von Ausnahmefällen:* Es kann Situationen geben, in denen es zeitlich begrenzt sinnvoll sein kann, Lebensmittel zu Preisen zu verkaufen, die nicht die Produktionskosten decken. Diese Ausnahmesituationen sollten ausgeführt werden.
- *Marktungleichgewicht:* Es müssen Lösungen für Märkte identifiziert werden, in denen strukturelle Überschüsse bestehen.
- *Einkaufsallianzen:* Mit einer Untersuchung könnte ihre Rolle bei der Preisbildung und bei unfairen Handelspraktiken im Inland und auf europäischer Ebene geklärt werden.

Das gemeinsame Ziel sollte sein, dass Erzeuger:innen in der Lebensmittellieferkette faire Preise und Arbeiter:innen – hierzulande und in den Produktionsländern – existenzsichernde Löhne gezahlt werden. Wer als Politiker:in faire Preise will, kann den gesetzlichen Rahmen dafür schaffen. Wer als Unternehmer:in faire Preise zahlen will, kann sein/ihr Geschäftsmodell daran ausrichten. Faire Preise gibt es nicht ohne faire Marktbedingungen und faire Lieferbeziehungen.

Anmerkungen

1 Loi n° 2018-938 du 30 octobre 2018 in Kraft gesetzt auf Empfehlung des États Généraux de l'alimentation (ÉGalim), eines staatlich organisierten Beteiligungsprozesses von Stakeholdern aus dem Agrar- und Ernährungssektor.

2 Das zweite Ziel betrifft die Verbraucherschaft und wird hier nicht weiter behandelt.

3 C. Prieto: Agriculture et droit de la concurrence, vers une réconciliation? Introduction. Concurrences, n°3-2018, pp. 20–21. – M. Huchet-Bourdon: Agricultural commodity price volatility: An overview. OECD Food, Agriculture and Fisheries Papers, OECD Publishing, 2011, Nr. 52. – M.-L. Allain, C. Chambolle et S. Turolla: Évaluation des effets de la Loi de modernisation économique et des stratégies d'alliances à l'achat des distributeurs. Rapport pour le ministre de l'économie, de l'industrie et du numérique. Paris 2016.

4 M.-L. Allain et C. Chambolle: Les relations entre la grande distribution et ses fournisseurs: bilan et limites de trente ans de régulation. In: Revue française d'économie, volume 17, n°4, 2003, pp. 169–212. – P. Biscourp : Les réformes des relations commerciales des années 2000 ont-elles restauré la concurrence par les prix? In: Insee Analyses, n°16, février 2014.

5 Aus der Eröffnungsrede.

6 Der Begriff »États généraux – Generalstände« bezieht sich auf eine Institution des Ancien Regime, in dem die verschiedenen Stände des französischen Volkes vertreten waren, um königliche Entscheidungen vorzubereiten. Die letzte Generalversammlung dieser Art löste die Französische Revolution aus. Heute wird der Betriff für staatlich organisierte Anhörungen verwendet, die Gesetzesänderungen vorbereiten sollen.

7 Loi n° 96-603 du 5 juillet 1996 relative au développement et à la promotion du commerce et de l'artisanat (loi Raffarin).

8 P. Askenazy et K. Weidenfield: Les soldes de la loi Raffarin. Le contrôle du grand commerce alimentaire. Éditions de la Rue d'ULM, Collection Opuscule du Cepremap. Paris 2017. – J. L. Monino et S. Turolla: Urbanisme commercial et grande distribution. Étude empirique et bilan de la loi Raffarin. In: Revue française d'économie, volume 23, n°2, 2008, pp. 139–178.

9 O. Mével: Fin des États généraux de l'alimentation. Tout ça pour quoi? Interview in: Journal en ligne Ouest-France, 22 décembre 2017. – M. L. Allain, C. Chambolle et T. Vergé: La loi Galland sur le commerce: Jusqu'où la réformer? Éditions de la Rue d'ULM, Collection Opuscule du Cepremap. Paris 2008.

10 Loi de modernisation de l'économie – LME, Loi Nr. 2008-776 du 4. août 2008.

11 Die Schwelle wurde nur moderat angehoben, um die Entwicklung kleiner Supermärkte zu ermöglichen.

12 Loi n° 2005-882 du 2 août 2005 en faveur des petites et moyennes entreprises (loi Dutreil) et loi n° 2008-3 du 3 janvier 2008 pour le développement de la concurrence au service des consommateurs (loi Chatel).

13 Die französische Gesetzgebung verbietet einem Händler ein Produkt unter einer bestimmten Schwelle des Einstandspreises (SRP) zu verkaufen.

14 Im Gegensatz zu den Handelsmargen, die aus dem Verkauf des Produkts entstehen.

15 Biscourp (siehe Anm. 4).
16 Natixis: Concurrence et prix dans la grande distribution: Quel impact de la LME sur l'inflation? In: Flash Économie, 11 juin 2008, n° 247.
17 Loi n° 2010-874 du 27 juillet 2010 de modernisation de l'agriculture et de la pêche.
18 S. Marty et al.: La contractualisation dans le secteur bovin. Rapport n° 14099. CGAAER. Paris 2015.
19 Assemblée nationale: Étude d'impact. Projet de loi pour l'équilibre des relations commerciales dans le secteur agricole et alimentaire et une alimentation saine et durable. Paris 2018.
20 Autorité de la Concurrence: Centrales d'achat: l'Autorité examine des propositions d'engagements. Paris 2020.
21 C. Bonnet et F. Gardes: Rapport d'expertise de la loi ÉGalim, septembre 2020.
22 Der Wert der landwirtschaftlichen Produktion bei konstantem Volumen stieg nur um 0,3 Prozent im Jahr 2019 und ein Prozent im Jahr 2020. Das Nettoergebnis des Sektors sank um sechs Prozent im Jahr 2020 und elf Prozent im Jahr 2019. In: Insee: Comptes de l'agriculture (2019 und 2020). Comptes nationaux annuels – base 2014 (www.insee.fr). Ein zweiter Studienbericht ist in Vorbereitung, der die Auswirkungen auf Preise und landwirtschaftliche Einkommen bewerten soll.
23 VO (EU) Nr. 1308/2013 (Gemeinschaftliche Marktordnung – GMO) verändert durch die VO (EU) Nr. 2017/2393 (Omnibus-Regelung).
24 Die Übersetzung aus dem Französischen ist unzureichend, da im Deutschen für das, was unter »maitriser l'offre« verstanden wird, nicht der bekannten Marktregulierung entspricht. Gemeint ist vielmehr eine Art »Im Auge behalten, dass nicht mehr produziert wird, als der Binnenmarkt aufnehmen kann«.
25 Ein Anstieg der Agrarpreise in Frankreich um zehn Prozent würde die nationalen Lebensmittelausgaben unter sonst gleichen Bedingungen (ohne Berücksichtigung der Reaktion von Angebot und Nachfrage) automatisch um zwei Prozent erhöhen, so eine Schätzung auf der Grundlage der Auswertung der Input-Output-Tabellen (IOT) für das Jahr 2014, die für das Jahr 2017 aktualisiert wurde. Siehe P. Boyer: L'euro alimentaire en 2014. Partage de la valeur de la dépense alimentaire et impact d'une hausse des prix agricoles. In: La lettre de l'Observatoire de la formation des prix et des marges des produits alimentaires, n°14, décembre 2017.
26 Der Beitrag basiert auf dem Text »Verbot des Einkaufs unterhalb der Produktionskosten in Spanien«, hrsg. von Oxfam Deutschland, erschienen am 9. Februar 2021.
27 Ley 8/2020, de 16 de diciembre, por la que se adoptan determinadas medidas urgentes en materia de agricultura y alimentación (BOE-A-2020-16346) (www.boe.es/eli/es/l/2020/12/16/8/con).
28 Betreiber (»operator«): Die natürliche oder juristische Person im Lebensmittelsektor, einschließlich einer Gruppe, eines zentralen oder gemeinsamen Kauf- oder Verkaufsunternehmens, die eine wirtschaftliche Tätigkeit im Bereich der Lebensmittelkette ausübt. Endverbraucher haben nicht den Status von Betreibern in der Lebensmittelkette. Der Lebensmittelsektor umfasst die Gruppe der produktiven Sektoren Landwirtschaft, Viehzucht, Forstwirtschaft und Fischerei sowie die Sektoren Verarbeitung und Vertrieb.
29 www.boe.es/buscar/act.php?id=BOE-A-2013-8554&b=19&tn=1&p=20200226#a1-3.
30 Agencia de Información y Control Alimentarios (AICA) (www.aica.gob.es/).
31 La ley de la Cadena Alimentaria no obliga a indicar por escrito el coste de producción de los alimentos (www.revistafrisona.com vom 30. Juli 2020).
32 Bewertung des Gesetzes von COAG: www.agroinformacion.com/guia-practica-para-entender-las-modificaciones-del-gobierno-mejorar-el-funcionamiento-de-la-cadena-alimentaria/.
33 Bewertung des Gesetzes von UPA: www.upa.es/upa/actualidad/nueva-ley-de-la-cadena/.
34 Bewertung von Genossenschaften: www.agro-alimentarias.coop/ficheros/doc/06222.pdf.
35 Kurzbewertung vonseiten der Ernährungsindustrie: www.fiab.es/fiab-senala-la-ambiguedad-y-dificil-aplicacion-del-coste-efectivo-de-produccion/.

Förderhinweis
Die Redaktion dieses Beitrags wurde gefördert im Rahmen des Projekts »Agrarmärkte nachhaltig gestalten«. Das Projekt wird gefördert von der Landwirtschaftlichen Rentenbank.

Philippe Boyer
Agraringenieur und Ökonom, Generalingenieur für Brücken, Gewässer und Wälder; Mitglied der Französischen Akademie für Landwirtschaft.

pboyer845@gmail.com

Margit Wiggerthale
Referentin für Welternährung und globale Agrarfragen bei Oxfam Deutschland e.V.

mwiggerthale@oxfam.de

Waldi muss nicht sterben

Interview mit dem Tierarzt Rupert Ebner über Reserveantibiotika, Lobbyisten und eine vertane Chance, die intensive Massentierhaltung abzuschaffen

Antibiotikaresistenzen nehmen weltweit zu und stellen eine ernste Gefahr für das Gesundheitssystem dar. Viele der sog. Reserveantibiotika werden auch in der Tiermedizin und hier vorzugsweise in der vorbeugenden Behandlung ganzer Tiergruppen, insbesondere im Schweine- und Geflügelbereich, eingesetzt. Dem One-Health-Konzept der Vereinten Nationen folgend hat die EU das Tierarzneimittelrecht durch die ab dem 28. Januar 2022 geltende Verordnung (EU) Nr. 2019/6 neu geregelt. Diese Verordnung sieht die Möglichkeit vor, den Einsatz bestimmter Reserveantibiotika in der Tiermedizin zu verbieten. Rupert Ebner, Tierarzt und Autor des Buches »Pillen vor die Säue« *sowie Aktivist gegen den Antibiotikaeinsatz in der industriellen Massentierhaltung, erläutert in nachfolgendem Interview die Hintergründe der Auseinandersetzung um diese neue Verordnung.*

Die neue Verordnung ermöglicht es auf Basis Artikel 37 (3) und (5), dass die Zulassung antimikrobiell wirksamer Tierarzneimittel für die Humanmedizin vorbehalten werden können und wollte mittels eines sog. »delegierten Rechtsakts« Kriterien entwickeln, für welche Fälle ein solches Zulassungsverbot in der Tiermedizin ausgesprochen werden könnte. Nun ist ein wahrer Sturm ausgebrochen und wir haben hier eine Kampagne erlebt, dass »Waldi sterben müsse«, wenn das alles so käme. Stimmt das?

Rupert Ebner: Der von Martin Häusling von der Fraktion Die Grünen/Europäische Freie Allianz im Europaparlament geführte Umweltausschuss hatte ein Veto eingelegt und gefordert, dass es nicht darum gehen könne, Reserveantibiotika vollständig für die Tierbehandlung zu verbieten, sondern dass der delegierte Rechtsakt eine Differenzierung ermöglichen solle: Einzeltierbehandlung – ja, aber keine Metaphylaxe sprich undifferenzierte Gruppenbehandlung, wie wir das heute standardmäßig in den Großbetrieben der Schweine- und Geflügelhaltung haben.

Wäre der Vorschlag des Umweltausschusses durchgekommen, wäre Waldi nicht gestorben. Die Tierarzneimittelverordnung der EU von 2019 sieht ja vor, dass sobald erkannt wird, dass eine antimikrobielle Wirkstoffgruppe für ganz bestimmte Krankheitsbilder beim Menschen die noch einzig wirksame ist und Resistenzbildungen hier besonders gefährlich sind, eine solche Wirkstoffgruppe dann nicht mehr in der Tiermedizin eingesetzt werden darf. Auch nicht für die Einzeltierbehandlung, also in diesem Falle Waldi, den Dackel. Es traut sich keiner das so offen zu sagen: In diesem Fall hat der Mensch Vorrang. Aber was in dieser Kampagne mit dem leidenden Hund vom Berufsverband Praktizierender Tierärzte (bpt) gefordert war (und inzwischen von der Homepage des bpt wieder gelöscht wurde), war: »setzen Sie sich dafür ein, dass in Zukunft bei allen Tieren alle zugelassenen Antibiotika eingesetzt werden können«. Das sollte alles beim Alten lassen. Mit Macht stemmt sich dieser Verband gegen jede Restriktion in diesem Bereich.

Wer steckt hinter der Kampagne und warum wurde sie so heftig geführt?

In Deutschland war es der bpt, zeitweilig hatte sich auch der Deutsche Tierschutzbund angeschlossen, und auf EU-Ebene die Europäische Plattform für verantwortungsbewussten Einsatz von Medikamenten bei Tieren (EPRUMA), in der sich zahlreiche Interessengruppen wie unter anderem die Pharmaindustrie, die FVE (der europäische Zweig des bpt) und der europäische Bauernverband COPA zusammengeschlossen haben. Ihr Ziel ist es, das System der industriellen Massentierhaltung zu verteidigen. Es sind die gleichen Funktionäre des bpt, die hier den Tierschutz bemühen, welche in der Vergangenheit jedoch dagegen arbeiteten und sich z. B. stark machten für den Erhalt des Kastenstandes, des Schwanzkürzens und der betäubungslosen Kastration. Um Waldi oder das Kaninchen der Kinder ging es eigentlich nie, weil diese mit den verbleibenden Antibiotika in der Regel gut zu behandeln sind. Es geht auch nicht um die Einzeltierbehandlung landwirtschaftlicher Nutztiere, sondern um die Therapie von »Tierstapel«. Das ganze System der industriellen Tierhaltung mit ihren Fehlentwicklungen in der Zucht, Haltung, Fütterung wäre nicht mehr funktionsfähig, wenn Antibiotika als leichtverfügbares Reparaturmittel nicht mehr verfügbar wären. Deshalb wurde die Kampagne sehr emotional geführt und auch mit Fake News.

Es geht also um die Sicherstellung ausreichender Reserveantibiotika für die Menschen angesichts zunehmender Resistenzen der Erreger. Was genau hat der Umweltausschuss kritisiert an der Verordnung bzw. dem delegierten Rechtsakt?

Der delegierte Rechtsakt zur Tiermedizin-Verordnung ermächtigt die EU-Kommission zu dem, was die Verordnung in Artikel 37 (3) und (5) fordert, nämlich eine Festlegung von Kriterien für Wirkstoffgruppen, die dann nicht mehr für die Tiermedizin zugelassen werden würden. Aber genau hier setzt meine Kritik und setzen die Einwände des Umweltausschusses und Martin Häuslings im Europaparlament ein. Die scharfe Trennung in Tier- und Humanmedizin lehnen wir ab, denn dann ist eine mögliche lebensrettende Einzeltierbehandlung nicht mehr möglich. Ich habe das schon bei der Bundestaganhörung gesagt: Reserveantibiotika sind auch in der Tierhaltung notwendig. Aber – und das ist jetzt zentral: Der Einsatz dieser Reserveantibiotika in der Tiermedizin ist an strenge tierärztliche Indikationen zu binden und nur für die Einzeltierbehandlung zulässig. Wir fordern also Kriterien für den Einsatz und nicht für ein Gesamtverbot. Das war die Position, mit der Häusling auch den Umweltausschuss für sein Veto bewegen konnte. Das Gesamtparlament hat dann den Vorschlag abgelehnt.

Um welche Wirkstoffgruppen handelt sich es eigentlich?

Die EU hat noch keine Wirkstoffgruppen genannt. Es gibt aber Listen! Die WHO und andere Organisationen wie die Weltorganisation für Tiergesundheit (OIC) haben längst Kriterien und Wirkstoffgruppen veröffentlicht. Fünf der 35 Wirkstoffgruppen zählt die WHO zu den sog. »HPCIA Critical Important Antimicrobials Highest Priority for Human Medicine«. Folgende Wirkstoffgruppen, die auch in der Tiermedizin zugelassen und eingesetzt werden, geben WHO und OIC höchste Priorität für den Einsatz beim Menschen: (1) Cephalosporine der 3. und 4. Generation, (2) Glycopeptide, (3) Makrolide, (4) Flurochinolone, (5) Polypeptide (Colistin). Die Studie von Reinhild Benning und der Deutschen Umwelthilfe (siehe Kasten) zeigte, dass diese Wirkstoffgruppen nur selten in der Einzeltierbehandlung unserer Nutztiere verwendet werden, sondern vorwiegend in der Gruppenbehandlung industrieller Massentierhaltung von Schweinen und Geflügel. Und hier setzt ja meine Kritik und die von Häusling ein: Wir brauchen wirksame Kriterien, um einen Einsatz in der Herdenbehandlung, sprich in der Prophylaxe und Metaphylaxe, zu unterbinden. Genau da aber kommen diese Wirkstoffgruppen zum Einsatz.

Und wie genau wollten Sie diese Einzeltierbehandlung rechtlich absichern?

Als Voraussetzung für die Einzeltierbehandlung sehe ich strengste tierärztliche Indikationsstellung, eine gewissenhafte Diagnosestellung und die Durchführung eines Antibiogramms, d. h. einer Prüfung, ob die zur Verfügung stehenden Antibiotika für den krankmachenden Erreger wirksam sind. Wenn z. B. eine Kuh am Euter erkrankt, dann kann ich über die Milchprobe ein genaues Erregerspektrum identifizieren und über diese Analyse rechtfertigen, warum in diesem Einzelfall Cephalosporin eingesetzt wer-

Folgerungen & Forderungen

- Es gibt nur eine Gesundheit – One Health: Die Gesundheit von Mensch und Tier gehört zusammen. Diesem will die neue EU-Verordnung 2019/6 für Tiermedizin Rechnung tragen.
- Die industrielle Massentierhaltung kann gerade bei Schweinen- und Geflügelhaltungen nur unter Einsatz von Antibiotika wirtschaftlich betrieben werden. Diese reparieren systembedingte Krankheiten und wirken daher leistungsfördernd.
- Zugleich werden so Resistenzen gegen antimikrobielle Wirkstoffe vorangetrieben, die in der Humanmedizin als sog. Reserveantibiotika gebraucht werden.
- Diese Form der Landwirtschaft ist daher nicht zukunftsfähig. Um dies zu ändern, müssen wir auch den Fleischkonsum reduzieren.
- Wir müssen künftig differenzieren in Antibiotika (auch Reserveantibiotika), die nach strenger Indikation und für die Einzeltierbehandlung angewandt werden dürfen, und solchen, die in der Herdenbehandlung wachstumsfördernd eingesetzt und daher verboten werden sollten.

den muss. Oder wenn wir eine klassische Krankheit haben, fieberhafte Entzündung des Euters, 41 Grad Fieber, da kann ich natürlich nicht eine Milchprobe nehmen und drei Tage auf das Ergebnis warten, da muss schnell gehandelt werden. Hier gibt es klar Probleme. Nicht aber bei den Schweinebetrieben, da wird das preiswerte Colistin eingesetzt. Das Colistin wirkt hier offensichtlich nicht als Therapeutikum, sondern als Wachstumsförderer.

Doch genau dieser Einsatz der Wirkstoffe als Wachstumsförderer und Reparaturmittel für die Risiken der industriellen Massentierhaltung muss unterbunden werden. Wir hatten diese Differenzierung der Kriterien durch delegierte Rechtsakte gefordert. Und genau das sollte verhindert werden! Die Kampagne richtete sich gegen den WHO-Vorschlag. Die Lobbyisten waren sich wohl sehr sicher, dass diese Liste nicht in die delegierten Rechtsakte kommt. Sie hätten sonst diesen Kampf nicht so stark geführt.

Sie sprechen von Wachstumsförderung und Reparaturmittel der industriellen Haltungsformen. Die Verordnung 2019/6 sagt im Artikel 37, dass eine Zulassung abgelehnt werden kann, wenn das Tierarzneimittel als »Leistungssteigerungsmittel zur Förderung des Wachstums oder Erhöhung der Ertragsleistung von behandelten Tieren« vorgesehen ist [Art 37 (1) d]. Reicht das nicht aus?

Genau hier liegt die Crux. Die EU sagt das. Aber sie legt keine Kriterien fest, nach denen zwischen sinnvoller und notwendiger Therapie und dem Einsatz von Wachstumsförderung unterschieden werden könnte. Daher gibt es noch nicht mal eine Liste, um welche Wirkstoffgruppen es sich ihrer Meinung nach handelt.

Verstehe ich das also richtig: Das System der industriellen Tierhaltung hängt am Einsatz von einigen, nach WHO als »hoch kritisch« eingestuften Reserveantibiotika?

Genau! Natürlich muss man Tieren helfen, wenn sie krank sind, und auch mit Antibiotika helfen. Aber es gibt Produktionssysteme, wie z. B. die sog. »Fresserproduktion« in der Rindermast, die funktioniert nur mit Antibiotika. Wenn die Ferkel nach drei Wochen abgesetzt und in die Fresserproduktion verkauft werden, dann geht das nur mit Antibiotikabehandlungen der gesamten Gruppen. Das Gleiche bei den Geflügelbetrieben: Wenn die Zeit zwischen Ausstallen und Neueinstallen kurz und der Stall alt ist, dann kann man davon ausgehen, dass von den 39.999 eingestallten Küken täglich 30 tot sind. Steigert sich die Todesrate auf 60 bis 100 pro Tag, ist die Wirtschaftlichkeit infrage gestellt und es werden entsprechend Antibiotika eingesetzt, um diese abzusichern.

Wenn nun bestimmte Wirkstoffgruppen der Humanmedizin vorbehalten sein sollen, warum werden nicht neue Wirkstoffgruppen entwickelt?

Leider hat die Verharmlosung des Resistenzproblems viel damit zu tun, dass die Vorstellung vertreten wurde, man würde schon bald neue Wirkstoffgruppen finden. Fachleute sind sich aber bereits seit vielen Jahren darin einig, dass das nicht der Fall sein wird. Es gibt zwar welche in der Pipeline – aber die sind hoch toxisch für Mensch und Tier. Zugleich lässt sich daran nicht viel verdienen. Die Pharmaindustrie verdient doch nicht an der Heilung, sondern an den Dauerpatienten mit Bluthochdruck, Diabetes, Schmerzen etc.

Schade, mit dem abgelehnten Vorschlag hätten wir einen Fuß in die Türe bekommen, um genau da anzusetzen, wo die Probleme mit der Resistenzbildung entstehen: bei der Massentierhaltung.

Das Gespräch führte Andrea Fink-Keßler.

Literaturhinweis

R. Ebner und E. Rosenkranz: Pillen vor die Säue. Warum Antibiotika in der Massentierhaltung unser Gesundheitssystem gefährden. München 2021.

Das Thema im Kritischen Agrarbericht

- Reinhild Benning: Brust, Keule oder doch lieber Leben? Antibiotikaresistenzen aus der Tierhaltung und ihre Gefahr für die menschliche Gesundheit – gerade in Zeiten von Corona. In: Der kritische Agrarbericht 2021, S. 275–281.
- Reinhild Benning: Wenn der Medizinschrank der Welt leer wird. Über Antibiotikaresistenzen, ihre Ursachen und die Notwendigkeit einer wirksamen Reduktionsstrategie in der Tierhaltung. In: Der kritische Agrarbericht 2018, S. 252–258.
- Engelbert Schramm, Carolin Völker und Anna Walz: Tierarzneimittel und Umwelt. Schutzziele im Widerstreit der Interessen. In: Der kritische Agrarbericht 2017, S. 243-247.
- Susann Haffmans: Tierarzneimittel in der Umwelt. Hintergründe und Vorschläge für eine Änderung des europäischen Rechtsrahmens. In: Der kritische Agrarbericht 2014, S. 67–73.
- Kathrin Birkel: Kranke Tiere – kranke Menschen? Antibiotikaeinsatz in der Tierhaltung erschwert die medizinische Versorgung beim Menschen. In: Der kritische Agrarbericht 2013, S. 269–272.
- Friedrich Ostendorff und Daniel Elfendahl: Statt Ausnahme: die Regel. Antibiotikaeinsatz als notwendige Bedingung für das System der intensiven Massentierhaltung. In: Der kritische Agrarbericht 2012, S. 37–41.

Dr. Rupert Ebner
Praktizierender Tierarzt mit Nutztierpraxis.

ebner@invet.de

Es ginge auch ohne

Reserveantibiotika als Metaphylaxe und Gruppenbehandlung verzichtbar – bei besserer Tierhaltung[1]

von Reinhild Benning

Bakterien, die unempfindlich gegen Antibiotika geworden sind, sind für etwa 33.000 Todesfälle pro Jahr in der EU verantwortlich. Reserveantibiotika mit höchster Priorität für die Humanmedizin, die auch für Tiere zugelassen sind, umfassen fünf Wirkstoffklassen (nach der WHO-Liste): Polypeptide (Colistin), Fluorchinolone, Cephalosporine der 3. und 4. Generation sowie Makrolide. Es besteht Einigkeit darüber, dass Antibiotikaresistenzen eine zunehmende Gefahr für die öffentliche Gesundheit und das Gesundheitssystem darstellen. Als Hauptursache für die Zunahme der Antibiotikaresistenz gilt der hohe Antibiotikaverbrauch.

Die EU wie auch viele Mitgliedstaaten unterstützen den Globalen Aktionsplan zur Bekämpfung der Antibiotikaresistenzen, den die Weltgesundheitsversammlung der UN im Mai 2015 beschlossen hatte. Dieser betont das One-Health-Konzept, d. h. eine gemeinsame Bekämpfung von Resistenzen in der Human- und Veterinärmedizin sowie in der Umwelt. Die UN-Organisationen widmen sich seither auch der Frage, wie die Übertragung von Antibiotikaresistenzen von lebensmittelliefernden Tieren auf Menschen gebremst werden kann. Die WHO fordert, die Anwendung von Reserveantibiotika bei diesen Tieren zu stoppen. Während die UN-Tiergesundheitsorganisation OIE eine Liste mit Tier-Reserveantibiotika praktisch dagegenhält, auf der sich die Human-Reserveantibiotika der WHO-Liste wiederfinden – mit Ausnahme von Colistin, dem nicht die höchste Wichtigkeit für Tiere zugesprochen wird. Dies bildet den Hintergrund, dass ein Verbot der Reserveantibiotika in der Veterinärmedizin auch in der EU erwogen wird.

Wenig Klarheit – mehr Differenzierung gefordert

Die Verordnung (EU) 2019/6 über Tierarzneimittel schafft leider wenig Klarheit bei der Frage, welche Antibiotika nun bei Tieren in welchem Umfang und welchen Fällen erlaubt sind. So sollen antimikrobielle Arzneimittel allgemein nur noch in Ausnahmefällen zur *Prophylaxe* eingesetzt werden. Zuvor galt ein klares Verbot, dass streng betrachtet mit der neuen EU-Tierarzneimittelverordnung 2019/6 aufgeweicht wurde. *Metaphylaxe,* also die prophylaktische Gabe von Antibiotika an noch gesunde Tiere, soll nur erlaubt sein, wenn damit das Risiko der Ausbreitung einer Infektion in einer Gruppe von Tieren hoch ist. Das aber ist eine alltägliche Abwägung von Tierärzten, die den Einsatz von Antibiotika bei neun von zehn Mastputen und Masthähnchen rechtfertigt – statt ihn zu bremsen. Nach Jahrzehnten des umfangreichen Antibiotikaeinsatzes in der Geflügelmast haben einige Krankheitserreger hohe Resistenzraten gegen viele Antibiotika entwickelt. So wundert es kaum, dass die letzten noch wirksamen Reserveantibiotika einen Anteil von satten 40 Prozent der in der Hähnchen- und Putenmast verbrauchten Antibiotika ausmachen. Die EU-Kommission will mit einem Komplettverbot der Reserveantibiotika für alle Tiere als besonders weitgehend gelten. Das Komplettverbot aber fordert niemand. Der EU-Abgeordnete Martin Häusling brachte im EU-Parlament einen Antrag zur Abstimmung, der eine Differenzierung vorsah: Reserveantibiotika zur Massenmedikation ganzer Tiergruppen verbieten und Einzeltierbehandlungen ermöglichen. Eine rechtskonservative Mehrheit votierte gegen den guten Vorstoß des Grünen-Politikers bei der Abstimmung, die mitten im deutschen Bundestagswahlkampf stattfand.

Aktuell interpretiert die EU-Kommission die Verordnung 2019/6 (Basis Artikel 37 Absatz 3 und 5 sowie Artikel 107 Absatz 7) in dem Sinne, dass die von der EU (zu einem künftigen noch nicht festgelegten Zeitpunkt) einmal festgelegten Reserveantibiotika der Humanmedizin vorbehalten seien und es folglich keine Möglichkeit gebe, Tieren diese zu verabreichen. Diese Lesart steht jedoch im Widerspruch zu einer gezielten Bekämpfung der Antibiotikaresistenzen, wo sie am häufigsten entstehen und ein hohes Verbreitungsrisiko besteht, nämlich in der Gruppenbehandlung von lebensmittelliefernden Tieren. Bei der Einzeltierbehandlung sind die Risiken für die Resistenzbildung und ihre Ausbreitung hingegen deutlich geringer.

Unsere Empfehlungen an die EU waren daher, dass die entscheidenden Stellen in der VO 2019/6 bzw. am Entwurf des delegierten Rechtsakts zu korrigieren sind und eine klare Definition enthalten, die es erlaubt, zwischen Einzeltierbehandlungen und metaphylaktischer Gruppenbehandlung zu differenzieren. Ferner sollte der Rechtsakt zwischen lebensmittelliefernden Tieren und Heimtieren unterscheiden. Alles mit dem

Ziel, den umfangreichen Einsatz antimikrobieller Arzneimittel in der Gruppenbehandlung (und damit in der Metaphylaxe) zu minimieren.

Systematischer Missbrauch von Antikiotika …

Reserveantibiotika werden in Europa überwiegend als Vormischungen im Futter oder als Pulver oder Lösung verkauft. Allein für die Wirkstoffklasse Colistin beträgt der Anteil oraler Verabreichungsformen 99 Prozent, für Fluorchinolone und andere Chinolone 79,9 Prozent und für Makrolide 91,4 Prozent. »Orale Gabe« bedeutet die Verabreichung der Antibiotika über das Maul, den Schnabel und damit über Futter oder Trinkwasser und somit in der Regel an die ganze Tiergruppe. Das wiederum birgt die Risiken der Verschleppung und Resistenzbildungen in den Rohr- und Leitungssystemen. Da die Dosierung ungenau ist, ist auch eine Überprüfung, ob das wirklich kranke Tier eine ausreichende Dosierung erhalten hat, nicht möglich. Gerade Unterdosierungen tragen zur Resistenzbildung bei den Erregern bei. Aus diesem Grund besteht ein höheres Risiko für die Bildung von Resistenzen und ihrer Ausbreitung, solange die Gruppenbehandlung als sog. Metaphylaxe erlaubt bleibt.

Die Therapiehäufigkeit steigt mit der Größe des Tierbestandes. So zeigt eine Auswertung auf Basis der Arzneimittelgesetzesnovelle von 2014, dass nur 5,8 Prozent der großen Kälbermastbetriebe ohne Antibiotikaanwendungen auskommen, während 29,3 Prozent der kleinen Kälbermastbetriebe es ohne schaffen. Noch stärker zeigt sich der Zusammenhang bei den Ferkelbetrieben. Nur 1,2 Prozent der großen Betriebe (Ferkel bis 30 Kilogramm) kommen ohne Antibiotikagaben aus. Die Geflügelhaltung scheint ohne Antibiotika kaum zu funktionieren. Durch alle Größenklassen hindurch erhalten neun von zehn Masthühnern und Puten in Deutschland Antibiotika.

… mit dramatischen Folgen

Auf Basis von Modellberechnungen beziffern Wissenschaftler:innen den Anteil der antibiotikaresistenten Erreger (ESBL), die von Lebensmitteln auf Menschen übertragen werden, auf 19 Prozent.[2] Dieser hohe Anteil kann kaum verwundern. Das Bundesamt für Verbraucherschutz und Lebensmittelsicherheit (BVL) fand für die Jahre 2014 bis 2018 in anonymisierten Monitorings auf ungefähr jeder zweiten Masthähnchenprobe im Handel ESBL-bildende Erreger, die bis in unsere Küchen und auch in Exportzielländer gelangen können. Hierzulande trägt eine Ausbreitung von Resistenzen zu einer massiven Schwächung unseres Gesundheitssystems bei, das ohne wirksame Antibiotika nicht stabil zu erhalten ist.

Ein Ländervergleich der Antibiotikadosis je Kilogramm Tier zeigt, dass es einen großen Unterschied gibt, wieviel Wirkstoffmengen pro Tiergewicht eingesetzt werden. In Deutschland stagniert seit Jahren die Antibiotikadosis zwischen 80 und 90 Milligramm je Kilogramm Tier bzw. Fleisch. Schweden kommt hingegen mit nur zwölf Milligramm je Kilogramm Fleisch und Dänemark mit unter 40 Milligramm aus.

Humanmediziner:innen, Verbraucher- und Umweltorganisationen sowie kritische Tiermedizinorganisationen dringen auf strenge und eindeutige Regulierung, die dem Missbrauch der Reserveantibiotika in industriellen Tierhaltungen in der EU ein Ende setzt. Die Nationalstaaten brauchen dabei Unterstützung aus Brüssel, denn die Praxis in den Mitgliedstaaten divergiert stark und der Trend verschlechtert sich: Die Zahl der EU-Länder mit steigendem oder stagnierendem Verbrauch an Reserveantibiotika übertrifft im Zeitraum 2016 bis 2018 die Zahl der EU-Länder mit sinkendem Verbrauch an Reserveantibiotika.

Ziel muss es daher sein, die Reserveantibiotika gemäß der oben erwähnten WHO-Liste für die Gruppenbehandlung oder Metaphylaxe zu verbieten bei gleichzeitig klarer Ausnahmeregelung ihres Einsatzes für die Einzeltierbehandlung. Dies fordert die Betriebe heraus, neue Reduktionspotenziale für den Einsatz an Antibiotika zu erschließen. Möglich ist das durch eine Verbesserung des Tierschutzes. Im Vordergrund stehen dabei tiergerechtere Haltungsverfahren mit Außenklimazugang, Abkehr von Hochleistungszucht bzw. Zucht auf robuste Tiere, Umstellung auf längere Säugezeiten bei Ferkeln, artgerechte rohfaserreiche Fütterung zugunsten einer immunstärkenden Darmflora. Einen Therapienotstand muss es dann nicht geben, wenn das System unserer Tierhaltung auf robuste, gesunde Tiere umgestellt ist – statt auf die antibiotische Vertuschung von Missständen.

Anmerkungen

1 Der folgende Beitrag basiert auf der Studie der Verfasserin mit Andreas Strietzel: Recherche zu Reserveantibiotika bei Tieren, die der Lebensmittelgewinnung dienen. Studie im Auftrag der GRÜNEN/EFA im Europäischen Parlament. Hrsg. von Martin Häusling. Wiesbaden 2021. Alle Quellen- und Literaturangaben siehe dort.

2 L. Mughini-Gras et al.: Attributable sources of community-acquired carriage of Escherichia coli containing ß-lactam antibiotic resistance genes: a population-based modelling study. In: The Lancet 3/8 (2010), e357-e369.

Reinhild Benning
Ausbildung und mehrjährige Tätigkeit in der Landwirtschaft. Seit 2021 Senior Beraterin für Agrarpolitik der Deutschen Umwelthilfe (DUH).

benning@duh.de

Regionalentwicklung 5

Entwicklungen & Trends 2021

Krisenbewältigung durch Regionalentwicklung?

von Sabine Weizenegger

Wie nahezu alle Lebensbereiche stand auch die Regionalentwicklung im Jahr 2021 unter dem Zeichen der Covid-19-Pandemie und den damit verbundenen Unsicherheiten für die Arbeitswelt und für das gesellschaftliche Leben. Der Klimawandel, die wohl noch größere Krise als die Pandemie, hat 2021 auch in Deutschland direkte Folgen spüren lassen, in Form von massiven Niederschlagsereignissen mit Todesopfern.

Wie gehen die Akteure aus der Regionalentwicklung mit diesen Krisen um? Und wie kann Regionalentwicklung zur Bewältigung der Krisen beitragen? Die Regionalforscher Tobias Chilla, Olaf Kühne und Markus Neufeld unterscheiden in der Regionalentwicklung zwischen finanziellen, rechtlichen und persuasiven Instrumenten, wobei es in der Praxis auch Mischformen bzw. Kombinationen gibt.[1] Dieser Logik folgend greift der vorliegende Beitrag relevante Ereignisse des Jahres auf und ordnet die Geschehnisse aus der Brille der Regionalentwicklung ein.

Verschiedene Instrumente der Regionalentwicklung

Hinsichtlich der finanziellen Instrumente war 2021 ein Jahr mit richtungsweisenden Festlegungen zur neuen EU-Haushaltsperiode, wobei von allen Beteiligten ein verspäteter Übergang zwischen den Perioden zu bewältigen war. Unter den rechtlichen Instrumenten sind im Sinne eines Jahresrückblicks für Regionalentwicklung das im Juni verabschiedete Lieferkettengesetz sowie das wegweisende Urteil des Bundesverfassungsgerichts vom März zum Klimaschutzgesetz nennenswert. Bei den Instrumenten auf Basis von Überzeugung, Anreizen und Freiwilligkeit ist festzuhalten, dass Institutionen der Regionalentwicklung ihre Potenziale noch besser nutzen könnten.

Krise I – die Pandemie: Veränderte Arbeitsbedingungen auch für Regionalmanagements

Mit Lockdown sowie Reise- und Kontaktbeschränkungen aufgrund der Covid-19-Pandemie war der Jahresbeginn 2021 mit Unsicherheiten behaftet: Würde die Krise bald vorübergehen? Oder würde sie große wirtschaftliche Einbrüche verursachen? Würde sie alternative Herangehensweisen notwendig machen oder neue Entwicklungsoptionen befördern? Würde sie das Regionale stärken? Welche Auswirkungen hätte sie auf die Arbeitswelt?

Regionalentwicklung und Regionalmanagement leben in besonderem Maße von Netzwerken und vom Austausch. Durch die Kontaktbeschränkungen waren allerdings die Möglichkeiten hierfür besonders im ersten Halbjahr 2021 noch stark eingeschränkt, was Regionalmanagements wie z. B. die LEADER-Aktionsgruppen (LAGs) vor Herausforderungen gestellt hat. Eine Befragung von LAGs durch die Deutsche Vernetzungsstelle Ländliche Räume (DVS) 2021[2] ergab, dass besonders die Vernetzungsarbeit in den Regionen schwieriger geworden ist. 81 Prozent der LAGs haben die Zusammenarbeit in der Lokalen Aktionsgruppe umgestellt. Konferenzen, Netzwerktreffen oder Sitzungen in den Regionen wurden verschoben oder online abgehalten. Nach einer kurzen Phase der Erleichterung im Sommer war es zum Jahresende mit Eintreten der vierten Pandemiewelle wieder nötig, Kontakte verstärkt einzuschränken.

Pandemie erschwert Vernetzung …

Auch größere Veranstaltungen wurden in den virtuellen Raum verlagert: Die seit 95 Jahren bestehende Internationale Grüne Woche (IGW) fand 2021 erstmals als rein digitale Veranstaltung statt und erreichte damit über 20.000 Teilnehmerinnen und Teilnehmer.[3] Das im Rahmen der IGW vom Bundesministerium für Ernährung und Landwirtschaft (BMEL) organisierte Zukunftsforum Ländliche Entwicklung fand ebenfalls virtuell statt, diesmal unter dem Motto »Alles digital oder doch wieder ›normal‹? Neue Formen von Arbeit und Teilhabe als Chance für die Ländlichen Räume«. Auch das von der DVS organisierte bundesweite LEADER-Treffen 2021 war eine Onlineveranstaltung. Teilweise waren 350 Teilnehmerinnen und Teilnehmer von LAGs aus ganz Deutschland zugeschaltet, das war nach Auskunft der DVS etwa ein Drittel mehr als bei den Präsenzveranstaltungen in den Vorjahren. Sogar eine virtuelle Exkursion in die Eifel gehörte zum Programm.[4]

… und fördert virtuelle Begegnungen

Mit der Pandemie hat die Nutzung digitaler Instrumente für die Arbeit insgesamt weiter Fahrt aufgenommen. Dazu gehören neben Software für Videokonferenzen auch Onlineplattformen, die zur Kommunikation in räumlich verteilten Arbeitsgruppen genutzt werden (*Community Plattformen*). Die Akteure haben weitere Kompetenzen bei den Instrumenten gewonnen. Derartige Entwicklungen hätten vermutlich ohnehin stattgefunden, jedoch sind sie durch die Pandemie stark beschleunigt worden. Die DVS beispielsweise bietet seit Jahren immer wieder Onlineveranstaltungen an. Die Autorin dieses Beitrags war bei einigen dieser Veranstaltungen dabei und wollte das Instrument bereits vor rund zehn Jahren im Rahmen eines transnationalen Kooperationsprojekts stärker nutzen. Die Erfahrung war, dass das Angebot vor der Pandemie nicht immer in dem Maße angenommen worden war, wie erhofft. Es gab Vorbehalte seitens der Akteure: die Befürchtung, der Technik nicht gewachsen zu sein, Bedenken in Sachen Datenschutz oder einfach Lust am persönlichen Treffen, vor Ort in einer schönen Region. Inzwischen werden die Vorzüge der neuen Arbeitsweise erkannt: Es sind weniger Zeitaufwand und Kosten für Reisen nötig, dadurch können gerade bei überregionalen Fachveranstaltungen online bisweilen mehr Teilnehmende erreicht werden, als dies bei einer Präsenzveranstaltung der Fall gewesen wäre. Durch Streaming sind viele Tagungsbeiträge auch im Nachhinein noch abrufbar – so konnte beispielsweise auch bei den Recherchen zu diesem Beitrag darauf zurückgegriffen werden.

Streaming erleichtert Tagungsteilnahme …

Schwierig war und ist die rechtliche Lage bei Versammlungen und Sitzungen, auf denen Beschlüsse zu fassen sind. Wie ist beispielsweise damit umzugehen, wenn bei einer Sitzung Stimmberechtigte wegen fehlender technischer Ausstattung oder wegen schlechter Internetverbindung nicht an der Abstimmung teilnehmen können? Bei der Projektauswahl im Rahmen des LEADER-Programms konnten sich viele LAGs mit Umlaufbeschlüssen behelfen. Inzwischen kommen auch mehr Instrumente für (seriöse) Abstimmungen im Onlineformat auf den Markt. Auch wenn 2021 wieder mehr Veranstaltungen in Präsenzformat stattfinden konnten, wären die Institutionen der Regionalentwicklung gut beraten, einen Modus für Onlinesitzungen und -abstimmungen in ihre Satzungen, Gesellschaftsverträge oder Geschäftsordnungen aufzunehmen.

… und erschwert Beschlussfassungen

Krise als Chance: Rückenwind für Coworking auf dem Land

Während das digitale Arbeiten für manche Akteure der Regionalentwicklung immer noch eine Herausforderung darstellt, kann es an anderer Stelle eine große Chance für die Aufwertung und für die Entwicklung von Regionen sein. Ein Beispiel ist Coworking, also das gemeinsame Nutzen von Arbeitsräumen. Coworking geht dabei etwas weiter als reine Bürogemeinschaften, weil vor allem der Austausch und ein gewisses kreatives Umfeld eine große Rolle spielen.

Viele Jahre war Coworking vor allem in größeren Städten anzutreffen. Hier sind 2021 zum Teil erhebliche Zuwächse zu verzeichnen. Die Anzahl der auf der Plattform coworker.com registrierten Workspaces hat sich in einigen Städten zwischen Juni 2021 und September 2021, also innerhalb weniger Monate(!), verdrei- bis vervierfacht. Spitzenreiter ist Stand September 2021 London mit über 1074 Spaces (Juni 2021: circa 240), gefolgt von Bengaluru in Indien mit 815 Spaces (Juni: 280), New York mit knapp 600 Spaces (Juni: 240). München kommt auf 312 Spaces (Juni: 70). Die Plattform ist mit über 18.000 Spaces in 172 Ländern vertreten und zählt rund sechs Millionen Nutzerinnen und Nutzer (Stand September 2021, Juni: drei Millionen).[5]

Doch auch außerhalb der Metropolen und Großstädte gibt es neuerdings immer mehr Coworking-Spaces. Die DVS hat das Thema aufgegriffen und mehrfach Seminare zum Thema Coworking in ländlichen Gebieten angeboten sowie Informationen dazu zusammengestellt. Zusammenschlüsse und Plattformen entstehen, so etwa die German Coworking Federation e.V., der Bundesverband Coworking Spaces e.V. oder die Genossenschaft CoWorkLand. Sie alle beraten bei Gründung und Betrieb von Coworking-Spaces. Das BMEL und CoWorkLand haben gemeinsam einen Leitfaden *Coworking auf dem Land* herausgegeben. Im Rahmen eines transnationalen LEADER-Projekts entstand eine Broschüre mit Tipps.[6]

Coworking – jetzt auch auf dem Land

Neben der zahlenmäßigen Entwicklung von Workspaces findet auch eine zunehmende qualitative Differenzierung und Spezialisierung statt: vom Retreat (wo man gleich auch wohnen kann) über Workation (für diejenigen, die das Arbeiten auch im Urlaub nicht lassen können) bis hin zu Maker Spaces (wo erkannt wurde, dass ein Arbeitsplatz nicht unbedingt ein Büro sein muss). Die Spaces werden betrieben von Unternehmer/-innen, Gemeinschaften, Kommunen, sind an Gründerzentren angedockt… kurzum: es gibt eine riesengroße Vielfalt.

Solche Konzepte können Inspiration und Chance sein, ländliche Räume attraktiver zu machen. Dies umso mehr, als während der Pandemie das Wohnen im ländlichen Raum durchaus eine Aufwertung erfahren hat. Mehr Wohnraum, weniger Enge und gute Freizeitmöglichkeiten waren während der Zeit der strengen Beschränkungen im Rahmen der Pandemie stark wertgeschätzt.

Krise II: Der globale Klimawandel

Effekte einer längerfristigen und größeren Krise, nämlich des Klimawandels, waren 2021 ebenfalls präsent. Nicht abstrakt oder in anderen Teilen der Welt, sondern mit massiven Waldbränden im Süden Europas und mit Überschwemmungen mit Todesopfern in Deutschland. Mitte Juli 2021 hat eine verheerende Flutkatastrophe mehrere Regionen im nördlichen Rheinland-Pfalz verwüstet.

Die Beiträge der Regionalentwicklung zur Eindämmung des Klimawandels und zum Umgang mit seinen Folgen sind vermutlich kaum zu messen. Interessant ist, was nach der Flutkatastrophe im Ahrtal geschah: Winzer aus anderen Weinbaugebieten sind samt Arbeitsgeräten angereist und haben bei der Weinlese unterstützt. Unter dem Hashtag *#solidAHRität* wurden Spenden generiert, unter anderem mit gespendetem Wein von Winzern anderer Regionen und durch logistische Unterstützung eines großen Weinguts. Die Wirtschaftsjunioren Rhein-Ahr betreiben einen Onlineshop zur Unterstützung der Betroffenen, um nur einige Beispiele zu nennen.

Krise fördert Kooperationen und kreative Lösungen

Es kamen also kreative Lösungen zur Anwendung, bei denen Kooperation im Vordergrund stand und nicht Konkurrenz; wo Menschen sich eingebracht haben, die sich im Metier auskennen, wo Unterstützung vor Ort getragen wurde. Es sind Aktivitäten, wie sie unter anderem auch im Rahmen nachhaltiger Regionalentwicklung zur Anwendung kommen. An dieser Stelle kann nicht beantwortet werden, ob solche Aktivitäten im Krisenfall mit oder ohne Regionalentwicklung besser oder schlechter funktionieren, und sicherlich kann eine Krise unabhängig davon gesellschaftlichen Zusammenhalt stärken und (zumindest kurzfristig) die Spendenbereitschaft der Bevölkerung erhöhen. Aber das Beispiel zeigt die Bedeutung des Instrumentenkastens aus der Regionalentwicklung auf. Die beschriebene Hilfe war sofort vor

Ort, lange bevor Hilfsprogramme und dergleichen aufgelegt werden konnten. Insofern ist das regelmäßige »Üben« von Kooperation und Netzwerkpflege, wie es in der Regionalentwicklung geschieht, sicherlich wichtig und trägt dazu bei, im Ernstfall gut und vor allem schnell reagieren zu können. Es stehen hier das Tun und der Mensch im Vordergrund.

Ein bedeutendes Ereignis des Jahres war die Weltklimakonferenz in Glasgow im November 2021 (COP 26 – Conference of Parties), die ursprünglich für 2020 vorgesehen gewesen war. Im Ergebnis wurde das Ziel aus dem Pariser Klimaabkommen, die Erderwärmung auf 1,5 Grad Celsius zu begrenzen, gestärkt. Dafür ist eine Verdoppelung der Finanzhilfen bis 2025 vorgesehen, der Ausstoß klimaschädlicher Klimagase muss noch im aktuellen Jahrzehnt um 45 Prozent sinken. Maßnahmen sind der Schutz des Waldes, die Verringerung des Methanausstoßes, die Senkung von Emissionen im Verkehr und weitere. Große Aufmerksamkeit beim COP 26 erreichte die Tatsache, dass der Kohleausstieg in die Abschlusserklärung aufgenommen wurde. Hiervon werden einzelne Regionen besonders betroffen sein. Dort kann beispielsweise der Mechanismus für einen gerechten Übergang (*Just Transition*) unterstützen, der von der Europäischen Union im Zusammenhang mit dem Europäischen Grünen Deal aufgelegt worden ist, um die sozioökonomischen Auswirkungen in genau solchen Regionen abzufedern. Die Institutionen der Regionalentwicklung können und sollten in den kommenden Jahren auf ihre Weise dazu beitragen, die gesetzten Ziele zu erreichen.

Geplanter Kohleausstieg macht Regionalentwicklung erforderlich

EU-Haushalt 2021 bis 2027: die Rolle von Fördermitteln …

Ein wichtiges Instrument der Regionalentwicklung sind Förderprogramme. Hier wird auch bei regionalen Förderprogrammen zunehmend eingefordert, Beiträge zu übergeordneten Zielen wie dem Klimaschutz zu leisten. Das ist grundsätzlich sinnvoll, denn nicht »Staaten« oder »die EU« setzen Klimaschutz oder die Agenda 2030 für Nachhaltige Entwicklung um, sondern Menschen auf allen Ebenen. Die Institutionen der Regionalentwicklung sowie ihre regionalen Netzwerke können mit ihrer Kommunikationsarbeit beeinflussen, welche Themen auf die Agenda gesetzt werden und wie zielgerichtet sie von den Akteuren vor Ort verfolgt werden.

Eine bedeutende Finanzierungsquelle für die Regionalentwicklung sind Mittel der Europäischen Union. Unter deutscher Ratspräsidentschaft war im Dezember 2020 eine Einigung im Europäischen Rat über den mehrjährigen EU-Finanzrahmen und über den Aufbaufonds zur Bekämpfung der Folgen der Corona-Pandemie erzielt worden. Der Beschluss umfasst rund 1200 Milliarden Euro für den Zeitraum 2021 bis 2027 im mehrjährigen Finanzrahmen und rund 806,9 Milliarden Euro für den Aufbaufonds (bzw. 1074 Milliarden Euro und 750 Milliarden Euro in Preisen von 2018).[7] Die Mittel aus dem *Mehrjährigen Finanzrahmen* der EU verteilen sich wie folgt:

Geld aus Brüssel für die Regionalentwicklung

- Die *Gemeinsame Agrarpolitik (GAP)* ist der größte Haushaltsposten mit rund 378,5 Milliarden Euro. Sie umfasst den Europäischen Garantiefonds für die Landwirtschaft (EGFL) (»Erste Säule der GAP«) mit rund 291 Milliarden Euro und den Europäischen Landwirtschaftsfonds für die Entwicklung des Ländlichen Raums (ELER) (»Zweite Säule der GAP«) mit 87 Milliarden Euro.
- Auf die finanziellen Instrumente der *Kohäsionspolitik* entfallen 372,6 Milliarden Euro. Hierzu gehören der Kohäsionsfonds mit 48 Milliarden Euro, der Europäische Fonds für Regionale Entwicklung (EFRE) mit 226 Milliarden Euro und der Europäische Sozialfonds+ mit 98,5 Milliarden Euro.
- Weitere Finanzierungsinstrumente werden unter dem Schlagwort *Neue und verstärkte Prioritäten* zusammengefasst; auf sie entfallen 377,3 Milliarden Euro. Die größten Posten hierunter entfallen auf Horizont Europa mit 86,1 Milliarden Euro für Forschung und Innovation, das Instrument für Nachbarschaft, Entwicklungszusammenarbeit und internationale Zusammenarbeit mit 79,5 Milliarden Euro, Erasmus+ mit 24,6 Milliarden Euro, die Fazilität Connecting Europe sowie eine ganze Reihe weiterer Initiativen wie das Europäische Raumfahrtprogramm, Humanitäre Hilfe, das LIFE-Programm für Umwelt-, Natur- und Klimaschutzprojekte, der Mechanismus für einen gerechten Übergang (*Just Transition*) und einige weitere.

Ergänzt wird der mehrjährige Finanzrahmen durch den *Wiederaufbauplan NextGenerationEU*. Hierfür nimmt die EU-Kommission erstmalig seit Bestehen der Europäischen Union Kredite auf.

- Über die *Aufbau- und Resilienzfazilität* werden insgesamt 723,8 Milliarden Euro zur Förderung von Reformen und Investitionen in den Mitgliedstaaten bereitgestellt (davon 385,8 Milliarden Euro an Darlehen und 338 Milliarden EUR an Finanzhilfen). Damit sollen die wirtschaftlichen und sozialen Auswirkungen der Corona-Pandemie abgefedert, die europäischen Volkswirtschaften und Gesellschaften nachhaltiger und widerstandsfähiger gemacht sowie besser auf die Herausforderungen und Chancen des ökologischen und digitalen Wandels vorbereitet werden.
- NextGenerationEU trägt außerdem mit 83,1 Milliarden Euro zu *anderen Programmen* bei. Der größte Teil entfällt mit 50,6 Milliarden Euro auf REACT-EU, diese Mittel werden im Kern über die Kohäsionsfonds bereitgestellt. In die Zweite Säule der GAP fließen 8,1 Milliarden Euro.

Neu: Wiederaufbauplan NextGenerationEU

Obwohl die GAP größter (Einzel-)posten im mehrjährigen Haushalt bleibt, ist ihr Anteil am Gesamtbudget weiter zurückgegangen, von knapp 60 Prozent in den 1990er-Jahren auf nun rund 30,9 Prozent. Eine ähnliche Größenordnung erreichen zusammengenommen die Programme zur wirtschaftlichen, sozialen und territorialen Kohäsion mit 30,5 Prozent (ebenfalls mit einem leichten Rückgang). Der Bereich »neue und verstärkte Prioritäten« umfasst 31,9 Prozent des Haushaltes und hat in den vergangenen beiden Perioden einen enormen Zuwachs an Mitteln zu verzeichnen.

Insgesamt wichtiger werden Themen wie die Modernisierung der EU durch Forschung und Entwicklung, ein fairer Übergang zu klimafreundlichen und digitalen Technologien sowie Vorsorge, Wiederaufbau und Resilienz.

Aufbau- und Resilienzplan für Deutschland

Der *deutsche Aufbau- und Resilienzplan* wurde im Juni 2021 von der Europäischen Kommission positiv bewertet. Er ist mit 25,6 Milliarden Euro an Zuschüssen hinterlegt. 42 Prozent der Mittel dienen der Umsetzung von Klimazielen (unter anderem: Wasserstoffinitiative, Förderung von Elektroautos und Energieeffizienz in Wohngebäuden), 52 Prozent der Umsetzung von Digitalisierungszielen (Mikroelektronik und Kommunikationstechnologien, Cloud-Infrastrukturen und -Dienste, Digitalisierung öffentlicher Dienstleistungen). Weitere Maßnahmen dienen der Stärkung der wirtschaftlichen und sozialen Resilienz Deutschlands.

Im Juni 2021 einigten sich Europäisches Parlament, Rat der EU und Europäische Kommission auf die GAP. Zentral sind der Europäische Grüne Deal und dass die neue GAP ein Hauptwerkzeug sein soll, um die »Vom-Hof-auf-den-Tisch«- und die EU-Biodiversitäts-Strategie für 2030 umzusetzen. Die GAP-Strategiepläne der Mitgliedstaaten müssen bis Ende 2022 genehmigt sein, starten soll die neue GAP 2023.

… und die Bedeutung für die Regionalentwicklung– das Beispiel CLLD/ LEADER

Die Übergänge zwischen EU-Programmperioden sind immer eine Herausforderung für die Akteure der Regionalentwicklung. Sie sind mit einer Phase der Unsicherheit darüber verbunden, wie künftige Regelungen aussehen werden. Außerdem gibt es in der Regel Zeiträume, in denen keine Förderungen zur Verfügung stehen, weil die Mittel aus der alten Periode aufgebraucht sind und es für die neue Periode noch kein entsprechendes Regelwerk gibt, so dass die Programme noch nicht starten können.

Gestaltungsaufgabe: Übergänge zwischen den Haushaltsperioden

Beim aktuellen Übergang von der EU-Haushaltsperiode 2014 bis 2020 zur Periode 2021 bis 2027 haben der Brexit und die Covid-19-Pandemie zu Verzögerungen bei den Haushaltsberatungen geführt und auch neue Handlungsnotwendigkeiten geschaffen. Für die GAP wurde deshalb Ende 2020 für die Jahre 2021/22 eine Übergangsverordnung aufgelegt, mit deren Hilfe »neue« Mittel aus der Programmperiode 2021 bis 2027 zu »alten« Regeln (aus der Periode 2014 bis 2020) genutzt werden. Damit dürfte der Übergang einigermaßen nahtlos funktionieren. Das war in der Vergangenheit aus den Regionen heraus immer wieder gefordert worden, um die Kontinuität der Arbeit vor Ort gewährleisten zu können. Die jetzige Lösung dürfte aber eher der besonderen Situation als dem effizienteren Funktionieren der

Institutionen geschuldet sein. Die Phase der Unsicherheit war beim jetzigen Übergang für die Akteure länger als sonst.

Anwendung der LEADER-Methode auch in anderen EU-Fonds möglich

Der 2014 bis 2020 von der EU erstmals aufgelegte *CLLD-Ansatz (Community Led Local Development)* wird weitergeführt. CLLD bedeutet, dass die seit nunmehr rund 30 Jahren bewährte LEADER -Methode nicht nur im ELER angewendet werden kann, sondern auch im EFRE, dem ESF oder gegebenenfalls dem Europäischen Meeres-, Fischerei- und Aquakulturfonds (EMFAF). Im ELER wird der Ansatz weiterhin »LEADER« genannt, in den weiteren EU-Fonds »CLLD«. Wie bisher gilt die verbindliche Vorgabe, dass fünf Prozent der ELER-Mittel für LEADER verwendet werden müssen, für die anderen Fonds gibt es eine vergleichbare Vorgabe hinsichtlich CLLD nicht. Das heißt, die Nutzung von CLLD bleibt eine freiwillige Angelegenheit. Welche der Bundesländer in Deutschland die Möglichkeiten von CLLD nutzen werden, ist zum Redaktionsschluss dieses *Kritischen Agrarberichts* noch offen; in Sachsen-Anhalt z. B. ist eine erneute Anwendung von CLLD geplant.

Wie dargestellt, fließt ein Teil der Wiederaufbaumittel in den ELER. Die Bundesarbeitsgemeinschaft der Lokalen Aktionsgruppen (BAG-LAG) hatte im Dezember 2020 in einer Stellungnahme auf die Möglichkeiten von LEADER hingewiesen, beim Wiederaufbau beizutragen.[8] Die verpflichtende Fünf-Prozent-Regel für LEADER kommt hier aber nicht zur Anwendung. Bestimmte Förderbereiche sind bei den Wiederaufbaumitteln im ELER vorgeschrieben und mit Mindestwerten bei Aufteilung der Mittel hinterlegt (in den Verhandlungen als *ringfencing* bezeichnet). Außerdem ist eine Vorgabe, dass das vorherige Niveau der Ausgaben im Bereich Umwelt und Klima gehalten werden muss (*no-regression*-Klausel). Dieses Zusammenspiel aus *no-regression* und *ringfencing* macht es den meisten Bundesländern unmöglich, LEADER aus den Wiederaufbaufondsmitteln zu bedienen.

Erfreulich: Förderverfahren werden vereinfacht und Vorgaben gelockert

Die Vorgaben zur Abgrenzung für LEADER-Regionen werden künftig etwas gelockert: Für die Einwohnerzahlen der Regionen gibt es keine Unter- und Obergrenzen mehr. Bei der Zusammensetzung der LAG wird gefordert, dass keine Interessensgruppe die Beschlüsse dominieren darf. Vereinfachte Kostenoptionen über Pauschalen sollen künftig die Chance bieten, die Prozesse zu erleichtern. Eine erfreuliche Nachricht: Nach Initiativen von Bund und einigen Regionen, auch aus anderen Mitgliedstaaten, liegt ein Vorschlag der Kommission vor, den Freistellungstatbestand für LEADER in die Allgemeine Gruppenfreistellungsverordnung (AGVO) aufzunehmen. Mit der AGVO werden bestimmte Gruppen von staatlichen Beihilfen für vereinbar mit der Arbeitsweise der EU erklärt, sofern sie bestimmte Voraussetzungen erfüllen. Sie sind dann von der Pflicht zur vorherigen Anmeldung bei der Kommission freigestellt, wodurch Mitgliedstaaten öffentliche Fördermaßnahmen ohne vorherige Genehmigung durch die Kommission direkt durchführen können – kurzum, die Förderverfahren werden vereinfacht. Die genaue Umsetzung in der Praxis wird abzuwarten sein. Die Botschaft aus dieser Neuerung ist aber, dass es sich durchaus lohnt, sich für seine eigenen Belange einzusetzen!

Wie alle Bereiche des GAP-Strategieplans soll sich auch LEADER zukünftig stärker an den Ergebnissen orientieren. Das Verwaltungs- und Kontrollsystem soll weniger als bisher auf Details im Verfahren fokussiert sein, sondern vielmehr auf die Wirkung der umgesetzten Projekte. Zum Redaktionsschluss dieses *Kritischen Agrarberichts* gab es Hinweise, dass die LAGs künftig noch stärker in die Evaluierung involviert werden sollen. Wie die genauen Vorgaben dazu aussehen werden, bleibt abzuwarten. Unabhängig davon ist es für die Regionen aber ohnehin anzuraten, das eigene Tun zu beobachten und zu erfassen. So kann der Mehrwert von LEADER aufgezeigt werden, denn LEADER ist mit seinen Kernelementen wie Beteiligung, Kooperation und so weiter ja weit mehr, als nur ein Förderprogramm.

Wie in den letzten Förderperioden gibt es Aufrufe der Bundesländer, sich als Region mit einer Entwicklungsstrategie für die kommende Förderperiode zu bewerben. Die Erstellung der Entwicklungskonzepte soll Mitte 2022 abgeschlossen sein, die Periode startet dann voraussichtlich ab 2023.

Lieferkettengesetz und das »Klimaurteil« des Bundesverfassungsgerichts

Seit vielen Jahren sind Lieferketten ein Thema in der Regionalentwicklung. Sie werden vor allem im Zusammenhang mit regionalen Wertschöpfungsketten diskutiert, die möglichst lückenlos nachvollziehbar aus der Region sein sollten. Diese Logik der Nachvollziehbarkeit findet nun auch global ihren Niederschlag, und zwar nicht mehr nur auf freiwilliger Basis wie bei Gütesiegeln oder Ähnlichem: Mit dem *Lieferkettensorgfaltspflichtengesetz (LkSG)* vom Juni 2021 wird die Verantwortung deutscher Unternehmen für die Achtung von grundlegenden Menschenrechten in globalen Lieferketten erstmals verbindlich geregelt. Insbesondere soll es das Verbot von Kinderarbeit durchsetzen; auch Umweltbelange sind relevant, etwa wenn es um den Schutz der menschlichen Gesundheit geht. Das Gesetz gilt ab 2023 für Unternehmen mit mehr als 3 000 Mitarbeitenden und ab 2024 für Unternehmen mit mehr als 1 000 Mitarbeitenden.[9]

Das Gesetz hat viel Diskussion hervorgerufen. Auf der einen Seite wird kritisiert, dass es nicht schnell genug umgesetzt wird, dass zu wenige Unternehmen überhaupt betroffen sind (2023 lediglich 900, ab 2024 dann knapp 5 000 Unternehmen), und auch, dass keine europäische Lösung gefunden wurde. Auf der anderen Seite stehen Bedenken, dass die Anforderungen von vielen Unternehmen nicht erfüllt werden können oder die Kontrollen aufwendig sind. Wie die Umsetzung anlaufen wird, wird sich zeigen. Fakt ist, dass Deutschland mit diesem Gesetz eine Vorreiterrolle eingenommen hat. So wichtig Regionalentwicklung ist, dürfen doch globale Aspekte nicht vernachlässigt werden.

Lieferkettengesetz: Deutschlands Vorreiterrolle

Ebenfalls viel Aufsehen erregt hat der *Beschluss des Bundesverfassungsgerichts vom März 2021*, in dem entschieden wurde, dass die Regelungen des Klimaschutzgesetzes vom Dezember 2019 mit den Grundrechten unvereinbar sind, und zwar weil hinreichende Maßgaben für die weitere Emissionsreduktion ab 2031 fehlen. Der Hintergrund war, dass spätere Minderungen der Emissionen immer dringender und kurzfristiger erbracht werden müssten, wodurch die Freiheitsrechte der heute zum Teil noch sehr jungen Beschwerdeführer verletzt würden.[10] Damit hat das Thema »Generationengerechtigkeit« im Klimaschutz nun Verbindlichkeit bekommen. Die ältere Generation muss mehr Verantwortung übernehmen, denn junge Menschen haben das Recht auf eine gute Zukunft. Die Bundesregierung hat auf das Urteil hin die Klimaschutzvorgaben angepasst und das Gesetz geändert. Die Novelle ist am 31. August 2021 in Kraft getreten. Bereits 1987 war im sog. Brundtland-Bericht formuliert worden, dass im Sinne einer nachhaltigen Entwicklung die Möglichkeiten künftiger Generationen nicht gefährdet werden dürfen, ihre Bedürfnisse zu befriedigen. Insofern ist zu hoffen, dass das nun erfolgte Urteil eine Signalwirkung hat, die zu einer stärkeren Verbindlichkeit dieser Idee auch in der nachhaltigen Regionalentwicklung führt.

Instrumente, die Überzeugungsarbeit beinhalten

Ein Instrument, das auf europäischer Ebene stark auf Überzeugung setzt, ist die Territoriale Agenda. Unter deutscher Ratspräsidentschaft haben sich im Dezember 2020 die für Raumordnung, Raumentwicklung und territorialen Zusammenhalt zuständigen Ministerinnen und Minister der Europäischen Union auf die Territoriale Agenda 2030 verständigt. Die Agenda bildet den Rahmen zur Förderung des territorialen Zusammenhalts in Europa. Übergreifende Ziele sind ein gerechtes Europa (»Just Europe«) und ein grünes Europa (»Green Europe«).[11] Die Raumordnung hat insofern eine interessante Position im Geschehen, als sie kein europäisches Mandat hat. Dennoch wäre gerade ihre koordinierende Funktion geeignet, um bestimmte Fragestellungen mit großräumiger Relevanz zielgerichteter aufgreifen zu können.

Raumordnung auf europäischer Ebene bleibt kommunikative Aufgabe

2021 rapide an Bedeutung gewonnen hat das Konzept der *Regionalen Resilienz*. Gemeint ist – sehr grob gesagt – die Widerstandsfähigkeit gegen Krisen. Bereits vor Jahren ist das Thema unter anderem im *Kritischen Agrarbericht* behandelt worden,[12] in den letzten Jahren gab es einige Pilotprojekte dazu.[13] Jedoch hat der Begriff bislang nie dieselbe öffentliche Wahrnehmung erlangt wie aktuell.

Der Begriff Resilienz wird in den diversen EU-Unterlagen zum Aufbauinstrument verwendet (ohne dort jedoch im Detail definiert zu werden). Die DVS hat das Konzept regionaler Resilienz beim bundesweiten LEADER-Treffen 2021 aufgegriffen. Unter anderem in Bayern gibt es Vorgaben der LEADER-Programmstellen, dass Resilienz bei der Erstellung der Lokalen Entwicklungsstrategien zu berücksichtigen sei. Ein Blick ins benachbarte Ausland zeigt dort ähnliche Entwicklungen: Das *regiosuisse*-Wissenschaftsforum 2021 widmete sich unter dem

Titel »Visionen, Entwicklungsansätze, Politiken und Instrumente für eine resiliente Entwicklung in Regionen und Agglomerationen« einer resilienten Entwicklung.

Regionale Resilienz ist für alle möglichen Lebensbereiche und Themen anwendbar. Sie benennt Probleme am Kern, ohne zu beschönigen. Sie unterstützt Ideen von mehr Vielfalt und Innovation und greift dafür auf bestehende Potenziale zurück. Resilienz kann gelingen, wenn sich Menschen aktiv einbringen. Anforderungen wie etwa an die bayerischen LAGs, in ihrer Arbeit Aspekte der Resilienz stärker zu berücksichtigen, sind insofern mehr als folgerichtig.

Beiträge von Regionalmanagements zur Bewältigung der Krisen und ihrer Auswirkungen

Inwieweit Regionalmanagements oder etwa lokale LEADER-Aktionsgruppen konkret zur Bewältigung der Krisen und ihrer Auswirkungen beitragen, ist bislang nicht systematisch erfasst. Bezüglich der Pandemie wurden auf verschiedenen Ebenen einige Beispiele gesammelt, diese sind aber insgesamt wenig aussagefähig.[14]

Laut der weiter oben genannten DVS-Umfrage unter LAGs sehen lediglich 57 Prozent der Befragten der LAGs in LEADER überhaupt ein geeignetes Instrument, um den durch die Corona-Krise verursachten Herausforderungen in der Region zu begegnen. 43 Prozent der Befragten sind der Meinung, LEADER sei kein Mittel dafür. Begründet wird dies unter anderem mit fehlender Flexibilität und fehlender Schnelligkeit des Programms sowie mit der zu geringen finanziellen Ausstattung von LEADER.

LEADER-Aktionsgruppen: möglicher Beitrag zur Krisenbewältigung

Auch wenn es gut und ehrenwert ist, in solchen Umfragen aufgrund eigener eingeschränkter monetärer und personeller Möglichkeiten realistisch zu bleiben, bleibt doch der Eindruck, dass sich die Akteurinnen und Akteure aus Regionalmanagement und Regionalentwicklung noch stärker in die Krisenbewältigung einbringen könnten. Ihre Kenntnis dessen, was für die Region nötig ist, ihre bestehenden Netzwerke und Beteiligungsstrukturen sowie ihr breiter Erfahrungsschatz mit Kooperationen, mit aktiver Partizipation und mit Fördermitteln sind Potenziale, die noch stärker genutzt werden sollten. Angesichts der Größe der Herausforderungen wäre es erfreulich, wenn die Akteurinnen und Akteure der Regionalentwicklung hier weit weniger Bescheidenheit bezüglich ihres eigenen Tuns anlegten.

Wird die Regionalentwicklung in diesem Geschehen künftig an Bedeutung verlieren, weil Mittel für Projekte fehlen, die letztlich oft doch nur Kür sind? Oder wird sie an Bedeutung

Fünf Kernforderungen an die neue Bundesregierung – aus Sicht der Regionalentwicklung

1. Die Förderlandschaft muss insgesamt übersichtlicher und schlanker werden. Das heißt: Für bestimmte Aufgaben braucht es eine Grundfinanzierung ohne spezielle Fördertöpfe. Für die Regionalentwicklung können Regionalbudgets, Schirmprojekte usw. eine Vereinfachung schaffen.
2. Es braucht einfachere und klare Spielregeln für Fördermittel. Dies betrifft insbesondere das Wettbewerbsrecht und Themen wie Auftragsvergabe. Hier sollten gerade für kleinere Vorhaben mit Bürgerbeteiligung Vereinfachungen geschaffen werden, etwa durch das Arbeiten mit Pauschalen.
3. Wo Förderungen mit Konditionen verbunden sind, müssen diese auch klar eingefordert werden – nicht im Sinne bürokratischen Aufwands zur Prüfung formeller Vorgaben, sondern insofern als die Mittel tatsächlich im Sinne einer nachhaltigen Entwicklung verwendet werden.
4. Die Entstehung von Produkten muss weiter transparent und nachvollziehbar gemacht werden, in ihrer Herkunft und in ihrer Qualität. Förderungen für schädliche Produkte sowie von Transportkosten müssen eingestellt werden. Es braucht ehrliche Preise für Produkte – ob regionaler oder globaler Herkunft.
5. Krisenbewältigung darf nicht zu einem »zurück wie vorher« führen, sondern muss Themen zur Transformation aufgreifen. Dazu gehört es beispielsweise eine aktive Auseinandersetzung der Regionen mit Konzepten wie regionaler Resilienz einzufordern, aber auch (unbequeme) Themen wie Verzicht oder Suffizienz anzusprechen. Es bedeutet, dass auch in der Regionalentwicklung die Idee vom dauerhaften (Wirtschafts-)Wachstum in Frage gestellt werden muss.

Icon: Gerald Wildmoser

gewinnen, weil sie mit ihrem vielfältigen Instrumentarium ganz andere Möglichkeiten hat, Probleme anzugehen als kommunale Verwaltungen oder einzelne Unternehmen? Viele Weichen für die nächsten Jahre in der Regionalentwicklung sind nun gestellt. Was die weitere Ausgestaltung insbesondere innerhalb Deutschlands angeht, bleibt abzuwarten. Vieles wird davon abhängen, welchen Weg die neue Bundesregierung einschlagen wird. Unbestritten ist, dass die Herausforderungen groß bleiben.

Anmerkungen

1 T. Chilla, O. Kühne und M. Neufeld: Regionalentwicklung. Stuttgart 2018.
2 DVS: Befragung der LEADER-Aktionsgruppen – Ergebnisse. 2021 (www.netzwerk-laendlicher-raum.de/dorf-region/leader/lag-befragung-2021/).
3 Internationale Grüne Woche Berlin: Abschlussbericht – Erfolgreicher Abschluss der IGW Digital. 2021 (www.gruenewoche.de/de/presse/pressemitteilungen/news_339.html?referrer=/presse/pressemitteilungen/#news-de-339)
4 Beispielsweise die Dokumentation des bundesweiten LEADER-Treffens 2021 der Deutschen Vernetzungsstelle Ländliche Räume mit Informationen zur neuen Programmperiode und zu regionaler Resilienz unter: www.youtube.com/watch?v=A5KGQIPqliU&t=11s.
5 Nähere Infos unter www.coworker.com.
6 Coworking – Deutsche Vernetzungsstelle Ländliche Räume. Nähere Infos unter www.netzwerk-laendlicher-raum.de/dorf-region/coworking/.
7 European Union: The EU's 2021-2027 long-term budget and NextGenerationEU. Facts and figures. Luxembourg 2021.
8 BAG-LAG: LEADER-bezogene Maßnahmen zur Bindung von Mitteln des Aufbauinstruments NextGenerationEU. Stellungnahme der Bundesarbeitsgemeinschaft der LEADER-Aktionsgruppen (BAG LAG) in Abstimmung mit der Deutschen Vernetzungsstelle Ländliche Räume. 2020 (www.baglag.de/info-service/downloads/).
9 Bundesministerium für wirtschaftliche Zusammenarbeit und Entwicklung (BMZ): Fragen und Antworten zum Lieferkettengesetz. Berlin 2021 (www.bmz.de/de/entwicklungspolitik/lieferkettengesetz).
10 »Bundesverfassungsgericht: Verfassungsbeschwerden gegen das Klimaschutzgesetz teilweise erfolgreich.« Pressemitteilung des Bundesverfassungsgerichts Nr. 31/2021 vom 29. April 2021 (www.bundesverfassungsgericht.de/SharedDocs/Pressemitteilungen/DE/2021/bvg21-031.html).
11 Nähere Infos unter www.territorialagenda.eu/de/.
12 U. Hahne: Regionale Resilienz. Eine neue Anforderung an die ländliche Entwicklung und die künftige Regionalpolitik der EU. In: Der kritische Agrarbericht 2013, S. 155–160.
13 Siehe dazu den Beitrag von Alistar Adam-Hernández und Christian Förster in diesem *Kritischen Agrarbericht* (S. 206–210).
14 Das Europäische Netzwerk für Ländliche Entwicklung hat Initiativen gesammelt, hier ist nur ein Projekt aus Deutschland eingetragen (https://enrd.ec.europa.eu/rural-responses-covid-19-crisis_en). Die BAG-LAG hat eine Broschüre *LEADER in Deutschland. Stark in der Krise!* herausgegeben, in der aber nicht in allen Projektbeispielen ein klarer Bezug zur Krise erkennbar ist (www.baglag.de/info-service/downloads/).

Dr. Sabine Weizenegger
Allgäuerin und Geographin, war über 15 Jahre Regionalmanagerin und ist jetzt freiberufliche Beraterin rund um die Regionalentwicklung.

weizenegger@akteure-und-regionen.de
www.akteure-und-regionen.de

◉ *Schwerpunkt »Preis Werte Lebensmittel«*

Nachhaltigkeitsgüter bewerten und bezahlbar machen

Die Regionalwert-Leistungsrechnung am Beispiel von Haus Bollheim

von Christian Hiß

Die Landwirtschaft muss nachhaltiger wirtschaften, weniger Schäden an den natürlichen Grundlagen verursachen und widerstandsfähiger gegen Krisen und Instabilitäten aller Art werden. In dieser Forderung sind sich mittlerweile viele Akteure aus Wissenschaft, Wirtschaft, Politik und Gesellschaft einig. Doch was heißt nachhaltig Wirtschaften und wie kann es gemessen, bewertet und in das Handeln integriert werden? Die Regionalwert AG Freiburg hat in den vergangenen Jahren unter dem Arbeitstitel »Richtig rechnen in der Landwirtschaft« in Zusammenarbeit mit verschiedenen Akteuren aus Praxis, Gesellschaft und Wissenschaft einen methodischen Vorschlag erarbeitet, wie nachhaltiges Wirtschaften im Betrieb erfasst und bewertet werden kann. Am Beispiel von Haus Bollheim werden die Methoden, Ergebnisse und Perspektiven der Regionalwert-Instrumente dargestellt und besprochen.

Von der Landwirtschaft wird auf breiter Ebene gefordert, nachhaltiger zu wirtschaften. Die EU-Kommission hat mir ihrer Farm-to-Fork-Strategie einen ziemlich ehrgeizigen, wenn auch vorläufigen und undifferenzierten Aktionsplan vorgelegt.[1] Auch der Abschlussbericht der Zukunftskommission Landwirtschaft spricht eine erstaunlich deutliche Sprache.[2] Nachhaltig Wirtschaften ist in diesem Zusammenhang eine beliebte Formulierung und schnell daher gesagt; bei der begrifflichen Bestimmung und der Definition der praktischen Auslegung dessen, was damit *gemeint* ist, wird es dagegen anspruchsvoll. Vor allem auch deshalb, weil es zahlreiche Wechselwirkungen zwischen den verschiedenen Zielen und Wirkungen nachhaltigen Wirtschaftens, dem gewohnten Wirtschaften mit seinen sozioökonomischen Abhängigkeiten und den Interessen der zahlreich beteiligten Anspruchsgruppen gibt. Viele, teils widerstrebende Ziele müssen bei der Betriebsführung, Planung und Unternehmenssteuerung ins Kalkül einbezogen werden. Da entsteht die Frage, nach welchen Regeln ein Betrieb künftig bewirtschaftet werden muss und wer die Rahmenbedingungen dafür vorgibt. Und die wichtigste Frage ist: Wer bezahlt die Tätigkeiten, Aufwände und Leistungen der Betriebe für nachhaltigeres Wirtschaften?

Eines lässt sich mit Sicherheit sagen: Für eine gelingende Transformation ist das Standortwissen und die Handlungshoheit der Landwirt:innen essenziell. Dafür braucht es praxisnahe Instrumente, mit denen im Betrieb gearbeitet und nach innen und außen Transparenz hergestellt werden kann. Nachhaltigkeit bezieht sich nicht nur auf ökologische Parameter, sondern schließt weitere Einflussfaktoren aus der Sozioökonomie mit ein. Der große Rahmen, an dem sich zukünftiges Wirtschaften auch in der Landwirtschaft messen lassen muss, ist die *Agenda 2030* der Vereinten Nationen mit ihren *Sustainable Development Goals.* Sie gliedern sich in 17 Felder mit 169 Unterzielen.[3] Die Finanzwirtschaft gilt als Schlüsselbranche der Transformation, sie muss ihre Geschäftspolitik künftig stärker an Nachhaltigkeitsfaktoren ausrichten. Dazu wurden vom Gesetzgeber die ersten regulatorischen Maßnahmen, wie die EU-Taxonomie erlassen. Diese wird auch die Landwirtschaft betreffen. Will ein Landwirt künftig mit Banken Investitionen finanzieren, muss er die Nachhaltigkeit seines Betriebes in irgendeiner Weise darstellen und nachweisen.[4] Auch vonseiten des Marktes wird der Anspruch auf Transparenz in Bezug auf seine Wirtschaftsweise aufgrund des steigenden Bewusstseins vieler Verbraucher:innen höher.[5]

Angesichts der großen Vermeidungspotenziale der Landwirtschaft für vielerlei ökologische und soziale Risiken und Schäden wäre es angebracht, der gesamten Landwirtschaft Mittel und Werkzeuge an die Hand zu geben, wie die große Transformation auf jedem Betrieb umgesetzt werden kann. Darauf aufbauend müssen Wege der Finanzierung dieser Leistungen gefunden werden. Die Verantwortung dazu allein dem Markt und den Verbraucher:innen zu überlassen, greift zu kurz. Es sind gerade die vielen Leistungen für das Gemeinwohl, die die Produktion verteuern. Und Leistungen für das Gemeinwohl sollten auch von allen Bürger:innen und nicht nur von den willigen Verbraucher:innen über den Kauf der Lebensmittel honoriert werden.

Es ist daher notwendig, nachhaltigem Wirtschaften in der Landwirtschaft einen Kriterien- und Bewertungsrahmen zu geben, an dem sich alle Betriebe bei ihrer Betriebsentwicklung und Betriebssteuerung orientieren können. Dieser muss aus der Landwirtschaft heraus entwickelt und als Vorschlag mit anderen Anspruchsgruppen, wie etwa den Konsument:innen, abgestimmt werden. Es reicht nicht mehr, dem Markt mit Produkten die Definitionsmacht über nachhaltiges Wirtschaften zu überlassen und über neue Labels die Transformation zu steuern. Label sind tendenziell zu standardisiert und werden den einzelbetrieblichen Leistungen und Risiken nicht gerecht.

Einzelbetriebliche Leistungsrechnung

Mit *»Richtig rechnen in der Landwirtschaft«* hat die Regionalwert AG Freiburg in Zusammenarbeit mit verschiedenen Akteur:innen aus Praxis, Gesellschaft und Wissenschaft eine Methode ausgearbeitet, wie die Leistungen zur nachhaltigen Betriebsführung erfasst und bewertet werden können. In zahlreichen Arbeitstreffen wurden Landwirt:innen in die Erstellung der Erfassungs- und Bewertungsmatrix einbezogen. Die Methode unterscheidet sind von anderen Ansätzen der Nachhaltigkeitsbilanzierung dadurch, dass Leistungen der Maßnahmen für nachhaltiges Wirtschaften gemessen und bewertet werden und nicht deren Wirkungen. Der Ansatz geht von der Bewertung und Bezahlung der Kosten für die Schadensvermeidung aus und nicht von den Kosten, die durch die Behebung der entstandenen Schäden nicht nachhaltigen Wirtschaftens entstehen. Dabei werden die Aktivitäten und Maßnahmen zur nachhaltigen Betriebsführung anhand von über 150 Leistungskennzahlen genau erfasst, interpretiert und monetär bewertet. Die Methode lehnt sich stark an die betriebliche Buchhaltung an, in der betriebliche Vorgänge finanziell erfasst werden. Neu daran ist, dass es nun Vorgänge sind, die das nachhaltige Wirtschaften betreffen und die bisher nicht differenziert ausgewiesen wurden. An zwei Beispielen kann das deutlich werden.

Beispiel eins: Kompost machen
Wenn ein Betrieb Maßnahmen zum Aufbau und der Erhaltung der Bodenfruchtbarkeit unternimmt, indem er z. B. Kompost herstellt, verursacht dies zwangsläufig Kosten in Form von Personal- und Sachaufwand. Bisher verschwanden diese Kosten im allgemeinen Aufwand. Die Buchhaltung bzw. die Auswertung der buchhalterischen Daten signalisiert dem Betrieb dann, wie auch seinen Anspruchsgruppen, dass Ineffizienzen vorliegen. Ein anderer Betrieb, der weniger Aufwand für die Erhaltung der Bodenfruchtbarkeit unternimmt, hat hierzu auch weniger Kosten: Er kauft sich Stickstoffdünger zu oder verzichtet einfach auf den Erhalt der Bodenfruchtbarkeit durch die Wahl bestimmter Fruchtfolgen oder eben auch durch Kompostwirtschaft. Nach der Buchhaltung wirtschaftet er – vermeintlich – effizienter. In Wirklichkeit baut er aber Bodenfruchtbarkeit ab und verliert dadurch an langfristigem Ertragswert und gefährdet nicht nur seine Ertragsfähigkeit, sondern auch seine Produktivität für Nahrungsmittel. Es ist bekannt, dass der Abbau von Bodenfruchtbarkeit weitere Leistungsfaktoren wie den Klima- und Wasserschutz berührt. Der Aufwand des Kompostmachens für den Erhalt der Bodenfruchtbarkeit und deren Leistungen müssen also nicht nur sichtbar gemacht werden, sondern auch in einen buchhalterischen Leistungswert übersetzt werden.

Beispiel zwei: die Dimension des Sozialen.
Ein Betrieb bildet junge Leute in einem agrarischen Beruf aus. Auch wenn der Auszubildende in der Produktion mitarbeitet, entstehen Aufwand und Kosten, vor allem Personalkosten. Ein anderer Betrieb bildet nicht aus und erspart sich diese Kosten. In der Konsequenz trägt der Betrieb, der ausbildet, zum Erhalt von Fachwissen bei, das für die langfristige Aufrechterhaltung der Landwirtschaft und damit der Nahrungsmittelversorgung notwendig ist. Der Betrieb, der nicht ausbildet, schafft kein junges Fachwissen, profitiert aber möglicher Weise davon, dass ein anderer Betrieb ausgebildet hat und ihm Fachkräfte zur Verfügung stellt.

Wie diese beiden Beispiele zeigen, können Leistungen zur nachhaltigen Betriebsführung buchhalterisch erfasst und in Geldwerten dargestellt und beurteilt werden. Dazu haben die Mitarbeiter:innen der Regionalwert AG Freiburg anhand von vier Betrieben in mehrjähriger Forschungs- und Entwicklungsarbeit über 150 Leistungskennzahlen ermittelt. Hinter den 150 Leistungskennzahlen liegt ein speziell entwickeltes Verfahren, wie man von den betrieblichen Aufwänden zur Bewertung der Einzelleistung kommt.[6] In Tabelle 1 und 2 sind die Geldwerte am Beispiel von Haus Bollheim aufgeführt.

Das Prinzip folgt der Logik der gewöhnlichen Buchhaltung. Eine Maßnahme wird erfasst, interpre-

Abb. 1: Vier Stufen für die Errechnung der Nachhaltigkeitsgüter

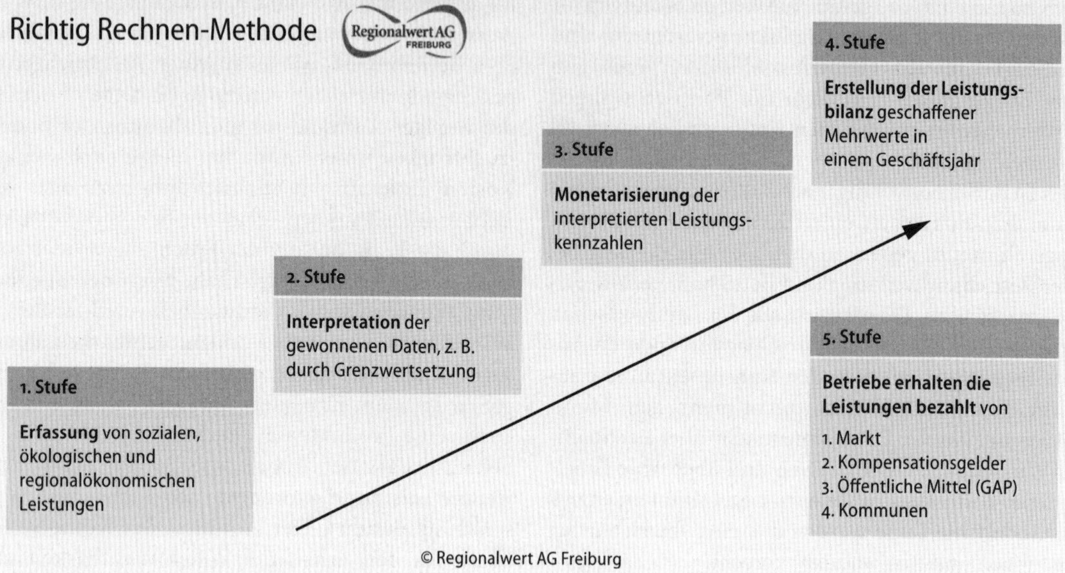

tiert und bewertet. Dies erfolgt über vier Stufen, die fünfte Stufe wäre dann die anzustrebende Bezahlung der ausgewiesenen Nachhaltigkeitsgüter aus noch zu erschließenden Quellen. Abbildung 1 zeigt dieses Schema zur Errechnung der Nachhaltigkeitsgüter.

Die Erfassungs- und Bewertungsstruktur der Regionalwert-Instrumente besteht aus vier Ebenen:

- den drei Dimensionen Ökologie, Soziales und Regionalökonomie;
- den acht Kategorien innerhalb der jeweiligen Dimensionen;
- den 51 Unterkategorien innerhalb der acht Kategorien und schließlich
- den über 150 Leistungskennzahlen, die eine Art Buchhaltungskonten darstellen.

Zu jedem Leistungsfaktor wurde von der Regionalwert AG ein Steckbrief geschrieben, in dem alle wichtigen Angaben hinterlegt sind. Aus den Ergebnissen der Forschungs- und Entwicklungsarbeit haben die wissenschaftlichen Mitarbeiter:innen der Regionalwert AG Freiburg die Instrumente *Regionalwert-Nachhaltigkeitsanalyse* und *Regionalwert-Leistungsrechnung* zur einzelbetrieblichen Analyse und monetären Leistungsrechnung entwickelt. Sie stehen seit Sommer 2021 als webbasierte Tools jedem Betrieb zur kostenpflichtigen Anwendung bereit.[7] Die Regionalwert-Leistungsrechnung zeigt dem Betrieb den Wert seiner Leistungen in monetären Ziffern, die Regionalwert-Nachhaltigkeitsanalyse erstellt auf den gleichen Eingabewerten eine Analyse in fünf Farbstufen, wo noch Potenziale zur Verbesserung bestehen und an welchen Kennzahlen bereits ausreichend nachhaltig gearbeitet wird.

Wichtig zu wissen ist, dass die Instrumente und die Systematik drei offene technische und fachliche Stellen haben, an denen die Wertgebung nachjustiert werden kann:

- die Liste der Leistungskennzahlen kann ergänzt oder verändert werden;
- die Grenzwerte der Interpretation sind flexibel und
- die Monetarisierungssätze können verändert werden.

Die Veränderung findet aber nicht beliebig, sondern nach einem definierten Prozess als Update-Version statt.

Praktische Anwendung – Betrieb Haus Bollheim

Einige Dutzend Betriebe haben bis zum Sommer 2021 die Regionalwert-Leistungsrechnung und die Regionalwert-Nachhaltigkeitsanalyse durchgeführt und ihre Ergebnisse in Arbeitsgruppen diskutiert. Einer der Betriebe war Haus Bollheim, ein seit 40 Jahren biodynamisch geführter Betrieb aus Zülpich in der Köln-Aachener Bucht. Der Betrieb bewirtschaftet ca. 250 Hektar, arbeitet sehr vielfältig, betreibt Ackerbau und Milchviehhaltung, Gemüseanbau und eine umfangreiche Direktvermarktung. Es werden Lehrlinge ausgebildet und es wird eine intensive Öffentlichkeitsarbeit gemacht. Der Gesamtumsatz beträgt circa 1,5 Millionen Euro aus Eigenproduktion. Hans von Hagenow, Betriebsleiter von Haus Bollheim, hat an der Verfeinerung der Instrumente mitgearbeitet. An seinem Beispiel werden im Folgenden die Methoden, Ergebnisse und Perspektiven der Regionalwert-Instrumente dargestellt und besprochen.

Der Betrieb Haus Bollheim hat im Wirtschaftsjahr 2019/2020 Nachhaltigkeitsgüter im Gesamtwert von 299.307 Euro geschaffen. Das sind 21,1 Prozent seines aktuellen Umsatzes und 1.354 Euro pro Hektar. Hinter der Summe verbergen sich die rund 150 einzelnen Leistungsziffern, die im Auswertungsdokument alle im Einzelnen aufgeführt und nachvollziehbar sind. Tabelle 1 gibt eine Zusammenfassung der Ergebnisse der Leistungsrechnung und die nachfolgenden Übersichten die nach Themenfeldern aufgegliederten Leistungsergebnisse.

Im Einzelnen, auf drei Themenfelder aufgegliedert, gibt es für die in Tabelle 2 und 3 gezeigten Kategorien jeweils Unterkategorien, deren Wert ihrerseits aus insgesamt 200 Leistungskennzahlen ermittelt wird.

Tabelle 2 zeigt die Ergebnisse der Leistungsrechnung im Themenfeld Ökologie. Der hohe Mehrwert der Stickstoffart in Höhe von 24.902 Euro ergibt sich dadurch, dass Herstellung und Ausbringung von Kompost direkt berücksichtigt werden und je höher der Anteil von Kompost (und Leguminosen) am gesamten Stickstoffeintrag desto besser. In Tabelle 3, mit den Themenfeldern Soziales und Regionalökonomie zeigt sich, dass Auszubildende, beschäftigtes Fachpersonal und Praktikanten besonders gut zu Buche schlagen.

Es gibt aber auch negative Leistungsergebnisse wie die Tabelle 2 im Bereich Stickstoffeinsatz und Torf ausweist. Die Berechnungen sind zwar grundsätzlich so angelegt, dass die positiven Nachhaltigkeitsleistungen der Landwirtschaft abgebildet werden. Bei einigen Kennzahlen ergeben sich aber bei niedriger Zielerreichung negative Werte (z. B. wenn wie in diesem Fall kein Torf zum Einsatz kommt und/oder kein Moorboden beackert wird). Ein weiteres Beispiel dazu ist der präventive Einsatz von Antibiotika in der Tierhaltung oder die Umwandlung von Dauergrünland und Mooren zu Bauland oder Ackerfläche.

Wenn wie beim »Huhn« (Tab. 3) eine Null ausgewiesen wird, bedeutet das, dass der Landwirt weder Nachzucht noch Schlachtung auf seinem Betrieb vornimmt. Die Leitungskennzahl bezieht sich auf die Kategorie »wirtschaftliche Souveränität«. Hier ergibt sich bei Haus Bollheim eine »Null«.

Tab. 1: Regionalwert-Leistungsrechnung – Haus Bollheim

Ergebnis der Leistungsrechnung

Betriebszweige: Ackerbau, Gemüsebau, Tierhaltung, Saatgutvermehrung, kurzfristiges Grünland, Dauergrünland, Handel, Weiterverarbeitung/Produktveredlung, Direktvermarktung (Hofladen oder ähnliches)

Nutztierarten: Milchviehhaltung, Rindermast, Legehennenhaltung

Ökologie	Bodenfruchtbarkeit	53.975 Euro
	Agrobiodiversität	76.135 Euro
	Klima & Wasser	– 2.906 Euro
	Tierwohl	55.565 Euro
Soziales	Fachwissen	58.632 Euro
	Betrieb in der Gesellschaft	23.617 Euro
Regionalökonomie	Wirtschaftliche Souveränität	26.675 Euro
	Regionale Wirtschaftskreisläufe	7.614 Euro
Summe	***Regionalwert-Leistungen***	***299.307 Euro***

Praktikable Durchführung

Die Eingabe der Daten erfolgt über die Erfassungsmaske auf der Internetseite www.regionalwert-leistungen.de. Hans von Hagenow benötigte für seinen sehr vielfältigen Betrieb und ein Geschäftsjahr nur circa fünf Stunden. Die Auswertung beider Instrumente erhält der Betrieb sofort und automatisch nach Abschluss der Eingabe per Mail. Dies ist durch die hinter der Eingabemaske liegenden Algorithmen möglich. Hans von Hagenow schätzte an den beiden Instrumenten besonders die einfache Eingabe der Daten und die praxisnahen Fragen. Er sagte: »Die Regionalwert-Leistungsrechnung und die Regionalwert-Nachhaltigkeitsanalyse haben mich überzeugt, weil sie im Verhältnis von Aufwand und Ergebnis für mich stimmt. Die Methode ist sehr nah an der praktischen Landwirtschaft entwickelt und bedient das Bedürfnis des Betriebsleiters nach Objektivität seiner Betriebsführung. Die Analyse zeigt mir, wo ich noch Entwicklungspotenziale habe, und die Leistungsrechnung stellt meine Leistungen in Geldwerten dar«.

Die Liste der Leistungen, die erfasst werden und die Bewertung der einzelnen Kennzahlen wurden auf der Basis von vier Einflussfaktoren vorgenommen. In jahrelanger Detailarbeit haben die Entwickler jede Leistungskennzahl auf ihre Relevanz hin überprüft und wenn sie der Diskussion Stand hielt, wurde sie in der Liste aufgenommen. Zum derzeitigen Stand sind es genau 163 aus den Dimensionen Soziales, Ökologie und Regionalwirtschaft. Im nächsten Schritt wurden die Grenzwerte festgelegt.

So z. B. bei der Leistungskennzahl »Ausbildung« (siehe Tab. 3). Es wurden wissenschaftliche Studien gesucht, die eine Aussage darüber treffen, wie viel Auszubildende es braucht, um die Zahl der Fachkräfte in der Landwirtschaft zu halten oder gar zu steigern. Empirische Daten wurden herangezogen, die die derzeitige Anzahl von Auszubildenden in der Landwirtschaft wiedergeben. Diese Zahlen wurden den Teilnehmer:innen der Workshops vorgelegt und mit ihrem Erfahrungswissen abgestimmt. Als vierte und wichtige Einflussgröße wurden in Workshops mit Bürger:innen die Position der »Gesellschaft« eingeholt. Aus diesen vier Größenangaben wurden dann die Grenzwerte und die Monetarisierungssätze in der Tabelle festgelegt und der entsprechende Algorithmus hinterlegt. Für den Betrieb Haus Bollheim ergab die eigene Lehrlingsausbildung dann einen Wert von 16.740 Euro.

Tab. 2: Auswertung der Dimension Ökologie für Haus Bollheim

Themenfeld I: Ökologie – Fruchtbares Wirtschaften		Geldwert
Kategorie »Bodenfruchtbarkeit«	Phosphorsaldo	1.090 Euro
	Stickstoffsaldo	7.550 Euro
	Stickstoffart	24.902 Euro
	Fruchtfolge	10.692 Euro
	Erosionsschutz	5.381 Euro
	Biodynamische Präparate	4.360 Euro
Kategorie »Agrobiodiversität«	Genetische Vielfalt Pflanzen	31.525 Euro
	Vielfalt Betrieb	24.179 Euro
	Schaffung von Lebensräumen	5.146 Euro
	Pflanzenschutz	9.514 Euro
	Grünlandbewirtschaftung	5.772 Euro
Kategorie »Klima und Wasser«	Phosphoreinsatz	2.180 Euro
	Stickstoffeinsatz	– 14.385 Euro
	Landnutzungsänderung	0 Euro
	Pflanzenschutz	9.514 Euro
	Torf	– 5.906 Euro
	Erosionsschutz	5.381 Euro
	Energie	310 Euro
Kategorie »Tierwohl«	Kraftfutter	7.131 Euro
	Liegeflächen	2.080 Euro
	Laufflächen	3.962 Euro
	Weidegang	13.889 Euro
	Fortpflanzung	1.300 Euro
	Zweinutzung	640 Euro
	Stallfläche	4.051 Euro
	Transport	538 Euro
	Krankheiten	13.677 Euro
	Eingriffe Tier	2.844 Euro
	Verbleib Muttertier	6 Euro
	Lebensleistung	5.448 Euro

Das eine Beispiel lässt erahnen, welch umfangreiche Arbeit sich die Akteure der Regionalwert AG Freiburg gemacht haben, um den landwirtschaftlichen Betrieb im Hinblick auf ökologische, soziale und regionalwirtschaftliche Nachhaltigkeitsleistungen zu erfassen und in der Abstraktion abzubilden. Die detailgenaue Arbeit und die betriebswirtschaftliche Herangehensweise sind letztlich auch die Voraussetzung dafür, dass wichtige Institutionen aus der Wissenschaft, der Wirtschaft, den Verbänden und der Politik aufmerksam wurden und daran interessiert sind.

Perspektive

Die Regionalwert-Nachhaltigkeitsanalyse und die Regionalwert-Leistungsrechnung können auf unterschiedliche Weise zum Einsatz kommen, um die Transformation der Landwirtschaft zu mehr nachhaltigem Wirtschaften zu unterstützen.

- Sie kommen in dem Projekt »regiosöl« des Instituts für Ländliche Strukturforschung (IFLS) mit Laufzeit von Sommer 2021 bis Sommer 2022 zur Anwendung.

Tab. 3: Auswertung der Dimensionen Soziales und Regionalökonomie für Haus Bollheim

Themenfeld II: Soziales – Menschen & Wissen		Geldwert
Kategorie »Fachwissen«	Fachkräfte	36.000 Euro
	Auszubildende	16.740 Euro
	Weiterbildungen	5.892 Euro
Kategorie »Betrieb in der Gesellschaft«	Praktika	13.200 Euro
	Pädagogische Initiativen	2.400 Euro
	Wissenstransfer	1.950 Euro
	Forschung	3.000 Euro
	Inklusion	3.067 Euro
Themenfeld III: Regionalökonomie – Resilienz in der Region		**Geldwert**
Kategorie »Wirtschaftliche Souveränität«	Wertschöpfung Rind	1.976 Euro
	Wertschöpfung Schwein	• Euro
	Wertschöpfung Huhn	0 Euro
	Veredlung	0 Euro
	Vertriebsstruktur	7.267 Euro
	Saisonarbeitskräfte	6.420 Euro
	Hofkreislauf	11.012 Euro
Kategorie »Regionale Wirtschaftskreisläufe«	Regionaler Umsatz	4.041 Euro
	Regionalität Handelsware	0 Euro
	Regionalität Futter	871 Euro
	Regionalität Saat- und Pflanzgut	915 Euro
	Regionalität Tiere	276 Euro
	Verpackung	1.511 Euro

In den Regionen Nordhessen und Rheinland werden 100 Betriebe die beiden Instrumente durchführen, um die Mehrwerte der Ökologischen Landwirtschaft für eine gesamte Region darzustellen. In dem Projekt werden von den Projektpartnern noch einige spezifische Leistungskennzahlen zusätzlich abgefragt, die regionale Wertschöpfungen betreffen. Das Projekt wird vom Bundesprogramm Ökologischer Landbau und andere Formen nachhaltiger Landwirtschaft (BÖLN) gefördert.

- Außerdem sind die Leistungskennzahlen der Regionalwert-Instrumente in der neuen Arbeitsgruppe nachhaltige Betriebswirtschaft des Kuratoriums Bauwesen und Technik in der Landwirtschaft (KTBL) Gegenstand der Bearbeitung.
- Eine Kommune aus Bayern will den landwirtschaftlichen Betrieben auf ihrer Gemarkung die Anwendung der Regionalwert-Leistungsrechnung empfehlen und stellt in Aussicht, die geschaffenen und nachgewiesenen Nachhaltigkeitsgüter aus öffentlichen Geldern zu bezahlen.
- Ein Verarbeiter möchte seinen 150 Lieferanten die Bezahlung von Prämien auf den Erzeugerpreis vom Ergebnis der Regionalwert-Leistungsrechnung abhängig machen.
- Der Demeter-Verband beteiligt sich an den Kosten, wenn seine Betriebe die Nachhaltigkeitsanalyse als Steuerungsinstrument durchführen.

Nicht zuletzt sind die Akteur:innen der Regionalwert AG der Überzeugung, dass sich ihre Methode eignet, um die Ausgleichszahlungen der Gemeinsamen Agrarpolitik (GAP) leistungsorientiert zu vergeben. Mit den bereits zur Verfügung stehenden finanziellen Mitteln könnte auf diese Weise die Transformation der europäischen Landwirtschaft finanziert werden. Kalkulatorisch würden die Finanzmittel aus den beiden Säulen dazu ausreichen.

Folgerungen & Forderungen

- Was in der Betriebsführung bisher als effizient galt, erweist sich immer mehr als ineffizient, weil die Schadensbehebung teurer ist als Schadensvermeidung.
- Unternehmensbilanzen müssen die realen Vermögensverhältnisse widerspiegeln, dazu zählen auch die natürlichen und sozioökonomischen Ressourcen eines Betriebs.
- Landwirtschaftliche Betriebe leisten viel für das Gemeinwohl und brauchen dafür eine finanzielle Vergütung. Die Finanzmittel der Gemeinsamen Agrarpolitik (GAP) wären dafür geeignet.
- Die Methoden der Erfassung und Bewertung dieser Gemeinwohlleistungen sind entwickelt und erprobt, jetzt muss die Politik handeln und umsetzen.
- Das Rahmenwerk für die betriebswirtschaftliche Erfolgsrechnung geben zukünftig die Nachhaltigkeitsziele der Vereinten Nationen vor. Jetzt müssen die Methoden und Instrumente der Unternehmenssteuerung darauf ausgerichtet werden.

Das Thema im Kritischen Agrarbericht

▸ Christian Hiß: Was leistet die Landwirtschaft wirklich? Über Nachhaltigkeit auf dem Land und die Reform der Finanzbuchhaltung. In: Der Kritische Agrarbericht 2020, S. 317–322.

Anmerkungen

1 European Commission: Farm to Fork strategy (https://ec.europa.eu/food/horizontal-topics/farm-fork-strategy_en).
2 Zukunftskommission Landwirtschaft: Zukunft Landwirtschaft. Eine gesamtgesellschaftliche Aufgabe. Empfehlungen der Zukunftskommission Landwirtschaft. Berlin (www.bmel.de/SharedDocs/Downloads/DE/Broschueren/abschlussbericht-zukunftskommission-landwirtschaft.pdf?__blob=publicationFile&v=9).
3 Die Bundesregierung: Agenda 2030 – die 17 Ziele (www.bundesregierung.de/breg-de/themen/nachhaltigkeitspolitik/agenda-2030-die-17-ziele).
4 »Nachhaltiges Finanzwesen und EU-Taxonomie: Kommission unternimmt weitere Schritte, um Geld in nachhaltige Tätigkeiten zu lenken«. Pressemitteilung der EU-Kommission vom 21. April 2021 (https://ec.europa.eu/commission/presscorner/detail/de/IP_21_1804).
5 Umweltbundesamt: Umweltbewusstsein in Deutschland (2021) (www.umweltbundesamt.de/themen/nachhaltigkeit-strategien-internationales/umweltbewusstsein-in-deutschland).
6 Siehe auch meinen Beitrag im Kritischen Agrarbericht 2020, S. 317–322.
7 Regionalwert-Leistungen: Landwirtschaft braucht Wertschätzung (www.regionalwert-leistungen.de).

Christian Hiß
Gärtner, Landwirt und Autor, Master of Social Banking and Social Finance, Gründer und Geschäftsführer der Regionalwert Leistungen GmbH.

c.hiss@rw-leistungen.de

Regionale Resilienz fördern

Ein Gespräch über Resilienz ländlicher Räume und neue Wege in der Regionalentwicklung

Alistair Adam-Hernández und Christian Förster

Die vielfältigen Krisenereignisse der letzten Jahre haben den Handlungsdruck auch in ländlichen Räumen verstärkt. Dabei wird immer deutlicher, dass die regionale Förderpolitik ausgetretener Entwicklungspfade (die zum Teil mit zu den Krisen, wie etwa den Klimawandel, geführt haben) verlassen muss. Ein zentraler Baustein dieses Umdenkens ist die Förderung der Widerstandsfähigkeit und Krisenfestigkeit bzw. Resilienz von Dörfern und Dorfgemeinschaften sowie auf deren Wandlungsfähigkeit. Konkret: der Aufbau und Erhalt lebendiger Sozialräume, die Umsetzung eines dezidierten Klimaschutzes vor Ort sowie die Initiierung und Förderung des sozialökologischen Umbaus der Wirtschaft. Alistair Adam-Hernández und Christian Förster loten in nachfolgendem Gespräch die Möglichkeiten der ländlichen Entwicklungsförderung und ihrer Konzepte aus, ob diese in der Lage sind, solche Veränderungsprozesse proaktiv zu fördern.

Herr Förster, Sie sind Integrierter Ländliche Entwicklungsmanager in Oberfranken und haben im Rahmen Ihrer Masterthesis zum Verständnis und bisherigen Anwendungen von Resilienz in der Regionalentwicklung geforscht.[1] Sie, Herr Adam-Hernández, arbeiten als wissenschaftlicher Mitarbeiter an der Akademie für Raumentwicklung in der Leibniz-Gemeinschaft, Hannover, und haben Ihre Dissertation über resiliente Dorfgemeinschaften in Europa geschrieben.[2] Was müssen wir unter Resilienz verstehen und warum wird das in Zukunft so wichtig?

Christian Förster: Ich denke, die Relevanz von Resilienz ist offensichtlich: Wir stecken in vielfältigen Krisen, akuten und langfristigen. Ständige und ineinander verzahnte Wandelprozesse in unserer Ökosphäre, im gesellschaftlichen Miteinander und unserem Wirtschaften zwingen uns andauernd zur Anpassung. Prinzipiell beschreibt Resilienz genau diese Fähigkeit, wobei diese idealtypischerweise proaktiv und reflexiv angelegt sein sollte. In den Fallstudien meiner Arbeit von 2018 standen die drei großen Krisen im Mittelpunkt: Klimawandel, demografischer Wandel und wirtschaftlicher Strukturwandel. Heute stünden auf dieser Liste mit Sicherheit Pandemien und einige dicke Ausrufezeichen hinter Klimawandel. In den Fallstudienregionen wurden diese Megatrends dann durch akute Gefährdungen konkretisiert wie Starkregen, Hochwasser und Dürren sowie durch Abwanderung, Überalterung und eine damit verbundene defizitäre Daseinsvorsorge mit einem bröckelnden Gemeinwesen. Die befragten Akteur:innen dieser Regionen wollten dem begegnen.

Was haben diese in Ihren Fallstudien praktisch unternommen, um mit all dem umzugehen?

Christian Förster: Der Fokus und die Herangehensweise unterschieden sich von Fall zu Fall. Das Ziel der Metropolregion Nordwest beziehungsweise des Vereins Metropolregion Bremen-Oldenburg im Nordwesten e.V. war, die Klimaresilienz des regionalen Wirtschaftssystems, das stark vom Welthandel und dem Logistiksektor geprägt ist, durch technisch orientierte Praxisprojekte und eine sog. integrierte *Roadmap of Change* zu erhöhen. In Bottrop war es ebenfalls die Wirtschaft, die man jedoch mittels partizipativer Wirtschaftsförderung hinsichtlich des Strukturwandels hin zur Resilienz transformieren wollte. In den stärker peripheren Fallstudien wie in der Integrierten Ländlichen Entwicklungsregion Arbeitsgemeinschaft Obere Vils-Ehenbach (AOVE) in der Oberpfalz oder der Verbandsgemeinde Daun in der Vulkaneifel sollte die regionale Resilienz wiederum genereller gestärkt werden. Hier lag der Fokus insbesondere auf sozialen Innovationen und der Selbstwirksamkeit ländlicher Gemeinschaften.

Herr Adam-Hernández, im Gegensatz zu Herrn Förster untersuchten Sie drei Dörfer in abgelegenen Regionen Englands, Spaniens und Deutschlands. Wie gelang es diesen Dörfern, die negative Abwärtsspirale abzuwenden?

Alistair Adam-Hernández: Meine Promotionsarbeit *Das Resiliente Dorf* analysierte drei sehr dynamische und gestaltungslustige Dorfgemeinschaften. Ländliche Resilienz bedeutete hier die Fähigkeit zur Selbstorganisation, der gemeinschaftlichen Selbstreflektion und Transformation von wichtigen Lebensbereichen, die angesichts des Strukturwandels auf dem Land gefährdet waren. Zusätzlich wichtig war, ob diese Orte Spielräume in der vielschichtigen Verwaltungsgliederung der jeweiligen Staaten hatten und ob es gemeinwohlorientierte Organisationen gab, die einen kollektiven Willen für Veränderung auch umsetzen konnten. Also, aus meiner Sicht, hat regionale oder ländliche Resilienz nicht nur mit einem kurzfristigen Reagieren auf Ereignisse zu tun, sondern mit einer kontinuierlichen, proaktiven und reflektierten Gestaltung des Wandels.

Die von Ihnen untersuchten Dorfgemeinschaften wurden also selbst aktiv und haben sich von innen heraus organisiert. Wie groß sind solche Handlungsspielräume für Dörfer?

Alistair Adam-Hernández: Klar, Gemeinden sind vielen regionalen wie örtlichen Bedingungen ausgesetzt, die sie gar nicht oder zumindest nicht von heute auf morgen ändern können. So z. B. eine periphere Lage oder die fehlende Wirtschaftskraft. Jedoch lag die Kunst eher darin, Möglichkeiten und Projekte für die Dorfentwicklung genau dort zu schaffen, wo niemand sie für möglich gehalten hätte. Die kollektive Kreativität und Kraft, die von einigen Vordenker:innen und Macher:innen immer wieder gezündet wurde, deckte ungeahnte Potenziale auf. Anhand neuer Geschäftsmodelle konnten sie Immobilien beleben und neue Dienstleistungen oder Treffpunkte für die Gemeinschaft ermöglichen.

Warum sollten wir uns mit Resilienz beschäftigen. Reicht nicht das Leitbild der Nachhaltigkeit, um die Richtung der notwendigen Wege anzugeben?

Christian Förster: Die Fragestellung ist berechtigt. Der Leitbegriff der Nachhaltigkeit existiert seit Jahrzehnten und der Bottom-up-Ansatz bzw. die Beteiligung von Bürger:innen und Organisationen in Planungsprozessen wird stärker gefordert. Das Konzept der Resilienz liefert hierbei zusätzlich Perspektiven und Einsichten und lässt uns das Fernziel, die Utopie der Nachhaltigkeit, nicht aus den Augen verlieren. Zugleich weist sie – bildlich gesprochen – auf die Strömungen, Riffe und das verkrustete Ruder hin, kurz auf Hindernisse, die es auf diesem Weg zu erkennen und zu überwinden gilt. Oder im Fachjargon eben: Vulnerabilitäten, Lock-Ins, Pfadabhängigkeiten und die zu nutzenden *windows of opportunity,* zu Deutsch Gelegenheitsfernster, welche Krisen eröffnen.

Alistair Adam-Hernández: Ich denke, der springende Punkt ist, dass uns Nachhaltigkeit sagt »wie wir handeln müssen«, um langfristig zu bestehen. Das Konzept der Resilienz hingegen vermittelt die Dringlichkeit: »Um die stattfindenden und kommenden Krisen zu überstehen, müssen wir jetzt und proaktiv handeln!« Damit hat Resilienz aktuell eine ungeheure diskursive Kraft.

Christian Förster: Die Frage ist doch: Wie können Regionen lern-, anpassungs- und wandlungsfähiger werden, um in den aktuellen und zu erwartenden Umbrüchen zu bestehen? Es hilft ja nicht, beispielsweise eine Wirtschaftskrise zu überstehen, wenn wir in der Folge die alten ausgetretenen Pfade weitergehen und damit Pfadabhängigkeiten weiter vertiefen, die z. B. die Klimakrise noch weiter zuspitzen. Hier gehen gesellschaftspolitische, systemische Fragestellungen mit Resilienz einher. Womit wir wieder bei der Hebelwirkung wären, denn die Transformation, der Pfadwechsel heraus aus der fossil angetriebenen, ressourcenintensiven und expansiven Entwicklung, wird immer dringender.

Wie kommen Resilienzansätze nun in die ländliche Entwicklung?

Christian Förster: Ich denke, ein zentraler Baustein für die Förderung von mehr Resilienz in der ländlichen Entwicklung wäre eine stärkere Verschneidung mit der Gemeinwesen- oder auch Sozialraumentwicklung. Der Aufbau lebendiger Sozialräume bedeutet die Befähigung lokaler Gemeinschaften, damit sie ihre Situation vor Ort reflektieren und für sich selbst aus einem konstruktiven Narrativ heraus die kreativen und angepassten Lösungen für ihre eigene Herausforderungen entwickeln. Klassische Ansätze wie Standortwettbewerb, Prestigeprojekte zur »Biographiearbeit für Politiker:innen« oder um sich nach außen zu vermarkten sowie ineffektive Ressourcenfresser wie die typischen »Lehrpfad«-Projekte, kofinanziert durch LEADER, würde ich künftig in der Entwicklungsförderung hintenanstellen wollen. Wie wäre es stattdessen mit Investitionen in vitalere Gemeinschaften, aufsuchende Bildungsarbeit, Empowerment, Kreativwerkstätten für unübliche Verdächtige mit Lust auf neue wirtschaftliche Experimentierfelder? Das ist sicher nicht der Weisheit letzter Schluss, wäre aber mein bevorzugter Ansatz.

Wie könnte Ihrer Erfahrung nach eine Regionalentwicklungspolitik aussehen, die Resilienz als Leitbegriff verankert und als strategischen Ansatz verfolgt?

Alistair Adam-Hernández: Resilienz fördernde, also gemeinschaftsstärkende und auch sozialökologische und wirtschaftlich nachhaltige Praktiken sind in vielen ländlichen Regionen teilweise angekommen, so die Förderung einer netzwerkartigen und sektorübergreifenden Zusammenarbeit, Kooperation und Beteiligung von Schlüsselakteur:innen. Allerdings stellt dies noch nicht die Regel dar und muss für mehr Resilienz deutlich intensiviert werden.

Können Sie uns dazu ein Beispiel geben?

Alistair Adam-Hernández: Ich meine, wir müssen zukünftig die Initiativ- und Kooperationsbereitschaft der Akteur:innen in den Kommunen stärken. Es geht nicht nur um ein kurzfristiges Reagieren im Katastrophenfall. Wir müssen proaktiv werden, Lösungen entwickeln, um den schleichenden und somit weniger bemerkbaren Zerfallsprozessen des wirtschaftlichen und demografischen Wandels entgegenwirken zu können. Dafür wird das koordinierte Denken und Handeln von Bürger:innen, Organisationen und Institutionen noch stärker gebraucht.

Christian Förster: In meinen Fallstudienregionen zeigte sich Folgendes. Die Verbandsgemeinde Daun gestaltete ihre Entwicklung mit Hilfe des Instituts für Regionalmanagement im sog. WEGE-Prozess, ausgeschrieben als »Wandel erfolgreich gestalten«. Hierin fanden unter anderem jährlich Symposien zu Themen regionaler Entwicklung statt, doch es wurde von der Verbandsgemeinde selbst auch eine Transition-Town-Ortsgruppe initiiert und in vier Modelldörfern mit den Bürger:innen vor Ort an resilienten Strukturen, beispielsweise für den Umgang mit Starkregen, gearbeitet. In den bayerischen Regionen wurden sog. »Mächler-Foren« für die Pioniere des Wandels organisiert. In der AOVE wurde ein Solidarischer Landwirtschaftsverein zur nachhaltigen, ökologischen und regionalen Lebensmittelversorgung projektiert. Auch die Unternehmer:innen-Plattform in Bottrop kann als Beispiel herangezogen werden. Der Konsens: aktiv Menschen vor Ort zusammenbringen, Krisenereignisse und -prozesse reflektieren, Vulnerabilitäten und Pfadabhängigkeiten identifizieren und gemeinsam an Anpassung und neuen Lebens-, Gemeinschafts- und Wirtschaftsformen arbeiten.

Alistair Adam-Hernández: Eine Vertiefung des Subsidiaritäts- und Verhältnismäßigkeitsprinzips mit mehr Ressourcen für Kommunen sollte an der Basis einer solchen Förderpolitik für ländliche Räume sein. Dabei sind Kommunen nicht einzig und allein für den Entwurf und die Umsetzung von allen Lösungen zuständig, sondern richten sich als agile Ermöglichungsplattformen neu auf und koordinieren bzw. dynamisieren deutlich intensiver den Austausch und die Zusammenarbeit öffentlicher, privatwirtschaftlicher und zivilgesellschaftlicher Akteur:innen. Dafür braucht es deutlich mehr professionell ausgebildete Kümmerer bzw. Prozessbegleiter:innen und Designer:innen, die sich diesen Aufgaben mittel- bis langfristig widmen.

Christian Förster: Mit anderen Worten: Es braucht mehr Mittel und mehr Mitarbeiter:innen für Projektmanagementaufgaben, Prozessbegleitung, kollektive Befähigung und Netzwerke – und entsprechende Programme, welche die Projektträger nicht überfordern.

Sind die ländlichen Kommunen nicht jetzt schon überlastet?

Alistair Adam-Hernández: Ja, die derzeitige Komplexität der Fördermittelabwicklung ist für private wie öffentliche Akteur:innen eine riesige Hürde geworden. Besonders in ländlichen Regionen, wo die Personaldecke recht dünn ist, wird die Belastung umso höher. Es braucht bemerkbare Anstrengungen in der Entbürokratisierung und Vereinfachung der Zugänglichkeit und Abwicklung. Supervision, Coaching und kollegiale Beratung wären sicher auch nicht verkehrt. Jedoch sind die grundlegend verfügbaren Ressourcen dafür noch eindeutig unzureichend. Wir sollten den Blick ebenfalls hin zu inhaltlichen Schwerpunktsetzungen in den Förderprogrammen wenden. Die sind schließlich maß- und richtungsgebend für die Regionalentwicklung. Aspekte wie Klimaneutralität, Stärkung regionaler und lokaler Wirtschaftskreisläufe, Gemeinwohlorientierung oder Demokratie- und Inklusionsförderung sollten viel stärker die Logik von Förderprogramme sowie der Projektauswahl prägen.

Christian Förster: Genau das versucht man ja gerade in Bayern. In einigen Modellregionen sollen anhand des strategischen Ansatzes der Resilienz die verschiedenen, räumlich überlappenden Entwicklungsstrategien wie Integrierte Ländliche Entwicklungskonzepte (ILEK) oder Regionale Entwicklungskonzepte (REK) unter einen Hut gebracht werden. Die Projektregion des abgeschlossenen Projekts »Resilienz im ländlichen Raum« der Klimakom eG, die Arbeitsgemeinschaft Obere Vils-Ehenbach (AOVE), hat Resilienz schon zum Kern ihres ILEKs gemacht.

Wenn Resilienz bedeutet, die ausgetretenen Pfade zu verlassen, Neues einzuüben – ist das nicht ein Widerspruch zur aktuellen Förderprogrammatik? Diese fordert Wirtschaftswachstum, Schaffung von Arbeitsplätzen etc.

Alistair Adam-Hernández: Das ist eine Frage der Anpassung, aber vor allem eine der Transformation unserer wirtschaftlichen Grundlagen und Ansätze. So wie bisher die Innovation ein fundamentaler Treiber in der regionalen Förderpolitik gewesen ist, muss ab sofort auch Exnovation – die Fähigkeit, nichtnachhaltige Nutzungssysteme, Prozesse, Praktiken oder Technologien abzuschaffen – als strategisches Ziel verankert werden. Dabei erscheint mir Dialog und Mediation sehr wichtig, da hier Konflikte und Auseinandersetzung vorprogrammiert sind.

Christian Förster: Ich bin weiterhin gespannt: Das werden intensive und auch anstrengende Veränderungsprozesse. Doch ich bin ehrlich begeistert vom Mut mancher Stadt- und Gemeindeverwaltungen, die z. B. autofreie Innenstädte einführen und ausweiten. Das sind mitnichten konfliktfreie, aber doch bewundernswerte Pilotprojekte.

Alistair Adam-Hernández: Ja, solche exnovativen Projektbeispiele sind bitter nötig. Zusätzlich brauchen wir die in unserem Gespräch bereits erwähnten konstruktiven Narrative. Einerseits erfordert das eine ehrliche Debatte über die Ernsthaftigkeit und Gefährlichkeit der Krisen, die uns in Gegenwart und Zukunft bedrohen, und was diese an Umstellungen unseres Alltags erfordern. Andererseits benötigen Menschen und Regionen – insbesondere in ländlichen und strukturschwachen Räumen – mehr denn je eine optimistische und glaubwürdige Entwicklungsperspektive.

Christian Förster: Der erlernten Hilflosigkeit aus dem endlosen Strom an Negativmeldungen müssen konstruktive Handlungsoptionen, eine positive Vision und ermutigende Geschichten entgegengesetzt werden. Kurz: Es gilt, die Pioniere des Wandels zu promoten.

Was heißt das alles konkret? Wie können die aktuell bekannten Instrumente der Regionalentwicklung umgestellt werden, damit sie zur Resilienz beitragen?

Christian Förster: Das Portfolio der Regionalentwicklung ist heute wirklich sehr breit und vielfältig: Instrumente der Regelförderung auf Landesebene werden mit Fördermaßnahmen vom Bund und aus Europa vielfältig ergänzt. In Entwicklungskonzepten sollte über die übliche SWOT-Analyse hinaus auch die Verwundbarkeit und Exponiertheit verschiedener Sektoren oder Gebiete analysiert, derzeitige und kommende Gefährdungen einbezogen und mit Resilienz fördernden Ansätzen ausgeglichen werden. Diese könnten als Initialmaßnahmen bzw. Startprojekte dienen.

Alistair Adam-Hernández: Außerdem reicht, meiner Erfahrung nach, die Diagnose der sektoralen Handlungsfelder wie Mobilität, Wohnen, Tourismus, Energie oder Landschaft nicht aus. Es bedarf des kritischen Blicks auf die untere, unsichtbare Seite des Eisbergs örtlicher und regionaler Entwicklung: die Steuerungsmechanismen und Gremien – die Governance der Förderprogramme, die Risiko- und Experimentierfreudigkeit von Akteur:innen, die Führungspraxis von Schlüsselpersonen sowie die Artikulationsfähig-

Folgerungen & Forderungen

- Handeln im Angesicht der Krisen und das Verlassen ausgetretener Pfade sind notwendiger denn je.
- (Integrierte) Ländliche Entwicklungspolitik soll ländliche Kommunen und dörfliche Gemeinschaften dazu befähigen, »krisenfester« bzw. resilienter zu werden. Dafür sind Ziele, Förderinstrumente und ihre Rahmenbedingungen in der ländlichen Entwicklungspolitik anzupassen.
- Resilienz im Kontext ländlicher Räume und Dorfgemeinschaften ist die Fähigkeit, auf gefährdende Wandlungsprozesse kurz-, aber auch langfristig proaktiv und erfolgreich zu reagieren.
- Dazu muss die Entwicklungspolitik neue Kriterien und Instrumente aufnehmen – auch sie muss die »alten Pfade« verlassen dürfen: die sog. Exnovation.
- Die Förderpraxis der ländlichen Entwicklung soll stärker das Gemeinwesen und den Sozialraum in ihren Blick nehmen, die Aufmerksamkeit auf »Pioniere des Wandels« in der Region lenken und so für Befähigung und konstruktive Narrative sorgen.
- Um Resilienz zu fördern, muss der Blick tiefer gehen und die untere Seite des Eisbergs örtlicher und regionaler Entwicklung beleuchten. Künftig berücksichtigt werden müssen unter anderem die Governance von Förderprogrammen, die Risikobereitschaft der Akteur:innen und die Führungspraxis von Schlüsselpersonen.

keit von Schlüsselpersonen und -organisationen im jeweiligen Handlungsraum.

Was muss sich dafür im Bereich der Fördertöpfe und Finanzierung ändern, um Resilienz zu fördern?

Alistair Adam-Hernández: Wir brauchen konkret eine stärkere Berücksichtigung der Anpassung an den Klimawandel bzw. des Klimaschutzes und der CO_2-Minderung. Ebenso muss die Förderung lokaler und regionaler Wirtschaftskreisläufe sowie die Stärkung der Demokratie und des sozialen Zusammenhalts in den Vordergrund rücken. Diese Aspekte sollten sich in den Projektauswahlkriterien widerspiegeln bzw. stärker gewichtet werden. Zusätzlich benötigen transformative und somit zwangsläufig riskantere Projekte intensiver begleitete und längere Inkubations- und Planungsphasen. Statt entfernte Bewilligungsinstanzen braucht es ein Projektauswahlgremium mit mehrheitlicher Verankerung in der Region und ausgeprägter Fachkompetenz. Schließlich sind nicht rückzahlbare Zuschüsse bei Projektmisserfolgen eher das Mittel der Wahl, wenn die üblichen Mitnahmeeffekte verhindert und echte Transformationen angestoßen werden sollen.

Christian Förster: Förderprogramme und Auswahlkriterien müssen in ihren Zielansprüchen großen Spielraum für Mittel und Wege lassen, diese zu erreichen. Schließlich geht es darum, Funktionen wie Mobilität und Nahversorgung zu gewährleisten, nicht Autos und Supermärkte zu fördern. Nur wenn Exnovation wirklich gefördert wird, können alternative Formen des Wirtschaftens und des Zusammenlebens Anwendung finden und Mainstream werden. Von besonderer Bedeutung sind schließlich regionale Pilotprojekte oder Reallabore mit den Pionieren des Wandels, welche die Aufmerksamkeit für Alternativen steigern und idealerweise gute Praxisbeispiele und Mut für Nachmacher:innen liefern.

Alistair Adam-Hernández: Ob wir es schaffen, die Resilienz ländlicher Regionen anhand einer angepassten Förderpolitik und dazugehörigen Entwicklungspraxis aufzubauen, wird sich noch zeigen.

Christian Förster: Eines macht uns Resilienz dabei klar: Um im stetigen Wandel zu bestehen, müssen ländliche Räume ihn mutig und proaktiv gestalten.

Das Thema im Kritischen Agrarbericht

- Ulf Hahne: Regionale Resilienz. Eine neue Anforderung an die ländliche Entwicklung und die künftige Regionalpolitik der EU. In: Der kritische Agrarbericht 2013, S. 155–160.

Anmerkungen

1 C. Förster: Regionale Resilienz. Konzepte und Anwendungen im deutschsprachigen Raum. Thesis zum M. Sc. Regionalentwicklung & Naturschutz an der Hochschule für nachhaltige Entwicklung Eberswalde 2018. 1. überarbeitete Version von 2019 einsehbar auf www.researchgate.net.

2 A. Adam-Hernández: Das resiliente Dorf. Eine interdisziplinäre Analyse von Akteuren, Lernprozessen und Entwicklungen in drei ländlichen Gemeinschaften Europas. Hochschulschriften zur Nachhaltigkeit 92. München 2021 (www.oekom.de/buch/das-resiliente-dorf-9783962383084).

Dr. Alistair Adam-Hernández
wissenschaftlicher Mitarbeiter an der Akademie für Raumentwicklung in der Leibniz-Gemeinschaft, Hannover.

adam@arl-net.de

Christian Förster
M. Sc. und *Integrierter Ländliche Entwicklungsmanager* der Kommunalen Allianz Burgwindheim-Ebrach in Oberfranken.

christian.foerster@posteo.de

Natur und Umwelt 6

Entwicklungen & Trends 2021

Eine neue Hoffnung?! – Die Krise der Natur und die (Ohn-)Macht der Politik

von Magnus Wessel und Caroline Lamps

Das Jahr 2021 steht im Rückblick für ein Jahr der anderen Art: eine andauernde Pandemie, welche zu Besinnung und Miteinander, aber auch zu politischen Konflikten und Unruhen führte; ein Superwahljahr, welches den Wunsch nach Veränderung in Sachen Klima und Biodiversität auf der Straße und an den Urnen laut werden ließ – und dann doch zeigt, dass deutsche Wahlberechtigte den Wunsch nach grundlegenden Änderungen zugunsten Klimaschutz und Biodiversitätserhalt nicht in Wahlverhalten umsetzen. »Und er bewegt sich doch« gilt aber auch für den Natur- und Umweltschutz: Ganz im Zeichen des Klimaschutzes stehende Entscheidungen des höchsten deutschen Gerichts, eine neue europäische Renaturierungsgesetzgebung und der Beginn der weltweiten Verhandlungen um den Schutz der biologischen Vielfalt bis 2030 zeichnen den Weg für 2022 vor. 2021 steht daher für den Aufbruch vom Wunsch und Ideal zur Realpolitik, vom globalen Ziel zur Praxis vor Ort. Das beinhaltet manche Ernüchterung (wie beim Insektenschutzgesetz), aber auch den Funken der Hoffnung: Die neue Koalition kann den Klimaschutz nicht mehr weitgehend von der tagespolitischen Agenda streichen, wie das lange Zeit Tradition war. Ganz besonderes Highlight für viele Engagierte: Gorleben ist 2021 endgültig Geschichte. Der deutsche Ground Zero der Atommülldebatte wird verfüllt und hoffentlich zu einem Ort, an dem zukünftige Generationen kopfschüttelnd und lachend stehen bleiben und sagen: »Was für ein Ausflug ins Absurdistan!«

Ein Jahr des Aufbruchs

Insektenschutz: gute Initiativen in den Ländern – Minimalkonsens auf Bundesebene

Dass das Insektensterben längst kein Mythos mehr ist, sondern der harten Wirklichkeit angehört, ist durch viele Studien belegt worden.[1] 2021 sollte das Jahr der Insekten werden. Das Jahr, in dem Maßnahmen und Gesetze für eine konkrete Trendwende hätten gesetzt werden können. Nachdem in den letzten Jahren einige Volksbegehren und -initiativen erfolgreich auf deutliche Verbesserungen und drastischere Veränderungen gedrängt hatten, war die Hoffnung auf das deutsche Insektenschutzgesetz groß. Nachdem der »Niedersächsische Weg« als Vorbild 2020 verabschiedet wurde und zum Start der größten Naturschutzoffensive des Landes werden könnte, gesellten sich andere regionale Erfolge dazu: In Brandenburg verbanden sich die Initiativen »Artenvielfalt retten! Zukunft sichern« und »Mehr als ein Summen«. Im brandenburgischen Naturschutzausführungsgesetz und dem brandenburgischen

Wassergesetz verpflichten sich die Beteiligten zu einem Pestizidverbot in Schutzgebieten und einem besseren Schutz der natürlichen Ressourcen und Gewässer. Des Weiteren sind Personalzuwächse und eine effektive Stärkung der Naturschutzziele inbegriffen. Die erfolgreiche nordrhein-westfälische Volksinitiative brachte das Thema auch dort auf die Agenda.

In diesem positiven Licht standen die längst überholten Verhandlungen zum Insektenschutzgesetz auf Bundesebene. Das Insektenschutzgesetz wurde auf politischer Ebene bereits mehrfach angekündigt. Es sollte das große Thema der politischen Agenda werden. Doch durch die massive durch Gruppierungen wie »Land schafft Verbindung« und Bauernverband befeuerte Polarisierung und Uneinigkeiten innerhalb der Ministerien und Parteien drohte dieses Projekt noch bis zuletzt zu scheitern. Am Ende entschieden sich aber Umweltministerin Svenja Schulze und Landwirtschaftsministerin Julia Klöckner für das große Prestigeobjekt 2021 zumindest einen Minimalkonsens durchzusetzen. Die großen Eckpunkte beinhalten vor allem mehr geschützte Biotope, weniger Pestizide vor allem in ausgewählten Schutzgebietskategorien und reduzierte Lichtverschmutzung. Ob diese Beschlüsse zu der erhofften Trendumkehr führen werden, ist jedoch mehr als fraglich. Über die beschlossenen Gesetze hinaus müssen jetzt somit konkrete Förderprogramme zum Artenschutz und besonders zum Insekten- und Wiesenbrüterschutz entwickelt und umgesetzt werden. Der effektive Schutz von Wildbiene, Heuschrecke und Co. in Stadt und Land bleibt damit eine wesentliche Aufgabe in der kommenden Legislaturperiode und für das kommende Jahr.

Große Erwartungen … Minimalkonsens erreicht

Ewige Baustelle: die intensive Landwirtschaft

2021 war auch das Jahr, in dem die Verhandlungen zur Gemeinsamen Agrarpolitik (GAP) zu einem Abschluss fanden. Im Rahmen der europäischen Trilog-Verhandlungen wurden über 400 Milliarden Euro in den nächsten sieben Jahren für Agrarsubventionen verhandelt. Die Ausgangsbedingung dieser Verhandlungen war aus Sicht des Natur- und Umweltschutzes extrem kritisch. Sowohl die betroffenen Agrarminister:innen als auch das Europäische Parlament hatten sich bereits Ende 2020 auf die Eckpunkte der GAP festgelegt. Diese sahen keinen großen Fortschritt im Vergleich zur letzten Förderperiode vor und plädierten eher für ein »Weiter so«. Eine Trendumkehr im Insekten- und Artensterben unter den jetzigen Rahmenbedingungen ist jedoch kaum zu schaffen, zumal die Ziele der Farm-to-Fork- und die EU-Biodiversitätsstrategie die Ergebnisse nicht prägen.

GAP: Trendumkehr beim Insekten- und Artenschutz kaum zu schaffen

Auch hier kommt auf die neue Bundesregierung eine große Aufgabe zu. Denn sie wird überprüfen müssen, ob die neue GAP bis Ende 2024 zu mehr Klima- und Umweltschutz beiträgt. Im Fall einer negativen Auswertung muss dann schnellstens nachgebessert werden. Denn wie die Zukunftskommission Landwirtschaft gezeigt hat, liegt die Zukunft der Landwirtschaft in ihrer Transformation. Die Kommissionsmitglieder aus Landwirtschaft, Wirtschaft, Wissenschaft und Verbraucher-, Umwelt- und Tierschutz haben im Juni 2021 ihren Abschlussbericht vorgelegt, in dem sie ihr Bild einer zukunftsfähigen Landwirtschaft vorstellten. Vieles setzt dabei Akzente in die richtige Richtung, so z. B. der Wunsch einer pauschalen Flächenprämie, die ökologische Bäuerinnen und Bauern honoriert.[2] Welche Auswirkungen die Beschlüsse der Zukunftskommission auf die Agrarpolitik der neuen Regierung haben werden, wird sich zeigen.

Und der Naturschutz? Ernüchternde Berichte und große Versprechen

Für den Naturschutz war 2021 in vielerlei Hinsicht ein Jahr der kleinen und größeren Entscheidungen, am Ende steht die nüchterne Analyse: Trotz großem öffentlichen Interesse spielte Naturschutz auf der politischen Bühne im Wahlkampf keine Rolle. Auch die Corona-Pandemie macht sich im Naturschutz auf unterschiedlicher Weise bemerkbar. Viele Projekte wurden durch finanzielle Kürzungen des Bundesprogramms für Biologische Vielfalt hart getroffen.

Der Naturschutz im Koalitionsvertrag startet jedoch mit großen Reparaturambitionen: Artenhilfsprogramme als Kompensation der zusätzlichen Belastungen durch die Energiewende und ein Aktionsprogramm Natürlicher Klimaschutz, Stärkung der Naturschutzfinanzierung, die Verwirklichung von 30 Prozent international und national gut funktionierender

Schutzgebiete, konkrete Aktionsprogramme für bedrohte Arten und Lebensräume und die Ankündigung einer nationalen Moorschutzstrategie stimmen hoffnungsvoll. Es fehlen jedoch konkrete Finanzierungszusagen und eine kohärente Strategie, den Treibern des Artensterbens zu begegnen. Besonders deutlich wird das beim Meeresschutz: mit falsch verstandener Beschleunigung von Bauvorhaben aller Art und geplanten 70 Gigawatt Offshore-Windenergie sind alle der angedachten Verbesserungen hart an der Grenze zur Makulatur. Ähnliches im Gewässerschutz: Die Entwicklung naturnaher Flusslandschaften und der unwirtschaftlichen Bundeswasserstrassen wird trotz ihrer besonderen Rolle für den Arten- und Klimaschutz, insbesondere als Hochwasservorsorge und Wasserrückhalt, weitgehend ignoriert.

Keine Strategie gegen die Ursachen des Artensterbens

Der *Auenzustandsbericht 2021* des Bundesministeriums für Umwelt, Naturschutz und nukleare Sicherheit (BMU) und des Bundesamts für Naturschutz (BfN) zeigt, wie schlimm es eigentlich um die deutschen Flussauen steht.[3] Nur einem Drittel der Flüsse stehen ihre Überflutungsflächen heute zur Verfügung. Nur noch ein schwindend geringer Teil der Flussauen sind ökologisch intakt – und von dem einst prägenden Auwald ist fast nichts mehr übriggeblieben. Seit über einem Jahrzehnt hat sich in der ökologischen Funktionsfähigkeit unserer aktiven Auen nichts getan. Ihr Zustand bleibt schlecht und verschlimmert sich sogar noch. Und welche Auswirkungen dies auf die Menschen und ihre Siedlungen haben kann, haben die Überschwemmungskatastrophen im Ahrtal und anderen Flussgegenden in Rheinland-Pfalz und Nordrhein-Westfalen drastisch gezeigt.

Flussauen: ökologisch kaum noch intakt

Es ist begrüßenswert, dass das Bundesumweltministerium erstmalig eine Nationale Moorschutzstrategie vorgelegt hat. Angesichts der herausragenden Bedeutung der Moore für den Schutz von Klima und biologischer Vielfalt war das längst überfällig. Die neue Moorschutzstrategie ist ein Schritt in die richtige Richtung. Bedauerlich ist, dass dieser Schritt noch sehr zaghaft ausfällt: Das Ambitionsniveau der Ziele und Maßnahmen ist viel zu gering, um Moore, Klima und Natur erfolgreich zu schützen. Die neue Bundesregierung muss hier noch einmal deutlich nachschärfen. Das Hauptziel muss sein, Moore zu renaturieren. Wo das nicht möglich ist, braucht es einen wirksamen Plan, wie die Moorböden langfristig klima- und naturverträglich bewirtschaftet werden können. Die von Bundesagrarministerium, Bundesumweltministerium und den Ländern nach den Wahlen verabschiedete Bund-Länder-Zielvereinbarung zum Moorbodenschutz greift hierfür viel zu kurz: So sollen bis 2030 Treibhausgasemissionen aus Moorböden lediglich um fünf Millionen Tonnen CO_2-Äquivalente pro Jahr reduziert werden. Zudem setzt die Vereinbarung ausschließlich auf das Prinzip der Freiwilligkeit. Die neue Bundesregierung muss daher gemeinsam mit den Ländern das Ambitionsniveau der Bund-Länder-Zielvereinbarung zum Moorbodenschutz anheben. Die neue Bundesregierung muss sich um den Moorschutz endlich so kümmern wie um den Klimaschutz und den Schutz der biologischen Vielfalt.

Mehr Ambition beim Moorschutz erforderlich

Ein anderes Ökosystem, welches massiv unter Druck steht, sind unsere Wälder. Bereits Ende des Jahres 2020 stand fest, dass der Trend bei Wildnis und Wald nicht gut aussieht. Die Bundesregierung hat ihr selbst gestecktes Ziel, bis 2020 auf zwei Prozent der Landesfläche große Wildnisgebiete auszuweisen, deutlich verfehlt. Noch nicht mal die Hälfte davon wurde umgesetzt. Der vom Bundeslandwirtschaftsministerium veröffentlichte Waldzustandsbericht verstärkte dann das Armutszeugnis und warnte deutlich vor einem neuen Waldsterben.[4] Der Wald ist durch Stickstoffeinträge, Dürre, intensive Forstwirtschaft sowie mangelhafte Jagd nach wie vor im Dauerstress. Auch hier wird in naher Zukunft eine Baustelle für Entscheidungsträger:innen aufkommen, denn wir benötigen eine echte Waldwende mit vorausschauendem Handeln durch eine enkeltaugliche und kluge Waldpolitik. So sollten in Zukunft nur Waldbesitzende, die ihre Wälder besonders ökologisch verträglich bewirtschaften und so der Allgemeinheit Gutes tun, Unterstützung erhalten. Für eine verfehlte, zu intensive Forstwirtschaft hingegen sollte künftig kein einziger Euro Steuergeld mehr fließen.

Ziele verfehlt: bei Wildnis und Wald

Die Bundesregierung steht jetzt vor der Aufgabe, die Waldstrategie 2050 anzupassen, ökologischer zu gestalten und eine Trendumkehr zu ermöglichen. Denn beim jetzigen Stand ist zu befürchten, dass Deutschland weder einen nennenswerten Beitrag zur Umsetzung der europäischen Biodiversitätsstrategie leisten noch die Ziele der Konvention über die biologische Vielfalt umsetzen wird. Nicht zuletzt das Scheitern der Novellierung eines veralteten Bundesjagdgesetzes ist ein Sinnbild für die bislang deutlich verpassten Chancen. Auch hier bleibt auf bessere Bereitwilligkeit und Engagement einer neuen Regierung zu hoffen. Denn eine Wende, um unseren deutschen Wald zu retten, sollte schon gestern passiert sein – und nicht erst irgendwann.

Statt Natur Stadtnatur? Die Rolle der Kommunen

Baugesetzbuch begünstigt weiteren Flächenverbrauch

Das Bremsen des Flächenverbrauchs erlitt 2021 eine deutliche Schlappe: Mit der Novelle des Baugesetzbuchs wurde § 13 b BauGB verstetigt, obwohl eine Untersuchung des Umweltbundesamts zeigt, dass Verfahren auf Basis von § 13 b BauGB die Neuninanspruchnahme von siedlungsnahen Freiflächen in besonderem Maß verstärken.[5] Lichtblick im Koalitionsvertrag: Ende 2022 soll § 13 b wieder eingestampft werden. Und zurecht: Vor allem kleinere, oft ländlich geprägte Gemeinden mit begrenzten Personalkapazitäten in der Verwaltung nutzen das Verfahren nach § 13 b, denn dieses wird als Vereinfachung der verfahrensmäßigen und materiellen Anforderungen gesehen. Dabei wird die Schaffung von kostengünstigem Wohnraum verfehlt: Über § 13 b werden vor allem Bauvorhaben in kleinem Maßstab, also Ein- oder Zweifamilienhäuser, geplant. Der dadurch geschaffene Wohnraum ist gering, insbesondere nicht günstig und trägt nicht zur Minderung der Wohnungsnot bei. Ob das Abschaffen des »Bau-ruhig-auf-der-Grünen-Wiese«-Paragrafen § 13 b im BauGB die drohenden Schäden für Lebensqualität und Gesundheit durch den angekündigten Bauboom in den Städten wett macht, bleibt abzuwarten.

Erfreuliche Gegenströmung gegen die Tatenlosigkeit auf Bundesebene 2021 ist die Zunahme bei der Gruppe der pestizidfreien Kommunen sowie der neu geschaffene Förderschwerpunkt im Bundesprogramm biologische Vielfalt zur Stadtnatur, der unter anderem lokale Biodiversitätsstrategien, Personal für aktive Begleitung des kommunalen Naturschutzes und praktische Projekte fördert. Die neue Bundesregierung muss hier durch die im Koalitionsvertrag versprochene finanzielle Stärkung des Naturschutzes und der Zusammenarbeit mit den Kommunen schnell Grundlagen für dauerhaftes Engagement legen.

Kommunaler Naturschutz gewinnt an Bedeutung

Besondere Stärkung ergibt sich auch aus Europa: Neben der gemeinsamen Verpflichtung, alle Kommunen über 20.000 Einwohner:innen mit eigenen Biodiversitätsstrategien zu versehen, liegt Ende 2021 die neue Partnerschaftsvereinbarung der EU-Regionalförderung EFRE vor. Grüne Infrastruktur, die Unterstützung lokalen Klimaschutzes und naturbasierter Lösungen zur Anpassung an die Folgen der Klimakrise werden nun bis 2028 gestärkt finanziert werden können. Es liegt jetzt in den Händen der Länder, diese Ziele durch gangbare Förderangebote und Hilfe bei der Beantragung Realität werden zu lassen.

Und das Klima? Die langersehnte Zeitenwende?

Regierungsversagen beim Klimaschutz

2021 stand auf vielfache Art im Zeichen des Klimas. Während Begriffe wie »Menschen gemachter Klimawandel«, »Klimaanpassung« und »Klimakrise« in unserer Gesellschaft – vor allem bei der Jugend – angekommen sind, erleben wir hautnah, welche Konsequenzen Tatenlosigkeit in der Zukunft haben könnte. Während in anderen Teilen der Welt von Temperaturrekorden seit Anfang der Wetteraufzeichnung und Waldbränden geredet wird, erlebt Deutschland einen kalten April und große Flutkatastrophen im Sommer. Obwohl sich die Weltgemeinschaft in dem Pariser Klimaabkommen auf eine Temperaturerhöhung von maximal 1,5 Grad Celsius im Vergleich zum vorindustriellen Zeitalter geeinigt hat, zeigt der *Sechste IPCC-Sachstandsbericht*[6] deutlich, dass ein Einhalten des Ziels schwer machbar sein wird. So ist Deutschland schon bei 1,6 Grad Celsius angelangt. Trotz internationaler Verpflichtungen scheitert also die deutsche Regierung, diese einzuhalten. Unwillig oder unfähig? Die Antwort ist auch hier offen.

Während auf politischer Ebene zunächst zögernd vom Ausbau der erneuerbaren Energie – besonders der Windenergie – gesprochen wird, plädieren Umweltverbände für einen schnellen naturverträglichen Ausbau solcher Energieformen. Nach wie vor fehlt es an einer verbindlichen Bund-Länder-Strategie, um das bundesweite und länderspezifische Strommengenziel für erneuerbare Energien, inklusive der dafür auf Länderebene notwendigen Flächen, zu erreichen. Auch die Öffentlichkeit wünscht sich mehr Einsatz von der Bundesregierung: mehr Wind an Land, mehr Fotovoltaik auf Dächern, weniger fossile Energien, weniger

Verbrennermotoren.[7] Anstatt solche Wünsche zu ermöglichen, wird der Ausbau verschleppt, nicht zuletzt durch nicht ausreichende Ausbaupfade in der Novelle des Erneuerbare-Energien-Gesetzes (EEG), welche Ende 2020 festgelegt wurde. Aktuelle Studien des Deutschen Instituts für Wirtschaftsforschung (DIW) halten einen auf 15 Gigawatt (GW) beschränkten Ausbau der Offshore-Windenergie in den kommenden zehn Jahren für vertretbar, damit der Meeresschutz bei der Energiewende ausreichend berücksichtigt wird.[8]

Insofern ist das Urteil des Bundesverfassungsgerichts vom 29. April 2021 zur Verfassungsbeschwerde gegen das Klimaschutzgesetz der Bundesregierung ein Meilenstein: Das Karlsruher Gericht hat entschieden, dass wir nicht auf Kosten der kommenden Generationen leben dürfen. Unsere Freiheit endet also dort, wo wir die Freiheit unserer Nachfahren riskieren. Dieses gerichtlich verbriefte Freiheitsrecht künftiger Generationen bedeutet eine neue Dimension in der Klimaschutzpolitik. Ende 2018 hatte der BUND in einem Bündnis die erste Klage vor dem Bundesverfassungsgericht eingereicht – und einen ersten Erfolg erzielt: Das Gericht bat die Bundesregierung um Stellungnahme. Nun, rund zweieinhalb Jahre später hat das Bundesverfassungsgericht über ein Umweltthema beschieden und höchstrichterlich klargestellt, wie wichtig der Klimaschutz ist. Das Novum? Es geht hier um Gerechtigkeit für die Jugend und zukünftige Generationen, die heute noch nicht mitreden können, aber deren Freiheiten durch heutiges Handeln bzw. Unterlassen eingeschränkt werden.

Bundesverfassungsgericht fordert mehr Klimagerechtigkeit

Das federführende Bundesumweltministerium hat dann eine atemberaubende Woche nach dem Urteil des Bundesverfassungsgerichts den Entwurf einer Neufassung des Klimaschutzgesetzes vorgelegt. Ein klarer Beleg, dass wenn die Politik möchte, sie auch kann. Auch wenn die Bundesregierung zwar deutlich verbesserte Ziele vorstellt, bleibt sie wie gewohnt bei den Maßnahmen zurückhaltend. Diese novellierte Fassung sieht vor, die Ziele mit einem Zeithorizont bis 2030 zu verstärken und bis dahin 65 Prozent weniger CO_2 freizusetzen gegenüber dem Vergleichsjahr 1990. Bis 2040 sollen es künftig 88 Prozent sein und bis 2045 soll die Klimaneutralität erreicht sein, also der Zustand, bei dem netto keine Treibhausgase mehr ausgestoßen werden. Die Regierung verpasst aber hiermit die Chancen, Maßnahmen einzuführen, die sofort das Klima wirksam schützen würden. (Dazu würde z. B. ein Tempolimit von 120 Kilometer pro Stunde auf Autobahnen gehören.) Denn ohne schnell umsetzbare und sinnvolle Instrumente wird guter Klimaschutz erneut vertagt. Umso bedauerlicher ist es, dass in den Verhandlungen mit der Union auf den letzten Metern nun auch die geplante Beteiligung von Vermieter:innen an den CO_2-Kosten beim Wohnen herausgeflogen ist. Nun müssen Mieter:innen die Mehrkosten alleine tragen. Klimaschutz hätte sozial-gerechter, günstiger und effektiver sein können als die Milliarden, die jetzt in teils zweifelhafte Förderprogramme und Subventionen für die Industrie gesteckt werden. Somit bleibt es Aufgabe der neuen Bundesregierung, endlich wirksame Maßnahmen nachzuschieben.

Klimaschutz erneut vertagt

European Green Deal – just transition oder politische Rhetorik?

Unterdessen beginnt die Umsetzung des europäischen Grünen Deal, um Europa zum ersten klimaneutralen Kontinent werden zu lassen. Vor allem die europäische Biodiversitätsstrategie fixiert das Ziel, den Artenrückgang zu stoppen– und sogar noch ambitionierter: ihn umzukehren. Es geht hier darum, die Natur in ihrer ganzen Hülle und Fülle wieder in einen guten Erhaltungsstand zu bringen. Der Kernbestandteil hierbei ist das ambitionierte Ziel, 30 Prozent Schutzgebietsflächen auf Land und Meer auszuweisen und rechtliche Vorgaben zu geben für die Wiederherstellung von Ökosystemen und Biotopverbund in ganz Europa vor allem in Lebensräumen, die Synergien für den Klimaschutz und die Anpassung an die Folgen der Klimakrise bieten. Begleitet durch das Ziel der Farm-to-Fork-Strategie, 50 Prozent der Pestizide in Europa einzusparen, liegt hier die Chance auf echte Veränderung der Landschaft.[9]

Green Deal – Chance auf Veränderung

2021 sollte das Jahr der Weichenstellung werden. Dieses Jahr sollte zeigen, ob der *Green Deal* als das große Jahrhundertvorhaben zu einem vollen Erfolg oder zu leeren Worten und einem kläglichen Scheitern führen sollte. Denn, nachdem die Kommission Ende 2019 ihre Pläne mit vielen Worten vorstellte, sollten 2021 erste Konkretisierungen und Maßnahmen folgen. Das »Fit for 55«-Paket der EU ist sicherlich ein guter Anfang, jedoch bei Weitem nicht ausreichend. Das Paket legt erste Ambitionen dar, doch um die Klimaerhitzung auf maximal

1,5 Grad Celsius zu begrenzen, muss die EU ihre Emissionen bis 2030 um mindestens 65 Prozent reduzieren.[10] Klimaextreme und damit verbundene Katastrophen sind längst tragischer Alltag. Ein großer Vorteil für die Kommission: Sie hat die Menschen auf ihrer Seite. Das aktuelle Eurobarometer bekräftigt den Willen der EU-Bevölkerung, die Treibhausgasemissionen auf ein Minimum zu reduzieren.

EU-Bevölkerung will konsequenten Klimaschutz

Nach kräftigem Anschub durch über 100.000 Einwendungen folgte im Herbst 2021 ein Entwurf rechtsverbindlicher Ziele für die EU-Renaturierungsoffensive geschädigter Ökosysteme. Besonderes Augenmerk liegt hier auf Wäldern und Mooren als Kohlenstoffspeichern. Denn auch die EU-Kommission hat das neue internationale Paradigma der *natur-based solutions* aufgegriffen. Des Weiteren waren die Schaffung 25.000 Kilometer frei fließender Flüsse mit Überschwemmungsflächen und Feuchtgebieten angedacht. Einen wesentlichen Schub dürfte die Debatte durch die Europäische Bürgerinitiative »Bienen und Bauern retten!« erhalten. Fast 1,2 Millionen europäische Bürger:innen wollen, dass die EU dafür sorgt, dass die Landwirtschaft umweltfreundlich, frei von synthetischen Pestiziden und im Einklang mit der biologischen Vielfalt und den Interessen bäuerlicher Landwirtschaft betrieben wird.

Bundestagswahl 2021

Spätestens ab Mitte 2021 war der Politikbetrieb dann in den Fesseln des Wahlkampfs. Selbst bei Themen wie Insektensterben, Anpassung an Flutkatastrophen und Erderwärmung wurde der Weg des geringsten Widerstands gewählt. Obwohl ein paar Gesetze und Projekte noch umgesetzt werden konnten, spiegeln diese eher die Ohnmacht gegenüber den natürlichen Grenzen von Entwicklung und die Unfähigkeit zum Konfliktmanagement wider. Wahlprogramme und Wahlergebnisse zeigen: Erderhitzung und Artensterben sind als Themen nun endlich auch auf politischer Ebene angekommen.[11] Aber eine Priorität? Keineswegs.

Fünf Kernforderungen an die neue Bundesregierung – aus Sicht des Naturschutzes

1. Die Bundesregierung muss bis Ende 2022 eine neue Nationale Biodiversitätsstrategie inklusive Aktionsplänen zur Umsetzung bis 2030 vorlegen und ihre ausreichende Finanzierung dauerhaft sicherstellen. Dazu braucht es national jährlich mindestens zusätzliche zwei Milliarden Euro aus Bund und Ländern für die angekündigten Programme und die Gemeinschaftsaufgabe Agrarstruktur und Küstenschutz (GAK).
2. Das angekündigte Aktionsprogramm Natürlicher Klimaschutz muss ein ambitioniertes Wiederherstellungsprogramm für die biologische Vielfalt und von Ökosystemleistungen werden, um natürlichen Klimaschutz zu stärken und die Folgen des Klimawandels in den am stärksten betroffenen Regionen dauerhaft abzumildern. Das Programm muss der Stärkung strukturschwacher Räume genauso einen Platz bieten wie sozialen Brennpunkten im urbanen Raum, um allen Menschen die positiven Wirkungen von Natur auf Gesundheit und Wohlbefinden zugänglich zu machen.
3. Statt die Rechtsgrundlagen zu ändern müssen über die Beschleunigung der Planungsverfahren die realen Ursachen des Umsetzungsstaus bei Energiewende und Naturschutz bekämpft werden. Diese sind: fehlende verbindliche Planung, Personalmangel in der Verwaltung und der Zivilgesellschaft, fehlende einheitliche Qualitätsstandards für die Umsetzung der Vorhaben sowie die ungebremste Wirkung der Treiber des Artenverlustes insbesondere im Verkehr sowie in der Land- und Forstwirtschaft.
4. Bis 2025 müssen auf mindestens 30 Prozent der Landesfläche und auf mehr als 30 Prozent der Meeresfläche gut funktionierende, wirkungsstarke und vernetzte Schutzgebiete aufgebaut und gestärkt werden. Dabei müssen mindestens zehn Prozent der Fläche Deutschlands zu grünen Korridoren zwischen den Schutzgebieten werden. Nur so können wir die einzelnen Lebensräume miteinander verbinden und dem Verlust von Lebensräumen und Arten entgegenwirken.
5. Die Bundesregierung muss die ambitionierte Reduktionsstrategie mit gesetzlichen Regelungen auf den Weg bringen, um die Ziele der Farm-to-Fork-Strategie zu erreichen, und eine Pestizidabgabe einführen. Zudem muss der übermäßige Stickstoffeintrag durch Luft und Düngemittel weiter reduziert werden.

Icon: Gerald Wildmoser

So bleibt kritisch nachzufragen: Haben Großdemonstrationen, breite Unterstützung durch Parlamentarier:innen und mediale Präsenz durch Hochwasserkatastrophen und Publikationen wie der *Fleischatlas*[12] dazu geführt, dass der politische Druck auf Bundesebene ausreicht, um richtige Weichenstellungen auch jenseits des Koalitionsvertrags vorzunehmen? Bleibt Schwung

- in den zahlreicher werdenden regionalen und lokalen Initiativen für nachhaltiges Leben und naturgemäße Lebensmittelproduktion,
- in der größten Kampagne der Klima- und Umweltbewegung »Klima-Pledge«, die Bürger:innen aufgerufen hat, die Bundestagswahl zu ein klimagerechten und Artenvielfalt schützenden Wahl zu machen,
- in den neuen Partnerschaften aus dem Wahlkampf mit Verbänden, Gewerkschaften, Kirchen, Unternehmen, beispielweise durch die gemeinsamen Forderungen von Paritätischen Gesamtverband und BUND zur »Zukunftsagenda der Vielen«[13],
- in der Verbreiterung des regionalen und lokalen Engagements, das Menschen dort abholt, wo ihre persönlichen Bedürfnisse betroffen werden, wo Lebensgenuss und ungestörtes Naturerlebnis die Alternative sein können, zu Beschleunigung, Massenwaren und Dauerstress?

Zivilgesellschaft macht weiter Druck auf Politik

Eins sollte Mut machen: Viele Menschen warten auf für sie passende Angebote, sich zu engagieren. Das kleine gallische Dorf wächst und es wird immer größer! Die Versprechen des Koalitionsvertrags im Naturschutz sind ein positives Aufbruchsignal. Ob sie gegen Bauboom oder Blockaden aus dem Finanzministerium bestehen können, wird die Zukunft zeigen.[14] Die Zivilgesellschaft steht bereit.

Anmerkungen

1 C. A. Hallmann et al.: More than 75 percent decline over 27 years in total flying insect biomass in protected areas. In: PLoS one 18. October 2017. DOI: 10.1371/journal.pone.0185809. – Deutsche Akademie der Naturforscher Leopoldina et al. (Hrsg.): Biodiversität und Management von Agrarlandschaften. Umfassendes Handeln ist jetzt wichtig. Halle/Saale 2020.

2 Siehe zu den Beschlüssen der Kommission auch den Beitrag von Olaf Bandt, Elisabeth Fresen und Thomas Schröder in diesem *Kritischen Agrarbericht* (S. 52–57).

3 Bundesamt für Naturschutz (BfN) und Bundesministerium für Umwelt, Naturschutz und nukleare Sicherheit (BMU): Auenzustandsbericht 2021. Flussauen in Deutschland. Bonn 2021.

4 Bundesministerium für Ernährung und Landwirtschaft: Ergebnisse Waldzustandserhebung 2020. Bonn 2021.

5 Umweltbundesamt: Qualitative Stichprobenuntersuchung zur kommunalen Anwendung des § 13b BauGB. Texte 93/2020. Dessau-Roßlau 2020.

6 IPCC Deutsche Koordinierungsstelle: Sechster IPCC-Sachstandsbericht – AR 6 (www.de-ipcc.de/250.php).

7 Deutscher Naturschutzring, forsa Politik- und Sozialforschung GmbH (Hrsg.): Einstellungen zum Klimaschutz. Berlin 2020.

8 Mario Kendziorski et al.: 100% erneuerbare Energie für Deutschland unter besonderer Berücksichtigung von Dezentralität und räumlicher Verbrauchsnähe – Potenziale, Szenarien und Auswirkungen auf Netzinfrastrukturen. Politikberatung kompakt 167. Hrsg. vom Deutschen Institut für Wirtschaftsforschung. Berlin 2021.

9 EU-Kommission: Biodiversitätsstrategie für 2030 (https://ec.europa.eu/environment/strategy/biodiversity-strategy-2030_de).

10 »Europäischer Grüner Deal: Kommission schlägt Neuausrichtung von Wirtschaft und Gesellschaft in der EU vor, um Klimaziele zu erreichen«. Pressemitteilung der EU-Kommission vom 14. Juli 2021.

11 Landeszentrale für politische Bildung Baden-Württemberg: Klima, Umwelt und Verkehr. Wahlthemen 2021 im Parteivergleich. Stuttgart 2021.

12 Heinrich-Böll-Stiftung, BUND und Le Monde Diplomatique (Hrsg.): Fleischatlas – Daten und Fakten über Tiere als Nahrungsmittel. Berlin 2021.

13 Der Paritätische Gesamtverband und BUND: Eine Zukunftsagenda für die Vielen. Berlin 2021.

14 BUND: Bewertung Koalitionsvertrag. Berlin 2021 (www.bund.net/fileadmin/user_upload_bund/publikationen/bund/bundestagswahl/bund_Analyse_BewertungKoaV.pdf).

Magnus Wessel
Leiter Naturschutzpolitik beim Bund für Umwelt und Naturschutz Deutschland (BUND) e.V.

magnus.wessel@bund.net

Caroline Lamps
Mitglied im Bundesarbeitskreis Naturschutz des BUND, Masterstudium Environmental Policy.

caroline.lamps@outlook.de

Pestizidreduktion ist nötig – und möglich

Über die Notwendigkeit einer Pestizidabgabe und weitere Instrumente zur Minimierung des Pestizideinsatzes in Deutschland

von Katrin Wenz und Corinna Hölzel

Die schädlichen Auswirkungen von Pestiziden sind vielfältig: Verlust von Biodiversität, Beeinträchtigung der Bestäubungsleistung, Verunreinigung von Wasser, Schädigung der Bodenfruchtbarkeit, Gefahren für die menschliche Gesundheit. Hinzu kommen die ökonomischen Einbußen in der ökologischen Landwirtschaft durch Pestizidverunreinigungen, die durch Abdrift und Ferntransport entstehen. Im globalen Süden hat der Einsatz von Pestiziden besonders drastische Konsequenzen. Immer wieder kommt es zu Pestizidvergiftungen bei Landarbeiter:innen. Trotz all dieser Schädigungen hat sich der Einsatz von Pestiziden in den vergangenen 30 Jahren verdoppelt. Zu lukrativ ist das Geschäft für die Agrarindustrie. – Der folgende Beitrag analysiert die aktuelle Entwicklung und benennt die wichtigsten Instrumente für eine ambitionierte Pestizidreduktionsstratgie der neuen Bundesregierung.

Seit 1990 hat sich der Einsatz von Pestiziden weltweit verdoppelt. Heute beläuft er sich auf mehr als vier Millionen Tonnen jährlich.[1] Pestizide sind ein lukratives Geschäft: Geschätzt wird weltweit ein Umsatz von etwa 48 Milliarden Euro mit den Pflanzengiften.[2] Das Geschäft teilen sich wenige Konzerne, darunter Bayer, BASF und Syngenta. Was Brüssel verbietet, kommt anderswo zum Einsatz. Die EU-Staaten haben 2018 den Export von 81.615 Tonnen[3] an Pestiziden bewilligt, die in Europa keine Zulassung haben. Allein deutsche Pestizidhersteller haben 2018 über 10.000 Tonnen hochgefährliche Pestizide exportiert.[4] Von den 85 Zielstaaten dieser Exporte sind drei Viertel Entwicklungs- und Schwellenländer mit schwachen Vorschriften und hohen Anwendungsrisiken.[5]

Nichtregierungsorganisationen in ganz Europa setzen sich schon lange für ein Verbot dieser Exporte ein. Frankreich hat inzwischen, trotz Klage der Konzerne, den Export von Pestiziden ohne EU-Zulassung verboten. Die Rechtmäßigkeit wurde vom französischen Verfassungsgericht kürzlich bestätigt. Aber aus Deutschland wird weiterhin exportiert.[6] Auch bei den Reduktionmaßnahmen nimmt Deutschland keine Vorreiterrolle ein.

Versagen der Politik

Die Pläne der ehemaligen Bundesregierung für eine Pestizidreduktion zeigten wenig Wirkung. Bereits 2007 wurde in Deutschland mit der Biodiversitätsstrategie das politische Ziel gesetzt, bis 2015 den Eintrag von Pestiziden in Böden und Gewässer zu reduzieren. Gelungen ist dies nicht. Ein weiterer Schritt war der »Nationale Aktionsplan zur nachhaltigen Anwendung von Pflanzenschutzmitteln« (NAP). Der Prozess wurde 2014 aufgrund der EU-Pestizidrahmen-Richtlinie initiiert, um die Risiken für den Naturhaushalt bis 2023 um 30 Prozent zu reduzieren sowie Verbraucher:innen, Anwender:innen und Anwohner:innen besser zu schützen.[7] Der Dialogprozess verlief ohne konkrete Ziele und rechtlichen Rahmen. Die zivilgesellschaftlichen Akteure sind längst ausgestiegen. Der Prozess gilt als gescheitert.

Bereits 2013 erließ die EU-Kommission erste Auflagen für den Einsatz von drei Insektiziden aus der Gruppe der Neonikotinoide. Dagegen hatten die Herstellerfirmen Bayer und Syngenta geklagt – ohne Erfolg.[8] 2018 folgte das Urteil des Gerichts der Europäischen Union in erster Instanz. Während sich Syngenta damit abfand, reichten die Bayer CropScience AG und Bayer AG erneut Klage ein.[9] Im Mai 2021 bestätigte der Europäische Gersichtshof in letzter Instanz dieses Freilandverbot zum Schutz der Biodiversität.

Seit 2018 ist in der EU der Einsatz von drei Wirkstoffen[10] aus der Gruppe der Neonikotinoide im Freiland verboten. Allerdings kommen diese Stoffe teilweise über die Hintertür der Notfallzulassungen weiterhin zur Anwendung. Dennoch zeigen sich erste Erfolge: Die Gesamtmenge der in Deutschland ausgebrachten Neonikotinoide konnte seit 2012 gesenkt werden. Während 2012 noch 340 Tonnen ausgebracht wurden, waren es 2019 »nur« noch 113 Tonnen.[11] Der Export bewegt sich hingegen weiterhin auf hohem Niveau: 2019 wurden 1.550 Tonnen exportiert, im Jahr 2012 waren es noch 1.756 Tonnen.

Die Gesamtmenge an Herbiziden, Insektiziden und Fungiziden bleibt seit Jahren annähernd konstant, wenngleich Pestizide immer zielgenauer wirken.[12] Seit den 1990er-Jahren liegt der Inlandsabsatz in Deutschland bei circa 30.000 Tonnen reinem Wirkstoff.[13]

Auch auf den Verlust der Biodiversität und das damit einhergehende Insektensterben reagierte die Politik weiterhin zögerlich. Im Sommer 2021 wurde zwar im Rahmen des Insektenschutzpakets das Bundesnaturschutzgesetz novelliert. Das Gesetz soll in Zukunft den Einsatz von Herbiziden und Insektiziden, die als bienengefährlich eingestuft werden, in bestimmten Schutzgebieten[14] verbieten, doch wird auch diese Beschränkung kaum Auswirkungen auf die Gesamtmenge haben. Es betrifft nur einen sehr geringen Anteil der landwirtschaftlichen Flächen. Diese Änderungen können nur als ein kleiner Schritt in Richtung Pestizidreduktion gesehen werden. Um das Artensterben zu stoppen wird er nicht ausreichen. Auf dem größten Teil der Fläche wird gewirtschaftet wie bisher.

Ein größerer Schritt könnte das Verbot glyphosathaltiger Mittel ab 2024 auf landwirtschaftlich genutzten Flächen sein. Allerdings setzt dieses Verbot voraus, dass Glyphosat auf europäischer Ebene nicht weiter zugelassen wird. Zum Glück hat die neue Bundesregierung das Thema im Koalitionsvertrag aufgenommen und plant das Verbot von glyphosathaltigen Produkten, wenn es in Brüssel zu einer Verlängerung der Zulassung kommt. Das zögerliche Vorgehen der bisherigen Bundesregierung trifft inzwischen auf eine ambitionierte Biodiversitätsstrategie und die sog. Farm-to-Fork-Strategie der Europäischen Kommission: Die Menge der eingesetzten Pestizide und die Nutzung von besonders toxischen Pestiziden müs-

Stefan Möckel

Halbierung möglich

Studie untersucht die Wirkung verschiedener Abgabenkonzepte zur Reduktion des Pestizideinsatzes in Deutschland

Die Europäische Kommission hat sich 2020 in ihrer Farm-to-Fork-Strategie das Ziel gesetzt, bis 2030 die Verwendung und das Risiko chemischer Pestizide um 50 Prozent zu reduzieren. Im Auftrag der GLS Bank und der GLS Bank Stiftung hat ein Team des Helmholtz-Zentrums für Umweltforschung – UFZ die Wirkung verschiedener Abgabenkonzepte zur Reduktion des Pestizideinsatzes in Deutschland simuliert. Die Autoren der Studie[1] sprechen sich dafür aus, die Vorschriften zur Zulassung und Anwendung von Pflanzenschutzmitteln durch eine risikobasierte Abgabe auf alle chemischen Pflanzenschutzmittel zu ergänzen, um die Vorgaben zum integrierten Pflanzenschutz und die Farm-to-Fork-Ziele der EU in Deutschland zu erreichen. Die Studie untersucht, wie eine Abgabe auf Pestizide zu konzipieren ist, die den Absatz an Pestiziden und die damit behandelbare Fläche in Deutschland halbiert. Hierfür wurde der Pestizideinsatz in Deutschland und Dänemark genauer analysiert und ein Datenbankmodell entwickelt, um damit für verschiedene Abgabenkonzepte die Effekte auf Preise, Absatzmengen und die behandelbare Fläche zu simulieren sowie das Aufkommen aus einer solchen Abgabe abzuschätzen.

Abb. 1: Modifizierter UFZ-Vorschlag für eine risikobasierte Abgabe auf Pflanzenschutzmittel

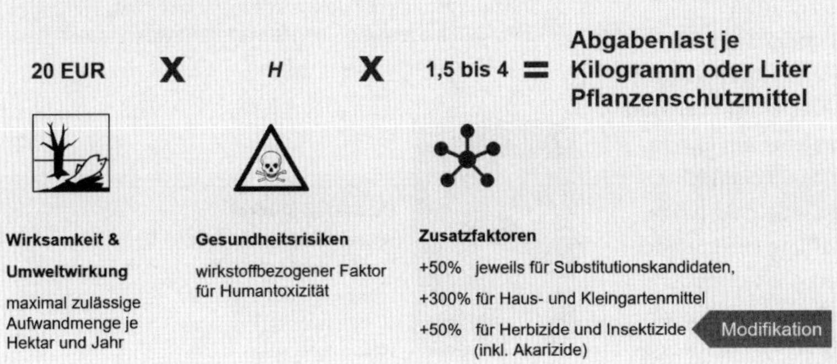

Die Modellierung zeigt, dass sich in Deutschland mit dem vom UFZ vorgeschlagenen Abgabenkonzept die Menge an verkauften Pestiziden halbieren und die damit potenziell behandelbare Fläche von über 75 Millionen Hektar (2014 bis 2018) auf unter 35 Millionen Hektar verringern ließe. Die Simulationsergebnisse verdeutlichen zugleich, wie wichtig es beim Design der Abgabe ist, an die in der Zu-lassung festgesetzten ▶

sen bis 2030 halbiert werden. Mitgliedsländer sollen sich zukünftig an dieser Strategie orientieren und ihr politisches Handeln daran ausrichten. Um die Ziele der Farm-to-Fork-Strategie zu erreichen, braucht die Bundesregierung eine ambitionierte Reduktionsstrategie mit gesetzlichen Regelungen.

Die neue Bundesregierung hat das Thema Pestizide im Koalitionsvertrag aufgegriffen und die Vorschläge zeigen in die richtige Richtung: So wird z. B. das Pestizidverbot in Wasserschutzgebieten angegangen, ebenso wie das Verbot von Pestizidexporten, wenn diese in Europa verboten sind. Doch eine Pestizidabgabe scheint gegenwärtig nicht vorgesehen zu sein.

Ambitionierte Pestizidreduktionsstrategie gefordert

Zivilgesellschaftliche Organisationen fordern ein Verbot der besonders gefährlichen Pestizide, die ein hohes Potenzial an akuten oder chronischen Gefahren für Gesundheit oder Umwelt haben, und langfristig einen kompletten Ausstieg aus der Pestizidnutzung. Schon jetzt könnte ein Teil der eingesetzten Pestizide ohne nennenswerte Ertragseinbußen reduziert werden, wie beispielsweise eine Studie aus Frankreich zeigt.[15] Doch braucht es dafür finanzielle Anreize, flankiert durch unabhängige landwirtschaftliche Beratung und auch Verbote. Die neue Bundesregierung muss eine solche Strategie auf den Weg bringen und die Pestizidreduktion gesetzlich verankern. – Im Folgenden seien die zentralen Instrumente einer solchen Reduktionsstrategie genannt:

1. Senkung des Verbrauchs und der Toxizität durch eine Pestizidabgabe

Eine Pestizidabgabe könnte ein geeignetes Instrument sein, um den Pestizideinsatz zu senken. Mit ihr würden finanzielle Anreize für eine geringere Pestizidnutzung geschaffen. Eine an den Risiken der Pestizide ausgerichtete Abgabe kann dazu beitragen, dass die Anwender:innen den Einsatz von Pestiziden kritisch überprüfen oder zumindest auf weniger schädliche

maximalen Aufwandmengen je Hektar und Jahr (Vegetationsperiode) anzuknüpfen, da diese in Anbetracht der unterschiedlichen Wirksamkeit der jeweiligen Wirkstoffe bis um das Tausendfache variieren. Eine Anknüpfung vermeidet, dass Anwender auf niedrig dosierte Pflanzenschutzmittel mit hoch wirksamen Wirkstoffen ausweichen.

Die positiven Wirkungen einer solchen Abgabe lassen sich im Hinblick auf die Biodiversität weiter steigern, wenn für Herbizide und Insektizide (inklusive Akarizide) ein höherer Abgabesatz gilt als für Fungizide, Wachstums- und Keimregler und sonstige Pestizide (modifiziertes UFZ-Modell – siehe Abb. 1). Beide Wirkstoffgruppen haben direkt oder mittelbar einen hohen Einfluss auf wildlebende Pflanzen- und Tierarten und insbesondere auf Insekten und Vögel, von denen viele Arten natürliche Gegenspieler von Schädlingen sind. Da es zur Regulierung von unerwünschtem Pflanzenbewuchs und Schädlingsbefall eine Vielzahl vorbeugender und nicht-chemischer Methoden gibt, ist bei einer höheren Besteuerung von Herbiziden und Insektiziden auch eine größere Reduzierung bei diesen Wirkstoffgruppen zu erwarten.

Eine risikobasierte Abgabe auf Pflanzenschutzmittel sollte als Wertabgabe ausgestaltet werden, da dies eine automatische Anpassung an inflationäre Preisentwicklungen sowie eine Erhebung als Verkehrsteuer ermöglicht. Eine solche Steuer könnte durch den Bund eingeführt werden, wobei das Aufkommen den Ländern zustünde. Alternativ bietet sich auch – bei Schaffung eines Sonderfonds für nachhaltigen Pflanzenschutz – eine Erhebung als Finanzierungssonderabgabe des Bundes an. Das voraussichtliche Gesamtaufkommens variiert je nach Abgabenkonzept kurzfristig zwischen 0,7 bis 1,2 Milliarden Euro und langfristig zwischen 0,5 und 0,6 Milliarden Euro.

Die Lenkungswirkungen einer Abgabe lassen sich noch weiter verstärken, wenn die Einnahmen dazu genutzt werden, staatliche Beratungs- und Weiterbildungsangebote zum nachhaltigen Pflanzenschutz sowie die Förderung der Umstellung zum nicht-chemischen Pflanzenschutz auszubauen. Eine Abgabe auf Pflanzenschutzmittel könnte daher insgesamt einen entscheidenden Anstoß zu einer umfassenderen Agrarwende hin zu einer ökologisch nachhaltigen Landwirtschaft geben, da ein vorbeugender bzw. nicht-chemischer Pflanzenschutz regelmäßig auch mit einer allgemeinen Verminderung der Bewirtschaftungsintensität einhergeht (z. B. geringere Düngung und vielfältigere Fruchtfolgen).

Anmerkung

1 S. Möckel, E. Gawel, M. Liess und L. Neumeister: Wirkung verschiedener Abgabenkonzepte zur Reduktion des Pestizideinsatzes in Deutschland – eine Simulationsanalyse. März 2021. – Die Studie wurde im Auftrag der GLS Bank und der GLS Bank Stiftung erstellt und mit finanzieller Unterstützung zahlreicher Umweltorganisationen und Stiftungen durchgeführt (www.gls.de/media/PDF/Presse/Studie_Pestizid-Abgabe_in_Deutschland_2021.pdf).

Dr. Stefan Möckel
Wissenschaftlicher Referent am UFZ, Department Umwelt- und Planungsrecht, sowie Leiter der Studie.

stefan.moeckel@ufz.de

Wirkstoffe umsteigen. Die Abgabe muss sich an den Risiken der Pestizide orientieren. Toxischere Pestizide müssten mit einer höheren Abgabe belegt werden als weniger toxische. Auswertungen aus Dänemark zeigen, dass durch eine solche Abgabe der Pestizideinsatz deutlich gesenkt werden kann, insbesondre der Einsatz besonders toxischer Pestizide (siehe Kasten).[16]

In dieser Form implementiert verringert die Pestizidabgabe nicht nur die Gesamtmenge an Pestiziden, sondern auch die Toxizität. Nach Einschätzung der Umweltverbände wäre eine Abgabe im Gegensatz zu einer Steuer empfehlenswert, da die Einnahmen auf die landwirtschaftlichen Betriebe umgelegt werden könnten, um den Mehraufwand zu entlohnen. Steuereinnahmen hingegen wären nicht zweckgebunden.

2. Verbot einzelner Stoffgruppen

Neben einer Pestizidabgabe müssen auch komplette Verbote für besonders schädliche Pestizide wie z. B. Stoffe aus der Gruppe der bienenschädlichen Neonikotinoide oder andere Breitbandinsektizide oder Totalherbizide durchgesetzt werden. Auf EU-Ebene muss Deutschland sich vor allem gegen die Wiederzulassung von Glyphosat aussprechen, da ohne ein EU-weites Verbot das Verbot in Deutschland keinen Bestand hätte. Bereits 2019 hat ein Zusammenschluss der Herstellerunternehmen einen Antrag für die Wiederzulassung eingereicht.[17] Am 15. Dezember 2022 werden die Europäischen Agrarminister:innen über die Zulassung abstimmen.

3. Neuausrichtung der Öko-Regelungen (Eco-Schemes) im Rahmen der GAP

Auch die Neuausrichtung der Gemeinsamen Europäischen Agrarpolitik (GAP) kann und sollte zur Reduktion des Einsatzes von Pestiziden genutzt werden. Mit den Öko-Regelungen (Eco-Schemes)[18] sollen umweltverträgliche Maßnahmen in die Bewirtschaftung landwirtschaftlicher Flächen integriert werden.[19] Eine davon ist der Verzicht auf die Anwendung von Pestiziden. Eine andere ist die mindestens viergliedrige Fruchtfolge, mit der sich Pestizide einsparen lassen würden, weil Schädlinge und Beikräuter sich weniger ausbreiten würden. Beide Maßnahmen haben also das Potenzial, zur Pestizidreduktion beizutragen. Damit diese Maßnahmen von den Betrieben auch genutzt werden, müssen ausreichend finanzielle Mittel zur Verfügung gestellt werden.

4. Förderung des Ökolandbaus

Ein weiterer wichtiger Hebel zur Reduktion liegt in der Förderung des Ökolandbaus. Das Ziel, den Ökologischen Landbau auf 20 Prozent der landwirtschaftlich genutzten Fläche bis 2030 auszudehnen, hat die Bundesregierung im Jahr 2002 erstmals formuliert. Während Verbraucher:innen immer mehr zu Bioprodukten greifen, hinkt die Produktion in Deutschland hinterher. So kamen 2017/18 schätzungsweise 20 Prozent des Biogetreides, 36 Prozent der Biotrinkmilch und 28 Prozent des Bioschweinefleisches aus dem Ausland.[20] Mit einer stärkeren Förderung des Ökolandbaus könnten zusätzliche Pestizide eingespart werden.

5. Änderung der Zulassungsverfahren

Die Reduktion der Pestizide alleine reicht jedoch nicht aus, um die Biodiversität zu schützen. Bereits in der Zulassung der Pestizidprodukte muss der Schutz der Biodiversität einen höheren Stellenwert bekommen. Die Pestizidzulassung ist in Europa zweistufig: Pestizidwirkstoffe werden grundsätzlich EU-weit zugelassen. Pestizidprodukte, die diese Wirkstoffe enthalten, müssen in den Mitgliedstaaten genehmigt werden. Die zulassende Behörde ist in Deutschland dem Landwirtschaftsministerium unterstellt. Damit Mensch und Umwelt zukünftig besser vor negativen Auswirkungen von Pestiziden geschützt werden, sollte die Federführung für die Zulassung von Pestizidprodukten zukünftig in der Hoheit des Bundesumweltministeriums liegen.

6. Exportstopp von Pestiziden, die in der EU nicht zugelassen sind

Nicht nur die Biodiversität in Deutschland muss geschützt werden. In der EU verbotene Pestizide dürfen nicht länger Umwelt und Gesundheit in anderen

Folgerungen & Forderungen

- Die Bundesregierung muss eine ambitionierte Reduktionsstrategie mit gesetzlichen Regelungen auf den Weg bringen, um die Ziele der Farm-to-Fork-Strategie zu erreichen.
- Die Bundesregierung muss eine Pestizidabgabe einführen, um den Einsatz von Pestiziden in Deutschland zu senken.
- Mit einer stärkeren Förderung des Ökolandbaus könnten zusätzliche Pestizide eingespart werden.
- Die Bundesregierung ist gefordert, die Öko-Regelungen der GAP am Ziel der Pestizidreduktion auszurichten und ausreichend finanzielle Mittel zur Verfügung zu stellen.
- Die EU-weite Zulassung des Totalherbizids Glyphosat endet am 15. Dezember 2022. Die Bundesregierung muss gegen die Wiederzulassung stimmen, damit das nationale Verbot in Kraft treten kann.
- Die nächste Bundesregierung muss den Export von Pestizidwirkstoffen verbieten, die in der EU keine Zulassung haben.

Ländern gefährden. Daher fordert die Zivilgesellschaft ein Exportverbot wie es Frankreich gerichtlich durchgesetzt hat. Auch pestizidexportierende Unternehmen müssen unternehmerische Sorgfaltspflichten einhalten.

Mit diesen und weiteren Instrumente könnte es der Bundesregierung gelingen, eine Umkehr beim Pestizideinsatz in der Landwirtschaft einzuleiten und möglichst pestizidfreie nachhaltige Anbauverfahren zu unterstützen. Die Maßnahmen müssen eingebettet sein in eine Gesamtstrategie zur Transformation der Landwirtschaft zu agrarökologischen Landnutzungsformen.

Anmerkungen

1 C. Hoinkes: Pestizide: Gift auf dem Acker und im Fleisch. In: Heinrich Böll Stiftung, BUND, Le Monde diplomatique (Hrsg.): Fleischatlas 2021. Berlin 2021 (www.boell.de/de/2021/01/06/pestizide-gift-auf-dem-acker-und-im-fleisch).

2 M. Brandt: Pflanzenschutz ist ein Milliarden-Geschäft. Statista vom 1. Oktober 2019 (https://de.statista.com/infografik/5108/weltweiter-umsatz-mit-pflanzenschutzmittel/).

3 »NGOs drängen darauf den Export giftiger Pestizide in Drittländer einzustellen.« Meldung des EU-Umweltbüros vom 20. November 2020 (www.eu-umweltbuero.at/inhalt/die-eu-draengt-darauf-den-export-giftiger-pestizide-in-drittlaender-einzustellen).

4 Antrag der Abgeordneten Uwe Kekeritz et al. (Bündnis 90/Die Grünen) und Eva-Maria Schreiber et al. (Die Linke): Gefährliche Pestizidexporte stoppen – Internationale Abkommen zum Schutz von Pestizidfolgen stärken. 4. November 2020 (BT-Drucksache 19/23988) (https://dserver.bundestag.de/btd/19/239/1923988.pdf).

5 »Verbotene Pestizide: EU exportiert über 80.000 Tonnen, ein Drittel davon stammt von Syngenta.« Meldung von Public Eye (Erklärung von Bern) vom 10. September 2020 (www.publiceye.ch/de/mediencorner/medienmitteilungen/detail/verbotene-pestizide-eu-exportiert-ueber-80000-tonnen-ein-drittel-davon-stammt-von-syngenta).

6 »Frankreich: Erfolg gegen Pestizidexporte. Wegweisendes Urteil des höchste Gerichts«. Meldung Radio Dreyeckland vom 10. Februar 2020 (https://rdl.de/beitrag/frankreich-erfolg-gegen-pestizid-exporte-wegweisendes-urteil-des-h-chsten-gerichts).

7 »Deutschland braucht eine Pestizid-Abgabe.« Ein Standpunkt des UFZ-Umweltökonom Prof. Dr. Erik Gawel. Meldung des UFZ vom 10. Juni 2020 (www.ufz.de/index.php?de=47311).

8 »EuGH: Teilverbot für Neonicotinoide bestätigt.« Meldung des Deutschen Bienenjournals vom 10. Mai 2021 (www.bienenjournal.de/news/teilverbot-neonicotinoide/).

9 Ebd.

10 Ebd.

11 Bundesamt für Verbraucherschutz und Lebensmittelsicherheit (BVL): Absatz an Pflanzenschutzmitteln in der Bundesrepublik Deutschland. Ergebnisse der Meldungen gemäß § 64 Pflanzenschutzgesetz für das Jahr 2019. Braunschweig 2020 (www.bvl.bund.de/SharedDocs/Downloads/04_Pflanzenschutzmittel/meld_par_64_2019.pdf?__blob=publicationFile&v=5). – Bundesamt für Verbraucherschutz und Lebensmittelsicherheit (BVL): Absatz an Pflanzenschutzmitteln in der Bundesrepublik Deutschland. Ergebnisse der Meldungen gemäß § 64 Pflanzenschutzgesetz für das Jahr 2012. Braunschweig 2013 (www.bvl.bund.de/SharedDocs/Downloads/04_Pflanzenschutzmittel/meld_par_19_2012.pdf?__blob=publicationFile&v=4).

12 Umweltbundesamt. Absatz von Pflanzenschutzmitteln (10. Juni 2021) (www.umweltbundesamt.de/daten/land-forstwirtschaft/pflanzenschutzmittelverwendung-in-der#absatz-von-pflanzenschutzmitteln).

13 BVL (2020) (siehe Anm. 11).

14 Bundesregierung: Weniger Pflanzenschutzmittel einsetzen (9. September 2021) (www.bundesregierung.de/breg-de/suche/insekten-schuetzen-1852558).

15 M. Lechenet et al.: Reducing pesticide use while preserving crop productivity and profitability on arable farms. In: Nature Plants 3/17008 (2017) (www.nature.com/articles/nplants20178).

16 S. Möckel et al: Wirkung verschiedener Abgabenkonzepte zur Reduktion des Pestizideinsatzes in Deutschland – eine Simulationsanalyse. März 2021 (https://www.gls.de/media/PDF/Presse/Studie_Pestizid-Abgabe_in_Deutschland_2021.pdf).

17 Glyphosate Renewal Group: Antrag auf Wiederzulassung (www.glyphosate.eu/de/der-transparenz-verpflichtet/antrag-auf-wiederzulassung/).

18 Bundesministerium für Ernährung und Landwirtschaft: Die neue gemeinsame Agrarpolitik (GAP) nach 2020 – Fragen und Antworten (www.bmel.de/SharedDocs/FAQs/DE/faq-gap-systemwechsel/FAQList.html).

19 Ebd.

20 Zukunftsstrategie ökologischer Landbau. In: oekolandbau.de (14. Februar 2020) (www.oekolandbau.de/landwirtschaft/biomarkt/massnahmen-des-bundesministeriums/zukunftsstrategie-oekologischer-landbau/).

Das Thema im Kritischen Agrarbericht

- Harald Ebner: Mit Sicherheit gefährlich. Über Mängel bei der Pestizidzulassung und die Notwendigkeit der Regulierung des Zulassungsverfahrens. In: Der kritische Agrarbericht 2021, S. 53–60.
- Sarah Schneider: Gefährliche Pestizide – ein globales Geschäft mit Doppelstandards. In: Der kritische Agrarbericht 2021, S. 56 f.
- Heike Moldenhauer und Peter Clausing: Eine unheilige Allianz. Was Behörden und Monsanto alles tun, um Glyphosat durchs Wiederzulassungsverfahren zu bringen. In: Der kritische Agrarbericht 2018, S. 202–207.
- Andrea Beste: Vergiftet. Pestizide in Boden und Wasser – das Beispiel Glyphosat. In: Der kritische Agrarbericht 2017, S. 204–208.
- Heike Moldenhauer und Peter Clausing: »Wahrscheinlich krebserregend«. Kritik am aktuellen Wiederzulassungsverfahren für Glyphosat – Forderungen an die Bundesregierung. In: Der kritische Agrarbericht 2016, S. 64–73.

Katrin Wenz
ist Diplompolitologin und hat ländliche Entwicklung studiert. Seit 2014 wissenschaftliche Mitarbeiterin für Agrarpolitik beim BUND.

katrin.wenz@bund.net

Corinna Hölzel
ist Diplompsychologin und Hobbyimkerin. Seit 2015 beim BUND für die Projekte zu pestizidfreien und insektenfreundlichen Kommunen und Kleingärten zuständig.

corinna.hoelzel@bund.net

Vom Mythos zum Fakt

Über Insektenschutz in der Landwirtschaft und die aktuelle Debatte um das neue Insektenschutzgesetz

von Caroline Lamps

Landwirtschaft und/oder Artenschutz – das ist das Spannungsfeld, in dem sich die politische Debatte über die Vereinbarkeit von landwirtschaftlicher Nutzung und Schutz der biologischen Vielfalt seit Langem bewegt. Im Zentrum steht dabei der Schutz der Insekten, die in den letzten Jahrzehnten sowohl an Masse als auch an Vielfalt dramatisch verloren haben. Verluste, für die vor allem die konventionelle, meist intensive landwirtschaftliche Bewirtschaftung verantwortlich gemacht wird – nicht nur von Fachleuten, auch in der Öffentlichkeit. Um den Schutz der Insekten zu verbessern, wurde 2019 von der Bundesregierung das Aktionsprogramm Insektenschutz aufgelegt. 2021 traten das neue Insektenschutzgesetz sowie die Änderung der Pflanzenschutz-Anwendungsverordnung in Kraft, die unter anderem einen Glyphosat-Ausstieg bis Ende 2023 vorsieht. Im Zuge der Auseinandersetzungen im Vorfeld der neuen gesetzlichen Regelungen gab es zahlreiche Proteste seitens der Landwirt:innen, die sich zu Unrecht an den Pranger gestellt sehen (»Wir machen doch schon so viel!«). Dabei kursieren Behauptungen und »Mythen«, die der folgende Beitrag einer kritischen Analyse unterzieht.

Bereits Anfang 2021 fanden große Traktorendemonstrationen in der Bundeshauptstadt statt. Landwirt:innen kritisierten das bevorstehende Insektenschutzgesetz: Vieles, was in der Politik geschehe, würde zum Höfesterben und zu erheblichen Erschwernissen bei der Bewirtschaftung führen, allem voran das drohende Verbot von Glyphosat. Die Landwirt:innen fühlen sich unfair behandelt, von der deutschen Politik vernachlässigt und in der Herausforderung, zwischen wirtschaftlichem Handeln und Naturschutz einen für sie gangbaren Weg zu finden, allein gelassen. Die Kritik richtete sich aber auch gegen die Naturschutzorganisationen, die ihrerseits auf die wissenschaftlich längst geklärte Verantwortung der Landnutzung für den Erhalt der biologischen Vielfalt[1] verweisen.

Das Insektenschutzgesetz – Ende der Landwirtschaft?

Das Paket zum Insektenschutz[2] war bis zuletzt stark umstritten. Die Änderungen des Bundesnaturschutzgesetzes und die Novelle der Pflanzenschutz-Anwendungsverordnung dienen nun dem besseren Schutz von Biotopen wie artenreiches Grünland und Streuobstwiesen. Des Weiteren soll die Lichtverschmutzung eingedämmt werden. Hinzu kommen noch mehr und bessere Lebensräume für Insekten und Artenvielfalt. Doch wurden bereits vor und auch noch nach der Abstimmung über das Insektenpaket von Verfechtern des Status quo viele vermeintliche »Fakten« in die breite Öffentlichkeit gestreut, um das Gesetzespaket zu diskreditieren. Der Wahrheitsgehalt der einzelnen Aussagen – stark schwankend. Im Folgenden sind die wichtigsten Einwände aufgeführt:

▶ *»Das Insektenschutzgesetz macht Kooperation und Vertragsnaturschutz unmöglich und führt zu mehr als einer Million Hektar kaum mehr nutzbarer landwirtschaftlicher Fläche.«*

Ein zentraler Kritikpunkt ist, das Insektenschutzpaket verhindere das weitere Engagement der Landwirt:innen. Insektenschutz sollte auf freiwilliger Basis beruhen, denn Kooperation sei die einzige Möglichkeit, Bauernsterben zu vermeiden. Gesetzliche Regelungen hingegen verhinderten solche Kooperationen. – Wahr ist, dass das Einhalten von Gesetzen nicht finanziell honoriert werden kann und sollte. Wie aber unter anderem die ELER-Verordnung festlegt, sind selbstverständlich Zahlungen für den Ausgleich von Verlusten durch Extensivierungen und aktive Unterstützung von Naturschutzmaßnahmen zur Umsetzung europäischer Naturschutzvorgaben nicht nur möglich, sondern ausdrücklich vorgesehen.[3] Betrachtet man nun die im Diskurs von Teilen der Agrarlobby gegen den Insektenschutz benutzten Zahlen wird schnell deutlich, dass die reale Betroffenheit von Betrieben kleiner sein dürfte.

Derzeit geht der Deutsche Bauernverband davon aus, dass mit dem 2019 eingeführten Aktionsprogramm Insektenschutz die Erzeugung auf mindestens 1,2 Millionen Hektar landwirtschaftlicher Flächen eingeschränkt wird, das seien rund sieben Prozent der gesamten Landwirtschaftsfläche in Deutschland. Der Blick in Gesetze und Verordnung zeigt: Die Anwendung von Herbiziden, bestimmten Insektiziden und Biozidprodukten wie Holzschutzmitteln wird künftig nur in Naturschutzgebieten und Nationalparken verboten. Entsprechende Regeln gelten in Zukunft auch für die Anwendung solcher Mittel in gesetzlich geschützten Biotopen und Flora-Fauna-Habitat-Gebieten. Ausgenommen davon sind allerdings der Gartenbau, Obst- und Weinbau, Hopfenanbau, die Saatgut- und Pflanzgutvermehrung sowie der Ackerbau auf Flächen in Flora-Fauna-Habitat-Gebieten, die nicht gleichzeitig als Nationalpark, Naturschutzgebiet, Nationales Naturmonument oder Naturdenkmal ausgewiesen sind.

Der Blick auf die Landnutzungsverteilung in diesen Gebieten offenbart schnell: In den meisten Fällen wird dort entgegen der Hochrechnung weder auf 100 Prozent der Fläche landwirtschaftlich gewirtschaftet noch werden flächendeckend auf den betroffenen landwirtschaftlichen Nutzflächen Pestizide ausgebracht noch führt das Nichtausbringen von Pestiziden automatisch und alternativlos zu Ertragsverlusten. In Thüringen war beispielsweise die Rede von 85.000 Hektar, die bei einem Pestizidverbot nicht mehr bewirtschaftet werden können. In Thüringen existieren aber nur circa 35.000 Hektar Offenland-Lebensraumtypen nach FFH-Richtlinie, die von dem Pestizidverbot potenziell betroffen wären, und keiner davon ist Acker. Wie der Ökolandbau zudem zeigt, wird durch den Verzicht auf Pestizide die landwirtschaftliche Nutzung keineswegs unmöglich.

▶ *»Die Landwirtschaft ist der Prügelknabe der Nation, die Ursachen für das Insektensterben liegen bei der Flächenversiegelung und beim Klimawandel.«*

Aus Onlinemedien, insbesondere der sog. Agrarblogger, aber auch von Landwirtschaftsverbänden und im persönlichen Gespräch auf Demos, Veranstaltungen oder bei Hofbegehungen wird häufig das Argument angeführt, die zahlreichen positiven Leistungen der bäuerlichen Betriebe würden nicht anerkannt und die Landwirtschaft als Sündenbock für gesamtgesellschaftliches Versagen benutzt. Zudem würde immer nur einseitig die Landwirtschaft als Verursacher genannt, nicht aber die anderen Ursachen für das Insektensterben.

In diesem Rahmen stehen seitens der Landwirtschaft besonders Umweltorganisationen in der Kritik. Mit denen könne man keinesfalls zusammenarbeiten; zu unterschiedlich seien deren Ziele. Die Zukunftskommission Landwirtschaft ist hier wohl das perfekte Gegenbeispiel. Des Weiteren gibt es sehr wohl bereits erfolgreiche Kooperationsprojekte zwischen Umweltverbänden und lokalen Landwirt:innen, aber auch auf Verbandsebene. So werden z. B. in Baden-Württemberg Biotopverbundflächen mit der Unterstützung von Vertreter:innen aus Naturschutz und Landwirtschaft geschaffen.[4] In Bayern kooperieren der Bayerische Bauernverband und der BUND zur Frage der Alternativen für den Anbau von Mais als Biogasrohstoffe.[5] In Sachsen-Anhalt arbeiten BUND und Landwirtschaft zum Schutz der Greifvögel gemeinsam.[6] In Rheinland-Pfalz arbeiten Winzer:innen und verbandlicher Wildbienenschutz eng zusammen. Die Projekte sind mannigfaltig und sie ermöglichen einen kooperativen Naturschutz bei gleichzeitig stabilem Rechtsrahmen. Auch der sog. Niedersächsische Weg, mit dem Umwelt- und Bauerverbände einen Weg in die Zukunft des Insektenschutzes vor Ort aufgezeigt haben, beweist das Gegenteil.

Die scheinbare »Front« zwischen Naturschutz und Landwirtschaft ist also oftmals eine mediale Blase und ein Kampagnenelement von der Seite, die eine Veränderung der aktuellen Praxis der industrialisierten Landnutzung partout nicht will. Pragmatische, wirksame Lösungen existieren und brauchen oftmals nur mehr politische Unterstützung, um in der Fläche dauerhaft wirksamen Insektenschutz zu etablieren.

Was die Ursachenforschung angeht, so zeigen alle bisherigen wissenschaftlichen Studien und Metastudien den wesentlichen Einfluss der Landwirtschaft für das Insektensterben (Abb. 1).[7] Klar ist auch, dass der weiterhin zu hohe Flächenverbrauch und die Verkehrsinfrastruktur wesentlichen Einfluss auf die biologische Vielfalt haben und dass auch die Folgen der Klimaerhitzung Lebensräume, Reproduktionszyklen und Populationen verändern ebenso wie die Lichtverschmutzung.

Aber allein die Flächenverhältnisse machen die Bedeutung der Landwirtschaft offenkundig: 50,6 Prozent der gesamten Landesfläche in Deutschland werden landwirtschaftlich genutzt. Wälder und Gehölze nehmen zusammen 31 Prozent der Gesamtfläche ein (Wälder allein 29,8 Prozent). Die Fläche für Siedlung und Verkehr nahm Ende 2020 hingegen »nur«

Abb. 1: Hauptursachen des Insektenrückgangs[8]

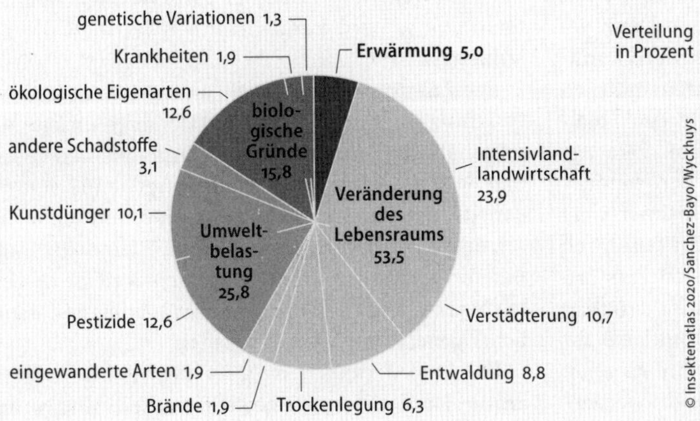

einen konkreten langfristigen positiven Effekt auf die Artenvielfalt haben. Beispiel: integrierte Blühstreifen. Diese werden im Rahmen der Auseinandersetzungen um das Insektenschutzgesetz als »wesentlicher Beitrag zum Naturschutz« angepriesen. Es handelt sich hier jedoch meist um einjährige Pflanzenmischungen, deren Effekte nur kurzfristig sind.[10] Das gilt auch für die entsprechende Öko-Regelung ab 2023. Darüber hinaus sind die nicht heimischen, einjährigen Blühmischungen nur für Alleskönner und Generalisten wie Honigbiene und Hummel als Futterquelle geeignet.[11] Für viele Wildbienen und andere Insektenarten sind solche Mischungen nicht geeignet. Hierfür bedarf es mehrjähriger Blühmischungen mit heimischen Wildblumen und dauerhafter, zusammenhängender Brachen sowie extensiv bewirtschafteter Flächenanteile. Es braucht Reproduktions- und Überwinterungshabitate, um Insekten in der Agrarlandschaft zu erhalten. Dazu zählen Hecken und Feldgehölze ebenso wie beispielsweise extensiv genutztes Grünland, Magerrasen, Säume und Brachen.[12] Ohne eine ökologische Aufwertung auf Landschaftsebene wird sich der Prozess des Artenrückganges nicht aufhalten lassen.[13] Zu diesem Ergebnis kommt man auch, wenn man die Artenzahl auf ökologisch bewirtschafteten Flächen mit denen auf konventionell bewirtschafteten vergleicht (Abb. 2).

14,5 Prozent der Gesamtfläche in Anspruch. Wenn man dann noch den kontinuierlich niedrigen Anteil an sog. High Value-Farmland hinzunimmt, das auch für die Insektenvielfalt als einer der Indikatoren dienen kann,[9] wird deutlich, welch große Verantwortung Landwirt:innen mit der Bewirtschaftung ihres Landes tragen. Es zeigt aber auch, dass Landwirt:innen hierfür eine verstärke Unterstützung der Gesellschaft verdienen, um den Insektenschutz besser mit wirtschaftlich rentabler Bewirtschaftung zu vereinen.

▶ *»Das Insektenschutzgesetz ist ein Schlag ins Gesicht all derer, die sich bereits engagieren. Denn die Landwirt:innen leisten bereits sehr viel.«*

Häufig findet sich bei den Kritiker:innen des Insektenschutzgesetzes der Vorwurf, das neu beschlossene Paket würde die bisher geleisteten Maßnahmen zum Insekten- und Artenschutz seitens der Landwirtschaft missachten und verhindere so weiteres Engagement der Landwirt:innen. – Unzweifelhaft werden bereits heute auch jenseits der bezahlten Agrarumweltmaßnahmen von Bäuerinnen und Bauern viele wirksame Maßnahmen für den Insektenschutz umgesetzt. Dies zeigt auch, dass weitgehend kein methodisches Problem des »Wie« beim Insektenschutz existiert (von komplexen Fragestellungen bei einzelnen sog. »Spezialisten« unter den Insekten abgesehen). Fakt ist aber auch, dass die Intensivierung der Landwirtschaft, der Verlust von extensiv genutzten Restflächen und die erheblich intensivere Nutzung auch von Grünlandstandorten zu einem Artenrückgang geführt haben. Das »Genug« bestimmt nicht das Gefühl der Betroffenen oder die Intensität des Engagements, sondern die messbaren Ergebnisse.

Dies gilt umso mehr, als dass es stark zweifelhaft ist, inwiefern viele der öffentlich gepriesenen, schnell umzusetzenden und optisch wirksamen Maßnahmen

Abb. 2: Vergleich der Artenzahlen auf ökologisch und konventionell bewirtschafteten Flächen[14]

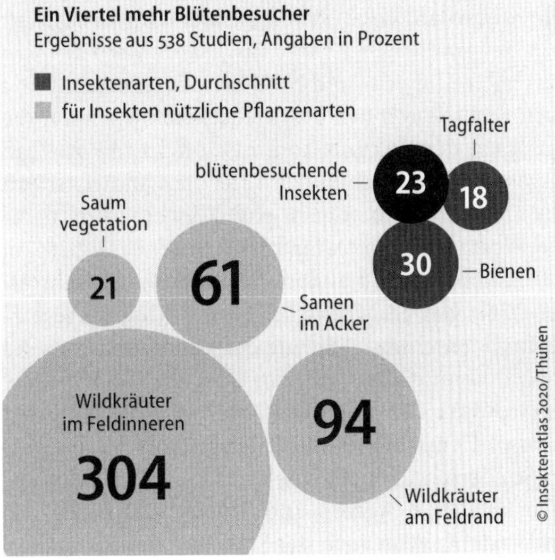

▶ *»Der Verzicht auf Pestizide macht die Flächen unrentabel.«*
Zentraler Kernpunkt des Insektenschutzes ist das Verbot von Pestiziden in Schutzgebieten. Denn gegen viele Lebewesen, die die Ernten mindern könnten, werden unspezifisch wirkende Agrarchemikalien eingesetzt. Zudem minimiert der Einsatz von Totalherbiziden wie Glyphosat Futterangebot, Quartier und Baumaterialien für Insekten. Laut der ehemaligen Landwirtschaftsministerin Julia Klöckner werden jährlich weltweit 40 Prozent der Ernten durch Pflanzenseuchen und durch Krankheiten zerstört. Deshalb sei der Einsatz von Pestiziden auf deutschen Feldern eine Notwendigkeit, um die zukünftige Nahrungssicherheit zu garantieren. Darüber hinaus seien Flächen, auf denen keine Pestizide gesprüht werden, finanziell nicht mehr rentabel.

Richtig ist: Pestizide sind eine der Hauptursachen für das Sterben der Insekten, weil sie in ganze Ökosysteme eingreifen.[15] Viele Argumente sprechen für einen Verzicht von Pestiziden. Während der ökologische Anbau und geschützte Agrarflächen in Naturschutzgebieten oft ohne Pestizide auskommen,[16] werden in der konventionellen Landwirtschaft weltweit pro Jahr etwa vier Millionen Tonnen chemische Pflanzenschutzmittel eingesetzt.[17] Dabei gibt es auch in der konventionellen Landwirtschaft ungehobene Schätze, den Pestizideinsatz zu minimieren: Oft finden sich Lösungen, indem die Fruchtfolge angepasst, die Düngung variiert wird oder andere Saat- und Pflegezeitpunkte gewählt werden. Auch für konventionelle Betriebe finden sich zudem im Rahmen der Agrarumweltmaßnahmen große Potenziale für mehr Insektenschutz, wie es die Leitfäden der Länder deutlichen machen.[18]

Für eine insektenfreundliche Landwirtschaft

Die wirtschaftlichen Probleme der Landwirtschaft und des ländlichen Raums insgesamt werden nicht durch den Umwelt- und Naturschutz verursacht und auch nicht durch den Insektenschutz, wie auch die Analysen der Zukunftskommission Landwirtschaft zeigen. Zudem sind Insekten für die Landwirtschaft essenziell und haben auch einen enormen monetären Wert. Allein in Deutschland generieren Bienen, Schmetterlinge und andere Bestäuber jedes Jahr einen Wert von 3,8 Milliarden Euro.[19] Klug umgesetzter Insektenschutz ist Schutz der Landwirtschaft und kann und muss sich rechnen: Über die Gemeinsame Agrarpolitik der EU (GAP) stehen 6,2 Milliarden Euro in Deutschland an Zahlungen zur Verfügung, im Sonderrahmenplan Insektenschutz der Gemeinschaftsaufgabe Agrar- und Küstenschutz (GAK) sind erste Ansätze auch der Stärkung der nationalen Finanzierung beschlossen. Durch eine Umstrukturierung der Subventionen, weg von den pauschalen Flächenprämien hin zu einer naturverträglichen Unterstützung, wird Landwirt:innen letztlich die Zukunft gesichert.

Die Zusammenarbeit von Landwirtschaft und Naturschutz sind für das gute Funktionieren unserer Gesellschaft unabdingbar. Dafür muss eine soziale und ökologische Agrar- und Ernährungswende stattfinden, die den Insektenschutz integriert und seine Umsetzung dauerhaft tragfähig macht.[20] Landwirt:innen müssen ökologisch arbeiten können, weil sie ansonsten einer Vielfalt an Lebensräumen, Arten und natürlicher genetischer Vielfalt schaden.

Die Anforderungen, die jedoch von der Gesellschaft an die Landwirt:innen gestellt werden, sind widersprüchlich: Landwirt:innen sollen umweltfreundlich produzieren, aber auch zu Billigstpreisen anbieten. Gleichzeitig können sie nicht auf eine verlässliche Förderung zurückgreifen. Sie sind oftmals der Marktmacht des Einzelhandels ausgeliefert, werden von der Politik allein gelassen und laufen Gefahr, ihre wirtschaftliche Basis zu verlieren.

Folgerungen & Forderungen

- Stärkung der Zusammenarbeit von Naturschutz und Landwirtschaft im Insektenschutz durch seine Integration in Aus- und Weiterbildung von Landwirt:innen und personelle wie finanzielle Stärkung regionaler, naturschutzfachlicher Betriebsberatung.
- Eine systematische Übertragung der bereits bekannten und bewährten Insektenschutzmaßnahmen aus den mit Landwirt:innen etablierten Projekten in die flächenhafte Anwendung durch die Anpassung der Agrarförderung.
- Die Stärkung des Insektenschutzes durch konsequente Stärkung von extensiv genutzten Restflächen: Auf mindestens zehn Prozent der Agrarflächen müssen Lebensräume für Insekten eingerichtet werden, zwischen ihnen Biotopverbundstrukturen ausgebaut und flächendeckend die Qualität der Schutzgebiete gestärkt werden.
- Pestizide in Schutzgebieten müssen der Vergangenheit angehören. Aber auch auf der Gesamtfläche muss die Pestizidmenge bundesweit drastisch, zeitnah und verbindlich reduziert werden.
- Erforderlich sind durch Bund und Länder finanzierte Artenhilfsprogramme für Insekten und besonders bedrohte Arten, die eine dauerhafte Anpassung der Bewirtschaftung wirtschaftlich attraktiv machen und reale Alternativen zur aktuellen Wirtschaftsweise bieten.

Problem der deutschen Landwirtschaft ist jedoch nicht das Insektenschutzgesetz und nicht das kritische Nachfragen von NGOs oder kluges Ordnungsrecht – fehlende politische Unterstützung für den Systemwandel, Fake News, kampagnenhaftes Gegeneinander schon eher. Insbesondere die offiziellen oder selbsternannten Interessensvertretungen der Landwirtschaft müssen sich fragen lassen, warum die konkrete Zusammenarbeit zwischen Naturschutz und Landwirtschaft in der Praxis vor Ort oftmals gut funktioniert, warum auch die Zusammenarbeit in der Zukunftskommission Landwirtschaft zu einem tragfähigen und guten Kompromiss und zu gegenseitigem Verständnis geführt hat, der Sprung hin zur konstruktiven Gestaltung des Ordnungsrechts aber offenkundig noch schwerfällt.

Das Thema im Kritischen Agrarbericht

- Claus Obermeier: »Rettet die Bienen!« – Bayerns Bürgerinnen und Bürger schreiben mit dem Volksbegehren zur Artenvielfalt Naturschutzgeschichte. In: Der kritische Agrarbericht 2020, S. 222–227.
- Stephan Kreppold: Landwirtschaft früher einbinden! Ein Kommentar zum Volksbegehren aus bäuerlicher Sicht. In: Der kritische Agrarbericht 2020, S. 228 f.
- Katrin Wenz: Kleine Tiere – große Wirkung. Zum Schutz der Insekten braucht es einen Kurswechsel in der Agrarpolitik. In: Der kritische Agrarbericht 2019, S. 216–220.
- Martin Häusling: Die Uhr tickt. Zunehmende Probleme beim Pestizideinsatz erfordern entschiedenes Umdenken. In: Der kritische Agrarbericht 2019, S. 50–55.
- Walter Haefeker: Vom Summen in der Politik. Die aktuelle Auseinandersetzung um eine bienenfreundliche Landwirtschaft. In: Der kritische Agrarbericht 2014, S. 57–61.

Anmerkungen

1 Sachverständigenrat für Umweltfragen (SRU): Für einen flächenwirksamen Insektenschutz. Stellungnahme. Berlin 2018 (www.umweltrat.de/SharedDocs/Downloads/DE/04_Stellungnahmen/2016_2020/2018_10_AS_Insektenschutz.html). – Leopoldina, acatech und Union der deutschen Akademien der Wissenschaften: Biodiversität und Management von Agrarlandschaften. Umfassendes handeln ist jetzt wichtig. Stellungnahme. Halle (Saale) 2020 (www.leopoldina.org/uploads/tx_leopublication/2020_Akademien_Stellungnahme_Biodiversita%CC%88t.pdf).

2 Ein Überblick über die verschiedenen neuen rechtlichen Regelungen findet sich unter: www.bundesregierung.de/breg-de/suche/insekten-schuetzen-1852558.

3 ELER-Verordnung (www.eur-lex.europa.eu/legal-content/DE/TXT/HTML/?uri=CELEX:32013R1305).

4 BUND Baden-Württemberg: BUND-Projekt Biotopverbund Offenland (www.bund-bawue.de/themen/natur-landwirtschaft/biotopverbund/biotopverbund-offenland/).

5 Bayerischer Bauernverband: Wildpflanzenprojekt Rhön-Grabfeld (www.bayerischerbauernverband.de/kreisverband/rhoen-grabfeld/wildpflanzenprojekt-rhoen-grabfeld-3783).

6 BUND Sachsen-Anhalt: BUND-Greifvogelschutz: Wiesenweihe Landwirtschaft & Naturschutz gemeinsam für seltenen Greifvogel (www.bund-sachsen-anhalt.com/service/presse/detail/news/bund-greifvogelschutz-wiesenweihe-landwirtschaft-naturschutz-gemeinsam-fuer-seltenen-greifvogel/).

7 F. Sánchez-Bayo and K. A. G. Wyckhuys: Worldwide decline of the entomofauna: A review of its drivers. In: Biological Conservation 232 (2019), pp. 8–27. – Vgl. auch die Ergebnisse der Leopoldina-Arbeitsgruppe »Biodiversität in der Agrarlandschaft« (www.leopoldina.org/politikberatung/arbeitsgruppen/abgeschlossene-arbeitsgruppen/biodiversitaet-in-der-agrarlandschaft/).

8 Angaben entsprechend der Fachliteratur. Quelle der Abbildung: Heinrich-Böll-Stiftung, BUND, Le Monde Diplomatique (Hrsg.): Insektenatlas – Daten und Fakten über Nütz- und Schädlinge in der Landwirtschaft, Berlin 2020, S. 15 (www.bund.net/service/publikationen/detail/publication/insektenatlas-2020/)

9 Bundesamt für Naturschutz (BfN): Monitoring von Landwirtschaftsflächen mit hohem Naturwert (www.bfn.de/monitoring-von-landwirtschaftsflaechen-mit-hohem-naturwert#anchor-2331).

10 M. Sommer und A. Zehm: Hochwertige Lebensräume statt Blühflächen. Naturschutz und Landschaftsplanung 01/2021. Stuttgart 2021

11 R. Witt: Einjährige Blühmischungen oder dauerhafte Wildblumenwiesen? Nachhaltig oder nicht? In: Natur & Garten, Juli 2013.

12 J. Kollamnn et al.: Renaturierungsökologie. Berlin 2019.

13 S. Dietzel et al.: Blühstreifen und Blühflächen in der landwirtschaftlichen Praxis – eine naturschutzfachliche Evaluation. In: Anliegen Natur 41/1 (2019), S. 73–86.

14 Quelle: Heinrich-Böll-Stiftung et al. (siehe Anm. 9), S. 15.

15 Heinrich-Böll-Stiftung et al. (siehe Anm. 9)

16 J. Sanders und J. Hess: Leistungen des ökologischen Landbaus für Umwelt und Gesellschaft, Thünen Report 65, Braunschweig 2019.

17 Siehe hierzu auch den Beitrag von Katrin Wenz und Corinna Hölzel in diesem Kritischen Agrarbericht (S. 218–222).

18 Regierungspräsidium Stuttgart: Biodiversität und Insektenschutz in der Landwirtschaft. Stuttgart 2020 (https://bienenkunde.uni-hohenheim.de/fileadmin/einrichtungen/bienenkunde/Broschuere_Biodiversitaet_und_Insektenschutz_in_der_Landwirtschaft.pdf).

19 C. Lippert, A. Feuerbacher und M. Narjes: Revisiting the economic valuation of agricultural losses due to large-scale changes in pollinator populations. In: Ecological Economics 180 (2021), 106860 (ww.db.zs-intern.de/uploads/1605513408-ArtikelBest%C3%A4uber.pdf).

20 Geschäftsstelle des Sachverständigenrates für Umweltfragen, Geschäftsstelle des Beirats für Biodiversität und Genetische Ressourcen beim BMEL: Für einen flächenwirksamen Insektenschutz. Stellungnahme. Berlin, Bonn 2018.

Caroline Lamps
Mitglied im Bundesarbeitskreis Naturschutz des BUND, Masterstudium Environmental Policy.

caroline.lamps@outlook.de

Photovoltaik und Photosynthese – doppelte Sonnenernte

Erste Erfahrungen mit Agri-Photovoltaik und Auswertung eines Pilotprojekts am Bodensee

von Axel Weselek

Unter Agri-Photovoltaik versteht man die gleichzeitige Produktion von Nahrungsmitteln und Strom auf ein und derselben Ackerfläche – unter Ausnutzung der dritten Dimension. Um die Flächenkonkurrenz zu minimieren werden die Solarmodule in einer Höhe montiert, dass darunter die Flächen weitgehend ungehindert bewirtschaftet werden können: Am Boden wachsen die Kulturpflanzen, darüber erzeugen Solarmodule erneuerbaren Strom. Dadurch könnte die Konkurrenz um landwirtschaftliche Flächen gemindert, die Effizienz der Landnutzung gesteigert und der Schutz vor Wetterextreme erhöht werden. Der folgende Beitrag basiert auf Erfahrungen mit einem Pilotprojekt im Süden Deutschlands, bei dem unter anderem die Auswirkungen der Agri-Photovoltaikanlage auf die landwirtschaftlichen Erträge ermittelt wurden. Der Artikel mündet in konkreten Vorschlägen, wie durch einen veränderten ordnungspolitischen Rahmen die Potenziale der Agri-Photovoltaik besser erschlossen und zugleich mögliche Landnutzungskonflikte vermieden werden können.

Der Verlust landwirtschaftlicher Flächen ist seit vielen Jahren ein Thema, das zuletzt Anfang der 2000er-Jahre mit dem massiven Ausbau der Anbauflächen für Energiepflanzen ein erhöhtes Interesse erfahren hat und in Anbetracht einer stetigen Zunahme der Flächenversieglung für Siedlungs- und Verkehrsflächen bis heute anhält. So werden auch heute noch auf rund 16 Prozent der landwirtschaftlichen Flächen Energie- und Industriepflanzen angebaut,[1] während zugleich allein in Deutschland täglich nach wie vor rund 52 Hektar Fläche für die Ausdehnung der Siedlungs- und Verkehrsflächen verloren geht. Ein Trend, der seit Anfang der 2000er-Jahre rückläufig ist und sukzessive bis zum Ziel einer Flächenkreislaufwirtschaft im Jahr 2050 reduziert werden soll.[2] Ein Ziel, das in Anbetracht der Ausbauziele bei den erneuerbaren Energien ambitioniert erscheint, wie aktuelle Schätzungen zeigen. Demnach bedürfte die 100-prozentige Energieversorgung aus erneuerbaren Energien in Europa auch in optimistischen Entwicklungsszenarien, z. B. unter Nutzung des Dachflächenpotenzials sowie dem Ausbau von Offshore-Windanlagen, rund ein Prozent der europäischen Landfläche.[3]

Bereits in der Vergangenheit hat der zunehmende Ausbau der Freiflächen-Photovoltaik auf Ackerflächen dazu geführt, dass 2010 deren Förderung in Deutschland zunächst eingestellt wurde (Ausnahme: Bereich von bis zu 110 Meter neben Transportwegen). Mit der Novellierung des Erneuerbare-Energien-Gesetzes 2017 erlaubt es die Länderöffnungsklausel wieder erstmalig, dass die Bundesländer eigenmächtig Acker- und Grünlandflächen in sog. benachteiligten Gebieten für die Bebauung mit Photovoltaikanlagen freigeben. Eine Möglichkeit, von der bereits mehrere Bundesländer Gebrauch gemacht haben.

Erste Versuche zur Agri-Photovoltaik

Ein Ansatz, dem Verlust landwirtschaftlicher Flächen für den Ausbau der erneuerbaren Energien und dem daraus resultierenden Interessenkonflikt zwischen Energie- und Nahrungsmittelproduktion zu entgegnen, bietet die sog. Agri-Photovoltaik (kurz Agri-PV oder APV; veraltet auch Agrophotovoltaik). Diese beschreibt die doppelte Nutzung landwirtschaftlicher Flächen zur Erzeugung von Strom und landwirtschaftlichen Erzeugnissen. Erstmalig bereits im Jahr 1981 beschrieben,[4] wurde in Deutschland im Jahr 2016 eine erste APV-Forschungsanlage eingeweiht. Im Rahmen des BMBF-geförderten Projekts APV-Resola wurde dabei in verschiedenen Arbeitspaketen untersucht, inwiefern die APV als ein Baustein zum Erreichen der Ausbauziele der erneuerbaren Energien beitragen kann. Dabei wurden verschiedene Aspekte wie die technische und wirtschaftliche Machbarkeit der APV als auch deren gesellschaftliche Akzeptanz beleuchtet.

Angelegt auf einem ökologisch-wirtschaftenden landwirtschaftlichen Praxisbetrieb (Hofgemeinschaft Heggelbach am Bodensee) stellte die ackerbauliche Eignung der APV-Anlage einen zentralen Schwerpunkt der Untersuchungen dar. Verschiedene technische Anpassungen der APV-Anlage, wie z. B. lichtdurchlässige PV-Module mit erhöhten Modulreihenabständen und einer veränderten Ausrichtung, sollten dabei eine ausreichende Sonneneinstrahlung mit gleichmäßiger Lichtverteilung unter der Anlage gewährleisten und so die Grundvoraussetzung für ein Pflanzenwachstum bieten. Um die Bewirtschaftung mit herkömmlicher Landtechnik zu ermöglichen, wurden die PV-Module auf Querträgern mit einer Durchfahrtshöhe von rund fünf Metern montiert.

In ersten Messungen bestätigte sich, dass so unter der Anlage rund 70 Prozent der Sonneneinstrahlung den Pflanzen zur Verfügung stehen. Zugleich veränderten sich auch die mikroklimatischen Bedingungen, sodass es z. B. in den Sommermonaten zu einer Erniedrigung von Boden- und Lufttemperatur unter der Anlage kam.[5] Als optimierungsbedürftig erwies sich hingegen die ungleichmäßige Regenverteilung, welche durch eine Bündelung im direkten Ablauf der Paneele insbesondere auf unbedeckten Böden und in Reihenkulturen das Auftreten von Wassererosionsereignissen begünstigen kann, wohingegen in anderen Bereichen geringere Niederschlagsmengen ankommen. Bei den angebauten Kulturarten (Kleegras, Knollensellerie, Kartoffeln und Winterweizen) zeigte sich im dreijährigen Durchschnitt eine Ertragsreduktion von rund 13 Prozent im Vergleich zur nicht überbauten Vergleichsfläche (Abb. 1).

Sowohl zwischen den verschiedenen Kulturen als auch den Jahren zeigten sich dabei deutliche Unterschiede: Im ersten Versuchsjahr 2017 kam es bei allen Kulturen zu Ertragseinbußen von bis zu 19 Prozent.[7] Ein Trend, der sich im Jahr 2019 mit bis zu 33 Prozent verringerten Erträgen nochmals deutlich verstärkte, was nicht zuletzt an den im Vergleich zu den anderen Versuchsjahren günstigeren Anbaubedingungen mit ausreichenden Niederschlägen lag. Zu den infolge der veränderten Anbaubedingungen bedingten Ertragseinbußen gilt ein Flächenverlust infolge der Aufständerung der APV-Anlage zu berücksichtigen, welcher stark von der technischen Ausführung der Anlage abhängt und im Falle der APV-Anlage auf dem Betrieb am Bodensee auf rund 8,3 Prozent beziffert wurde.[8] Entsprechend höher sind auch die tatsächlichen auf die Gesamtfläche bezogenen Ertragsverluste einzustufen.

Versuchsfläche Hofgemeinschaft Heggelbach[6]

Die Versuchsfläche umfasst eine Grundfläche von 2,5 Hektar. Davon sind jedoch nur 2.500 Quadratmeter mit der APV-Forschungsanlage überbaut, während die restliche Fläche als Referenzfläche zum Vergleich der Ackererträge im Versuchszeitraum dient. Die Solarmodule der APV-Anlage sind etwa sechs Meter über der Ackerfläche aufgeständert. Somit ergibt sich eine Durchfahrtshöhe von fünf Metern. Die installierte Leistung von 194,4 Kilowattpeak (kWp) kann jährlich 62 Haushalte (vier Personen, circa 4.000 Kilowattstunden Stromverbrauch) versorgen. Große Abstände zwischen den Modulreihen ermöglichen, dass die Nutzpflanzen darunter rund 70 Prozent der photosynthetisch aktiven Strahlung erhalten. Außerdem wurden bifaziale PV-Module verbaut, die Licht sowohl auf der Vorder- als auch auf der Rückseite aufnehmen.

Potenzial in trockenen Klimaten

Anders als in den Jahren 2017 und 2019 war das Jahr 2018 geprägt von einem sehr trockenen und heißen Sommer, wodurch es insbesondere auf der unüberdachten Vergleichsfläche zu deutlichen Ertragsverlusten kam. Anders unter der APV-Anlage, wo die Erträge im Vergleich zum Vorjahr weitgehend stabil blieben und die der Vergleichsfläche zum Teil übertrafen: Bei den Kartoffeln waren die Erträge mit rund plus elf Prozent signifikant erhöht. Eine Tendenz, die sich auch bei Winterweizen und Knollensellerie zeigte, bei welchen die Erträge rund drei bzw. zwölf Prozent im Vergleich zur Referenzfläche erhöht waren.[9]

Bereits in einer 2018 erschienenen Modellierungsstudie aus Italien, zeigten die Autor:innen anhand langjähriger Klimadaten sowie einer APV-Forschungsanlage, dass die APV im langjährigen Schnitt zu einer Ertragsstabilisierung führen kann: Während in Jahren mit optimalen klimatischen Bedingungen deutlich niedrigere Erträge erzielt wurden, fielen die Ertragsverluste in schlechteren Jahren deutlich geringer aus, sodass die Schwankungsbreite im Vergleich zum ungeschützten Anbau (in nichtbewässerten Systemen) insgesamt geringer ausfallen kann.[10] Bereits im Jahr 2013 zeigten Studien im südfranzösischen Montpellier, dass bei unter Agri-PV angebauten Kopfsalaten teils vergleichbare Erträge erzielt werden konnten, was die Autor:innen auf eine sortenabhängige Anpassung und infolgedessen verminderte Evapotranspiration im Schatten der PV-Panele zurückführten.[11] Die Ergebnisse zeigen, dass insbesondere in heißen und trockenen klimatischen Bedingungen der Anbau unter einer APV-Anlage durchaus Vorteile in der Kulturführung mit sich bringen kann – sei es durch eine direkte Abschwächung der Sonneneinstrahlung und/oder durch mikroklimatische Veränderungen wie erniedrigte Luft- oder Bodentemperaturen sowie ein veränderter Wasserhaushalt. Obwohl die Ergebnisse nicht oder nur eingeschränkt auf die Anbaubedingungen in gemäßigten Klimaten übertragbar sind, könnten diese im Hinblick auf den Klimawandel und damit einhergehende Wetterextreme zukünftig noch an Bedeutung gewinnen.

Anwendung im Obstbau und offene Forschungsfragen

Diese Fragestellung wird auch im Anbau von Sonderkulturen zunehmend verfolgt, wo unter anderem über Apfelbäumen[12] und verschiedenen Beerenobstsorten[13] jüngst verschiedene APV-Forschungsanlagen realisiert wurden. Dabei ist die Hoffnung, dass die PV-Überdachung das Obst vor negativen Umwelteinflüssen wie einer hohen Sonneneinstrahlung, Starkregen oder Hagel schützen und zugleich bereits gängige Schutzeinrichtungen wie Hagelnetze oder Folientunnel ersetzen kann. Zugleich könnte der dabei erzeugte Strom bis zu einem gewissen Anteil für den Eigenstromverbrauch im Betriebskreislauf genutzt werden und damit auch zu einer Senkung der landwirtschaftlichen CO_2-Emissionen beitragen.[14] Bisweilen liegen hierzu noch keine wissenschaftlichen Versuchsergebnisse vor, sodass insbesondere in Hinblick auf die landwirtschaftliche bzw. obstbauliche Eignung noch keine abschließenden Aussagen möglich sind.

Ähnliches gilt auch für den ackerbaulichen Anwendungsbereich, wo nach ersten Versuchsergebnissen noch weitere Versuchsjahre und -kulturen notwendig sind. Dabei sind verschiedene Forschungsfragen noch offen, z. B. wie sich der Anbau unter APV auf die Produktqualität der landwirtschaftlichen Erzeugnisse auswirkt und wie der Befall mit (pilzlichen) Schaderregern durch das veränderte Mikroklima begünstigt werden könnte. Eine weitere Herausforderung stellt die Übertragung der Versuchsergebnisse auf andere Standorte und technische APV-Ausführungen dar, wofür bereits erste Modellierungsansätze entwickelt werden. Auch aus technischer Sicht bieten sich noch weitere Entwicklungsmöglichkeiten an, wie z. B. eine verbesserte Wasserverteilung sowie die Verwendung mobiler, nachgeführter PV-Module, welche mittels intelligenter Steuerung unter anderem dazu genutzt werden könnten, durch eine optimierte Lichtverteilung die energetischen und/oder landwirtschaftlichen Erträge weiter zu optimieren.[15]

Stromerzeugung und Flächennutzung

Jenseits ihrer landwirtschaftlichen Eignung erfordert eine ganzheitliche Bewertung der Agri-PV die Berücksichtigung weiterer Aspekte: Zurückkommend auf den Versuch am Bodensee wurden allein im ersten Versuchsjahr auf derselben Fläche rund 246 Megawattstunden (MWh) Strom erzeugt, was rund 83 Prozent dessen entspricht, was eine flächenmäßig identische, für die Stromerzeugung optimierte PV-Anlage erzeugt hätte.[16] Doch welchen Mehrwert bringt die kombinierte Nutzung zur Erzeugung von Strom und landwirtschaftlichen Produkten?

Zur Bewertung von Mischkultursystemen wurde bereits vor einigen Jahrzehnten die sog. *land equivalent ratio* (kurz LER, dt. Landnutzungseffizienz) eingeführt, welche heutzutage z. B. auch in der Bewertung von Agroforstsystemen Einsatz findet und ebenso auf die Agri-PV angewendet werden kann. Dabei werden die Erträge der jeweiligen Kultur im Anbau als Monokultur ins Verhältnis zu den Erträgen im Mischanbau gesetzt und miteinander addiert. Ergibt sich dabei in der Summe eine LER größer als Eins, ist der Mischanbau dem einzelnen Anbau überlegen und folglich wird die Flächenproduktivität insgesamt gesteigert.

Angewendet auf die Versuchsergebnisse des APV-Versuchs am Bodensee ergab sich in den Jahren 2017/2018 – in Abhängigkeit von der angebauten Kultur und damit einhergehend Ertragsveränderung – eine LER von 1,56 bis 1,87. Anders ausgedrückt konnte die Landnutzungseffizienz bzw. Flächenproduktivität

Abb. 1: Relative Ertragsveränderung der angebauten Kulturen*

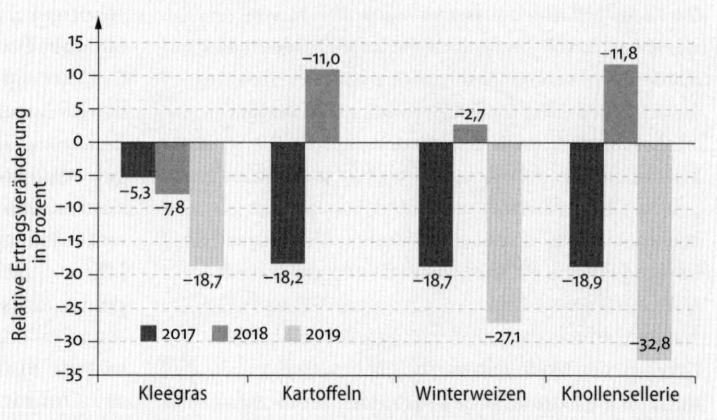

* unter der Agri-PV-Anlage im Vergleich zur nicht überbauten Referenzfläche in den Jahren 2017 bis 2019 (eigene Darstellung). Die Kartoffeln wurden 2019 nicht ausgewertet, da die Fläche aufgrund der ungünstigen versuchsbedingten Fruchtfolge (drei Sommerungen nacheinander) zu verunkrautet war.

Abb. 2: Erhöhte Landnutzungseffizienz (=LER) durch Agri-PV

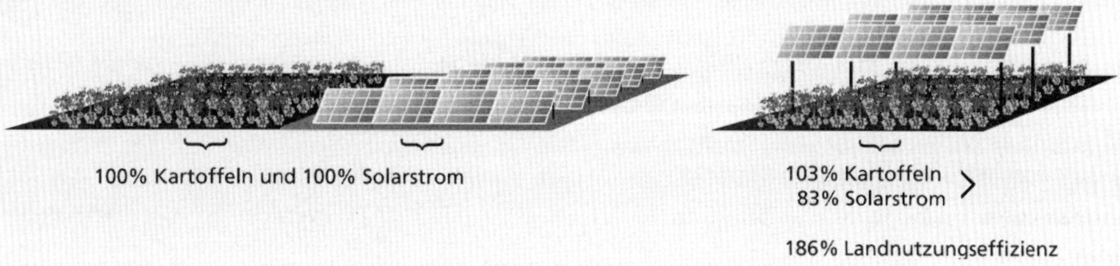

* Hier anhand des Beispiels des Versuchs in Heggelbach im Jahr 2018, bei welchen der Kartoffelertrag unter der Anlage im Vergleich zur Referenzfläche um rund zwölf Prozent (abzüglich acht Prozent Flächenverlust) gesteigert werden konnte.[17]

also um 56 bis 87 Prozent gesteigert werden (Abb. 2).[18] Obwohl die APV damit als vielversprechender Ansatz zur Verminderung von Flächenverlusten betrachtet werden kann, offenbart sich hierbei zugleich auch das eigentliche Dilemma der richtigen Bezugsgröße: Bis zu welchem Grad kann die Flächenproduktivität als vorrangigstes Ziel erachtet werden und bis zu welchem Maß werden landwirtschaftliche Ertragsverluste in Kauf genommen, die rein ökonomisch betrachtet immer den per se wertvolleren Stromerträgen gegenüberstehen?

Klassifizierung von APV-Anlagen

Der Klassifizierung von APV-Anlagen widmet sich auch die jüngst erschienene DIN SPEC 91434, welche als eine Art Vornorm den Grundstein für die einheitliche Klassifizierung von APV-Anlagen und deren Anwendungsbereich zu legen versucht.[19] In dieser wird die APV als »kombinierte Nutzung ein und derselben Landfläche für landwirtschaftliche Produktion als Hauptnutzung und für Stromproduktion mittels einer PV-Anlage als Sekundärnutzung« beschrieben. Dabei werden APV-Anlagen in die Kategorien I (aufgeständerte Anlagen mit lichter Höhe) und II (bodennah aufgeständerte Anlagen) eingeteilt. Erstere müssen dabei gemäß der DIN SPEC eine lichte Höhe von mindestens 2,10 Meter aufweisen und maximal zehn Prozent der Fläche beanspruchen. Letztere sind vergleichbar mit herkömmlichen Freiflächen-Photovoltaikanlagen, wobei maximal 15 Prozent der Fläche für die PV-Konstruktion beansprucht werden dürfen und vice versa mindestens 85 Prozent der Fläche zur landwirtschaftlichen Nutzung zur Verfügung stehen müssen.[20]

Neben Anforderungen an die technische Beschaffenheit von APV-Anlagen, werden zugleich Voraussetzungen an die landwirtschaftliche Nutzbarkeit gestellt. Grundlage soll hierbei ein umfassendes landwirtschaftliches Nutzungskonzept bilden, das vor der Genehmigung einer Anlage vorgelegt werden muss und verschiedene Grundanforderungen wie z. B. die Rückbaubarkeit der Anlage sowie der Ergreifung von Maßnahmen zur Verminderung von Bodenerosion stellt. Als landwirtschaftlicher Mindestertrag wird dabei das Erreichen von 66 Prozent eines definierten Referenzertrags festgelegt.

Obwohl die DIN SPEC einen ersten wichtigen Grundstein für eine einheitliche Definition der APV legt, bedarf diese in Teilen noch einer weiteren Nachschärfung und einer deutlicheren Abgrenzung von herkömmlichen Freiflächen-PV-Anlagen, was insbesondere bei Anlagen der Kategorie II und hier vor allem auf Grünlandstandorten als fragwürdig erscheint. Eine solche Abgrenzung ist zwingend erforderlich, um einen möglichen Missbrauch mit einem vorgeschobenen landwirtschaftlichen Nutzen vorzubeugen. Dies gilt umso mehr für den Fall, dass APV-Anlagen zukünftig zusätzlich gefördert und zugleich die gesetzlichen Hürden für deren Installation auf landwirtschaftlichen Flächen abgebaut werden sollten.

Die richtigen Rahmenbedingungen schaffen

Nach aktuellem Stand bekommen Anlagen wie die APV-Pilotanlage in Heggelbach keine Förderung nach dem Erneuerbare-Energien-Gesetz (EEG), da sie nur unter bestimmten Bedingungen auf Ackerflächen realisiert werden können und auch hochskaliert den deutlich günstigeren Freiflächen-PV-Anlagen im Ausschreibungsmechanismus unterlegen wären. Folglich ist der Betrieb einer entsprechenden Anlage nur bei einem entsprechenden Eigenverbrauchsanteil wirtschaftlich umzusetzen. Zugleich wird die Installation einer APV-Anlage bisweilen als Baumaßnahme gewertet, sodass die projektierte Ackerfläche zunächst als Sondergebiet ausgewiesen werden muss. Abgesehen von den rechtlichen Hürden und entstehenden Auflagen beim Bauen im Außenbereich hat dies zur Folge, dass trotz einer Weiterführung der landwirtschaftlichen Tätigkeit der Ackerstatus und folglich auch die Beihilfefähigkeit für EU-Agrarsubventionen verloren geht.

Als erster Schritt zur Förderung der APV ist mit der Novellierung des EEG im Jahr 2021 durch eine An-

Abb. 3: Mögliche Geschäftsmodelle und Konstellationen für Installation und Betrieb einer APV-Anlage.[21]

Geschäftsmodell	Funktion			
	Bereitstellung Fläche	*Landwirtschaftliche Bewirtschaftung*	*Bereitstellung PV-System*	*Betrieb PV-System*
1. Basisfall	Landwirtschaftsbetrieb			
2. Externes Landeigentum	Landeigentümer:innen	Landwirtschaftsbetrieb		
3. Externes PV-Investment	Landwirtschaftsbetrieb		PV-Investor:in	Landwirtschaftsbetrieb
4. Nur Bewirtschaftung und Betrieb	Landeigentümer:innen	Landwirtschaftsbetrieb	PV-Investor:in	Landwirtschaftsbetrieb
5. Nur Bewirtschaftung	Landeigentümer:innen	Landwirtschaftsbetrieb	PV-Investor:in	PV-Betreiber:in

passung der Innovationsausschreibungsverordnung (InnAusV) mit einem Gesamtvolumen von 150 Megawattpeak (MWp) erstmalig eine gemeinsame Sonderausschreibung für PV-Überdachungen auf Parkplätzen, schwimmende PV-Anlagen und APV-Anlagen vorgesehen.[22] Am 1. Oktober 2021 hat die Bundesnetzagentur die Anforderungen an im Rahmen der InnAusV geförderte APV-Anlagen festgelegt.[23] Demnach sind diese auf Acker- und Dauerkulturflächen förderfähig, wohingegen Dauergrünland und Dauerweideflächen ausgenommen sind. In der Spezifizierung der Anforderungen an die APV richtet sich die Bundesnetzagentur nach den Ausführungen der DIN SPEC 91434, wobei eine Weiterführung der landwirtschaftlichen Tätigkeit durch externe Sachverständige nachgewiesen werden soll.

Wie bereits obenstehend ausgeführt, bleibt dabei fraglich, inwiefern diese Kriterien für eine eindeutige Abgrenzung von modifizierten Freiflächenanlagen ausreichend sein werden. Zugleich konkurrieren sie im Rahmen der Ausschreibungen der InnAusV mit potenziell günstigeren und einfacher zu realisierenden Anlagentypen. Während die EEG-Ausschreibungen vor allem auf wettbewerbsfähige, hochskalierte Investorenprojekte abzielen werden, ermöglicht die im Jahr 2020 veröffentlichte Richtlinie zur Förderung der Energieeffizienz und CO_2-Einsparung in Landwirtschaft und Gartenbau auch die Förderung kleinerer hofeigener Photovoltaikanlagen. Berücksichtigt ist dabei auch die »Agrophotovoltaik, die zu keinem Verlust oder einer wesentlichen Einschränkung der landwirtschaftlichen Bewirtschaftung« führt.[24] Weiterhin unberührt von diesen Fördermaßnahmen bleibt der Verlust der Beihilfefähigkeit für EU-Agrarsubventionen von mit APV überbauten landwirtschaftlichen Nutzflächen.

Ausblick

In Anbetracht der Zielsetzung zum Ausbau der erneuerbaren Energien kann die APV durch eine Verminderung der Flächenverluste bei gleichzeitiger Sicherstellung der Nahrungsmittelproduktion insbesondere

Folgerungen & Forderungen

- Beim Ausbau der erneuerbaren Energien sollte der Fokus zunächst auf der Nutzung vorhandener Potenziale (z. B. Parkplätze, Dachflächen etc.) liegen, bevor zusätzliche landwirtschaftliche Nutzflächen für diese erschlossen werden.
- Da eine solche Erschließung zum Erreichen der Ziele unausweichlich erscheint, sollten hierbei Agri-PV-Anlagen bevorzugt werden, welche einen Erhalt der landwirtschaftlichen Produktion ermöglichen und zu einer effektiveren Landnutzung beitragen können.
- Auf benachteiligten Standorten (z. B. mit schlechten Bodengüten) können herkömmliche Freiflächenanlagen unter Umständen eine sinnvolle Alternative darstellen.
- Erforderlich ist eine klare Abgrenzung der Agri-PV zu herkömmlichen Freiflächen-PV-Anlagen mit entsprechend klaren und strikten Kriterien im Hinblick auf den Erhalt der landwirtschaftlichen Tätigkeit.
- Die faire Beteiligung der landwirtschaftlichen Betriebe, z. B. durch eine entsprechende Entlohnung oder Gewinnbeteiligung oder auch durch gezielte Förderung hofeigener Kleinanlagen, ist zwingend erforderlich, um möglichen Interessenkonflikten und potenziell steigenden Pachtpreisen entgegenzuwirken.
- APV-Anlagen sollten für die landwirtschaftliche Nutzung technisch weiter optimiert werden unter Berücksichtigung kulturspezifischer Anforderungen mit angepassten Beschattungszyklen und der Kopplung mit intelligenten Bewässerungssystemen, insbesondere im Dauerkulturbereich.

auf landwirtschaftlichen Flächen eine sinnvolle Alternative zu herkömmlichen Freiflächen-Photovoltaikanlagen darstellen und damit als Teil einer Gesamtlösung zum Erreichen der Ziele beitragen. Das größte Potenzial der APV ist nach aktuellem Kenntnisstand vor allem in trockenen und heißen Regionen zu erwarten, wo auch im Hinblick auf die landwirtschaftliche Nutzung mögliche Synergieeffekte denkbar sind. Inwiefern die APV im Hinblick auf den Klimawandel auch in gemäßigteren Klimaten zu einer Abmilderung von Wetterextremen beitragen kann und dadurch insbesondere im Sonderkulturbereich an Bedeutung gewinnen wird, bleibt dabei fraglich und weitere Versuchsergebnisse sind abzuwarten.

Als weitere Voraussetzung für eine Einführung der APV bedarf es einer klaren Begriffsdefinition sowie einer Festlegung von Mindeststandards, die diese im Hinblick auf die landwirtschaftliche Produktion erfüllen muss. Nur so kann auch eine gesonderte Förderung der im Vergleich zur herkömmlichen PV teureren Technik ermöglicht werden, ohne zugleich Gefahr zu laufen, das Entstehen von Pseudo-APV-Anlagen zu fördern, welche primär auf eine maximierte Stromproduktion auf landwirtschaftlichen Flächen abzielen. Zugleich bedarf es geeigneter Finanzierungsmodelle (Abb. 3), welche auch eine Beteiligung der landwirtschaftlichen Betriebe gewährleisten, sodass diese zu den APV-Profiteuren und nicht zu den Leidtragenden weiter steigender Pachtpreise bei zugleich erschwerten Anbaubedingungen werden. Den Idealfall stellen hierbei kleinere, betriebsgeführte APV-Anlagen dar, welche vor allem für kleine und/oder wirtschaftlich gefährdete Betriebe zu einer Einkommensdiversifizierung und damit zu deren langfristigen Erhalt beitragen könnten, zugleich aber einer entsprechenden Förderung bedürfen: ein Ansatz, der aktuell z. B. in Südkorea verfolgt wird, wo APV-Kleinanlagen dazu beitragen sollen, eine betriebliche Altersvorsorge zu bieten und das Höfesterben zu vermindern.[25]

Das wahrscheinlichere Szenario bleiben jedoch größere und wirtschaftlich wettbewerbsfähige APV-Anlagen, welche durch Investoren finanziert und externe Dienstleister betrieben werden und sich in Anbetracht der Flächenverfügbarkeit und -eignung vor allem auf den Nordosten der Bundesrepublik konzentrieren dürften. Hierbei würde der landwirtschaftliche Betrieb im Idealfall zum Verpächter und/oder schlimmstenfalls zum reinen Dienstleiter für die Bewirtschaftung unter der Anlage.

Folglich wird es in den kommenden Jahren an der Politik sein, den Weg für eine Einführung der Agri-PV weiter zu ebnen und zugleich die Voraussetzungen zu schaffen, dass diese zum Erfolgsmodell für Energiewende und Strukturwandel werden kann und nicht zu einer weiteren Verschärfung des Landnutzungskonflikts beiträgt.

»Rentabel nur bei hohem Eigenstromverbrauch«

Fragen an Florian Reyer zu ersten Erfahrungen mit einer APV-Anlage auf der Hofgemeinschaft Heggelbach

Wie hat sich die APV-Technik aus Sicht Ihres Betriebes bewährt? Welche Einschränkungen haben sich bei der Bewirtschaftung ergeben und wie sehen Sie die landwirtschaftlichen Ertragseinbußen?

Grundsätzlich haben wir uns sehr schnell an die Anlage und die Arbeit darunter gewöhnt. Die Einschränkungen bei der Arbeit halten sich in Grenzen und könnten bei auf die Fläche optimierten Anlagen noch geringer sein. Grundsätzlich gilt, dass entlang der Anlage vorsichtiger und langsamer gefahren werden muss, wobei die Verwendung von GPS-Lenksystemen nur sehr eingeschränkt möglich ist, da der Empfang durch die Konstruktion gestört wird. Zudem müssen die Abstände der Pfosten zu allen Arbeitsbreiten der Bearbeitungsgeräte auf dem Hof passen, um die Fläche zwischen den Pfosten möglichst effizient zu nutzen und Flächenverluste zu minimieren. Als größten Nachteil unserer Anlage sehe ich die schlechte Wasserverteilung. Die Ertragseinbußen sind nicht von der Hand zu weisen, wobei sich in unserem Fall der Vorteil ergibt, dass ein Großteil des erzeugten Stroms im Betrieb genutzt werden kann, was den Ertragsverlusten gegenübersteht.

Wie haben Sie die APV-Anlage in Ihren Betrieb integriert?

Wir versuchen unsere normale Fruchtfolge unter der Anlage anzubauen und die Fläche wie unsere anderen Flächen zu behandeln, was bisher gut gelingt. Durch die Lagerung, Aufbereitung und Verarbeitung von Gemüse haben wir einen hohen Energieverbrauch, sodass 60 Prozent des erzeugten Stroms im Betrieb direkt verbraucht werden. Über einen Batteriespeicher und ein sich ständig weiterentwickelndes Stromnutzungskonzept versuchen wir den Eigenstromverbrauch weiter zu erhöhen. Das ist vor allem deshalb notwendig, weil wir für den mit der APV-Anlage erzeugten Strom keine Einspeisevergütung erhalten, wodurch die Stromerzeugung ohne entsprechenden Eigenstrombedarf nicht wirtschaftlich wäre.

Wie schätzen Sie den Nutzen für Betriebe ein, die eine deutlich niedrigere Eigenstromverbrauchsrate haben?
Deutlich schwieriger. Hier bräuchte es andere Konzepte der Stromvermarktung, Nutzung etc. Mit dem Börsenpreis kann eine solche Anlage nicht umgesetzt werden.

Wären die Investitionskosten für Ihren Betrieb zu stemmen gewesen?
Mit den Entwicklungskosten und den schwierigen Antragsverfahren sicherlich nicht. Sollten die Kosten für den Bau einer APV-Anlage zukünftig tatsächlich im Bereich kleinerer Dachanlagen liegen, wäre es sicher realistischer.

Wo sehen Sie die APV in zehn Jahren? Wunsch und Realistisch.

Wunsch wären viele kleine, dezentrale an die jeweiligen Höfe angepasste Anlagen mit Schwerpunkt auf Zusatznutzen wie z. B. im Obstbau. Realistisch werden wir vermutlich sehr viele Großanlagen von Investoren auf bestem Ackerland sehen, die mehr Freiflächen- als Agri-PV sind. Mein Bild vor dem Hintergrund des Flächenverbrauchs und der Degradierung landwirtschaftlicher Flächen wäre der klare Fokus beim Ausbau auf bereits überbauter Fläche (Straßen, Parkplätze etc.)!

Die Fragen stellte Axel Weselek.

Florian Reyer
Seit 2008 Landwirt bei der Hofgemeinschaft Heggelbach und verantwortlich für die Bereiche Gemüseanbau, Fruchtfolge, Energieerzeugung, Agri-PV und Gemüseverarbeitung.

florian.reyer@heggelbachhof.de

Anmerkungen

1 Fachagentur für nachwachsende Rohstoffe: Basisdaten nachwachsende Rohstoffe (https://mediathek.fnr.de/grafiken/daten-und-fakten/landwirtschaft/flachennutzung-in-deutschland.html).
2 Bundesumweltamt: Siedlungs- und Verkehrsfläche (www.umweltbundesamt.de).
3 T. Tröndle: Supply-side options to reduce land requirements of fully renewable electricity in Europe. In: PLoS ONE 15/8 (2020), e0236958. DOI: 10.1371/journal.pone.0236958.
4 A. Goetzberger und A. Zastrow: Kartoffeln unter dem Kollektor. In: Sonnenenergie 1981, S. 19-22.
5 A. Weselek et al.: Agrivoltaic system impacts on microclimate and yield of different crops within an organic crop rotation in a temperate climate. In: Agronomy for Sustainable Development 41/59 (2021). DOI: 10.1007/s13593-021-00714-y.
6 Die folgenden Informationen sind entnommen der Website der Hofgemeinschaft (https://hofgemeinschaft-heggelbach.de/energie).
7 Ebd. und A. Weselek et al.: Effects on crop development, yields and chemical composition of celeriac (*Apium graveolens L. var. rapaceum*) cultivated underneath an agrivoltaic system. In: Agronomy 11/733 (2021). DOI: 10.3390/agronomy11040733.
8 Weselek et al. (siehe Anm. 6).
9 Weselek et al. (siehe Anm. 7).
10 S. Amaducci, X. Yin and M. Colauzzi: Agrivoltaic systems to optimise land use for electric energy production. In: Applied Energy 220 (2018), pp. 545–561. DOI: 10.1016/j.apenergy.2018.03.081.
11 H. Marrou et al.: Productivity and radiation use efficiency of lettuces grown in the partial shade of photovoltaic panels. In: European Journal of Agronomy 44 (2013), pp. 54–66. DOI: 10.1016/j.eja.2012.08.003. – H. Marrou, L. Dufour and J. Wery: How does a shelter of solar panels influence water flows in a soil–crop system? In: European Journal of Agronomy 50 (2013), pp. 38–51. DOI: 10.1016/j.eja.2013.05.004.
12 »Fraunhofer ISE. Erste Agri-PV-Anlage für CO2-neutralen Obstanbau im Test.« Pressemitteilung des Fraunhofer-Instituts für Solare Energiesysteme (ISE) vom 14. September 2021.
13 Baywa r.e.: Solaranlagen tragen Früchte mit Agri-PV in den Niederlanden (www.baywa-re.com/de/cases/emea/solaranlagen-tragen-fruechte-mit-agri-pv-in-den-niederlanden).
14 ISE (siehe Anm. 12).
15 B. Valle et al.: Increasing the total productivity of a land by combining mobile photovoltaic panels and food crops. In: Applied Energy 206 (2017), pp. 1495–1507. DOI: 10.1016/j.apenergy.2017.09.113.
16 M. Trommsdorff et al.: Combining food and energy production: Design of an agrivoltaic system applied in arable and vegetable farming in Germany. In: Renewable and Sustainable Energy Reviews 140 (2021), 110694. DOI: 10.1016/j.rser.2020.110694.
17 Fraunhofer-Institut für Solare Energiesysteme (ISE): Agri-Photovoltaik: Chance für die Landwirtschaft und Energiewende. Ein Leitfaden für Deutschland. Freiburg 2020, S. 14.
18 Ebd.
19 Deutsches Institut für Normung e. V. (DIN): Agri-Photovoltaik-Anlagen. Anforderungen an die landwirtschaftliche Hauptnutzung. DIN SPEC 91434:2021-05.
20 Ebd.
21 Ebd., S. 25.
22 S. Schindele: Feldfrüchte und Strom von Agrarflächen: Was ist Agri-Photovoltaik und was kann sie leisten? In: GAIA 30/2 (2021), pp. 87-95. DOI: 10.14512/gaia.30.2.6.
23 Bundesnetzagentur: Festlegung der Anforderungen besonderer Solaranlagen. 1. Oktober 2021.
24 Bundesministerium für Ernährung und Landwirtschaft: Richtlinie zur Förderung der Energieeffizienz und CO_2-Einsparung in Landwirtschaft und Gartenbau. Teil A – Landwirtschaftliche Erzeugung, Wissenstransfer vom 18. September 2020, S. 12.
25 ISE (siehe Anm. 17).

Axel Weselek
M. Sc. und Doktorand zum Thema Agri-Photovoltaik an der Universität Hohenheim und ehemaliger wissenschaftlicher Mitarbeiter beim Projekt APV-Resola.

a.weselek@uni-hohenheim.de

Wald 7

Entwicklungen & Trends 2021

Geliebt, gelobt, geplündert

von László Maráz

Das relativ niederschlagsreiche Jahr 2021 hat zwar vielen Wäldern eine Erholungspause verschafft, das Problem mit dem Klimawandel aber bleibt und wird sich spätestens in den nächsten Hitzesommern verschärfen. Das Paradoxe: die meisten der geschundenen und stark bedrohten Waldökosysteme werden derzeit stärker beansprucht als je zuvor. Sie sollen unser Klima retten. Ihr Holz soll energieintensive Bau- und Werkstoffe ersetzen. Wälder sollen Platz machen für neue Windkraftanlagen oder werden schon mal für den Bau einer Elektroautofabrik gerodet.

Keine Trendwende in Sicht

Für eine Trendwende müssen wir mindestens zwei der Krise zugrunde liegende Probleme lösen. Zum einen hat unser Gesamtverbrauch an Ressourcen die Grenzen des Erträglichen bereits deutlich überschritten. Während der wohlhabendere Teil der (Welt-)Bevölkerung quasi ungehemmt Energie und Rohstoffe verbraucht, bleibt dem anderen – dem größeren – Teil oft deutlich zu wenig zum Leben. Zum anderen wird dieses Verbrauchsniveau mit massiven Subventionen künstlich am Leben gehalten oder weiter erhöht. Einkommen und Reichtum kommen im globalen Norden wie Süden einer privilegierten Bevölkerungsschicht zugute, Kosten und Folgen des Ressourcenverbrauchs hingegen werden jeweils der Allgemeinheit aufgebürdet.

Hoher Ressourcenverbrauch …

Kein Wunder, dass jedes Jahr wieder viele Wälder gerodet oder abgeholzt werden. Andere Dinge sind fast immer wichtiger: Landwirtschaft, Tierhaltung, Bergbau, Straßen und Siedlungen, Holzplantagen. Auch die verbleibenden Wälder verlieren an ökologischem Wert. Waldeigentümer und Forstwirtschaft sind am Absatz des Holzes interessiert und werben mit dem Argument des Klimaschutzes für mehr Holzverbrauch. Verbraucher:innen freuen sich über billiges Brennholz und Papier. Wenn aber jemand ein neues Schutzgebiet einrichten möchte, herrscht plötzlich Holzmangel, der nur behoben werden kann, indem man Holz aus Ländern mit schlechterer Forstwirtschaft oder aus illegalem Holzeinschlag importiert. Die Urwälder in Amazonien oder Sibirien, so heißt es, müssten dann eben wegen unserer heimischen Schutzgebiete geplündert werden.

… führt zur Plünderung der Wälder

Dagegen, dass wir seit Jahrzehnten Holz und Holzprodukte aus Raubbau und auch illegalem Holzhandel importieren, unternehmen dieselben Leute nichts. So engagiert sich beispielsweise der WWF Deutschland gegen Importe illegaler Hölzer. Unterstützung vonseiten der Forstwirtschaft oder der Waldeigentümer? Fehlanzeige! Auch ist nicht bekannt, dass sich diese Akteure für ein Lieferkettengesetz engagieren würden, mit dem Firmen verpflichtet werden sollen, Importe von Futtermitteln, anderen Agrarprodukten, Metallen und Holz dann zu verbieten, wenn für deren Produktion Wälder zerstört wurden.

Ursachen der Waldkrise

Landwirtschaft zerstört die meisten Wälder

Vor allem die Landwirtschaft setzt den Wäldern auf globaler Ebene am meisten zu. So hält die Ernährungs- und Landwirtschaftsorganisation der Vereinten Nationen (FAO) die Landwirtschaft für 90 Prozent der weltweiten Entwaldung verantwortlich.[1] Das wäre deutlich mehr als bisher angenommen. Global ist demnach rund mehr als die Hälfte des Waldverlustes allein auf die Umwandlung von Wald in Ackerland zurückzuführen, heißt es in der von der FAO 2021 vorgelegten Studie *FRA 2020*. Weitere rund 40 Prozent des Waldverlustes entstünden durch die Umwandlung von Wald in Viehweiden. Das betrifft vor allem die tropischen Regenwälder, auch weil sich die meist armen Böden kaum für den Ackerbau eignen. In Afrika und Asien finden 75 Prozent der Entwaldung durch die Umwandlung in Agrarflächen statt, in Südamerika gehen fast drei Viertel der Entwaldung auf das Konto der Viehzucht.

FAO: 90 Prozent der Entwaldung durch Landwirtschaft

Leider zieht die FAO auch hier wieder die falschen Schlüsse. Sie sieht in der Steigerung der landwirtschaftlichen Produktivität zur Deckung des neuen Bedarfs einer wachsenden Bevöl-

Ohne Klimaschutz sterben die Wälder

Beim Waldschutz befassen wir uns in erster Linie mit den Ursachen und Folgen der Zerstörung und Schädigung von Wäldern: mit Abholzung, Raubbau, Rodung und einer Forstwirtschaft, die zu wenig Rücksicht auf das Ökosystem nimmt, mit dem Verlust der biologischen Vielfalt und zahlreicher Waldfunktionen – und mit dem Verlust von Lebensraum vieler Menschen, die in und vom Wald leben. Besonders auffällig: Unser eigenes Verhalten, das die Ursache all dieser Probleme ist, wird von den maßgeblichen Akteuren aus Politik und Wirtschaft geflissentlich ausgeblendet. Der Wald soll dies, die Bäume sollen das. Schutzgebiete sollen effizient sein und auf kleinster Fläche alle möglichen Arten schützen, Bäume sollen mit weniger Durst und möglichst mehr Hitzetoleranz wachsen und gedeihen. Neue Baumarten könnten die alten, heimischen ersetzen, wenn jene keine Leistung mehr bringen oder gar absterben. Die Forstwirtschaft diskutiert über die Gestaltung neuer, angeblich »klimastabiler« Wälder mit »klimastabilen« Bäumen. In einem instabilen Klima!

Ausgeblendet wird unser Handeln, Selbstkritik wird abgelehnt. Der Wald hat die Klimakrise nicht verursacht, warum sollte er für deren Bekämpfung verantwortlich gemacht werden? Warum sollen Bäume die Treibhausgase schlucken, die wir mit unseren Fahrzeugen, Öfen und Fabriken emittieren? Die Borkenkäfer haben die Bäume nicht abgesägt und abtransportiert. Die Klimakrise ist nicht vom Himmel gefallen. Solange wir nicht infrage stellen, warum wir in Deutschland beispielsweise pro Kopf über 220 Kilogramm Papier pro Jahr verbrauchen oder ein Recht auf »bezahlbaren Strom« haben sollten, werden wir die Wälder weiter ins Verderben hetzen.

Es reicht auch nicht, den Klimaschutz nur von der Regierung einzufordern. Wobei die meisten Akteure nicht mal dies tun. Es reicht ein Blick auf die Internetseiten des Deutschen Forstwirtschaftsrates oder der Arbeitsgemeinschaft Deutscher Waldbesitzerverbände.[2] Sie müssten den Kampf gegen die Klimakrise am vehementesten führen, denn echter Klimaschutz ist die Voraussetzung für das Überleben der Wälder. Doch weder werden dort die Ursachen der Klimakrise benannt, noch werden Regierung, Wirtschaft und Gesellschaft aufgefordert, endlich zu handeln. Das darf uns als zivilgesellschaftliche Waldaktive nicht passieren. Doch genau dies wird zu oft versäumt: Klimaschutz als Grundvoraussetzung dafür einzufordern, dass unsere Ökosysteme überhaupt überleben und Schutz- und Nutzungskonzepte eine Chance zur Verwirklichung bekommen. Gerade in der waldpolitischen Debatte muss man bisweilen den Eindruck gewinnen, dass die Wälder die Erdüberhitzung dann überstehen, wenn wir sie nur schön ökologisch bewirtschaften oder gar komplett unter Schutz stellen. Das käme nicht nur einer Verharmlosung des Problems gleich. Ohne Klimaschutz kein Waldschutz. Wenn wir den Klimaschutz unterlassen, können wir gleich damit beginnen, die Stühle an Deck der Titanic zurechtzurücken.

kerung und dem Stopp der Entwaldung keine sich gegenseitig ausschließenden Ziele. Unser Verbrauch kann also weiterwachsen, die Verschwendung von Landflächen für die Erzeugung tierischer Nahrungsmittel wird erst gar nicht infrage gestellt. Dabei sind heute schon Agrarflächen knapp, vielen Menschen fehlt es an einem Stück Land zur Selbstversorgung, Wasser wird knapp und die intensive Agrarwirtschaft befeuert mit hohen Treibhausgasemissionen die Erdüberhitzung.

Intensive Agrarwirtschaft befeuert Klimakrise

Primat der Nutzung

Die der Waldkrise zugrunde liegenden Ursachen sind auch in Deutschland zu beobachten. Dass sich dies nur abgeschwächt auf den Zustand der heimischen Wälder auswirkt, liegt daran, dass wir viele Agrarrohstoffe, Holzprodukte und Metalle importieren und damit Waldschäden in anderen Regionen verursachen. In Deutschland sind daher keine Zerstörungen und Waldverluste zu verzeichnen, die mit der Situation in Südamerika oder Südostasien vergleichbar wären. Dass unsere eigenen Wälder aber ebenfalls daran leiden, wie wir mit ihnen umgehen, sei nachfolgend an verschiedenen Beispielen illustriert.

Unser Verhältnis zum Wald ist nämlich ein widersprüchliches. Beispielhaft wird das sichtbar, wenn man sich Aussagen anschaut, die von der ehemaligen Bundeslandwirtschaftsministerin Julia Klöckner stammen: »Ich liebe den Wald« und »Der Wald ist unser engster Verbündeter beim Klimaschutz, unsere grüne Lunge«. Die gleiche Ministerin kritisiert kurz nach diesen Empfehlungen die EU-Waldstrategie wegen der in ihren Augen »einseitigen Betrachtung« der Klima- und Umweltziele. Hinter dieser Kritik steckt das offenbar vorrangig *wirtschaftliche* Interesse vieler Akteure aus Waldbesitzenden, Forstorganisationen und Vertreter:innen der Politik an dem, was sie in Presseverlautbarungen als »nachhaltig bewirtschafteten Wald« bezeichnen. Gemeint sind: Holzproduktion und Holzverkauf.

Widersprüchliches Verhältnis zum Wald

Eine Holzproduktion, die wahrlich zu wenig einbringt, weil Waldholz ein vergleichsweise billiger Rohstoff ist. Eine Holzproduktion, die vor allem dann hohe Kosten verursacht, wenn man gegen die Natur arbeitet. Besonders augenfällig wird das in der aktuellen Krise, wenn zu hohen Kosten massenweise Holz aus dem Wald entfernt wird. Es gibt tatsächlich Leute, die behaupten, die toten Bäume würden das Wachstum einer neuen Waldgeneration behindern. Man kann schon von einer Art Entsorgungsaktionismus sprechen. Wenn man dafür auch noch Steuergelder erhält, kann man sich diese defizitäre Praxis scheinbar leisten. Die Folgeschäden aber sind immens.

Entsorgungsaktivismus in den Wäldern

Kahlschläge schwächen die Klimaresilienz der Wälder

Wenn Bürgerinitiativen in den vergangenen Jahren die Öffentlichkeit wegen Kahlschlägen und von Maschinen zerquetschten Waldböden alarmierten, konnten solche Fallbeispiele durchaus noch als bedauerliche »Einzelfälle« abgetan werden. Inzwischen finden sich Großkahlschläge in vielen Teilen des Landes. Die einige Jahrzehnte lang verpönte Kahlschlagswirtschaft wird zur täglichen Praxis. Die von Waldeigentümerverbänden als Jahrhundertaufgabe deklarierte »Rettung der Wälder durch Neupflanzung« wird durch ein beispielloses Zerstörungswerk vorbereitet. Das geht so weit, dass in vielen Regionen vor allem auf den von Dürre und Hitze geschädigten Waldflächen – in den meisten Fällen sind es ja Nadelbaumplantagen – nicht nur wertvolle dicke Baumstämme genutzt werden. Man entfernt oft auf der gesamten Fläche die gesamte Biomasse: Baumkronen, kleine Bäume und Sträucher. Biomasse, die sich nicht verkaufen lässt und unbedingt auf der Fläche bleiben müsste.

Kahlschläge häufen sich

Bei allem Verständnis für den Versuch einer Begrenzung der wirtschaftlichen Schäden führt solch rücksichtsloses Plündern und Räumen der Flächen zur Schaffung von Kahlflächen, Verwüstung der Waldböden und massiven Humusverlusten. Das belegt auch eine neue Studie,[3] für die Expert:innen der Hochschule Eberswalde für Greenpeace Satellitendaten aus den Jahren 2013 bis 2020 ausgewertet haben. Sie zeigt, dass intensiv bewirtschaftete Forste deutlich stärker unter den Auswirkungen der Klimakrise leiden als naturnahe Wälder. Kahlschläge und die intensive Auflichtung der Kronendächer führen zu einer deutlichen Erhöhung der Umgebungstemperaturen. Laubwälder und die naturnahen Wälder in Nationalparks sind vergleichsweise besser durch die Dürrejahre gekommen.

Studie: Naturnahe Wälder leiden weniger unter Klimakrise

Forstwirtschaft schadet der biologischen Vielfalt

Die Forstwirtschaft schädigt gut 300 Jahre nach der Erfindung des Nachhaltigkeitsbegriffes weiterhin die biologische Vielfalt im Wald. Um zu verhindern, dass Bäume wirklich alt werden und das Risiko einer Holzentwertung wächst, wird auch in Schutzgebieten Holz in einer Intensität eingeschlagen, dass sich Waldökosysteme nicht naturnah entwickeln können. Um Abhilfe zu schaffen, wurde zwar 1992 mit der Verabschiedung der Fauna-Flora-Habitat-Richtlinie (FFH-RL) auf europäischer Ebene ein bahnbrechendes Naturschutzinstrumentarium eingeführt. Doch das hochgelobte Vorhaben konnte die Erwartungen nicht erfüllen. Wesentliche Habitatstrukturen und waldökologisch wertvolle Waldbestände sind weiterhin gefährdet – nicht nur vom Klimawandel.

Waldzerstörung auch in FFH-Gebieten

Der Waldexperte Norbert Panek beschreibt in einer Hintergrundanalyse für das Forum Umwelt & Entwicklung das Grundproblem wie folgt:[4] Die bestehende, forstliche Nutzung in Natura 2000-Gebieten wird von den Aufsichtsbehörden nicht grundsätzlich infrage gestellt, obwohl es in dem offiziellen EU-Leitfaden *Natura 2000 und Wälder* heißt, dass sich »Waldökosysteme (…) ohne jede Bewirtschaftung allein durch die Dynamik natürlicher Regenerationsphasen entwickeln«. Die Bewirtschaftung von FFH-Wäldern ist daher nicht zwingend erforderlich, um den Erhalt von Wald-Lebensraumtypen sicherzustellen (ausgenommen sind Wälder, die durch historische Nutzungsformen entstanden sind und auch nur durch diese Nutzungen erhalten werden können).

Um die biologische Vielfalt zu fördern und erhalten, müssten die natürlichen Alterungsprozesse in den Waldschutzgebieten stärker zugelassen werden. Jedoch kommen in den allermeisten deutschen FFH-Gebieten, die in der Regel intensiv forstlich genutzt werden, ausgeprägte Alters- und Zerfallsphasen kaum vor. Da auch die formellen Anforderungen bei der Ausweisung der deutschen Natura 2000-Gebiete nach den Vorgaben der FFH-Richtlinie nicht erfüllt wurden, hat die EU-Kommission hierzu bereits 2015 ein Vertragsverletzungsverfahren gegen Deutschland eingeleitet. Darin wird moniert, dass sogar die meisten großflächigen Natura 2000-Waldgebiete bislang über keinen angemessenen Schutzstatus nach nationalem Naturschutzrecht verfügen. Die zu schützenden Waldlebensräume wurden durch eine weitgehend unkontrollierte, jahrelange forstliche Nutzung systematisch entwertet bzw. in ihrem Erhaltungszustand verschlechtert.

Vertragsverletzungsverfahren gegen Deutschland läuft

Richtungsweisendes Urteil

Dazu hat das Oberverwaltungsgericht Bautzen in einem richtungsweisenden Urteil am 9. Juni 2020 (Az. 4B 126/19) entschieden, dass geplante und durchgeführte Holzeinschläge in den FFH-Lebensraumtypen des Leipziger Auenwaldes nicht rechtmäßig waren, weil sie keiner vorherigen Prüfung auf Verträglichkeit unterzogen wurden.[5] Das Gericht stellte klar, dass Forstwirtschaftspläne, die den Umfang der Holzeinschläge in FFH-Gebieten festlegen, grundsätzlich als sog. »Projekte« zu behandeln sind, die einer FFH-Verträglichkeitsprüfung bedürfen. Das Urteil hat hinsichtlich der Bewirtschaftung von FFH-Waldgebieten bundesweite Bedeutung und dürfte sich besonders auch auf die Praxis von Großschirmschlägen auswirken. Ergänzend stellt auch ein jüngst überarbeiteter Leitfaden der EU-Kommission (vom 28. September 2021) klar, was unter dem Begriff »Projekt« zu verstehen ist: auch »Eingriffe in die natürliche Umwelt einschließlich regelmäßiger Tätigkeiten zur Nutzung natürlicher Ressourcen«. So können unter bestimmten Voraussetzungen z. B. Holzeinschläge als »nicht erhaltungsbezogener Bestandteil« eines Projekts gelten und somit eine Verträglichkeitsprüfung erfordern.

Gericht ordnet Verträglichkeitsprüfung an

Bauen mit Holz – gut fürs Klima?

Vermeintliche Holzknappheit

Das viele Rundholz überschwemmte den Holzmarkt, und da die Sägewerke überlastet waren, fielen die Preise ins Bodenlose. Angesichts dieser Holzschwemme wunderten sich viele über die Knappheit und gestiegenen Kosten beim Bauholz. Rufe nach einem Exportverbot für Rundholz (ganze Stämme) wurden laut. Doch Balken und Bretter wachsen nicht im Wald. Wegen des Corona-Lockdowns waren im Frühjahr 2020 viele Betriebe zwei, drei Monate lang geschlossen. Dann liefen sie zwar auf Hochtouren, konnten das viele Rundholz aber nicht so schnell verarbeiten, um die Produktionsrückstände aufzuholen. Zumal der Bau- und Renovierungsboom zusätzliche Nachfrage erzeugte (daher die gestiegenen Preise).

Ein Rundholzexportverbot hätte an dieser Lage nichts geändert. Waldeigentümer waren froh über jeden Container, der verkauft werden konnte. Kostendeckend war das kaum. In vielen Fällen wäre es profitabler gewesen, das Holz im Wald liegen zu lassen. Vom Klimaschutzeffekt ganz zu schweigen. Um die Containerware nach China verschiffen zu können, war eine chemische Vernichtung der Larven von Holzschädlingen nötig. Da dies mit dem extrem klimaschädlichen Sulfurylfluorid[6] geschah, verursachte alleine dieser Holzexport im Jahre 2020 Treibhausgasemissionen in Höhe von zwei Millionen Tonnen CO_2-Äquivalenten und damit etwa so viel wie der gesamte innerdeutsche Flugverkehr.

Containerware nach China: immense Klimaschäden

Holz statt Stahl?

Über solche Nebenwirkungen der Holzernte wird leider kaum berichtet. Die Werbung für mehr Holzabsatz stützt sich derzeit aber vor allem auf eine Klimaschutzwirkung, die sich nur schwer nachvollziehen und belegen lässt. Natürlich ist Holz ein Werkstoff, der zunächst mit geringem Energieaufwand in die Sägewerke gelangt. Zu berücksichtigen sind hier Forstarbei-

Ursachen für die Waldkrise

Die im Deutschen Naturschutzring (DNR) organisierten Natur- und Umweltschutzorganisationen haben anlässlich der neuen Regierungsbildung unter dem Titel *Von der Waldkrise zur nachhaltig ökologischen und generationengerechten Waldwende* Anfang Dezember 2021 ein Positionspapier[7] veröffentlicht, in dem die wichtigsten Ursachen für die derzeitige Waldkrise wie folgt zusammengefasst werden:

»Der Zustand unserer Wälder ist besorgniserregend. Das aktuelle Ausmaß des Zusammenbrechens von Waldbeständen ist Ausdruck einer akuten Krise bewirtschafteter Wälder. Vordergründig hängen die Symptome der Waldkrise mit der Massenvermehrung von Schädlingen wie etwa Borkenkäfern sowie mit der Zunahme von extremen Witterungsereignissen (v. a. Hitze, Dürre) zusammen. Aber die Klimakrise trifft auf stark geschwächte Ökosysteme: die Verwundbarkeit der Wälder ist durch eine Kombination vielfältiger menschgemachter Faktoren verursacht und stetig verstärkt worden.

Hierzu gehören insbesondere

- die zu intensive Bewirtschaftung mit starker Absenkung von biologischer und struktureller Vielfalt (z. B. fehlende späte Waldentwicklungsphasen und Mikrohabitate) sowie des durchschnittlichen Baumalters und des Vorrats an lebender und toter Biomasse,
- die historisch bedingte und bis heute immer wieder erfolgende Begründung von naturfernen Beständen mit nichtstandortheimischen Baumarten,
- die fehlende Naturverjüngung aufgrund des Verbisses durch überhöhte Schalenwildbestände, die auch zur Senkung der Waldbiomasse, zum Verlust von Vielfalt und zu großen finanziellen Einbußen führt,
- schädliche Stoffeinträge, insbesondere von Stickstoff aus Verkehr, Landwirtschaft und Industrie sowie Pestiziden aus der Land- und Forstwirtschaft,
- klimatische Belastungen auf Landschaftsebene durch Wasserhaushaltsveränderungen, hierzu zählen großflächige Entwässerungsmaßnahmen mit Degradierung natürlicher Wald-(Moor)böden,
- die Verringerung ausgedehnter zusammenhängender Waldflächen, Zerschneidung und starke Fragmentierung der Wälder durch technische Infrastruktur, intensive Landnutzung und Siedlungen, immer breitere Forstwege sowie die engmaschige Befahrung eines großen Anteils der Waldfläche mit schädlichen Einflüssen auf das Bodengefüge und das Wasserregime,
- die stark gestiegene Nutzung von holzartiger Biomasse und die damit verbundene Intensivierung der Ernte von Schwachholz, Reisig und Wurzelmaterial.

Die Wälder in Deutschland sind insgesamt – verglichen mit Naturwäldern – immer noch zu jung und arm an Biomasse und Vielfalt. Es gibt zu wenige alte, naturnahe Wälder. Die Baumartenzusammensetzung unserer Wälder und ihre Mischung sind auf großen Flächenanteilen naturfern. Dem Ökosystem fehlen damit wichtige Strukturen und naturwaldähnliche Dynamiken und somit die Möglichkeit, Belastungen abzupuffern. Gemäß der Bundeswaldinventur liegt der Biomassevorrat unserer Wälder bei 50 bis 60 Prozent eines natürlichen Waldökosystems, was die Möglichkeiten der Stresskompensation deutlich verringert. Ohne eine Stabilisierung der geschwächten Waldökosysteme sowie eine drastische Reduktion der Treibhausgasemissionen zur Abbremsung der Klimakrise werden immer mehr Wälder in den kommenden Jahren ihre Lebensfähigkeit und auch für den Menschen wichtige Funktionen verlieren.«

ten, Ernte und Transport. Für Balken und Bretter muss dann nur gesägt und gehobelt werden, auch das ist noch relativ wenig energieintensiv. Danach wird es aber teuer. Jeder weitere Verarbeitungsschritt kostet mehr Energie: fräsen, verleimen, pressen, transportieren. Für eine Tonne Zellstoff wird ebenso viel Energie benötigt wie für die Herstellung einer Tonne Stahl!

Bleiben wir bei den aus Klimaschutzsicht recht vorteilhaften Bauholzprodukten. Hier muss eigentlich über die Herstellungsphase hinausgedacht werden. So kann man bei der Substitutionswirkung energieintensiver Werkstoffe durch Holz annehmen, dass beispielsweise Holzbalken Stahlträger ersetzen. Da für die Herstellung eines Balkens weniger Energie benötigt wird wie für einen Stahlträger mit der gleichen Funktion, wird die Differenz dem Holz in Form »vermiedener« Emissionen als Klimaschutzbeitrag zugerechnet. Wohlgemerkt, die Emission wird nur vermieden.

Holz ersetzt Stahl …

Ob das Holzbauwerk ein Stahlbetongebäude ersetzt oder ob es nur zusätzlich errichtet wird, wird nicht ermittelt. Es ist auch fast unmöglich. In der Regel wird ohnehin eine Mischbauweise praktiziert. Bei begrenztem Holzangebot wäre es dann unerheblich, ob die Hölzer in konventionellen Bauwerken oder in als Holzbau deklarierten Gebäuden verwendet werden. Und da es keine nationalen Obergrenzen für Bauwerke gibt, bleibt unklar, ob mehr Holzbau mehr Klimaschutz bedeutet oder ob es nur *zusätzliche* Baumaßnahmen ermöglicht und damit zusätzliche Emissionen verursacht.

… Klimabilanz offen

Ein sachliches und differenziertes Positionspapier zu diesem Thema hat die Deutsche Gesellschaft für Nachhaltiges Bauen vorgelegt.[8] Auch wenn man manche Aussage kritisch überprüfen sollte, bietet das Papier eine gute Basis für einen vernünftigen Umgang mit Holz im Bausektor. Es werden im Übrigen auch konstruktive Gespräche zwischen einigen Umweltverbänden und der deutschen Säge- und Holzindustrie geführt. Hier geht es darum, mehr Laubholz weg von der energetischen in die stoffliche Nutzung zu lenken, wofür allerdings noch einiges an Entwicklungsarbeit erforderlich ist.

Phantomdebatte um Klimaschutzwirkung

Die Werbung mit einer Klimaschutzwirkung von Holzprodukten ist zu erheblichen Teilen eine Phantomdebatte. Ins Leben gerufen von denen, die Interessen an einer intensiven Holzwirtschaft und gutem Holzabsatz haben. Dabei spielt Klimaschutz für die Kaufentscheidung bei Holzprodukten so gut wie keine Rolle. Holz wurde und wird schon immer gekauft, weil es leicht und schön ist, weil man es gut verarbeiten kann und auch seine Entsorgung meist relativ unproblematisch ist. Die gesamte konzertierte Kampagne ist bestenfalls dazu geeignet, den Holzverbrauch anzukurbeln und den Nutzungsdruck auf Wälder zu verschärfen.

Klimaschutzwirkung oft überschätzt

Das Öko-Institut warnt denn auch davor, diese Klimaschutzwirkung zu überschätzen und deswegen Waldbäume frühzeitig zu ernten.[9] Ohnehin ist das mit der angeblichen »Kompensation« auch nur ein gedanklicher Trick. Wenn Wälder wieder älter werden und wenn wir mehr Holzbauteile langlebig verbauen, wird zwar mehr Kohlenstoff im Wald oder in Gebäuden gespeichert. Das ist natürlich eine gute Sache. Doch das macht nur einen Teil jener Emissionen wett, die wir in Deutschland durch die Entwaldung und Degradierung von Wäldern verursacht haben. Fossile Emissionen lassen sich damit nicht aus der Atmosphäre saugen.

Versprechungen, Gesetzesinitiativen, Strategien – Lösungen in Sicht?

Globales Waldschutzversprechen Nr. X

An guten Absichten herrscht kein Mangel. Zu Beginn der Klimakonferenz in Glasgow machte eine Erklärung von 110 Staaten die Runde, die bis 2030 die Waldzerstörung zum Stillstand bringen wollen.[10] Die inzwischen 141 Länder, die sich an dem Vorhaben beteiligen, repräsentieren fast 91 Prozent der weltweiten Waldfläche. Darunter sind Staaten mit großen Waldflächen wie Russland, Brasilien, Kanada, die USA, China, Kongo und Indonesien. Auch Deutschland und die EU haben die Erklärung unterzeichnet. Ein schönes Ziel, fürwahr![11] Würde man sich nicht an die New York Declaration[12] erinnern, als im September 2014 19 Staaten verkündeten, sie wollten bis 2020 die jährliche Entwaldungsfläche halbieren. Damals lag der jährliche Waldverlust bei 13 Millionen Hektar, heute sind es etwa 12,2 Millionen Hektar. Gut, damals hatte mit Brasilien ein Land mit großer Waldfläche und großen Waldverlusten nicht mitgemacht.

2030: angeblich Ende der Waldzerstörung

Dieses Mal veröffentlichte das Nationale Raumforschungsinstitut INPE (das vom Präsidenten Jair Bolsonaro schon mal als Institution kritisiert wurde, die nur schlechtes Licht auf Brasilien werfe) die Zahlen über die aktuellen Entwaldungszahlen nur wenige Tage später: Lagen diese 2014 noch bei einer halben Million Hektar, sind sie inzwischen auf jährliche 1,3 Millionen Hektar angestiegen.[13]

Auch wenn solch wohlklingende Versprechungen durchaus positiv zu werten sind, erinnern sie doch an einen säumigen Schüler, der verspricht, ab dem übernächsten Schuljahr seine Hausaufgaben aber wirklich brav zu erledigen. Auch Jana Ballenthien von Robin Wood kritisierte die vagen Versprechungen im Südwestrundfunk als zögerlich und wenig glaubhaft.[14] Eine unverbindliche Selbstverpflichtung, die ihr Ziel erst in knapp zehn Jahren erreichen soll, reiche weder für den Schutz der Wälder aus noch könne damit ein rechtzeitiger Stopp der Entwaldung gelingen. Solange Verstöße nicht juristisch verfolgt werden und die Waldzerstörer straffrei ausgingen, würde die Abholzung fortgesetzt. Nicht einmal innerhalb der EU sei man in der Lage, die illegale Abholzung der wertvollen Urwälder in Rumänien zu stoppen.

Wohlklingende Versprechen – »wenig glaubhaft«

EU will entwaldungsfreie Lieferketten

Dennoch scheint langsam etwas Bewegung in die internationale Debatte um einen besseren Schutz der Wälder zu kommen. So ist etwa die Europäische Union einer der wichtigsten Märkte für Produkte, für deren Erzeugung auch Wälder zerstört werden. Seit Jahren fordern Aktivist:innen in Verbraucher- und Erzeugerländern, dass die Regierungen die Verantwortung für die ökologischen und sozialen Schäden übernehmen, die durch die Einfuhr von Soja, Rindfleisch, Palmöl und anderen Rohstoffen entstehen. Nachdem es die Handelsunternehmen mit freiwilligen Selbstverpflichtungen nicht geschafft haben, diesen waldschädlichen Handel einzudämmen, legte die Europäische Kommission Mitte November 2021 einen Gesetzesvorschlag zur Regulierung solcher Importe vor.[15] Das Dokument wird nun dem Europaparlament und dem Europarat vorgelegt. Damit es wirksamen Waldschutz fördert, müssen allerdings noch einige Verbesserungen erfolgen. Bislang werden wichtige Warengruppen wie z. B. Naturkautschuk nicht erfasst. Die Unternehmen wären zudem nur zur Einhaltung nationaler Gesetze verpflichtet. Denn leider ist einigen Regierungen eine gesetzlich vorgeschriebene Einhaltung von Menschenrechten zu lästig, weil das die Neuerschließung und Inanspruchnahme von Ländereien behindert, die sich für Ackerbau eignen und auf denen Menschen leben und arbeiten.

EU legt Gesetzesentwurf vor …

Auch die österreichische Entwicklungsorganisation Südwind sieht ein großes Versäumnis des EU-Gesetzesentwurfs darin, dass die Einhaltung internationaler Menschenrechtsstandards für Unternehmen, die mit Tropenprodukten handeln, nicht vorgeschrieben ist. »Der Anbau unserer Alltagsprodukte geht oft einher mit Vertreibung und Gewaltverbrechen. Die EU-Staaten hätten durch strenge Importbestimmungen einen wichtigen Hebel gegen diese Vergehen in der Hand«, meint Südwind-Experte Joachim Raich.[16] Dennoch sind erste Schritte in die richtige Richtung erkennbar: Der Verkauf von Waren auf dem gemeinsamen Markt, die auf Land erzeugt wurden, das nach dem 31. Dezember 2020 entwaldet wurde, wäre z. B. ein Gesetzesverstoß. Die Unternehmen müssten zudem Regeln der Sorgfaltspflicht anwenden und dürften sich nicht alleine auf Zertifikate verlassen. Mit dem Lieferkettengesetz würden auch gemeinsame Verhandlungen mit Partnerländern auf den Weg gebracht, um Probleme zu beheben, die vor Ort die Entwaldung vorantreiben.

… Nachbesserungen erforderlich

Europäischer Rat will Wälder besser schützen

Trotz heftiger Lobbyarbeit einiger Mitgliedstaaten hat der Europäische Rat Mitte November 2021 grünes Licht für die Bemühungen zum Schutz der europäischen Wälder gegeben. Der Rat nahm Schlussfolgerungen zur EU-Forststrategie an, die der EU-Kommission das Mandat erteilen, die positiven Maßnahmen der Strategie voranzutreiben.[17] Damit will man unter anderem ein besseres Verständnis über die Folgen der Waldbewirtschaftung und über die Auswirkungen des Klimawandels in bewirtschafteten Wäldern ermöglichen.

Grünes Licht für den Schutz der Wälder

»Dies ist möglicherweise ein entscheidender Tag für die europäischen Wälder«, sagte Kelsey Perlman von der Wald- und Menschenrechtsgruppe Fern. »Sie sind durch den Klimawandel, Schädlinge und Krankheiten geschädigt worden. Sie haben eine geringere biologische

Vielfalt und absorbieren 15 Prozent weniger Kohlendioxid als noch vor 15 Jahren. Wenn die Menschen an die Zerstörung von Wäldern denken, denken sie an den Amazonas, aber auch die europäischen Wälder sind von einer Verschlechterung ihrer Gesundheit betroffen.«[18] Die Waldstrategie der EU hat bereits dazu beigetragen, eine europäische Debatte über die Zukunft unserer Wälder anzustoßen.

Europäische Debatte angestoßen

Die Entscheidung des Rates kommt nach wochenlanger Panikmache seitens einiger Akteure des Forstsektors, die versuchten, die Reaktion des Rates zu verwässern. Der ehemaligen Bundeslandwirtschaftsministerin Julia Klöckner gehen die Pläne zu weit. Zu viel Ökologie, zu wenig Holzwirtschaft, es brauche ein »Gleichgewicht« statt eine »einseitige Betrachtung« der Klima- und Umweltziele (siehe oben). Ihre Reaktion kann man als Zeichen werten, dass diese Strategie durchaus das Potenzial hätte, Wälder zu schützen.

Ausblick

Die neue Bundesregierung täte gut daran, den Schutz aller Wälder, eine an das Waldökosystem angepasste Nutzung und eine möglichst sparsame und effiziente Holzverwendung durchzusetzen. Die bisherige Praxis (eine Mischung aus einer Forstwirtschaft, die durchaus vieles geleistet hat, ihre Fehler aber vor allem mit Nachhaltigkeitsprosa kaschiert) ist gescheitert – spätestens, seitdem die Auswirkungen der Klimakrise als Ergebnis unserer Wachstumswirtschaft dem Massenbaumanbau die Grenzen aufgezeigt haben. Weil die Erdüberhitzung aber auch naturnahe Wälder bedroht, müssen wir dem rhetorisch ausgeklügelten Selbstbetrug ein Ende machen. Ein Paradigmenwechsel ist vor allem beim Thema »Waldbau« erforderlich. Förster:innen müssen sich zurücknehmen und sich vorrangig der Förderung und Begleitung der natürlichen Entwicklung dieser Ökosysteme widmen, anstatt diese wie Helikoptereltern zu gängeln und zu bestimmtem Verhalten zwingen zu wollen.

Förster:innen sollten sich mehr zurücknehmen …

Die Regierung und wir alle müssen die dramatische Lage beim Klima- und Waldschutz angehen. Die auf verschiedenen politischen Ebenen ins Leben gerufenen Initiativen sind gute

Fünf Kernforderungen an die neue Bundesregierung – aus Sicht des Waldschutzes

Die folgenden Forderungen sind eine Auswahl aus dem umfangreichen und detailgenauen Forderungskatalog des DNR und seiner Verbände, der sich ebenfalls an die neue Bundesregierung richtet:

1. »Ökologische Mindeststandards für die Waldbewirtschaftung sind zeitnah im Bundeswaldgesetz zu verankern und rechtlich bindend für alle Besitzarten umzusetzen. Diese Mindeststandards sollen einen schonenden Umgang mit allen Wäldern sicherstellen. Zudem sollen sie auch als Voraussetzung für darüber hinausgehende Leistungen und deren Honorierung aus öffentlichen Mitteln verwendet werden.
2. Die ausschließlich auf die Optimierung der Holzerzeugung ausgerichtete Waldbewirtschaftung darf nicht länger an erster Stelle stehen. Stattdessen gilt es, die Wälder in der Klimakrise überhaupt als solche zu erhalten, qualitativ zu entwickeln und so die ökosystemaren Funktionen der Wälder zu sichern – auch als Daseinsvorsorge für den Menschen. Die Gesellschaft muss sich nach dem richten, was die Wälder leisten können und nicht umgekehrt. Das bedeutet zugleich, das Thema Suffizienz stärker in den Vordergrund zu rücken.
3. Eine Honorierung von Ökosystemleistungen für private und kommunale Waldbesitzende muss sich an konkreten ökologischen, am Gemeinwohl orientierten Kriterien ausrichten, die über die erforderlichen ökologischen Mindeststandards hinausgehen.
4. Beim Umgang mit geschädigten Waldflächen müssen Aspekte der Ökosystemerholung und -entwicklung im Vordergrund stehen. Kahlschläge, großmaschinelle Räumungen und flächige Bodenbearbeitung müssen für alle Waldbesitzarten ausgeschlossen werden.
5. Der Ausstieg aus der Nutzung fossiler Energien darf nicht auf Kosten des Klimas und der biologischen Vielfalt erfolgen. Die energetische Nutzung von Holz ist nicht klimaneutral. Sie muss bis 2030 auf ein Minimum zurückgefahren werden. Energieholz darf nicht weiter gefördert und sollte nicht importiert werden.«[19]

Icon: Gerald Wildmoser

Ansatzpunkte. Doch trotz aller guten Verbesserungsvorschläge müssen wir weitere zentrale Probleme lösen.

Viele dieser Probleme liegen außerhalb des Einflussbereiches von Waldnutzung und Forstpolitik und müssen dort angepackt werden. Wir müssen uns zu drastischen Einsparzielen zwingen. Ein nicht nachhaltiger oder gar steigender Verbrauch an Energie und Rohstoffen überfordert jedes noch so naturnahe oder effiziente Produktions- und Ökosystem. Dazu müssen wir sämtliche schädlichen Subventionen abstellen und die Externalisierung von sozialen und ökologischen Kosten beenden, die für die bisherigen Fehlentwicklungen mitverantwortlich sind.

… und den Wald wieder Wald sein lassen

Wir müssen es den Ökosystemen wieder erlauben, sich selbst zu entwickeln und so hoffentlich einen Weg durch die Klimakrise zu finden. Als Gesellschaft müssen wir uns nach dem richten, was die Wälder leisten können und nicht umgekehrt. Nur wenn wir intakte Wälder und ökologisch genutzte Landnutzungssysteme als unverzichtbare Grundlage für Leben und Wirtschaften betrachten, und nicht als Hemmnis für Wachstum und Profite, werden wir ihre zahlreichen, wertvollen Wirkungen noch lange Zeit erhalten.

Anmerkungen

1 FAO: The state of the world's forests 2020. Rome 2020 (www.fao.org/documents/card/en/c/ca8642en).
2 Deutscher Forstwirtschaftsrat: Klimawandel (www.dfwr.de/index.php/klimawandel).
3 P. L. Ibisch et al.: Der Wald in Deutschland auf dem Weg in die Heißzeit. Vitalität und Schädigung in den Extremsommern 2018-2020. Studie im Auftrag von Greenpeace Deutschland. Hamburg 2021 (www.greenpeace.de/sites/www.greenpeace.de/files/publications/ibisch_et_al_2021_der_wald_in_deutschland_auf_dem_weg_in_die_heisszeit_final.pdf).
4 N. Panek: Naturschutz im FFH-Wald? Wie die Forstwirtschaft die Biologische Vielfalt schädigt. In: Rundbrief 3/2021, hrsg. vom Forum Umwelt & Entwicklung.
5 Naturwald Akademie: FFH-Wälder besser geschützt – Urteil mit Signalwirkung (https://naturwald-akademie.org/themen/naturschutz/urteil-schuetzt-ffh-waelder-besser/).
6 S. Götze: Deutschlands unbekannte Klimakiller. In: Spiegel online vom 31. März 2021 (www.spiegel.de/wissenschaft/mensch/borkenkaefer-gas-sulfurylflourid-der-unbekannte-klimakiller-a-859c1ccc-77ed-4e22-8650-f9c28c20f48c).
7 Das vollständige Positionspapier der Verbände wird auf der Webseite des DNR veröffentlicht (www.dnr.de).
8 »DGNB plädiert für differenzierten Umgang mit Holzbau.« Pressemitteilung der Deutschen Gesellschaft für Nachhaltiges Bauen (DGNB) vom 12. August 2021 (www.dgnb.de/de/aktuell/pressemitteilungen/2021/positionspapier-holzbau).
9 Öko-Institut: Veraltete Projektion für den Wald unterschätzt Klimaschutzleistung. 23. August 2021 (www.oeko.de/aktuelles/2021/veraltete-projektion-fuer-den-wald-unterschaetzt-klimaschutzleistung)
10 Glasgow leader's declaration on forests and land use. 2. November 2021 (https://ukcop26.org/glasgow-leaders-declaration-on-forests-and-land-use/).
11 S. Kirchner: Neuer Anlauf zur Waldrettung. In: Klimareporter vom 2. November 2021 (www.klimareporter.de/klimakonferenzen/neuer-anlauf-zur-waldrettung).
12 A. Davydova, R. Schwarze und N. Reimer: Die Beschlüsse von New York. In: Klimaretter.info vom 24. September 2014 (www.klimaretter.info/politik/hintergrund/17268-die-beschluesse-von-new-york).
13 »Brazil: Amazon sees worst deforestation levels in 15 years.« In: BBC 19. November 2021 (www.bbc.com/news/world-latin-america-59341770)
14 U. Alex: Waldrettung fürs Klima. SWR aktuell vom 2. November 2021 (www.swr.de/swr2/leben-und-gesellschaft/waldrettung-fuers-klima-100.html).
15 European Commission: Proposal for a regulation on deforestation-free products. Brussels 17. November 2021 (https://ec.europa.eu/environment/publications/proposal-regulation-deforestation-free-products_de=).
16 Südwind: EU-Einfuhrgesetz gegen Waldzerstörung hat noch große Mängel. 17. November 2021 (www.ots.at/presseaussendung/OTS_20211117_OTS0205/suedwind-eu-einfuhrgesetz-gegen-waldzerstoerung-hat-noch-grosse-maengel).
17 »Europäischer Grüner Deal: Kommission schlägt neue Strategie zum Schutz und zur Wiederherstellung der Wälder in der EU vor.« Pressemitteilung der EU-Kommission vom 16. Juli 2021 (https://ec.europa.eu/commission/presscorner/detail/de/ip_21_3723).
18 European Commission (siehe Anm. 15).
19 DNR (siehe Anm. 6).

László Maráz
Koordinator der Dialogplattform Wald des Forum Umwelt & Entwicklung.

maraz@forumue.de

Holz – die neue Kohle?

Warum Europa immer mehr Wälder aus aller Welt verfeuert

von Jana Ballenthien und Kenneth Richter

Der Baum – ein genialer, nachhaltiger Rohstoff: du hackst ihn ab und ein neuer wächst nach. Wie wunderbar einfach und smart, wie ökologisch und gesund. So schön könnte es sein. Doch nach und nach zerplatzt die Illusion vom immerwährenden, sich selbst erneuernden Rohstofflager. Spätestens seitdem in Europa die Idee Schule macht, Holz als die »neue Kohle« in Großkraftwerken zu verbrennen, ist klar, irgendwas ist faul an der Rechnung. Was wir hier beobachten, ist ein weiterer trauriger Teil einer gepriesenen globalen Bioökonomie, eine Pseudolösung die Regierungen hilft, Ziele für erneuerbare Energie auf dem Papier zu erreichen, obwohl das Klima weiter geschädigt wird. Ein weiterer Holzweg, der das rasante Artensterben beschleunigt und unsere Gesundheit schädigt.

Bereits ein oberflächlicher Blick in die Exportländer des Rohstoffes zeigt klaffende Lücken in wertvollen Wäldern. Naturparks in Estland und Lettland und amerikanische Feuchtwälder in anerkannten globalen Biodiversitätshotspots werden kahlgeschlagen. Dann wird der Rohstoff in europäische Öfen geschoben – für den Energiehunger Europas. Das Argument, es handele sich doch nur um nicht mehr anders verwertbare »Holzreststoffe«, ist hinlänglich widerlegt. Zu viele investigative Recherchen haben die LKWs voll von mächtigen Baumstämmen verfolgt: von den Kahlschlägen bis zu den Pelletfabriken. Auf den Lagerflächen der Fabriken türmen sich tausende massiver Stämme. Warum aber ist es so einfach für viele EU-Mitgliedstaaten, der Mär der erneuerbaren Holzbiomasse aufzusitzen?

Welche Energieformen in der EU förderungswürdig zur Erreichung der Klimaziele sind oder nicht, das regelt in erster Linie die Erneuerbare-Energien-Richtlinie der EU (auf englisch Renewable Energy Directive – kurz RED).[1] In der RED wird die Verbrennung von Holz oder Holzbiomasse als »erneuerbar« und »klimaneutral« gewertet. Konkret heißt es: »Die Emissionen bei der Nutzung des Kraftstoffs werden für Biokraftstoffe und flüssige Biobrennstoffe mit null angesetzt.« Mit dieser Kategorisierung werden die Mitgliedstaaten ermächtigt, die teure Verbrennung von Holz zu subventionieren. Diese Subventionen machen die Holzverbrennung so attraktiv für Unternehmen.

Den Mitgliedstaaten bietet die teure Förderung einen Vorteil: Jegliche Emissionen, die bei der Holzverbrennung in die Luft geblasen werden, werden durch ihre Bewertung als »erneuerbar« nicht auf die Klimabilanz angerechnet. Sie gelten im Energie Sektor als Nullemissionen. Die wirkliche Klimabilanz sieht allerdings ganz anders aus (siehe unten).

Holzverbrennung in Europa

England ist ein »Vorreiter« der Holzbiomasseverbrennung. Das Land wirft schon seit 2013 wertvolle Wälder anderer Länder in den Ofen. Das Kraftwerk Drax, zur Hälfte auf Holzverbrennung umgestellt, verbrennt alleine mengenmäßig mehr Holz als die gesamte jährliche Holzernte Großbritanniens. Tatsächlich ist das Holz dafür fast zu 100 Prozent importiert – zum größten Teil aus den Wäldern der Küstenebene im Südosten der USA, einem anerkannten globalen Biodiversitätshotspot. Dabei werden durch die Verbrennung dieser Massen nicht mal ein Prozent des in England produzierten Stroms hergestellt (es sind nur 0,8 Prozent). England gab 2019 dafür umgerechnet 2,2 Milliarden Euro in Subventionen aus. Das sind circa sechs Millionen Euro – pro Tag! 2020 hat alleine das Drax Kraftwerk die Verbraucher:innen an jedem Tag 2,65 Millionen Euro an Subventionen gekostet. Die Holzverbrennung macht das Kraftwerk zudem zum größten CO_2-Einzelproduzent in Großbritannien.

Finnland und Schweden sind traditionell stark auf die Holzverbrennung angewiesen. 52 Prozent von dem, was Finnland als »erneuerbare Energie« zählt, stammt aus der Verbrennung von Biomasse (hauptsächlich Holz). In Schweden sind es sogar 60 Prozent. Deshalb fahren die skandinavischen Regierungen eine besonders aggressive Lobbypolitik innerhalb der EU, wenn Einschränkungen der staatlichen Unterstützung von Holzverbrennung zur Diskussion stehen.

Auch die Niederlande hatten bis jetzt ein riesiges Programm zur Holzverbrennung in Kraftwerken und subventionierten diese Praxis jedes Jahr mit mehreren hundert Millionen Euro. Bereits vor einigen Jahren regte sich landesweit Widerstand gegen diese falsche Klimalösung. Ein geplantes Holzkraftwerk von Vattenfall in Diemen wurde durch die öffentliche Opposition gestoppt und im Februar 2021 stimmte das holländische Parlament für einen Phase-out der Subventionen für Holzverbrennung. Zudem wurde die Genehmigung weiterer Subventionen für die Holzverbrennung gestoppt, bis ein adäquater Ausstiegsplan vorliegt.

Waldzerstörung par excellence

Europas Wälder sind durch Schadstoffe, intensive Forstwirtschaft und die neuen klimabedingten Veränderungen wie Dürreperioden, Stürme, andere Extremwetterereignisse und der daraus resultierenden Anfälligkeit für Schadinsekten schon jetzt in einem bemitleidenswerten Zustand. Gemäß dem Bericht *Der Zustand der Natur in der Europäischen Union* der EU-Kommission sind nur 14 Prozent unserer Wälder in einem guten Erhaltungszustand.[2] Nach offiziellen Vorhersagen werden im Jahr 2025 die Wälder der EU 18 Prozent weniger Kohlenstoff speichern als noch in den frühen 2000er-Jahren.

Dazu kommt nun eine geradezu explodierende Nachfrage nach Holz für die Energieerzeugung: Zwischen 2000 und 2018 allein stieg die Menge an Energieholz, das in europäischen Wäldern geschlagen wurde, um 47 Prozent (Abb. 1). Kahlschläge nahmen in dieser Zeit um 30 Prozent zu. Inzwischen wird die Hälfte der europäischen Holzernte verbrannt.[3] Und das Ende ist lang nicht in Sicht. Die Industrie rechnet damit, dass die Nachfrage über die nächsten fünf Jahre um weitere 30 bis 40 Prozent wächst.[4]

Abb. 1: Rasanter Anstieg der Energieholzernte in der EU (2000 bis 2018).[3]

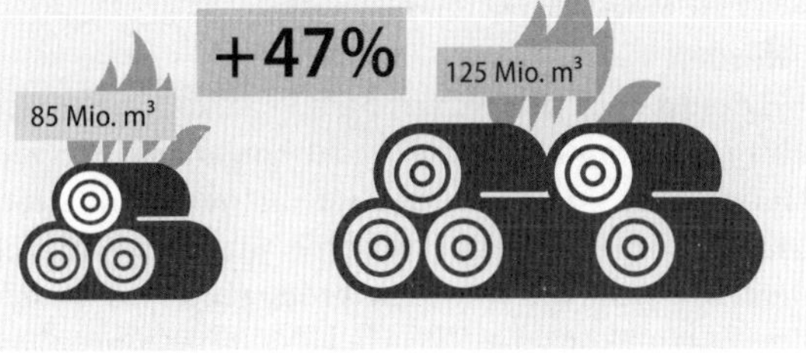

Quelle: FAOSTAT/Greenpeace

Aber europäische Kraftwerke verbrennen keineswegs nur das Holz ihrer eigenen Staaten. Zunehmend werden die Pellets aus Drittländern, zum Teil über große Entfernung importiert. In Deutschland sprechen Kraftwerksbetreiber ganz offen darüber, dass circa 85 Prozent des Holzes für zukünftige Umrüstungen von Kraftwerken auf Holzverbrennung wahrscheinlich importiert werden wird. Viel davon vom weltgrößten Pellethersteller Enviva.[6] Dieser liefert schon jetzt einen Großteil des Holzes für das britische Drax Kraftwerk[7] und drängt nun auch mit Macht auf den deutschen Markt. Und Enviva bezieht nachweislich regelmäßig Holz aus Kahlschlägen artenreicher Laubholz-Feuchtwälder, aus einem weltweit einzigartigen Biodiversitätshotspot im Südosten der USA. Die von der Abholzung betroffenen Laubwälder sind Lebensraum für eine große Anzahl von Pflanzen, Amphibien und andere Arten, von denen mindestens 1.500 in dieser Region endemisch sind, also weltweit ausschließlich hier beheimatet sind.[8]

Auch im waldreichen Baltikum hat die Intensität des Holzeinschlags in letzter Zeit stark zugenommen, unter anderem durch die wachsende Nachfrage nach Biomasse aus dem europäischen Ausland. Kahlschläge sind in Estland und Lettland die gängigste Methode der Industrie zur Holzgewinnung. Die zunehmende Intensität des Holzeinschlags hat in beiden Ländern negative Folgen für die biologische Vielfalt. Die letzten verbliebenen europäischen Urwälder, die reich an seltenen Arten sind, sind in der baltischen Region in den letzten Jahren deutlich zurückgegangen. Selbst in den Wäldern des Natura-2000-Netzes, des durch EU-Richtlinien geschaffenen europaweiten Schutzgebietsnetzes, findet regelmäßig intensiver Holzeinschlag (einschließlich Kahlschlägen) statt. Die Zahl der Waldvögel ist in beiden Ländern rückläufig, und die Zerstörung ihres Lebensraums durch die Abholzung ist ein wichtiger Faktor dafür.[9]

Todesursache Luftverschmutzung

Vor der Pandemie war die Luftverschmutzung für den Tod von etwa 500.000 Menschen in der EU pro Jahr verantwortlich. Aus EU-Daten geht hervor, dass Feinstaub der Partikelgröße PM2,5 allein für bis zu 379.000 Todesfälle in der EU im Jahr 2018 verantwortlich war.[10] Der Großteil der PM2,5-Emissionen (54 Prozent) wurde von Haushalten und anderen Einrichtungen emittiert, die feste Brennstoffe, vor allem Holz, zum Heizen verbrennen, während der Energiesektor und der Straßenverkehr für 18 Prozent bzw. elf Prozent des PM2,5 verantwortlich waren. Holzverbrennung ist zudem eine wichtige Quelle von Quecksilberemissionen und anderen giftigen Schadstoffen. Auch die Pelletproduktion verursacht erhebliche Luftverschmutzung. So hatte das Pelletwerk des britischen Kraftwerks Drax 2021 2,5 Millionen Dollar zu zahlen: die höchste Strafzahlung wegen Verstoßes gegen Luftreinhaltungsauflagen, die gegen ein Kraftwerk je verhängt wurde.[11]

Die Subventionierung der Holzverbrennung untergräbt die Bemühungen der EU-Mitgliedstaaten zur Erreichung der vorgeschriebenen Ziele zur Verringerung der Luftverschmutzung. Nach Angaben der Weltgesundheitsorganisation (WHO) könnte die vorzeitige Sterblichkeitsrate in der EU um bis zu 27 Prozent gesenkt werden, wenn die EU den PM2.5-Standard der WHO erreichen würde. Die Reduzierung der Holzverbrennung in Haushalten und Kraftwerken wäre der einfachste und schnellste Weg zu gesünderer Luft. In Zukunft Holz in Großkraftwerken zu verbrennen, wäre hingegen der schnellste Weg, die Luftverschmutzung noch um ein Vielfaches zu steigern.

Klimaneutral? Was sagt die Wissenschaft?

Die Bewertung der Holzverbrennung als »erneuerbar«, also als CO_2-neutral, führt zu immer mehr Subventionen der Technologie durch die Mitgliedstaaten. Dies geht auf die vereinfachte Vorstellung zurück, dass dieselbe Menge Kohlenstoff, die bei der Verbrennung eines Baumes in die Luft geblasen wird, wieder aus der Atmosphäre aufgenommen wird, wenn ein neuer Baum wächst. Tatsächlich dauert dieser Prozess aber Jahrzehnte bis Jahrhunderte, sodass durch die Verbrennung eine Kohlenstoffschuld entsteht. Zusätzlich wird bei der Verbrennung von Holz pro Energieeinheit mindestens ebenso viel, in vielen Beispielen sogar *mehr* CO_2 produziert als bei fossilen Brennstoffen, da Holz (unter anderem aufgrund seiner Feuchte) potenziell energieärmer ist.[12]

Im Januar 2021 veröffentlichte der Gemeinsame Forschungsrat der Europäischen Kommission (Joint Research Center, kurz JRC) einen warnenden Bericht zur Verbrennung von Holzbiomasse. Auch dieser Bericht stellt heraus, dass die Verbrennung von Biomasse alles andere als emissionsfrei ist. Dem Bericht nach werden in der EU mehr als 350 Millionen Tonnen CO_2 pro Jahr durch Verbrennung von Holzbiomasse emittiert, die über Jahrzehnte oder gar Jahrhunderte in der Atmosphäre verbleiben. Der Grund ist, dass Bäume zu langsam wachsen, um den Kohlenstoff, der bei der Verbrennung frei wird, durch Zuwachs in einem Zeitrahmen zu resorbieren, der mit den Emissionsreduktionszielen der EU vereinbar ist.[13] Von den 24 Bioenergie-Szenarien, die in dem JRC-Bericht bewertet wurden, stellen 23 zudem ein Risiko für das Klima, die Biodiversität oder beides dar.

Die meisten nationalen Energie- und Klimapläne der EU-Mitgliedstaaten enthalten zudem keine angemessene Bewertung der potenziellen Auswirkungen einer Ausweitung der Holzeinschläge für Waldbiomasse auf Kohlenstoffsenken, Biodiversität, Wasser und Luftverschmutzung. Die gemeldete Nutzung von Waldbiomasse in der EU ist außerdem höher als die gemeldeten Quellen dieses Holzes, was darauf hindeutet, dass bis zu 20 Prozent des in der EU verbrannten Holzes aus unbekannten Quellen stammen.

Um vor der folgenreichen und wissenschaftlich falschen Anrechnung von Holzverbrennung als klimaneutral zu warnen, schrieben im Februar 2021 500 internationale Wissenschaftler:innen an US-Präsident Biden, die Präsidentin der EU-Kommission von der Leyen und andere Staats- und Regierungschefs. Der Brief warnte eindringlich: »Wie zahlreiche Studien gezeigt haben, verstärkt Holzverbrennung den Klimawandel über Jahrzehnte bis Jahrhunderte. Das gilt selbst dann, wenn das Holz Kohle, Öl oder Erdgas ersetzt.« Die Autor:innen des Briefes fordern die Regierungsoberhäupter auf, Subventionen und andere Anreize zur Verbrennung von Holz zu stoppen und die Verbrennung von Waldholz nicht mehr als kohlenstoffneutral oder kohlenstoffarm zu bewerten.[14]

Holzverbrennung in Deutschland

EU eigene und internationale Wissenschaftler:innen schlagen Alarm, die Niederlande sind aufgrund der Risiken inzwischen schon wieder mit dem Ausstieg aus der Holzverbrennung beschäftigt. Und wie ist der Stand in Deutschland?

Das trotz allem bereits in einigen Mitgliedstaaten der EU und in UK etablierte Konzept, Holz in Großkraftwerken als vermeintlich erneuerbare Energie zu verbrennen, könnte schon bald auch in Deutschland Schule machen. Angesichts des geplanten Kohleausstiegs in Deutschland hoffen immer mehr Energieunternehmen, ihre Verbrennungskraftwerke am Laufen zu halten, indem sie schlichtweg von Kohle auf Holzverbrennung umsteigen. Formal zählt dies laut EEG als erneuerbare Energie und wird entsprechend gefördert.

Dies ist auch den weltgrößten Pelletkonzernen Enviva und Granuul Invest[15] nicht entgangen, die verlauten lassen, Deutschland sei ihr nächster großer Markt.[16] Einige Energiekonzerne wie EnBW führen bereits Gespräche mit Pelletproduzenten und auch der Energiekonzern STEAG hat Umrüstungspläne verlauten lässt.[17]

Pelletkonzerne und Energieunternehmen artikulieren auch öffentlich gemeinsame Interessen. So gaben unlängst EnBW und ONYX zusammen mit dem Pelletproduzenten Enviva eine Kurzstudie in Auftrag, die die Wirtschaftlichkeit der Holzverbrennung bei entsprechender Subventionierung errechnet.

Alles in allem zeigen alle wirtschaftlichen Akteure ein fokussiertes Streben nach der Verwirklichung ihrer Pläne. Doch noch stehen sie nur in den Startlöchern. Das bedeutet: Es gibt noch eine reelle Chance, in Deutschland den Einstieg in die großindustrielle Verbrennung von Holz zu stoppen.

Und wie verhält sich die Bundesregierung zu den Plänen? – Die Autorenschaft über einen vermeintlich vom Bundeswirtschaftsministerium (BMWi) verfassten Entwurf einer »Förderrichtlinie Kohlekraftwerksumrüstung«, der den Briefkopf des BMWi trägt, wurde vor einiger Zeit vom BMWi[18] und von Bundeswirtschaftsminister Peter Altmaier[19] dementiert. Laut BMWi handele es sich um den Entwurf eines Einzelunternehmers. Das Bundeswirtschaftsministerium lässt dazu lediglich verlauten, dass »Vorschläge« erarbeitet würden, wie die »Umstellung bestehender Kohlekraftwerke auf hocheffiziente und flexible Gas- oder Biomasseverstromung« unterstützt werden könne.

Diese Aussage erscheint im Angesicht der Klimakrise, des Artensterbens und der vielen gesundheitlichen Risiken doch recht dünn und einseitig formuliert. Das recht detaillierte und professionell erstellte Dokument der Förderrichtlinie zeigt zudem, wie selbstbewusst und selbstverständlich allem Anschein nach die Holzbiomasselobby agiert und mit der Politik kokettiert – und kooperiert.

Einige kleine Lichtblicke gibt es allerdings doch auf dem politischen Parkett. Wir haben lange darauf gewartet, aber als erste Partei hat sich nun im August 2021 die Führungsriege der Grünen klar gegen die Verbrennung von Holz im großen Stil positioniert. Eine Verfeuerung von Holz in Kohlekraftwerken sei »klima- und ressourcenpolitischer Irrsinn, der keine Förderung verdient.«[20]

Das Bundesumweltministerium (BMU) ist eher zögerlich mit einer negativen Bewertung, gibt aber wenigstens zu Bedenken, dass die Nutzung von Holz als Energiequelle Auswirkungen auf die Natur haben könne und dass es bei nicht angepasster Entnahme zu einer Gefährdung und einen Rückgang der biologischen Vielfalt kommen könne und zudem die Funktion des Waldes als CO_2-Senke gemindert würde. Die Holzverwendung solle nur auf nicht weiter stofflich verwendbares Rest- und Altholz konzentriert sein.[21]

Das Umweltbundesamt (UBA) schließt sich dieser Einschätzung an, gibt aber zugleich zu, dass ein solcher Nachweis, dass es sich um nicht weiter stofflich verwendbares Rest- und Altholz handle, oft nicht leicht zu führen sei und für Holzkontingente zu wenig eingefordert werde. Das deutsche Holz sei bereits um 140 Peta Joule (PJ) übernutzt. Eine nachhaltige Bewirtschaftung der Wälder EU-weit oder weltweit sicherzustellen, sei nicht möglich. Von einer vermeintlich CO_2-neutralen Nutzung könne, unter Freisetzung immenser Mengen an Treibhausgasemissionen, nicht mehr ausgegangen werden.[22]

Umweltschutzorganisationen begrüßen eine solche klare Positionierung, die sich auch schon hier und da auf Länderebene und im kommunalen Bereich bis in die Bevölkerung durchzusetzen scheint. Während in Hamburg die Umweltbehörde (BUKEA) ihre Pläne zur Umrüstung eines ihrer Kraftwerke auf namibische Büsche nach massiven Protesten der Zivilgesellschaft einstweilen auf Eis legte,[23] entschieden sich die Bürger:innen des niederbayrischen Ortes Kösching aktiv gegen den Bau eines Holzkraftwerkes für die Wärmeversorgung des ansässigen Audi-Konzerns. Ihre Wahl erteilte der »grünen Weste« der Wirtschaft auf Kosten des Klimas und der Artenvielfalt eine klare Absage.[24]

Folgerungen & Forderungen

- Die energetische Nutzung von Holz im industriellen Umfang belastet das Klima, schädigt die biologische Vielfalt und die menschliche Gesundheit.
- Dies gilt in der Regel auch für die Verwendung von stofflich nicht weiter verwendbarem Rest- und Altholz.
- Subventionen und andere Anreize für die Verbrennung von Holzbiomasse müssen daher eingestellt werden und das Geld in die Förderung von Energieeffizienz und in den Ausbau tatsächlich klimafreundlicher und emissionsfreier Energiequellen umgelenkt werden.
- Energie, die aus der Verbrennung von Holzbiomasse gewonnen wird, darf nicht mehr positiv in den Klimabilanzen verbucht werden.
- Schlupflöcher, die es erlauben, wirtschaftlich niederwertiges, aber ökologisch wichtiges Holz als »Waldrestholz« zu etikettieren (und damit von Restriktionen auszunehmen) müssen geschlossen werden.
- Der Schutz der Wälder und der Artenvielfalt muss in allen Politikbereichen, insbesondere der Klimapolitik, vorrangig berücksichtigt werden.

Anmerkungen

1 Richtlinie (EU) 2018/2001 des Europäischen Parlaments und des Europäischen Rates vom 11. Dezember 2018 zur Förderung der Nutzung von Energie aus erneuerbaren Quellen (Neufassung) (https://eur-lex.europa.eu/legal-content/DE/TXT/PDF/?uri=CELEX:32018L2001&from=EN).

2 Europäische Kommission: Der Zustand der Natur in der Europäischen Union. Brüssel 2020 (https://eur-lex.europa.eu/legal-content/DE/TXT/PDF/?uri=CELEX:52020DC0635&from=EN).
3 Quelle des Schaubilds: Greenpeace: EU-Waldvision – Zusammenfassung. Hamburg 2020, S. 4 (https://greenwire.greenpeace.de/system/files/2020-12/eu_waldvision_deutsch.pdf).
4 Factsheet der Waldnaturschutzorganisation fern: Why bioenergy is not a climate solution. 2021 (www.fern.org/fileadmin/uploads/fern/Documents/2021/climate_facts_sheet_14062021.pdf).
5 »The forecasted growth in wood pellet production in Europe will increase competition for wood fiber and require new feedstock sources«. Press release of World Resources International LLC, dated April 13, 2021 (https://markets.businessinsider.com/news/stocks/the-forecasted-growth-in-wood-pellet-production-in-europe-will-increase-competition-for-wood-fiber-and-require-new-feedstock-sources-1030298891).
6 Siehe die Präsentation von Jens Price Wolf, dem Vizepräsidenten Vertrieb und Europamanager von Enviva: »The German Biomass Oportunity«. Nordics Pellet Conference 27. January 2021 (https://bioenergyinternational.com/app/uploads/sites/3/2021/01/Jens_Wolf_NPC21.pdf).
7 »Catchment Area Analyses« des Unternehmens Drax (www.drax.com/sustainability/sustainable-bioenergy/catchment-area-analyses/).
8 N. Myers et al.: Biodiversity hotspots for conservation priorities. In: Nature 403 (2000), pp. 853–858.
9 Estonian Fund for Nature: Hidden inside a wood pellet: Intensive logging impacts in Estonian and Latvian forests. 2020 (https://elfond.ee/biomassreport).
10 European Environmental Agency (EEA): Air quality in Europe – 2020 report. EEA report 09/2020. Luxembourg 2020 (www.eea.europa.eu/publications/air-quality-in-europe-2020-report).
11 Vgl. E. Brown: Drax environmental injustice in Mississippi. October 6, 2021 (www.dogwoodalliance.org/2021/10/drax-environmental-injustice-in-mississippi/).
12 Im Jahr 2020 z. B. alleine bei Drax über 13 Millionen Tonnen CO_2 (www.drax.com/sustainability/carbon-emissions/).
13 Vgl. A. Camia et al.: The use of woody biomass for energy production in the EU. JRC Science for policy report. Luxembourg 2021 (https://publications.jrc.ec.europa.eu/repository/bitstream/JRC122719/jrc-forest-bioenergy-study-2021-final_online.pdf).
14 Siehe den Brief der Wissenschaftler:innen »Letter regarding use of forests for bioenergy« February 11, 2021 (www.dropbox.com/s/hdmmcndod1d2lq5/Scientist%20Letter%20to%20Biden%2C%20von%20der%20Leyen%2C%20Michel%2C%20Suga%20%26%20Moon%20%20Re.%20Forest%20Biomass%20%28February%2011%2C%202021%29.pdf?dl=0).
15 Granuul Invest wird aktuell von Apollo Global Management aufgekauft.
16 Interview mit Thomas Meth, Mitbegründer von Enviva Partner: »Wälder sind die beste Verteidigung« vom Dezember 2020 (www.envivabiomass.com/wp-content/uploads) – Siehe auch: Präsentation »Business Overview« von Enviva Partners, LP, November 10, 2020 (www.envivabiomass.com/wp-content/uploads/EVA-Investor-Presentation_Nov-2020.pdf).
17 So z. B. Kai Lobo, stellvertretender Leiter des STEAG Büro Berlin, mündlich auf einem öffentlichen Webinar »Holzverbrennung in deutschen Großkraftwerken«, 2021 (www.eventbrite.de/e/holzverbrennung-in-deutschen-grokraftwerken-registrierung-165100948381).
18 P. Bethge: Kohlekraftwerke könnten künftig Holz verbrennen – gefördert mit Steuergeldern. In: Spiegel online vom 28. Mai 2021 (www.spiegel.de/wissenschaft/natur/energiewende-wirtschaftsministerium-will-kohle-kraftwerke-fuer-holz-verbrennung-umruesten-a-0403118b-22cd-41da-958f-f6b3ce1c6ec9).
19 Ausschnitt der Twitter-Timeline von Bundesminister Peter Altmaier, 2021 (https://twitter.com/peteraltmaier/status/1398286883516522498?lang=de).
20 Blogbeitrag der Grünen Spitzenpolitiker:innen: Zukunft der heimischen Wälder sichern. 8. August 2021 (www.gruene.de/artikel/zukunft-fuer-die-heimischen-waelder-sichern).
21 Bundesministerium für Umwelt, Naturschutz und nukleare Sicherheit (BMU): Naturschutz und Bioenergie (www.bmu.de/themen/naturschutz-artenvielfalt/naturschutz-biologische-vielfalt/naturschutz-und-energie/naturschutz-und-bioenergie).
22 Stellungnahme des Umweltbundesamtes zur energetischen Verwertung von Buschholz aus Namibia in Deutschland vom 13. Juli 2021 (www.hamburger-energietisch.de/WP-Server/wp-content/uploads/2021-07-13_Antwortschreiben_Hamburger_Energietisch_Buschholz_Nambia_v2.pdf).
23 Ja, wirklich! Namibische Büsche. Aber das ist eine andere Geschichte. Hier nachzulesen die Pressemitteilung zum offenen Brief 40 deutscher und internationaler umwelt-, entwicklungs- und stadtpolitische Organisationen, Akteur:innen der Klimagerechtigkeitsbewegung und Wissenschaftler:innen an Bundesentwicklungsminister Gerd Müller vom 18. Februar 2021 (www.robinwood.de/pressemitteilungen/holz-statt-kohle-klimaschwindel-bei-der-energiewende-nicht-f%C3%B6rdern).
24 »Bürger kippen Audi-Pläne für Holzkraftwerk in Kösching«. Meldung des Bayerischen Rundfunks vom 17. Mai 2021 (www.br.de/nachrichten/bayern/buerger-kippen-audi-plaene-fuer-holzkraftwerk-in-koesching,SXbpENC).

Jana Ballenthien
Naturpädagogin, Soziologin, Aktivistin und Waldreferentin der gewaltfreien Aktionsgemeinschaft für Natur- und Umwelt ROBIN WOOD.

wald@robinwood.de

Kenneth Richter
Kenneth Richter ist Referent für Bioenergie bei NABU/Birdlife Europe und Consultant für den National Resources Defense Council (NRDC).

Kenneth.Richter@NABU.DE

Naturschutz und Forstwirtschaft

Über eine wechselvolle Beziehung, die einen Neustart braucht

von Ralf Straußberger und Hubert Weiger

»Wald« oder »Forst«? Bereits an den Begriffen scheiden sich die Geister. Die einen sehen im Wald den Natur- und Lebensraum für zahllose Tiere, Pilze und Pflanzen, den Ort, an dem unser Trinkwasser geschützt wird, der klimaschädliches CO_2 bindet und der den Menschen Erholung bietet. »Gemeinwohlbezogene Ökosystemleistungen« lautet der Begriff, der die vielfältigen Leistungen der Wälder zusammenfasst. Für die anderen hingegen ist der Wald primär »Wirtschaftswald« bzw. »Forst« und als solcher steht er unter dem – auch politisch gewollten – »Primat der Nutzung«. Diese Spannung zwischen vielfältigem gesellschaftlichen Nutzen und einseitiger ökonomischer Nutzung kennzeichnet auch die Beziehung von Naturschutz und Forstwirtschaft – und das spätestens seit dem 19. Jahrhundert. Der vorliegende Beitrag rekonstruiert die Debatte in ihrer Historie und zeigt, wie sehr historische Konfliktlinien auch heute noch wirksam sind. Er plädiert zugleich dafür, die dabei aufgeworfenen Gräben zwischen Naturschutz und Forstwirtschaft zuzuschütten und einen neuen Ausgleich zu finden zwischen den Gemeinwohlleistungen des Waldes und seiner ökonomischen Nutzung. Dabei sind beide *Seiten gefordert: die Forstwirtschaft, aber auch der Naturschutz.*

Deutschland ist von Natur aus größtenteils ein Waldland. Ohne menschliche Eingriffe würden Laubmischwälder vorherrschen, dominiert von der konkurrenzkräftigen Rotbuche. Der römische Autor Cornelius Tacitus berichtet von gar schaurigen, dunklen Wäldern Germaniens – endlos, oft undurchdringlich. Im Mittelalter wurden die Wälder in zwei Rodungswellen deutlich zurückgedrängt. Die verbliebenen Wälder unterlagen vor allem in Siedlungsnähe bzw. in aufkommenden vorindustriellen Nutzungen (Salinen, Köhlerei, Glas- und Erzhütten) starkem Nutzungsdruck. Neben historischen Nutzungsformen wie Waldweide oder Streunutzung, der Harz- und Gerbsäuregewinnung oder der Zeidlerei war die Nutzung von Holz als Brenn- und Baustoff seit jeher von größter Bedeutung.

Infolge der starken Nutzungen und der wachsenden Bevölkerung herrschte Holzknappheit; mit den Wald- und Forstordnungen wurden erste Regelungen zur Waldnutzung eingeführt. Darauf aufbauend hat sich in Deutschland eine – »nachhaltig« genannte – Forstwirtschaft entwickelt, die die Holznutzung regelte und die devastierten Wälder wieder aufbaute. Im gleichen Zeitraum wie die Waldnutzungen geregelt wurden, verschwanden die letzten Urwälder und schließlich auch die alten Wälder – mit verheerenden Folgen für viele waldtypische Arten. Ausgehend von Hans Carl von Carlowitz, sächsischer Berghauptmann und Verfasser eines Buches über die Ökonomie der Waldkultur (*Silvicultura oeconomica* –1713), entwickelte sich der forstliche Nachhaltigkeitsbegriff.[1]

Vom Wald zum Forst

Leitbild klassischer deutscher Forstwirtschaft war von Anfang an nicht der natürliche Wald; zentrales Anliegen war die nachhaltige Produktion von möglichst viel Holz. Es wurde das sog. »Normalwaldmodell« entwickelt, bei dem die Holzernte dem Holzzuwachs entsprechen soll. Dies führte zu Wäldern mit gleichaltrigen Behandlungseinheiten (Altersklassenwald), gebildet oft nur aus einer Baumart (Monokultur), die im Kahlschlag bewirtschaftet wurden (Plantagenwirtschaft). Vorrangig aus ökonomischen Gründen fand gleichzeitig ein Baumartenwechsel statt, wobei die Laubbäume vielerorts durch Fichte und Kiefer abgelöst wurden. Ein aus damaliger Sicht ökonomisch ertragreicher Altersklassenwald entstand.

Diese einseitige Ausrichtung der Forstwirtschaft fand um 1900 in der Bodenreinertragslehre ihren zweifelhaften Höhepunkt. Unter dem Einfluss liberalistischer, kapitalistischer Wirtschaftslehren sah man den Wald lediglich als Anlagekapital, an dessen maximaler Verzinsung man interessiert war. Prominente Vertreter der Bodenreinertragslehre waren Professor Max Robert Pressler (1815–1886), demzufolge »des Waldbaus Hauptzweck ist: Auf gegebenem Grunde mittels Holzproduktion die höchsten Reinerträge zu erzielen«, der Forstpolitikprofessor Max Endres (1860–1940) und der Waldbauprofessor Ludwig Fabricius (1875–1967).

Am ersten Deutschen Naturschutztag 1925 sprach Fabricius zu Forstwirtschaft und Naturschutz.[2] Er sprach Klartext: »Waldbau ist eben nicht Naturschutz«, »der Forstwirt muß rechnen«.[3] Er wies dabei den Naturschützern – da sie neben den Forstleuten kein so rechtes Betätigungsfeld im Wirtschaftswald selbst hätten – das Aufgabenfeld zu, die Gefahren abzuwehren, die dem Wald von außen drohen. Diese seien Rauchschäden, Viehweide oder Waldstreugewinnung: Damit sollte sich der Naturschutz beschäftigen. Dem Ansinnen des ersten Deutschen Naturschutztages, im Spessart ein größeres Waldschutzgebiet einzurichten, wurde von der Forstseite eine klare Absage erteilt.

Selbst prominente Naturschützer und Forstakademiker kamen gegen diese einseitige Ausrichtung der Forstnutzung nicht an, auch wenn ihre Schriften bis heute bedeutsam sind. So hat z. B. Hugo Conwentz (1855–1922), Begründer des deutschen Naturschutzes, den »Forst« als »künstliche Anlage im großen Stil« kritisiert und für den Naturschutz im Wald geworben. Er konnte sich aber in der damaligen Zeit ebenso wenig durchsetzen wie der Münchner Waldbauprofessor Karl Gayer, Vordenker der naturgemäßen Waldwirtschaft (1822–1907), oder der Waldbaureferent der Bayerischen Staatsforstverwaltung Geheimrat Dr. Karl Rebel (1863–1939), der für mehr Waldwildnis warb und den reinen Nadelholzforst kritisierte.

Es geriet in Vergessenheit, dass bereits der Forstwissenschaftler Heinrich Cotta (1763–1844) genutzte Wälder als degradiert einstufte. Es waren nur einzelne, wie der Breslauer Botaniker Heinrich Göppert (1800–1884), Carl Albert Weber (1856–1931) oder Wilhelm Wetekamp (1859–1945), die sich für den Schutz ungenutzter Wälder einsetzten. Die Erfolge waren sehr bescheiden. Die Urwälder waren aus Mitteleuropa nahezu völlig verschwunden, sie waren in Forste umgewandelt worden. Es gelang nur sehr wenige naturnah verbliebene Wälder für eine dauerhafte Naturwaldentwicklung zu sichern, z. B. die Heiligen Hallen bei Feldberg, das Plagefenn bei Eberswalde oder den Metzgergraben im Spessart.

Das Grundsatzreferat des bedeutenden Forstprofessors Fabricius 1925 am ersten Deutschen Naturschutztag gab die Linie vor, die das Verhältnis von Forstwirtschaft und Naturschutz für viele Jahrzehnte prägen sollte – teilweise bis heute: Für den Forst ist zuallererst der Förster allumfassend zuständig. Das Primat hat die Holznutzung! So bezeichnete der damalige bayerische Finanzminister die Einnahmen aus den Staatsforsten als das Rückgrat der Staatsfinanzen.

In den Nachkriegsjahren wurde die Bodenreinertragslehre durch die Waldfunktionslehre nach Viktor Dieterich (1879–1971), einem prominenten Forstpolitiker, abgelöst. Er sah die Forstpolitik als Trägerin des Naturschutzgedankens im Wald und den Naturschutz im Wald als Teil der forstlichen Landschaftspflege. Positiv war sicher die Einbeziehung weiterer Waldfunktionen (Schutzfunktionen) in die Forstwirtschaft. In der forstlichen Praxis führte diese Funktionenlehre zur »Kielwassertheorie«. Diese besagt, dass im Rahmen der sachgemäßen Holznutzung in der Regel alle anderen Waldfunktionen automatisch mit erfüllt werden. Diese Anschauung prägt bis heute das forstliche Selbstverständnis vom Naturschutz im Wald. Durch diese geschilderten Entwicklungen wurde der »Rückzug« des deutschen Naturschutzes aus dem Wald und dessen Konzentration auf das »Offenland« fixiert. Der Umgang mit den Wäldern wird bestimmt durch den Vorrang der Forst- und Holzwirtschaft.

Kehrtwende im Naturschutzjahr 1970

Das Europäische Naturschutzjahr 1970 gilt als die Geburtsstunde der modernen europäischen Umweltbewegung und brachte auch neue Ansätze in den deutschen Waldnaturschutz. In diesem entscheidenden Jahr kam es zur Ausweisung des ersten deutschen Nationalparks, des Nationalparks Bayerischer Wald, durch den damaligen bayerischen Forstminister Dr. Hans Eisenmann aufgrund eines einstimmigen Beschlusses des Bayerischen Landtages. Diese Ausweisung wurde politisch zentral vorbereitet und mit durchgesetzt vom damaligen Vorsitzenden des Bund Naturschutz in Bayern (BN) Hubert Weinzierl und dem weltbekannten Tierfilmer Bernhard Grzimek.[4]

Festzuhalten bleibt, dass im Gegensatz zur Politik die Ministerialabteilung am Bayerischen Forstministerium und die betroffenen Forstämter diese Ausweisung massiv bekämpft haben. Durch das Wirken des langjährigen Leiters Hans Bibelriether wurde in diesem Nationalpark zum ersten Mal in Deutschland das Prinzip »Natur Natur sein lassen« auf großen Flächen umgesetzt. Damit spielt der Nationalpark Bayerischer Wald für die heutige Waldwildnis-Diskussion eine zentrale Rolle.

Bereits 1971 hat der BN (heute Landesverband Bayern des 1975 gegründeten BUND) erstmals ein »Grünes Programm 71/72« unter Federführung des damaligen 1. Vorsitzenden Hubert Weinzierl erarbeitet. Schwerpunkte waren unter anderem »Gesunder Wald für Bayern« und »Jagd als angewandter Naturschutz«.

1976 folgte das Waldprogramm des BN mit forstpolitischen Zielvorstellungen und Forderungen, an dem federführend Richard Plochmann, Georg Sperber, Hubert Weinzierl und Hubert Weiger beteiligt waren. In diesem Waldprogramm wurde unter anderem das Leitbild eines naturnahen Waldbaus festgeschrieben. Es wurde gefordert, dass der Altersklassenwald abgelöst werden muss und dass die Schutzfunktionen des Waldes ein stärkeres Gewicht bekommen müssen.

Entscheidend für einen weiteren Weg vom »Forst« zum »Wald« war sicher auch für Bayern, dass 1974 ein modernes Waldgesetz das frühere »Forstgesetz« ablöste. Auch hierfür zeichnete der CSU-Politiker Hans Eisenmann als Forstminister verantwortlich. Diese begriffliche Änderung haben mittlerweile auch fast alle Bundesländer vollzogen (mit Ausnahme z. B. von Nordrhein-Westfalen).

Während in der DDR bereits in den 1960er-Jahren ein System von Naturschutzgebieten eingerichtet wurde, auch mit den Ziel »Prozessschutz durch Nutzungsfreiheit«, gab in Westdeutschland erst das Naturschutzjahr 1970 den Startschuss für den Schutz kleinerer Naturwälder (synonym: Naturwaldreservate, Naturwaldparzellen, Bannwälder). Wohl auch in Abgrenzung zur Gründung des ersten deutschen Nationalparks mit 13.000 Hektar sollten Naturwälder vor allem kleinflächig, oft nur wenige Hektar groß, geschützt und von der Forstverwaltung betreut werden. Nachdem es in den turbulenten Zeiten der letzten und ersten frei gewählten DDR-Regierung 1990 gelungen war, das Nationalparkprogramm der DDR auf den Weg zu bringen, war es insbesondere im ehemaligen Westdeutschland ein langwieriges und mit viel Streit verbundenes Unterfangen, Nationalparke durchzusetzen (z. B. Nationalparke Kellerwald-Edersee bzw. Schwarzwald). Im fränkischen Steigerwald kämpft der BN Bayern mit mittlerweile vielen anderen Verbündeten seit 2007 für einen Nationalpark, dessen naturschutzfachlicher Wert unstrittig ist, der aber bis heute von der Bayerischen Staatsregierung abgelehnt wird.

Mit schwerem Gerät in den Wald

Parallel zu den Bemühungen um den Schutz von Naturwäldern hielt die hochmechanisierte Holzernte seit den 1990er-Jahren immer mehr Einzug in den deutschen Wirtschaftsforst. Der Startschuss fiel mit der Aufarbeitung der durch die Stürme Vivian und Wiebke massenhaft geworfenen und gebrochenen Bäume durch riesige und tonnenschwere Holzernte- und Holzrückemaschinen, die bis dahin nur aus skandinavischen Nadelwäldern bekannt waren. Was für die Arbeitssicherheit ein Gewinn und finanziell sehr lukrativ erschien, entwickelte sich aber immer mehr zur Bürde für die Schutz- und Erholungsfunktionen der Wälder.

Wenn sich tonnenschwere Maschinen mehr oder weniger im 24-Stundenbetrieb, Tag und Nacht und ganzjährig durch die Wälder bewegen, werden der Schutz des Waldbodens, der Schutz vor schnellem Hochwasserabfluss oder die Walderholung oft stark beeinträchtigt. Die Zahl der staatlichen Waldarbeiter oder der heimischen Forstunternehmer, die Bäume noch mit der Motorsäge fällen, nimmt wegen der Bevorzugung der Holzerntemaschinen (Harvester) rapide ab. Verstärkt wird das Ganze durch die volatilen Holzmärkte, die in Niedrigpreisphasen den Druck auf Waldbesitzer erhöhen. Zusätzlich stieg der finanzielle Druck auf die staatlichen Forstverwaltungen aufgrund des ab den 1990er-Jahren vorherrschenden neoliberalen Gedankenguts, das den Rückzug des Staates und Privatisierungen zum Ziel hatte. Deutliche Parallelen gibt es auf der Bundesebene in anderen Sektoren mit der Privatisierung der Deutschen Post und der Teilprivatisierung der Deutschen Bahn Mitte der 1990er-Jahre.

Mehr gesellschaftliche Teilhabe

In Bayern versuchte 2004 ein breites Bündnis aus Naturschutzverbänden und -vereinen die von der Bayerischen Staatsregierung anvisierte Forstreform in Bayern mit dem Volksbegehren »Aus Liebe zum Wald« zu stoppen.[5] Auch wenn das Volksbegehren knapp scheiterte, erreichte es doch einige Verbesserungen der ursprünglichen Pläne. So verhinderte es die Umwandlung der bayerischen Staatswälder in eine staatseigene AG, setzte den Grundsatz »Wald vor Wild« gesetzlich durch und führte zu einem neuen Waldbewusstsein in weiten Kreisen der Bevölkerung. Auch in den Jahren danach, als es an vielen Orten zu Konflikten wegen Waldschäden durch die großmaschinelle Holznutzung kam, wurde klar: Die Art und Weise der Waldwirtschaft ist erstmals ein breit diskutiertes gesellschaftliches Thema. Verstärkt wurde dieser Prozess durch die Klimakrise, deren verheerende Auswirkungen auf die heimischen Wälder, vor allem in Nadelholzforsten, deutschlandweit immer stärker sichtbar wurden und werden (»Waldsterben 2.0«[6]).

Gut erkennbar ist das große gesellschaftliche Interesse auch an der zunehmenden Zahl an Sachbüchern und Bildbänden zum Wald, seinen Bäumen und Bewohnern. Dabei werden forstliche Praktiken – teilweise auch nachvollziehbar – kritisch hinterfragt.[7] Daneben wird auch die Holznutzung per se in Frage gestellt und es gibt erste Forderungen, den Wald grundsätzlich »in Ruhe zu lassen«, d.h. den Rohstoff Holz nicht mehr zu nutzen. Diese Sichtweise teilen die meisten Naturschutzverbände explizit nicht. Leider wird die Forderung des Naturschutzes nach mehr natürlicher Waldentwicklung oft damit verwechselt. Holz ist ein nachwachsender Rohstoff, der genutzt werden sollte – aber schonend! Wir müssen sorgsam bei der Ernte und der Verwendung damit umgehen!

Gerade weil die Fichten- und Kiefernforste durch die extremen Witterungsereignisse infolge der Klimakrise immer mehr an Vitalität einbüßen und teilweise sogar absterben, ist es sinnvoll, das Holz hier auch zu nutzen – allerdings unter Beachtung bestimmter »Leitplanken« (siehe unten »Folgerungen & Forderungen«). Dabei sind bei den Nutzungen vor allem negative Auswirkungen auf die Schutzfunktionen der Wälder und auf die Vitalität der verbleibenden Wälder zu vermeiden. Die Zahlen aus der Bundeswaldinventur zeigen, welche riesigen Aufgaben bei »Waldumbau« und bei der Naturverjüngung vor uns liegen, weil allein in fast drei Millionen Hektar der deutschen Wälder keine Laubbäume beigemischt sind.[8]

Daneben braucht es dringend mehr Flächen mit natürlicher, ungelenkter Waldentwicklung – in Nationalparken und in weiteren Naturwaldgebieten, also insbesondere auch in größeren Gebieten. Hier soll vor allem der Ablauf natürlicher Prozesse gesichert werden, so z.B. Anpassungsprozesse an die Klimakrise. Wie hilft der Wald sich selbst und was lernen wir daraus? Allerdings wurde der Schutz solcher Flächen von der Forstseite sehr lange bekämpft. Dies gilt insbesondere für größere Flächen wie Nationalparke,[9] was wohl daran liegt, dass dann in der Regel die Zuständigkeit von der Forstseite auf die Naturschutzseite wechselt, was »der Forst« verhindert will.

Mittlerweile ist das sog. »Zehn-Prozent-Ziel« für Naturwälder im öffentlichen Wald[10] erfreulicherweise weitgehend akzeptiert. Aber es fehlt für dieses von der Forstseite »ungeliebte Kind« nach wie vor ein fachliches Konzept zu notwendigen Schutzgütern und Lebensraumtypen, zur Repräsentativität und Kohärenz (funktionaler und räumlicher Verbund) und zu einer ausgewogenen Verteilung nach Größenklassen. So wurden zum allergrößten Teil Klein- bis Kleinstflächen – auch unter einem Hektar – gemeldet, ebenso wie auch schlecht zu bewirtschaftende Flächen oder nicht forstlich nutzbare Flächen (z.B. tausende Hektar an Latschenfeldern im Hochgebirge im Besitz der Bayerischen Staatsforsten).

Obwohl die Verantwortung Deutschlands im Waldnaturschutz[11] klar beschrieben ist, ist bei diesen forstlich geführten Initiativen[12] nicht klar, was überhaupt geschützt werden soll. Zudem wird nicht detailliert und transparent dargestellt, welche Flächen auf Länderebene bzw. länderübergreifend überhaupt geschützt werden sollen bzw. geschützt werden. Hier setzt sich leider die oben beschriebene historische Altlast bis heute fort, wonach der Forst sich alleinig für den Wald zuständig fühlt und sich nicht in die »(Forst-)Karten schauen lassen« will.

In den Bundesländern kam es so aus wirtschaftlichen Gründen ab der Mitte der 2000er-Jahre zu verschiedenen Forstreformen, die in der Regel ähnlich ausgerichtet waren: Es wurden straffere Strukturen gebildet, Forstreviere und Forstämter/Forstbetriebe sowie Personal reduziert und die hochmechanisierte Holzernte deutlich ausgebaut. Dies hatte vorrangig zum Ziel, die Ausgaben auf der Kostenseite der Forstverwaltungen zu reduzieren. Damit liefen diese Reformen, wenn sie auch in verschiedenen Rechtsformen mündeten, ähnlich ab wie in den 1990er-Jahren: Auf sinkende Holzpreise wird mit Personalabbau und Kosteneinsparungen reagiert. Diese Abwärtsspirale setzt sich bei jedem größeren Holzpreiseinbruch immer weiter fort.

Ganz aktuell führte dies 2021 in Bayern zu einer erneuten Reformrunde, dem Reformprojekt »Forstbetrieb 2030«. Nach massiven Einbrüchen am Holzmarkt in Verbindung mit hohen Lasten für Pensionsrückstellungen wurde nach einem rein internen Diskussionsprozess die nächste Reformrunde eingeläutet. Gestoppt wurde das zumindest vorläufig durch eine öffentliche Intervention des BUND Naturschutz in Bayern kurz vor entscheidenden Gremiensitzungen.[13]

Personalabbau bei Förstern und Waldarbeitern führt zwangsläufig durch verstärkten Zeit- und Leistungsdruck zu einer weniger differenzierten Waldbewirtschaftung. Und das in Zeiten der Klima- und Biodiversitätskrise, in denen der angemessene Umgang mit dem »Patienten Wald« stetig komplizierter wird. Waldökologisch sinnvolle Maßnahmen müssen hier weit über der kurzfristig gedachten Wirtschaftlichkeit stehen, sonst sind die Folgekosten unbezahlbar, die durch den Verlust von gemeinwohlbezogenen Ökosystemleistungen der Wälder wie z.B. durch Lawinen- und Murenabgänge im Gebirge oder durch den Verlust der Trinkwassersicherung, des Hochwasserrückhalts oder der Kühlfunktion der Wälder entstehen.

Gräben zuschütten – Unterschiede überwinden

Da sich viele Försterinnen und Förster selbst als Naturschützer begreifen, sehen wir im Grunde große Gemeinsamkeiten zwischen Forst und Naturschutz. Als einziger nachwachsender Rohstoff soll Holz hierzulande weiterhin auf dem größten Teil der Waldfläche unter bestimmten Prämissen geerntet werden. Dazu muss es auch ein klares Bekenntnis der Gesellschaft und der Politik zu einer naturnahen Waldnutzung geben, die hierzu auch die erforderlichen Rahmenbedingungen bei Personal und bei der Finanzierung im öffentlichen Wald schaffen muss. Gleiches gilt auch für die Jagdgesetzgebung und deren Vollzug.

Aber auch der Naturschutz muss sich einer naturnahen Waldwirtschaft öffnen und sollte das Fällen von Bäumen und die Nutzung des Rohstoffes Holz nicht grundsätzlich kritisieren, nach dem Motto »Baum ab – nein danke!« Die berechtigte Forderung des Naturschutzes nach mehr und fachlich begründeten Naturwäldern darf auch nicht so überhöht werden, dass der größte Teil der Wälder nicht mehr forstlich genutzt werden darf. Es ist aus unserer Sicht zu honorieren, dass es im Forst in bestimmten Bereichen zu deutlichen Verbesserungen in den letzten Jahrzehnten gekommen ist. Es war nicht zuletzt der Einsatz der Naturschutzverbände – mit den Förstern in ihren Reihen – der zu diesen Verbesserungen geführt hat.[14] Hier seien genannt die Abkehr von Kahlschlag, die Ausweitung der Laubbaumanteile, gelungene Naturverjüngungen und Waldumbauprojekte sowie mehr Biotopbäume, Totholz und Naturwälder.

Auf der anderen Seite muss sich auch der Forst den Anliegen des Naturschutzes und der Gesellschaft stärker öffnen. Nun gilt es, dass die Forstwirtschaft auch den nächsten Schritt tut. Wir sehen hier insbesondere die Vertreter des öffentlichen Walds in der Pflicht, umzudenken und zu einem anderen Grundverständnis der Wald-»wirtschaft« zu kommen. Die Biodiversitäts- und Klimakrise haben deutlich gemacht, dass die Wälder immense und zunehmende Bedeutung haben für die diversen gemeinwohlbezogenen Ökosystemleistungen wie den Schutz des lokalen bis globalen Klimas, den Schutz der Biodiversität, den Schutz des Waldbodens und des dadurch gesicherten Trinkwassers oder den Schutz vor Lawinen, Erosion oder Hochwasser. Die fraglos große Bedeutung des Waldes als Quelle für den Rohstoff Holz tritt dahinter zurück.

Das gilt insbesondere für den öffentlichen Wald und hier zuvorderst für den Staatswald, also den Wald der Länder und des Bundes. Angesichts der gewaltigen Herausforderungen ist es zwingend notwendig, zu einem neuen gesellschaftlichen Konsens über den Umgang mit unseren Wäldern zu kommen. Für den Umgang mit den Wäldern, d. h. für deren Nutzung und deren Schutz sollten die Förster zuständig sein, aber die Umweltverwaltung mit ihren Fachleuten muss angemessen eingebunden werden, weil es um die Gemeinwohlleistungen der Wälder geht. Die Öffentlichkeit und damit auch die Umwelt-

Folgerungen & Forderungen

- Der Erhalt der Wälder muss generell eine größere Priorität haben, um ihre gemeinwohlbezogenen Ökosystemleistungen zu erhalten und zu stärken. Um Flächenverluste und Zerschneidungen von Wäldern zu vermeiden, muss diese Priorität für alle Bauvorhaben gelten.
- In den öffentlichen Wäldern, d. h. Wäldern des Bundes, der Länder und der Körperschaften, muss der Erfüllung der Gemeinwohlfunktionen Vorrang eingeräumt werden. Dieser Vorrang und die Gemeinwohlfunktionen müssen in den Waldgesetzen verankert werden.
- In der Klimakrise wird es wichtiger denn je, Leitplanken für die Waldnutzung als ökologische Mindeststandards in den Waldgesetzen zu verankern. Das bedeutet konkret, dass die gute fachliche Praxis in den Wald- und Naturschutzgesetzen kongruent definiert werden muss.
- In geschädigten Wäldern muss mehr Biomasse im Wald verbleiben und mehr natürliche Verjüngung und Wiederbewaldung mit heimischen, klimaresilienten Baumarten stattfinden.
- Bund und Länder müssen auf Grundlage eines naturschutzfachlichen Konzeptes ein kohärentes, repräsentatives und länderübergreifendes Naturwaldverbundsystem einrichten, das mindestens zehn Prozent der öffentlichen Waldfläche umfasst (Naturwälder). Mindestens die Hälfte der Fläche soll in Form von großen, zusammenhängenden Gebieten (über 1.000 Hektar) ausgewiesen werden. Im Privatwald soll dies freiwillig über finanzielle Honorierung erreicht werden.
- Die Politik und die Behörden in Bund und Ländern müssen sicherstellen, dass durch eine Schalenwildregulierung das Aufwachsen der Waldverjüngung aus allen heimischen Baumarten ohne Schutzmaßnahmen flächig möglich ist.
- Die Leistungen und das Personal der öffentlichen Wälder sind unabhängig von den Holzpreisen aus den öffentlichen Haushalten zu finanzieren. Leistungen in Kommunalwäldern sind wegen der auferlegten höheren Standards finanziell zu honorieren.
- Privatwälder sind finanziell einzelfallbezogen zu unterstützen, wenn sie in besonderer Weise Ökosystemleistungen für Gemeinwohl und Daseinsvorsorge nach dem Grundsatz »öffentliches Geld für öffentliche Leistung« erbringen.
- Für die Honorierung von gemeinwohlbezogenen Ökosystemleistungen in Wäldern soll dauerhaft ein Waldnaturschutzfonds eingerichtet werden.
- Die Forst- und Umweltbelange sind in gemeinsamen Ministerien auf Länder- und Bundesebene zu bündeln.

verbände sind bei den langjährigen Planungen im öffentlichen Wald (Forsteinrichtung) daher angemessen zu beteiligen.

Das Thema im Kritischen Agrarbericht

- Pierre L. Ibisch und Jeanette S. Blumröder: Waldwende in der Wald- und Klimakrise? Warum viele Forstakteure das Ökosystem vor lauter Bäumen nicht sehen (wollen). In: Der kritische Agrarbericht 2021, S. 236–240.
- Petra Ludwig-Sidow, Claudia Blank und Susanne Ecker: »Ordnungsgemäße« Zerstörung. Ein neues Bündnis von Wald-Bürgerinitiativen kritisiert die staatliche Forstbewirtschaftung und fordert eine grundlegende Waldwende. In: Der kritische Agrarbericht 2020, S. 252–256.
- László Maráz: Wie steht es um den Waldnaturschutz? Zehn Jahre Nationale Strategie zur biologischen Vielfalt. In: Der kritische Agrarbericht 2018, S. 282–232.
- Hubert Weiger und Ralf Straußberger: Aus alt mach jung. Bayerische Staatsregierung verhindert Waldschutz im Steigerwald. In: Der kritische Agrarbericht 2016, S. 219–223.
- László Maráz: Wald – Ressource oder Lebensraum? Über den wachsenden Holzverbrauch und die Grenzen der Plantagenwirtschaft. In: Der kritische Agrarbericht 2016, S. 224–228.
- Hubert Weiger, László Maráz und Nicola Uhde: Magere Bilanz. Natürliche Waldentwicklung in Deutschland – ein Zwischenstand. In: Der kritische Agrarbericht 2014, S. 205–209.

Anmerkungen

1 Hans Carl von Carlowitz: Sylvicultura oeconomica oder Haußwirthliche Nachricht und Naturmäßige Anweisung zur Wilden Baum-Zucht. Neuauflage hrsg. von J. Hamberger. München 2022.
2 G. Sperber: Waldnaturschutz auf der Verliererstraße. In: Nationalpark 108 (2020), S. 28–33.
3 Staatliche Stelle für Naturdenkmalpflege in Preußen (1926): Erster Deutscher Naturschutztag. Beiträge zur Naturdenkmalpflege 10/6 (1926).
4 H. Bibelriether: Natur Natur sein lassen. Die Entstehung des ersten Nationalparks Deutschlands – der Nationalpark Bayerischer Wald. Freyung 2017.
5 »Volksbegehren ›Aus Liebe zum Wald‹. Breites Bündnis informiert in Niederbayern über das Volksbegehren zum Schutz der bayerischen Wälder vor kurzfristigem Profitdenken«. Pressemitteilung des BUND Naturschutz in Bayern vom 15. Juli 2004 (www.bund-naturschutz.de/pressemitteilungen/volksbegehren-aus-liebe-zum-wald-2).
6 BUND Naturschutz in Bayern: »Waldsterben 2.0« (www.bund-naturschutz.de/wald/waldsterben-20).
7 H. D. Knapp, S. Klaus und L. Fähser (Hrsg.): Der Holzweg. Wald im Widerstreit der Interessen. München 2021.
8 Thünen-Institut: Dritte Bundeswaldinventur – Ergebnisdatenbank (https://bwi.info).
9 »Mergner gegen Nationalpark«. Meldung der Main-Post vom 5. Juni 2014.
10 Bundesministerium für Umwelt, Naturschutz, Bau und Reaktorsicherheit: Nationale Strategie zur biologischen Vielfalt (NBS). Beschluss des Bundeskabinetts vom 7. November 2007 (https://biologischevielfalt.bfn.de/nationale-strategie/die-strategie-von-2007-in-kuerze.html).
11 Sachverständigenrat für Umweltfragen (2012): Umweltgutachten 2012. Verantwortung in einer begrenzten Welt;. Kapitel 6: Umweltgerechte Waldnutzung. Berlin 2012, S. 209–232.
12 Nordwestdeutsche Forstliche Versuchsanstalt: NWE5 – Natürliche Waldentwicklung als Ziel der Nationalen Strategie zur biologischen Vielfalt (www.nw-fva.de/forschen/projekte/nwe5). – Bayerische Staatsforsten: Naturwälder – Bayerns wilde Waldnatur (www.baysf.de/de/wald-schuetzen/bayerns-wilde-waelder/naturwaelder-bayerns-wilde-waldnatur.html).
13 »Vorrang für das Gemeinwohl – BN fordert Neuausrichtung der Bayerischen Staatsforsten«. Pressemitteilung des BUND Naturschutz in Bayern vom 19. Mai 2021 (www.bund-naturschutz.de/pressemitteilungen/vorrang-fuer-gemeinwohl-im-staatswald).
14 H. Weiger: Forderungen des Naturschutzes an die Forstwirtschaft. Forstwirtschaft im Konfliktfeld Ökologie – Ökonomie. Rundgespräche der Kommission für Ökologie der Bayerischen Akademie der Wissenschaften. Band 12. München 1997, S. 89–104.

Dr. Ralf Straußberger
Forstwissenschaftler, Wald- und Jagdreferent beim BUND Naturschutz in Bayern (BN) sowie Geschäftsführer des Freundeskreises Nationalpark Steigerwald.

ralf.straussberger@bund-naturschutz.de

Prof. Dr. Hubert Weiger
Forstwissenschaftler, Ehrenvorsitzender BUND Naturschutz in Bayern (BN) und Ehrenvorsitzender Bund für Umwelt und Naturschutz Deutschland (BUND).

Tierschutz und Tierhaltung 8

Entwicklungen & Trends 2021

Gräben überwinden – mit Weitblick handeln

von Heidrun Betz

Es sind vor allem junge Menschen, die aus ihrer Unzufriedenheit mit dem aktuellen System der landwirtschaftlichen Produktion und der Empörung über die industrielle Form der Tierhaltung persönliche und politische Konsequenzen ziehen. Im Zentrum der Kritik stehen der Einfluss der Fleischproduktion auf die Klimaentwicklung sowie auf den bedrohlichen Rückgang der Arten und der Biodiversität in landwirtschaftlich geprägten Regionen. Diese Kritik wird zunehmend auch von wissenschaftlicher Seite geteilt. So kommt der Rat für Nachhaltige Entwicklung (RNE) bereits im Juni 2020 in einer Stellungnahme zu dem Ergebnis, dass in den wohlhabenden Ländern die Ernährung mit Lebensmitteln aus der Tierhaltung verringert werden müsse.[1] Im März 2021 rief der Präsident des Umweltbundesamtes, Dirk Messner, öffentlich dazu auf, den Fleischkonsum in Deutschland zu halbieren.[2] Und im Juni erklärt ein Konsortium von Wissenschaftler:innen aus vier deutschen Forschungseinrichtungen in einem gemeinsamen Gutachten, den Konsum und die Produktion tierischer Produkte zu verringern, sei eines der drei zentralen Handlungsfelder zur Erreichung der Klimaneutralität in der Landwirtschaft – neben der Verbesserung der Stickstoffeffizienz und der Wiedervernässung der Moore.[3]

Fachleute einig: Fleischkonsum muss zurückgehen

Viele der Jugendlichen, die wirksamere politische Maßnahmen zur Begrenzung der Klimaerwärmung fordern, richten ihren Lebensstil bereits entsprechend aus und reduzieren ihren Konsum tierischer Produkte. Dem BMEL-Ernährungsreport 2021 zufolge kaufen vor allem Jüngere (47 Prozent der 14- bis 29-Jährigen und 38 Prozent der 30- bis 44-Jährigen) vegetarische und vegane Alternativen zu tierischen Produkten. Der Anteil der Befragten, die sich vegetarisch ernähren, ist gegenüber dem Vorjahr demnach von fünf auf zehn Prozent, der Anteil der Veganer:innen von einem auf zwei Prozent gestiegen. Für 59 Prozent der Befragten, mehr als im Vorjahr, seien dafür Tierschutzgründe ausschlaggebend.[4] Für viele junge Erwachsene ist der Verzicht auf Fleisch außerdem ein politisches Statement.

Verzicht auf Fleisch – ein politisches Statement

56.000 Sauen und Ferkel kamen in den Flammen um, als am 30. März 2021 in Alt Tellin (Mecklenburg-Vorpommern) Europas größte Schweinezuchtanlage abbrandte. Den Bau dieser Anlage zu verhindern, war den Verbänden, die nun Strafanzeige stellten, nicht gelungen.[5]

Dass es unerlässlich ist, die Art und Weise zu verändern, wie weltweit Lebensmittel produziert und konsumiert werden, wurde im September 2021 auch auf dem ersten UN-Gipfel für Ernährungssysteme (Food Systems Summit, UNFSS) in New York thematisiert.[6] »Ernährungssysteme können und müssen eine führende Rolle bei der Verwirklichung der Ziele für nachhaltige Entwicklung der Agenda 2030 spielen«, erklärte UN-Generalsekretär António Guterres in seinem Eingangsstatement. Mit der Aktion *Act Now* rufen die Vereinten Nationen (UN) dazu auf, zum Schutz des Klimas aktiv zu werden und – unter anderem – auf eine mehr pflanzenbasierte Ernährung umzusteigen.[7] Gleiches fordert unter anderem auch die Eurogroup for Animals, Dachorganisation der europäischen Tierschutzverbände, unter der Überschrift *Protecting Animals to Protect the Planet.*[8]

Internationale Dachorganisation gegründet

Tierschutzorganisationen aus aller Welt haben ihre Zusammenarbeit verstärkt und im Februar 2021 die World Federation for Animals (WFA) gegründet – eine global aktive Dachorganisation für Tierschutzorganisationen. Die WFA will sich dafür einsetzen, dass Aspekte des Tierschutzes auch bei der UN Gehör finden. Sie fokussiert sich auf politische Forschung, Analyse und Informationsaustausch, koordiniert das gemeinsame Vorgehen der Tierschutzorganisationen auf internationaler Ebene und übernimmt die politische Interessenvertretung des Tierschutzes auf UN-Ebene. Ihren Sitz hat die WFA in Boston, Massachusetts (USA). Der Deutsche Tierschutzbund und die Eurogroup for Animals gehören zu den Gründungsmitgliedern.[9]

Politische Entwicklungen auf europäischer Ebene

Gemeinsame Agrarpolitik (GAP)

Obwohl von 2014 bis 2020 mehr als ein Viertel aller EU-Agrarausgaben (über 100 Milliarden Euro) in den Klimaschutz geflossen sind, sind die Treibhausgasemissionen der europäischen Landwirtschaft in diesem Zeitraum nicht zurückgegangen. Dies kritisierte der Europäische Rechnungshof (EURH) in seinem Sonderbericht *Gemeinsame Agrarpolitik und Klima.* Die meisten der von der Gemeinsamen Agrarpolitik (GAP) geförderten Maßnahmen hätten nur ein geringes Klimaschutzpotenzial. Da Emissionen aus der Viehhaltung, die direkt im Zusammenhang mit der Größe des Viehbestandes stünden, rund die Hälfte der landwirtschaftlichen Emissionen ausmachten – wenn man die Emissionen aus der Produktion und dem Import von Tierfutter hinzurechne, sei der Anteil der Emissionen aus der Viehhaltung noch höher – sei es dringend erforderlich, die Produktion und den Konsum tierischer Produkte zu reduzieren. Die GAP ziele jedoch nicht darauf ab, den Viehbestand zu begrenzen und biete dazu auch keine Anreize. Wörtlich heißt es: »Zu den GAP-Marktmaßnahmen gehört die Absatzförderung für tierische Erzeugnisse und deren Verzehr ist seit 2014 nicht zurückgegangen.«[10] Da die Absatzförderung auch nach 2023 ein zentrales Ziel der GAP sein wird, ist nicht damit zu rechnen, dass die neue Politik eine Verringerung der Produktion tierischer Erzeugnisse und eine Verkleinerung der Tierbestände bewirken wird.

Europäischer Rechnungshof übt harsche Kritik

Dabei hatte, neben anderen, auch der RNE die Bundesregierung im November 2020 anders beraten und die vollständige Anpassung der GAP an den *Green Deal* und die Farm-to-Fork- und Biodiversitätsstrategie der EU gefordert.[11] Zwölf Jugendorganisationen aus dem Agrar- und Ernährungsbereich hatten in einem Offenen Brief an die Kommission appelliert, bei den Verhandlungen zur GAP Landwirtschaft, Umwelt, Klima und Gesellschaft über das gesamte Ernährungssystem in der EU hinweg zusammen zu denken. Die Kommission solle dafür sorgen, dass die GAP ihrer Verantwortung zur Erreichung des 1,5-Grad-Ziels gerecht wird, zum Erhalt der Biodiversität beiträgt und am Tierwohl sowie der Förderung der klein- und mittelstrukturierten Landwirtschaft ausgerichtet ist.[12]

Jugend appelliert an EU-Kommission

Die nationalen Strategiepläne der Mitgliedstaaten zur Umsetzung der GAP ab 2023 sollen der EU-Kommission Anfang 2022 vorliegen. Deutschland hat sich bereits auf eine Gesetzgebung festgelegt (siehe dazu auch den Beitrag von Thomas Schröder im Anschluss an diesen Jahresrückblick – S. 271–275).

Revision des europäischen Tierschutzrechts

Seit Mai 2020 überprüft die EU-Kommission im Rahmen des *European Green Deal* und der darin enthaltenen Farm-to-Fork-Strategie die aktuell gültige Gesetzgebung im Bereich der landwirtschaftlichen Tierhaltung. Ende 2021 soll dieser »Fitness Check« abgeschlossen sein.[13] Der Deutsche Tierschutzbund wies in seiner Stellungnahme unter anderem darauf hin, dass eine neue Gesetzgebung auch bestehende und bekannte Lücken in den Tierschutzvorschriften schließen müsse.

Am 12. Oktober 2021 stellte die dänische Delegation dem Agrarministerrat ein Positionspapier mit Forderungen zur Überarbeitung der europäischen Tierschutzvorschriften vor, auf die sich die für den Tierschutz verantwortlichen Minister:innen Belgiens, Dänemarks, Deutschlands, der Niederlande und Schwedens verständigt hatten. Sie appellierten damit an die Kommission, gesetzliche Bestimmungen für alle zu Erwerbszwecken in der EU gehaltenen Tierarten zu erarbeiten – nicht nur im Bereich der Landwirtschaft, sondern auch für Hunde und Katzen. Zusätzlich müsse die Gesetzgebung in den Bereichen Transport (prioritär) und Schlachtung aktualisiert werden. Das zukünftige europäische Tierschutzrecht solle alle Bereiche von der Geburt bis zum Tod eines Tieres umfassen. Neue europäische Vorschriften sollten unter anderem für die Aufzucht von Hühnerküken, für Kaninchen sowie für die Haltung von Milchkühen und für Puten erlassen werden. Die bestehenden Bestimmungen zur Haltung von Legehennen, Masthühnern, Kälbern, und Schweinen sollten auf Grundlage neuer wissenschaftlicher Erkenntnisse überarbeitet werden. Zu den Eckpunkten, die in diesem Positionspapier festgehalten sind, gehören langjährige Forderungen des Tierschutzes wie die Beendigung jeglicher Käfighaltung und der Anbindehaltung der Rinder.[14]

Aktualisierung der Tierschutzgesetzgebung angestoßen

»End the Cage Age«

Einen historischen Erfolg erreichten die Tierschutzorganisationen mit ihrer Europäischen Bürgerinitiative »End the Cage Age« (Beendet das Käfigzeitalter). Mehr als die erforderlichen eine Million Bürger:innen aus allen Teilen der EU hatten die Forderungen unterzeichnet.[15] Die Fachabteilung des Europäischen Parlamentes für Bürgerrechte und konstitutionelle Angelegenheiten prüfte die Forderung und berichtete dem Petitionsausschuss (PETI), es sei sowohl politisch als auch finanziell kurzfristig möglich, die Käfighaltung von Hühnern, Kaninchen, Enten und Gänsen in der EU ebenso zu beenden wie die Kastenstandhaltung von Sauen und die Boxenhaltung von Kälbern.[16] Am 30. Juni 2021 kündigte die Kommission an, sie werde bis Ende 2023 einen Gesetzentwurf vorlegen, um jegliche Käfighaltung von Tieren in landwirtschaftlicher Haltung in der EU bis spätestens 2027 auslaufen zu lassen.[17] Von der Neuregelung könnten auch Wachteln profitieren, die hierzulande ebenfalls in Käfigen gehalten werden.[18]

Aus für die Käfighaltung in Sicht

Animal Health Law

Das neue europäische Tiergesundheitsgesetz (Animal Health Law – AHL), das am 21. April 2021 in Kraft trat, soll verschiedene Gesetzgebungen der EU vereinheitlichen. Es zielt vor allem darauf ab, die Übertragung von Krankheiten zu vermeiden, die von Tieren auf andere Tiere oder von Tieren auf Menschen (Zoonosen) übertragen werden können. Das AHL stellt eine Reihe von Instrumenten für die öffentliche Veterinärgesundheit zur Verfügung, von denen auch Heim- und Wildtiere profitieren können. Auf Grundlage dieser Veterinärbestimmungen könnte die EU-Kommission beispielsweise die Nerzzucht in der gesamten EU aussetzen oder einstellen – und dafür gäbe es gute Gründe.[19]

Im Januar 2021 hatten die Welternährungsorganisation (FAO), die Welttierärzteorganisation (OIE) und die Weltgesundheitsorganisation (WHO) bereits gemeinsam davor gewarnt, dass Nerzfarmen als Reservoir für Varianten von SARS-CoV-2 fungieren könnten.[20] Auf mehr als 440 Nerzfarmen aus zwölf Ländern in Europa und Nordamerika wurde das Virus im Zeitraum von April 2020 bis Oktober 2021 nachgewiesen. Übertragungen von Nerzen auf Menschen wurden aus den Niederlanden, Dänemark, Polen und Schweden gemeldet[21] und auf dem Weltgesundheitsgipfel im Oktober 2021 mahnte der Leiter der Virologie an der Berliner Charité, Christian Drosten: »Studien zur Virendiversität sind nur der erste Schritt in der Forschung zur Pandemievorsorge. Der Schwerpunkt muss auf Nutztieren und Zwischenwirten liegen.«[22]

Wissenschaft warnt vor SARS-CoV-2 auf Nerzfarmen

Politische Entwicklungen in Deutschland

Die Empfehlungen zum Umbau der Tierhaltung, die das Kompetenznetzwerk Nutztierhaltung (Borchert-Kommission)[23] der Bundeslandwirtschaftsministerin im Februar 2020 übergeben hatte, wurden 2021 in den Agrarmedien zwar immer wieder als Wegweiser zur Transformation der deutschen Landwirtschaft zitiert. Praktische Auswirkungen hatten sie jedoch bisher nicht. Nach einem Beschluss des Bundestages und in Abstimmung mit der Agrarministerkonferenz (AMK) hatte Bundeslandwirtschaftsministerin Julia Klöckner zunächst eine unabhängige Machbarkeitsstudie zur rechtlichen und förderpolitischen Begleitung einer langfristigen Transformation der deutschen Nutztierhaltung erbeten. Deren Ergebnisse stellte sie am 2. März 2021 vor. Die beauftragten Fachjuristen waren zu dem Schluss gekommen, die Vorschläge seien grundsätzlich rechtlich umsetzbar. Den Finanzbedarf schätzten sie etwas höher ein als das Kompetenznetzwerk (auf 2,9 Milliarden Euro im Jahr 2025, 4,3 Milliarden Euro im Jahr 2030 beziehungsweise vier Milliarden Euro im Jahr 2040) und auch sie waren der Ansicht, dass die Finanzierung nicht allein von den freien Marktkräften und durch aktuell verfügbare Investitionsförderung realisierbar sein werde. Zum Ausgleich schlagen sie eine Ergänzungsabgabe zur Einkommens- und Körperschaftssteuer vor, die mit dem Solidaritätszuschlag vergleichbar und nicht produktbezogen wäre.[24] Tierschützer begrüßten diesen Vorschlag.

Vorschläge der Borchert-Kommission …

Das Kompetenznetzwerk hatte zur Finanzierung des Umbaus auch produktbezogene Maßnahmen (eine Verbrauchssteuer auf tierische Produkte oder eine Anhebung des Mehrwertsteuersatzes) ins Gespräch gebracht. Eine produktbezogene Besteuerung würde zwar dazu führen, dass tierische Produkte generell teurer und daraufhin weniger konsumiert werden – ein Effekt, der auch im Sinne des Klimaschutzes wünschenswert wäre. Damit würden jedoch ausgerechnet diejenigen Landwirt:innen benachteiligt, die ihren Tieren schon jetzt und zum Teil seit vielen Jahren deutlich bessere Lebensbedingungen bieten, als der gesetzliche Standard es verlangt. Eine »Ergänzungsabgabe Tierwohl« wäre daher der bessere Weg.

… sowohl machbar …

Nur drei Tage nach Veröffentlichung der Machbarkeitsstudie, am 5. März, sprach der Bundesrat sich mehrheitlich für den »Umbau der landwirtschaftlichen Tierhaltung mit einer stärkeren ökologischen und tiergerechten Ausrichtung« aus. Er forderte die Bundesregierung auf, zeitnah konkrete Schritte zur Umsetzung der Empfehlungen des Kompetenznetzwerks Nutztierhaltung einzuleiten und noch in der laufenden Legislaturperiode schlüssige Konzepte vorzulegen.[25] Eine Politikfolgenabschätzung zu den Empfehlungen des Kompetenznetzwerks Nutztierhaltung, die das Thünen-Institut im Auftrag des BMEL erarbeitet hatte, stellte Julia Klöckner am 2. Mai 2021 vor. Das Institut hatte abgeschätzt, wie das Ziel »Mehr Tierwohl für alle Nutztiere bis 2040« erreicht werden könnte, welche tierwohlbedingten Mehrkosten zu erwarten wären, wie diese gedeckt werden könnten, wie hoch der Bedarf an Fördermitteln für die Landwirtschaft wäre und welche wirtschaftlichen Auswirkungen der angestrebte Transformationsprozess habe könnte.[26]

Seit Anfang Mai 2021 lagen der Politik somit konkrete Berechnungen vor, wie die im Februar 2020 veröffentlichten Vorschläge des Kompetenznetzwerks Nutztierhaltung umgesetzt werden könnten. Mit Bezug auf seinen Beschluss vom 5. März 2021 und »mit Nachdruck« bat der Bundesrat die Bundesregierung daher Mitte September unter anderem, aufbauend auf den Ergebnissen der Machbarkeitsstudie einen verlässlichen Finanzierungsrahmen für alle nutztierhaltenden Betriebe in Deutschland zu schaffen.[27] Verschiedene Arbeitsgruppen des Kompetenznetzwerks Nutztierhaltung befassten sich derweil damit, für Legehennen, Masthühner, Puten, Schweine, Sauen und Rinder Anforderungen für ein Tierwohlkennzeichen festzulegen. Die beteiligten Tierschutzverbände – Pro Vieh, Deutscher Tierschutzbund, Deutsche Umwelthilfe und Vier Pfoten – kritisierten jedoch Ende Mai 2021 bereits sowohl den Arbeitsverlauf als auch die sich abzeichnenden Ergebnisse. Die Arbeit sei zu eng an das vom BMEL geplante freiwillige Tierwohlkennzeichen geknüpft. In einem Offenen Brief appellierten die Verbände an den Vorsitzenden des Kompetenznetzwerks Nutztierhaltung, Jochen Borchert, deutlich mehr Tierwohl einzufordern.[28]

… als auch finanzierbar

Die viel zitierten Vorschläge, die das Kompetenznetzwerk Nutztierhaltung der Bundeslandwirtschaftsministerin im Februar 2020 vorgelegt hatte, wurden in der 19. Legislaturperiode nicht mehr umgesetzt. Am 26. September fand die Wahl zum 20. Deutschen Bundestag statt.

Tierwohlkennzeichnung

Die Entwürfe des BMEL für eine freiwillige Tierwohlkennzeichnung – Entwürfe für ein Tierwohlkennzeichengesetz (TierWKG) und die nachgeschaltete Tierwohlkennzeichnungsverordnung (TierWKV) – lagen bereits zu Jahresbeginn 2021 auf Eis. Die Koalitionäre waren sich nicht einig. Die SPD hatte sich für ein verpflichtendes Kennzeichnungssystem eingesetzt. Ende März 2021 äußerte auch der Bundesrechnungshof heftige Kritik an den Plänen des BMEL. In seinem Bericht an den Haushaltsausschuss des Deutschen Bundestages beanstandete er unter anderem, dass keine Wirtschaftlichkeitsuntersuchungen durchgeführt worden seien. Es fehle eine Gegenüberstellung der mit der Einführung des Tierwohlkennzeichens verbundenen Kosten und dem erwarteten Nutzen. Der Rechnungshof zog in Zweifel, »dass das BMEL mit einer freiwilligen Kennzeichnung dem Staatsziel Tierschutz entspricht und seinem Ziel, eine »nachhaltige« Verbesserung des Tierwohls zu erreichen, gerecht wird«. Das BMEL argumentierte, das geltende Tierschutzrecht entspräche bereits dem Staatsziel Tierschutz in Artikel 20 a Grundgesetz und ein Kennzeichen könne – unabhängig davon, ob es freiwillig oder verpflichtend sei – niemanden dazu verpflichten, einen höheren als den gesetzlichen Standard einzuhalten. Dies könne ausschließlich durch die Anhebung des tierschutzrechtlichen Mindeststandards erfolgen. Daraus schloss der Bundesrechnungshof, »dass lediglich eine Erhöhung des gesetzlichen Mindeststandards zu einer nachhaltigen Verbesserung des Tierwohls führen würde« und stellte zusammenfassend fest, »dass es für die Ziele, die das BMEL mit dem Tierwohlkennzeichen erreichen möchte, alternative und wirkungsvollere und möglicherweise wirtschaftlichere Handlungsoptionen gibt«. Die Einführung eines staatlichen Tierwohlkennzeichens solle erst dann fortgeführt werden, wenn das BMEL die Wirtschaftlichkeitsuntersuchung unter Beachtung der Hinweise des Bundesrechnungshofes durchgeführt habe.

Harte Kritik des Bundesrechnungshof

Damit waren die Pläne des BMEL, hierzulande ein lediglich freiwilliges Tierwohlkennzeichen einzuführen, endgültig gescheitert.[29] Die Hoffnungen richten sich nun auf die neue Bundesregierung – und auf Europa. Erfreulicherweise hat der EU-Agrarministerrat die Kommission bereits beauftragt, einen Vorschlag zur konkreten Ausgestaltung einer europäischen Tierschutzkennzeichnung vorzulegen.[30] Eine europäische Kennzeichnung zu entwickeln, ist jedoch ein langwieriger Prozess. Die Bundesregierung sollte das Thema daher wieder aufgreifen und mit einer nationalen Tierschutzkennzeichnung eine Vorreiterrolle übernehmen.

Freiwilliges Tierwohllabel gescheitert

Zukunftskommission Landwirtschaft

Empfehlungen für eine nachhaltige, ökonomisch tragfähige und gesellschaftlich akzeptierte Landwirtschaft zu erarbeiten, war die Aufgabe der von Bundeskanzlerin Angela Merkel im Juli 2020 eingesetzten Zukunftskommission Landwirtschaft (ZKL). Im September 2020 nahmen die 32 (zuletzt 31[31]) persönlich einberufenen Mitglieder der ZKL aus den Bereichen Landwirtschaft, Wirtschaft und Verbraucher, Umwelt und Tierschutz sowie Wissenschaft unter der Leitung von Peter Strohschneider die Arbeit auf und trotz der ursprünglich zum Teil erheblichen Interessensunterschiede verabschiedeten sie am 29. Juni 2021 unter dem Titel *Zukunft Landwirtschaft. Eine gesamtgesellschaftliche Aufgabe* einstimmig umfangreiche Empfehlungen.[32]

Die nach Auskunft von Teilnehmenden lösungsorientierten und am Interessensausgleich interessierten Diskussionen orientierten sich an einer »Vision zur Zukunft der Landwirtschaft«[33], die die beiden jüngsten Kommissionsmitglieder, die Vertreterinnen der Landjugend und der BUNDjugend, gemeinsam entwickelt hatten. Wie komplex die Herausforderungen sind und dass sich die Vorschläge nicht mehr innerhalb der laufenden Legislaturperiode werden umsetzen lassen, war den Teilnehmenden klar. Innerhalb von acht bis zehn Jahren sollte die dringend notwendige Transformation des Landwirtschafts- und Ernährungssystems jedoch gelingen.[34] (Zur ZKL siehe auch den Beitrag von Olaf Bandt, Elisabeth Fresen und Thomas Schröder auf den Seiten 52–57 in diesem *Kritischen Agrarbericht*).

Für den Tierschutzbereich schließt die ZKL sich den Empfehlungen des Kompetenznetzwerks Nutztierhaltung an. Sie hält weitreichende Umstrukturierungen der Tierhaltung (einschließlich des Tierhaltungsmanagements) für erforderlich. Sie empfiehlt eine Flächenbindung der Tierhaltung unter Berücksichtigung von regionalen, überbetrieblichen Nährstoffmanagementmodellen, eine stärker pflanzlich orientierte Ernährung und weist darauf hin, dass die Reduzierung des Konsums tierischer Produkte mit einer weiteren Verringerung der Tierbestandszahlen einhergehen werde. Unabdingbar erforderlich seien dabei wirksame Mechanismen zur Sicherung eines auskömmlichen Einkommens für die Tierhalter:innen.[35]

Verringerung der Tierbestände erforderlich

15 Beiräte und Beratungsgremien der Bundesregierung, darunter der Rat für Nachhaltige Entwicklung, forderten im Oktober 2021 in einem Offenen Brief an die Bundesvorsitzenden, Generalsekretäre sowie die Vorsitzenden der Bundestagsfraktionen von SPD, Bündnis 90/Die Grünen, FDP und CDU/CSU »eine Transformation der Agrar- und Ernährungssysteme, die die Kernempfehlungen der Zukunftskommission Landwirtschaft aufgreift«. Ihrem Eindruck nach seien weite Teile von Wirtschaft und Gesellschaft in Deutschland bereit, die anstehenden Transformationen mitzugestalten.[36] Vertreter:innen von Umwelt-, Natur- und Tierschutz, Landwirtschaft, ökologischer Lebensmittelwirtschaft und Verbraucher:innen, die in der ZKL mitgearbeitet haben, setzten sich auch im Rahmen der Koalitionsverhandlungen gemeinsam für konkrete Maßnahmen ein, um eine vielfältige und nachhaltige Landwirtschaft in Deutschland zu erreichen.[37]

Breite Zustimmung für ZKL-Empfehlungen

Spezielle Entwicklung bei einzelnen Tierarten

Sauenhaltung

Im Februar 2021 trat die Siebte Verordnung zur Änderung der Tierschutz-Nutztierhaltungsverordnung in Kraft, mit der nach Ablauf einer achtjährigen Übergangsfrist die Fixierung von Sauen im Deckbereich ausgeschlossen wird. Der Umbau der Sauenhaltung im Abferkelbereich – hin zu Bewegungsbuchten mit reduzierter Fixierdauer – soll allerdings erst nach 15 bis 17 Jahren abgeschlossen sein. Die Übergangsfristen sind aus der Sicht des Tierschutzes unnötig lang.[38] Da die Umbauten, die mit den gesetzlichen Vorschriften verbunden sind, viele

Miriam Goldschalt

Schwanzbeißen beim Schwein – Neue Richtlinien beim Tierschutzlabel

Seit Januar 2021 – dem Inkrafttreten der revidierten Richtlinie Mastschwein[1] – sind in der Einstiegsstufe des Labels »Für Mehr Tierschutz« neben weiteren wichtigen Aspekten auch eine eingestreute Liegefläche, Außenklimakontakt und der unmittelbare Verzicht auf das Schwanzkupieren vorgeschrieben. Zuvor galt eine Übergangsregelung, doch die Erfahrungen haben gezeigt: Trotz deutlich höherer Standards und eines massiven Engagements der Tierhalterinnen und Tierhalter ist eine erfolgreiche Haltung von unkupierten Schweinen in Warmställen nicht möglich. Wenn Schweine keinerlei Kontakt zum Außenklima haben, wenn Temperatur-, optische, akustische und olfaktorische Reize fehlen, ist es langfristig nahezu unmöglich, diese intelligenten Tiere zu halten, ohne dass Schwanzbeißen auftritt.

Die Unversehrtheit von Tieren zu gewährleisten und auf zootechnische Eingriffe wie das Kürzen der Schwänze und Abschleifen der Zähne bei Ferkeln zu verzichten, ist seit Langem eine zentrale Forderung des Tierschutzes. Seit 1994 ist das routinemäßige Kupieren der Schwänze beim Schwein EU-weit verboten. Dennoch werden in Deutschland bis heute nahezu alle Ferkel dieser schmerzhaften Maßnahme unterzogen. Und das, obwohl Schwanzbeißen (Caudophagie – die Verhaltensstörung, die mit diesem Eingriff verhindert werden soll) auch bei kupierten Schweinen auftritt und deren Ursachen gut erforscht und lange bekannt sind.

Schlüsselfaktoren für Schwanzbeißen

Als Schlüsselfaktoren für die Entstehung des Schwanzbeißens hat die Europäische Kommission[2] im Jahr 2016 Beschäftigungsmaterial, Temperatur, Gesundheit und Fitness, Konkurrenzverhalten sowie Struktur und Sauberkeit der Buchten identifiziert. Verschiedene Studien zeigen, dass zwischen tierbezogenen Aspekten wie Genetik, Aufzucht- und Sozialisierungsbedingungen und dem Auftreten von Schwanzbeißen Zusammenhänge bestehen. Die Form der Haltung hat ebenfalls einen Einfluss auf das Eintreten von Schwanzbeißproblemen.[3] Dass die in Deutschland vorherrschende konventionelle Haltung in Warmställen mit unstrukturierten Vollspaltenbuchten, in denen den Tieren keine Trennung der Funktionsbereiche möglich ist, den Bedürfnissen der Schweine nicht entspricht, ist allgemein anerkannt. In Betrieben mit Vollspaltenbuchten ist die Wahrscheinlichkeit, dass es zu Schwanzbeißen kommt, erheblich höher als in Außenklima- und Kaltställen oder in Buchten mit planbefestigten oder teilbefestigten Böden. Ein Zusammenhang zwischen der Wirtschaftsweise und dem Vorkommen von Schwanzbeißen konnte ebenfalls nachgewiesen werden: Ökologisch wirtschaftende Betriebe schneiden deutlich besser ab als konventionelle.[4]

Mit der Einführung von Mindestanforderungen für den Schutz von Schweinen in der EU (EU RL 91/630/EEC des Rates) hat die EU bereits 1991 nicht nur das routine- ▶

Betriebe vor große finanzielle Herausforderungen stellen werden, hat die Bundesregierung das »Bundesprogramm zur Investitionsförderung für den Stallumbau zur Gewährleistung des Tierwohls in der Sauenhaltung« aufgelegt. Mit 300 Millionen Euro sollen Bauvorhaben gefördert werden, die nicht mit einer Vergrößerung des Tierbestandes verbunden und bis Ende 2022 abgeschlossen sind.[39]

Kükentöten

Dem *Gesetz zur Änderung des Tierschutzgesetzes – Verbot des Kükentötens* vom 18. Juni 2021 zufolge ist es ab Januar 2022 verboten, die männlichen Küken von Legerassen routinemäßig zu töten, was bisher üblich war. Ab 2024 wird es auch verboten sein, nach dem sechsten Bebrütungstag einen Eingriff an einem Hühnerei oder einen Abbruch des Brutvorgangs vorzunehmen, der den Tod des Hühnerembryos verursacht. Bis zum 31. März 2023 muss das BMEL dem zuständigen Fachausschuss des Deutschen Bundestages außerdem über den Stand der Entwicklung von Verfahren und Methoden zur Geschlechtsbestimmung im Hühnerei vor dem siebten Bebrütungstag berichten.[40] Hintergrund ist die Tatsache, dass die Branche – zum Teil mit finanzieller Unterstützung durch das BMEL – vor allem auf die Geschlechtsbestimmung im Ei setzt, obwohl ein Schmerzempfinden der Embryonen nach dem sechsten Tag der Bebrütung nicht ausgeschlossen werden kann. Tierschutzorganisationen setzen sich dafür ein, Zweinutzungsrassen zu fördern und die Hochleistungszucht von Legehennen zurückzufahren.[41] Sie kritisieren zudem, dass die Folgen des Gesetzes nicht bedacht wurden. So gibt es weder für die Aufzucht noch für die Schlachtung der »Bruderhähne« gesetzliche Vorgaben.

Tierschützer fordern Zweinutzungsrassen

mäßige Kupieren der Schwänze beim Schwein ab 1994 verboten, sondern auch vorgegeben, dass Maßnahmen zu treffen sind, um Schwanzbeißen zu vermeiden, bevor dieser Eingriff vorgenommen wird. Dabei sind die Unterbringung und die Bestandsdichte zu berücksichtigen. Ungeeignete Unterbringungsbedingungen oder Haltungsformen müssten den Bedürfnissen der Tiere entsprechend umgestaltet werden, anstatt die Schweine – wie in der Regel praktiziert – an die nicht tiergerechten Haltungs- und Produktionssysteme anzupassen, indem man ihnen die Schwänze kupiert. Bei einem Audit zur Bewertung der Maßnahmen der Mitgliedstaaten zur Verhütung von Schwanzbeißen und zur Vermeidung des routinemäßigen Kupierens von Schwänzen bei Schweinen, das sie 2018 in Deutschland durchgeführt hat, stellte die EU-Kommission jedoch fest, dass hierzulande noch immer 98,5 bis 100 Prozent der Schweine kupiert werden.[5] Damit ist eine routinemäßige und flächendeckende Durchführung dieser Manipulation belegt.

Es ist auch nicht damit zu rechnen, dass das routinemäßige Kupieren in Deutschland auf Basis des 2019 in Kraft getretenen »Aktionsplans zur Verbesserung der Kontrollen zur Verhütung von Schwanzbeißen und zur Reduzierung des Schwanzkupierens bei Schweinen«[6] beendet wird. Erste Erfahrungen mit der Umsetzung dieses Aktionsplans führten bei vielen Veterinärämtern bereits 2020 zu großer Ernüchterung. Und selbst dann, wenn der Plan vollständig eingehalten würde, wäre die EU-Richtlinie damit nicht korrekt umgesetzt. Die festgelegten Maßnahmen reichen nicht aus, um den Verzicht auf das routinemäßige Schwanzkupieren durchzusetzen.

Label »Für Mehr Tierschutz« – Ziele und Erfahrungen

Das Tierschutzlabel »Für Mehr Tierschutz« ist mit der Einstiegs- und Premiumstufe neue Wege gegangen, um tatsächlich mehr Tierschutz in den Ställen umzusetzen. Dem Deutschen Tierschutzbund war es schon bei der Einführung seines Labels »Für Mehr Tierschutz« wichtig, den Verzicht auf nicht medizinisch relevante Eingriffe bei der Haltung von Mastschweinen vorzuleben. Im Premiumbereich für Mastschweine ist daher seit Gründung des Tierschutzlabels unter anderem die Auslaufhaltung vorgeschrieben und die Haltung schwanzkupierter Tiere verboten. Die Einstiegsstufe lag auch damals bereits mit ihren Anforderungen deutlich über dem gesetzlichen Standard. Ein Außenklimakontakt war zunächst allerdings nicht vorgeschrieben. Möglichst viele Landwirte sollten den Weg zu mehr Tierschutz beschreiten können, so viele Tiere wie möglich von verbesserten Haltungsbedingungen profitieren und es galt, einen breiten Marktzugang zu erreichen. Das Ziel war es, in herkömmlichen Haltungssystemen eine artgemäßere Haltungsumwelt zu schaffen und damit einem Schwanzbeißgeschehen vorzubeugen. Die Vorgaben orientierten sich an den oben genannten, von der EU-Kommission ermittelten Schlüsselfaktoren. Es gab höhere Platzanforderungen, den Schweinen musste die Ausgestaltung von Funktionsbereichen ermöglicht und tiergerechtes Beschäftigungsmaterial angeboten werden. Testweise mussten die Landwirte den Tieren zur Verbesserung des Liegekomforts einen planbefestigten, zumindest minimal eingestreuten oder mit Matten ausgestatteten Liegebereich anbieten. Für das Schwanzkupieren galt eine Übergangsfrist. ▶

Tiertransporte

Tiertransporte aus Deutschland in Drittländer, in denen die tiergerechte Versorgung nicht gewährleistet wird, finden nach wie vor statt. Verwaltungsgerichte haben es den Bundesländern immer wieder untersagt, sie per Erlass zu verhindern.[42] Vor diesem Hintergrund forderte der Bundesrat die Bundesregierung im Februar 2021 dazu auf, zu prüfen, ob es möglich sei, auf Grundlage des § 12 Tierschutzgesetz (TierSchG), Transporte in bestimmte Drittländer zu verbieten. Die Regierung solle sich bei den anstehenden Verhandlungen zur Überarbeitung der EU-Richtlinie zum Transport von Tieren (Verordnung 1/2005/EG) auch für eine Reihe von Maßnahmen zur Verbesserung des Tierschutzes einsetzen.[43]

EU-Bestimmungen werden nicht eingehalten

Dass die Fortschritte bei der Umsetzung der EU-Bestimmungen zum Transport von Tieren innerhalb der EU und in Drittstaaten unzureichend sind, dokumentieren Tierschützer:innen seit Jahren. Dies geht auch aus einem aktuellen Bericht hervor, den Jacques Lecarte und Francois Negre im September 2021 für den ANIT-Untersuchungsausschuss erstellt haben.[44] Der ANIT-Ausschuss, den das Europäische Parlament Ende 2020 eingerichtet hatte, führte 2021 öffentliche Anhörungen durch, um bis Ende des Jahres den Handlungsbedarf zu ermitteln. Wie dramatisch die Situation ist, zeigten drastische Vorfälle im März 2021. Zwei Frachter, die in Spanien Rinder geladen hatten, durften wegen des Verdachtes auf Blauzungenkrankheit wochenlang nirgends anlegen – die *Karim Allah* hatte 860 Rinder, die *ElBeik* rund 1.700 Rinder an Bord.[45] Ende März 2021, als der Suezkanal eine Woche lang durch das Containerschiff *Ever Given* blockiert war, steckten elf rumänische Frachter mit insgesamt 130.000 Schafen an Bord im Stau.[46]

Den Kupierverzicht mussten die Betriebe der Einstiegsstufe gruppenweise testen und dabei zeigte sich: Trotz aller Bemühungen konnten die Tierhalter:innen nicht auf das Kupieren verzichten, ohne Verletzungen zu riskieren. Aufgrund dieser praktischen Erfahrungen wurden die Anforderungen für die Einstiegsstufe des Tierschutzlabels angehoben.

Forderungen an den Gesetzgeber

Um EU-Recht einzuhalten, muss Deutschland endlich drastischere Schritte wagen. Als ersten Schritt einen Baustopp für Warmställe. Tierschutzwidrige und nicht zukunftsfähige Stallsysteme dürfen nicht mehr genehmigt werden. Gleichzeitig muss die Genehmigung für tiergerechte Haltungssysteme vereinfacht und beschleunigt werden und staatliche Fördergelder dürfen nur noch für diese Stallsysteme ausbezahlt werden. Aus Tierschutzsicht ist außerdem zu fordern, dass verpflichtender Außenklimakontakt gesetzlicher Mindeststandard wird. Den Systemwechsel hin zu einer tier- und verhaltensgerechten Schweinehaltung muss die Bundesregierung ohne weitere Verzögerungen umgehend einläuten.

Anmerkungen

1 Nähere Infos unter www.tierschutzlabel.info/richtlinien/.

2 Empfehlung (EU) 2016/336 der Kommission vom 8. März 2016 zur Anwendung der Richtlinie 2008/120/EG des Rates über Mindestanforderungen für den Schutz von Schweinen im Hinblick auf die Verringerung der Notwendigkeit, den Schwanz zu kupieren (www.tmasgff.de/fileadmin/user_upload/Veterinaerwesen/Dateien/Landesspezifische_Regelungen/Schwaenzekupieren_Schweine/Anlage4_Empfehlung-EU.pdf).

3 H. Schrade: Zukünftige Haltungsformen in der Schweinehaltung. Präsentation Forum »Landwirtschaft in Verantwortung- Nachhaltigkeit in der Tierhaltung«, 11. April 2018, Eichhof (https://docplayer.org/109897749-Zukuenftige-haltungsformen-in-der-schweinehaltung.html). – Bundesanstalt für Landwirtschaft und Ernährung und Bundesinformationszentrum Landwirtschaft: Gesamtbetriebliches Haltungskonzept Schwein – Mastschweine. Bonn 2019 (file:///Users/ms/Downloads/1007_1741_web.pdf). – Wissenschaftlicher Beirat für Agrarpolitik beim Bundesministerium für Ernährung und Landwirtschaft: Wege zu einer gesellschaftlich akzeptierten Nutztierhaltung, Gutachten. Berlin 2015 (www.bmel.de/SharedDocs/Downloads/DE/_Ministerium/Beiraete/agrarpolitik/GutachtenNutztierhaltung.pdf;jsessionid=3A110495E67538C0FACCE690CDDB54D3.live842?__blob=publicationFile&v=2).

4 A. Bergschmidt: Tierwohlmaßnahme des Pfeil-Programm 2014 bis 2020. Besonders tiergerechte Haltung von Mastschweinen »Ringelschwanzprämie« (T2). Braunschweig 2019 (https://literatur.thuenen.de/digbib_extern/dn060830.pdf).

5 Europäische Kommission – Generaldirektion Gesundheit und Lebensmittelsicherheit: Bewertung der Maßnahmen der Mitgliedstaaten zur Verhinderung von Schwanzbeißen und zur Vermeidung des routinemäßigen Kupierens von Schwänzen bei Schweinen (DG(SANTE)/2018-6445).

6 Nähere Infos unter www.ringelschwanz.info/services/files/aktionsplan-kupierverzicht/Aktionsplan%20Kupierverzicht%20DE%20%28August%202018%29.pdf (Stand: August 2018).

Dr. Miriam Goldschalt
Tierärztin, Fachreferentin beim Deutschen Tierschutzbund e.V.

miriam.goldschalt@tierschutzakademie.de

Tierschutz im Handel

Lange bevor das Gesetz zum Verbot des Kükentötens beschlossen war, warben verschiedene Handelsketten bereits damit, dass sie das Töten männlicher Küken aus der Legehennenzucht nicht länger unterstützen. Mit unterschiedlichen Programmen gaben sie den Konsument:innen die Möglichkeit, entsprechende Alternativen zu wählen. REWE kündigte im Januar 2021 an, Frischeier aus Bodenhaltung der Eigenmarke ja! bis Ende 2021 auf »Kükentöten-freie Lieferketten« umzustellen. Das Bruderhahn-Projekt »Spitz&Bube«, bei dem männliche Küken aus Hochleistungszucht bis zur Schlachtreife aufgezogen und zu Hühnerfrikassee verarbeitet werden, läuft seit 2016. 2018 kamen respeggt-Freiland-Eier hinzu – aus einem Programm, bei dem Eier, die am zehnten Tag der Bebrütung bei einer spektroskopischen Geschlechtsbestimmung als männlich erkannt werden, aussortiert werden.[47] ALDI Nord und ALDI Süd hatten sich das Ziel gesetzt, bis spätestens 2022 das gesamte Hühnereier-Sortiment umzustellen. Im November 2021 meldeten sie, das gesamte Schaleneier-Sortiment bei ALDI werde bereits zum Jahresende aus Hühnereiern bestehen, für die keine männlichen Küken getötet worden sind.[48] Der EDEKA-Verbund geht mit seiner *Initiative Lebenswert* noch weiter. Er unterstützt neben der Junghahnaufzucht und der Geschlechterfrüherkennung im Hühnerei auch die Förderung von Zweinutzungsrassen, die für Eier- und Fleischproduktion gleichermaßen geeignet sind, sowie die Weiterentwicklung pflanzlicher Ei-Alternativen.[49] Zusätzlich beziehen EDEKA und Netto Marken-Discount – nach eigener Auskunft als einzige bundesweit vertretene Lebensmitteleinzelhändler – die frischen Eier ihrer Eigenmarken ausschließlich aus Deutschland.[50] Damit verhindern sie, dass das nationale Verbot des Kükentötens durch Import von Eiern aus dem Ausland unterlaufen wird.

Eier »Ohne Kükentöten« im Programm

So erfreulich das Engagement des Handels in punkto Kükentöten auch ist – aus Gründen des Tierschutzes sollte die Hochleistungszucht von Legehennen beendet und der Konsum von Eiern generell reduziert werden. Das ist nicht der Fall, wenn die Eier hochgezüchteter Legehennen nach einer Geschlechtsbestimmung vernichtet werden. Abgesehen davon kommen die aktuellen Methoden zur Geschlechtsbestimmung im Ei erst nach dem siebten Bebrütungstag zum Einsatz – zu einem Zeitpunkt, an dem ein Schmerzempfinden der Embryonen nicht sicher auszuschließen ist. Der Deutsche Tierschutzbund hatte sich daher unter anderem in einer öffentlichen Anhörung des Ausschusses für Ernährung und Landwirtschaft des Bundestags zu dem Gesetzentwurf zum Verbot des Kükentötens dafür eingesetzt, sowohl das Töten der männlichen Küken als auch die Tötung von Embryonen in Bruteiern ab dem siebten Bebrütungstag ausnahmslos zu verbieten.[51]

Hochleistungszucht noch nicht beendet

Für Konsument:innen ist die Situation derzeit unübersichtlich. Dass in einer Produktionslinie schmerzempfindliche Embryonen getötet wurden, ist auch dann nicht ausgeschlossen, wenn der Eierkarton die Aufschrift »Ohne Kükentöten« trägt. Die Mehrheit der Verbraucher lehnt das Kükentöten ab. Doch obwohl 73 Prozent der Befragten sich – einer repräsentativen Bevölkerungsumfrage zufolge – die Angabe der Methode zur Vermeidung des Tötens männlicher Küken auf dem Eierkarton oder sogar eine Erläuterung »zum Verfahren der Geschlechterbestimmung im Ei oder zur Aufzucht und Verwendung der ›Bruderhähne‹« wünschen, können viele die Informationen auf Eierkartons nicht richtig einordnen. 46 Prozent der Befragten nahmen an, mit der Aufschrift »Ohne Kükentöten« sei eine Bruderhahnmast gemeint – was nicht der Fall war. Die Verbraucherzentralen fordern daher, die Hersteller sollten die Angaben auf den Eierpackungen eindeutig und einheitlich gestalten.[52]

Mehr Transparenz bei Kennzeichnung gefordert

Tiergerechtere Fleischerzeugung – der Handel geht voran

Während die Politik sich scheut, die gesetzlichen Vorgaben für die Tierhaltung anzuheben, schaffen Handelsunternehmen Fakten, indem sie Produkte auslisten, die mit dem Tierschutz und den gesellschaftlichen Ansprüchen nicht länger vereinbar sind. 2019 hatten die führenden Unternehmen des Lebensmitteleinzelhandels (LEH) für Produkte aus der landwirtschaftlichen Tierhaltung die vierstufige Haltungsform-Kennzeichnung im Markt eingeführt. Im März 2021 vereinbarten sie in Gesprächen mit dem Deutschen Tierschutzbund, den Anteil der Geflügelfleischprodukte aus besseren Haltungen (Stufe 3 und 4) in den nächsten zwei Jahren zu verdoppeln und bis Ende 2026 rund 20 Prozent oder mehr ihrer Angebote entsprechend umzustellen. Dies betrifft neben weiteren Standards beispielsweise Produkte aus der Einstiegs- und Premiumstufe des Labels »Für Mehr Tierschutz« des Deutschen Tierschutzbundes und biozertifiziertes Geflügelfleisch.[53]

Ende Juni 2021 gaben ALDI Nord und ALDI Süd darüber hinaus bekannt, sie würden ihr gesamtes Frischfleischsortiment bis 2030 konsequent auf die höheren Tierwohl-Haltungsformen 3 und 4 umstellen. Der Plan umfasse die größten Nutztierarten Rind, Schwein, Hähnchen und Pute – ausgenommen (internationale) Spezialitäten und Tiefkühlartikel. 2021 bereits sollten 15 Prozent des Frischfleischumsatzes aus den Haltungsformen 3 und 4 stammen. In einem gemeinsamen Positionspapier erklärten die beiden ALDIs im Oktober 2021, um mehr Tierwohl in der Breite und eine bessere Ertragssituation der Landwirt:innen zu erreichen, brauche es eine Neuausrichtung der deutschen Agrarpolitik. Aus zahlreichen Gesprächsrunden unter anderem mit Landwirt:innen, Lieferant:innen, Verbänden und NGOs hätten sie sechs begründete Forderungen abgeleitet: zügig einen klaren rechtlichen Rahmen für die Transformation der Landwirtschaft vorlegen, finanzielle Perspektiven für Landwirt:innen schaffen, Baurecht für Tierwohl-Ställe vereinfachen, verpflichtende Haltungskennzeichen voranbringen, Errungenschaften der Initiative Tierwohl fortführen und Ökolandbau fördern.[54]

Gesetzlicher Mindeststandard wird bei ALDI ausgelistet

ALDIs Ankündigungen brachten Bewegung in den Markt. Die REWE Group (REWE und Penny) strebt bis Ende 2030 im gesamten Eigenmarken-Frischfleischsortiment (Schwein, Rind und Geflügel) die Stufen 3 und 4 an.[55] Kaufland bietet seit Anfang Juli 2021 (abgesehen von Innereien und Filet) kein frisches Schweinefleisch mehr an, »das nach gesetzlichem Mindeststandard (Haltungsform Stufe 1) hergestellt wurde«.[56] Lidl kündigte an, nahezu sein gesamtes Schweinefrischfleischsortiment bis Ende 2021 auf die Haltungsformstufe 2 umzustellen.[57] EDEKA (EDEKA und Netto Marken-Discount) gab Ende August bekannt, das Angebot an frischem SB-Schweine- und Geflügelfleisch deutscher Herkunft bis Ende des Jahres 2021 ausschließlich aus höheren Haltungsstufen zu beziehen und auf Haltungsstufe 1 zu verzichten. Der Anteil der Haltungsstufen 3 und 4 werde in den kommenden Jahren weiter

Fünf Kernforderungen an die neue Bundesregierung – aus Sicht des Tierschutzes

Die neue Bundesregierung muss das Staatsziel Tierschutz ernst nehmen, die im Koalitionsvertrag genannten Tierschutzvorhaben konsequent umsetzen und bei einigen noch nachschärfen. Im Agrarbereich heißt das:

1. *Den Umbau des Agrarsektors in Bezug auf die Tierhaltung zügig voranbringen:* Die Bundesregierung muss die Landwirte beim Umbau der Stallanlagen unterstützen und unter anderem eine verbindliche Tierwohlkennzeichnung einführen, die idealerweise sowohl die Zucht als auch die Tierhaltung, den Transport und die Schlachtung umfasst. Eine zukunftsfähige, gesellschaftlich akzeptierte Tierhaltung in der Landwirtschaft wird es nur mit einem deutlichen Mehr an Tierwohl geben.
2. *Bestehende Lücken in der Tierschutzgesetzgebung schließen:* Unter anderem muss die Tierschutz-Nutztierhaltungsverordnung (TierSchNutztV) hinsichtlich der Haltung, des Transports und der Schlachtung um bisher fehlende Tierarten, z. B. Rinder und Puten, erweitert werden.
3. *Lebendtiertransporte endgültig verhindern:* Tiertransporte sind immer mit Tierleid verbunden. Um dem Tierschutz umfassend gerecht zu werden, sollte die Bundesregierung ihre Ankündigung, bessere Regelungen zu schaffen, durch ein Verbot von Tiertransporten ersetzen.
4. *Tierbestandszahlen reduzieren:* Nicht nur im Hinblick auf den Tierschutz, auch aus ökologischen Gründen und aus Gründen des Klimaschutzes müssen alle westlichen Industriestaaten ihre Tierbestände verkleinern. Die Bundesregierung sollte dafür sorgen, dass die Entwicklung der Tierbestände sich an ökologischen Kriterien und der Größe der hierzulande verfügbaren Fläche orientiert.
5. *Eine tierleidfreie Ernährung fördern:* Die Bundesregierung sollte Anreize schaffen, den Konsum von tierischen Produkten wie Fleisch, Milch und Eiern zu drosseln. Sie sollte pflanzliche Alternativen fördern und sich dafür einsetzen, dass alternative Proteinquellen und Fleischersatzprodukte in der EU zugelassen werden.

Icon: Gerald Wildmoser

ausgebaut.[58] Für Landwirt:innen bedeutet dies unter Umständen erhebliche Investitionen, da konventionelle Warmställe in der Schweinehaltung sich nicht umbauen lassen, um den Tieren Kontakt zum Außenklima zu ermöglichen. Diejenigen, die ihre Tiere schon jetzt unter besseren Bedingungen halten, sind hingegen im Vorteil und können mit guten Absatzmöglichkeiten rechnen.

Tierschutzlabel »Für Mehr Tierschutz«

Die Absichtserklärung des LEH vom März 2021, den Anteil an Geflügelfleisch aus den beiden besten Stufen der Haltungsform (3 und 4) bis 2026 auf 20 Prozent zu steigern, machte sich 2021 bereits bemerkbar. Bisher fanden Geflügelhalter:innen, die nach den Kriterien des Tierschutzlabels[59] arbeiten wollten, häufig keine Absatzmöglichkeiten für ihre tiergerechteren, teureren Produkte. Doch im Laufe des Jahres hat sich das Blatt gewendet. Geflügelhalter:innen, die auf eine bessere Tierhaltung umstellen wollen, haben jetzt die Möglichkeit dazu, denn die Nachfrage des LEH steigt. In der Geschäftsstelle des Deutschen Tierschutzbundes gibt es bereits eine Warteliste, die nach und nach abgearbeitet wird. Die Ankündigungen des LEH, auch bei Schweine- und Rindfleisch auf bessere Haltungsnormen umzusteigen, wird eine ähnliche Sogwirkung haben. Wer seine Tierhaltung umstellen will, braucht Planungssicherheit und die kann ihm der LEH mit klaren Abnahmegarantien und langfristigen Verträgen geben. Der Markt bewegt sich aus Sicht des Tierschutzes in eine gute Richtung.

Mehr Nachfrage »Für Mehr Tierschutz«

Ausblick

Die neue Bundesregierung muss Verantwortung übernehmen – für den Schutz der Bevölkerung vor weiteren Zoonosen, für die Einhaltung der Pariser Klimaziele und für die Transformation der Agrar- und Ernährungswirtschaft. Sie muss den Umbau der tierhaltenden Landwirtschaft in die Wege leiten und dessen Finanzierung sicherstellen – aus Gründen des Tierschutzes, aus Umwelt-, Natur- und Klimaschutzgründen und auch, um die Zukunft der Landwirt:innen zu sichern. Die interessensübergreifende Geschlossenheit, mit der die Zukunftskommission Landwirtschaft – geleitet von der gemeinsamen Vision der Jugend – ihre Ergebnisse erarbeitet hat, lässt hoffen. Dieses Momentum muss die Politik nutzen und die Sache in den Mittelpunkt stellen. Die zentrale Botschaft lautet, den Konsum und die Produktion von tierischen Produkten zu senken.

Geschlossenheit lässt hoffen

Die Tierbestände in den Industriestaaten müssen deutlich verkleinert werden, darüber sind viele sich einig.[60] Indem er die steigende Nachfrage der Jugend nach Alternativen zu Fleisch, Milch und Eiern mit einer ganzen Palette pflanzenbasierter Produkte bedient, hat der deutsche LEH sich darauf bereits eingestellt.

Wissenschaftler:innen denken bereits weiter und junge Unternehmen setzen ihre Zukunftsideen in die Tat um. Im Dezember 2020 erhielt das US Startup *Eat Just* als weltweit erstes Unternehmen eine Zulassung für den Verkauf von kultiviertem Fleisch. Zellbasiertes Hühnerfleisch darf in Singapur nun als Zutat für Hähnchen-Nuggets verkauft werden. Längst wird darüber diskutiert, welche Auswirkungen diese Entwicklung für die landwirtschaftliche Tierhaltung haben wird.[61] Der Soziologe, Psychologe und Politikwissenschaftler Oliver Stengel spricht bereits – mit Blick auf die neuen Entwicklungen im Bereich der zellulären Landwirtschaft – vom sich abzeichnenden »Ende der Landwirtschaft«.[62]

Pflanzenbasierte Produkte …

Wenn sich im Lebensmittelbereich gar die solarbetriebene mikrobielle Produktion durchsetzt, geraten neben der industriellen Tierhaltung auch Pflanzenzucht und intensiver Ackerbau in die Defensive. Im Oktober 2021 hat die finnische Firma Solar Foods in der Nähe von Helsinki mit dem Bau einer Fabrik begonnen, in der Bakterien ab 2023 mit Hilfe von Wasserstoff, CO_2 aus der Luft und Sonnenenergie in großem Maßstab ein Protein herstellen sollen, das als Nahrungsergänzungsmittel dienen und Fleisch-, Ei- oder Milchprodukte ersetzen könnte. Sie wirbt damit, die Produktionsmethode sei überall auf der Welt einsetzbar.[63] Der Biologe, Autor und Kolumnist des britischen Guardian George Monbiot hält diese Entwicklung für sehr vielversprechend.[64] Die Zeit, in der Milliarden Hühner, Schweine, Rinder, Schafe und Puten in »hochentwickelten« Industriestaaten ihr Leben in tierschutzwidrigen industriellen Haltungssystemen verbringen müssen, könnte bald vorbei sein.

… und Laborfleisch auf dem Vormarsch

Anmerkungen

1 Rat für Nachhaltige Entwicklung: Konsequente Weichenstellung für ein nachhaltiges Ernährungssystem tut Not – Stellungnahme des Nachhaltigkeitsrats für den Staatssekretärsausschuss für nachhaltige Entwicklung am 8. Juni 2020.

2 »Umweltbundesamt: Deutsche sollen Fleischkonsum halbieren.« Meldung in ZEIT online vom 28. März 2021.

3 H. Grethe et al.: Klimaschutz im Agrar- und Ernährungssystem Deutschlands: Die drei zentralen Handlungsfelder auf dem Weg zur Klimaneutralität. Gutachten für die Stiftung Klimaneutralität. Berlin 2021 (www.stiftung-klima.de/app/uploads/2021/06/2021-06-01-Klimaneutralitaet_Landwirtschaft.pdf). Die Stiftung leitete daraus Eckpunkte für eine Klimawende in der Landwirtschaft ab (www.stiftung-klima.de/app/uploads/2021/06/2021-06-01-Klimawende-in-der-Landwirtschaft_1.1.pdf).

4 BMEL: Ernährungsreport 2021. Berlin 2021.

5 »Strafanzeige und Strafantrag wegen Tötung von über 56.000 Tieren ohne vernünftigen Grund in Alt Tellin/Mecklenburg-Vorpommern.« Pressemitteilung des Deutschen Tierschutzbundes vom 26. Mai 2021.

6 Weitere Informationen: www.un.org/en/food-systems-summit. Siehe hierzu auch den Beitrag von Lena Bassermann, Roman Herre und Stig Tanzmann in diesem Kritischen Agrarbericht (S. 111–116).

7 Act Now – Towards a net-zero future. The UN campaign for individual action (www.un.org/en/actnow).

8 Eurogroup for Animals: Protecting animals to protect the planet. Brussels 2021 (www.eurogroupforanimals.org/files/eurogroupforanimals/2021-10/Protecting%20animals%20to%20protect%20the%20planet%20-%20Final.pdf).

9 »World Federation for Animals: Launch of an exciting new global initiative." Press release of Eurogroup for Animals dated 5. February 2021 (www.eurogroupforanimals.org/news/world-federation-animals-launch-exciting-new-global-initiative und www.wfa.org).

10 Europäischer Rechnungshof: Gemeinsame Agrarpolitik und Klima: Landwirtschaft erhält Hälfte der Klimaschutzausgaben der EU, aber Emissionen gehen nicht zurück. Sonderbericht 16. Luxembourg 2021 (www.eca.europa.eu/de/Pages/DocItem.aspx?did=58913).

11 Impulse für eine nachhaltige deutsche und europäische Agrar- und Ernährungspolitik. Stellungnahme des Rates für Nachhaltige Entwicklung an die Bundesregierung zur Weiterentwicklung der Gemeinsamen Agrarpolitik (GAP) der Europäischen Union und deren nationaler Umsetzung vom 2. November 2020.

12 »Agrarreform: Jugendorganisationen üben zur Agrarreform weiteren Druck aus.« Meldung in topagrar online 1. Dezember 2020 (www.topagrar.com/management-und-politik/news/jugendorganisationen-ueben-zur-agrarreform-weiteren-druck-aus-12419416.html?utm_camp%E2%80%A6).

13 European Comission: Fitness check of the EU legislation on animal welfare of farmed animals (https://ec.europa.eu/food/system/files/2020-05/aw_fitness-check_roadmap.pdf).

14 Updating animal welfare legislation in the EU – Information from the Belgian, Danish, German, Dutch and Swedish delegations, Brussels, 5 October 2021. European Council 12512/21 AGRI 460 VETER 86 ANNEX (https://data.consilium.europa.eu/doc/document/ST-12512-2021-INIT/en/pdf und www.consilium.europa.eu/de/meetings/agrifish/2021/10/11-12/). Siehe auch den Anhang zum Schreiben der Regierungen Belgiens, Dänemarks, Deutschlands, der Niederlande und Schwedens an EU-Kommissarin Stella Kyriakides vom 14. September 2021: Position paper on a new EU legislative frame for animal welfare (15. July 2021) (https://data.consilium.europa.eu/doc/document/ST-12512-2021-INIT/en/pdf).

15 »European Commission announces historic commitment to ban cages for farmed animals.« Press release of Eurogroup for Animals dated 30. June 2021 (www.eurogroupforanimals.org/news/european-commission-announces-historic-commitment-ban-cages-farmed-animals).

16 European Parliament Policy Department for Citizens´ Rights and Constitutional Affairs, Directorate-General for Internal Policies: End the cage age: Looking for alternatives – Overview of alternatives to cage housing and the impact on animal welfare and other aspects of sustainability. PE 658.539. November 2020.

17 Eurogroup for Animals (siehe Anm. 15).

18 Wachtelbestände werden nicht zentral erfasst. Laut Mitteilung des Niedersächsischen Ministeriums für Ernährung, Landwirtschaft und Verbraucherschutz gab es allein in diesem Bundesland 2019 etwa 1.342 Wachtelbestände mit etwa 55.000 Tieren. »Bei dem weitaus größeren Teil dürfte es sich hierbei um Rassegeflügelzüchter handeln, die ihre Eier nicht kommerziell vermarkten.« (www.ml.niedersachsen.de/startseite/aktuelles/pressemitteilungen/wachtelhaltungsbetrieb-erfuellt-tierschutzrechtliche-anforderungen--176243.html).

19 »The new Animal Health Law: a Toolbox for Powerful Solutions.« Presse release of Eurogroup for Animals dated 21. April 2021 (www.eurogroupforanimals.org/news/new-animal-health-law-toolbox-powerful-solutions).

20 FAO, OIE und WHO: SARS-CoV-2 in animals used for fur farming: GLEWS+ risk assessment. 20. January 2021 (www.fao.org/3/cb3368en/cb3368en.pdf). – Siehe auch: EFSA Journal: Monitoring of SARS-CoV-2 infection in mustelids. 29. January 2021 (www.efsa.europa.eu/en/efsajournal/pub/6459).

21 Humane Society International Europe: Fur Farming, COVID-19 and Zoonotic Disease Risks, Updated 8th October 2021 (www.hsi.org/wp-content/uploads/2021/10/White-paper-on-fur-production-and-zoonotic-disease-FINAL-8Oct2021.pdf).

22 »Herkunft von SARS-COV-2 – Drosten: Plausibelste Quelle für Corona ist Pelzindustrie.« In. Frankfurter Rundschau vom 5. Juni 2021 (www.fr.de/wissen/drosten-plausibelste-quelle-fuer-corona-ist-pelzindustrie-zr-90790247.html). – Siehe auch World Health Summit Presseportal vom 25. Oktober 2021: COVID-19-Experte Drosten zu Pandemievorsorge: Forschung an Nutztieren und Zwischenwirten ist wichtig - Zweiter Tag des World Health Summit: Impfgerechtigkeit und Strategien für globale Gesundheit.

23 Empfehlungen des Kompetenznetzwerks Nutztierhaltung. 11. Februar 2020 (www.bmel.de/SharedDocs/Downloads/DE/_Tiere/Nutztiere/200211-empfehlung-kompetenznetzwerk-nutztierhaltung.pdf?__blob=publicationFile&v=3).

24 Kanzlei Redeker Sellner Dahs für das BMEL nach Beschlüssen des Deutschen Bundestages, der Agrarministerkonferenz der Bundesländer und des Kompetenznetzwerks Nutztierhaltung, im Auftrag der Bundesanstalt für Landwirtschaft und Ernährung (BLE): Machbarkeitsstudie zur rechtlichen und förderpolitischen Begleitung einer langfristigen Transformation der deutschen Nutztierhaltung. Berlin/Bonn/Kraainem/Herne 2021.

25 Entschließung des Bundesrates: Konzeption einer Finanzierungsstrategie inkl. einer Tierwohl-Abgabe als Teil der Nutztierstrategie des Bundes zum Umbau der landwirtschaftlichen Nutztierhaltung. 5. März 2021. Bundesrat Drucksache 105/21 (Beschluss) (www.bundesrat.de/SharedDocs/drucksachen/2021/0101-0200/105-21(B).pdf?__blob=publicationFile&v=1).

26 C. Deblitz et al.: Politikfolgenabschätzung zu den Vorschlägen des Kompetenznetzwerks Nutztierhaltung im März 2021. Thünen Working Paper 173. Braunschweig 2021.

27 Entschließung des Bundesrates vom 17. September 2021: Umbau der Nutztierhaltung für mehr Tierwohl, Umwelt- und Klimaschutz vorantreiben. Bundesrat Drucksache 544/21 (www.bundesrat.de/SharedDocs/drucksachen/2021/0501-0600/544-21(B).pdf?__blob=publicationFile&v=1).

28 »Tier- und Umweltschutzorganisationen kritisieren Verlauf des Kompetenznetzwerks Nutztierhaltung.« Pressemitteilung des Deutschen Tierschutzbundes vom 26. Mai 2021 (www.tierschutzbund.de/news-storage/landwirtschaft/260521-tier-und-umweltschutzorganisationen-kritisieren-verlauf-des-kompetenznetzwerks-nutztierhaltung). – Siehe auch Pro Vieh, Deutscher Tierschutzbund, Deutsche Umwelthilfe, Vier Pfoten: Gemeinsamer Offener Brief an den Vorsitzenden des Kompetenznetzwerks Nutztierhaltung Jochen Borchert, Bundesminister a.D., vom 25. Mai 2021.

29 Bundesrechnungshof: Bericht an den Haushaltsausschuss des Deutschen Bundestages nach § 88 Abs. 2 BHO zur Entwicklung und Markteinführung eines Tierwohlkennzeichens. Bonn 2021. – Siehe dazu auch: »Klatsche für Klöckner: Staatliches Tierwohlkennzeichen gescheitert.« Kommentar des Deutschen Tierschutzbundes vom 29. März 2021 (www.tierschutzbund.de/news-storage/landwirtschaft/290321-kommentar-klatsche-fuer-kloeckner-staatliches-tierwohlkennzeichen-gescheitert/).

30 Rat der Europäischen Union: Vermerk 13691/20: Schlussfolgerungen zu einem EU-weiten Tierschutzkennzeichen (https://data.consilium.europa.eu/doc/document/ST-13691-2020-INIT/de/). – »Klöckner: Europäisches Bekenntnis zu mehr Tierwohl und mehr Verbraucherorientierung.« Pressemitteilung des BMEL Nr. 256/2020 vom 15. Dezember 2020 (www.bmel.de/SharedDocs/Pressemitteilungen/DE/2020/256-agrarrat-tierwohlkennzeichen.html).

31 Greenpeace-Vorstand Martin Kaiser hatte sein Mandat im März 2020 niedergelegt. Er begründete seinen Schritt damit, dass die ZKL nicht das Mandat haben solle, die Bundesregierung auch im Hinblick auf die Verteilung der Agrarsubventionen im Zuge der Verhandlungen über die Gemeinsame Agrarpolitik der EU (GAP) politisch zu beraten (Interview mit Martin Kaiser: Weckruf gegen Ingnoranz, www.greenpeace.de/themen/landwirtschaft/weckruf-gegen-ignoranz).

32 Zukunftskommission Landwirtschaft. Eine gesamtgesellschaftliche Aufgabe. Empfehlungen der Zukunftskommission Landwirtschaft. Berlin 2021 (www.bmel.de/SharedDocs/Downloads/DE/_Tiere/Nutztiere/200211-empfehlung-kompetenznetzwerk-nutztierhaltung.pdf). – »Nachhaltigkeit zahlt sich für alle aus – Umbau des Agrar- und Ernährungssystems als gesamtgesellschaftliche Aufgabe.« Pressemeldung der Zukunftskommission Landwirtschaft vom 29. Juni 2021.

33 Gemeinsame Vision zur Zukunft der Landwirtschaft von BUNDjugend und Bund der Deutschen Landjugend (www.landjugend.de/fileadmin/Redaktion/Downloads/Positionen/2021_Zukunftsbild_BUND-jugend-BDL.PDF).

34 Siehe dazu auch die Kommentierung auf der Website der Universität Göttingen: »Dialogprozesse lohnen sich. Zum Ergebnis der Zukunftskommission Landwirtschaft aus Sicht der beteiligten Wissenschaftler:innen.« Gemeinsame Pressemitteilung zur Verabschiedung des Abschlussberichtes der Zukunftskommission Landwirtschaft durch die in der Kommission mitwirkenden Wissenschaftler:innen vom 30. Juni 2021 (www.uni-goettingen.de/de/document/download/7f86851f66ff9ac67d3f9d1308581bb6.pdf/30.06.2021_PM%20Wissenschaftlerinnen%20Dialogprozesse%20lohnen%20sich.pdf).

35 Im Einzelnen hält die ZKL zur Verbesserung des Tierwohls unter anderem Folgendes für nötig: Die Einführung von Tierschutz-Prüf- und Zulassungsverfahren für serienmäßig hergestellte Stallbausysteme und Schlachteinrichtungen; die konsequente Beendigung nicht kurativer Eingriffe; die Konkretisierung und Durchsetzung des Verbotes der Zucht, die zu Schmerzen, Leiden oder Schäden bei den Nachkommen führt (§ 11b Tierschutzgesetz); die Formulierung gesetzlicher Vorgaben für eine tierwohlgerechte Schlachtung und Durchsetzung bereits gültiger gesetzlicher Regeln; die Förderung und gesetzliche Regulierung tierschonenderer Produktions- und Schlachtverfahren und die Entwicklung und Umsetzung von Verfahren oder Produktionsketten, die den Transport lebender Tiere, insbesondere sehr junger Tiere, verringern oder überflüssig machen. Die Unterbindung von Tiertransporten aus Deutschland und der EU in Drittstaaten sei grundsätzlich anzustreben, um die Einhaltung der europarechtlichen Tierschutzstandards sicherzustellen. Siehe: Zukunftskommission Landwirtschaft: Abschlussbericht »Zukunft Landwirtschaft«. Berlin 2021, S. 110 f.

36 Rat für Nachhaltige Entwicklung: Offener Brief: Den Weg in eine nachhaltige Zukunft frei machen (www.nachhaltigkeitsrat.de/aktuelles/offener-brief-den-weg-in-eine-nachhaltige-zukunft-frei-machen/).

37 Gemeinsames Schreiben von AbL, BÖLW, BUND, DNR, Deutscher Tierschutzbund, NABU, Verbraucherzentrale Bundesverband und WWF an die Mitglieder der AG Landwirtschaft und Ernährung der Ampel-Koalitionsverhandlungen vom 2. November 2021: Maßnahmen für eine vielfältige und nachhaltige Landwirtschaft.

38 Siehe dazu auch den Beitrag von M. Goldschalt: Die Sau rauslassen. In: Der kritische Agrarbericht 2021, S. 282 ff.

39 Koordiniert wird das »Bundesprogramm zur Investitionsförderung für den Stallumbau zur Gewährleistung des Tierwohls in der Sauenhaltung« von der Bundesanstalt für Landwirtschaft und Ernährung (BLE) (www.ble.de/DE/Projektfoerderung/Foerderungen-Auftraege/Bundesprogramm_Stallumbau/Stallumbau_node.html).

40 Bundesgesetzblatt Jahrgang 2021 Teil I Nr. 34, ausgegeben zu Bonn am 25. Juni 2021.

41 Siehe dazu unter anderem H. Betz: Verpasste Chancen – Verlorenes Vertrauen. In: Der kritische Agrarbericht 2020, S. 256 f. Und dies.: Das Wissen ist da – die Politik muss handeln. In: Der kritische Agrarbericht 2021, S. 250 f.

42 Siehe beispielsweise Westfalen-Blatt Nr. 147 vom 28. Juni 2021: »Tiertransporte: NRW scheitert mit Plan eines Exportverbots«.

43 Entschließung des Bundesrates zum Verbot einer Beförderung von Tieren in bestimmte Drittstaaten vom 12. Februar 2021. Drucksache 755/20.

44 European Parliament Policy Department for Structural and Cohesion Policies Directorate-General for Internal Policies: Patterns of livestock transport in the EU and to third countries: Protection of animals during transport. PE 690.894. Brussels 2021.

45 »Irrfahrt auf dem Mittelmeer.« Meldung der Süddeutschen Zeitung vom 3. März 2021 (www.sueddeutsche.de/panorama/spanien-rinder-irrfahrt-mittelmeer-blauzungenkrankheit-1.5222688). Siehe auch: »Rindertötung auf Schiff in Spanien: Streit um die Tötung der 900 Rinder in Spanien – keine Blauzunge?« Meldung in agrarheute vom 5. März 2021 (www.agrarheute.com/management/recht/streit-um-toetung-900-rinder-spanien-keine-blauzunge-578843).

46 »Tierschützer fürchten Tod von 130.000 Schafen auf rumänischen Frachtern.« Meldung in Der Tagesspiegel vom 28. März 2021 (www.tagesspiegel.de/wirtschaft/stau-im-suezkanal-durch-ever-given-tierschuetzer-fuerchten-tod-von-130-000-schafen-auf-rumaenischen-frachtern/27046908.html).

47 »Ausstieg aus dem Kükentöten – In 2021 stellt REWE alle frischen Eier der Eigenmarken auf tierwohlfreundliche Praxis um.« Meldung REWE Media Center vom 10. Februar 2021.

48 ALDI Nord: Wir schaffen das Kükentöten ab (www.aldi-nord.de/unternehmen/verantwortung/lieferkette-food/tierwohl-bei-aldi-nord/ohne-kuekentoeten.html). – »100 Prozent geschafft: Alle Schaleneier bei ALDI ›ohne Kükentöten‹.« Pressemitteilung von ALDI Süd vom 2. November 2021 (www.aldi-sued.de/de/nachhaltigkeit/lieferkette/produktionsstandards/tierwohl/ohne-kuekentoeten.html).

49 Nähere Infos unter: www.initiative-lebenswert.de.

50 »EDEKA-Verbund stärkt Kükenschutz mit ›Initiative Lebenswert‹.« Pressemeldung der EDEKA ZENTRALE Stiftung & Co vom 25. Mai 2021.

51 Öffentliche Anhörung des Ausschusses für Ernährung und Landwirtschaft am Montag, 3. Mai 2021: Expertenurteile zum geplanten Verbot des Kükentötens (www.bundestag.de/dokumente/textarchiv/2021/kw18-pa-landwirtschaft-kuekentoeten-836188).

52 »Verbraucher lehnen Kükentöten ab und wünschen sich klare Informationen.« Pressemeldung Verbraucherzentale Bundesverband vom 18. März 2021 (www.verbraucherzentrale.de/aktuelle-meldungen/lebensmittel/verbraucher-lehnen-kuekentoeten-ab-und-wuenschen-sich-klare-informationen-58214).

53 »LEH und Deutscher Tierschutzbund: Stärkung einer tiergerechteren Geflügelfleischerzeugung.« Pressemeldung des Deutschen Tierschutzbundes vom 8. März 2021 (www.tierschutzbund.de/news-storage/landwirtschaft/080321-leh-und-deutscher-tierschutzbund-staerkung-einer-tiergerechteren-gefluegelfleischerzeugung/).

54 ALDI Nord und ALDI Süd: Positionspapier zum Haltungswechsel vom Oktober 2021.

55 REWE: Haltungsformen bei Frischfleisch (www.mediacenter.rewe.de/themen/haltungsformen-bei-frischfleisch).

56 »Vollständiger Verzicht auf Haltungsform 1 bei Schwein und Geflügel – Haltungsform 3 bereits 2019 bundesweit eingeführt.« Pressemitteilung von Kaufland vom 1. Juli 2021 (https://unternehmen.kaufland.de/presse/pressemitteilungen/pressemitteilungen-detail.y=2021.m=07.n=verzicht-haltungsform-eins.html).

57 »Lidl stellt Schweinefleisch auf Haltungsstufe 2 um.« Pressemitteilung von Lidl vom 1. Juli 2021 (https://unternehmen.lidl.de/pressreleases/2021/210701_schweinefleisch-haltungsstufe-2).

58 »EDEKA-Verbund baut Tierwohl-Sortiment aus.« Pressemittelung von EDEKA vom 31. August 2021 (https://verbund.edeka/presse/pressemeldungen/edeka-verbund-baut-tierwohl-sortiment-aus.html).

59 Nähere Infos unter www.tierschutzlabel.info.

60 Auch dem »Zielbild für die Landwirtschaft 2049« zufolge, das die Deutsche Agrarforschungsallianz (DAFA) entwickelt hat, wird es wesentlich weniger Nutztiere in Deutschland geben. Nachhaltigkeit wird demnach 2049 das vorrangige Ziel der Gesellschaft und Tierwohl der Nachhaltigkeit gleichgestellt sein. Tiere würden unter Berücksichtigung von Tierwohl und Umweltstandards sowie aufgrund einer gesetzlichen Flächenbindung an die Pflanzenproduktion fast überall in Deutschland gehalten. Zurzeit diskutieren die Wissenschaftler:innen noch darüber, welche Transformationspfade zum Ziel führen könnten (www.dafa.de/wp-content/uploads/Lesefassung-Zielbild-2049.pdf).

61 Siehe dazu auch: Abschlussbericht der Zukunftskommission Landwirtschaft vom 29. Juni 2021: Zukunft Landwirtschaft. Eine gesamtgesellschaftliche Aufgabe.

62 Oliver Stengel: Vom Ende der Landwirtschaft. Wie wir die Menschheit ernähren und die Wildnis zurückkehren lassen. Plädoyer für eine Postlandwirtschaftliche Revolution. München 2021.

63 Nähere Infos unter www.solarfoods.fi.

64 G. Monbiot: Saving our bacon. 10. January 2020 (www.monbiot.com/2020/01/10/saving-our-bacon/).

Dr. Heidrun Betz
Biologin, Redakteurin beim Deutschen Tierschutzbund e.V.

betz@tierschutzbund.de
www.tierschutzbund.de

Anita Idel

Impfen statt Keulen – für den Tier- und Artenschutz

Köderimpfstoffe für Wildschweine gegen die Afrikanische Schweinepest – statt Aufstallungsgebote und weitere hunderte Kilometer Zaun

Nach dem Ausbruch in Georgien 2007 erreichte die Afrikanische Schweinepest (ASP) 2011 die Ukraine und breitete sich weiter aus Richtung Westeuropa ebenso wie später nach Südostasien. Bis zum ersten Fall im September 2020 galten Ausbrüche der ASP bei Wildschweinen in Deutschland bereits seit über zehn Jahren als »nur eine Frage der Zeit«. Und internationale Experten der Schweinebranche postulierten, dass die ASP sich dann aufgrund der hiesigen hohen Wildschweindichte endemisch ausbreiten würde.

Die Erfahrung bestätigt das und zeigt zudem die Gefahr sprunghafter Ausbreitung: Die ASP kann über den direkten Kontakt durch Wildschweine hinaus *jederzeit* durch privaten oder beruflichen Verkehr und Handel *überallhin springen* und so anderswo in örtliche Wildschweinpopulationen eingetragen werden. Ein aktuelles Beispiel dafür ist der Ausbruch im Oktober 2021 in Sachsen.[1]

Wie die Klassische/Europäische Schweinepest (KSP/ESP) befällt die ASP nur Schweine, während deren virale Erreger im Magen-Darm-Trakt anderer Lebewesen (einschließlich des Menschen) unschädlich verdaut werden. Studien belegen zudem, dass Aas überwiegend vor Ort gefressen und nur wenig verschleppt wird.

Lange galt die ASP als hoch kontagiös (ansteckend), aber empfänglich sind vorrangig geschwächte Schweine und Kümmerer. Sie infizieren sich überwiegend durch direkten Kontakt mit Körperflüssigkeiten oder wenn sie Fleisch-/Wurstwaren infizierter Schweine fressen. Deshalb können achtlos weggeworfene Wurstbrote tatsächlich eine Rolle bei der Ausbreitung der Seuche spielen.

Seit 2011 veröffentlicht das Friedrich-Loeffler-Institut als das für die ASP zuständige nationale Referenzlabor Risikobewertungen, denen jeweils differenzierte Fragestellungen und Antworten zugrunde liegen. Aber da das Risiko für die exportorientierte deutsche Schweinefleischwirtschaft nicht gleich null ist, wird es in allen Fällen völlig unabhängig vom vorausgegangenen Differenzierungsgrad mit *hoch* bewertet: »Die Konsequenzen wären äußerst schwerwiegend, da Schweine großräumig getötet werden müssten und insbesondere durch die Einrichtung von Restriktionszonen massive wirtschaftliche Folgen zu erwarten sind (sowohl bzgl. Handel als auch zusätzlicher Tötungen von Tieren aus Tierschutzgründen und fehlender wirtschaftlicher Verwertbarkeit).«[2]

In keiner der Risikobewertungen wird die Setzung hinterfragt, wonach es wegen »fehlender wirtschaftlicher Verwertbarkeit« – über die infizierten Tiere in den betroffenen Betrieben in den Restriktionsgebieten und in Kontaktbeständen hinaus – zur Tötung zusätzlicher Tiere kommen müsste. Die ökonomischen Risiken und die Tierschutzrelevanz im Rahmen der für die Exportstrategie erforderlichen Überschussproduktion bleiben gänzlich ausgeklammert.

Impfen in Deutschland bislang kaum »Thema«
Ebenfalls nicht hinterfragt wird, dass Impfungen gegen die ASP (ebenso wie gegen die ESP) verboten sind: »Prophylactic vaccination and other treatments are still not available but would be strictly prohibited in the EU and other countries.«[3]

Über Jahrzehnte hielt die ESP die Länder mit intensiver Schweineproduktion in Atem. Als angehende Tierärzt:innen lernten wir in Westdeutschland im Studium in den 1980er-Jahren, einen Impfstoff könne man dagegen nicht entwickeln. Was wir nicht lernten: Bereits bevor die WTO ihre Arbeit aufnahm, womit insbesondere die USA massiv den Ausschluss von »Handelshemmnissen« forcierten, drängten diese zu ihrem eigenen Schutz via OIE (die Weltorganisation für Tiergesundheit: Office International des Epizooties) darauf, ein höchst wirksames Handelshemmnis zu implementieren: nämlich das Verbot, auf dem Weltmarkt Fleisch von Tieren zu handeln, die gegen die ESP oder die Maul- und Klauenseuche geimpft worden waren – Krankheiten, die auf dem nordamerikanischen Kontinent nicht vorkamen. Ausbrüche führten in den folgenden Jahren in Deutschland, Belgien, den Niederlanden dazu, dass Millionen Schweine gekeult wurden – infizierte Tiere, aber auch wegen »fehlender wirtschaftlicher Verwertbarkeit«, das nannte man damals »Marktbereinigung«.[4]

Bisher enthielt keine der Risikobewertungen des Friedrich-Loeffler-Instituts Informationen über den Stand der Entwicklung der ASP-Impfstoffe, sondern lediglich Satzbausteine wie »Ein Impfstoff ist nicht verfügbar«. Ein Land verliert seinen Status »ASP-frei« nicht nur durch Impfungen, sondern auch, wenn die ASP in einem Betrieb mit Hausschweinen ausbricht. Die landesweite Sperrung von Schweinen und Schweineprodukten für den Weltmarkt erfolgt dann unmittelbar durch die OIE.[5] Im November 2021 bestätigte Mecklenburg-Vorpommern, wo bis dahin keine Ausbrüche bei Wildschweinen bekannt waren, einen mit ASP infizierten Hauschweinebestand.

China, das größte Drittland für deutsches Schweinefleisch, hatte den Import bereits nach dem ersten ▸

bestätigten ASP-Ausbruch in Deutschland bei Wildschweinen (September 2020) gesperrt. Seitdem erfolgte der Export via Spanien, das nun seinerseits verstärkt auf den Weltmarkt exportiert(e). Diese Exportschiene war somit bereits etabliert, als ASP in Deutschland erstmals bei Hausschweinen ausbrach (Brandenburg, Juli 2021) und die OIE Deutschland für den Welt(Schweine-)markt sperrte.

Die exportorientierten Betriebe leiden unter dem globalen Preisverfall. Aber ausgerechnet den überhaupt nicht auf den Weltmarkt orientierten Betrieben mit Auslauf- oder Freilandhaltung droht durch Aufstallungsgebote das Aus. Obwohl solche Betriebe in Deutschland nach der Schweinehaltungshygieneverordnung alle über einen Doppelzaun verfügen und die Forschung seit Beginn der Ausbreitung 2007 keinen einzigen Nachweis dafür hergibt, wird für sie ein höheres Eintragsrisiko für die ASP postuliert.[6] Ob Borchert-Kommission oder Zukunftskommission Landwirtschaft – der gesellschaftlich gewollte notwendige Umbau der Tierhaltung (er-)fordert genau das: Ställe mit Zugang zu Außenklima, wie es für NEULAND-Betriebe und durch die EU-Bio-Verordnung schon lange vorgeschrieben ist.

Derweil bleibt die prophylaktische ASP-Bekämpfung unverändert auf zwei Säulen beschränkt: das *Töten* (Abschusspläne, damit Jäger:innen die Wildschweinbestände massiv reduzieren) kombiniert mit dem *Zaunbau*. Hunderte Kilometer entlang der polnischen und tschechischen Grenzen zur Abwehr von Wildschweinen nach Osten sowie rund um die Restriktionsgebiete, innerhalb derer die Wildschweine jeweils ausgerottet werden sollen. Einen Erfolg weist diese *stamping out policy* nicht auf: Neue Restriktionsgebiete entstehen und einige alte weiten sich aus.

Prophylaktische Köder-Impfungen für Wildschweine

ASP bundesweit zu beenden durch massive Bejagung und regionale Eradikation (Ausrottung) der Wildschweine bleibt in Deutschland eine Illusion. Aber die Interessengemeinschaft der Schweinehalter ISN fordert weiterhin, alle Auslauf- und Freilandschweine für 18 Monate aufzustallen.

Derweil steht eine Bewertung des auf *stamping out* und allumfassenden Zaunbau ausgerichteten ASP-Managements bisher völlig aus: Das betrifft jenseits veterinärmedizinischer und sozio-ökonomischer Aspekte eine dringend benötigte Folgenabschätzung der desaströsen Auswirkungen der Verzaunung für den Artenschutz.

Aufgrund der hohen wirtschaftlichen Bedeutung von Schweinefleisch auf dem Weltmarkt und der extremen Verluste durch die ASP – bisher vor allem in Südostasien – wird seit Jahren intensiv an (Köder-)Impfstoffen geforscht – auch am bundeseigenen Friedrich-Löffler-Institut. Einige befinden sich bereits in den USA und in China in der Zulassungspipeline.

Zahlreiche Jäger:innen und Förster:innen konstatieren eine endemische Ausbreitung der ASP und halten eine *flächendeckende prophylaktische Impfung* bei Wildschweinen für erforderlich. So soll eine Verbreitung unter ihnen durch weitere Einträge der ASP möglichst weitgehend verhindert und aus Artenschutzgründen die genetische Verarmung durch weitere Verinselung vieler Arten infolge des extremen Zaunbaus vermieden werden.[7] Damit verbunden ist die Schutzwirkung für die Hausschweine. Die Vorbereitungen dafür müssten *jetzt* beginnen, um nach einer Zulassung des Impfstoffs umgehend beginnen zu können.

Anmerkungen

1 »ASP in Deutschland: Zweiter Fall in der Mitte Sachsens«. Meldung agrarheute vom 25. Oktober 2021. Dort und beim FLI auch ein Überblick über weitere Fälle in Deutschland (www.agrarheute.com/markt/tiere/asp-deutschland-faelle-ueberblick-572954 und https://www.fli.de/de/aktuelles/tierseuchengeschehen/afrikanische-schweinepest/).
2 Es handelt sich hierbei um einen Standard-Textbaustein, der in den zahlreichen Risikobewertungen des Friedrich-Loeffler-Instituts jeweils *mehrfach* vorkommt.
3 S. Blome, K. Franzke and M. Beer: African swine fever – A review of current knowledge. In: Virus Research 287 (2020) 198099, p. 8. DOI: 10.1016/j.virusres.2020.198099.
4 L. Ganges et al.: Classical swine fever virus: the past, present and future. In: Virus Research 289 (2020) 198151, p. 2. DOI: 10.1016/j.virusres.2020.198151
5 Ebd., p. 1.
6 A. Idel: Studie zu Ansatzpunkten für weitere wissenschaftliche Studien zum Thema Vorsorge, Umgang und Bekämpfung der Afrikanischen Schweinepest (ASP) unter Berücksichtigung des gesellschaftlich gewollten Umbaus der Tierhaltung – im Auftrag des Ministeriums für Landwirtschaft, Umwelt und Klimaschutz in Brandenburg (2021) (https://schweisfurth-stiftung.de/wp-content/uploads/2021/11/Studie-ASP-Dr.-Anita-Idel-fin-17.05.2021.pdf).
7 Georg Schilli, Kreisjägermeister Ortenaukreis (2021): persönliche Mitteilung am 20. März 2021 und am 16. November 2021.

Foto: Katrin Denkewitz

Dr. Anita Idel
Tierärztin, Mediatorin, freie Wissenschaftlerin und Lehrbeauftragte an der FH Münster.

info@anita-idel.de

Nicht vorbildlich – nur schnell

Die nationale Ausgestaltung der GAP in Bezug auf den Tierschutz

von Thomas Schröder

Mit der Verabschiedung der Gesetze zur Umsetzung der europäischen Gemeinsamen Agrarpolitik ab 2023 (GAP) ist die deutsche Bundesregierung innerhalb der EU vorangeprescht. Weder den Abschluss der Trilog-Verhandlungen zur GAP noch die bereits angekündigten Empfehlungen der Zukunftskommission Landwirtschaft (ZKL), die sie gemeinsam mit Bundeskanzlerin Angela Merkel im September 2020 einberufen hatte, hat Bundeslandwirtschaftsministerin Julia Kloeckner abgewartet, bevor sie ihre Gesetzesvorschläge im Deutschen Bundestag einbrachte. Es hätte Möglichkeiten gegeben, das Leben der Tiere in landwirtschaftlichen Tierhaltungen mit politischen Maßnahmen deutlich zu verbessern, doch die damalige Bundesregierung hat sie nicht genutzt.

Während EU-Parlament, Kommission und Agrarrat im Rahmen der Verhandlungen zur Gemeinsamen Agrarpolitik (GAP) für die Förderperiode ab 2023 noch darüber stritten, wie viel Prozent der Direktzahlungen der EU den Mitgliedstaaten zukünftig für freiwillige Öko-Regelungen (Eco-Schemes) zur Verfügung stehen sollten, hatte Bundesministerin Julia Klöckner sich schon festgelegt. Im Juni 2021 legte sie den Abgeordneten des Bundestags ihre Vorschläge für die deutsche Agrarstrategie ab 2023 vor und bevor die Verhandlungspartner im europäischen Trilog sich Ende Juni geeinigt hatten, hatte der Bundesrat die gesetzliche Grundlage für Deutschland bereits endgültig bestätigt. Die finale Gesetzgebung der EU, die die Grundlage für die Agrarstrategiepläne der Mitgliedstaaten bilden soll, wurde erst Anfang Dezember 2021 verabschiedet.

Deutschland ist das einzige EU-Land, das sich derartig früh auf die nationale Ausgestaltung der GAP festgelegt hat. Hintergrund waren die für den 26. September 2021 anberaumten Wahlen zum Deutschen Bundestag. Da die Kommission die Mitgliedstaaten aufgefordert hatte, ihre nationalen Strategiepläne zur Umsetzung der GAP bis zum 1. Januar 2022 einzureichen, wäre es zeitlich knapp geworden. Doch eine Regierung, die erst kurze Zeit im Amt ist, hätte gegebenenfalls sicher die Möglichkeit, um eine Fristverlängerung zu bitten. Offensichtlich wollte die damals amtierende Bundesregierung es nicht ihrer Nachfolgerin überlassen, ambitioniertere Pläne zum Umbau der Agrarpolitik öffentlich zu diskutieren und zu verabschieden.

Zu Beginn der deutschen EU-Ratspräsidentschaft, im Sommer 2020, hatte die Bundesregierung noch darauf hingewiesen, es gebe enge Bezüge der GAP zur Farm-to-Fork-Strategie der Europäischen Kommission (»Vom Hof auf den Tisch«).[1] Dies zu verzahnen, ist letztlich gescheitert. Die Minister gingen weder den Ausstieg aus den Direktzahlungen an noch die Herausforderungen des Klimawandels, des Artensterbens und die gravierenden Probleme im Tierschutz. Das Zwei-Säulen-Modell der GAP, das große Betriebe bevorzugt, da die Auszahlung der Gelder aus der Ersten Säule an die Fläche gebunden ist, besteht weiter. Nur zu 25 Prozent können die Mitgliedstaaten die Auszahlung dieser Gelder an Bedingungen knüpfen, und welche freiwilligen Öko-Regelungen sie fördern möchten, bleibt ihnen selbst überlassen. Julia Klöckner verkaufte die mit ihren Amtskollegen verhandelte Positionierung zwar medienwirksam als »Agrarwende«. Doch eine Wende in der Agrarpolitik sähe anders aus. Für den Tierschutz sind die Pläne für die GAP ab 2023 ein Desaster – nicht nur auf europäischer, sondern vor allem auf nationaler Ebene.

Keine Wende in der Agrarpolitik

In ihren Empfehlungen für die Erstellung der nationalen Strategiepläne[2] hatte die EU-Kommission Deutschland Ende 2020 einen erheblichen Handlungsbedarf im Bereich Tierschutz bescheinigt und der Bundesregierung empfohlen, ehrgeizigere Maßnahmen zur Unterstützung der Landwirte und Landwirtinnen zur Verbesserung ihrer Tierhaltungsmethoden einzuführen, um ein höheres nationales Tierschutzniveau zu fördern. Dies war auch eine der Hauptforderungen des Deutschen Tierschutzbunds. Gemeinsam mit seinem europäischen Tierschutzdachverband, Eurogroup for Animals, und weiteren nationalen Tierschutzverbänden hatte er gefordert, Tierschutzmaßnahmen in die neu eingeführten, freiwilligen Öko-Regelungen aufzunehmen, um den Mitgliedstaaten die Möglichkeit zu geben, den Tierschutz auch durch Mittel aus der Ersten Säule der GAP zu finanzieren.

Doch obwohl der Bundeslandwirtschaftsministerin seit Anfang März 2020 die konkreten Empfehlungen des Kompetenznetzwerks Nutztierhaltung (Borchert-Kommission)[3] und die von der Bundesanstalt für Landwirtschaft (BLE) in Auftrag gegebene *Machbarkeitsstudie zur rechtlichen und förderpolitischen Begleitung einer langfristigen Transformation der deutschen Nutztierhaltung*[4] vorlagen, verpasste Deutschland die Gelegenheit, die richtigen Impulse zu setzen und innerhalb Europas eine Vorreiterrolle zu übernehmen.

Die Bundesregierung hätte durchaus die Möglichkeit gehabt, die Auszahlung der Subventionen aus der Ersten Säule an Bedingungen zu knüpfen, die das Leben unzähliger Tiere in der landwirtschaftlichen Haltung verbessert hätten. Eine Liste möglicher Maßnahmen, die für die Anwendung in den Öko-Regelungen infrage kämen, hatte die Europäische Kommission im Januar 2021 veröffentlicht.[5] Darunter auch folgende Vorschläge für Tierschutzmaßnahmen:

- Tierfreundliche Haltungsbedingungen (erhöhtes Platzangebot pro Tier, verbesserter Bodenbelag [z. B. täglich angebotene Stroheinstreu], freies Abferkeln, Bereitstellung einer angereicherten Umgebung [z. B. Wühlen für Schweine, Sitzstangen für Hühner, Nestbaumaterialien], Beschattung/Sprinkler/Belüftung zur Bewältigung von Hitzestress.
- Praktiken und Standards für die Tierhaltung, wie sie in den Richtlinien für den Ökologischen Landbau festgelegt sind.
- Zugang zu Weiden und Verlängerung der Weidezeit für Weidetiere bzw. die Bereitstellung eines regelmäßigen Zugangs zu Auslaufflächen.

Um die Zukunftsfähigkeit und gesellschaftliche Akzeptanz der Landwirtschaft in Deutschland zu sichern, müsste die Bundesregierung bei der Erstellung des Nationalen Strategieplans den Anforderungen des Tierschutzes eine zentrale und verbindliche Rolle zukommen lassen. Sie sollte sich dabei an den Vorschlägen der Kommission orientieren. In diesem Sinne hatte sich der Deutsche Tierschutzbund bereits im Februar 2021, anlässlich einer Sondersitzung der Agrarministerkonferenz (AMK), gemeinsam mit den Tierschutzorganisationen Vier Pfoten und ProVieh an die Vertreterinnen und Vertreter von Bund und Ländern gewandt.

Anfang März forderten wir Bundeslandwirtschaftsministerin Klöckner dazu auf, den Tierschutz als Maßnahme für beide Säulen zu verankern. Bei den vielfältigen Problemen in der Tierhaltung dürfe es in der GAP kein »Weiter so wie bisher« geben. Die Verantwortung für den Tierschutz weiterhin überwiegend den Bundesländern zu übertragen, könne nicht die Lösung sein – vor allem auch hinsichtlich des finanziellen Ungleichgewichts zwischen der Ersten und Zweiten Säule der GAP. Gleichzeitig appellierten wir an Susanne Mittag, tierschutzpolitische Sprecherin, und Dr. Matthias Miersch, stellvertretender Fraktionsvorsitzender (beide SPD), sich dafür einzusetzen, dass der Tierschutz umfassend und als Maßnahme für beide Säulen im Nationalen Strategieplan verankert wird. In unserer offiziellen Stellungnahme zum Entwurf eines GAP-Direktzahlungen-Gesetzes, um die das BMEL gebeten hatte, kritisierten wir im März 2021 vor allem, dass es im Referentenentwurf keine echten Anreize für Landwirte gab, verstärkt in den Tierschutz zu investieren. Laut Entwurf sollten nur die extensive Beweidung von Dauergrünland mit Schafen, Ziegen oder Mutterkühen als Öko-Regelung in der Ersten Säule förderungsfähig sein. Dass das BMEL trotz des noch nicht abgeschlossenen Trilogs auf EU-Ebene, und der damit fehlenden Rechtsgrundlage, schon so bedeutende Aspekte wie konkrete Öko-Regelungen und die Höhe der Umschichtung von der Ersten in die Zweite Säule festlegen wollte, erstaunte uns sehr. Immerhin wies das BMEL darauf hin, dass es die Möglichkeit gebe, weitere Öko-Regelungen zu definieren. Wir erinnerten daher erneut an die von der Kommission veröffentlichte Liste mit denkbaren Öko-Regelungen für den Tierschutz.

Mehr statt weniger Tierschutz gefordert

Ende März 2021 legte die AMK eine Positionierung zu den Gesetzesentwürfen des BMEL auf den Tisch, die wir nur als »durchwachsen« bezeichnen konnten. Nachdem der BMEL Gesetzesvorschlag sehr enttäuschend ausgefallen war, schlug die AMK immerhin einige punktuelle Verbesserungen vor: Ambitioniertere Pläne zur Umschichtung von Geldern aus der Ersten in die Zweite Säule und ein Budget für freiwillige Öko-Regelungen von 25 Prozent der Direktzahlungen. Wir hatten die AMK zuvor aufgefordert, sich dem Vorschlag des EU-Parlaments anzuschließen und – mit der Möglichkeit zu einer weiteren Erhöhung – ein Budget von 30 Prozent der Direktzahlungen für Öko-Regelungen festzulegen.

Dass die einzige bis dato vom BMEL vorgeschlagene tierschutzrelevante Öko-Regelung, die Weideprämie, schließlich sogar gestrichen wurde, war ein harter Schlag. Wir hätten uns nicht weniger, sondern *mehr* förderungsfähige Tierschutzleistungen gewünscht. Die Bundesländer schlugen zwar vor, die Frage ob und unter welchen Umständen eine Weidetierhaltung doch noch aus Mitteln der Ersten Säule förderungsfähig sein könnte, in Arbeitsgruppen erörtern zu lassen. Letztlich ist die Prämie jedoch am Widerstand der Union gescheitert.[6]

Angeführt von der Bundeslandwirtschaftsministerin griff die Bundesregierung im Juni 2021 schließlich den Brüsseler Entscheidungen vor. Ohne die Ergebnisse des Trilogs abzuwarten, legte sie dem Deutschen Bundestag ein ganzes Paket von Gesetzesänderungen vor. Dass diese kein großer Erfolg sind, zeigte das Abstimmungsverhalten der Parteien: Das Gesetz zur Durchführung der im Rahmen der Gemeinsamen Agrarpolitik finanzierten Direktzahlungen (GAP-Direktzahlungen-Gesetz – GAPDZG) wurde mit einer Mehrheit der Stimmen von CDU/CSU und SPD gegen die Stimmen der Fraktionen der AfD und Bündnis 90/Die Grünen bei Stimmenthaltung der FDP und der Partei Die Linke verabschiedet.[7]

Die Tatsache, dass die Bundesregierung keine konkreten Tierschutzmaßnahmen in ihre Öko-Regelungen aufgenommen hat, ist besonders enttäuschend. Als einzige durch die Erste Säule geförderte Maßnahme konnte – gegen den Widerstand der CDU/CSU – immerhin die Wiedereinführung einer gekoppelten Tierprämie für Mutterschafe und -ziegen sowie für Mutterkühe durchgesetzt werden. Den Mangel an finanziellen Zuwendungen für den Tierschutz aus der Ersten Säule wird das allerdings nicht kompensieren.

Der Tierschutz, der in Deutschland Staatsziel ist, wird somit weiterhin vor allem aus Mitteln der Zweiten Säule der GAP gefördert werden, die gegenüber der Ersten Säule völlig unterfinanziert ist. Daran wird auch die Tatsache nichts ändern, dass ab 2023 zehn Prozent und bis zum Jahr 2026 insgesamt 15 Prozent der Zahlungen, die Deutschland aus dem Europäischen Landwirtschaftsfonds erhält, von der Ersten in die Zweite Säule umgeschichtet werden sollen.[8] Mit dem GAP-Konditionalitäten-Gesetz (GAPKondG) knüpft die Bundesregierung die Auszahlung der Direktzahlungen zwar an Maßnahmen, die dem Natur-, Umwelt-, Klima- und Artenschutz zugutekommen sollen. Maßnahmen, die das Leben der Millionen Hühner, Puten, Schweine und Rinder in der landwirtschaftlichen Tierhaltung verbessern würden, können hierzulande jedoch – wie bisher – nur im Rahmen von Artikel 33 der Europäischen Verordnung zur Förderung der ländlichen Entwicklung durch den Europäischen Landwirtschaftsfonds für die Entwicklung des ländlichen Raums (ELER)[9], durch die Ko-Finanzierung der Bundesländer für den Stallumbau oder auf Grundlage von lokalen Regelungen gefördert werden. Bayern beispielsweise fördert Landwirte und Landwirtinnen, die aus der Anbindehaltung aussteigen möchten.

»Geschenk an die Agrarindustrie«

Auch auf europäischer Ebene sind die Ergebnisse der Ende Juni abgeschlossenen Trilog-Verhandlungen[10] für den Tierschutz unbefriedigend. Parlament, Rat und Kommission haben sich letztlich zwar darauf geeinigt, dass die Mitgliedstaaten nicht nur 20, sondern 25 Prozent der Direktzahlungen für freiwillige Öko-Regelungen bereitstellen und dass diese jeweils zwei der Bereiche Umwelt-, Klimaschutz; Biodiversität oder Tierschutz abdecken sollen. Das Zwei-Säulen-System bleibt aber bestehen. Der Großteil der Gelder geht daraufhin weiterhin in die Direktzahlungen und an diejenigen Betriebe, die die größten Flächen nachweisen können. Bundeslandwirtschaftsministerin Klöckner argumentierte zwar, ein Systemwandel sei erreicht worden,[11] und betonte, zukünftig solle jeder Euro Fördergeld aus Brüssel an Umwelt-, Biodiversitäts- und Klimaauflagen geknüpft sein.[12] Doch die Vorgaben der Konditionalität entsprechen lediglich dem aktuellen gesetzlichen Standard. Der agrarpolitische Sprecher der Fraktion Die Grünen im EU-Parlament, Martin Häusling, bezeichnete den nach dreijährigen Verhandlungen im Trilog ausgehandelten Kompromiss zur GAP ab 2023 daher auch als »Geschenk an die Agrarindustrie«.[13] Wer soll da in Jubel ausbrechen?

Mit dem Green Deal und der ambitionierten Farm-to-Fork-Strategie der Kommission sind die Vereinbarungen zur GAP, denen der Rat nach Abschluss des Trilogs am 28. Juni 2021 schließlich zustimmte, nicht vereinbar. Dabei hatte das EU Parlament schon 2020 Anträge vorgelegt, die zumindest teilweise eine Vereinbarkeit mit den Green-Deal-Zielen rechtlich verankert hätten.[14] Auch EU-Landwirtschaftskommissar Janusz Wojciechowski hatte an die Mitgliedstaaten appelliert, einige der Forderungen der Farm-to-Fork-Strategie – beispielsweise die Halbierung des Pflanzenschutzmitteleinsatzes und die Ausweitung der ökologischen Anbaufläche auf 25 Prozent der landwirtschaftlichen Nutzfläche bis 2030 – in den Nationalen Strategieplänen zur GAP zu verankern.[15]

Wir hätten uns in diesem Zusammenhang unter anderem noch Vorgaben zur Reduzierung der Tierbestände, zur Reduktion des Pestizideinsatzes und des Antibiotikagebrauchs in der Tierhaltung sowie eine Stärkung der pflanzlichen Ernährung gewünscht. Kritikern zufolge sind der Green Deal und die Farm-to-Fork-Strategie der EU-Kommission bisher nur unverbindliche Strategiepapiere, auf die man sich bei der Gesetzgebung zur GAP nicht beziehen könne.

Zu Jahresbeginn 2022 muss die EU-Kommission sich mit den Strategieplänen der Mitgliedstaaten befassen. Sie kann die von Deutschland vorgelegten Pläne ablehnen und Nachbesserungen fordern.

Ausblick

Eine Agrarwende sähe definitiv anders aus. Weder in Deutschland noch im Rest Europas wird über diese neue GAP ersichtlich mehr Tierschutz finanziert und umgesetzt werden. Inwiefern andere Mitgliedstaaten die Chance ergreifen, freiwillige Tierschutzmaßnahmen ihrer Landwirte in stärkerem Maße zu fördern, bleibt abzuwarten. Deutschland jedenfalls hat den Spielraum, der sich geboten hat, nicht genutzt.

Es wird die Aufgabe der neuen Bundesregierung sein, geeignete Instrumente für die Transformation der Landwirtschaft zu erarbeiten. Die Zukunftskommission Landwirtschaft, in der ich als eines von 31 Mitgliedern und Vertreter des Deutschen Tierschutzbundes mitwirken konnte, empfiehlt in ihrem einstimmig verabschiedeten Abschlussbericht unter anderem, dass die Direktzahlungen der EU »im Laufe der nächsten zwei Förderperioden schrittweise und vollständig in Zahlungen umgewandelt werden, die konkrete Leistungen im Sinne gesellschaftlicher Ziele betriebswirtschaftlich attraktiv werden lassen«.[16] Als Deutscher Tierschutzbund werden wir alles daran setzen, sicherzustellen, dass die neue Bundesregierung sich an diesen Empfehlungen orientiert und eine wirkliche Wende in der Agrarpolitik vollzieht. Dazu gehört es auch, mit den finanziellen Mitteln der GAP und sonstiger Fördertöpfe diejenigen Landwirte und Landwirtinnen zu unterstützen, die sowohl im Sinne des Tierschutzes als auch des Gemeinwohls wirtschaften und eine tier-, natur- und umweltschonende Form der Tierhaltung betreiben. Nur eine solche Form von landwirtschaftlicher Tierhaltung wird – bei reduzierten Tierbeständen – den Klimaschutzzielen gerecht und auf Dauer von der Gesellschaft akzeptiert werden. Es wird sicher noch Diskussionen im Detail geben, aber die Richtung ist geklärt – und es darf kein Zaudern und Bremsen mehr geben.

Anmerkungen

1 Gemeinsam. Europa wieder stark machen. Programm der deutschen EU-Ratspräsidentschaft 1. Juli bis 31. Dezember 2020 (www.eu2020.de/blob/2360246/d0e7b758973f0b1f56e74730bf-daf99d/pdf-programm-de-data.pdf).

2 European Commission: Commission recomendations for Germany's GAP strategic plan. Brussels 18.December 2020 (SWD[2020] 373 final) (https://ec.europa.eu/info/sites/default/files/food-farming-fisheries/key_policies/documents/cap-strategic-plans-c2020-846-swd-de_en.pdf).

3 Empfehlungen des Kompetenznetzwerks Nutztierhaltung, 11. Februar 2020 (www.bmel.de/SharedDocs/Downloads/DE/_Tiere/Nutztiere/200211-empfehlung-kompetenznetzwerk-nutztierhaltung.pdf;jsessionid=CC0479CFC5BEFDD80BE15133FEDC6D7A.live851?__blob=publicationFile&v=3)

4 Kanzlei Redeker Sellner Dahs für das BMEL nach Beschlüssen des Deutschen Bundestages, der Agrarministerkonferenz der Bundesländer und des Kompetenznetzwerks Nutztierhaltung, im Auftrag der Bundesanstalt für Landwirtschaft und Ernährung (BLE): Machbarkeitsstudie zur rechtlichen und förderpolitischen Begleitung einer langfristigen Transformation der deutschen Nutztierhaltung. Berlin, Bonn, Kraainem, Herne 1. März 2021.

Folgerungen & Forderungen

- 2021 hat die damals amtierende Bundesregierung die Möglichkeiten der GAP nicht ausgeschöpft, Landwirte zu unterstützen, die im Sinne, des Tier-, Natur- und Umweltschutzes – und damit des Gemeinwohls – wirtschaften. Tierschutzmaßnahmen können hierzulande daher nach wie vor nur aus Mitteln der völlig unterfinanzierten Zweiten Säule der GAP gefördert werden.
- Der Tierschutz ist im Grundgesetz als Staatsziel verankert. Die im September 2021 neu gewählte Bundesregierung muss die deutsche Gesetzgebung zur Umsetzung der Gemeinsamen Agrarpolitik der EU für den Zeitraum 2023 bis 2026 daher nachbessern.
- Es braucht eigenständige Tierschutzpfade und -etats, die über die Ausweitung des Ökologischen Landbaus und die Förderung von Grünland oder Stallbaumaßnahmen als Anhängsel anderer Politikfelder deutlich hinausgehen.
- Auf nationaler Eben sollte die neue Bundesregierung es ermöglichen, Maßnahmen, die den Tierschutz verbessern, auch über Direktzahlungen aus Mitteln der Ersten Säule zu fördern. Die Vorschläge der EU-Kommission, im Rahmen der freiwilligen Öko-Regelungen (Eco-Schemes) auch Tierschutzmaßnahmen einzuführen, können dafür eine erste Grundlage sein.
- Auf europäischer Ebene – und anschließend auf nationaler Ebene – muss das Zwei-Säulen-Modell der GAP, entsprechend den Empfehlungen der Zukunftskommission Landwirtschaft, in ein Fördersystem überführt werden, das konkrete Leistungen im Sinne gesellschaftlicher Ziele betriebswirtschaftlich attraktiv werden lässt.

5 European Comission: List of potential AGRICULTURAL PRACTICES that ECO-SCHEMES could support. Brussels January 2021 (https://ec.europa.eu/info/sites/default/files/food-farming-fisheries/key_policies/documents/factsheet-agri-practices-under-ecoscheme_en.pdf).

6 Siehe unter anderem J. Koch: GAP – Nachteile für Grünland- und Biobetriebe. In: Bayerisches Landwirtschaftliches Wochenblatt vom 11. Juni 2021 (www.wochenblatt-dlv.de/politik/gap-nachteile-fuer-gruenland-biobetriebe-565621).

7 Deutscher Bundestag: Gemeinsame Agrarpolitik der EU soll reformiert werden. Berlin 20. Mai 2021 (www.bundestag.de/dokumente/textarchiv/2021/kw20-de-direktzahlungen-landwirtschaft-840224).

8 Gesetz zur Durchführung der im Rahmen der Gemeinsamen Agrarpolitik finanzierten Direktzahlungen (GAP-Direktzahlungen-Gesetz – GAPDZG vom 16. Juli 2021), Bundesgesetzblatt Jahrgang 2021 Teil I Nr. 46, ausgegeben zu Bonn am 22. Juli 2021.

9 Verordnung (EU) Nr. 1305/2013 des Europäischen Parlaments und des Rates vom 17. Dezember 2013 über die Förderung der ländlichen Entwicklung durch den Europäischen Landwirtschaftsfonds für die Entwicklung des ländlichen Raums (ELER) und zur Aufhebung der Verordnung (EG) Nr. 1698/2005.

10 Bundesrat: Plenarprotokoll der 1006. Sitzung am 25. Juni 2021 (www.bundesrat.de/DE/plenum/bundesrat-kompakt/21/1006/1006-node.html).

11 Statement Bundesministerin Klöckner zur Trilog-Einigung zur GAP. Pressemitteilung des Bundeslandwirtschaftsministeriums vom 25. Juni 2021 (www.bmel.de/SharedDocs/Meldungen/DE/Presse/2021/210625-gap.html).

12 Siehe unter anderem: »Stärkere Förderung kleinerer Betriebe – Honorierung von Umweltleistungen – bessere Unterstützung von Junglandwirten. Bundesministerin Julia Klöckner legt Entwurf für nationale Umsetzung der Gemeinsamen Agrarpolitik Europas vor.« Pressemitteilung des Bundeslandwirtschaftsministeriums (BMEL) Nr. 29 vom 1. März 2021 (www.bmel.de/SharedDocs/Pressemitteilungen/DE/2021/29-gap.html).

13 »Ein Geschenk an die Agrarindustrie! Briefing zu den Ergebnissen der GAP-Verhandlungen«. Pressemitteilung von Martin Häusling am 2. Juni 2021 (www.martin-haeusling.eu/images/210701_Briefing_H%C3%A4usling_Ergebnis_GAP_Verhandlungen_final.pdf).

14 T. A. Friedrich: GAP-Reform nicht von Farm to Fork und Biodiversität abkoppeln. In: TopAgrar online vom 15. Oktober 2020 (www.topagrar.com/management-und-politik/news/gap-reform-nicht-von-farm-to-fork-und-biodiversitaet-abkoppeln-12377728.html).

15 N. Lehmann: Krach um die Farm-to-Fork-Strategie. In: agrarheute vom 23. März 2021 (www.agrarheute.com/politik/krach-bruessel-um-farm-to-fork-strategie-579467).

16 Zukunftskommission Landwirtschaft: Zukunft Landwirtschaft. Eine gesamtgesellschaftliche Aufgabe, Rangsdorf 2021, S. 7 (www.bmu.de/fileadmin/Daten_BMU/Download_PDF/Bodenschutz/zkl_abschlussbericht_bf.pdf).

Thomas Schröder
Präsident Deutscher Tierschutzbund e.V.

www.tierschutzbund.de

Kälber im Überfluss – überflüssige Kälber?

Kälber als Nebenprodukt der Milchproduktion

von Frigga Wirths

Seit Jahren besteht ein Überangebot an Kälbern aus Milchviehbetrieben. Es führt zu einem derartigen Preisverfall, dass Landwirte ihre Kälber nicht vermarkten können und sie teilweise an Viehhändler verschenken. Der Überschuss an Kälbern besteht sowohl bei Biobetrieben als auch bei konventionellen Milchviehhaltern. Eine unmittelbare Folge der fehlenden Nachfrage sind erhebliche Tierschutzprobleme, die inzwischen auch in der Öffentlichkeit wahrgenommen werden. Kälber von Milchkühen sind offensichtlich Produkte, für die es derzeit keinen Markt gibt. Einzelne Landwirte haben für ihre Betriebe Lösungen gefunden, aber damit werden die Ursachen der Überproduktion nicht behoben. Dafür wären grundlegende Änderungen des Systems der Milcherzeugung und der Rinderhaltung notwendig.

Die Erzeugerpreise für Milch in der konventionellen Vermarktung schwanken hierzulande seit einigen Jahren um die 30 Cent-Marke. Sie sind damit so niedrig, dass vielen Landwirten eine kostendeckende Milcherzeugung nicht möglich ist und die Intensivierung der Milcherzeugung voranschreitet. Es gibt in Deutschland nur noch 58.000 Milchviehbetriebe. 40 Prozent der Betriebe haben in den letzten zehn Jahren die Milchproduktion aufgegeben. Andere Betriebe versuchen wettbewerbsfähig zu bleiben, indem sie ihre Herden aufstocken. 1995 lag die durchschnittliche Herdengröße bei 27 Kühen, 2020 bei 68 Tieren. Angestiegen ist auch die Milchleistung pro Kuh. Durchschnittlich liefert eine Milchkuh momentan 8.457 Liter Milch im Jahr.[1] Auch Kühe mit einer derartig hohen Milchleistung bringen jedes Jahr ein Kalb auf die Welt, allerdings hat das für sie häufig gesundheitliche Beeinträchtigungen zur Folge. Kranke Tiere werden aus Kostengründen oft nicht mehr tierärztlich versorgt. Milchkühe haben nur noch eine kurze Lebenserwartung von durchschnittlich fünf Jahren.[2]

Nebenprodukt Kalb

Als Nebenprodukt der Milcherzeugung werden jährlich etwa vier Millionen Kälber auf Milchviehbetrieben geboren – zu viele Kälber, für die kein Markt besteht. Sie sind ohne wirtschaftlichen Wert. Das betrifft auch die Kälber von Biobetrieben. Circa ein Drittel der auf einem Milchviehbetrieb geborenen Kälber wird für die Bestandserneuerung als zukünftige Milchkuh aufgezogen. Die restlichen weiblichen und die männlichen Tiere werden oft schon im Alter von zwei Wochen an Mastbetriebe verkauft.

Etwa 60 Prozent der Milchkühe gehören der Milchrasse Holstein-Frisian an.[3] Die Kälber dieser schlanken, für die Milcherzeugung gezüchteten Tiere sind aufgrund ihrer Genetik nicht gut für die Mast geeignet. Sie sind schwer zu vermarkten, die Viehhändler zahlen für diese Tiere teilweise nur noch Cent-Beträge. Ihre Aufzucht kostet mehr als die Einnahmen durch ihren Verkauf, selbst dann, wenn die Kälber gesund sind und keine Behandlung einer Krankheit notwendig ist. Etwas günstiger ist die Situation für den Verkauf von Kälbern der Zweinutzungsrassen wie Fleckvieh oder der Kreuzungen mit Fleischrassen. Für sie zahlen Mäster höhere Preise: 150 Euro und mehr für ein Kalb.

Abgesehen davon, dass es ein Überangebot an Kälbern aus Milchviehbetrieben gibt, konkurrieren diese Kälber auch noch mit denen aus der Mutterkuhhaltung, die für die Fleischerzeugung gezüchtet wurden und für die Mast entsprechend geeigneter sind. Im Mai 2021 wurden in Deutschland 625.533 Mutterkühe der Fleischrassen mit ihren Kälbern gehalten.[4] Mutterkühe und deren Kälber leben meist im Herdenverband mit Weidehaltung und damit unter tiergerechten Bedingungen.

Milchviehbetriebe versuchen, die Kosten, die durch die Aufzucht der Holstein-Kälber entstehen, möglichst gering zu halten, denn diese Ausgaben werden durch den Verkaufserlös nicht gedeckt. Die niedrigen Preise führen zu erheblichen Tierschutzproblemen, die im Folgenden aufgezeigt werden.

Mangelhafte Haltung

Die Haltung von Kälbern bis zum sechsten Lebensmonat ist in der Tierschutz-Nutztierhaltungsverordnung (TierSchNutztV) geregelt.[5] Außerdem gibt es für die Landwirte viele Empfehlungen zu Geburt und Kälberaufzucht. In der Praxis werden Kälber jedoch oft weder nach den Anforderungen der Verordnung noch der Guten fachlichen Praxis gehalten und gefüttert. Infolgedessen ist die Mortalitätsrate hoch.

Kälber benötigen in den ersten Stunden ihres Lebens die spezielle Milch mit einem hohen Anteil an Abwehrstoffen, die eine Kuh direkt nach der Geburt eines Kalbes bildet (Biestmilch oder Kolostrum). In der darauf folgenden, etwa zwölf Wochen dauernden Aufzuchtphase brauchen die jungen Tiere Milch oder Milchaustauscher aus Milchpulver. Danach sind sie alt genug, um sich ohne Milch, allein mit pflanzlicher Nahrung, zu ernähren. Die Versorgung der Kälber mit Milch ist teuer und arbeitsaufwendig. In großen Betrieben ist die Betreuung tendenziell schlechter. Es fehlt an guten Arbeitskräften oder diese werden für andere Tätigkeiten im Betrieb eingesetzt. Die Betreuung der Kälber wird vernachlässigt. Wird Kuhmilch getränkt, reduziert sich die Menge der Milch, die an die Molkerei verkauft werden kann. Milchaustauscher wird in verschiedenen Qualitäten angeboten. Je hochwertiger – und nahrhafter für das Kalb – ein Produkt ist, desto teurer ist es. Als Folge erhalten die Kälber in vielen Betrieben zu wenig Milch oder Milchaustauscher oder der Milchaustauscher ist von geringer Qualität.

Der PraeRi-Studie aus dem Jahr 2020 zufolge ist die Versorgung der Kälber mit Milch nur in einem Drittel der Betriebe ausreichend. In Bayern sogar nur in 20 Prozent der Betriebe, obwohl dort nur wenige Holstein-Kühe gehalten werden und Fleckviehkälber einen höheren wirtschaftlichen Wert haben als die Holsteins. Männliche Kälber werden schlechter versorgt als weibliche. Neben dem Mangel an täglicher Versorgung mit Milch ist auch die Dauer der Fütterung mit Milch bis zum Absetzen in vielen konventionellen Betrieben kürzer als die empfohlenen zwölf bis 13 Wochen.[6] Kälber erhalten zu wenig Milch, obwohl Tiere, die in ihren ersten Lebenswochen viel an Gewicht zunehmen, erfahrungsgemäß gesünder sind, in ihrem späteren Leben als Kuh mehr Milch geben und eine längere Nutzungsdauer haben.[7] Viele Kälber sind also nicht ausreichend genährt und anfällig für Krankheiten.

Neben der Fütterung ist auch die Wasserversorgung problematisch, vor allem in den Sommermonaten. Laut TierSchNutztV müssen Kälber, die älter als zwei Wochen sind, immer Zugang zu Wasser haben. In zehn bis 29 Prozent der Betriebe, die an der PraeRi-Studie teilnahmen, war das nicht der Fall.

Üblicherweise werden Kuh und Kalb direkt nach der Geburt oder wenige Tage später getrennt. Die Kälber werden häufig während der ersten Lebenswochen in Einzelboxen untergebracht. Zu einer tiergerechten Haltung gehört, dass Kälber früh Kontakt zu anderen Kälbern haben, denn Kontakt zu Artgenossen wirkt sich für die Ausbildung des arttypischen Verhaltens positiv aus. Gemäß der TierSchNutztV darf man Kälber jedoch bis zur achten Lebenswoche einzeln halten. Erst danach ist die Haltung in Gruppen vorgeschrieben. Im Biobereich müssen die Kälber ab der zweiten Woche Kontakt zueinander haben.

Häufig ist auch die Unterbringung der Kälber ungenügend. Es fehlt an Einstreu und anstelle einer Liegefläche mit sauberer und trockener Einstreu steht den Tieren einen harter und feuchter Ruhebereich zur Verfügung. In der PraeRi-Studie hatten die Kälber nur auf jedem zweiten Betrieb eine trockene Liegefläche. Kälber auf Vollspaltenboden ohne Liegebereich zu halten, ist laut TierSchNutztV ab der dritten Lebenswoche zulässig. Besonders ältere Kälber werden oft so gehalten. Im Biobereich ist Vollspaltenboden nie erlaubt.

Auch die Witterungsbedingungen finden in der Praxis nicht immer genügend Berücksichtigung, so dass es im Winter zu kalt und im Sommer zu heiß ist.

Das Tierschutzgesetz (TierSchG) erlaubt es immer noch, Kälbern in den ersten sechs Lebenswochen die Hornanlagen mit einem Brennstab zu entfernen. Zwischen vier und neun Prozent der Betriebe führen das laut PraeRi-Studie ohne Gabe eines Schmerzmittels durch. Der Eingriff ist äußerst schmerzhaft, wenn er ohne Anästhesie und Schmerzmittelgabe vorgenommen wird. Außerdem wird das Immunsystem dadurch geschwächt. Aus diesen Gründen ist das Veröden der Hornanlage im Biobereich nur im Ausnahmefall erlaubt und muss dann unter Lokalanästhesie und Schmerzmittelgabe durchgeführt werden.

Hohe Verlustraten

All diese Mängel in der Aufzucht begünstigen Erkrankungen der Kälber und erhöhte Mortalitäten. Ein erheblicher Teil der Kälber wird tot geboren, stirbt kurz nach der Geburt oder in den ersten Wochen danach. Die Rate an Totgeburten und Kälberverlusten zusammen liegt zwischen zehn und 20 Prozent.[8] Bei einer angenommenen Totgeburts- und Mortalitätsrate von 15 Prozent sind das etwa 600.000 Kälber im Jahr.

Diese Sterblichkeitsraten entsprechen nicht einer unvermeidbaren, »normalen« Mortalität bei der Gattung Rind. Mutterkühe, die meistens ohne Hilfe durch den Menschen abkalben, haben eine geringere Kälbersterblichkeit als Milchkühe. In einer Studie lagen die Kälberverluste bei Milchkühen bei 10,5 Prozent, bei Mutterkühen waren es 7,1 Prozent.[9]

Die hohe Mortalitätsrate hat mehrere Ursachen. Ein entscheidender Faktor, warum der Geburt und der Aufzucht der Kälber oft wenig Aufmerksamkeit geschenkt wird, ist der geringe wirtschaftliche Wert der Kälber der Milchrassen.

Totgeburten

Als Totgeburten werden in der HIT-Datenbank[10] diejenigen Kälber erfasst, die tot geboren wurden oder in den ersten 48 Stunden nach der Geburt verstorben sind. Geburten finden häufig nachts statt und oft unterbleibt die Geburtshilfe – vor allem bei den Milchviehrassen und in Großbetrieben. Es wird seltener Geburtshilfe geleistet und Kaiserschnitte werden seltener vorgenommen als früher.[11] Schwergeburten werden somit spät erkannt. Sie können den Tod des Kalbes zur Folge haben. Bei Färsen sind die Totgeburtenraten mit etwa zehn Prozent besonders hoch im Vergleich zu der von Kühen, die bei etwa sechs Prozent liegt.[12] Neben Komplikationen bei der Geburt selber ist oft auch die mangelnde Versorgung der Kälber mit Kolostrum (Biestmilch) ein Faktor, der zu Kälberverlusten führt. Im Gegensatz zu Mutterkühen, die im Herdenverband leben, fehlt besonders den Färsen der Milchviehbetriebe auch die Erfahrung, dass sie das Kalb ablecken müssen und dass es am Euter trinken muss, um zu überleben. Erfolgt keine Hilfe durch den Menschen, sterben diese Kälber.

Nur in den ersten Stunden nach der Geburt enthält die Biestmilch der Kühe die für das Neugeborene lebenswichtigen Abwehrstoffe und nur während dieses Zeitraums können diese die Darmschleimhaut passieren. Bereits nach sechs Stunden kann nur noch die Hälfte der körpereigenen Eiweiße (Immunglobuline), die für die Abwehr wichtig sind, absorbiert werden. Deswegen schreibt die TierSchNutztV vor, dass ein Kalb in den ersten vier Stunden nach der Geburt Biestmilch erhalten muss. Wenn die Geburt unbeaufsichtigt erfolgt, nehmen etwa 50 Prozent der Kälber zu wenig Kolostrum auf.[13] Eine Studie ergab zudem, dass etwa ein Viertel der toten Kälber, die in einer Tierkörperbeseitigungsanlage untersucht wurden, kein Kolostrum erhalten hatten.[14]

Mangelnde Geburtshygiene ist ein weiterer Faktor für Totgeburten. Nicht alle Kälber werden in einem sauberen Abkalbestall geboren. Vielfach bekommen die Kühe ihre Kälber im Stall auf dem Spaltenboden. Der hohe Keimgehalt dieser ungeeigneten Umgebung begünstigt eine Erkrankung des Neugeborenen. Zudem besteht das Risiko, dass das Kalb durch andere Kühe oder die im Stall eingesetzten technischen Geräte, zum Beispiel den Mistschieber, verletzt wird. Abgesehen davon sind die Geburtsüberwachung und Geburtshilfe in einer Abkalbebox wesentlich besser durchzuführen als im Stall.

Kälbersterblichkeit während der Aufzuchtphase

Kälber versterben nicht nur während und kurz nach der Geburt, sondern auch zu späteren Zeitpunkten. Da sie erst ab dem siebten Lebenstag in der HIT-Datenbank angemeldet werden müssen, entsteht eine Lücke in der Erfassung toter Tiere zwischen dem dritten und siebten Tag. Diese Tiere werden oft nicht gesondert aufgeführt, sondern zu den Totgeburten gerechnet. Damit werden die Zahlen zu den tatsächlichen Verlusten in den ersten Lebenstagen der Tiere verfälscht. Im Gegensatz zu einer hohen Mortalitätsrate wird eine hohe Totgeburtenrate bei Kälbern gerne von Betrieben und Beratern als schicksalshaft und unvermeidbar dargestellt, als sei der Landwirt dafür nicht verantwortlich.

Ist die Versorgung und Unterbringung der Kälber unzureichend, sind sie sehr krankheitsanfällig. Sie erkranken in den ersten Wochen besonders häufig an Durchfällen, Atemwegserkrankungen und Nabelentzündungen. Die Erkrankungen werden zum Teil nicht oder zu spät bemerkt. Pflege und Behandlung unterbleiben manchmal bewusst aus wirtschaftlichen Gründen. Kranke Kälber werden nicht behandelt und nicht in einer Krankenbox untergebracht. So gehen viele Erkrankungen tödlich aus. Ein großer Teil der Kälber stirbt durch mangelnde Fürsorge.

Unter den Kälbern, denen im Krankheitsfall eine Behandlung verweigert wurde, sind der PraeRi-Studie zufolge männliche Kälber der Milchrassen besonders oft betroffen. Zwei bis sieben Prozent der Betriebe räumten dort ein, die Bullenkälber weniger gut zu versorgen. Im Norden Deutschlands, wo hauptsächlich Holstein- Kühe gehalten werden, bestätigten das sieben Prozent der Betriebe. In Bayern, mit einem hohen Anteil an Fleckviehkühen, gibt es der Studie nach keinen Unterschied in der Betreuung der Geschlechter; Fleckviehkälber haben einen höheren wirtschaftlichen Wert als die Artgenossen der Milchrassen.

Exporte von Kälbern

Männliche Kälber und die weiblichen, die nicht für die Nachzucht benötigt werden, verlassen den Milchviehbetrieb sehr früh. Sie werden verkauft, um gemästet zu werden. Bereits ab einem Alter von 14 Tagen dürfen Kälber transportiert werden, auch über lange Strecken. Voraussichtlich im Herbst 2022 soll das Mindestalter auf 28 Tage heraufgesetzt werden. 680.000 Kälber im Jahr werden aus Deutschland ins Ausland verkauft, die meisten in die Niederlande, nach Spanien und Italien.[15] Der Transport bedeutet für die Kälber Angst und Stress. Sie können auf dem Transporter nicht mit Milch versorgt werden, sodass sie an Hunger und Durst leiden. Hinzu kommen die Belastungen durch Kälte oder Hitze, da die Transporte laut Tierschutz-Transport-Verordnung (TierSchTrV)[16] bei Temperaturen zwischen fünf und 30 Grad Celsius erlaubt sind.

Am Zielort werden sie unter Bedingungen gemästet, die in Deutschland nicht zulässig sind. Für die Kälbermast ist in Deutschland ein höherer Eisengehalt im Futter vorgeschrieben, sodass die Tiere weniger anämisch sind und ihr Fleisch weniger weiß ist als das der im Ausland gemästeten Tiere. Ein Teil des im Ausland produzierten Kalbfleisches wird zurück nach Deutschland importiert. In jüngster Zeit ist in den Niederlanden die Nachfrage nach deutschen Kälbern, vor allem nach Kälbern der Milchrassen, zurückgegangen. Kommt es zu Exportbeschränkungen, beispielsweise aufgrund von Bestimmungen, die die Verbreitung von Tierkrankheiten wie die Blauzungenkrankheit verhindern sollen, verschärft sich das Überangebot in Deutschland.

Ein Teil der Tiere wird gemästet, um dann zur Schlachtung in ein Drittland exportiert zu werden, beispielsweise nach Ägypten. Die Transporte und die Schlachtmethoden in Drittländern außerhalb Europas sind mit extremen Tierschutzproblemen verbunden. – Exporte sind jedenfalls keine Lösung, um den Überfluss an Kälbern in Deutschland abzubauen.

Folgerungen & Forderungen

- Die Kälberhaltung in Deutschland entspricht in großen Teilen nicht den Vorgaben der Tierschutzgesetzgebung.
- Das hat primär wirtschaftliche Gründe, da es vor allem für Kälber von Milchkühen in Deutschland keinen Markt gibt.
- Anstelle reiner Milchrassen sollten daher verstärkt Zweinutzungsrassen zum Einsatz kommen.
- Das Fleisch von Kälbern, die in Deutschland unter tiergerechten Bedingungen geboren, gemästet und geschlachtet wurden, müsste als solches stärker beworben und verkauft werden.
- Importiertes Fleisch aus anderen EU-Ländern oder Südamerika sollte hierzulande nicht angeboten werden.
- Landwirte und Landwirtinnen müssen für Milch und Fleisch faire Preise erhalten, sodass sie trotz der notwendigen Abstockung ihrer Herden ein gutes Einkommen haben. Hierbei spielt die Vermarktung eine zentrale Rolle.

Welche Alternativen gibt es?

Alle Kälber müssen von ihrer Geburt an mindestens den Vorgaben der TierSchNutztV und den Empfehlungen der Guten fachlichen Praxis entsprechend versorgt werden. Sie müssen ausreichend gefüttert und getränkt werden, Kontakt zu Artgenossen und eine eingestreute, trockene und saubere Liegefläche haben und sie dürfen nicht unter Witterungseinflüssen leiden. Kranke Tiere müssen behandelt werden. Wirtschaftliche Gründe dürfen kein Argument dafür sein, Tiere nicht angemessen zu versorgen. Das Ziel müssen geringe Totgeburten- und Mortalitätsraten sein. Außerdem dürfen Kälber, die noch Milch benötigen, nicht länger als acht Stunden transportiert werden.

Wenn die Kälberverluste niedrig wären und man auf Exporte verzichtet, würde das zunächst das Problem des Kälberüberschusses vergrößern. Deswegen sind weitere Maßnahmen notwendig, die zeitgleich vorgenommen werden müssen und ineinander greifen. Sie werden zu einer grundsätzlichen Änderung der Milchproduktion führen.

Damit weniger Kälber geboren werden, muss die Anzahl der Kühe reduziert werden. Abgesehen davon ist zu hinterfragen, ob es ethisch zu rechtfertigen ist, einerseits Mutterkühe (Fleischrassen) und andererseits Milchkühe zu züchten und zu halten. Anstelle von reinen Milchrassen sollten Zweinutzugsrassen gehalten werden. Diese Kälber sind als Masttiere geeigneter und haben deswegen wirtschaftlich einen höheren Wert.

Seit einigen Jahren suchen immer mehr Milchbauern und -bäuerinnen nach Alternativen zum Verkauf ihrer Kälber, vor allem der Bullenkälber. Meistens sind es Kälber der Zweinutzungsrassen, die sie auf dem Betrieb aufziehen, mästen und regional vermarkten.[17] Teilweise betreiben sie dabei kuhgebundene Kälberaufzucht. Dieses Verfahren, »Bruderkälber« aufzuziehen und deren Fleisch zu vermarkten, ist noch eine Nische, die ausgebaut werden sollte.

Manche Betriebe wählen eine andere Möglichkeit, die Anzahl der geborenen Kälber zu reduzieren. Sie vergrößern die Abstände, in denen eine Kuh kalbt. Die Kühe haben eine längere Zeitspanne, um sich nach der Geburt zu erholen und das wirkt sich positiv auf ihre Gesundheit aus. Erheblichen Einfluss haben bei all dem entsprechende Maßnahmen vonseiten der Vermarktung.

Das Thema im Kritischen Agrarbericht

- Stefanie Pöpken: Mehr Zeit zu zweit. Erfahrungen mit mutter- und ammengebundener Kälberaufzucht. In: Der kritische Agrarbericht 2020, S. 284–288.
- Franziska Hagen: Tiere als »Abfall«. Die unsichtbaren Folgen des Wachstumsstrebens in der Tierhaltung. In: Der kritische Agrarbericht 2016, S. 246–250.
- Irene Wiegand: Ein kurzes Leben. Kälberhaltung in Deutschland und der EU – Aktuelle Probleme aus Sicht des Tierschutzes: In: Der kritische Agrarbericht 2014, S. 241–244.

Anmerkungen

1 Destatis: Milchleistung je Kuh in Deutschland in den Jahren 1900 bis 2020 (https://de.statista.com/statistik/daten/studie/153061/umfrage/durchschnittlicher-milchertrag-je-kuh-in-deutschland-seit-2000/).
2 Antwort der Bundesregierung auf die Kleine Anfrage [...] Drucksache 19/9368: Abgangsraten und Todesfälle von Milchkühen in Deutschland vom 29. April 2019 (BT-Drucksache 19/9753) (https://dserver.bundestag.de/btd/19/097/1909753.pdf).
3 Thünen-Institut: Steckbriefe zur Tierhaltung in Deutschland: Milchkühe. Braunschweig 2020 (www.thuenen.de/media/ti-themenfelder/Nutztierhaltung_und_Aquakultur/Haltungsverfahren_in_Deutschland/Milchviehhaltung/Steckbrief_Milchkuehe_2020.pdf).
4 Destatis: Tiere und tierische Erzeugung: Haltung mit Rindern und Rinderbestand für November 2020 und Mai 2021 (www.destatis.de/DE/Themen/Branchen-Unternehmen/Landwirtschaft-Forstwirtschaft-Fischerei/Tiere-Tierische-Erzeugung/Tabellen/betriebe-rinder-bestand.html).
5 Verordnung zum Schutz landwirtschaftlicher Nutztiere und anderer zur Erzeugung tierischer Produkte gehaltener Tiere bei ihrer Haltung (Tierschutz-Nutztierhaltungsverordnung - TierSchNutztV) (www.gesetze-im-internet.de/tierschnutztv/BJNR275800001.html).
6 M. Hoedemaker, Tierärztliche Hochschule Hannover: Tiergesundheit, Hygiene und Biosicherheit in deutschen Milchkuhbetrieben – eine Prävalenzstudie (PraeRi). Abschlussbericht PraeRi (FKZ 2814HO06-008), Hannover 2020 (https://ibei.tiho-hannover.de/praeri/uploads/report/Abschlussbericht_komplett_2020_06_30_korr_2020_10_22.pdf).
7 Deutsche Gesellschaft für Züchtungskunde (DHFZ) (Hrsg.): Positionspapier der DGFZ-Projektgruppe »Zukunft gesunde Milchkuh«: Zukunftsfähige Konzepte für die Zucht und Haltung von Milchvieh im Sinne von Tierschutz, Ökologie und Ökonomie. Bonn 2020 (www.dgfz-bonn.de/services/files/stellungnahmen/Strategiepapier_Zukunft%20gesunde%20Milchkuh_FINAL%202020%20%282%29.pdf).
8 DLG-Standard Milchviehhaltung. Prüf- und Durchführungsbestimmungen. Frankfurt am Main 2020 (www.dlg-tierwohl.de/fileadmin/img/kriterien/Pruefbestimmungen_DLG-Standard_Milchviehhaltung.pdf).
9 Wilfried Hopp: Umfang und Ursachen der frühen Kälberverluste. Wege zur Wahrheit. Vortrag auf dem Stendaler Symposium 2019.
10 Herkunftssicherungs- und Informationssystem für Tiere (www.hi-tier.de).
11 L. Bittner: Berlin Brandenburgischer Rindertag, DVG Rindertagung, Vortrag 17. Oktober 2020.
12 Siehe unter anderem: Landeskontrollverband für Leistungs- und Qualitätsprüfung Sachsen-Anhalt (LKV): Jahresbericht 2019. Halle/Saale 2019.
13 Niedersächsisches Ministerium für Ernährung, Landwirtschaft und Verbraucherschutz: Leitfaden für eine optimierte Kälberaufzucht. Hannover 2015 (file:///Users/ms/Downloads/Leitfaden_Kaelber_Online.pdf).
14 Hopp (siehe Anm. 9).
15 AMI Markt Bilanz Vieh und Fleisch. Bonn 2021.
16 Verordnung zum Schutz von Tieren beim Transport und zur Durchführung der Verordnung (EG) Nr. 1/2005 des Rates1)2) – Tierschutztransportverordnung (www.juris.de/jportal/portal/page/homerl.psml/screen/FcJWPDFScreen?doc.id=BJNR037500009).
17 Siehe hierzu auch den Beitrag von Kristina Schmalor in diesem Kritischen Agrarbericht (S. 171–177).

Frigga Wirths
Tierärztin und M. Sc. Nutztierwissenschaften,
Fachreferentin beim
Deutschen Tierschutzbund e.V.

frigga.wirths@tierschutzakademie.de

◉ *Schwerpunkt »Preis Werte Lebensmittel«*

Preis – Werte – Fische

Tierschutzprobleme bei der Fischzucht in Aquakulturen

von Katrin Pichl

Die Fischereiindustrie verursacht sowohl erhebliches Tierleid als auch enorme Umweltschäden. Dennoch hat sich in den vergangenen drei Jahrzehnten der weltweite Konsum von Meerestieren mehr als verdoppelt. Vor diesem Hintergrund plant die Europäische Union (EU), den Ausbau von Aquakulturanlagen deutlich voranzutreiben – wobei fraglich ist, ob dies mit dem Anliegen der EU, in Zukunft Tier, Natur und Umwelt stärker als bisher zu schützen, vereinbar ist. So müssten unter anderem die individuellen, essenziellen Bedürfnisse der Tierarten, die in Aquakulturen gehalten werden, stärker als bisher berücksichtigt werden. Der folgende Beitrag analysiert kritisch diese Entwicklung und stellt die grundsätzliche Frage nach Ernährungsalternativen: Anstatt weitere Millionen schmerz- und leidensfähige Lebewesen unter oftmals nicht tiergerechten Bedingungen in Aquakulturanlagen zu züchten und zu mästen, sollten diejenigen Länder, deren Bevölkerung auf den Verzehr von Fischereierzeugnissen nicht angewiesen ist, sowohl den Anbau als auch die Nutzung pflanzlicher Proteinquellen forcieren.

In den letzten 30 Jahren stieg der weltweite Konsum von Meerestieren um 122 Prozent an.[1] Zöge man allein die Tierzahl in Betracht, so würden Fische wohl zu den am häufigsten verspeisten Spezies auf der ganzen Welt zählen. Da die Summe der Individuen sich jedoch jeglicher Vorstellungskraft entzieht, wird der Geldwert im Handel pro Tonne angegeben. Auf deutschen Tellern landen jährlich rund 14 Kilogramm Fischereierzeugnisse – dazu gehören neben Fischen auch Krebs- und Weichtiere wie Krabben oder Garnelen.[2] Gekauft werden diese vor allem bei Discountern. Im Gegensatz zum Verzehr anderer tierischer Produkte, wird der Verzehr von Fisch bislang mit einem gesunden Lebensstil verknüpft. So empfiehlt auch die Deutsche Gesellschaft für Ernährung den Verzehr von wöchentlich mindestens ein bis zwei Portionen Fisch, um den Bedarf an hochwertigem Protein und essenziellen Fettsäuren zu decken.

Um dem wachsenden Fischhunger gerecht zu werden, wird die Aquakultur seit Jahrzehnten als nachhaltige Alternative zum Meeresfischfang und zur landwirtschaftlichen Tierhaltung beworben. Aktuell verfolgt die EU-Kommission mit ihrer Strategie »Vom Hof auf den Tisch« *(farm to fork)* das Ziel, diesen höchst diversen Sektor auf EU-Ebene nachhaltiger auszubauen und den Fischverzehr weiter anzukurbeln.[3] Auch mit ihren jüngst überarbeiteten *Strategischen Leitlinien für eine nachhaltigere und wettbewerbsfähigere Aquakultur in der EU für den Zeitraum 2021–2030*[4] strebt die Kommission ein Wachstum dieses Industriezweigs an (siehe Kasten). Auf einem Planeten, der Tag für Tag um seine schwindenden Ressourcen kämpft, stellt sich die Frage, ob es sinnvoll ist, dieses Wachstum anzustreben und ob das Ziel überhaupt zu erreichen wäre.

Die globale Nachfrage nach Fisch und Fischereierzeugnissen wächst Jahr für Jahr und das, obwohl die marinen Ökosysteme weltweit stark bedroht sind und sich in einem mehr als besorgniserregenden Zustand befinden. Abgesehen von den Auswirkungen des Klimawandels und den 13 Millionen Tonnen Plastikmüll, die jährlich in den Meeren landen, sind laut Angaben der Welternährungsorganisation FAO 58 Prozent der weltweiten Fischbestände bereits an ihrer Belastungsgrenze angelangt, mehr als 30 Prozent sind überfischt.[5] Studien zufolge nimmt die registrierte, industrielle Fischerei mittlerweile mehr als 55 Prozent aller Weltmeere ein – mit mehr als 200 Millionen Quadratkilometern etwa vier Mal so viel Fläche wie die Lebensmittelproduktion an Land mit 50 Millionen Quadratkilometern.[6] Die illegale, ungemeldete und nicht regulierte Fischerei (IUU-Fischerei) ist dabei noch nicht einmal berücksichtigt. Durch das hohe Beifangrisiko vieler Fangmethoden oder verloren gegangener Geisternetze sind neben den sinkenden Fischbeständen auch Millionen Meeresvögel, Haie, Schildkröten, Delfine und andere Meerestiere in Gefahr. Nicht zuletzt zerstört der Fischfang mit Grundschleppnetzen die Meeresböden. Er setzt damit laut Schätzungen einer US-amerikanischen Studie mehr CO_2 frei als die Luftfahrt.[7]

Die Aquakultur gilt in der Politik und Wirtschaft als Hoffnungsträger. Sie erscheint den Verantwortlichen als nachhaltige Lösung, um zur Erholung der unter enormem Stress stehenden Meere und Ozeane beizutragen und die wachsende Bevölkerung zugleich mit tierischem Protein zu versorgen. Die Aquakultur ist deshalb auch der am schnellsten wachsende Lebensmittelsektor weltweit. Laut FAO deckt sie bereits die Hälfte des globalen Fischkonsums.

Die zahlreichen Methoden der Aquakultur müssen dabei differenziert betrachtet werden. Unter den Begriff fällt der extensive, ökologische Karpfenteich in Bayern genauso wie die hochtechnisierte Garnelenzucht-Kreislaufanlage in Mecklenburg-Vorpommern oder die Netzanlage für Zuchtlachse in den freien Gewässern Norwegens. Da die Techniken und gehaltenen Spezies enorm divers sind, haben Verbraucherinnen und Verbraucher in der Regel geringe Kenntnisse über die Tierhaltung und die Produktionsverfahren und letztlich auch über tierschutzrelevante und umweltschädigende Aspekte, die damit einhergehen können. In der Wissenschaft gibt es bislang für nicht einmal ein Viertel der mehr als 400 in Aquakultur gehaltenen Arten genügend Studien, die sich mit den Bedürfnissen der Tiere auseinandersetzen.[8]

In Deutschland sind Aquakulturbetriebe rar und die Anzahl der Betriebe verringert sich Jahr um Jahr. Die EU trägt laut FAO zur weltweiten Aquakulturproduktion weniger als zwei Prozent bei. Somit stammen die hierzulande verspeisten Fischereierzeugnisse zu 90 Prozent aus dem Import. Die größte Aquakulturnation ist China. Das Land, in dem völlig andere oder gar keine Tierschutzstandards gelten, produziert rund 62 Prozent aller globalen Fischereierzeugnisse.[9]

Als eines der wichtigsten Argumente für die Aquakultur wird angeführt, sie schone viele Ressourcen. Fische sind im Vergleich zu warmblütigen Landwirbeltieren effizientere Futterverwerter. Sie stoßen kaum klimawirksame Gase aus und beanspruchen scheinbar wenig Raum. Aspekte wie der Wasserverbrauch, der Platzbedarf, die haltungsbedingten Umweltauswirkungen oder die Verwendung von Antibiotika und anderen Chemikalien unterscheiden sich jedoch je nach Haltung enorm und diese müssen in puncto Nachhaltigkeit ebenfalls in Betracht gezogen werden.

Zwei wichtige Ressourcen, die keineswegs geschont werden und unter anderem den beliebtesten Speisefisch der Deutschen, den Lachs, betreffen, sollen nachfolgend näher beleuchtet werden.

Aquakultur-Leitlinien der EU

Die EU-Kommission hat am 12. Mai 2021 für den Zeitraum 2021 bis 2030 aktualisierte »Strategischen Leitlinien für eine nachhaltigere und wettbewerbsfähigere Aquakultur in der EU« verabschiedet, die sich in die Ziele des europäischen Green Deals und der Farm-to-Fork-Strategie (»Vom Hof auf den Tisch«) einbetten. Diese Leitlinien zielen darauf ab, den Sektor wettbewerbsfähig und nachhaltiger auszubauen und die Abhängigkeit vom Import aus Ländern außerhalb der EU zu reduzieren. Die überarbeiteten Leitlinien enthalten im Gegensatz zum Entwurf aus dem Jahr 2013 erstmals einen Abschnitt mit wichtigen Tierschutzaspekten für Fische in Aquakulturen – beispielsweise Hinweise zur Anwendung von Tierschutzindikatoren und Praxisleitfäden zum Betäuben und Töten einiger der gehaltenen Spezies. Die EU-Kommission wird im Rahmen ihrer ökologischen Gesetzgebung auch die ökologische Aquakultur fördern. Aus Tierschutzsicht sind das wichtige Entwicklungen, da bisher rechtlich bindende Vorgaben zur Haltung von Fischen in Aquakulturen fehlen.

Wildfisch in Pelletform

Die Produktion und der Einsatz von Fischmehl und Fischöl (kurz: FMFO) ist weltweit eine der wichtigsten Industrien für die Lebensmittelproduktion. Etwa ein Viertel aller Wildfische werden zu FMFO verarbeitet – d.h.: etwa jeder vierte Fisch aus dem Meer.[10] Rund vier bis fünf Kilogramm Fischrohmaterial werden zu einem Kilogramm Fischmehl reduziert. Dieses wird in der Fischmast eingesetzt, aber auch in der Schweine- und Geflügelfütterung, im Heimtierbereich oder als Nahrungsergänzungsmittel. Im Jahr 2020/2021 rechnete das Landwirtschaftsministerium der Vereinigten Staaten (USDA) mit einer weltweiten Produktionsmenge von Fischmehl in Höhe von rund 4,87 Millionen Tonnen.[11]

Die Erzeugung von FMFO ist eine stark globalisierte Industrie, deren Handelswege sich nur schwer rückverfolgen lassen. Die Hauptproduzenten sind Peru, China, südostasiatische und westafrikanische Länder, aber auch das nördliche Europa. Die größten Konsumenten sind China (mit einem Anteil von 42 Prozent), Japan (8,7 Prozent), Norwegen (8,3 Prozent) und Deutschland (7,2 Prozent).[12]

Insbesondere die Aquakultur von Arten, die sich überwiegend von tierischen Quellen ernähren (karnivore Spezies wie der Atlantische Lachs oder auch Garnelen), ist von der Verfütterung von FMFO stark abhängig. Doch auch Arten, die alles fressen (omnivore) und solche, die sich rein pflanzlich ernähren (herbivore Spezies) erhalten zu Mastzwecken ebenfalls mit FMFO ergänztes Futter. Expertinnen und Experten schätzen, dass für die Verfütterung an Tiere in Aquakulturen jährlich mehr als eine Trillionen (10^{18}) Meerestiere sterben.[13]

In den letzten Jahren ist der Anteil an FMFO im Fischfutter deutlich gesunken, es werden andere Proteinquellen eingesetzt. Neben Soja, das häufig aus nicht nachhaltigem Anbau aus südamerikanischen Wäldern stammt, ist auch die Verwendung von Algen, Bakterien oder Insekten auf dem Vormarsch. Der weltweit größte, norwegische Fischfutterproduzent Skretting produziert Tiermehl aus den Larven der Schwarzen Soldatenfliege und plant, die Herstellung von Insektenmehl zu expandieren.[14] Trotzdem gibt es keine Entwarnung: Schätzungen zufolge, soll sich die Aquakulturproduktion in den nächsten Jahrzehnten mehr als verdoppeln und von rund 60 Millionen Tonnen (Stand 2010) auf 140 Millionen Tonnen im Jahr 2050 anwachsen. Schottland hat angekündigt, bis 2030 seine Lachsproduktion zu verdoppeln.[15] Die Nachfrage nach Fischmehl und Fischöl wird daher weiterhin bestehen und es ist zweifelhaft, ob diese langfristig durch die genannten Alternativen auf nachhaltige Weise sicher gedeckt werden kann. Zudem lässt sich aus Tierschutzsicht auch die Züchtung, Haltung und Tötung von Insekten und Würmern nicht unkritisch durchwinken, da etwaige Tierschutzprobleme für die betreffenden Tierarten bislang noch nicht ausreichend erforscht wurden. Zudem muss es sich erst noch zeigen, ob die Verfahren tatsächlich klimaschonender sind.[16]

Fischöl spielt im Mastfutter von Lachsen eine besondere Rolle. Dieser Fisch wird wegen seines hohen Omega-3-Gehalts als Lifestyle-und Gesundheitsprodukt beworben. Viele Konsumenten und Konsumentinnen vergessen jedoch, dass die Vorstufen dieser essenziellen Fettsäuren nicht aus dem Fisch selbst, sondern aus den Mikroalgen, dem Plankton und den kleineren Speisefischen stammen, die der Lachs in freier Natur frisst.

Es sind genau diese kleinen, schwarmbildenden (pelagischen) Fische wie Sardinen, Anchovis, Sandaale, Makrelen und andere Fische aus der Heringsfamilie, aber auch Wirbellose, wie der Antarktische Krill, die massenweise für die Produktion von FMFO aus den Ozeanen gefischt werden. Dabei handelt es sich bei diesen Tieren um essenzielle Netzwerker, die das ökologische und biochemische Gleichgewicht der Ozeane stabil halten. Sie sind auch die wichtigste Nahrungsgrundlage für Prädatoren wie Seevögel und Meeressäugetiere.

Die Bestände kleiner, schwarmbildender Fischarten gelten in vielen Teilen der Ozeane als kollabiert und aufgrund der Auswirkungen der Reduktionsfischerei und des Klimawandels als enorm gefährdet. Laut FAO hat sich in den letzten 25 Jahren die registrierte Fangmenge der pelagischen Fische an den westafrikanischen Küsten mehr als verdoppelt, von 1,2 Millionen Tonnen auf 2,7 Millionen Tonnen.[17]

Studien belegen, dass der Rückgang der Population mittlerweile einen direkten Einfluss auf den Körpermasseverlust, den verminderten Bruterfolg und die reduzierte Lebensdauer vieler Seevögel hat.[18] Die Bestände der heringsartigen Sardinella und Bonga-Spezies sind teilweise so übernutzt, dass Fachleute der FAO davor warnen, dass die Bestände ausgerottet werden könnten und dringend dazu raten, den Fang um 50 Prozent zu reduzieren, damit die Bestände eine Chance zur Erholung haben. Abgesehen davon, dass diese kleinen Fische selbst durch die industrialisierten Fangmethoden und fehlende Betäubung Schmerzen, Leiden und Schäden erleiden, hinterlassen sie auch eine gefährlich große Lücke im marinen Ökosystem, die nachweislich für ökologische, aber auch soziale und ethische Konflikte in den Ursprungsländern verantwortlich ist.

Die mächtige globale FMFO-Branche floriert meist in Regionen, in denen der Fischfang weniger streng reguliert und kontrolliert wird. Schätzungen zufolge gelten 90 Prozent der Fische, die zu FMFO verarbeitet werden, als Food-grade-Fisch, d. h.: Sie wären für den menschlichen Verzehr geeignet.[19] Millionen Menschen in Westafrika, Südamerika oder Asien leben und ernähren sich vom lokalen Fischfang dieser Kategorien. Doch nahezu die gesamte in Westafrika produzierte FMFO-Produktion ist für den Export bestimmt. In Gambia sind das teilweise mehr als 40 Prozent des gesamten gemeldeten Fischfangs.[20] Auf den lokalen Märkten, auf denen hauptsächlich Frauen von der traditionellen Zubereitung und dem Verkauf der Fischprodukte leben, fehlt der Fisch, der nun in anderen Ländern der Mast von Fisch und Landwirbeltieren dient. Die größten Fischfutterproduzenten (unter anderem Skretting, Mowi und BioMar) sind in Europa ansässig. Deren Lieferketten lassen sich alle in die Ursprungsländer des Wildfischfangs für FMFO zurückverfolgen.[21] Sie sind mitverantwortlich für die Entstehung sozialer Missstände und die negativen Auswirkungen auf Tierschutz und Umwelt.

Glücklicherweise werden Regierungen mancher Regionen der Welt bereits aktiv und stoppen die Expansion großer Aquakulturfarmen. So gelang es im Juli 2021 einem Bündnis aus Umweltschützerinnen und Umweltschützern, lokalen Fischereifamilien und der Tourismusbranche zu verhindern, dass eine norwegisch-chilenische Zuchtlachsfirma Netzfarmen im Beagle-Kanal der argentinischen Region Feuerland etabliert. Die industrielle Lachszucht wurde daraufhin sogar per Gesetz in diesen geschützten Gewässern verboten: eine wichtige und begrüßenswerte Entscheidung für die Region und die Bewahrung ihrer natürlichen Ressourcen.

Vergessene Helfer

Die Aquakultur von Atlantik-Lachsen fordert eine im Verborgenen liegende Ressource ein, der weitaus weniger Beachtung geschenkt wird als der Verfütterung von FMFO. Die Zuchtlachsmast findet in den Hauptproduktionsländern Norwegen, Chile und Schottland in schwimmenden Netzgehegen in offenen Gewässern statt. Über die gesamte Produktionskette hinweg begegnet die Branche schier unlösbaren Missständen. Vor allem die Ausbreitung von Krankheitserregern und der Befall der Fische mit Parasiten bereiten der Industrie Kopfzerbrechen. Sie kostet jährlich hunderte Millionen Euro und verursacht enormes Tierleid. In Schottland alleine versterben jährlich 20 Prozent der Lachse (rund 9,5 Millionen Tiere) an Infektionen, Parasitenbefall und nicht zuletzt an den Folgen therapeutischer Behandlungen.[22]

Seeläuse (*Lepeophtheirus salmonis*) sind Parasiten, die zu den Krebstieren (Crustacea) gehören. Sie ernähren sich von der Haut und dem Blut der Lachse und verursachen offene Wunden, Geschwüre (Ulzerationen) sowie Sekundärinfektionen, die zum Verlust ganzer Körperteile führen können. Bereits ein bis zwei ausgewachsene Seeläuse pro Tier können erhebliche Schäden anrichten. Die intensive Haltung und die hohe Besatzdichte der Lachse begünstigen das massive Aufkommen und die Vermehrung dieser Parasiten, denn in den Netzgehegen ist die Parasitenpopulation teilweise um das 30.000-Fache höher als in freier Natur.[23] Mit der Strömung breiten sich die Parasiten aus und werden von Farm zu Farm getragen. Um die Seelauspopulation zu minimieren und die Lachskörper von den Parasiten zu befreien, werden auf den Farmen – neben invasiven, physikalischen und chemischen Verfahren – weltweit Putzerfische (Lump-und Lippfischarten) eingesetzt. Sie werden zusammen mit den Zuchtlachsen in einem Netz gehalten.

Das »Reinigen« anderer Fische ist ein ursprünglich erlerntes Verhalten. Putzerfische gehen mit anderen Fischen eine komplexe Symbiose ein. Was in der freien Natur funktioniert, scheitert jedoch in Gefangenschaft. In der Natur leben viele dieser Fischarten meist küsten- und bodennah und suchen Rückzug in Korallen und Meeresgräsern. In den Netzgehegen werden diese Bedürfnisse kaum erfüllt. Für einige Lippfischarten wird das Wasser in den Fjorden im Winter zu kalt. Berichten zufolge sind die Tiere der oftmals starken Strömung nicht gewachsen. Sie leiden unter Infektionen, Verletzungen und unter dem Aggressionsverhalten der Lachse, die sie mitunter sogar jagen und fressen. Auch untereinander kommt es zu Rangkämpfen und Konflikten – insbesondere dann, wenn verschiedene Arten eingesetzt werden und es keine Rückzugsmöglichkeiten gibt. Die Erreger ansteckender Fischkrankheiten, der Infektiösen Pankreasnekrose (IPN) oder der bakteriellen Kiemenschwellung (NGD), befallen sowohl die Lachse als auch die Putzerfische. Filmaufnahmen zeigen erschütternde Bilder von verletzten, trostlos und apathisch wirkenden Putzerfischen, die wie ihre Netzgenossen um ihr Leben ringen.

Im Durchschnitt wird ein Putzerfisch für etwa 25 Lachse eingesetzt. Schätzungen zufolge wurden im Jahr 2020 allein auf norwegischen Fischfarmen rund 50 Millionen Individuen verwendet,[24] auf schottischen Farmen waren es 2020 rund zehn Millionen.[25] Nach Lachsen und Masthühnern sind Putzerfische die am dritthäufigsten gehaltene Spezies in der Tierhaltung Norwegens. Sie werden intensiv gezüchtet, aber ebenso durch Wildfang den Meeren entnommen – und das, obwohl viele dieser Arten laut der Weltnaturschutzorganisation IUCN als gefährdet gelten. Es gibt keine speziellen Vorgaben zur Haltung und zur Schlachtung dieser Tiere und ihr Verbleib wird nach einem Produktionszyklus nicht weiterverfolgt.

In der Regel werden die Putzerfische nach einem Mastdurchgang gekeult. Ein Bruchteil wird für den menschlichen Verzehr aufbereitet und beispielsweise nach China exportiert. Als sprichwörtliche »Wegwerfware« wird ihrem leidvollen Dasein und Schicksal wenig Beachtung geschenkt. Viele Farmen machen sich beispielsweise nicht die Mühe, die kleinen Fische vor der mechanischen Entlausung der Lachse aus den Becken zu separieren, obwohl sie diesen Eingriff selten überleben. Auf norwegischen Farmen beträgt ihre Mortalitätsrate mindestens 40 Prozent.[26] Vermutlich liegen die Zahlen jedoch weitaus höher, da die Farmen nicht dazu verpflichtet sind, dies genau zu dokumentieren und sich die Tierkörper nach dem Tod schnell zersetzen.

Wie effektiv der Einsatz von Putzerfischen ist, hängt von vielen Parametern ab und wird in der Wissenschaft uneinheitlich diskutiert. In manchen Studien wird dargestellt, dass nur sechs bis 36 Prozent der Putzerfische tatsächlich die Seeläuse fressen[27] und dass es bisher zu wenig Studien gibt, um die Effektivität zu belegen. Trotz der fehlenden Forschung sind sich viele Wissenschaftlerinnen und Wissenschaftler darüber einig, dass das Einsetzen der Putzerfische aufgrund der variablen Ergebnisse und der Tierschutzproblematik scharf zu kritisieren ist und dass es dringend Lösungen für das offensichtlich systemimmanente Problem des Befalls mit Seeläusen geben muss.

Kürzlich wurde wissenschaftlich festgestellt, dass die Putzerfischart *Labroides dimidiatus* erfolgreich den Spiegeltest besteht.[28] Somit darf angenommen werden, dass sich neben Schimpansen, Delfinen oder Krähen auch Fische im Spiegel erkennen und über Formen eines Ich-Bewusstseins verfügen. Andere Studien verdeutlichen ebenfalls, dass Fische, Kopffüßer und Krebstiere sowohl aus naturwissenschaftlicher als auch aus ethischer Sicht leidens- und schmerzfähige Lebewesen sind, über richtige »Persönlichkeiten«[29] und über ein erstaunlich ausgeprägtes Sozialverhalten, Intelligenz, Wahrnehmungsvermögen und eine große Spannweite anspruchsvoller kognitiver Fähigkeiten verfügen. Es ist dringend erforderlich, auch diesen Lebewesen eine tierschutzgerechte Haltungsumwelt zu ermöglichen und sie zumindest rechtlich gleichwertig wie Säugetiere und Vögel zu schützen.

Die Lücke im Netz

Vielen Verbraucherinnen und Verbrauchern fällt es nach wie vor leichter, den Fischverzehr ethisch zu rechtfertigen als den Verzehr von anderen landwirtschaftlich genutzten Wirbeltieren. In vielen Augen gelten Fische immer noch als primitiv und uns fremder als Säugetiere. Und was sich unter der Wasseroberfläche abspielt, bleibt oft im Verborgenen. Wenn im Supermarkt zudem reizvolle Preisangebote ins Auge fallen, purzeln die eigenen Ansprüche an Nachhaltigkeit und Tierschutz leicht durch die bekannte »Bürger-Konsumenten-Lücke«[30] und somit sprichwörtlich durchs Netz.

Gefragt ist deshalb ein verstärktes Eingreifen des Lebensmittelhandels und der Politik, um den anvisierten Nachhaltigkeitsstandards der Aquakulturbranche einen geeigneten Rahmen zu geben. »Vom Hof auf den Tisch« muss bedeuten, dass alle beteiligten Partner der Lieferkette Transparenz gewähren und sich EU-weit dem gleichen Nachhaltigkeitsstandard verpflichtet haben. Es muss auch bedeuten, dass Produkte aus dem Regal verbannt werden, deren »Höfe« in weitentfernten Ländern liegen und deren Produktionsmethoden die Ozeane belasten. Die EU-Mitgliedstaaten müssen sich letztlich auch die Frage stellen, wie sie ihre eigenen Biotope und Ressourcen schonen können. Mit einer Politik, die den Fischverzehr ohne Rücksicht auf Tiere, Natur und Umwelt ankurbelt, wird das nicht gelingen.

79 Prozent der befragten Europäer und Europäerinnen sind dafür, dass Fische genauso geschützt werden wie andere landwirtschaftlich genutzte Tiere und sie wünschen sich eine entsprechende Kennzeichnung des Tierschutzstandards auf den Verpackungen.[31] Die gängigen Nachhaltigkeitssiegel für Meeresfischerei- und Aquakulturprodukte sind bisher ein schwacher Kompromiss zwischen Umweltverbänden und der Industrie, bei dem wichtige Tierschutzkriterien und ökologische Betrachtungen wenig Beachtung finden. Die meisten Lebensmittelhändler verlassen sich dennoch genau auf diese Siegel und vernachlässigen dabei die Tatsache, dass sie nicht nachverfolgen können, ob die Produkte mit nichtnachhaltigen FMFO-Lieferketten oder mit der IUU-Fischerei in Verbindung stehen.

Der Aquakulturbranche sollte bewusst sein, dass ihr Wirtschaften mit der Gesundheit unserer Ozeane eng verknüpft ist und dass die Möglichkeiten zu deren Ausbeutung endlich sind. Derzeit *befördert* sie –

Folgerungen & Forderungen

- Die Fischerei und die Haltung von Meerstieren in Aquakulturen bergen Risiken für den Tier- und Umweltschutz. Der weltweite Fischkonsum muss daher reduziert werden. Verbraucherinnen und Verbraucher, die nicht auf den Fischfang angewiesen sind, können auf pflanzliche Eiweißquellen und Fischalternativen ausweichen.
- Die Haltung von herbivoren Spezies oder Muscheln aus extensiver ökologischer Haltung sollte gefördert werden, um die Zucht und Haltung karnivorer Spezies zu reduzieren.
- Die individuellen, essenziellen Bedürfnisse der Tierarten, die in Aquakulturen gehalten werden, sollen vollumfänglich bekannt sein und berücksichtigt werden. Es besteht weiterer Forschungsbedarf, um die Tierhaltung an neue wissenschaftliche Erkenntnisse stetig anzupassen und gegebenenfalls Spezies aus Tierschutzgründen von der Zucht und Haltung auszuschließen.
- Statt des Einsatzes von Putzerfischen müssen schonende und tierleidfreie Methoden zur Parasitenprophylaxe erforscht und angewandt werden.
- Der Einsatz von Fischmehl und Fischöl aus dem Wildfang muss in der Aquakultur sowie in der landwirtschaftlichen Nutztierfütterung weiter reduziert werden. Pflanzliche Alternativen müssen entwickelt und – wo möglich – eingesetzt werden.
- Der Lebensmitteleinzelhandel muss Aquakulturprodukte entsprechend ihrer Herkunft, Zuchtstätte und Fütterung transparent kennzeichnen und sein Angebot nachhaltiger, überwiegend heimischer Produkte ausbauen.

über die Fütterung – den Wildfischfang, anstatt ihn zu schonen. Zudem bedarf es Lösungen, um eine artgerechte Haltung von Fischen in Aquakulturanlagen jetzt und in Zukunft umzusetzen. Das bedeutet auch, Spezies auszuschließen, die sich aus Tierschutzsicht von vorneherein nicht für die Haltung in Gefangenschaft eignen, wie z. B. Tintenfische (Cephalopoden), und die Zucht und Mast kritischer Arten, wie Lachs oder Garnelen, zu reduzieren.

Letztlich müssen wir uns in den westlichen Industrieländern unserer Eigenverantwortung bewusst werden. Unser Nährstoffbedarf lässt sich problemlos über pflanzliche Lebensmittel decken und mittlerweile können wir aus einem großen und stetig wachsenden Angebot an Alternativ-seafood-Produkten wählen: Pflanzliche Öle aus Leinsamen, Hanf, Nüssen oder Algen tragen ebenfalls zu einer bedarfsgerechten Versorgung mit essenziellen Fettsäuren bei. Verbraucherinnen und Verbraucher, die weiterhin Fisch verzehren möchten, können auf herbivore Arten wie den heimischen Karpfen, Muscheln oder auf Buntbarscharten ausweichen. Am Ende wird wohl ein sinkender Verzehr von Fisch in den westlichen Industrienationen der strategischste, erfolgversprechendste und nachhaltigste Meeresschutz sein.

Das Thema im Kritischen Agrarbericht

- Tanja Straka: Wachstumsmarkt Aquakulturen. Herausforderung für die tierschutzorientierte Forschung. In: Der kritische Agrarbericht 2017, S. 252–256.
- Konstantinos Tsilimekis und Anne Bohl: Immer mehr Fisch auf den Tisch? Plädoyer für ein Umdenken und die Förderung von Ernährungsalternativen. In: Der kritische Agrarbericht 2015, S. 289–291.
- Frigga Wirths: Stummes Leiden. Das Töten von Fischen – ein unerhörtes Tierschutzproblem. In: Der kritische Agrarbericht 2011, S. 233–236.
- Henriette Mackensen: Aquakulturen – ein vernachlässigtes Tierschutzthema. In: Der kritische Agrarbericht 2001, S. 227–232.

Annerkungen

1 FAO: The state of world fisheries and aquaculture 2020: Sustainability in action. Rome 2020.
2 Statista: Pro-Kopf-Konsum von Fisch in Deutschland bis 2019. Wiesbaden 2020.
3 EU-Kommission: Strategie »Vom Hof auf den Tisch«. Fragen und Antworten. Brüssel 2020.
4 »Europäischer Grüner Deal: Kommission verabschiedet strategische Leitlinien für eine nachhaltige und wettbewerbsfähige Aquakultur in der EU«. Pressemitteilung der EU-Kommission vom 17. Mai 2021.
5 FAO (siehe Anm. 1).
6 D. A. Kroodsma et al.: Tracking the global footprint of fisheries. In: Science 359/6378 (2018), pp. 904–908.
7 E. Sala et al.: Protecting the global ocean for biodiversity, food and climate. In: Nature 592 (2021), pp. 397–402.
8 B. Franks, C. Ewell and J. Jacquet: Animal welfare risks of global aquaculture. In: Science Advances 7/14 (2. April 2021).
9 Vortrag von Tse Yip Fai: »Fish farming in China« auf der Aquatic Animal Welfare Conference (November 2020).
10 T. Cashion et al.: Most fish destined for fishmeal production are food-grade fish. In: Fish and Fisheries 18/5 (2017), pp. 837–844.
11 Antwort der Bundesregierung: Kommerzielle Verwendung von Fischmehl. Drucksache 19/30575 vom 9. Juni 2021.
12 Statista: Global fishmeal market value forecast 2017-2027. Wiesbaden 2018.
13 M. Borthwick et al.: Blue loss. Report ed. by Aquatic Life Institutes. New York 2021, p. 2.
14 »Insect meal now in commercial Skretting feed«. Press release of Skretting dated 19. October 2018.
15 M. Borthwick: Welfare issues in farmed atlantic salmon (Fish welfare initiative guest report May 2020.
16 A. Thévenot et al.: Mealworm meal for animal feed: Environmental assessment and sensitivity analysis to guide future prospects. In: Journal of Cleaner Production 170 (2018), pp. 1260–1267.
17 Summary report der FAO Working Group on the Assessment of Small Pelagic Fish off Northwest Africa. Rome 2019.
18 C. Saraux et al.: Seabird-induced natural mortality of forage fish varies with fish abundance: Evidence from five ecosystems. In: Fish and Fisheries 22/2 (2020), pp 262-279.
19 Cashion et al. (siehe Anm. 10).
20 Changing Markets Foundation and Compassion in World Farming (Eds.): Until the seas run dry: How industrial aquaculture is plundering the oceans. 2019.
21 Changing Markets Foundation (Ed.): Fishing for catastrophe: How global aquaculture supply chains are leading to the destruction of wild fish stocks and depriving people of food in India, Vietnam and The Gambia. 2019.
22 B. L. Adams: Is there a problem with salmon farming? BBC News 20. May 2019.
23 T. Erkinharju et al.: Cleaner fish in aquaculture: Review on diseases and vaccination. In: Reviews in Aquaculture 13/1 (2021), pp. 189–237.
24 L. T. Barret et al.: Effect of cleaner fish on sea lice in Norwegian salmon aquaculture: A national scale data analysis. In: International Journal of Parasitology 50/10-11 (2020), pp. 787–796.
25 A. Powell et al.: Use of lumpfish for sea-lice control in salmon farming: Challenges and opportunities In: Reviews in Aquaculture 10/3 (2018), pp. 683–702.
26 A. L. Stranden: Every year, 50 million cleaner fish die in Norwegian fish farms. In: Science Norway online (31. January 2020).
27 Barrett et al. (siehe Anm. 24).
28 M. Kohda et al.: If a fish can pass the mark test, what are the implications for consciousness and self-awareness testing in animals? In: PLoS Biol 17(2): e3000021 (February 2019).
29 D. Bierbach, K. L. Laskowski and M. Wolf: Behavioural individuality in clonal fish arises despite near-identical rearing conditions. In: Nature Communications 8/15361 (May 2017).
30 G. Busch und A. Spiller: Warum wir eine Tierschutzsteuer brauchen – Die Bürger-Konsumenten-Lücke. Positionspapier. Diskussionsbeitrag 2001. Göttingen 2020.
31 Eurogroup for Animals and Compassion in World Farming: Survey of 9,057 EU adults about their attitudes towards fish welfare (6. June 2018).

Katrin Pichl
Tierärztin, Fachreferentin
beim Deutschen Tierschutzbund e.V.

katrin.pichl@tierschutzakademie.de

Gentechnik 9

Entwicklungen & Trends 2021

CRISPR & Co – Freifahrtschein oder Regulierung?

von Annemarie Volling

In höchsten Tönen loben die Gentechnikkonzerne und ihre Wissenschaftler:innen die neuen Gentechnikverfahren wie CRISPR & Co. Sie sprechen von »Wunderpflanzen« und wollen mit ihnen zeitgleich den Hunger in der Welt und die Klimakrise besiegen. Einige sprechen von Revolution. Mit großem Lobbydruck setzen sie sich für eine Deregulierung der neuen Gentechniken ein. Verhindern wollen sie eine verpflichtende Risikoprüfung und -bewertung, Kennzeichnung, Rückverfolgbarkeit, Transparenz und Haftung – sie wollen einen Freifahrtschein. Damit würden aber europäische Standards wie Vorsorgeprinzip, Zulassungsverfahren, Wahlfreiheit, Rückverfolgbarkeit ausgehebelt – und das, obwohl ein Großteil der Bevölkerung und der Bäuerinnen und Bauern, Verarbeiter:innen und der Handel nach wie vor keine Gentechnik in der Landwirtschaft und auf dem Teller haben wollen.

Brisantes aus Brüssel – EU-Kommission zur Neuen Gentechnik

Mit Spannung wurde der für Ende April 2021 angekündigte Bericht der EU-Kommission erwartet. Beauftragt wurde sie dazu 2019 vom Europäischen Rat.[1] Die Art und Weise der Erstellung der Studie ist brisant, weil die Ergebnisse der Konsultation einen wesentlichen Einfluss darauf haben werden, ob die neuen Gentechnikverfahren (NGT) auch weiterhin nach EU-Gentechnikrecht reguliert bleiben – oder nicht. Erstellt wurde der Bericht intern von der Generaldirektion Gesundheit. Vorab wurden Mitgliedstaaten und deren Behörden, aber auch Stakeholder (vor allem solche, die ihren Sitz in Brüssel haben) befragt.

EU-Konsultationen: Industrieinteressen dominieren

Die Umweltorganisation Friends of the Earth Europe deckte in einem Report auf, wie stark die EU-Kommission Industrieinteressen bei der Regulierung von neuer Gentechnik in der EU im Vergleich zu anderen Stakeholdern berücksichtigte.[2] Demnach waren 74 Prozent der konsultierten Stakeholder Agrar- und Industrieverbände. Eine Reihe von Biotechunternehmen sei, so der Bericht, aufgrund der Anhörung von Dachorganisationen mehrfach vertreten gewesen. Nur 14 Prozent der Stakeholder hätten dagegen zivilgesellschaftliche Gruppen vertreten, die keine finanziellen Interessen hinter neuer Gentechnik verfolgen und auf die Risiken der Verfahren aufmerksam machen. Zehn Prozent kamen aus Landwirtschaft und Pflanzenzucht. Zudem bezog sich ein Großteil der Fragen auf den potenziellen Nutzen von NGT, zu Sicherheitsaspekten und Risiken der neuen Gentechnik wurden kaum Fragen gestellt. Die Antworten auf die Fragen waren in ihrer Länge strikt begrenzt, entsprechend schwierig sei es gewesen, detaillierte und angemessene Informationen zu den verschiedenen Risiken der neuen gentechnisch veränderten Organismen (GVOs) zu liefern. Entgegen den Transparenzregeln der EU-Kommission wurden die Stellungnahmen der Konsultation der Öffentlichkeit erst nach Veröffentlichung des Berichts zugänglich. Die Stellungnahmen von 26 Mitgliedstaaten plus Norwegen und der 107 beteiligten Stakeholdern sind zum Teil im Internet einsehbar.[3]

EU-Kommission öffnet Türen für Deregulierung neuer Gentechnik

Am 29. April 2021 veröffentlichte die Generaldirektion Gesundheit ihren Bericht »zum Status neuartiger genomischer Verfahren«.[4] Darin bestätigt die EU-Kommission einerseits, dass auch Verfahren der neuen Gentechnik wie CRISPR/Cas Gentechnik sind und dem EU-Gentechnikrecht unterliegen und bestätigt damit das Urteil des Europäischen Gerichtshofs vom 25. Juli 2018.[5] Die EU-Kommission betonte, das Schutzniveau für Mensch, Tier und Umwelt sei aufrechtzuerhalten. Andererseits sieht sie große Chancen darin, dass NGT-Produkte zur Erreichung der Ziele des *Green Deal* und der Farm-to-Fork-Strategie (sogar der Biodiversitätsstrategie und der *Sustainable Development Goals – SDGs*) beitragen könnten und damit zu einem nachhaltigen EU-Agrar- und Ernährungssystem. Damit meint die Kommission laut Bericht, Pflanzen, die widerstandsfähiger gegenüber Krankheiten und Umweltbedingungen oder allgemeinen Auswirkungen des Klimawandels seien, verbesserte agronomische oder nährwertbezogene Merkmale haben, zu einem verringerten Einsatz landwirtschaftlicher Produktionsmittel (einschließlich Pflanzenschutzmittel) und einer schnelleren Pflanzenzucht führten. Es gebe ein hohes Forschungsinteresse an diesen Pflanzen in der EU. Allerdings sei das derzeit geltende EU-Gentechnikrecht »nicht zweckmäßig« und müsse angepasst werden. Es gebe Probleme bei der Umsetzung des Gentechnikrechts, vor allem fehlende Nachweisverfahren. Die Kommission behauptet, dass von NGT-Pflanzen, die mit bestimmten Anwendungen neuer Gentechniken erzeugt wurden, »keine neuen Gefahren« gegenüber konventioneller Züchtungen oder der alten Gentechniken ausgingen. Zudem solle der Risikobewertung eine Bewertung des Nutzens bzw. der Nachhaltigkeit an die Seite gestellt werden.

EU-Kommission: Green Deal braucht neue Gentechnik

Vorläufige Folgenabschätzung: Deregulierung geplant

Ein halbes Jahr später, am 24. September 2021, legte die EU-Kommission eine vorläufige Folgenabschätzung[6] vor und startete damit eine mögliche Initiative für einen neuen Rechtsrahmen für bestimmte Anwendungen der NGT. Für diese ist eine Verordnung geplant, deren Ausgestaltung jedoch noch unklar ist. Im Begleitbrief an die portugiesische Ratspräsidentschaft schrieb die EU-Kommission, dass es für solche Pflanzenerzeugnisse eine »verhältnismäßige Regulierung« geben solle, indem die Risikobewertungs- und Zulassungsverfahren sowie die Kennzeichnungs- und Rückverfolgbarkeitsanforderungen angepasst werden.[7] Alles deutet aber auf eine *abgeschwächte* Regulierung dieser Anwendungen bis hin zur De-facto-Deregulierung hin. (Tiere und Mikroorganismen seien, so die Kommission, erst mal nicht inbegriffen, hier fehle es an »wissenschaftlichen Erkenntnissen«.)

Abgeschwächte Regulierung …

Nach Meinung der EU-Kommission sollen zukünftig nur noch GVO, die transgen sind (also in denen »artfremdes« Erbgut eingebaut wurde) nach dem geltenden EU-Gentechnikrecht reguliert bleiben. »Gezielte Mutagenese« (damit meint die Kommission SDN-1, SDN-2 und ODM-Verfahren)[8] und »Cisgenese« (Übertragung arteigener Gene) sollen aus dem Anwendungsbereich der bestehenden Gentechnik-Richtlinie ausgenommen werden und in einer separaten Verordnung »angepasst« reguliert bzw. dereguliert werden. Faktisch wären damit 90 bis 95 Prozent der neuen Gentechnikpflanzen, an denen aktuell geforscht wird, von der derzeitigen Regulierung ausgenommen! Dann würden solche NGT-Pflanzen keiner verpflichtenden Risikoprüfung und -bewertung unterliegen, sie würden kein Zulassungsverfahren durchlaufen. Es gebe keine Rückverfolgbarkeit und Kennzeichnungspflichten und kein Monitoring mehr. Transparenz, Koexistenz- und Haftungsregelungen sowie Wahlfreiheit für Bäuerinnen und Bauern und Konsument:innen wären passé. Das in der EU verankerte Vorsorgeprinzip würde so ausgehebelt.

… oder Deregulierung

Öffentliche Konsultation
Im Anschluss an die Veröffentlichung der vorläufigen Folgenabschätzung der EU-Kommission erfolgte eine vierwöchige öffentliche Konsultation, die am 22. Oktober 2021 endete. In der Regel sind solche Konsultationen wenig bekannt, deshalb haben Organisationen in verschiedenen Mitgliedstaaten Europas ihre Mitglieder und befreundete Verbände über die Vorhaben der EU-Kommission informiert. Erfreulicherweise gab es über 70.000 Mitteilungen an die EU-Kommission – 69.000 davon mit der Aufforderung, die neuen Gentechniken weiterhin durch das EU-Gentechnikrecht zu regulieren. Das ist ein positives Zeichen und zeigt das Interesse der Menschen an ihren Ernährungsgrundlagen. Und es ist ein Beitrag zur Stärkung der Demokratie und klarer Auftrag an die Kommission, diese Rückmeldungen auch zu berücksichtigen.

Klares Votum der Zivilgesellschaft für Beibehaltung der Regulierung

Kritik an geplanter Deregulierung

Verbände und Lebensmittelhandel fordern: Gentechnikpflanzen regulieren
Auch aufgrund der schwierigen Teilnahme am EU-Konsultationsprozess wurden breite Stellungnahmen erarbeitet. Im April 2021 veröffentlichten 94 Organisationen ihr gemeinsames Positionspapier *Gentechnik auch in Zukunft strikt regulieren! Vorsorgeprinzip umsetzen. Wahl- und Gentechnikfreiheit sichern. Die Gentechnikfreiheit Deutschlands und Europas ist bedroht!*[9] Das breite Bündnis aus vielfältigen Gesellschaftsbereichen, von Land- und Lebensmittelwirtschaft über Umwelt- und Klimaschutz bis zu Kirche und Entwicklungspolitik forderte die Bundesregierung auf, alle vorhandenen wie künftigen Gentechnikmethoden und die daraus entstehenden GVO weiterhin unter dem bestehenden EU-Gentechnikrecht zu regulieren und zu kennzeichnen. Dazu gehöre die umfassende Risikoprüfung und -bewertung, die Sicherung von Wahlfreiheit und Transparenz für Verbraucher:innen und die gesamte Erzeuger:innenkette, die Aufrechterhaltung von Kennzeichnung, Rückverfolgbarkeit und Haftung für Gentechnikprodukte. Es müssten schnell Nachweisverfahren entwickelt und Importe konsequent auf GV-Pflanzen, -Tiere und -Produkte kontrolliert werden. Zudem sei ein globales, öffentlich zugängliches Register einzurichten und auszubauen, das transparente Informationen über alle GVO enthält, die freigesetzt, angebaut oder vermarktet werden.

Breites Bündnis europaweit

Das geltende europäische Gentechnikrecht erfasse auch neue Gentechnikverfahren wie CRISPR/Cas, so das Positionspapier des Bundesumweltministeriums.[10] Risikoforschung, Nachweisverfahren, Kennzeichnungspflichten sowie Vorsorgeprinzip und Wahlfreiheit seien unabdingbar, um die Risiken neuer Gentechnik in der Landwirtschaft für Umwelt, Wirtschaft und Gesundheit einzudämmen. Um die unabhängige Risikobewertung von NGT zu fördern und die ökologischen Auswirkungen von NGT zu erforschen, habe die Koalition auf Initiative des SPD-Abgeordneten Matthias Miersch 3,5 Millionen Euro im Bundeshaushalt eingestellt. Es müssten zügig Nachweisverfahren entwickelt werden.

Nach der Stellungnahme der Verbände forderten Ende Mai 2021 führende Unternehmen des europäischen Lebensmitteleinzelhandels in einer Resolution, dass auch Neue Gentechnik nach dem bestehenden EU-Gentechnikrecht zu regulieren sei. Zentrale Säulen müssten das Vorsorgeprinzip und Transparenz sein, so die Lebensmitteleinzelhändler. Sie würden die volle Verantwortung und Haftung für die Sicherheit aller Produkte tragen, die sie verkaufen. Würden die bestehenden Standards für neue Gentechniken gesenkt, liefen die Einzelhändler Gefahr, ungeprüfte und nicht gekennzeichnete Gentechnikprodukte zu verkaufen – sowohl in pflanzlichen Lebensmitteln als auch in Lebensmitteln tierischen Ursprungs. Das sei inakzeptabel. Zu den Erstzeichnenden der Resolution gehören Aldi, Lidl, Metro Österreich, Rewe Österreich, Spar Österreich, tegut… sowie aus dem Biobereich Alnatura, BioMarkt-Verbund, Bundesverband Naturkost Naturwaren (BNN), Dennree, Denn's Biomarkt etc.[11]

Auch Aldi, Lidl und Rewe für Regulierung neuer Gentechnik

Während die Zivilgesellschaft und große Teile der Lebensmittelwirtschaft die Einhaltung des rechtlichen Status quo einfordern (nicht zuletzt im Hinblick auf die andernfalls gefährdete Wahlfreiheit der Konsument:innen), ist auch aus wissenschaftlicher und juristischer Sicht das Vorgehen der Kommission zu kritisieren. Im Folgenden die wichtigsten Kritikpunkte und offene Fragen, mit denen sich der Kommissionsvorschlag – wenn überhaupt – nicht im Sinne des Vorsorgeprinzips auseinandersetzt.

»Ohne Gentechnik« wächst weiter

Der Markt von tierischen Produkten, die mit Futtermitteln »Ohne Gentechnik« erzeugt wurden, wächst laut Angaben des Verein Lebensmittel ohne Gentechnik (VLOG) weiter. Über drei Viertel der Milch in Deutschland werden inzwischen gentechnikfrei hergestellt, der Anteil liegt bei insgesamt 76 Prozent (inklusive Biomilch).[12] 2011 (drei Jahre nach Einführung der freiwilligen »Ohne Gentechnik«-Kennzeichnung) waren es fünf Prozent. Auch die Mehrzahl der Hühner, Puten und des anderen Geflügels in Deutschland würden inzwischen gentechnikfrei gefüttert, sodass Eier und Geflügelfleisch zu rund zwei Dritteln »Ohne Gentechnik« seien. Bei Rind- und Schweinefleisch liegt der Anteil bisher deutlich niedriger. Das dürfte sich aber bald ändern, so der VLOG, denn mehrere große Lebensmittelhandelsunternehmen wie Aldi, Lidl, Rewe und Edeka haben angekündigt, ihr Frischfleischangebot in den nächsten Jahren Schritt für Schritt auf höhere Haltungsstufen umzustellen. Das bedeutet neben mehr Tierwohl auch weniger Gentechnik, denn bei Haltungsstufe 3 und 4 gehört auch gentechnikfreie Fütterung zum Programm.[13]

▶ *Gleiches oder höheres Risiko wie alte Gentechnik*

Die Kommission geht von der strittigen und vereinfachten Annahme aus, dass neue GV-Pflanzen aus gerichteter Mutagenese oder Cisgenese genauso sicher seien wie konventionelle Pflanzen und sie ein ähnliches »Risikoprofil« hätten. Belege dafür werden nicht angeführt. Es entspricht auch nicht dem aktuellen Stand der Wissenschaft. Auch kleine Veränderungen könnten große Auswirkungen haben – auf der Ebene des Stoffwechsels, der Ebene der gezeigten Eigenschaften des GVO und auf der Ebene der aufnehmenden Umwelt.

Kleine Veränderungen – größeres Risikopotenzial

Genomeditierung mache im Gegensatz zur Züchtung das gesamte Genom für Veränderungen zugänglich und kann zu sehr weitreichenden Veränderungen führen, so das Bundesamtes für Naturschutz (BfN) in einer Stellungnahme. Das BfN kommt zu dem Schluss, dass »Pflanzen, die sowohl durch gerichtete Mutagenese als auch durch Cisgenese erzeugt wurden, ein ähnliches, wenn nicht sogar größeres Risikopotenzial aufweisen als die bisher durch Gentechnik erzeugten Pflanzen.«[14]

▶ *Nicht vergleichbar mit konventioneller Züchtung*

Neue GVO sind nicht mit der konventionellen Züchtung einschließlich Zufallsmutagenese vergleichbar, denn gerichtete Mutagenese kann die Eingriffstiefe in den Organismus erhöhen und sie können sehr viel weitergehende Veränderungen im Erbgut hervorrufen als bisherige Verfahren.[15] Sie könnenVeränderungen in besonders geschützten Regionen des Erbguts erzeugen, die für bisherige Techniken nicht zugänglich waren. Zudem können mehrere Gene gleichzeitig und auf allen Genkopien einer Pflanze verändert werden. Auch kleine Veränderungen können große Auswirkungen haben.[16] Die Techniken sind neu, es gibt bislang keine systematischen Risikountersuchungen. Zu behaupten, sie seien sicher, ist wissenschaftlich unseriös und widerspricht dem Vorsorgeprinzip. Pauschal einzelne Anwendungen zukünftiger NGT-Pflanzen aus der Regulierung auszunehmen oder deren Prüfanforderungen herabzusenken, ist nach aktuellem Wissensstand daher nicht gerechtfertigt. Stattdessen ist es wissenschaftlich geboten, alle neuen GVO einer verpflichtenden Risikoprüfung und -bewertung sowie einem Zulassungsverfahren zu unterziehen. Nur durch eine Einzelfallanalyse, wie sie im Rahmen der geltenden Gesetzgebung durchgeführt wird, kann das in der EU geltende Vorsorgeprinzip umgesetzt und das von der Kommission angestrebte hohe Schutzniveau für Mensch, Tier und Umwelt eingehalten werden.

Keine systematische Risikoprüfung

▶ *Risiko versus Nutzen*

Nach Meinung der Kommission soll der Risikobewertung von NGT eine Nutzenbewertung »an die Seite« gestellt werden, um auch die Nachhaltigkeitspotenziale im Zulassungsverfahren zu berücksichtigen. Parallel erarbeitet die EU-Kommission im Rahmen der Farm-to-Fork-Strategie einen Rechtsrahmen für nachhaltige Lebensmittelsysteme und eine Nachhaltigkeitskennzeichnung.[17]

Prinzipiell ist es ein richtiges Ansinnen, die Nachhaltigkeit von Produkten zu analysieren. Allerdings müssen dazu überprüfbare wissenschaftliche Kriterien und Bewertungsschemata entwickelt werden. Erforderlich sind systemische Ansätze unter Berücksichtigung des gesamten ökologischen, sozialen und ökonomischen Fußabdrucks. Eingereichte Daten müssen offen zugänglich sein, unabhängige wissenschaftliche Bewertungen eingeholt und berücksichtigt werden. Die Nachhaltigkeitsprüfung und die Risikoprüfung müssen voneinander getrennte Prüfvorgänge von unabhängigen Stellen sein. Produkte, die als nachhaltig eingestuft werden, aber Risiken bergen, dürfen aus Vorsorgegründen nicht für den Anbau oder Import zugelassen werden. Um eine informierte Entscheidung der Verbraucher:innen zu ermöglichen, muss Gentechnik als Gentechnik auf den Produkten gekennzeichnet bleiben.

Nachhaltigkeit muss Risikoprüfung umfassen

▶ *Nachweisbarkeit durchaus möglich – wenn man es will*

Die Kommission schreibt, das Hauptproblem bei der Umsetzung des Gentechnikrechts seien fehlende Nachweisverfahren. Antragstellende Firmen könnten die Zulassungsvoraussetzung der Entwicklung eines Nachweisverfahrens nicht stemmen, deshalb sollten Rückverfolgbarkeit und Kennzeichnung anders gestaltet werden. Diese Pauschalisierung stimmt so nicht.

Generell müssen zwei Ebenen unterschieden werden: Sofern die veränderte Sequenz bekannt ist, ist es möglich, mithilfe etablierter Testmethoden spezifische Nachweisverfahren zu entwickeln. Für den NGT-Raps von CIBUS hat der Antragsteller ein Nachweisverfahren bei den kanadischen Behörden eingereicht.[18] Zudem haben verschiedene Organisationen in Europa eine spezifische Nachweismethode zur Identifizierung und Quantifizierung von CIBUS-Raps entwickelt.[19] Dies zeigt, dass es den Entwicklern von NGT-Pflanzen möglich ist, während des Zulassungsverfahrens ein geeignetes Nachweisverfahren zur Verfügung zu stellen.

Antragsteller zu Nachweisverfahren verpflichten

Ein solcher PCR-Test weist nicht nach, welche Technik zur gentechnischen Veränderung angewendet wurde. Dies verlangen die geltenden EU-Regeln auch gar nicht für einen rechtssicheren Nachweis eines GVO, so Gentechnikrechtsexperte Georg Buchholz.[20] Es reiche aus, dass eine Nachweismethode auf Grundlage bestimmter DNA-Sequenzen einen GVO eindeutig identifizieren kann. Der Nachweis, welche Technik angewendet wurde, kann auf andere Weise erbracht werden, so Buchholz.[21]

Anders ist es (noch), wenn die veränderten Gensequenzen nicht bekannt sind. Routineuntersuchungen z. B. bei Importen suchen in einem Screeningverfahren nach Elementen, die häufig bei mehreren Gentechnikeigenschaften vorkommen. Nach einer solchen »Voruntersuchung« wird dann das spezifische Event ermittelt. Gentechnikpflanzen, die diese »allgemeinen« Elemente nicht haben, fallen bei einem Screening durch, wie z. B. die GV-Petunie, die jahrelang unentdeckt blieb. Dies ist also ein generelles Problem, was nicht speziell bei den NGT auftaucht. Bislang haben die EU-Kommission und die Mitgliedstaaten wenig unternommen, um Nachweismethoden und Strategien zu entwickeln. Lediglich 1,6 Prozent der Forschungsgelder sind bisher in Risikoforschung und Nachweisforschung geflossen, so der Kommissionsbericht.[22] Einerseits müssen für weitere NGT-Produkte wie die Calyxt-Soja spezifische Nachweisverfahren entwickelt werden, um geltendes EU-Recht durchzusetzen und illegale Importe zu verhindern. Gleichzeitig müssen generelle Nachweisverfahren für Routineuntersuchungen entwickelt werden. Zudem sind internationale und europäische Register auszubauen, in denen alle nötigen Informationen zur Entwicklung von Nachweisverfahren zur Verfügung stehen. Forschende und Anwender:innen von Gentechnik sollten verpflichtet werden, spätestens wenn sie NGT freisetzen, diese Daten zu veröffentlichen. Vollzugsprobleme wie die Nachweisproblematik dürfen nicht instrumentalisiert werden, um damit eine Deregulierung der NGT zu begründen – sondern sie sind anzugehen.

Generelle Nachweisverfahren für Routineuntersuchungen entwickeln

▶ *Wunschkonzert in Sachen Nachhaltigkeit*

Als Begründung für eine Deregulierung führt die EU-Kommission an, mit NGT-Pflanzen könnten schnell die Nachhaltigkeitsziele der EU erreicht und Pflanzen erzeugt werden, die den Folgen des Klimawandels trotzen. Neben den Risiken sollte deshalb auch der »Nachhaltigkeitsnutzen« solcher Pflanzen analysiert werden.

Wie die NGT-Pflanzen tatsächlich zur Nachhaltigkeit beitragen sollen, lässt die Kommission offen. Sie zitiert eine Studie des Joint Research Centre (JRC) der EU, die sich auf Unternehmensaussagen bezieht, klare Quellenangaben fehlen. Das JRC ordnet die NGT-Pflanzen bestimmten Phasen zu (von der Grundlagenforschung bis kurz vor der Vermarktung), ohne die Kriterien darzulegen. Laut JRC würden in den nächsten fünf Jahren 15 NGT-Pflanzen auf den Markt kommen. Hauptsächlich seien das neue GV-Pflanzen mit Herbizidresistenz, aber auch solche, die selber Insektengifte oder veränderte Inhaltsstoffe produzieren. Das konnten bereits die alten Gentechniken. Hier hat sich gezeigt, dass die »Wirksamkeit« der Pestizid- und Insektenresistenz in der Regel nicht lange vorhält und es in der Praxis schnell zu Resistenzbildungen von sog. Unkräutern oder Schädlingen kommt, was in der Folge zu einem höheren Pestizideinsatz führte. Für die USA belegte dies erneut eine Studie von Wissenschaftler:innen der Universität Koblenz-Landau. Demnach nahmen im untersuchten Zeitraum (1992 bis 2016) bei den Herbiziden sowohl die Toxizität der Wirkstoffe als auch die eingesetzten Mengen zu. Bei Insektiziden habe die Menge der Wirkstoffe zwar um 40 Prozent abgenommen. Dafür kamen andere, zielgerichtetere Insektizide hinzu. Diese allerdings waren trotz der geringeren Mengen für wirbellose Wasserorganismen wie Flohkrebse und Libellenlarven sowie für Insekten – besonders für Bestäuber wie Bienen – doppelt so giftig. Die Zahlen belegen den Bedarf für eine globale Reduktion der ausgebrachten Toxizität von Pestiziden, so die Autor:innen.[23]

Alte Zuchtziele: Herbizid- und Insektenresitenz

Dass NGT-Pflanzen »per se« zu einer nachhaltigen Landwirtschaft beitragen könnten, ist also kein Fakt, wie von der Kommission dargestellt. Vielmehr handelt es sich um Produktversprechen der Firmen. Damit eine Deregulierung zu begründen, ist politisch zweifelhaft. In keinem Fall kann mit einem angeblichen Nutzen von Produkten begründet werden, Risikoprüfungen abzuschwächen und pauschal Gruppen auszunehmen. Diese sind in einer Einzelfallprüfung nach dem in der EU verankerten Vorsorgeprinzip vor einer Zulassung geboten.

Mehr Versprechen als Fakten

Neue Gentechnik – erste Anbauerfahrungen, Importantrag und Forschungen

Anbau neuer Gentechnikpflanzen

Global betrachtet sind erst zwei Pflanzen im kommerziellen Anbau, die mittels neuer Gentechnik entwickelt wurden: Das US-amerikanische Unternehmen Cibus vermarktet seit 2016 einen herbizidresistenten Raps (Anbauumfang in den USA 2019: 32.000 Hektar).[24] Erstaunlich ist, dass dieses Produkt im EU-Kommissionsbericht nicht genannt wird. Eine entsprechende Nachfrage der Arbeitsgemeinschaft bäuerliche Landwirtschaft (AbL) ist bisher nicht beantwortet worden. Das Unternehmen Calyxt, ebenfalls ansässig in den USA, vertreibt seit 2018 eine Sojasorte, deren Öl weniger der – als gesundheitsschädlich geltenden – Transfettsäuren enthält (Anbauumfang 2020 nach Unternehmensangaben: 40.460 Hektar).[25] Bislang wurde die Calyxt-Soja allerdings kaum von den Farmern angenommen. Dies scheint an den zu geringen Ernteerträgen zu liegen, so das US-Investmentmagazin *Seeking Alpha*.[26]

Erste CRISPR-Tomate auf dem Markt

Anfang 2021 wurde in Japan eine erste CRISPR-Tomate zum Verzehr freigegeben. Die Sorte »Sicilian Rouge High GABA« wird von der Firma Sanatech Seed vermarktet. 2021 wurden als erster Schritt Jungpflanzen an Hobbygärtner abgegeben, die sich bei der Firma melden. Der Grund für diesen Schritt seien noch andauernde Patentstreitigkeiten, die einen kommerziellen Verkauf des Saatguts verhinderten, so das japanische Citizens' Biotechnology Information Center.[27] In den Tomaten ist ein Inhaltsstoff (γ-Aminobuttersäure, GABA) um ein Vielfaches höher konzentriert als in Früchten aus konventioneller Züchtung. GABA kann die Übertragung bestimmter Reize im zentralen Nervensystem hemmen, weshalb dem Stoff eine blutdrucksenkende Wirkung beim Menschen zugesprochen wird. In den Tomatenpflanzen erfüllt GABA verschiedene Funktionen: Es beeinflusst unter anderem das Wachstum, Reaktionen gegen Schädlinge und Pflanzenkrankheiten sowie verschiedene Stoffwechselfunktionen. Unerwünschte Effekte sind aufgrund dieses Eingriffs durchaus wahrscheinlich; auf Risiken wurden die Tomaten allerdings nie untersucht.[28]

Erster Import-Zulassungsantrag für CRISPR/Cas-Mais

Auch bei der ersten Importzulassung und bei Forschungsvorhaben geht es hauptsächlich um Herbizid- und Insektenresistenz. Einen ersten Antrag auf Importzulassung in der EU hat

Corteva (DowDuPont) gestellt, für einen GV-Mais, der mithilfe »alter« und »neuer« Gentechnik entwickelt wurde. Der Mais DP915635 ist resistent gegen das Herbizid Glufosinat und produziert ein Insektengift. Mithilfe der Genschere CRISPR/Cas wurde eine zusätzliche DNA-Sequenz in das Erbgut des Mais eingebaut. Diese soll den Einbau weiterer Gene erleichtern. Sie wird auch als *landing pad* bezeichnet. Mit Hilfe alter Gentechnik wurden dann zwei Genkonstrukte in das *landing pad* und damit in das Erbgut des Mais übertragen. Diese vermitteln die Resistenz gegen Glufosinat und die Produktion des Insektentoxins. Christoph Then von Testbiotech kommentiert: »Das mehrstufige Verfahren kann viele ungewollte Veränderungen im Erbgut auslösen, die mit entsprechenden Risiken einhergehen.« Diese müssten umfassend untersucht werden.[29]

Produkte in der Pipeline

Marktbeobachtungen zeigen, dass Firmen die Markteinführung bereits angekündigter GV-Pflanzen wiederholt verschieben oder Produkte ohne weitere Begründung komplett aus den Pipelines verschwinden lassen.[30] So werben Calyxt und CIBUS mit mehr herbizidresistenten oder insektenresistenten Pflanzen, die bald auf den Markt kommen sollen. CIBUS plant herbizidresistenten Reis und Leinsamen, Calyxt verspricht eine gegen Kraut- und Knollenfäule resistente Kartoffel und mehltauresistenten Weizen. Der Zeitplan für diese Kommerzialisierungen wurde mehrfach verschoben. Auch ein »ballaststoffreicherer« Weizen sei in Planung. Ziel ist sei es, Weißmehlprodukte faserreicher zu machen (statt Vollkornprodukte zu essen …). 2021 sollte in den USA ein CRISPR-Waxy-Mais von Corteva auf den Markt kommen, mit einer veränderten Stärkezusammensetzung. Dieser Mais wurde mit CRISPR erzeugt, bei ihm sind einige Gene abgeschaltet worden, um den Amylose-Anteil zu reduzieren, der normalerweise bei rund 25 Prozent liegt. »Waxy Maize« soll nur noch Amylopektin-Stärke enthalten. Die daraus hergestellte Maisstärke quillt besser auf und bindet Flüssigkeit besser. (Solchen Wachs- oder Klebemais ohne Amylose gibt es schon lange, z. B. als gentechnikfreie Pflanze in Südostasien.) Der Corteva-CRISPR-Mais hat in den USA, Kanada, Brasilien, Argentinien und Chile bereits grünes Licht für den kommerziellen Anbau bekommen. In der EU und anderen Ländern wurde noch keine Importzulassung beantragt.[31]

Kommerzialisierung mehrfach verschoben

Pilztoleranter Weizen

54 Unternehmen des Bundesverbands Deutscher Pflanzenzüchter (BDP) haben ein Projekt initiiert, indem sie eine breite »Pilztoleranz von Weizen mittels neuer Züchtungsmethoden« (»PILTON«) erreichen wollen.[32] Mit CRISPR/Cas wurde ein bestimmtes Regulator-Gen des Weizens ausgeschaltet.[33] So soll eine länger andauernde und stärkere Abwehrreaktion gegen bestimmte Pilze herbeigeführt werden. Angestrebt wird eine breite Toleranz gegen die Pilzkrankheiten Braunrost, Gelbrost, Septoria und Fusarium – bei mehreren Kulturen. Im Sommer diesen Jahres sind die CRISPR-Pflanzen im Gewächshaus mit Pilzsporen infiziert worden, um zu untersuchen, ob die gentechnische Veränderung funktioniert. Die Ergebnisse sind noch nicht veröffentlicht. Aus Züchtersicht gibt es einige Fragen an das Projekt: Was bedeutet es aus physiologischer Sicht für die Pflanzen, wenn die Immunabwehr viel stärker und dauerhafter aktiviert wird? Welche Auswirkungen hat die multiple Toleranz gegenüber anderen für das Pflanzenwachstum förderlichen Pilzen, wie z. B. Mykorrhiza? Der Ansatz ist ein Hochrisikoansatz: Ein einziger Mechanismus soll gegen mehrere Pilzkrankheiten und am besten bei mehreren Kulturen wirken. Das kann erhebliche Folgen haben, wenn dieser durchbrochen wird. Die klassische Züchtung, die mit unterschiedlichen Resistenzen arbeitet, scheint der umsichtigere Weg. Von entscheidender Bedeutung sind auch ergänzende und vorbeugende Maßnahmen im Anbau (Fruchtfolge- und Düngemanagement) sowie Saatgutbehandlung.[34]

Hochrisikoansatz bei Gentechnik

»Klimaanpassungsfähige« und widerstandsfähige NGT-Pflanzen?

Ob mit CRISPR & Co schnell »klimaanpassungsfähige« und widerstandsfähige NGT-Pflanzen erzeugt werden können und ob diese dann auch auf dem Acker und in der Umwelt so funktionieren wie geplant, ist im Moment spekulativ. Es gibt kein »Klimaanpassungs-Gen«, das Zusammenspiel der Gene ist hochkomplex und Pflanzen haben sehr unterschiedliche

Reaktionsmöglichkeiten auf die verschiedenen Klimabedingungen. Aktuell werden Funktionen einzelner Gene in der Grundlagenforschung erforscht, eine Entwicklung von NGT-Sorten ist noch nicht abzusehen. Sollten durch CRISPR solche trockentoleranten Pflanzen erzeugt werden können, dann sind dies höchst wahrscheinlich NGT-Pflanzen mit Veränderung mehrerer Gene und dem Eingriff in komplexe Netzwerke. Diese müssten in jedem Fall reguliert werden.

Um schnell zum Erfolg zu kommen, ist die klassische Kreuzungs- und Selektionszüchtung geeigneter. So gab es rasche Fortschritte bei der Entwicklung trockenheitstoleranter und/oder nährstoffsuffizienter Maissorten, Bohnen und anderer Kulturpflanzen auf dem Wege klassischer Züchtung, wie eine Studie aufzeigt.[35] Unter anderem haben Wissenschaftler:innen einen Mais mit wenigen langen statt vielen kurzen Seitenwurzeln entwickelt, der in Feldversuchen unter limitiertem Stickstoffangebot 30 Prozent mehr Ertrag und unter Trockenstressbedingungen sogar 144 Prozent mehr Ertrag als die Vergleichssorten aufwies.[36] Zusätzliche Strategien zur Nutzung biologischer Vielfalt ergänzen die Kreuzungszüchtung: Sortenmischungen oder heterogene Populationen, die aus einer breiten Vielfalt von Pflanzen mit unterschiedlichen Eigenschaften bestehen, verfügen über das Potenzial, biotische und abiotische Stressfaktoren besser abpuffern zu können als homogene Sorten. Untersuchungen zeigen, dass z. B. heterogene Winterweizenpopulationen eine höhere Stabilität als homogene Sorten aufweisen.[37] Zudem braucht es vielfältige und resiliente Ackerbausysteme, die Humus aufbauen und Wasser halten. Diese sind zu stärken und zu fördern.

Klassische Zucht ist weiter

Wie geht's weiter?

Zeitplan der Kommission

Die Erstellung einer Folgenabschätzung soll laut Zeitplan bis zum zweiten Quartal 2022 erfolgen,[38] diese wird in der Regel extern vergeben, das Vorgehen ist sehr intransparent. Danach erfolgt eine weitere dreimonatige Konsultation, in diesem Fall erneut mit einem vorgegebenen zu beantwortendem Fragebogen. Teilnehmen können Stakeholder und Mitgliedstaaten. Danach könnte die Kommission einen Legislativvorschlag erarbeiten, der im zweiten Quartal 2023 vorgelegt werden soll. Danach erfolgt das Gesetzgebungsverfahren unter Beteiligung des EU-Rates und des Europaparlaments. Die Daten sind vorläufig und können auch verschoben werden.

Britische Regierung will Gentechnikrecht ändern

Nach dem Brexit plant die britische Regierung das Gentechnikrecht des Landes gravierend zu ändern. Großbritannien will eines der führenden Länder für Gentechnikforschung werden und ein positives Innovationsklima schaffen. Bei einer Konsultation im Februar 2021 hatte sich ein Großteil der Bürger:innen (88 Prozent) und eine Mehrheit der Unternehmen (64 Prozent) dafür ausgesprochen, NGT wie bisher unter dem Gentechnikrecht zu regulieren. Trotzdem erklärte das Landwirtschafts- und Umweltministerium DAFRA im September, dass noch vor Ende des Jahres auf dem Verwaltungsweg eine Verordnung erlassen wird, die Freisetzungsversuche erleichtern soll. Sofern die in den Pflanzen vorgenommenen gentechnischen Änderungen auch mit herkömmlichen Züchtungsmethoden entwickelt werden könnten, bräuchten sie künftig keine Genehmigung mehr – es reiche lediglich den Feldversuch anzumelden. Mittelfristig sollten solche NGT-Pflanzen nicht nach Gentechnikrecht reguliert werden. Eine »Ohrfeige ins Gesicht der Demokratie«, nannte die Organisation GMWatch die Pläne des Ministeriums. Es ignoriere komplett die wissenschaftlichen Belege für die Risiken neuer Gentechniken für Verbraucher:innen und Umwelt, die Wissenschaftler:innen eingebracht hätten.[39]

»Ohrfeige ins Gesicht der Demokratie«

Patente – Gegenwind für die Industrie

Moratorium für Patente auf Pflanzen und Tiere

Weiterhin werden Patentanträge auch auf konventionelle Züchtung gestellt. In den letzten zehn Jahren rund 100 Patentanträge pro Jahr, so ein Bericht von No Patents on seeds,[40] obwohl eine Patentierung von »im Wesentlichen biologischen Verfahren« laut europäischen Patentgesetzen verboten ist. Deshalb forderte das Bündnis »Keine Patente auf Saatgut!« den Verwaltungsrat des Europäischen Patentamts (EPA) und die Mitgliedstaaten Anfang 2021 auf, rechtlich klare Beschlüsse zu fassen, um zu verhindern, dass der Saatgutmarkt immer weiter unter die Kontrolle großer Konzerne gerät. Das Bündnis fordert eine klare Definition von »im Wesentlichen biologischen Verfahren«. Diese müssen alle Verfahren umfassen, einschließlich der zufälligen Mutationen, die z.B. durch chemische oder physikalische Mutagenese ausgelöst werden, sowie Selektion und Vermehrung. Es müsse klargestellt werden, dass auch »Produkte« aus im Wesentlichen biologischen Züchtungsverfahren nicht patentierbar sind. Zudem dürfen patentierte Merkmale nicht auf konventionell gezüchtete Pflanzen ausgeweitet werden, sondern müssten klar in ihrer Reichweite begrenzt sein.[41] Solange dafür keine Lösung gefunden wird, braucht es ein Moratorium für Patentanträge auf Pflanzen und Tiere.

Weiterhin Patente auf konventionelle Züchtungen

Umgehung bestehender Patentgesetze

Im Oktober 2021 protestierte das Bündnis mit 38 leeren Bierflaschen bestückt mit 38 Flaggen, die die Vertragsstaaten des EPA repräsentierten. Sie machten darauf aufmerksam, dass auch Züchter:innen, die keine Gentechnik anwenden wollen, zunehmend durch Patente auf die Neue Gentechnik bedroht werden. Zwar dürfen laut Europäischem Patentgesetz nur technische Verfahren patentiert werden. Das EPA aber setzt zufällige Mutationen mit Gentechnik gleich und hat auf dieser Grundlage auch bereits mehrere Patente auf konventionell gezüchtete Braugerste erteilt. Mit dieser Gleichsetzung wird ein weiteres Tor zur Umgehung der bestehenden Verbote weit geöffnet. Eine weitere Strategie der Patentanmelder:innen ist es, dass in Patentanträgen nicht mehr zwischen Gentechnik und konventioneller Züchtung unterschieden wird. Stattdessen werden alle Pflanzen mit bestimmten genetischen Eigenschaften beansprucht, unabhängig davon, durch welche Verfahren sie entstanden sind. Dabei wird die Genschere CRISPR/Cas sogar dazu genutzt, um genetische Veränderungen nach-

Patente für Neue Gentechnik bedrohen konventionelle Zucht

Fünf Kernforderungen an die neue Bundesregierung – aus Sicht der Gentechnik

1. Neue Gentechnikverfahren sind Gentechnik und müssen strikt nach Gentechnikrecht reguliert bleiben. Das in der EU geltende Vorsorgeprinzip ist konsequent anzuwenden. Alle gentechnisch veränderten Organismen und Produkte sind einer Risikountersuchung und -bewertung sowie einem Zulassungsverfahren zu unterziehen. Die Nulltoleranz bei nicht zugelassenen GVO ist umzusetzen. Dafür muss sich die neue Bundesregierung bei den anstehenden EU-Verhandlungen und Entscheidungen stark machen.
2. Um die Rückverfolgbarkeit von alten und neuen GVOs sicherzustellen, müssen Hersteller Nachweisverfahren, Kontroll- und Referenzmaterial bereitstellen. Dringend müssen Forschungsgelder in die Entwicklung von generellen Nachweisverfahren für Routineuntersuchungen sowie in die Identifizierung von Verfahren investiert werden. Die Bundesregierung muss sicherstellen, dass auch Importe auf neue GVO untersucht werden.
3. Die europäischen Regierungen müssen öffentliche europäische und internationale Register ausbauen. Forschende und Anwender:innen von Gentechnik müssen verpflichtet werden, alle nötigen Informationen für die Rückverfolgbarkeit und die Entwicklung eines Nachweisverfahrens zur Verfügung zu stellen. Das muss ab dem ersten Freisetzungsversuch mit einem GVO gelten.
4. Auch bei den neuen Gentechniken sind Transparenz bei Freisetzungsversuchen und Anbau, wirkungsvolle Koexistenzmaßnahmen, verschuldensunabhängige und gesamtschuldnerische Haftung im Schadensfall sowie das Verursacherprinzip konsequent anzuwenden.
5. Patente auf Leben sind zu stoppen und der freie Zugang zu genetischen Ressourcen – die Grundlage unserer Züchtung und Ernährungssouveränität – zu sichern. Die Bundesregierung muss dafür eintreten, dass eine Konferenz der Minister:innen der Vertragsstaaten des Europäischen Patentamtes (EPA) binnen eines Jahres einberufen wird, die dann wirksame Maßnahmen gegen Patente auf die konventionelle Zucht von Pflanzen und Tieren ergreifen müssen.

Icon: Gerald Wildmoser

zuahmen, die durch konventionelle Züchtung erreicht werden. Recherchen von »Kein Patent auf Saatgut!« zeigen, wie Bayer, Corteva, BASF, die Kleinwanzlebener Saatzucht (KWS) und Carlsberg versuchen, die bestehenden Verbote systematisch zu umgehen.[42] Um den Missbrauch des Patentrechtes zu beenden, startete »Kein Patent auf Saatgut!« Ende November eine Petition. Darin werden die Regierungen der Vertragsstaaten des EPA aufgefordert, Verantwortung zu übernehmen und eine Konferenz der Minister:innen einzuberufen und Patente auf Saatgut zu stoppen.[43]

Missbrauch des Patentrechts

Im Sommer 2021 ist der Fall eines ökologischen Gerstenzüchters bekannt geworden, der seine jahrzehntelange Züchtung durch Patentanträge der Firma Carlsberg bedroht sah. Der Fall zeigt, dass die technischen und rechtlichen Unsicherheiten, die mit derartigen Patentanträgen einhergehen, für viele Züchter:innen eine zu hohe Hürde sind, die extreme Kosten verursachen können. Eine Folge könnte sein, dass ökologische und konventionelle Züchter:innen im Zweifel ihre Sorten nicht anmelden, um Patentauseinandersetzungen zu vermeiden.[44]

Gentechnik im Koalitionsvertrag

»Die Züchtung von klimarobusten Pflanzensorten wollen wir unterstützen. Dazu verbessern wir die Rahmenbedingungen auch für Populationssorten, fördern Modellprojekte wie Crowd-Breeding, Digitalisierung, stellen Transparenz über Züchtungsmethoden her und stärken die Risiko- und Nachweisforschung,« so lautet der Absatz zu Gentechnik im Koalitionsvertrag – an dem klar ersichtlich ist, das unterschiedliche Positionen miteinander gerungen haben. Benannt wird »Transparenz« und »Risikoforschung«, diese können nur sichergestellt werden, wenn alle neuen Gentechnikverfahren entsprechend des EU-Vorsorgeprinzips als Gentechnik reguliert bleiben. Ein solch klares Bekenntnis fehlt im Koalitionsvertrag.

Koalitionsvertrag: Klares Bekenntnis zum Vorsorgeprinzip fehlt

Positiv ist, das Risiko- und Nachweisforschung gestärkt werden sollen. Im Forschungskapitel steht allerdings: »Wir wollen in allen Anwendungsgebieten biotechnologischer Verfahren forschen und die Ergebnisse nutzen« – das hieße im Bereich Landwirtschaft auch Freisetzung und Anbau. Dies könnte zukünftig eine der Konfliktlinien zwischen SPD, Grünen und der FDP sein. Eine Chance liegt darin, dass beide Ministerien, Ernährung und Landwirtschaft sowie Umwelt und Verbraucherschutz, in grüner Hand sind ebenso wie Wirtschaft und Klima. Bisherige Uneinigkeiten des Landwirtschafts- und Umweltressorts, die bei Abstimmungen stets zu Enthaltungen geführt haben, könnten nun zu einem »nein« beispielsweise bei Gentechnik-Importzulassungen werden. Das würde gegebenenfalls die Kräfteverhältnisse auf EU-Ebene ändern. Feststeht, dass die gentechnikkritische Bewegung weiter wachsam sein und für das Recht auf gentechnikfreie Landwirtschaft und Lebensmittelerzeugung kämpfen wird.

Ausblick und Forderungen

Die Auseinandersetzung um die Gentechnik bleibt wichtige Aufgabe der Zivilgesellschaft. Die EU-Kommission hat eine breite gesellschaftliche Debatte gefordert, d. h. auch, sie muss die Bedenken und Forderungen der Gesellschaft ernst nehmen und vorsorgende Maßnahmen auch für die neue Risikotechnologie ergreifen – statt der Industrie einen Freifahrtschein zu erteilen. Es gilt, die kritischen Wissenschaftler:innen anzuhören und eine umfassende Folgenabschätzung durchzuführen, die die ökologischen, sozialen und wirtschaftlichen Auswirkungen allesamt betrachtet. Europa steht vor wichtigen Entscheidungen. Die neue Bundesregierung muss sich für das Vorsorgeprinzip auch bei den NGT stark machen. Probleme wie Nachweisverfahren sind anzugehen. Den Erfolg der gentechnikfreien Bewegung, dass Europa weitgehend anbaufrei ist bei GV-Pflanzen, gilt es zu sichern. Um wirksamen Klimaschutz und eine echte Nachhaltigkeit zu erreichen, gibt es Praxislösungen aus der konventionellen und ökologischen Züchtung und von Bäuer:innen und Bauern. Diese risikoärmeren und effizienten Lösungen sind zu fördern und auszubauen.

Weichenstellung auf EU-Ebene – Bundesregierung gefordert

Anmerkungen

1 Beschluss (EU) 2019/1904 des Rates vom 8. November 2019 (...) (https://eur-lex.europa.eu/legal-content/DE/TXT/?uri=CELEX%3A32019D1904).
2 Friends of the Earth Europe et al.: EU-Lobby-Report – Wie sich die Gentechnik-Industrie EU Gesetze zurecht biegt. Brüssel 2021 (www.global2000.at/sites/global/files/Gentechnik-EU-Lobby-Report-2021.pdf).
3 Stakeholders' consultation (https://ec.europa.eu/food/plants/genetically-modified-organisms/new-techniques-biotechnology/ec-study-new-genomic-o_en).
4 European Commission: Study on the status of new genomic techniques under Union law and in light oft he Court of Justice ruling in Case C-528/16. Brüssels 29. April 2021 (https://ec.europa.eu/food/system/files/2021-04/gmo_mod-bio_ngt_eu-study.pdf). – Zusammenfassung auf deutsch: https://ec.europa.eu/food/system/files/2021-10/gmo_mod-bio_ngt_exec-sum_de.pdf. – Allgemeine EU-Seite zur Studie: https://ec.europa.eu/food/plants/genetically-modified-organisms/new-techniques-biotechnology/ec-study-new-genomic-techniques_en#_blank.
5 A. Volling und M. Nürnberger: Wahlfreiheit und Vorsorgeprinzip vorerst gestärkt. In: Der kritische Agrarbericht 2019, S. 179–289 (www.kritischer-agrarbericht.de/fileadmin/Daten-KAB/KAB-2019/KAB2019_279_289_Volling_Nuernberger.pdf).
6 EU-Kommission: Inception Impact Assessments. Legislation for plants produced by certain new genomic techniques / Vorläufige Folgenabschätzung. Rechtsrahmen für Pflanzen, die durch gezielte Mutagenese und Cisgenese gewonnen werden. 24. September 2021 (https://ec.europa.eu/info/law/better-regulation/have-your-say/initiatives/13119-Legislation-for-plants-produced-by-certain-new-genomic-techniques_de).
7 Brief der EU-Kommission vom 29. April 2021 an die portugiesische Ratspräsidentschaft (https://ec.europa.eu/food/system/files/2021-04/gmo_mod-bio_ngt_letter.pdf).
8 Erklärungen zu diesen Verfahren finden sich in dem Beitrag von Katharina Kawall in diesem Kritischen Agrarbericht, S. 299–304).
9 Verbände-Positionspapier vom 21. April 2021: Gentechnik auch in Zukunft strikt regulieren! Vorsorgeprinzip umsetzen. Wahl- und Gentechnikfreiheit sichern. Die Gentechnikfreiheit Deutschlands und Europas ist bedroht! (www.abl-ev.de/uploads/media/Gem_Positionspapier_Gentechnik_21042021_02.pdf).
10 BMU-Positionspapier vom 27. April 2021: Gentechnik in der Landwirtschaft: Für Wahlfreiheit und Vorsorgeprinzip (www.bmu.de/download/positionen-und-informationen-des-bundesumweltministeriums-zum-thema-gentechnik-in-der-landwirtschaft).
11 Retailers' Resolution: European Retailers Take a Strong Stand Against Deregulating New GMOs (dated 27. May 2021) (www.ohnegentechnik.org/fileadmin/user_upload/08_presse/Retailers_Resolution_Against_Deregulation_New_GMOs_27052021.pdf).
12 »Food Trend ›Clean Label‹ auf der Anuga 2021: Drei Viertel der Milch in Deutschland ohne Gentechnik hergestellt.« Pressemitteilung des VLOG vom 6. Oktober 2021 (www.ohnegentechnik.org/artikel/food-trend-clean-label-auf-der-anuga-2021-drei-viertel-der-milch-in-deutschland-ohne-gentechnik-hergestellt).
13 »Anuga 2021: Großes Potenzial bei ›Ohne Gentechnik‹-Schweine- und Rindfleisch.« Pressemitteilung des VLOG vom 10. Oktober 2021 (www.ohnegentechnik.org/artikel/anuga-2021-grosses-potenzial-bei-ohne-gentechnik-schweine-und-rindfleisch).
14 Zusammenfassung und Kernaussagen des Positionspapiers des BfN »New developments and regulatory issues in plant genetic engineering« vom 15. Oktober 2021 (www.bfn.de/sites/default/files/2021-10/2021_10_15_Zusammenfassung_Deutsch_final.pdf). Die englische Langfassung findet sich unter: www.bfn.de/publikationen/positionspapier/new-developments-and-regulatory-issues-plant-genetic-engineering.
15 Ebd.
16 Dazu ausführlich Kawall (siehe Anm. 8).
17 Europäische Kommission: Vorläufige Folgenabschätzung: Nachhaltiges EU-Lebensmittelsystem (https://ec.europa.eu/info/law/better-regulation/have-your-say/initiatives/13174-Nachhaltiges-EU-Lebensmittelsystem-neue-Initiative_de). Diese vorläufige Folgenabschätzung läuft parallel zur NGT-Folgenabschätzung. Der Gesetzesvorschlag ist aber erst für das vierte Quartal 2023 vorgesehen, also ein halbes Jahr später als bei den NGT.
18 Zulassung als »novel food« von Health Canada, Novel Food Information – Cibus Canola Event 5715 (Im-idazolinone and Sulfonylurea Herbicide Tolerant), modified 26. May 2016 (www.canada.ca/en/health-can-ada/services/food-nutrition/genetically-modified-foods-other-novel-foods/approved-products/novel-food-information-cibus-canola-event-5715-imidazolinone-sulfonylurea-herbicide-tolerant.htm).
19 P. Chhalliyil et al: A real-time quantitative PCR method specific for detection and quantification of the first commercialized genome-edited plant. In: Foods 9/9 (2020), 1245. DOI: 10.3390/foods9091245.
20 G. Buchholz: Detection method for Cibus SU Canola, ENGL Evaluation. Brief an die EU-Kommission vom 22. Oktober 2020 (www.ohnegentechnik.org/fileadmin/ohne-gentechnik/dokumente/Rechtliche_Stellungnahmen/GGSC_to_Commission_Cibus_SU_Canola_201022.pdf).
21 A. Hissting: Neue Gentechnik-Produkte sind nachweisbar. Illegale Importe stoppen. In: AbL (Hrsg.): CRISPR & CO. Neue Gentechnik – Regulierung oder Freifahrtschein? Texte zur aktuellen Diskussion. Hamm 2021, S. 64-69 (www.abl-ev.de/apendix/news/details/?tx_ttnews%5Btt_news%5D=3914&cHash=fed6366bf61040b07d494506f0c94d14). – Mehr zum Disput: A. Volling: Vorsorge ist Innovation – Gentechnik muss reguliert bleiben. In: Der kritische Agrarbericht 2021, S. 285–299 (www.kritischer-agrarbericht.de/fileadmin/Daten-KAB/KAB-2021/KAB_2021_285_299_Volling.pdf).
22 European Commission (siehe Anm. 4).
23 R. Schulz et al.: Applied pesticide toxicity shifts toward plants and invertebrates, even in GM crops. In: Science 372/6537 (2021), pp. 81–84. DOI: 10.1126/science.abe1148.

24 US-Landwirtschaftsministerium, USDA: Acreage Report. Washington, D.C. 2020 (www.northernca-nola.com/news/USDA-June-Acreage-Report).
25 E. Gelinsky: Warten auf die Superpflanzen. CRISPR & Co wecken übertriebene Erwartungen. In: AbL (siehe Anm. 21), S. 10–15.
26 B. Issa: Calyxt to exit farming operations and focus on seed science. In: Seeking alpha 10. December 2020 (https://seekingalpha.com/article/4394048-calyxt-to-exit-farming-operations-and-focus-on-seed-science).
27 Citizens' Biotechnology Information Center (1/2021): Japan's first genome-edited food item, a tomato, gets green light for distribution (www.ohnegen-technik.org/artikel/japan-crispr-tomate-ohne-gentechnik-pruefung).
28 Gelinsky (siehe Anm. 25).
29 »Erster Zulassungsantrag für CRISPR-Pflanzen in der EU.« Pressemitteilung von Testbiotech vom 22. April 2021 (www.testbiotech.org/pressemitteilung/erster-zulassungsantrag-fuer-crispr-pflanzen-in-eu).
30 GLOBAL 2000 et al.: Neue Gentechnik-Produkte und Profiteure. Wien 2021 (www.global2000.at/sites/global/files/Neue_Gentechnik-Produkte_und_Profiteure.pdf).
31 »Nicht zugelassene Gentechnik-Stärke könnte unerkannt nach Europa gelangen.« Pressemitteilung des VLOG vom 16. April 2021 (www.ohnegentech-nik.org/artikel/nicht-zugelassene-gentechnik-staerke-koennte-unerkannt-nach-europa-gelangen).
32 BDP: Projektbeschreibung Forschungsvorhaben »Pilton«. 2021 (www.pilton.bdp-online.de).
33 K. Kawall, C. Vollenweider und A. Volling: PILTON – das neue Weizenwunder? In: Unabhängige Bauernstimme 12 (2020), S. 18 (www.abl-ev.de/apendix/news/details/?tx_ttnews%5Btt_news%5D=3744&cHash=34dbdd86e7404c52b9bf42c3815d1f68&L=0).
34 C. Vollenweider: Züchterische Unabhängigkeit bewahren. Eine Bewertung der neuen Gentechnik aus der Perspektive eines ökologischen Züchters. In: AbL (siehe Anm. 21), S. 16–21.
35 N. Gilbert: Frugal farming. Old-fashioned breeding techniques are bearing more fruit than genetic engineering in developing self-sufficient super plants. In: Nature 533 (2016), pp. 308–310.
36 Q. Wember: Dürre Argumente der Gentechniklobby. Nur evolutive Züchtungsansätze können Klimaanpassung erreichen. In: AbL (siehe Anm. 21), S. 22–25.
37 C. Vollenweider et al.: Stability of yield and baking quality parameters of heterogeneous wheat populations. 71. Österreichische Pflanzenzüchtertagung, 23.–24. November 2020. – Siehe auch Vollenweider (siehe Anm. 34).
38 EU-Kommission: Rechtsvorschriften für Pflanzen, die mithilfe bestimmter neuer genomischer Verfahren gewonnen werden (https://ec.europa.eu/info/law/better-regulation/have-your-say/initiatives/13119-Rechtsvorschriften-fur-Pflanzen-die-mithilfe-bestimmter-neuer-genomischer-Verfahren-gewonnen-werden_de).
39 »Putting money before life.« Presse release of GM-Watch dated 29. September 2021 (www.gmwatch.org/en/news/latest-news/19892-putting-money-before-life).
40 Kein Patent auf Saatgut!: Patente auf unsere Nahrungspflanzen stoppen! Recherchen zu Patentanmeldungen aus dem Jahr 2020 zeigen, wie die Industrie die Verbote des Patentrechts umgeht. März 2021 (Kurzfassung: www.no-patents-on-seeds.org/sites/default/files/news/Patente%20auf%20unsere%20Nahrungspflanzen%20stoppen%20(2021)_1.pdf).
41 Keine Patente auf Saatgut!: Patente auf CRISPR & Co bedrohen die traditionelle Züchtung. Oktober 2021 (www.no-patents-on-seeds.org/sites/default/files/news/Hintergrund%20-%20Patente%20auf%20CRISPR&%20Co%20bedrohen%20die%20traditionelle%20Z%C3%BCchtung.pdf).
42 Ebd.
43 Link zur Petition: »Minister:nnenkonferenz einberufen und Patente auf Saatgut stoppen!« (www.no-patents-on-seeds.org/de/petition).
44 C. Schievelbein: Der Teufel liegt im Detail. Patente behindern Vielfalt in der Pflanzenzüchtung. In: Unabhängige Bauernstimme 7/8 (2021) S. 15 (www.abl-ev.de/fileadmin/Dokumente/AbL_ev/Gentechnikfrei/Hintergrund/Patente_M%C3%BCller_BS_7_2021_S_15.pdf).

Annemarie Volling
Gentechnik-Referentin der Arbeitsgemeinschaft bäuerliche Landwirtschaft (AbL) e.V.

volling@abl-ev.de

Kleine Veränderungen – große Wirkungen

Über Anwendungsmöglichkeiten der neuen Gentechnik und deren Risiken

von Katharina Kawall

Die Europäische Kommission hat mit ihrer Studie und ihrer vorläufigen Folgenabschätzung zu Anwendungen der neuen Gentechnikverfahren wie CRISPR/Cas einen Prozess über die Deregulierung einiger Gentechnikverfahren angestoßen. In den nächsten Jahren soll geprüft werden, inwieweit bestimmte Anwendungen der neuen Gentechnik in Pflanzen von der aktuellen Regulierung nach EU-Gentechnikrecht ausgenommen oder abgeschwächt reguliert werden können. Die Deregulierung könnte die überwiegende Mehrheit der Anwendungen in Pflanzen betreffen. In diesem Beitrag werden die wissenschaftlichen Grundlagen der neuen Gentechniken erklärt, um zu verstehen, über welche Anwendungen der Genscheren derzeit diskutiert wird. Außerdem werden Anwendungsmöglichkeiten der neuen Gentechnik zusammengefasst, mit denen tiefgreifende Veränderungen im Erbgut von Zielorganismen bewirkt werden können. Anhand von Beispielen wird gezeigt, dass auch kleine Veränderungen große Auswirkungen haben können.

Mit der neuen Gentechnik, auch Genome Editing genannt, können gezielt Veränderungen am Erbgut von verschiedenen Organismen erreicht werden. Das derzeit am häufigsten genutzte Verfahren ist die Genschere CRISPR/Cas, auf deren Anwendung in Pflanzen der Fokus dieses Beitrages liegt. Die Diskussionen um die neue Gentechnik sind für Nichtwissenschaftler:innen oft schwer nachzuvollziehen und wichtige Aspekte der Wirkweise der Genschere werden mitunter stark vereinfacht dargestellt. Es ist jedoch entscheidend, die Grundlagen zu verstehen, um die Potenziale und Risiken der Genscheren richtig einschätzen zu können. Die Bandbreite der Anwendungsmöglichkeiten reicht von einzelnen Punktmutationen bis hin zum Einbringen ganzer Gene. Der Beitrag erklärt zunächst leicht verständlich die wichtigsten Begriffe und wissenschaftlichen Zusammenhänge, ohne wichtige Details auszulassen, und zeigt dann, welche Veränderungen auch mit vermeintlich kleinen Mutationen möglich sind.

Anwendungen der Genschere

Die Genschere CRISPR/Cas muss zunächst im Labor in pflanzliche Zellen eingeschleust werden. Dafür wird die DNA zur Bildung der Genschere überwiegend mithilfe der alten Gentechnikverfahren, wie der Transformation mit dem Bodenbakterium *Agrobacterium tumefaciens* oder dem Schrotschussverfahren, in die Zellen eingebracht. Aus dieser Genscheren-DNA wird erst die eigentliche Genschere gebildet.

Diese besteht aus einer Schneidekomponente und einem kurzen Stück RNA (auch »guide RNA« bzw. »gRNA« genannt), die der Genschere als Erkennungskomponente dient. Die gRNA wird so entworfen, dass die Genschere eine spezifische Zielsequenz im Erbgut erkennt. Die Genschere sucht das Erbgut nach dieser spezifischen Zielsequenz ab, bindet daran und schneidet an dieser Stelle den Doppelstrang der DNA durch. Dieser Schnitt wird von der pflanzlichen Zelle als Schaden an der DNA wahrgenommen und aktiviert zelleigene DNA-Reparaturmechanismen, um den DNA-Schaden so schnell wie möglich wieder zu verschließen. Ausgehend von diesem DNA-Schaden können Wissenschaftler:innen sog. SDN-1-, SDN-2- und SDN-3-Anwendungen durchführen (Abb. 1).

Bei SDN-1-Anwendungen führt der Reparaturmechanismus NHEJ (*non-homologous end joining*) zu einer zufälligen und ungerichteten Reparatur des DNA-Schadens. Dabei wird entweder der Originalzustand der Zielsequenz wiederhergestellt oder es kommt zu kleinen Veränderungen (z. B. Punktmutationen, Insertionen oder Deletionen). Auf diesem Weg können Gene beispielsweise ausgeschaltet oder in ihrer Wirkung verändert werden. Sollte der Origi-

Abb. 1: Schematische Darstellung der Wirkungsweise der Genschere CRISPR/Cas9[1]

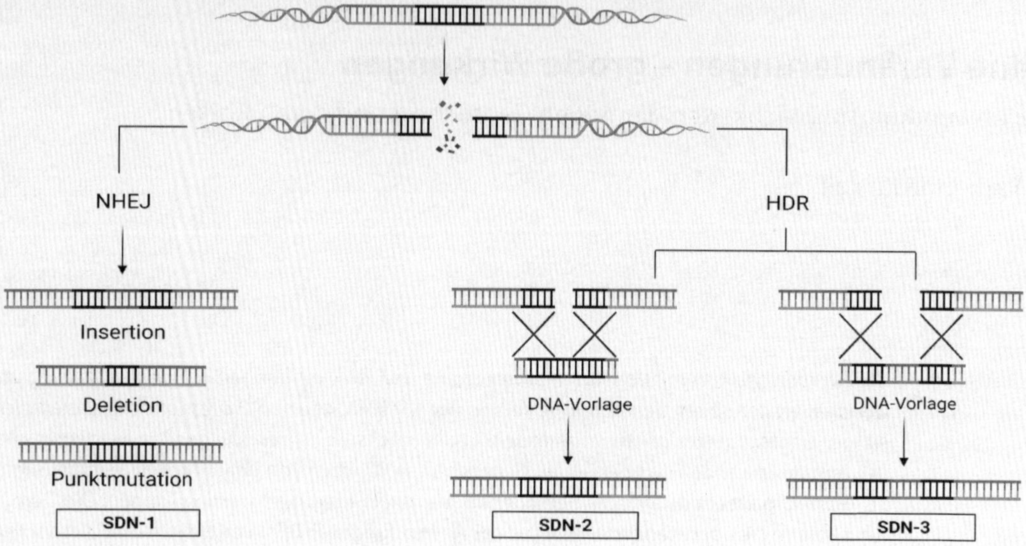

nalzustand wiederhergestellt werden, kann die Genschere erneut wirken und die DNA an der Zielsequenz schneiden. Es kommt dort also sehr wahrscheinlich zu einer Veränderung.

Bei SDN-2- und SDN-3-Anwendungen wird der DNA-Schaden durch einen anderen Mechanismus namens HDR (*homology-directed repair*) repariert. Dafür werden zusätzlich DNA-Vorlagen mit in die Zellen eingebracht, deren DNA-Sequenz bis auf die gewünschten Veränderungen mit der Zielsequenz übereinstimmt. Entsprechend der DNA-Vorlage können diese beabsichtigten Veränderungen dann in den Zielbereich eingebaut werden – es kommt also zu gerichteten Reparaturen. Bei SDN-2-Anwendungen werden kleinere DNA-Veränderungen herbeigeführt, bei SDN-3-Anwendungen längere DNA-Sequenzen bis hin zu ganzen Genen eingebracht.

Deregulierung von SDN-1- und SDN-2-Produkten?

Vor allem vermeintlich simple Veränderungen, wie sie durch SDN-1-Anwendungen hervorgebracht werden, sollen nach Ansicht von Industrie und verschiedenen wissenschaftlichen Institutionen zukünftig weniger streng oder gar nicht reguliert werden. Auch die EU-Kommission argumentiert, dass SDN-1- und SDN-2-Veränderungen mit natürlicherweise auftretenden oder durch induzierte Mutagenese entstandenen Mutationen gleichzusetzen seien.[2] Ganz nach dem Motto: Eine Punktmutation ist eben eine Punktmutation. Diese Pauschalisierung verkennt jedoch, wie tiefgreifend auch vermeintlich kleine Veränderungen des Erbguts aus SDN-1- und SDN-2-Anwendungen sein können. Nur noch komplexere Anwendungen, bei denen zusätzliche Gene eingefügt (SDN-3), besonders große Abschnitte des Erbguts verändert oder komplexe Eigenschaften hergestellt werden, sollen laut EU-Kommission wie Produkte aus der alten Gentechnik reguliert bleiben, also eine Risikobewertung und Zulassungsverfahren durchlaufen.

Ein Blick in eine systematische Literaturanalyse zeigt, dass rund 90 Prozent der marktorientierten Anwendungen der Genscheren in Pflanzen aus SDN-1-Verfahren stammen.[3] Die meisten dieser Anwendungen sind allerdings der Grundlagenforschung zuzuordnen. Für einen Großteil davon ist noch keine Marktzulassung geplant. Nur zu einem geringen Anteil arbeiten Forscher:innen mit gerichteten SDN-2- und SDN-3-Anwendungen. Der Grund: Die HDR-Reparatur in Pflanzen ist weniger effizient im Vergleich zur NHEJ-Reparatur, die zu SDN-1-Veränderungen führt. Sollten also »simple Veränderungen« durch SDN-1-Anwendungen von einer Risikobewertung ausgenommen werden, dann bedeutet das, dass die große Mehrheit der genomeditierten Pflanzen (GE-Pflanzen) in Zukunft *ohne* eingehende Risiko- und Sicherheitsprüfung zugelassen werden könnten.

Wundermittel zur Anpassung an den Klimawandel?

Es wird von verschiedenen Stakeholdern der Eindruck vermittelt, dass mithilfe der neuen Gentechnik Pflanzen entstehen können, die besser mit sich wechselnden Umweltbedingungen umgehen können und resistenter gegenüber Krankheitserregern sind. Solche GE-Pflanzen sollen so widerstandfähiger gegenüber den Auswirkungen des Klimawandels gemacht werden. Doch sind Praxisanwendungen solcher Pflanzen tatsächlich in naher Zukunft zu erwarten? Das ist im Moment unklar. Das Joint Research Centre (JRC) hat im Auftrag der EU-Kommission einen Bericht erstellt,[4] der unter anderem eine Übersicht über marktorientierte Anwendungen der neuen Gentechnik in Pflanzen gibt. Aus diesem geht hervor, dass die beiden einzigen bereits vermarkteten genomeditierten Produkte weltweit eine Soja der Firma Calyxt (USA) mit einer veränderten Fettsäurenzusammensetzung und eine Tomate, die einen blutdrucksenkenden Stoff bildet (Japan, aktuell in ausgesuchten Kleingärten), sind. Nur wenige GE-Pflanzen stehen kurz vor der Marktreife, bei den meisten davon wurde mit der Genschere eine Herbizidtoleranz erzeugt. Der Großteil der GE-Pflanzen befindet sich, laut der Analyse des JRC, noch in der Forschungs- und Entwicklungsphase.

Interessanterweise ist in der Datenbank der Europäischen Lebensmittelbehörde (EFSA) ein erster Antrag für die Importzulassung von Pflanzen zu finden, die mit CRISPR/Cas manipuliert wurden.[5] Ein Mais der Firma Pioneer wurde resistent gegen das Herbizid Glufosinat gemacht und produziert ein Insektengift. Die Genschere wurde dazu verwendet, um eine zusätzliche DNA-Sequenz in das Erbgut des Maises einzufügen. Diese DNA-Sequenz soll den Einbau weiterer Gene erleichtern und wird deswegen auch als *landing pad* bezeichnet. In das *landing pad* wurde dann mittels alter Gentechnik ein Genkonstrukt übertragen, das die Resistenz gegen ein Herbizid und die Produktion eines Insektengifts vermittelt. Bisher wurden in den GE-Pflanzen auf dem Markt oder kurz vor der Marktreife also Eigenschaften bewirkt, die den Zielen der Pflanzen aus der alten Gentechnik ähneln oder fragwürdige Veränderungen der Inhaltsstoffe bewirken. Im Moment ist noch nicht abzusehen, dass demnächst GE-Pflanzen vermarktet werden, die besser an extreme Umweltbedingungen angepasst sind. Über die tieferliegenden Probleme, solche Pflanzen herzustellen und auf die Frage, ob gentechnische Verfahren generell dazu geeignet sind, trockenheitstolerante Pflanzen herzustellen, sind wir in einem gesonderten Beitrag im *Kritischen Agrarbericht* 2021 näher eingegangen.[6]

Komplexe Veränderungen im Erbgut möglich

Warum sind Veränderungen des Erbguts durch CRISPR/Cas *nicht* mit natürlicherweise vorkommenden Mutationen gleichzusetzen? Diese Frage ist in der Diskussion um die Regulierung der neuen Gentechnikverfahren zentral. Ihre Beantwortung ist so komplex wie die Einsatzmöglichkeiten von Genome Editing: Mit den Genscheren können ganz neue genetische Kombinationen im Erbgut von Pflanzen erzeugt werden, die mit konventionellen Züchtungsverfahren bisher nicht möglich waren oder natürlicherweise nicht auftreten. Ähnlich wie beispielsweise Insektengiftigkeit in Pflanzen nur vorkommt, wenn diese transgen sind, können viele dieser Kombinationen in ihrer Gesamtheit oft gar nicht oder nur mit sehr geringer Wahrscheinlichkeit mit konventioneller Pflanzenzucht oder zufälligen Mutationen erreicht werden. Im Folgenden werden einige dieser tiefgreifenden Eingriffe erklärt:[7]

- Mit CRISPR/Cas ist es möglich, alle DNA-Bereiche zu verändern, die sich in ihrer Sequenz sehr ähnlich sind. Die Erkennungskomponente der Genschere wird dabei so entwickelt, dass die Genschere mehrere Genbereiche gleichzeitig mit der gleichen DNA-Sequenz erkennt und schneidet. Speziell Pflanzen haben oft ein redundantes Genom, d. h., Gene liegen oft mehrfach (als Genkopien oder Gene einer Genfamilie) oder als Varianten (sog. Allele) vor. Ist ein Gen in mehrfacher Ausführung vorhanden, können alle bzw. mehrere Gene von der Genschere CRISPR/Cas erkannt und verändert werden, wie beispielsweise beim hexaploiden Weizen, der einen sechsfachen Chromosomensatz besitzt und bei dem Gene in sechsfacher Kopie vorliegen. Alle Genkopien eines Gens gleichzeitig zu verändern war bisher nicht möglich.
- Beim Multiplexing werden mehrere gRNAs zusammen mit der Genschere in die pflanzlichen Zellen eingebracht, um unterschiedliche DNA-Bereiche gleichzeitig zu verändern. Dabei werden nicht nur einzelne Kopien der unterschiedlichen Zielgene verändert, sondern auch alle identischen Kopien der jeweiligen DNA-Sequenz. Durch Multiplexing können auch Bereiche des Erbguts gelöscht werden. Dafür werden zwei verschiedene Zielsequenzen durch die Genschere angesteuert und geschnitten. Dadurch kann der »herausgeschnittene« Teil zwischen den Zielbereichen gelöscht werden. Multiplexing wird z. B. verwendet, um mehrere Zielgene, die in einem DNA-Bereich nebeneinander liegen, gemeinsam auszuschalten.
- Mit CRISPR/Cas können Veränderungen auch in besonders geschützten Bereichen des Erbguts, also an Stellen wo natürlicherweise nur sehr selten Mutationen auftreten, induziert werden. Diese Bereiche des Erbguts werden dadurch geschützt, dass ein Reparaturmechanismus hier besonders aktiv wird und neu auftretende Mutationen gleich wieder repariert. Die Wirkungsweise der Genschere führt auch in solchen Bereichen zu Veränderungen: Falls ein durch CRISPR/Cas bewirkter DNA-Doppelstrangbruch so repariert

wird, dass der Originalzustand wiederhergestellt wird, kann CRISPR/Cas die Zielsequenz erneut erkennen und dort schneiden. Schlussendlich erhöht die Genschere so die Wahrscheinlichkeit, dass auch in diesen geschützten Bereichen des Erbguts Veränderungen auftreten können. Mit CRISPR/Cas kann also auch in Genbereiche eingegriffen werden, in denen Mutationen natürlicherweise eher unwahrscheinlich auftreten.

Beispiele von SDN-1-Anwendungen

In einer Analyse der marktorientierten[8] SDN-1-Anwendungen zeigte sich, dass in ungefähr der Hälfte davon komplexe Eingriffe wie Multiplexing und die Veränderung mehrerer identischer Genkopien durchgeführt werden.[9] Die andere Hälfte der marktorientierten SDN-1-Anwendungen machen einzelne Genveränderungen (Punktmutationen) aus. Darin enthalten sind auch Veränderungen, die natürlicherweise oder durch induzierte Mutagenese nicht auftreten, wie beispielsweise bei der GE-Tomate mit einem stark erhöhten GABA-Gehalt: Bei dieser Tomate wurde ein ganz bestimmter Bereich des Zielgens verändert, der auch nach vielfachen Versuchen mit chemischer Mutagenese nicht verändert werden konnte.[10] Erst mit CRISPR/Cas konnten dort Veränderungen herbeigeführt werden. Dass diese Tomate also auch durch natürlicherweise vorkommende Mutationen erzeugt werden könne, ist wissenschaftlich zweifelhaft. Auch bei den anderen Anwendungen sind weitere Analysen notwendig, um zu untersuchen, wie hoch der Anteil an natürlicherweise vorkommenden Mutationen wirklich ist. In Tabelle 1 sind einige Beispiele aus der wissenschaftlichen Literatur aufgelistet, die zeigen, welche komplexen Veränderungen mit SDN-1-Anwendungen möglich sind.

In einem Weizen wurden beispielsweise 35 von insgesamt 45 Genkopien gleichzeitig mit der Genschere ausgeschaltet, um den Glutengehalt der Pflanzen zu verringern. Mit konventioneller Züchtung waren solche komplexen Genveränderungen bisher nicht möglich. Mit vielen kleinen Veränderungen wurde dieser Weizen sozusagen »umprogrammiert«. Das Beispiel zeigt, dass mit der neuen Gentechnik sehr wirkmächtige Werkzeuge zur Verfügung stehen, mit denen durch viele »kleine« Veränderungen viele verschiedene Eigenschaften verändert werden können. Von den erwünschten (neuen) Eigenschaften können aber auch unerwünschte Effekte ausgehen, die ein Risiko für Umwelt und Gesundheit darstellen können und untersucht werden müssen. Es muss genau überprüft werden, ob in dem Weizen beispielsweise neue Gluten-Eiweißstoffe produziert werden, die wiederum zu Entzündungen führen können.

Unbeabsichtigte Veränderungen

Die Risikobewertung von GE-Pflanzen muss unbeabsichtigte Effekte berücksichtigen, die durch die gentechnischen Methoden verursacht werden können. Prozessbasierte Risiken sind im Falle der Genschere CRISPR/Cas sog. Off-target- und On-target-Effekte, die Bildung von unbeabsichtigten Genprodukten (z. B. allergieauslösende Stoffe), der Einbau artfremder DNA sowie unbeabsichtigte Veränderungen, die durch die Anwendung der alten Gentechnik auftreten können.[11]

Ein weiterer Begleitbericht des JRC zur Studie der EU-Kommission beinhaltet eine Technikcharakterisierung der Genschere und gibt einen Überblick über die Möglichkeiten, komplexe Veränderungen im Erbgut umzusetzen. Allerdings fehlt hier eine Einschätzung, wie die Risiken von Organismen mit neuen komplexen Eigenschaften bewertet werden sollten.[12] Außerdem werden die Risiken, die mit den Anwendungen der neuen Gentechnik einhergehen, nur unzureichend beschrieben. Im JRC-Bericht zur Technikcharakterisierung werden die Off-target-Effekte

Tab. 1: Mögliche komplexe Veränderungen mit SDN-1-Anwendungen

Pflanzenart	Anzahl Chromosomen	genetische Veränderung	Zielgen(e)	Eigenschaften	Technik
Tomate	zweifach	Punktmutation	GAD3	erhöhter GABA-Gehalt	CRISPR/Cas SDN-1
Tabak	zweifach	kleine Insertionen in 12 Genkopien	BBL-Genfamilie	reduzierter Nikotingehalt	CRISPR/Cas SDN-1
Reis	zweifach	Multiplexing von 16 verschiedenen Genen	u. a. GS3, GW2	verschiedene agronomisch relevante Eigenschaften sowie bakterielle Resistenz	CRISPR/Cpf1 SDN-1
Weizen	sechsfach	Veränderung von 35 aus 45 Genvarianten	α-Gliadin-Genfamilie	reduzierter Glutengehalt	CRISPR/Cas SDN-1
Leindotter	sechsfach	Veränderung von 18 Genkopien	FAD2	veränderter Fettsäuregehalt	CRISPR/Cas SDN-1

(OTEs) als unbeabsichtigte Risiken bei einer Anwendung in Pflanzen genannt, weitere ungewollte Effekte werden nicht berücksichtigt. Die Relevanz von OTEs wird darin als vernachlässigbar dargestellt, da OTEs selten auftreten und sie in nachfolgenden Generationen ausgekreuzt werden könnten. Diese Pauschalisierung wird durch wenige wissenschaftliche Publikationen gestützt. Eine systematische Analyse, vor allem in weniger gut untersuchten Nutzpflanzen, fehlt.

In den USA zeigte sich letztes Jahr bei Rindern, was passieren kann, wenn nicht ausreichend nach unbeabsichtigten Veränderungen gesucht wird: Mithilfe einer Genschere wurde ein Gen für Hornlosigkeit übertragen.[13] Dieser Vorgang wird auch Cisgenese genannt, bei der arteigene Gene eingebracht werden. Dabei wurde aber (unbeabsichtigt) prozessbedingt ein großer DNA-Abschnitt von den Bakterien in das Erbgut der Rinder eingefügt, die die Genschere in die Zellen eingebracht haben. Die Wissenschaftler:innen selbst haben dies nicht bemerkt. Erst in viel späteren Untersuchungen von Behörden wurden diese unbeabsichtigten Effekte bemerkt. Es zeigt sich also, dass bei der Risikoprüfung alle eingesetzten Verfahren berücksichtigt werden müssen.

Ungewollte Umweltauswirkungen

Auch wenn die Veränderungen der DNA durch Genome-Editing-Verfahren erfolgreich und zielgenau sind, können deren Wirkungen auf der Ebene des Organismus ganz anders sein als beabsichtigt. Hier darf »präzise« nicht mit »sicher« gleichgesetzt werden. Durch Wechselwirkungen mit anderen Genen kann sich beispielsweise die Zusammensetzung der Inhaltsstoffe von Pflanzen verändern oder diese können anfälliger für Krankheiten werden. Betroffen werden können beispielsweise auch die Wechselwirkungen mit Bestäubern, Bodenorganismen oder der Nahrungskette sein. Diese Auswirkungen sind zum Teil schwer zu entdecken, weil es hier nicht ausreicht, nur die Struktur der DNA zu untersuchen. Stattdessen müssten oft komplexe Stoffwechselvorgänge in der Zelle genauer geprüft werden.

Pflanzen treten in ihrem jeweiligen Ökosystem mit vielen anderen Arten in Wechselwirkung. Auch auf dieser Ebene können unbeabsichtigte Auswirkungen auftreten. Hier sind – neben dem Schädlingsbefall – auch die äußeren klimatischen Bedingungen wie z. B. Trockenheit oder schwankende Temperaturbedingungen relevant, da sie unter anderem Entwicklung und Stressreaktionen der Pflanze beeinflussen. Diese Umweltfaktoren können in der Pflanze Prozesse hervorrufen, bei denen beispielsweise Gene an- bzw. abgeschaltet werden. Die durch CRISPR/Cas bewirkten Veränderungen können hierbei unbeabsichtigte Auswirkungen auf Stoffwechselprozesse und natürliche Interaktionen haben.

Ein Beispiel aus der wissenschaftlichen Literatur kann diese Aspekte veranschaulichen: Mit CRISPR/Cas wurden Veränderungen im Erbgut des Leindotters bewirkt, wie sie mit konventionellen Verfahren bisher nicht erreichbar waren.[14] Dabei wurden mit Hilfe der Genschere drei Gene und all ihre Genkopien so verändert, dass sich die Fettsäurezusammensetzung in den Samen der Pflanzen verändert hat. Insgesamt wurden 18 Genorte verändert. Die Ölsäuren, die in diesen Leindotter Pflanzen verstärkt gebildet werden, können die Gesundheit, das Wachstum und die Fortpflanzungsrate von Wildtieren verändern, die von solchen Pflanzen fressen. Außerdem können Interaktionen mit nützlichen oder schädlichen Insekten/Bestäubern gestört werden, da beispielsweise bestimmte Botenstoffe des Leindotters nicht mehr ausreichend gebildet werden können. Das kann auch dazu führen, dass die Abwehr von Pflanzenkrankheiten geschwächt wird.

Der Bericht des JRC über marktorientierte Anwendungen der neuen Gentechnik in Pflanzen listet insgesamt 426 Pflanzen auf, die sich derzeit bei verschiedenen Forschungsinstituten und Firmen in der Entwicklung befinden. Sollten SDN-1-Anwendungen, wie von der Industrie gefordert, von einer Risikobewertung ausgenommen werden, dann hieße das, dass eine Vielzahl dieser genomeditierten Organismen in relativ kurzer Zeit ungetestet freigesetzt werden könnte – sei

Folgerungen & Forderungen

- Vermeintlich kleine Veränderungen wie Punktmutationen können tiefgreifende Auswirkungen haben.
- Punktmutationen können nicht pauschal als sicher angesehen werden, nur weil beispielsweise keine neuen Gene ins Genom eingefügt werden.
- Anwendungen der Genscheren können unbeabsichtigte Veränderungen im Erbgut der Zielorganismen bewirken.
- Mithilfe der Genscheren können Veränderungen im Erbgut gemacht werden, wie sie mit konventioneller Züchtung nicht möglich sind und auch natürlicherweise nicht auftreten.
- Die Risikobewertung von genomeditierten Pflanzen, inklusive SDN-1- und SDN-2-Anwendungen, muss sowohl den gentechnischen Prozess, mit dem Veränderungen herbeigeführt werden, als auch das Endprodukt berücksichtigen.
- Alle neuen Gentechnikorganismen müssen gemäß dem Vorsorgeprinzip einer Risikoprüfung und -bewertung unterzogen werden.

es aus kommerziellem Interesse oder zu Forschungszwecken. Welchen Einfluss solche GE-Pflanzen auf die bestehenden Ökosysteme haben, ist im Moment schwer vorherzusagen; aber ungewollte Eingriffe in natürliche Prozesse sind sehr wahrscheinlich.

Fazit: Es handelt sich bei den Genscheren also ganz klar um Gentechnikverfahren, die auch mit gewissen Risiken einhergehen. Ihre Anwendungsformen sind sehr vielfältig, deshalb muss im jeweiligen Einzelfall geprüft werden, ob Risiken für die Gesundheit oder die Umwelt bestehen. Diese Pflanzen aus dem Gentechnikrecht auszunehmen, würde bedeuten, dass sie entwickelt, freigesetzt und ohne verpflichtende Risikoprüfung und -bewertung im Zuge eines Zulassungsverfahrens angebaut und auf den Markt gebracht werden könnten, ohne jegliche Kontrollmöglichkeiten und Transparenz. Die Auswirkungen, die das auf unsere Umwelt haben kann, sind im Moment unkalkulierbar. Wenn Wissenschaftler:innen und Gentechnikindustrie das Erbgut von Pflanzen bewusst verändern wollen, dann müssen die Folgen auch überprüfbar sein und sie auch die Verantwortung dafür übernehmen.

Das Thema im Kritischen Agrarbericht

- Katharina Kawall: Mit den neuen Gentechnikverfahren dem Klimawandel trotzen? In: Der kritische Agrarbericht 2021, S. 300–305.
- Katharina Kawall: Die neuen Gentechnikverfahren. Eine Bewertung aus naturwissenschaftlicher Sicht. In: Der kritische Agrarbericht 2019, S. 290–297.
- Stefanie Hundsdorfer: Präzise, sicher und unentbehrlich? Argumente von Befürwortern der neuen Gentechnikverfahren auf dem Prüfstand. In: Der kritische Agrarbericht 2019, S. 298–304.
- Annemarie Volling und Marcus Nürnberger: Entwicklungen & Trends 2017: Neue Verfahren, neue Probleme – Gentechnik zwischen Offensive und Widerstand. In: Der kritische Agrarbericht 2018, S. 271-285, hier: S. 277–282.
- Christoph Then: Gentechnik, die keine sein soll ... Wie die Industrie versucht, neue Gentechnik-Verfahren bei Pflanzen und Tieren als konventionelle Züchtung einzustufen. In: Der kritische Agrarbericht 2016, S. 277–282.
- Christoph Then: Gentechnik oder nicht? Neue Züchtungsverfahren bei Pflanzen und Tieren. In: Der kritische Agrarbericht 2015, S. 253–258.

Anmerkungen

1 Abbildung erstellt mit BioRender.com.

2 European Commission: Study on the status of new genomic techniques under Union law and in light of the Court of Justice ruling in Case C-528/16. Brussels 29. April 2021 (https://ec.europa.eu/food/system/files/2021-04/gmo_mod-bio_ngt_eu-study.pdf).

3 D. Modrzejewski et al.: 2. Aktualisierung der Übersicht über Nutz- und Zierpflanzen, die mittels neuer molekular-biologischer Techniken für die Bereiche Ernährung, Landwirtschaft und Gartenbau erzeugt wurden – marktorientierte Anwendungen (Version 20. März 2020) (www.bmel.de/SharedDocs/Downloads/DE/_Landwirtschaft/Gruene-Gentechnik/NMT_Uebersicht-Zier-Nutzpflanzen.html).

4 C. Parisi and E. Rodríguez-Cerezo: Current and future market applications of new genomic techniques. Ed. by Jount Research Centre (JRC). Luxembourg 2021 (https://op.europa.eu/en/publication-detail/-/publication/8940fa16-a17e-11eb-b85c-01aa75ed71a1/language-en).

5 Zulassungsantrag siehe: www.testbiotech.org/sites/default/files/EFSA-Q-2020-00834-EFSA-GMO-NL-2020-172_%20Summary.pdf.

6 Siehe hierzu K. Kawall: Mit den neuen Gentechnikverfahren dem Klimawandel trotzen? In: Der kritische Agrarbericht 2021, S. 300–305. – Dort auch der Beitrag des ökologischen Pflanzenzüchters Quirin Wember: Dürre Argumente der Gentechniklobby. Über die vielfältigen Mechanismen der Trockenheitstoleranz und das Scheitern der Gentechnik (ebd., S. 302 f.).

7 Weitere sind im zweiten Hintergrundpapier über die Möglichkeiten von CRISPR/Cas von der Fachstelle Gentechnik und Umwelt zu finden (https://fachstelle-gentechnik-umwelt.de/hintergrund-informationen/).

8 Marktorientiert bedeutet, dass Eigenschaften in den Pflanzen mit SDN-1-Anwendungen verändert wurden, die für eine Kommerzialisierung von Interesse sein könnten.

9 K. Kawall: The generic risks and the potential of SDN-1 applications in crop plants. In: Plants 10/11 (2021). DOI: 10.3390/plants10112259.

10 S. Nonaka et al.: Efficient increase of ?-aminobutyric acid (GABA) content in tomato fruits by targeted mutagenesis. In: Scientific Reports 7/7057 (2017). DOI: 10.1038/s41598-017-06400-y.

11 Eine ausführliche Beschreibung der Risiken sind auf der Webseite der Fachstelle Gentechnik und Umwelt zu finden (https://fachstelle-gentechnik-umwelt.de/wp-content/uploads/FGU_CRISPR_Risiken2.pdf).

12 W. Broothaerts et al.: New genomic techniques: State-of-the-art review. Ed. by Joint Research Centre (JRC). Luxembourg 2021. DOI: 10.2760/710056.

13 A. L. Norris et al.: Template plasmid integration in germline genome-edited cattle. In: Nature Biotechnology 38/2 (2020), pp.163-164. DOI: 10.1038/s41587-019-0394-6.

14 K. Kawall: Genome-edited Camelina sativa with a unique fatty acid content and its potential impact on ecosystems. In: Environmental Sciences Europe 33/38 (2021). DOI: 10.1186/s12302-021-00482-2.

Dr. Katharina Kawall
bis Ende 2017 am Max-Planck-Institut für Infektionsbiologie in Berlin. Seit 2018 Leiterin der Fachstelle für Gentechnik und Umwelt (FGU) in München.

info@fachstelle-gentechnik-umwelt.de

Neue »Bio«-Pestizide mit RNA-Sprays?

Konzerne arbeiten an einem neuen Pestizidtyp aus RNA – ein Blick auf die Entwicklung

von Benno Vogel

Chemisch-synthetische Pestizide sind ein Auslaufmodell. Sie belasten Gesundheit und Umwelt, werden von der Bevölkerung weitgehend abgelehnt und geraten auch politisch unter Druck. Daher entwickeln Konzerne wie Bayer und Syngenta einen neuen Typ von Pestiziden, der den Pflanzenschutz »naturverträglich« und – so die Vision – chemisch-synthetische Mittel überflüssig machen soll. Der neue Typ besteht aus doppelsträngiger Ribonukleinsäure, kurz dsRNA, und somit aus einer Substanz, die sich gezielt auf eine einzelne Art von Schädling oder Krankheitserreger zuschneiden lassen soll. Da dsRNA in der Natur vorkommt und spezifisch wirken könnte, präsentieren die Konzerne den neuen Typen als präzises, risikoarmes Mittel für den biologischen Pflanzenschutz. Doch sind dsRNA-Pestizide wirklich so natürlich und risikoarm? Der Beitrag wirft einen Blick auf die Entwicklungen und zeigt, dass Skepsis angebracht ist – und zwar nicht nur, weil auch Gentechnik mit im Spiel ist.

»Faszinierend«, »bahnbrechend«, »revolutionär« – glaubt man den Worten von Forschenden, bricht im Pflanzenschutz eine neue Ära an. Auslöser ist ein neuartiger Wirkstoff, der nicht nur eine naturverträgliche Bekämpfung von Schädlingen und Krankheitserregern ermöglichen soll, sondern – so die Vision – dereinst chemisch-synthetische Pestizide ersetzen könnte. Der Name des Wirkstoffs ist doppelsträngige Ribonukleinsäure oder kurz dsRNA. Was sie besonders macht, ist ihre Janusköpfigkeit: Auf der einen Seite ist sie natürlichen Ursprungs und eigentlich ungiftig – sie kommt in allen Lebewesen vor und wir nehmen sie täglich mit unserer Nahrung auf. Auf der anderen Seite aber können Forschende sie in eine tödliche Substanz verwandeln.

Wie das Umwandeln funktioniert, zeigt etwa GreenLight Biosciences. Die US-Firma ist die Herstellerin von Ledprona – einem Insektizid gegen den Kartoffelkäfer, das 2022 als weltweit erstes dsRNA-Pestizid in den USA auf den Markt kommen soll. Für die Entwicklung des neuen Präparats suchten Forschende der Firma zuerst ein Protein, das der Kartoffelkäfer zum Überleben braucht. Dann identifizierten sie im Erbgut des Schädlings das Gen, das für die Bildung des Proteins aktiv sein muss. Schließlich stellten sie dsRNA mit der Sequenz dieses Gens her. Sprühen sie diese dsRNA nun auf Kartoffelblätter, nimmt der Käfer die dsRNA beim Fressen auf und der Wirkstoff gelangt in seine Zellen. Dort löst die dsRNA einen Prozess namens RNA-Interferenz aus, der das korrespondierende Gen stilllegt. Die Folge: Das lebensnotwenige Protein fehlt, der Käfer stirbt.

Sinkende Kosten und steigende Interessen

Die Idee, dsRNA für den Pflanzenschutz zu nutzen, gibt es seit Mitte der 2000er-Jahre. Bis vor Kurzem noch schien sie aber kaum realisierbar; viel zu teuer war die Herstellung der Moleküle. Doch dank neuer Verfahren ist RNA jetzt billig geworden: Kostete die Herstellung von einem Gramm dsRNA vor zehn Jahren noch 12.000 Euro, ist die gleiche Menge heute für weniger als 50 Cent produzierbar. Die Folge ist nicht nur ein Schub in der Forschung – in der Onlinedatenbank *ScienceDirect* etwa hat sich die Zahl der jährlichen Veröffentlichungen zu dsRNA-Pestiziden seit 2010 verachtfacht –, sondern auch ein gesteigertes kommerzielles Interesse. Neben GreenLight Biosciences arbeitet bereits rund ein Dutzend weiterer Firmen an den neuartigen Pestiziden – darunter auch die Großen: Bayer, Syngenta und Co (Tab. 1).

Den Konzernen kommt der neue Pestizidtyp gut zupass, brauchen sie doch zunehmend eine Alternative zu ihren bisherigen chemisch-synthetischen

Tab. 1: Firmen, die dsRNA-Pestizide gegen Pflanzenschädlinge und -krankheitserreger entwickeln

Firma	Land	Schädlinge und Krankheitserreger
AgroSpheres	USA	Blütenthripse, Herbst-Heerwurm, Kohlmotte, Botrytis
BASF	Deutschland	Fusarium
Bayer	Deutschland	Grüne Reiswanze, Gemeine Spinnmilbe, Kartoffelkäfer, Kohlerdfloh
Corteva	USA	Kohlhernie
Greenlight Biosciences	USA	Gemeine Spinnmilbe, Herbst-Heerwurm, Kartoffelkäfer, Kohlmotte, Botrytis, Fusarium, Mehltau
Lotan	Brasilien	Weiße Fliege
NanoSUR	USA	Kohlmotte
Nufarm	Australien	Weiße Fliege, Bohnenmosaikvirus
RLP AgroScience	Deutschland	Kirschessigfliege
RNAissance	USA	Kohlmotte, Herbst-Heerwurm
Syngenta	Schweiz	Kartoffelkäfer, Maiswurzelbohrer, Stinkkäfer
Trillium Ag	USA	Herbst-Heerwurm, Maiswurzelbohrer, Stinkkäfer

Pestiziden. Denn die stehen als Mitverantwortliche der Biodiversitätskrise stark unter Beschuss. So hat jüngst eine Million Menschen die Europäische Bürgerinitiative »Bienen und Bauern retten« unterschrieben, die chemisch-synthetische Pestizide bis 2035 verbieten will. Und die EU-Kommission hat im Rahmen ihrer Strategie »Vom Hof auf den Tisch« (*farm to fork*) das Ziel beschlossen, den Einsatz chemischer Pestizide in der Landwirtschaft bis 2030 zu halbieren und die Verwendung gefährlicherer Pestizide um 50 Prozent zu reduzieren. Um die dsRNA-Sprays als Alternative zu präsentieren, haben die Konzerne denn auch eine klare Botschaft parat: Da dsRNA eine natürliche Substanz ist und sich spezifisch auf Gene einer Schädlingsart zuschneiden lässt, sei sie ein präzises und risikoarmes Mittel für den biologischen Pflanzenschutz.

Unsicherheiten und Wissenslücken

Doch sind die von den Konzernen als »Biologika« und »Biopestizide« ausgelobten RNA-Mittel wirklich so natürlich und risikoarm? Ein näherer Blick auf die Technik weckt nicht nur Zweifel, sondern offenbart auch Unsicherheiten und Wissenslücken, die bei der Bewertung der dsRNA-Sprays bestehen.

Einer der Aspekte, der in der Botschaft der Industrie unerwähnt bleibt, ist, dass die »natürliche« dsRNA aus unnatürlicher Quelle stammt. Denn die Produktion des neuen Wirkstoffs erfolgt in Fermentern und zwar entweder mit gentechnisch veränderten (gv) Bakterien oder – dank den neusten Fortschritten in der Synthetischen Biologie – zellfrei mit Substanzen, die aus dem Zellsaft von gv-Bakterien gewonnen sind. Das Szenario, das aus der Herstellungsweise entsteht: gv-Bakterien und ihre DNA könnten als Rückstände in den Sprühmitteln mit auf die Felder und in die Umwelt kommen.

Wissenslücken gibt es, was Off-target-Effekte – also die Wirkungen auf unbescholtene Insektenarten – betrifft. So ist etwa kaum bekannt, wie sich versprühte dsRNA im Nahrungsnetz verbreiten und welche Insektenarten exponiert sein könnten.[1] Unklar ist derzeit auch, wie lange dsRNA in der Umwelt verbleibt. Bis vor Kurzem lagen hierzu nur Daten der Industrie vor, die auf einen schnellen Abbau hinweisen. Doch jüngst haben unabhängige Forschende gezeigt, dass dsRNA länger als angenommen überleben dürfte[2] und die Annahme hinterfragt werden muss, dsRNA sei ein instabiles Molekül.[3]

Auch die These, dass dsRNA-Sprays für den Menschen ungefährlich seien, weil die Moleküle nach Verzehr rasch zerfallen und nicht in die Blutbahn gelangen, ist zu überprüfen. Neuere Daten weisen nämlich darauf hin, dass dsRNA, die wir mit unserer Nahrung aufnehmen, nicht nur das Blut erreichen, sondern auch die Aktivität unserer Gene beeinflussen kann.[4]

Nanoverpackungen verstärken Risiken

Firmen arbeiten daran, dsRNA wirksamer zu machen. Die Strategien, die sie dabei verfolgen, dürften nicht nur das Risikoprofil der dsRNA-Sprays beeinflussen, sondern auch an ihrem Image als »natürliches Mittel« kratzen. Die US-Firmen NanoSUR und Trillium Ag z. B. entwickeln chemisch modifizierte dsRNA, die das Molekül vor dem Abbau durch Nukleasen schützen soll. Das steigert zwar die Wirkung der Sprays, doch im Gegenzug könnte die Modifikation auch die Giftigkeit der dsRNA für Mensch und Tier erhöhen.[5] Eine weitere Strategie ist die Verpackung in Nanomaterialien. Bayer arbeitet mit *carbon dots*, Syngenta mit Nanopolymeren und Nufarm mit BioClay genannte Tonmineralien. Letztere etwa können die Wirkdauer der Sprays von fünf auf 20 Tage verlängern. Eine Kehrseite der Nanoverpackung: Nicht nur Schädlinge und Krankheitserreger, sondern auch Nichtzielorganismen können der dsRNA länger ausgesetzt sein. Zudem könnten die Nanopartikel selbst unerwünschte Wirkungen zeigen. Ob sie das tun? Forschende der China Agricultural University schrieben kürzlich: »Informationen über die Umweltrisiken von Nanopartikel-basierten RNA-Pestiziden sind kaum erhältlich.«[6]

Eine dritte Strategie verfolgt AgroSpheres. Die US-Firma will die dsRNA in Minizellen auf die Felder bringen – das sind aus gv-Bakterien gewonnene, vermehrungs*un*fähige und chromosomenfreie Zellen. Ob diese Minizellen in der EU als gentechnisch veränderte Organismen (GVO) gelten, bleibt ebenso zu klären wie die Frage, ob nicht auch vermehrungsfähige gv-Bakterien mit auf die Felder gelangen könnten.

Epigenetische Veränderungen als Nebenwirkung

Bisher kaum erforscht ist, dass dsRNA in Zellen neben der RNA-Interferenz auch einen Prozess mit dem sperrigen Namen RNA-dirigierte DNA-Methylierung (siehe Kasten) auslösen kann. In mit dsRNA besprühten Organismen könnte dies unbeabsichtigt zu Änderungen des Epigenoms führen.[7] Die Umweltorganisation Friends of the Earth International spricht deshalb von einem »genetischen Experiment unter freiem Himmel« und fordert, die dsRNA-Sprays als eine Form der Gentechnik zu regulieren.[8] Eine Forderung, die vor allem in der EU zu Diskussionen führen dürfte, hat die EU-Kommission doch kürzlich gesagt, dass Pflanzen mit absichtlich erzeugten epigenetischen Veränderungen unter das Gentechnikrecht fallen.[9]

Zu diskutieren dürfte auch sein, ob dsRNA als »natürliche« Substanz für den Biolandbau infrage kommt. Die Internationale Vereinigung der ökologischen Landbaubewegungen IFOAM hat sich hierzu noch keine Meinung gebildet.[10] Nach Bio-Verordnung 2018/848 verboten wären die dsRNA-Präparate, die aus gv-Bakterien stammen. Ob das Verbot auch für unverpackte dsRNA aus zellfreier Produktion greift, ist unklar.

Unabhängige Prüfung und strenge Vorschriften

»Natürlich, spezifisch, risikoarm« – das Framing, mit dem die Industrie die Entwicklung der dsRNA-Pestizide begleitet, erinnert stark an ihre Botschaften zu

RNA-Welten

RNA ist wie DNA eine Nukleinsäure, die aus vier Basen zusammengebaut ist. Sie unterscheidet sich von der DNA in zwei Bausteinen: Sie besteht aus dem Zucker Ribose statt Desoxyribose und enthält die Base Uracil anstelle von Thymin. Wie DNA ist RNA ein Schlüsselmolekül des Lebens: Sie transportiert und übersetzt die in Genen gespeicherten Informationen und reguliert auch die Aktivität von Genen.

RNA wird die Substanz unserer Zeit. Dass sie als Wirkstoff eingesetzt werden kann, ist seit den Covid-19-Impfstoffen überall bekannt. Bald dürften wir in vielen Bereichen RNA-Produkten begegnen. Möglich wird das, weil sich mit RNA drei natürliche Zellmechanismen auslösen lassen:

- *mRNA und Translation:* mRNA ist eine einzelsträngige Ribonukleinsäure, die die genetische Bauanleitung für ein Protein enthält. Wird sie in Zellen eingebracht, löst sie dort den Mechanismus der Translation aus: Die Zelle bildet das Protein, das auf der mRNA codiert ist. Erste Produkte mit mRNA sind die Covid-19-Impfstoffe. Impfstoffe gegen weitere Erreger sowie Therapeutika gegen Krankheiten wie Krebs oder Cystische Fibrose könnten folgen.
- *dsRNA und RNA-Interferenz:* Doppelsträngige RNA enthält Sequenzen, die sich auch in Genen befinden. Wird sie in Zellen eingebracht, löst sie dort den Mechanismus der RNA-Interferenz aus: Die Zelle legt das Gen still, das die gleiche Sequenz wie die dsRNA hat, und stoppt damit die Bildung des entsprechenden Proteins. In der Humanmedizin sind bereits vier Medikamente mit dsRNA auf dem Markt. Weitere Bereiche mit dsRNA-Produkten in der Entwicklung sind: Landwirtschaft (Pestizide und *Traitsprays*), Tiermedizin (Mittel gegen Krankheitserreger), Naturschutz (Mittel gegen invasive Arten), Lebensmittel *(Functional Food)*, Heimbereich (Biozide gegen Ungeziefer), öffentliche Gesundheit (Mittel gegen Stechmücken, die Krankheitserreger übertragen).
- *dsRNA und RNA-dirigierte DNA-Methylierung (RdDM):* dsRNA kann auch den Mechanismus der RdDM auslösen: Die Zelle fügt an dem Ort im Erbgut, der die gleiche Sequenz hat wie die dsRNA, eine Methylgruppe an. Diese chemische Modifikation der DNA ist vererbbar. Sie bedeutet eine Änderung des Epigenoms und kann Gene stilllegen oder aktivieren. Ein Anwendungsbereich ist die Pflanzenzucht, wo mit dsRNA epigenetisch veränderte Pflanzen herstellbar sind.

RNA-Interferenz und Gentechnik: RNA-Interferenz lässt sich auch gentechnisch nutzen, indem Organismen durch den Einbau von Genen verändert werden, die für die Bildung von dsRNA codieren. In der Pflanzenzucht sind erste Produkte kommerzialisiert – zum Beispiel der in den USA erhältliche, nichtbräunende Arctic-Apfel von Third Security und der in mehreren Ländern zugelassene, gegen Wurzelbohrer resistente SmartStax Pro-Mais von Bayer.

CRISPR & Co. Doch wie die Genomeditierung sind auch dsRNA-Pestizide weder etwas naturgegebenes noch *per se* spezifisches und risikoarmes. Vielmehr geht es um Hightech, die fehleranfällig ist, um Risikowissen, das Lücken hat, und um Konzerne, die Gewinne mit dem Verkauf von Risikoprodukten machen.[11] Klar ist deshalb, dass nur mit einer eingehenden, unabhängigen Prüfung geklärt werden kann, ob ein dsRNA-Präparat tatsächlich sorgfältig hergestellt, spezifisch und risikoarm ist.

In der EU ist geplant, dsRNA-Sprays mit der Verordnung 1107/2009 und somit unter dem Pestizidrecht zu regulieren. Noch fehlen jedoch die Vorschriften, die an den neuen Pestizidtyp angepasst sind. Wie die Anpassungen gestaltet werden könnten, dazu dürfte die Organisation für wirtschaftliche Zusammenarbeit und Entwicklung (OECD) bald Empfehlungen machen. Sie arbeitet seit 2015 an Richtlinien für die Risikoprüfung. Angehört hat sie dabei auch Firmen wie Bayer und Syngenta. Die Zivilgesellschaft hingegen ist nicht involviert. Sie sollte jetzt – wie Friends of the Earth schreibt[12] – darauf drängen, dass strenge Vorschriften erlassen werden.

Während die Debatte zu dsRNA-Pestiziden langsam beginnt, bahnt sich eine weitere neue Ära an: Firmen wie Bayer und Trillium Ag arbeiten an »Traitsprays« und bereiten damit eine Landwirtschaft vor, die die Eigenschaften von Pflanzen nicht mehr mit Züchtung generiert, sondern diese während der Anbausaison je nach Bedarf mit dem Versprühen von dsRNA erzeugt.

Folgerungen & Forderungen

dsRNA-Pestizide haben das Potenzial, chemisch-synthetische Pestizide zu ersetzen, und könnten deshalb in Zukunft breit zur Anwendung kommen. Vor einer Markteinführung sollten EU-Kommission und Bundesregierung deshalb dafür sorgen, dass

- mit allen Betroffenen eine öffentliche Debatte darüber stattfindet, ob ein breiter Einsatz von dsRNA-Pestiziden wünschenswert ist und, falls ja, wie er gestaltet werden soll;
- die Wissenslücken hinsichtlich der Gesundheits- und Umweltwirkungen von dsRNA geschlossen werden;
- eine Regulierung und ein Zulassungsverfahren in Kraft sind, die sicherstellen, dass nur dann ein Umgang mit dsRNA-Pestiziden in der Umwelt erfolgen darf, wenn er sorgfältig, naturverträglich und enkeltauglich ist;
- das in der EU geltende Vorsorgeprinzip angewendet wird und Risiken möglichst ausgeschlossen sind.

Anmerkungen

1 J. Romeis and F. Widmer: Assessing the risks of topically applied dsRNA-based products to non-target arthropods. In: Frontiers in Plant Science 11/679 (2020). DOI: 10.3389/fpls.2020.00679.
2 K. Sodnikar et al.: Adsorption of double-stranded ribonucleic acids (dsRNA) to iron (oxyhydr-) oxide surfaces: Comparative analysis of model dsRNA molecules and deoxyribonucleic acids (DNA). In: Environmental Science: Processes & Impacts 23/4 (2021), pp. 605-620. DOI: 10.1039/d1em00010a.
3 K. Zhang et al.: Duplex structure of double-stranded RNA provides stability against hydrolysis relative to single-stranded RNA. In: Environmental Science & Technology 55/129 (2021), pp. 8045–8053. DOI: 10.1021/acs.est.1c01255.
4 L. del Pozo-Acebo et al.: Eating microRNAs: Pharmacological opportunities for cross?kingdom regulation and implications in host gene and gut microbiota modulation. In: British Journal of Pharmacology 178/11 (2021), pp. 2218-2245. DOI: 10.1111/bph.15421. – Q. Chen et al.: SIDT1-dependent absorption in the stomach mediates host uptake of dietary and orally administered microRNAs. In: Cell Research 31 (2021), pp. 247-258. DOI: 10.1038/s41422-020-0389-3.
5 S. Liu et al.: RNA-based technologies for insect control in plant production. In: Biotechnology Advances 39/107463 (2020). DOI: 10.1016/j.biotechadv.2019.107463.
6 S. Yan et al.: Nanoparticle?mediated double?stranded RNA delivery system: A promising approach for sustainable pest management. In: Insect Science 28 (2021), pp. 21-34. DOI: 10.1111/1744-7917.12822.
7 A. Dalakouras and K.K. Papadopoulou: Epigenetic modifications: An unexplored facet of exogenous RNA application in plants. In: Plants 9/673 (2020). DOI: 10.3390/plants9060673.
8 E. Sirinathsinghji et al.: Gene-silencing pesticides – Risks and concerns. Friends of the Earth U.S. 2020 (https://foe.org/resources/gene-silencing-pesticides-risks-and-concerns/).
9 European Commission: Study on the status of new genomic techniques under Union law and in light of the Court of Justice ruling in Case C-528/16. Brussels 2021 (https://ec.europa.eu/food/system/files/2021-04/gmo_mod-bio_ngt_eu-study.pdf).
10 N. Holland-Essoh, Medienverantwortliche IFOAM (persönliche Kommunikation, 26. August 2021).
11 P. Clausing, L. Luig und J. Urhahn: Doppelstandards und Ackergifte von Bayer und BASF. Studie der Rosa-Luxemburg-Stiftung, des INKOTA-netzwerk und von PAN Germany. Berlin, Hamburg, Johannesburg 2020 (www.rosalux.de/publikation/id/44022).
12 Sirinathsinghji et al. (siehe Anm. 8).

Benno Vogel
Arbeitet als freischaffender Biologe in Winterthur und Berlin.

benno.vogel@posteo.de

Agrarkultur 10

Das Morgen im Heute mitdenken

Prinzipien moderner bäuerlicher Ökonomie als Inspiration für eine Nachhaltigkeitsökonomie

von Nikolai Fuchs und Frieder Thomas

Wie können wir die Wirtschaft so gestalten, dass sie aktiv dazu beiträgt, dass unser Planet auch in Zukunft lebenswert bleibt? Hinter dem Satz »Wir sind hier, wir sind laut, weil Ihr uns die Zukunft klaut!«, der bei Fridays-for-Future-Demos skandiert wird, steckt auch die Frage nach dem Wirtschaftssystem. Die Jugendlichen ahnen den Zusammenhang einer auf dauerndes Wachstum angelegten Ökonomie und der Überhitzung des Planeten. Eine allgemeine Kapitalismuskritik ist schnell bei der Hand. Aber wenn die Diskussion in die Tiefe gehen soll, wird es ebenso schnell wieder still. Klare Konzepte sind kaum vorhanden. Vielleicht aber gibt es Praktiken des »anders Wirtschaftens«, die vorbildhaft sind!? – Der folgende Beitrag geht der Frage nach, ob und inwieweit die bäuerliche Landwirtschaft mit dem ihr eigenen Verständnis von Ökonomie Muster und Inspiration auch für andere Wirtschaftsbereiche sein kann. Durch welche Prinzipien zeichnet sich eine moderne bäuerliche Ökonomie aus? Und was lässt sich aus diesen für den Aufbau einer am Gemeinwohl orientierten Nachhaltigkeitsökonomie ableiten?

Ein mittlerweile recht weit gediehenes Konzept, wie es anders gehen könnte, findet seit einigen Jahren langsam Verbreitung: die Gemeinwohlökonomie. Dabei geht es darum, dass die am Markt aktiven Akteure Wohlstand und Unternehmensziele neu definieren und sich daran ausrichten. Die von ihnen aufgestellte Gemeinwohlbilanz enthält wertvolle Fingerzeige, wohin sich Firmen in Punkto soziale, ökologische und demokratische Nachhaltigkeit entwickeln können. Als breit anwendbares Wirtschafts*system* hat die Gemeinwohlökonomie jedoch bislang noch nicht den Durchbruch geschafft.

Alternative Ansätze in der Landwirtschaft

Bei der Suche nach Alternativen lohnt sich der Blick auf die moderne bäuerliche Landwirtschaft. Denn in der bäuerlichen Landwirtschaft ist – mehr als in anderen Wirtschaftsbereichen – alles das an einem konkreten Ort miteinander verwoben, was Nachhaltigkeit im umfassenden Sinne ausmacht:

- das soziale System – Familie, Dorf, Region – nicht zuletzt mit seiner kulturellen Dimension vom Feste feiern bis hin zur Nachbarschaftshilfe;
- das ökonomische System mit dem Betrieb und seinem Anteil an regionalen Wertschöpfungsketten und regionaler Versorgung;
- die innige Verflechtung des Wirtschaftens mit dem lokalen ökologischen System – den sog. öffentlichen Gütern bzw. Gemeingütern wie Biodiversität, Landschaft, Boden und anderem mehr.

Aus dieser Verquickung unterschiedlicher Systeme und Interessen ergab sich ein Wirtschaftsstil, der dem ähnelt, der sich im Sinne einer breiteren Gemeinwohlökonomie als förderlich erweisen könnte.

Dabei ist die bäuerliche Ökonomie ihrerseits einem historischen Wandel unterworfen. Früher vorhandene, komplexe bäuerliche Ökonomien wurden schrittweise seit etwa Mitte des 19. Jahrhunderts durch die Industrialisierung der Landwirtschaft verdrängt. Diese war durchaus segensreich für die Massenproduktion von kostengünstigen Lebensmitteln. »Bäuerlich« hatte und hat vor diesem Hintergrund immer noch den Touch des Rückständigen. Daher möchten wir an dieser Stelle betonen: Es geht hier nicht um traditionelle Produktionstechniken oder ein nostalgisches »Zurück zur Natur« oder den Bullerbü-Bauernhof. Es geht darum, von den gelebten Erfahrungen und Prinzipien einer historisch gewachsenen nachhaltigen Ökonomie zu lernen.

Und vor allem: bäuerliche Wirtschaftsstile sind zwar zurückgedrängt, nicht aber völlig verloren gegangen. Etwas versteckt und ohne große Unterstützung durch staatliche Förderung, Wissenschaft, Forschung und Ausbildung hat sich eine ebenfalls moderne, aber dennoch bäuerliche Form der Landbewirtschaftung entwickelt.

Zwölf Prinzipien bäuerlicher Ökonomie

Im Folgenden versuchen wir, zwölf Prinzipien bäuerlicher Ökonomie zu formulieren. Auslöser für den vorliegenden Text war die Lektüre des Buches *So schön kann Landwirtschaft sein – VonHier – ein Allgäuer Modell für die Regionen Europas.* In diesem Buch porträtiert der Allgäuer Supermarktfilialist Feneberg 25 seiner regionalen Partnerbetriebe der Hausmarke *VonHier.* Herausgeber und Autoren hatten vermutlich nicht die Intention, Grundzüge einer bäuerlichen Ökonomie herauszuarbeiten. Aber wer für dieses Thema sensibilisiert ist, der kann diese Form der Wirtschaft zwischen den Zeilen der einzelnen Betriebsporträts herauslesen. Und um nicht in der grauen Theorie zu bleiben, haben wir in der Langversion dieses Beitrags[1] drei Betriebe ausgesucht, an denen wir unsere Prinzipien den Berichten der Autoren und den Erzählungen der Betriebsleiter:innen zuordnen. Dieser Praxisbezug muss hier in der Kurzfassung leider entfallen.

1. Ökonomie der Lebensqualität

Eine bäuerliche Ökonomie hat zum Ziel, Wirtschaften und gutes Leben ausgeglichen zu gestalten. Daraus entsteht eine andere Organisationsform, als im rein marktwirtschaftlichen geldwertorientierten Wirtschaftsmodell: Dort geht es darum, möglichst hohe Gewinne zu generieren, tendenziell durch möglichst hohe Erträge. Es geht um maximale Faktorproduktivität von Arbeit oder Kapital. Damit sollen dann die Dinge erkauft werden, die das Leben lebenswert erscheinen lassen.

Das ist in Familienbetrieben und Betriebsgemeinschaften oft anders. Haus und Hof sind so eingerichtet, dass nicht nur für das Wirtschaften, sondern auch für Familie, Freunde, Kultur und Freizeit Zeit und Raum bleiben. Idealerweise beinhaltet das Arbeiten selbst Lebensqualität: Sie ist vielfältig, sinnvoll und macht Freude.

Bei der bäuerlichen Ökonomie geht es um eine Abwägung und Abstimmung unterschiedlicher Ziele und eine gute bzw. optimierte »Gesamtstimmigkeit« der Prozesse. Es geht um eine *integrale Produktivität,* die die verschiedenen Erfordernisse und *outcomes* auspendelt und in ein gesundes Verhältnis zu bekommen versucht. Es geht um ein immer neues Suchen nach einem Gleichgewicht nicht nur zwischen Aufwand und Ertrag, sondern zwischen den verschiedenen Ansprüchen von Betrieb, Familie oder Hofgemeinschaft sowie Natur und Umwelt.

2. Arbeit mit Sinn

Wenn man nur auf den »Produktionsfaktor« Arbeit schaut, erkennt man bei bäuerlichen Familienbetrieben und auch bei Hofgemeinschaften eine ganz besondere Perspektive: Arbeit ist im Familienbetrieb zunächst kein Kostenfaktor. Arbeitet die bäuerliche Familie weniger, werden keine Kosten gespart. Im Gegenteil: Ist die Wirtschaftlichkeit schlecht, wird sogar noch mehr gearbeitet, um wenigstens einen minimalen Ertrag zu generieren. Der rechnerische Stundenlohn mag gering sein, aber mehr zu arbeiten »kostet ja nichts«. Landwirtschaftliche Betriebe sind daher nur zu einem begrenzten Maße daran interessiert, Arbeit wegzurationalisieren, um Kosten zu sparen. Im Gegenteil, wenn in Familienbetrieben noch weiter Arbeit wegrationalisiert würde, führte das zur Auflösung des Betriebs. Es geht vielmehr darum, vorhandene Arbeitskraft sinnvoll zu nutzen.

Im bäuerlichen Betrieb werden alle, die im sozialen System versorgt werden müssen, in den Arbeitsprozess integriert. Auch schwächere und ältere Menschen übernehmen im Rahmen ihrer Möglichkeiten einzelne Tätigkeiten. Das bedeutet auch, dass Arbeitsabläufe an die Potenziale der Menschen angepasst werden – dass die Tätigkeiten im wahrsten Sinne des Wortes »sinnvoll« sind. Das unterscheidet die bäuerliche von einer industriellen Arbeitsorganisation, bei der in der Regel Arbeitskräfte für einen vorgegebenen, technisch optimierten Arbeitsprozess angeworben werden.

Eine weitere Besonderheit landwirtschaftlicher Betriebe ist ihre enge Naturverbundenheit und die Abhängigkeit vom Jahresrhythmus. Nicht zu jeder Jahreszeit fällt die gleiche Arbeit an. Daraus entstand eine gewisse Vielfalt. Ein Stückchen Wald beispielsweise ist nicht nur eine gute Lebensversicherung für einen bäuerlichen Betrieb. Es kann auch dazu dienen, die ohnehin vorhandenen Arbeitskräfte im Winter »sinnvoll« einzusetzen.

3. Tiere als »Wertschöpfungspartner«

In einer bäuerlichen Wirtschaftsweise gibt es Raum für das Wohl der Tiere. Zugegebenermaßen war der Tierschutz, so wie er heute in unserer Gesellschaft verstanden wird, kein immanenter Bestandteil früherer bäuerlicher Ökonomie. Aber das gesamte System ist heute so ausgerichtet, dass die Tiere nicht als auszubeutendes Betriebsmittel, sondern als »Wertschöpfungspartner« im Sinne der Betriebsdiversifizierung und Nachhaltigkeit gesehen werden. Nur ein paar Beispiele:

- Das Zweinutzungshuhn oder die Zweinutzungskuh sind nicht einseitig auf artfremde Höchstleistungen gezüchtet.
- Die Fütterung auf der Weide oder mit Kleegras oder Luzerne entspricht weit mehr einer artgerechten Diät für Wiederkäuer als das getreide- und eiweißreiche Futter der Hochleistungstiere.
- Die Erzeugung von Qualitätsprodukten mit hoher Wertschöpfung (von Heumilch bis hin zu Fleisch mit Tierhaltungsstandards) führt meist zu einer artgerechteren Haltung.
- Das Denken in Systemen statt maximalem Output lässt es zu, wertvolle eigene Ressourcen nicht nur auf dem Markt zu verkaufen, sondern auch im eigenen Betrieb einzusetzen – beispielsweise Milch für Kälber – um insgesamt ein stabiles und gesundes System zu entwickeln.

4. Ein Mosaik von Marktnischen

Bäuerliche Betriebe haben wenig Chancen in der Massenproduktion. Es geht mehr um eine hohe Wertschöpfung pro Produkteinheit auf dem Hof. Sie orientieren sich daher an Qualitätsmärkten. Ergänzend zur landwirtschaftlichen Erzeugung sind dabei auch diejenigen Bereiche interessant, die nicht auf internationaler Billigstpreisebene konkurrieren. Hier bieten sich die Verarbeitung zu Qualitätsprodukten, Direktvermarktung oder landwirtschaftsnahe Dienstleistungen wie Ferien auf dem Bauernhof an. Damit stärkt die bäuerliche Ökonomie auch das Regionalprinzip.

Manche mögen bei einer solchen Strategie von Nische reden. Es kommt aber auf den Blickwinkel an. Die Zahl der Betriebe in Deutschland mit dem Betriebszweig »Verarbeitung und Vermarktung landwirtschaftlicher Erzeugnisse« beträgt rund 10.000.[2] Verglichen mit Zuchtsauen (7.000 Betriebe) oder Mastschweinen (17.000 Betriebe)[3] ist das eine normale Größenordnung innerhalb der Landwirtschaft. Und ganz unabhängig vom Sinn einer solchen Strategie für den einzelnen Betrieb: mit ihrem Netz an »Nischenbetrieben« gewährleistet die bäuerliche Ökonomie ein Mosaik regionaler Versorgung.

5. Kooperieren

Bäuerliche Betriebe kooperieren häufig miteinander. Ein klassisches Beispiel sind gemeinschaftlich bewirtschaftete Flächen - die Almende – oder Maschinenringe. Zu den bäuerlichen Traditionen gehört es auch, sich angesichts des Machtungleichgewichts auf den Agrarmärkten genossenschaftlich oder anderweitig partnerschaftlich zusammenzuschließen.

Ein moderne bäuerliche Ökonomie verfolgt dabei das Ziel, sich nicht nur als Rohstoffproduzenten zusammenzuschließen, um am Markt stärker auftreten zu können, sondern auch verloren gegangene Bereiche wieder zurückzuerobern: von der Saatgutzüchtung bis hin zur Verarbeitung und Vermarktung. Auf diese Weise ergeben sich Wertschöpfungsketten und Wertschöpfungsräume mit Akteuren, die miteinander »auf Augenhöhe« agieren.

Im Prinzip geht es darum, Wirtschaften und Leben selbst zu gestalten und in die eigene Hand zu nehmen. Wichtig ist Unabhängigkeit, um selbst agieren zu können und nicht nur reagieren zu müssen.

6. Vielfalt statt Spezialisierung

»Vielfalt statt Spezialisierung« ist ein Kennzeichen bäuerlicher Ökonomien. Dahinter stecken allerdings ganz unterschiedliche Motive:

- *Selbstversorgung:* Traditionell ergab sich aus dem hohen Anteil der Selbstversorgung – für die Ernährung, aber auch für Gegenstände des alltäglichen Bedarfs – eine starke Tendenz zu großer Vielfalt. Diese Notwendigkeit steht heutzutage nicht mehr im Vordergrund angesichts der Tatsache, dass fast alles zu jeder Zeit im Supermarkt oder nach wenigen Mausklicken zur Verfügung steht. Heute verbleiben die nicht verkaufbaren, aber durchaus hochwertigen Anteile für die Selbstversorgung auf dem Hof.
- *Risikoreduzierung – Unabhängigkeit von Natur und Märkten:* Landwirtschaft ist an natürliche Prozesse gebunden. Mineraldünger und Pflanzenschutzmittel helfen zwar, die Erträge auch bei schlechten Bedingungen zu stabilisieren. Aber mit dem Klimawandel mit seinen zunehmenden Trockenperioden und Unwettern wird deutlich: Eine Vielfalt an Betriebszweigen und Kulturen stärkt die Resilienz. Und auch angesichts der zunehmenden Volatilität von Erzeugerpreisen scheint es heute zunehmend sinnvoll zu sein, nicht nur auf einen einzigen Betriebszweig zu setzen.
- *Sparsamkeit – eigene Ressourcen optimal nutzen:* Hinzu kommt die Tatsache, dass im bäuerlichen Be-

trieb eigene Ressourcen vorhanden sind – Hof, Land, Tiere –, Kapital aber eher nicht vorhanden bzw. teuer ist. Familiäre Arbeitskraft schlägt zumindest kalkulatorisch nicht zu Buche. Das Zusammenspiel dieser Faktoren fördert eine Kreislaufwirtschaft, in der auch Reststoffe genutzt werden. Warum Strom kaufen, wenn man ihn selbst erzeugen kann? Die Pioniere der Biogaserzeugung waren nicht ohne Grund Biobetriebe, die einerseits ihre Gülle im Rahmen einer Kreislaufwirtschaft sinnvoll nutzen und sich andererseits unabhängig von Stromkonzernen machen wollten. Die Entstehung von Maiswüsten zur Biogaserzeugung sind nicht intendiert worden, sondern das Produkt einer industriellen Pervertierung dieser Idee.

- *Kombination mit besonderen lokalen Potenzialen:* Die Vielfalt bäuerlicher Betriebe geht traditionell über die reine Rohstoffproduktion hinaus. Zur optimalen Nutzung lokaler Ressourcen gehört auch, dass in Verbrauchernähe Hofläden entstehen und Urlaub auf dem Bauernhof ein tragender Betriebszweig in landschaftlich reizvollen Gegenden geworden ist – beides nicht zuletzt für Bildungszwecke. Außerlandwirtschaftliche Einkommen stabilisieren damit die schwankenden landwirtschaftlichen Erträge.
- *Ökonomisches Integral bilden:* Wie auch die heute immer noch verbreitete Nährstoffersatztheorie in vielerlei Hinsicht falsch ist (wie sollte sonst das ungedüngte Grünland »Mutter des Ackerlandes« sein?), so ist auch die einzelne Betriebszweigauswertung nach Deckungsbeitrag zu kurz gedacht. Sie stimmt zwar, aber sie ist nicht richtig. Die kleine Betriebskantine auf größeren Betrieben wird sich im Einzelnen nicht rechnen; für die Zufriedenheit und damit Leistungswillen der Mitarbeitenden kann sie aber von unschätzbarem Wert sein und sich in weniger Krankheitstagen auch wirtschaftlich rechnen. Genauso rechnet sich der Betriebszweig »Schweinehaltung« in bäuerlichen Betrieben – für sich gesehen – meist nicht; im Zusammenhang mit Besuchen von Kunden mit Kindern und einer Steigerung der Attraktivität des Betriebes mit Hofladen jedoch sehr wohl. Allerdings bildet sich die Wertschöpfung an der Ladenkasse und beim Betriebszweig »Hofladen« ab – und nicht bei den Schweinen.

7. Ressourcen effizient nutzen und regenerieren

Heutzutage sind Hilfsmittel wie Mineraldünger oder Pflanzenschutzmittel extrem billig. Angesichts ihrer niedrigen Preise scheint es nicht mehr lohnend zu sein, die eigenen Ressourcen effizient zu nutzen. Doch die Kollateralschäden vieler Hilfsmittel – Überdüngung, Artensterben, Klimawandel – machen mehr denn je deutlich: Vielleicht nicht aus »ökonomischer« Sparsamkeit, aber aus »ökologischer« Sparsamkeit müssen wir zurückkommen zu mehr Effizienz und der optimalen Nutzung eigener Ressourcen.

Eine bäuerliche Ökonomie strebt daher nicht nur nach Erhalt, sondern nach *Steigerung* der Qualität der eigenen Ressourcen wie beispielsweise der Bodenfruchtbarkeit, des Saatguts oder der eigenen Tierzüchtung. Bäuerliche Ökonomie weiß um die Begrenztheit der Ressourcen; umso mehr investiert sie in deren Regeneration. In einer bäuerlichen Landwirtschaft wird das *Morgen* im *Heute* schon mitgedacht. Das gilt auch für die Ausbildung, die zu integrieren essenzieller Bestandteil einer auf Zukunftsfähigkeit bedachten Wirtschaftsweise ist.

8. Unabhängigkeit leben

Seine eigene Unabhängigkeit zu bewahren, gehört zum bäuerlichen Selbstverständnis und hat eine ganze Reihe von Gründen:

- *Machtbalance:* Landwirtschaftliche Betriebe sind in der heutigen Ernährungswirtschaft nur ein Baustein in einer langen Wertschöpfungskette. Sie befinden sich zwischen Zulieferern und Abnehmern. Zwischen den Akteuren der Wertschöpfungsketten besteht oft ein ungleiches Machtverhältnis. Bäuerliche Ökonomie legt in dieser Situation großen Wert auf Unabhängigkeit.
- *Risikovorsorge:* Unabhängigkeit ist auch ein Stück Risikovorsorge. Ist man zu eng an einen – meist größeren – »Marktpartner« gebunden, ist man bei dessen Schwächeln existenziell betroffen.
- *Flexibilität:* Eine besondere Stärke bäuerlicher Betriebe ist ihre Flexibilität und Anpassungsfähigkeit. Um die eigenen Ideen einfacher umsetzen und eigene Wege leichter gehen zu können, müssen sie eigenständig agieren können.

Bäuerliche Betriebe müssen sich jedoch aktiv engagieren, um diese Unabhängigkeit erhalten und leben zu können. Als der Bulle noch im eigenen Stall stand und noch das eigene Getreide nachgebaut wurde, konnte man sehr viel stärker beeinflussen, in welche Richtung Züchtung gehen sollte. Heute ist sie im Zuge der arbeitsteiligen Wirtschaft weitestgehend in spezialisierte Firmen abgewandert.

Unabhängigkeit heißt hier einerseits, sich aus der Abhängigkeit solcher Firmen zu befreien. Beispielsweise zeigen der Kampf gegen Nachbaugebühren für Saatgut ebenso wie die Gründung von Milcherzeugergemeinschaften den Versuch, einen angemessenen Interessensausgleich gegenüber den sog. »Marktpartnern« zu erreichen. Eine andere Form, unabhängiger wirtschaften zu können, ist die Reintegration von Gliedern der Wertschöpfungsketten wie Züchtung, Verarbeitung oder Vermarktung in den eigenen Betrieb.

9. Organische Weiterentwicklung

Zu den Prinzipien einer bäuerlichen Ökonomie gehört eine fehlerfreundliche und risikoarme Weiterentwicklung. Denn ein landwirtschaftlicher Betrieb hat keine Versuchsabteilung. Experimente werden real gemacht. Unüberlegte Schritte können sich als sehr teuer erweisen. Darum denken Bäuerinnen und Bauern lieber einmal mehr nach, bis sie ihre neuen Ideen umsetzen. Denn sie müssen nicht nur pfiffig, sondern auch tragfähig sein – für lange Zeit. Wenn es möglich ist, probiert man auch mal etwas in einem kleineren Maßstab aus – im Ackerbau ist so etwas ja möglich. Wenn es nicht gelingt, kann man es auch wieder verwerfen.

Dabei ist bäuerliche Ökonomie grundsätzlich nicht technikscheu. Technik wird dort eingesetzt, wo sie wirklich Erleichterung bringt. So gehören Transponder beim Milchvieh seit Jahrzehnten zum Alltag. Und Technik kann durchaus dazu dienen, bäuerliche Prinzipien besser umzusetzen. Richtig gemacht, können auch beispielsweise Melkroboter zum Einsatz kommen, wenn man die frei werdende Zeit dann auch wirklich dem Herdenmanagement widmet und nicht dem Aufgleisen eines neuen Betriebszweiges.

Ein Treiber für Innovation ist auch der ökonomische Druck, der im Allgemeinen auf allen landwirtschaftlichen Betrieben, insbesondere aber den spezialisierten liegt. Da gehören die meisten bäuerlichen Betriebe eher nicht zu den *first movern*. Für sie ist es sinnvoller, in Ruhe abzuwarten, was sich, z. B. in der Digitalisierung, als wirklich nützlich herausstellt. Wenn man dann etwas später einsteigt, ist das Risiko kleiner und die Technik meist auch schon preiswerter geworden.

10. Kostenminimierung und Anstreben des Optimums statt Maximums

Zur bäuerlichen Ökonomie gehört das Prinzip der Kostenminimierung. Dazu gehört ein möglichst geringer Einsatz externer Betriebsmittel (*low input*). – Das Prinzip der Kostenminimierung bzw. des »Optimum statt Maximum« äußert sich in vielfältiger Weise. Bäuerliche Ökonomie ist nicht notwendigerweise Ökolandbau. Aber es gibt eine große Nähe beider Konzepte. Bäuerliche Ökonomie ist nicht verschwenderisch; alles, was sie (nochmals) nutzen kann, nutzt sie. Eine bäuerliche Ökonomie organisiert möglichst vielfältige Kreisläufe innerhalb des Betriebs in Bezug auf Nährstoffe oder Energie. Das Futter in der Tierhaltung ist abgestimmt mit dem Aufbau von Bodenfruchtbarkeit im Ackerbau; beispielsweise mit Fruchtfolgegliedern wie Kleegras und Leguminosengemenge. Auch die organischen Reste aus der Pflanzenerzeugung und Weiterverarbeitung werden genutzt: Ausputzgetreide aus der Getreidereinigung wird Futter für Hühner und Schweine; die Kleie bei der Getreideverarbeitung wird zum Futter für die Karpfen. Mist wird zu wertvollem Dünger, andere Reststoffe zu bodenaufbauendem Kompost. Alles findet eine Verwendung bzw. Veredelung.

Kostenminimierung und Ressourceneffizienz sind die ökonomischen und ökologischen Aspekte einer bäuerlichen Ökonomie. Im sozialen Bereich könnte man eine gewisse Bescheidenheit nennen. Diese Bescheidenheit ist notwendig, um eine kritische Distanz zu Wachstum und Maximierung zu behalten. Sie ermöglicht aber auch eine bestimmte Form von Lebensqualität: Es geht nicht um den größten Traktor, sondern um seine Nutzbarkeit, Haltbarkeit und Reparierbarkeit.

Eine solche bäuerliche Ökonomie hat mitunter auch Auswirkungen auf die Betriebsgestaltung. Bestimmte Auflagen in Bezug auf Buchführung, Dokumentation oder Hygiene greifen erst ab einer bestimmten Betriebsgröße. Bleibt man darunter, kann man sich einigen Aufwand sparen. Viele bäuerliche Betriebe verzichten auch daher bewusst auf Wachstum.

11. Schönheit

Bäuerliche Ökonomie ist auch durch eine ästhetische Dimension gekennzeichnet. Diese zeigt sich im Kleinen z. B. bei der Gestaltung der Hofstelle. Die Wirtschaftsgebäude sollen ansehnlich sein; Proportionalität und Materialwahl sind ein gestaltender Beitrag zur Stimmigkeit. Vor allem der Bauerngarten ist ein ins Auge springender Bestandteil der Verschönerung des Hofbildes. Die ästhetische Gestaltung erhöht nicht nur für die Menschen auf dem Hof die Lebensqualität, sie verstärkt auch die Kundenbindung einer bäuerlichen Ökonomie – und ist insofern Teil der Wertschöpfung auf dem Betrieb.

Schönheit ist mittlerweile, wie vieles andere auch, zu einer knappen Ressource geworden. Deshalb muss nachhaltiges Wirtschaften auch diese ästhetische Dimension haben. So können wir gerade auf bäuerlichen Betrieben lernen, das Schöne wieder als »eine Art Nahrung« (Gernot Böhme) zu begreifen, ohne die wir auf Dauer emotional-sinnlich unterernährt bleiben.

Dominieren im industriellen Kontext häufig triste Zweckbauten das Bild, bemüht sich die bäuerliche Ökonomie auch um Gestaltung und Schönheit. Das muss nicht mit Absicht geschehen; oftmals ist das Schöne nichtintendiertes *Ergebnis* des eigenen Tuns und Lassens. Es findet Eingang in den Alltag, in dem es sich mit dem Nützlichen verbindet. Beispiel einer solchen gelungenen Synthese des Schönen mit dem Nützlichen sind die europäischen Kulturlandschaften, die durch eine bäuerliche, weitgehend ökologisch wirtschaftende Landwirtschaft gleichsam als »Nebenprodukt« entstanden sind. Sie erinnern uns daran, dass die Welt durch die Arbeit des Menschen vielgestaltiger und schöner werden kann, als sie es ohne menschliche Eingriffe wäre.

12. Verantwortungseigentum
Es ist tief im bäuerlichen Denken und Wirtschaften verankert, dass mit dem Besitz bzw. Eigentum und der Bewirtschaftung von Haus und Hof auch Verantwortung verbunden ist. Es gehört zur Verantwortung von Bauer und Bäuerin, den Hof für künftige Generationen (die nicht notwendigerweise die eigene Familie sein müssen) zu erhalten.

Es geht aber nicht nur um die generationenübergreifende Verantwortung. An der Nordseeküste galt früher »Wer nicht kann deichen, der muss weichen«. Wer nicht in der Lage war, sich angemessen am Deichschutz zu beteiligen, verlor das Recht, seinen Hof zu bewirtschaften. Dies ein Beispiel dafür, dass Höfe nicht nur die Versorgung sichern sollten, sondern auch sehr viel Verantwortung für ihr soziales Umfeld tragen.

In Regionen mit Anerbenrecht wird deutlich, dass diese Verantwortung auch von der Gesellschaft so gesehen wurde. Der rechtliche Rahmen wertete das gesamtgesellschaftliche Interesse am Erhalt tragfähiger Höfe höher als die Interessen einzelner weichender Erben. Heute ist das Problem ein anderes: Selbst wirtschaftlich gut dastehende Betriebe müssen immer häufiger Hofnachfolger suchen – auch außerfamiliär. Hier wäre es eine gesellschaftliche Aufgabe im Sinne eines »Verantwortungseigentums«, außerfamiliären Nachfolgern die Übernahme zu erleichtern.

Denn es wäre unverantwortlich, die Bürde der Verantwortung Bäuerinnen und Bauern allein zu überlassen. Sie sind auch auf dem Land zu einer kleinen Minderheit geworden – während sie viele Gemeingüter bewirtschaften. Daher ist die gesamte Gemeinschaft dafür verantwortlich, was auf dem Land, mit der Landschaft, mit Natur und Tieren und mit unseren Ressourcen geschieht – dies umso mehr, als mit den zu billigen Lebensmitteln die bäuerlichen Handlungsspielräume immer weiter eingeengt werden.

Es gibt neue gemeinschaftliche Ansätze des Wirtschaftens: die »essbare Stadt«, »Solidarische Landwirtschaft«, »urban gardening«, »gemeinnützige Landwirtschaft« oder Boden-Genossenschaften. Bei der Initiative »kaufdirnekuh« kann man Anteile an einer Kuh schon bei der Geburt erwerben und nicht erst beim Metzger. In all diesen modernen Beispielen kooperieren Produzent:innen und Konsument:innen miteinander. Es ist erfreulich, dass in unserer Gesellschaft die Bereitschaft zunimmt, sich an der Verantwortung zu beteiligen. Denn die Pflege der Landschaft, der Tiere, der Artenvielfalt und eben nicht nur das Erzeugen von Rohstoffen für die Nahrungsmittelindustrie gehört zur bäuerlichen Ökonomie dazu. So gesehen gehört heute eine wirtschaftliche Umkreisbildung, die über das reine Kaufen von Produkten im Supermarkt hinaus geht, zu einer bäuerlichen Ökonomie.

Ob man die neuen Organisationsformen noch bäuerlich nennen kann, sei dahingestellt. Auf jeden Fall tragen sie dazu bei, die grundsätzlichen Ideen bäuerlicher Ökonomie in unserer modernen Gesellschaft zu erhalten und fruchtbar zu machen.

Ein Beitrag für eine zukunftsfähige Ökonomie?

Bäuerliche Ökonomie unterscheidet sich in vielem vom derzeit gängigen Ökonomieverständnis. Der wesentliche Unterschied liegt darin, dass es nicht nur um ein einziges, sondern um ein ganzes Bündel von Zielen geht, die mit bäuerlichem Wirtschaften verfolgt werden. Erfolgsparameter ist nicht kurzfristiger, maximaler monetärer Gewinn, sondern Beständigkeit und Lebensqualität im umfassenderen Sinn.

Weitet man den Blick, dann ist die bäuerliche Ökonomie nicht nur eine einzelbetriebliche Strategie des Überlebens, sondern möglicherweise auch die Summe vieler sinnvoller Prinzipien, die dazu beitragen könnten, dass unser Planet nicht überhitzt oder über die Maßen ausgebeutet wird. Mit den Prinzipien bäuerlichen Wirtschaftens lassen sich möglicherweise auch außerhalb der Landwirtschaft Nachhaltigkeit und Zukunftsfähigkeit etablieren.

Derzeit sehen wir rund um die Landwirtschaft herum neue Ökonomien entstehen. Ökolandwirtschaft, Urban Gardening, Foodcoops, Gemeinschaftsgärten, Beteiligungsmodelle an neu eingerichteten ökologischen Produktions- und Konsumgenossenschaften, Bodenfonds und vieles andere mehr ist trendy. Bereits 2016 nahm Josef Hoppichler im *Kritischen Agrarbericht* in weiser Voraussicht darauf Bezug: »Die Wiederentdeckung einer neuen Ökonomie unter der Inklusion einer möglichen bäuerlichen Ökonomie hängt damit zusammen, dass die Jugend die Grundfrage, was ist sinnvolles Leben, immer wieder neu stellt. [...] Wenn man diese Gegenbewegung sowohl innerhalb der Landwirtschaft als auch von Seiten der modernen städtischen Aktivisten und Konsumenten zusammenfasst, dann gelangt man zu einer Zielvorstellung einer neuen ökologisch-bäuerlichen Orientierung mit einer sehr starken Ökosystembindung, einer verstärkten Haushaltsorientierung sowie zur Wiedereinbindung der Konsumenten in die agrarische Produktion. [...] Lebensqualität gewinnt an Bedeutung.«[4]

Insofern hat bäuerliche Ökonomie etwas sehr Modernes, Zukunftsweisendes. Aktuelle Diskussionen von der »Work-Life-Balance« bis hin zur notwendigen »Diversifizierung in der Wirtschaft« zeigen, dass es auch außerhalb von Landwirtschaft und Ernährung

Anknüpfungspunkte gibt. Moderne bäuerliche Ökonomie trägt Elemente in sich, die der heutigen Ökonomie insgesamt in ihrem Trachten nach mehr Nachhaltigkeit als Anregung, Ergänzung und Inspiration dienen könnten.

Das Thema im Kritischen Agrarbericht

- Christian Hiß: Bäuerliche Landwirtschaft – ein Vorbild für regionale Versorgungswirtschaften? In: Der kritische Agrarbericht 2017, S. 279–284.
- Josef Hoppichler: Bäuerliche Ökonomie. Wiederentdeckung eines Erfolgsmodells. In: Der kritische Agrarbericht 2016, S. 283–289.
- Frieder Thomas: Bäuerlichkeit im Trend. Hoffnungen und Visionen rund um einen schillernden Begriff. In: Der kritische Agrarbericht 2015, S. 25–34.
- Peter Moser: Zwischen Nachhaltigkeit und Effizienz. Ein analytisch-historischer Blick auf die Potenziale und Grenzen der (bäuerlichen) Landwirtschaft. In: Der kritische Agrarbericht 2015, S. 154–158.
- Arbeitsgemeinschaft bäuerliche Landwirtschaft: Bäuerliche Landwirtschaft ist unsere Zukunftslandwirtschaft. Diskussionspapier. In: Der kritische Agrarbericht 2015, S. 32–34.

Anmerkungen

1 Zu finden unter www.zukunftsstiftung-landwirtschaft.de.
2 M. Böhm und C. Krämer: Neue und innovative Formen der Direktvermarktung landwirtschaftlicher Produkte – Analyse und Erarbeitung von Handlungsempfehlungen. Freising 2020 (www.orgprints.org/id/eprint/37311/1/37311-15NA192-ecozept-boehm-2020-innodirekt.pdf).
3 Statistisches Bundesamt (DESTATIS): Betriebe mit Schweinen und Schweinebestand (www.destatis.de/DE/Themen/Branchen-Unternehmen/Landwirtschaft-Forstwirtschaft-Fischerei/Tiere-Tierische-Erzeugung/Tabellen/betriebe-schweinebestand.html).
4 J. Hoppichler: Bäuerliche Ökonomie. Wiederentdeckung eines Erfolgsmodells. In: Der kritische Agrarbericht 2016, S. 287.

Zitierte und weiterführende Literatur

Fuchs, Nikolai: Es geht auch anders. Ein nachhaltiger Lebensstil ist möglich – das Beispiel Landwirtschaft. Bericht an das Europäische Parlament. Dreieich 2010.

Hiß, Christian, Andrea Heistinger und Frieder Thomas: Von der bäuerlichen Landwirtschaft zur regionalen Versorgungswirtschaft – Funktionale Eigenschaften bäuerlicher Ökonomien als Schlüsselfaktoren für die Gestaltung einer regionalen Versorgung mit Lebensmitteln. Arbeitsergebnisse Nr. 12. Konstanz 2017.

Hoppichler, Josef: Bäuerliche Ökonomie. Wiederentdeckung eines Erfolgsmodells. In: Der kritische Agrarbericht 2016, S. 283–289.

Jürgens, Karin: Neue Balancen dank Vielfalt. Milchviehbetriebe und ihre Vielfalt. In: Der kritische Agrarbericht 2011, S. 60–64.

Sachs, Wolfgang: Schön nachhaltig – nachhaltig schön? Toblacher Thesen 1998: Schönheit – zukunftsfähig leben. In: Hans Glauber (Hrsg.): Langsamer, weniger, besser, schöner – 15 Jahre Toblacher Gespräche. Bausteine für die Zukunft. München 2006.

Schneidewind, Uwe: Die große Transformation. Frankfurt am Main 2018.

Thomas, Frieder: Bäuerlichkeit im Trend. Hoffnungen und Visionen rund um einen schillernden Begriff. In: Der kritische Agrarbericht 2015, S. 25–34.

Wirthensohn, Ernst (Hrsg.): So schön kann Landwirtschaft sein – *VonHier* – ein Allgäuer Modell für die Regionen Europas. Kempten 2018.

Dank

Wir danken Ophelia Nick (Talhof), Suse von Schwanenflügel (Ex-Hof zur Hellen), Gereon Güldenberg (Rösslerhof), Fritz Otto (Gut Rothenhausen), Ulrich Köpke (Wiesengut) und Gyso von Bonin (Gut Eggeringhausen) für ihre wertvollen Hinweise beim Überarbeiten des ersten Entwurfes.

Nikolai Fuchs
Gelernter Landwirt und Diplom-Agraringenieur, seit 2014 Mitglied im Vorstand der GLS Treuhand und Stiftungsrat der Zukunftsstiftung Landwirtschaft.

nikolai.fuchs@gls-treuhand.de

Dr. Frieder Thomas
Diplom-Agraringenieur, langjähriger wissenschaftlicher Mitarbeiter des Kasseler Instituts für ländliche Entwicklung und Geschäftsführer des AgrarBündnis e.V.

thomas@agrarbuendnis.de

»Jeder Hof zählt«

Ein Gespräch mit Georg Janßen, über 35 Jahre Geschäftsführer der Arbeitsgemeinschaft bäuerliche Landwirtschaft

Angefangen hat alles mit einem kirchlichen Bauernkreis, der sich mit Fragen der Dritten Welt beschäftigte und dabei auf die eigene Situation zu sprechen kam. So gründete sich bei Herrenberg in Baden-Württemberg 1973 der Arbeitskreis Junger Landwirte, um über die eigene Situation nachzudenken, ohne zu ahnen, welche Wellen die Arbeit schlagen würde. Nach einigen regionalen Protestaktionen und um mehr Bauern in die Diskussion mit einzubeziehen, erschien 1976 die erste Ausgabe des »Bauernblatts«. *Die erste Zeitung von Bauern für Bauern! Sie erscheint heute unter dem Namen* Unabhängige Bauernstimme *und wird seit 1980 von der damals gegründeten Arbeitsgemeinschaft bäuerliche Landwirtschaft (AbL) herausgegeben. Die AbL versteht sich seitdem als die Stimme der Bäuerinnen und Bauern: aktiv in der agrarpolitischen Auseinandersetzung, stets jedoch in Kooperation und in Bündnissen mit anderen zivilgesellschaftlichen Gruppen aus den Bereichen des Umwelt-, Natur- und Tierschutzes. – Das folgende Gespräch mit dem langjährigen Bundesgeschäftsführer der AbL, Georg Janßen, zeichnet die Entwicklung der AbL innerhalb der agrarpolitischen Debatte in Deutschland nach und sondiert die Frage, welche gesellschaftliche Rolle Landwirtschaft in Zukunft spielen wird. Die AbL selbst sieht Georg Janßen als »Brückenbauerin« in der oftmals von Feindbildern blockierten agrarpolitischen Auseinandersetzung. Das Gespräch mit Georg Janßen führten Götz Schmidt und Hugo Gödde, beide langjährige Mitglieder der AbL.*

Du hast an der Uni Kiel Landwirtschaft studiert. Warum bist Du bei oppositionellen Bauern gelandet? Du warst der erste Geschäftsführer der AbL. Eine Laufbahn für Diplomlandwirte sieht in der Regel anders aus. Was hat dich an der AbL so beeindruckt, dass du trotz schlechter Bezahlung bei ihr angefangen hast und bei ihr geblieben bist?

Auf der Uni Kiel habe ich agrarpolitisch »wachsen oder weichen« gelernt, die Menschen auf den Höfen interessierten viele Professoren nicht – mich aber schon. Zufällig erfuhr ich 1982 von einer Tagung einer Arbeitsgemeinschaft bäuerliche Landwirtschaft. Mit vier Kumpels in einem VW-Käfer sind wir hin und waren tief beeindruckt von der Sicht der AbL-Mitglieder, ganz anders als bei Bauernverbandsversammlungen. Der damalige Vorsitzende Karl-Friedrich Osenberg beendete seinen Vortrag mit: »Auch bei sinkender Sonne werfen die Kleinen große Schatten.« Wow! Das hat mich elektrisiert und auch nach 40 Jahren noch nicht losgelassen.

Eine wichtige Frage am Anfang war die nach der gesellschaftlichen Stellung der Bauern, die von der AbL aus Frankreich übernommen wurde: Sind sie Unternehmer, sind sie Arbeiter, sind sie Bauern?

Für mich sind Bäuerinnen und Bauern, Gärtnerinnen und Gärtner etwas sehr Besonderes, weil sie mit ihrer täglichen Arbeit Mittel zum Leben erzeugen. Das ist etwas Wertvolles, vielleicht auch gerade deshalb, weil es wirtschaftliches Denken mit bäuerlicher Arbeit verbindet.

Die Gründungsgeneration der AbL übte scharfe Kritik auch an Traditionen der bäuerlichen Landwirtschaft, z. B. der Benachteiligung der Bäuerin, dem Erbrecht, der Überarbeitung der ganzen Familie, der gesellschaftlichen Isolierung der bäuerlichen Welt. Es gab nie die Illusion, die traditionelle bäuerliche Landwirtschaft bloß erhalten zu wollen. Erhalten und Umgestalten war deshalb eine Losung. Was kann eine bäuerliche Landwirtschaft heute sein? Ist sie mehr als ein politischer Kampfbegriff gegen die industrielle Landwirtschaft?

Bäuerliche Landwirtschaft ist *auch* ein Kampfbegriff, aber sie ist auch viel mehr. Sie ist Verantwortlichkeit für Tiere, Boden, Pflanzen, für nachfolgende Generationen. Sie ist selbstverantwortliches Arbeiten, denken in Kreisläufen, verbunden natürlich auch mit dem Ziel eines guten Einkommens, mit dem Erhalt von Arbeitsplatz und Hof – und nicht die kurzfristige Maximalrendite ohne Rücksicht auf Inhalt und Standort der Erzeugung. Dies steht im Gegensatz zur agrarindustriellen Ausrichtung.

Es gab und gibt auch andere Strategien. Das sind: Wachstum, Modernisierung, Spezialisierung, wie es Heeremann damals und der Deutsche Bauernverband (DBV) heute immer noch propagieren? Das beinhaltet aber nicht nur Strukturwandel und Höfesterben, sondern auch endlich einmal Urlaub machen, mal krank sein können und einen geregelten Arbeitstag und ein ordentliches Einkommen haben. Das war ein Versprechen, das bis heute viele fasziniert. Welches neue Versprechen hat die AbL?

Auch bei uns haben eine Reihe von Mitgliedern die Wachstumsstrategien mitgemacht, sie wurden auf Schulen, Hochschulen und von der Beratung als alternativlos vorgegeben. Andere wiederum haben sich auf den Weg gemacht und einen eigenen Entwicklungspfad beschritten, nicht immer gradlinig; so konnten wir voneinander lernen und unsere Höfe sichern und entwickeln. Neue Versprechen kann die AbL nicht geben. Aber die Herausforderung anzunehmen und die wirtschaftliche, ökologische und soziale Lage zu verbessern, dabei viele Höfe zukunftsfest und die Arbeit lebenswert zu gestalten, eine neue Solidarität auf dem Lande zu entwickeln, das finde ich spannend.

Anfangs gab es die ausdrückliche Hoffnung auf einen zweiten Bauernverband. Ein Interessenverband der kleinen und mittleren Bauern. Unabhängig vom Bauernverband. Daraus wurde nichts. Doch was dann?

Die Versuche, einen zweiten Verband aufzubauen und die AbL mit eher straff konservativ ausgerichteten Verbänden zu verknüpfen, sind zum einen an Macht- und Eitelkeitsphantasien sowie an starken inhaltlichen Differenzen gescheitert. Es wurde gerne das Trennende gesucht und gefunden. Heute gibt es neben dem DBV eine Reihe von Bauernorganisationen (z. B. Bund Deutscher Milchviehhalter, Land schafft Verbindung, Freie Bauern), mit denen die AbL gemeinsame Positionen zu aktuellen Fragen auf Augenhöhe erarbeitet. Die intensive Arbeit im lockeren Verbändebund »Agrardialog« mit den genannten Organisationen sowie die Zusammenarbeit mit kritischen Kräften innerhalb der Bauernverbandsbasis tragen erste Früchte und ermöglichen gleichzeitig die Eigenständigkeit der Verbände.

Seit der Gründung der AbL vor 40 Jahren hat sich die Situation der Landwirtschaft stark verändert. Immer öfter redet die AbL selbst von einem Strukturbruch. Gelten die Antworten von damals heute noch?

Vor 40 Jahren hieß es auf jeder Bauernverbandsdemo »Es ist fünf Minuten vor zwölf« und die Karawane zog trotzdem weiter. Deshalb sind aber etliche Positionen der AbL aus der Gründerzeit, z. B. gerade das Hinterfragen von Interessen in Politik und Wirtschaft und das Erarbeiten von anderen Politikansätzen wie der Staffelpreisgedanke für mehr Gerechtigkeit, immer noch wertvolle Grundsubstanz unserer Arbeit. Heute versuchen wir diese Antworten für die neuen Herausforderungen politisch und praktisch weiterzuentwickeln, z. B. vom Staffelpreisgedanken zum Punktesystem bei der EU-Agrarreform.

Große spezialisierte Betriebe haben sich mit ihren Investitionen auf eine Generation und mehr festgelegt. Sie sind nicht mehr flexibel. Von traditionellen Bauern kommen dagegen heute viele Initiativen, z. B. tiergerechte Haltungsformen, regionale Vermarktung, Einkommenskombinationen, ein anderes Verhältnis zum Verbraucher usw. Doch die Kleinen stoßen auf viele rechtliche und ökonomische Hindernisse. Wo sind die wichtigsten Änderungen notwendig?

Der notwendige Umbau der Tierhaltung muss durch Änderungen im Baurecht und Immissionsrecht ermöglicht werden. Der Zugang zu Land für viele Betriebe geht nur über Agrarstrukturgesetze und Änderungen im Grundstücksverkehrs- und Steuerrecht. Bei der EU-Agrarreform müssen die Direktzahlungen an die konkreten Leistungen im Stall und auf dem Acker und nicht allein an den Flächenbesitz gekoppelt werden. Entscheidend dabei ist, ob die Verantwortlichen in der Politik das Höfesterben wirklich aufhalten wollen und dass »Jeder Hof zählt« das neue agrarpolitische Leitbild wird.

Der biologische Landbau war in den 1980er-Jahren kaum ein Thema. In der Anfangszeit der Zeitschrift* Bauernstimme *waren auch kritische Berichte zu lesen. Aber es gab auch viel Zustimmung und viele AbLer haben umgestellt, weil es eine Alternative war. Wie steht die AbL heute zum Verhältnis zwischen konventionell und Bio?

Entspannt und doch kritisch. Entspannt, weil sich unter den Berufskolleginnen und -kollegen die Grabenkämpfe deutlich verringert haben. Miteinander um bessere Wege solidarisch diskutieren, streiten und voneinander lernen ist angesagt. Kritisch, weil einige Entwicklungen sowohl im konventionellen als auch im Biobereich mir große Sorge bereiten, vor allem was Abhängigkeiten angeht. Der Biogroßhändler dennree z. B. kauft einen Betrieb mit über 1000 Kühen und konventionelle Kollegen sind 1500 Kühe noch nicht genug. Immer höher, schneller, weiter – für konventionell und Bio ist das die Sackgasse.

Die AbL war anfangs eine kleine oppositionelle Gruppe, mit wenig Finanzen und Personal. Mit viel Mut und Aus-

dauer wurde konsequent weitergearbeitet und auch Krisen überwunden. Viele Bewegungen sind inzwischen gescheitert. Die AbL ist die älteste landwirtschaftliche NGO. Einige ihrer Mitglieder sind auf dem »Marsch durch die Institutionen«, sie haben verantwortliche Positionen im Parlament (EU, Bund, Länder), der Agrarverwaltung und Ministerialbürokratie, den Grünen, Borchert- und Zukunftskommission Landwirtschaft usw. Die AbL hat ihren politischen Einfluss damit stark vergrößert. Wo siehst Du die wichtigsten politischen und wo die praktischen Erfolge?

Ich habe in den letzten 40 Jahren viele kommen und gehen sehen. Die AbL ist geblieben, weil es Menschen gegeben hat und gibt, die sich trotz großer Widerstände jede und jeder nach seinen/ihren Kräften engagiert und nicht aufgegeben hat. Wenn heute langjährige Weggefährten zwar nicht mehr so gelenkig sind, aber mit gewissem Stolz berichten, dass ihre Söhne und Töchter zu Aktionen und Demonstrationen mit dem Trecker fahren; wenn heute in Brüssel, Berlin und in den Bund-Länder-Agrarministersitzungen über AbL-Vorschläge zur EU-Agrarreform, zur Tierhaltung, Bodenpolitik, Preis-, Markt- und Handelspolitik, Gentechnik, Klimaschutz diskutiert wird; wenn in der UNO 2018 Kleinbauernrechte beschlossen werden; wenn wir über 40 Jahre eine eigene Zeitung, unsere monatliche *Bauernstimme* trotz massivem Zeitungssterben herausgeben, dann sind das Erfolge unserer langjährigen Arbeit.

Was war für Dich die größte Enttäuschung oder Niederlage?

Als ich 1955 geboren wurde, gab es im Bundesgebiet 1,5 Millionen Bauernhöfe, davon sind rund 250.000 übriggeblieben. Meine kritische 89-jährige Mutter sagt: »Warum habt Ihr das nicht verhindert…?«

Was antwortest Du ihr dann? Auch manche AbLer denken wie Deine Mutter: dass der AbL die Verteidigung der bäuerlichen Landwirtschaft nicht gelungen ist. Dass wir gescheitert sind.

Gemessen an den Hofaufgaben haben wir verloren. Es hat aber auch die gesamte Gesellschaft verloren. Gemessen, dass wir noch rund 260.000 Höfe haben, können wir noch vieles Gutes für die weitere Entwicklung hier in Deutschland, aber auch in Europa und weltweit tun. Bäuerinnen und Bauern sind bereit, Veränderungen anzupacken. Und zusammen mit der Zivilgesellschaft für die Menschen auf dem Land, für die tierwohlgerechte Haltung unserer Nutztiere, für den Klimaschutz, für den Boden und für die Natur und die Artenvielfalt zu kämpfen. Wenn wir das tun, gewinnen nicht nur wir.

Bündnisse sind notwendig. Doch die Vielzahl der beteiligten Verbände und Initiativen, z. B. bei der Berliner Demo »Wir haben es satt!«, ist manchmal unüberschaubar. Manche AbLer befürchten, dass der eigenständige Charakter der AbL dabei verloren geht und sie nur noch die Traktoren-Folklore liefert.

Ich nehme die Befürchtung durchaus ernst. Ich bin seit der ersten »Wir haben es satt«-Demonstration im Organisationsteam – diese Demonstration ist kein Selbstläufer und natürlich muss man um die bäuerlichen Interessen kämpfen. Ich erlebe im großen Trägerkreis keine Folkloredebatte, sondern mittlerweile auch die Positionen bei den nichtlandwirtschaftlichen Organisationen, dass wir gemeinsam auch für die deutlich verbesserte wirtschaftliche Existenz der Bäuerinnen und Bauern eintreten müssen, um auch zu notwendigen ökologischen Veränderungen und zu Veränderungen in der Tierhaltung zu kommen. Da ist viel Respekt in den Reihen und das tut gut. Und was wäre diese Demonstration ohne die Bäuerinnen und Bauern?

Was sind die Projekte und Positionen, in denen die AbL ihren spezifischen und ureigenen Charakter demonstriert?

Die Verbändeplattform-Bewegung für eine soziale und ökologische EU-Agrarpolitik gehört als langjährige »Denkfabrik« für eine gerechtere Agrarpolitik dazu, wo wir als AbL die bäuerliche Sichtweise einbringen. Genauso wie das NEULAND-Programm für eine artgerechte Tierhaltung, das AbL-Bäuerinnen und -Bauern zusammen mit dem Bund für Umwelt und Naturschutz und dem Deutschen Tierschutzbund entwickelt haben: eine Pionierarbeit in Sachen Tierschutz, die die wirtschaftliche Frage auf den Höfen mit in den Blick genommen hat. Den Agrardialog mit anderen landwirtschaftlichen Verbänden und eine Einmischung in Preis- und Marktpolitik. Aber auch Netzwerke wie die Kampagne »Meine Landwirtschaft«, den Runden Tisch der gentechnikkritischen Verbände, das Netzwerk Gerechter Welthandel, die Interessengemeinschaft für das Recht auf Nachbau von Saatgut und die Kampagne gegen die Patente auf Pflanzen und Tiere.

Lange Jahre gab es agrarpolitisch einen klaren Gegner, den agrarindustriellen Komplex und die »Grüne Front« von DBV, Raiffeisen bis Bayer und der Agrarindustrie von Tönnies, den Molkereikonzernen, den Zuckerbaronen usw. Inzwischen arbeitet man mit ihnen in der Zukunftskommission Landwirtschaft oder in der Borchert-Kommission zusammen und gibt sogar gemeinsame Stellungnahmen heraus. Wer hat sich verändert?

Man kann, wie ich in der Studentenzeit, von Revolution träumen, aber sie kam nicht. »Wer Veränderungen will, der muss sich einmischen«, hat der Schriftsteller Heinrich Böll gesagt. Recht hat er. Und das heißt in einer Demokratie: um Lösungsvorschläge ringen, wie namhafte AbLer dies z. B. in der Borchert-

Kommission oder in der Zukunftskommission Landwirtschaft getan haben und tun. Und das geht nur, wenn man nicht alle beliebten gegenseitigen Feindbilder einfriert, sondern sich verändern will, ohne seine Werte aufzugeben.

Arbeitskreise junger Landwirte (AKjL) hießen einige Gruppen der AbL in den Anfangszeiten. Die nordhessische nannte sich in AbL um, als ein Mitglied Opa wurde. Heute gibt es wieder eine Junge AbL (jAbL). Gelingt der Generationenwechsel, welche neuen Impulse gehen von den jungen Leuten aus?

Die junge AbL ist seit Jahren eine ganz wertvolle Pflanze, der wir alle Freiheit zur weiteren Entwicklung, aber auch viel Unterstützung geben müssen. Es hilft uns, wenn wir mit neuen Gedanken, anderen Sorgen und Mut konfrontiert werden. Wir bekommen neue Impulse, wenn junge Menschen um Zugang zu Land oder um Gendergerechtigkeit in der Landwirtschaft oder Klimagerechtigkeit kämpfen. Heute haben wir junge AbLer:innen im Bundesvorstand und im Hauptamt, die vor kurzer Zeit noch in der jAbL aktiv waren. Z. B. unsere AbL-Bundesvorsitzende Elisabeth Fresen, die 2020 den elterlichen Betrieb übernommen hat und dann im Lenkungskreis der von der Bundeskanzlerin einberufenen Zukunftskommission Landwirtschaft aktiv dabei war.

Für viele der verschiedenen Vorstellungen in der Gründungsgeneration kann man sich heute in Parteien, Natur- und Tierschutz, Umwelt- und Bioverbänden usw. engagieren. Manche im DBV oder auch bei* Land schafft Verbindung *halten die AbL für eine Untergrundgruppe der Grünen oder der Naturschutzverbände? Was macht die AbL heute aus und worin liegt ihre Bedeutung?

Es soll nicht nur bei Bäuerinnen und Bauern vorkommen, dass sich hartnäckig Vorurteile halten. Längst gibt es aber in vielen Verbänden oder Zusammenschlüssen Menschen, die das Schubladendenken überwunden haben. Die neugierig sind auf die Weiterentwicklung von Positionen und Erarbeitung von Lösungen. Dies ist sowohl beim Trägerkreis »Meine Landwirtschaft« mit vielen nichtlandwirtschaftlichen Organisationen als auch beim Agrardialog mit verschiedenen Bauernverbänden der Fall. Die AbL ist als Brückenbauerin gefragt und das macht Hoffnung und ist eine spannende Aufgabe.

Wo siehst du Übereinstimmungen und Unterschiede zwischen den Einstellungen der Gründergeneration und den heutigen Aktiven der AbL?

Übereinstimmung in der Erkenntnis: Fäuste in der Tasche ballen, die Schuld immer bei den anderen suchen – das bringt nichts. Übereinstimmung, dass wir uns fragen müssen, was kann jede und jeder selbst tun, um auf dem Hof, im sozialen und politischen Umfeld zu guten Veränderungen zu kommen. Übereinstimmung, dass bäuerliche Selbsthilfe, Widerstand leisten z. B. gegen Ausforschung und Gebührenabzockerei der Saatgut-Treuhand oder gegen politische Fehlentscheidungen (z. B. zusammen mit der Bäuerlichen Notgemeinschaft gegen das geplante Atomendlager im Gorlebener Salzstock). Übereinstimmung, dass bäuerliche Interessenvertretung eine beharrliche Stimme braucht, die aus der Praxis bäuerlicher Betrieb kommt. Unterschiede? Die sehr viel umfangreicheren und extrem beschleunigten Kommunikationskanäle und die stark zugenommene Diskussion innerhalb der Gesellschaft über Landwirtschaft – mit Risiken und Chancen für beide Seiten.

Die Wiedervereinigung hat den alten Konflikt zwischen Bauernhöfen und einer industrialisierten Landwirtschaft in neuer Schärfe aufgeworfen. Auch für die AbL werden die Strukturen unüberschaubarer. Welche neuen Impulse für die AbL siehst Du bei den neuen Gruppen im Osten?

Vorweg: Die friedliche Wiedervereinigung Deutschlands ist eine Sternstunde unserer Demokratie. Auf vielen Veranstaltungen in Ostdeutschland und bei vielen Gesprächen habe ich hingegegen die tiefen Wunden gespürt, die unter anderem die agrarpolitische Umsetzung der Wiedervereinigung hinterlassen hat. An erster Stelle die Flächenvergabepraxis der staatseigenen Flächen der DDR durch die BVVG, jahrzehntelang mit der parteiübergreifenden, politisch gewollten Leitlinie »Wer hat, dem wird noch mehr gegeben«, zum großen Nachteil der bäuerlichen Betriebe. Ich ziehe deshalb den Hut vor den Menschen, die gegengehalten und ihre Betriebe aufgebaut haben. Auch junge Menschen, die in den letzten Jahren oft unter sehr schwierigen Bedingungen mit wenig Landflächen, kleineren Tierbeständen oder mit Obst- und Gemüseanbau, Imkerei bewusst sich für das Leben und Arbeiten auf dem Land entscheiden, darunter auch junge AbLerinnen und AbLer. Da haben die AbL-Mitglieder in Ostdeutschland tolle Arbeit geleistet.

Beginnt mit dem Umbau der Tierhaltung eine neue Zeit der Transformation der Landwirtschaft? Wohin wird die Landwirtschaft transformiert? Und wie ist die AbL darauf vorbereitet? Allein die Fahne der bäuerlichen Landwirtschaft hochzuhalten, wird nicht ausreichen.

Ich bin davon überzeugt: Ein gelungener Umbau der Tierhaltung, wo viele Tierhaltungsbetriebe auch wirtschaftlich mitgenommen werden, ist eine Schlüsselfrage der anstehenden Transformation der Landwirtschaft. Kommt er nicht zustande, werden auch die anderen notwendigen Transformationen nicht gelingen. Der Umbau der Tierhaltung ist auch der Gradmesser, ob wir Landwirtschaft und Gesellschaft versöhnen können. Neuland-Betriebe, Biobetriebe, Betriebe mit dem Siegel des Deutschen Tierschutzbundes zeigen ja, dass es praktisch anders geht. Kriterien wie faire Preise und klare vertragliche Vereinbarungen sowie starke Erzeugerzusammenschlüsse sind Grundpfeiler des Umbaus. Für diese Ziele muss man die Fahne hochhalten und aktiv streiten.

Du hast sicher noch die Zeit der rot-grünen Regierung in Erinnerung. Wie bewertest Du die Zeit?
Eine grüne Agrarministerin und ein sozialdemokratischer Staatssekretär als Vertreter ostdeutscher Großbetriebe und der Agrarindustrie machen noch keine soziale und ökologische Agrarwende. Es gab einige gute Ansätze. Zusammen mit dem EU-Agrarkommissar Franz Fischler in Brüssel gab es ein offenes Zeitfenster für deutlich mehr soziale Gerechtigkeit in der europäischen Agrarpolitik durch Kappung und Degression der Direktzahlungen, für eine Agrarpolitik, die die bäuerlichen Betriebe unterstützt. Diese Chance hat Rot-Grün nicht ergriffen. Macht für uns einmal mehr deutlich, dass es weiter politisch Druck von uns braucht und wir uns nicht auf eine neue Regierung verlassen können, die das schon für uns richten wird.

Unsere neue Regierung wird Rot-Grün-Gelb werden. Was erwartest Du Dir davon?
»Die Zukunft der Landwirtschaft ist eine gesellschaftliche Aufgabe«, so die Botschaft der Zukunftskommission Landwirtschaft. Was heißt das konkret? Die Blockadepolitik der alten Bundesregierung war gestern. Heute müssen wir die vielen neuen Herausforderungen auch mit einer neuen Agrarpolitik anpacken. Die Aufgaben, aber auch Lösungsvorschläge liegen auf dem Tisch. Zusammen mit der Zivilgesellschaft und mit den Aktiven unter den Bäuerinnen und Bauern muss man sich an die Arbeit machen, um geeignete Rahmenbedingungen zeitnah zu setzen, damit viele wieder Mut und Perspektiven auf den Höfen schöpfen.

Was sind Deine größten Hoffnungen für die Zukunft? Wo wird die AbL in zehn Jahren stehen?
Gerade habe ich im ICE auf der Rückfahrt von einem AbL-Termin ein Interview mit dem total angesagten Sänger Clueso gelesen. »Stillstand ertrage ich immer noch nicht besonders gut,« sagt er und das trifft es auch bei der AbL. Wir werden uns als agrarpolitische Brückenbauerin weiterentwickeln. Angesichts brüchiger globaler Lieferketten wird sich die Zivilgesellschaft darauf besinnen, dass jeder Hof zählt. Bäuerliche Landwirtschaft ist Zukunftslandwirtschaft. Durch qualitativ hochwertige Lebensmittelerzeugung wird das Leben auf unserem Planeten auch für die Armen in der Welt lebens- und zukunftsfest gemacht. Hoffnung? Traum? Da halte ich es mit dem einstigen Sänger Rio Reiser von Ton, Steine, Scherben: »Der Traum ist aus. Aber ich werde alles geben, dass er Wirklichkeit wird…«.

Das Gespräch führten Hugo Gödde und Götz Schmidt.

Das Thema im Kritischen Agrarbericht
- Georg Janßen: Es geht nur gemeinsam … Gespräch mit Georg Janßen, dem Bundesgeschäftsführer der Arbeitsgemeinschaft bäuerliche Landwirtschaft (AbL), über die neuen bäuerlichen Protestbewegungen. In: Der kritische Agrarbericht 2021, S. 83–85.

Georg Janßen
Bundesgeschäftsführer der Arbeitsgemeinschaft bäuerliche Landwirtschaft (AbL).

janssen@abl-ev.de

Hugo Gödde
Vorstandsmitglied bei Neuland e.V. sowie Aufsichtsrat der Neuland-Vermarktungsgesellschaft West.

hugogoedde@web.de

Dr. Götz Schmidt
war bis Ende 2005 wissenschaftlicher Mitarbeiter am Fachbereich Ökologischer Landbau an der Universität Kassel-Witzenhausen. Er arbeitet seither als Autor und Journalist.

schmidt.niedenstein@t-online.de

Verbraucher und Ernährungskultur 11

Entwicklungen & Trends 2021

Transparenz allein genügt nicht

von Bernhard Burdick, Sabine Klein, Christiane Kunzel und Frank Waskow

Aus Verbrauchersicht geht es – wie in den Vorjahren – immer wieder um Transparenz, die unerlässlich für eine bewusste Entscheidung für oder gegen ein Produkt oder eine Dienstleistung ist. Marketing verspricht oft mehr als gehalten wird, gerade auch hinsichtlich der für viele Verbraucher:innen immer wichtigeren Nachhaltigkeitsaspekte. Zentrale Bedeutung hat dabei auch die Frage nach den versteckten Kosten bzw. den wahren Preisen im Ernährungssystem, die noch weitgehend unbeantwortet ist. Kann da ein »zweites Preisschild«, das über die verdeckten Kosten informiert, wirklich helfen oder was könnte ein Nachhaltigkeitslabel wie der Eco-Score leisten?

Fragwürdige Preisbildung bei Lebensmitteln

Wie fragwürdig die Preisbildung gerade bei Lebensmitteln ist und von welchen Faktoren sie abhängt, zeigt die aktuelle Krise am Markt für Schweinefleisch. Zugleich verdeutlicht diese Krise aber auch einmal mehr Fehlentwicklungen vor allem in der Tierhaltung. Ausnahmsweise gibt es in diesem Bereich aber auch mal eine gute Nachricht, hat der Gesetzgeber doch den Ausstieg aus dem Kükentöten beschlossen, der ab 2022 in Kraft treten soll. Aber auch hier mangelt es mal wieder an Transparenz. Viele Verbraucher:innen möchten wissen, mit welchem Verfahren (Geschlechtsbestimmung im Brutei oder Aufzucht der Bruderhähne) das Töten der Küken vermieden wird. Es bleibt also viel zu tun, nicht nur für den Gesetzgeber.

Preis-»werte« Lebensmittel – wie teuer sind sie wirklich?

Die Lebensmittelpreise sind über viele Jahre hinweg deutlich langsamer angestiegen als die Verbraucherpreise insgesamt. Die Lebensmittelpreise wirkten damit als Inflationsbremse, was auch der Bauernverband in der Vergangenheit immer wieder gern betonte. Der Anteil der Ausgaben für Nahrungs- und Genussmittel an den gesamten Konsumausgaben ist im langjährigen Vergleich deutlich zurückgegangen. Der Langfristtrend geht unter anderem auf Einkommenssteigerungen und auf sehr günstige Lebensmittelpreise zurück. Ein Paradies für Verbraucher:innen: alles ist überall und billig verfügbar! Aber wer zahlt am Ende die Rechnung dafür?

Billige Lebensmittel als Inflationsbremse

Erst in jüngster Zeit stiegen die Lebensmittelpreise teilweise etwas stärker als die allgemeinen Lebenshaltungskosten. So etwa im September 2021: Während die Inflationsrate bei 4,1 Prozent lag, stieg der Lebensmittelpreisindex im Vergleich zum Vorjahrjahresmonat um 4,9 Prozent (der Energiepreisindex sogar um 14,3 Prozent).[1] In der Folge stiegen seit 2016 die

Ausgaben privater Haushalte für Nahrungs- und Genussmittel von 13,3 Prozent auf 15,5 Prozent (2020).

Fragwürdige Preisbildung im Lebensmittelhandel …

Von den Umsätzen mit Lebensmitteln kommt allerdings immer weniger bei den landwirtschaftlichen Produzent:innen an. Der Anteil der landwirtschaftlichen Verkaufserlöse an den Ausgaben der Verbraucher:innen für Nahrungsmittel inländischer Herkunft lag Anfang der 1970er-Jahre noch bei 48 Prozent und damit mehr als doppelt so hoch wie 2019 (22 Prozent). Bei Milch und Milcherzeugnissen betrug 2019 der Anteil 39 Prozent, bei Fleisch- und Fleischwaren waren es 22 Prozent. Am niedrigsten ist der Erlösanteil nach wie vor bei Brotgetreide und Brotgetreideerzeugnissen mit vier Prozent.[2]

Die aktuellen Entwicklungen in den Märkten für Lebensmittel spiegeln dramatisch die Triebkräfte einer fragwürdigen Preisbildung wider. Den knapp 260.000 landwirtschaftlichen Betrieben stehen nur noch vier große Lebensmittel-Handelskonzerne mit mehr als 85 Prozent Marktanteil gegenüber, die 83 Millionen Verbraucher:innen versorgen. Längst sind aber die Big Four des deutschen Lebensmittelhandels (Schwarz-Gruppe mit Lidl und Kaufland, Rewe-Group, Aldi, Edeka) auch europaweit die größten Lebensmittelhändler und haben sich mit Schwergewichten des Lebensmittelhandels aus anderen Ländern zu mächtigen europäischen Einkaufsverbünden zusammengeschlossen. So können dann nicht nur deutsche Agrargesellschaften und Lebensmittelverarbeiter gegeneinander ausgespielt werden, sondern hier zählt immer mehr der internationale Handel.[3]

Konzentrationsprozesse im Lebensmittelhandel …

Noch deutlicher wird der Konzentrationsprozess im Lebensmittelhandel beim Blick auf das aktuelle Ranking der umsatzstärksten Lebensmittelhändler in der EU, und hier zählt eben nicht mehr nur der stationäre Handel. Taucht Amazon bei den Top 10 im stationären Handel (noch) nicht auf, lag das US-Unternehmen 2020 in der Liste der größten Lebensmittelhändler in Europa bereits auf Platz 2 hinter der Schwarz-Gruppe (Lidl, Kaufland) und vor der Rewe-Group (Tab. 1). Aufgrund des starken Wachstums von Amazon im Liefergeschäft sehen sich auch die anderen Handelsketten gezwungen, ins Liefergeschäft einzusteigen. Der Verdrängungsprozess setzt sich in diesem Marktsegment somit nahtlos fort.

Tab. 1: Umsatz der drei größten Lebensmittelhändler in Europa[4]

Lebensmittelhändler	Umsatz 2020	Zuwachs gegenüber 2019	Marktanteil
Schwarz-Gruppe	139,62 Mrd. Euro	+ 12, 3 Prozent	5,4 Prozent
Amazon	102,98 Mrd. Euro	+ 21 Prozent	4,0 Prozent
Rewe-Group	82,50 Mrd. Euro	+ 30,2 Prozent	3,2 Prozent

Aus der großen Marktmacht ergibt sich ein harter Preiswettbewerb. Die Einkäufer der wenigen Handelsketten bestimmen letztlich das zu niedrige Preisniveau für Lebensmittel in Deutschland. Vergleicht man die Preise bei den günstigsten Grundnahrungsmitteln wie Mehl, Zucker, Milch und Kartoffeln wird man schnell feststellen, dass hier kein Wettbewerb mehr herrscht, sondern die Preise meist auf den Cent gleich in allen Verkaufsstätten der Big Four zu finden sind.

… verhindern Wettbewerb

… vor allem zulasten der Landwirtschaft

Der Preisdruck entlang der Wertschöpfungsketten wirkt sich besonders stark in der Landwirtschaft aus, wo der Strukturwandel ungebremst voranschreitet. Mit immer weniger Betrieben geht auch immer mehr Vielfalt in der Land(wirt)schaft verloren. Immer weniger, immer größere Betriebe versuchen immer effizienter zu produzieren, häufig aber zulasten des Tierwohls, des Umweltschutzes, der Entlohnung und der Arbeitsbedingungen. Das gilt auch für andere Glieder in der Wertschöpfungskette. So geriet durch die Corona-Pandemie wieder einmal die Situation in den Schlachthöfen mit katastrophalen Unterkünften und Arbeitsbedingungen, teils illegaler Beschäftigung und Leiharbeit in den Blick der Öffentlichkeit.

Gab es 1975 noch über 900.000 landwirtschaftliche Betriebe, waren es zur Jahrtausendwende noch knapp die Hälfte und 2020 noch 263.000.[5] Allein von 2010 bis 2020 hat sich die Zahl der schweinehaltenden Betriebe halbiert, während die Zahl der gehaltenen Schweine nur um circa fünf Prozent gesunken ist.[6] Das Lebensmittelhandwerk schrumpft ebenso dramatisch, die Zahl der Betriebe hat von über 32.000 im Jahr 2008 auf knapp 22.000 im Jahr 2018 abgenommen. Das ist vor allem auf den Rückgang bei Bäckereien und Fleischereien zurückzuführen.[7] Die verarbeitende Industrie passt sich dem Preisdruck unter anderem an, indem Rezepturen geändert werden, qualitativ hochwertige Zutaten durch billigere ersetzt werden oder einfach die Füllmenge reduziert wird. Solche Beispiele verdeckter Preiserhöhungen finden sich täglich in den Regalen der Supermärkte – und bei den Verbraucherbeschwerden in den Verbraucherzentralen.[8]

Strukturwandel geht weiter – auch im Lebensmittelhandwerk

»Wahre Kosten« sind auch nur die halbe Wahrheit

Das Problem mit den Lebensmittelpreisen ist aber noch viel größer. In den letzten Jahren rücken zunehmend die »wahren Kosten« von Lebensmitteln in den Fokus von Politik und Gesellschaft. Es geht dabei um sog. externe Kosten, die bei der Produktion von Lebensmitteln verursacht werden, aber nicht im eigentlichen Lebensmittelpreis enthalten sind. Diese Kosten werden nicht vom Verursacher getragen, sondern von der Allgemeinheit über Kosten für Trinkwasser, Steuergelder oder Krankenversicherungsbeiträge. Dazu zählen beispielsweise Kosten, die infolge der Belastung von Gewässern oder Böden durch Dünge- und Pflanzenschutzmittel, klimawirksame Emissionen und deren Folgen oder durch gesundheitliche Beeinträchtigungen (Atemwegserkrankungen durch Stickoxide, Adipositas, Herz-Kreislauf-Erkrankungen) entstehen.

Hohe externe Kosten der Landwirtschaft …

Laut einer Studie der Boston Consulting Group liegen die ökologischen externen Kosten der Landwirtschaft in Deutschland heute bei etwa 90 Milliarden Euro pro Jahr. Sie sind damit mehr als viermal so hoch wie die Bruttowertschöpfung der deutschen Landwirtschaft (2017: 21 Milliarden Euro).[9] Auch wenn solche Zahlen mit Vorsicht zu genießen sind, sind sie doch ein deutliches Indiz für reale Probleme. Neben den externen Kosten hat die landwirtschaftliche Produktion auch positive externe Effekte wie die Pflege eines abwechslungsreichen Landschaftsbildes oder die Ernährungssicherheit. Dies müsste gegengerechnet werden, ist methodisch jedoch bislang kaum quantifizierbar.

Eine Reihe von Studien hat sich mit der Ermittlung der »wahren Kosten« von Lebensmitteln beschäftigt. So schwierig und komplex die Berechnungen auch sind, machen sie deutlich, dass Lebensmittel bei Einbeziehung der externen Kosten meist mehr als doppelt so teuer sein müssten. Dabei zeigt sich, dass bei der Erzeugung konventioneller tierischer Produkte (ohne Milch und Milchprodukte) die höchsten externen Kosten entstehen (auch mal das Vierfache), gefolgt von konventionell hergestellten Milch(-produkten). Die geringsten externen Kosten verursachen pflanzliche Biolebensmittel.

… vor allem bei tierischen Produkten

Der Nachhaltigkeits-Erlebnismarkt »PENNY Grüner Weg« in Berlin startete in Zusammenarbeit mit der Universität Greifswald 2020 ein Projekt, in dem die wahren Kosten einiger Lebensmittel berechnet wurden. Die Ergebnisse werden den Kunden, neben anderen Nachhaltigkeitsthemen, im Markt als »zweites Preisschild« präsentiert.[10] Aber kann allein die Sichtbarmachung der externen Kosten zu deren Verringerung beitragen?

Laut Fazit eines Berichts des Umweltbundesamts ist ein »zweites Preisschild« derzeit nicht zu empfehlen. Gründe sind der erhebliche zeitliche und verwaltungstechnische Aufwand für eine solide Datengrundlage und die Organisation eines solchen Labels. Vor allem sei noch nicht klar, ob ein »zweites Preisschild« letztlich auch zu einem umweltverträglicheren Konsum führen würde. Stattdessen sollte besser in Maßnahmen investiert werden, die die Produktion umweltfreundlicher machen oder in Maßnahmen, die die Umweltkosten tatsächlich in den Kaufpreis integrieren.[11] Was aber hilft dieses Preissignal am Ende der Wertschöpfungskette, wenn es nicht von Anfang an berücksichtigt wird? Somit sollte das »zweite Preisschild« vor allem eine Aufforderung an die Verantwortlichen in Politik und Wirtschaft sein. Die Einpreisung externer Kosten dürfte auf jeden Fall zu deutlich steigenden Lebensmittelpreisen führen. Dabei wird es notwendig sein, im Blick zu behalten, wer am Ende davon profitiert. Auch ist ein sozialpolitischer Ausgleich einzufüh-

»Zweites Preisschild« in der Diskussion

ren für die Menschen in unserer Gesellschaft, für die höhere Preise für Lebensmittel ein Problem darstellen.

Ein »zweites Preisschild« schafft zwar Transparenz, nimmt aber ebenso wie jedes neue Klima- oder Umweltlabel, das auf den Markt kommt, wieder nur die Verbraucher:innen in die Verantwortung. Dies bestätigte – bezogen auf das Thema Klimaschutz – kürzlich Klaus Müller, Vorstand des Verbraucherzentrale Bundesverbandes: »Für Teile der Politik scheinen die Verursacher der Klimakrise klar zu sein: die Verbraucherinnen und Verbraucher. Für sie werde schließlich alles produziert. ›Sollen sie doch klimafreundlich einkaufen‹, heißt dann die vermeintliche Lösung. Doch der Rat ist so realistisch und hilfreich wie der, man solle doch zu Kuchen greifen, wenn kein Brot im Haus ist, statt zu hungern. Die Verbraucher stehen am Ende der Produktionskette. Sie können die Bedingungen an deren Anfang nur sehr indirekt beeinflussen. Direkt kann das die Politik. Und sie muss es auch, wenn wir schnell mehr Nachhaltigkeit und Klimaschutz erreichen und die Kosten dafür fair verteilen wollen. Nicht das Abwälzen der Verantwortung auf individuelle Konsumentscheidungen wird die benötigte Klimawende bringen, sondern eine effiziente staatliche Regulierung, die zu einer sozialverträglichen Internalisierung externer Kosten führt. Eine Betonung des Verursacherprinzips würde versteckte Wettbewerbsverzerrungen abbauen und die Gesamtkosten für die Gesellschaft senken.«[12]

Politik schiebt Verantwortung auf Verbraucherschaft

Noch konkreter hat dies die Zukunftskommission Landwirtschaft in ihrem Abschlussbericht formuliert: »Die ökologische und (tier-)ethische Verantwortbarkeit der Landwirtschaft ist am effektivsten und dauerhaftesten zu verbessern, indem die Vermeidung ihrer derzeitigen beträchtlichen volkswirtschaftlichen Kosten in betriebswirtschaftlichen Nutzen überführt wird. Das Agrar- und Ernährungssystem muss deswegen so angelegt sein, dass die Steigerung der positiven Wirkungen und die Vermeidung schädlicher Effekte auf Klima, Umwelt, Biodiversität, Tierwohl und menschliche Gesundheit im unternehmerischen Interesse der landwirtschaftlichen Produzent:innen liegen können.«[13] – Dem ist aus unserer Sicht nichts hinzuzufügen.

Aber was muss alles geändert werden, damit die Forderungen der Zukunftskommission Landwirtschaft real werden? Reicht da ein Umweltlabel oder nimmt auch das neue Eco-Score-Label – wie das »zweite Preisschild« – wieder nur die Verbraucher:innen in die Pflicht?

Eco-Score – ein Umweltlabel für Lebensmittel

Wie umweltfreundlich sind Lebensmittel? Eine Frage, die Verbraucher:innen immer häufiger beim Kauf von Lebensmitteln stellen. So werden beispielsweise Biolebensmittel nach ökologischen Regeln produziert, sind aber teilweise weit transportiert oder in Plastik verpackt. Die Frage der Umweltbilanz bleibt beim Lebensmittelkauf häufig offen. Das Umweltlabel Eco-Score berücksichtigt eine ganze Reihe von Umweltfaktoren und soll die Kaufentscheidung für umweltfreundliche Lebensmittel erleichtern. Ähnlich wie beim Nutri-Score – einer leicht verständlichen farbigen Nährwertkennzeichnung – wird die Bewertung in einer einfachen Farbskala mit fünf Stufen von A bis E in Form eines fünffarbigen Blattsymbols gekennzeichnet.[14] Seit Juni 2021 testet der Discounter Lidl den Eco-Score in seinen Berliner Filialen. Rund 140 Tee-, Kaffee- und Molkereiprodukte seiner Eigenmarken tragen das Umweltlabel.[15] Ab Oktober 2021 wird Lidl den Eco-Score auch in Schottland in 105 Filialen mit mehr als 50 Eigenmarkenprodukten testen.[16]

Eco-Score: neues Umweltlabel …

Doch wie unterscheiden sich Eco-Score und Klimalabel? Klimalabel konzentrieren sich auf Emissionen von Treibhausgasen wie Kohlendioxid und Methan, die durch Lebensmittel verursacht werden. Der Eco-Score berücksichtigt dagegen 16 Wirkungskategorien über den gesamten Lebensweg von Lebensmitteln von der Erzeugung bis zur Entsorgung. Entwickelt wurde der Eco-Score auf Initiative von zehn französischen Unternehmen.[17] Die Grundlage für den Eco-Score bilden Ökobilanzen der Datenbank Agribalyse[18], die Angaben zum Energie- und Ressourcenverbrauch, zum CO_2-Ausstoß sowie zur Luft- und Wasserverschmutzung enthalten. Die Bewertung ergibt den Basiswert für die jeweilige Lebensmittelkategorie, so dass zunächst jedes Lebensmittel der Produktkategorie den gleichen Basiswert erhält. Es gibt 16 Kategorien, die zur Bewertung herangezogen werden (siehe Kasten).

… mit 16 Wirkungskategorien

Zu dem Basiswert kommen Bonus- oder Maluspunkte durch weitere Faktoren wie etwa die Anbaumethode, Transportwege der Zutaten und Art der Verpackung. So erhält ein Demeter-

Die 16 Bewertungskategorien des Eco-Score

1. Klimawandel
2. Ozonabbau
3. Krebserregend
4. Nicht krebserregend
5. Feinstaub
6. Ionisierende Strahlung
7. Fotochemische Bildung von Ozon
8. Versauerung
9. Terrestrische Eutrophierung
10. Aquatische Eutrophierung der Meere
11. Aquatische Eutrophierung von Süßwasser
12. Ökotoxizität
13. Landnutzung
14. Wassernutzung
15. Verwendung fossiler Brennstoffe
16. Rohstoffverbrauch: Mineralien und Metalle

Biosiegel beispielsweise 20 Pluspunkte, das Fairtrade oder das MSC-Siegel zehn Pluspunkte oder eine nicht nachhaltige Verpackung Minuspunkte. Das Ergebnis der Berechnung zeigt der Eco-Score von A (grün = geringe Auswirkungen auf die Umwelt) bis E (rot = starke Auswirkungen auf die Umwelt).[19]

Inhaber der Marke sind der App-Anbieter Yuka und das Beratungsunternehmen ECO2-Initiative. Anmeldung und Verwendung des Eco-Score sind für Unternehmen kostenfrei. Umweltaspekte wie der Einsatz von Pestiziden und Antibiotika, Tierwohl sowie Auswirkungen auf Böden und die Artenvielfalt sind bisher nicht im Eco-Score-System berücksichtigt. Um dies auszugleichen, sollen in die Bewertung Faktoren wie die Umweltpolitik des Ursprungslands, vorhandene Nachhaltigkeitslabel, die Herkunft der Zutaten und die Nachhaltigkeit der Verpackung einbezogen werden. Die Macher haben offensichtlich Zeitdruck, denn Frankreichs Regierung will Ende des Jahres 2021 eine Kennzeichnung für die Umweltauswirkungen von Lebensmitteln einführen. Und so gibt es auch noch eine Reihe methodischer Fragen zu der Eco-Score-Bewertung. Dabei könnte ein Blick auf den Beitrag der Landwirtschaft an der Überlastung der planetaren Grenzen bei der Priorisierung helfen.[20] Bislang besteht weder in Wissenschaft noch Wirtschaft Konsens darüber, welches die relevanten Umweltauswirkungen bei der Produktion von Lebensmitteln sind, die mit einem Umweltlabel abgebildet werden sollen, ebenso wenig wie darüber, wie die verschiedenen Umweltdimensionen gewichtet werden sollen.

Offene methodische Fragen …

Aus Sicht der Verbraucherzentrale NRW ist der Eco-Score ein Schritt in die richtige Richtung, denn bisher können Verbraucher:innen die Umweltauswirkungen von Lebensmitteln kaum abschätzen. Ob das System aus Ökobilanz mit Bonus- und Maluspunkten die Umweltbewertung von Lebensmitteln angemessen wiedergibt, muss die Wissenschaft beantworten. Umweltaspekte wie der Einsatz von Pestiziden und Antibiotika, Tierwohl sowie Auswirkungen auf Böden und die Artenvielfalt sind bisher kaum im Eco-Score-System berücksichtigt. Die Verbraucherzentralen wollen beim Megatrend Nachhaltigkeit keinen undurchschaubaren Label-Dschungel, sondern plädieren für ein staatliches und gut kontrolliertes Umweltlabel mit strengen Kriterien. Die EU-Kommission will mit der Farm-to-Fork-Strategie 2024 einen Rechtsrahmen für eine EU-weite Nachhaltigkeitskennzeichnung für Lebensmittel einführen. Nehmen wir sie beim Wort!

… doch die Richtung stimmt

Krise am Schweinefleischmarkt – »Weniger, dafür besser« als Ausweg!?

Ein dramatisches Beispiel für die Auswirkungen der beschriebenen unwahren Preise zeigt sich aktuell stärker denn je am Schweinefleischmarkt.[21] Dieser ist seit jeher bekannt für seine Auf- und Abbewegungen; der Begriff »Schweinezyklus« wurde auch von anderen Branchen für vergleichbare Marktentwicklungen übernommen. Doch nach Experteneinschätzungen war die Lage noch nie so problematisch wie im zweiten Halbjahr 2021. Aufgrund steigender Produktionskosten und extrem niedriger Erzeugerpreise machen konventionelle Schweinehalter seit Monaten bei jedem verkauften Tier hohe Verluste. Im November 2021 lag die Preisempfehlung der Vereinigung der Erzeugergemeinschaften für Vieh und Fleisch in Nordwest- und Ostdeutschland (VEZG) bei 1,20 Euro pro Kilo Schlachtgewicht[22] und von bis zu 70 Euro

Verlust pro Schwein war die Rede. Viele haben bereits aufgegeben und laut einer Umfrage der Interessengemeinschaft der Schweinehalter Deutschlands (ISN) zeichnet sich ab, dass etwa die Hälfte der verbliebenen deutschen Schweinehalter in den nächsten zehn Jahren aufgeben wird. Die aktuelle ökonomische Krise ist nur einer der Gründe. Noch häufiger werden »die Summe der Auflagen, die fehlende Planungssicherheit und ganz besonders auch der fehlende politische Rückhalt« genannt.[23]

Viele Gründe für den Preisverfall

Der Preisverfall für Schweinefleisch ist einer Vielzahl von Faktoren geschuldet. Zunächst der Corona-Pandemie mit den Schließungen von Gastronomie und weiteren Einrichtungen der Gemeinschaftsverpflegung und dem Ausfall großer Feste. Überall dort wird üblicherweise viel (Schweine-)Fleisch gegessen, was nicht ansatzweise durch die privaten Einkäufe kompensiert wurde. Durch die coronabedingt knappen Schlachtkapazitäten kam es ferner zu einem »Stau« in den Schweineställen und damit zu schwereren Tieren. Im September 2020 kam die Afrikanische Schweinepest in Deutschland dazu. Zwar sind bislang nur Brandenburg, Sachsen und Mecklenburg-Vorpommern betroffen [Stand: November 2021], dennoch hatten die wichtigsten Importeure von deutschem Schweinefleisch, allen voran China, umgehend die Einfuhren gestoppt.[24] Diese Ausfälle können nicht durch Exporte in andere Länder kompensiert werden, denn weltweit gibt es ein Überangebot von Schweinefleisch mit entsprechend niedrigen Preisen. Dadurch drängt im Gegenteil sogar noch billigeres Schweinefleisch z. B. aus Spanien auf den deutschen Markt. Und nicht zuletzt geht der Schweinefleischverzehr der Deutschen zurück: 2020 wurden rund 20 Prozent weniger Schweinefleisch gegessen als im Jahr 2010.[25] Der geringere Fleischkonsum ist in vielfacher Hinsicht zu begrüßen, aber das verschärft eben auch die Schweinekrise.

Weltweites Überangebot bei Schweinefleisch

Mitte September 2021 trafen sich Branchenvertreter bei einem »Schweinegipfel« mit der damaligen Bundeslandwirtschaftsministerin Klöckner und Vertretern des Handels. Dabei wurde der Handel – seit Jahren zu Recht für seine Niedrigpreispolitik bei Fleisch kritisiert – von der Branche aufgefordert, jetzt Sonderpreisaktionen für Schweinefleisch durchzuführen, um die hohen Lagerbestände (260.000 Tonnen in Deutschland[26]) abzubauen. Außerdem solle massiv die deutsche Herkunft beworben werden. Dass der Handel sich als Reaktion auf die Kritik in den Monaten zuvor mit Sonderangeboten für Fleisch zurückgehalten hatte, wurde als einer der Gründe für die Kaufzurückhaltung der Verbraucher:innen gesehen. Die Aufforderung, beim Abbau der Überschüsse zu helfen, nahm der Lebensmittelhandel dankend an und vermarktete, wie gewohnt, das Schweinefleisch zu Schnäppchenpreisen. Doch trotzdem war kein nennenswert höherer Absatz zu verzeichnen.[27] Übrigens sind die Verbraucherpreise für Schweinefleisch – trotz sinkender Erzeugerpreise – in den letzten Jahren und Monaten kontinuierlich angestiegen.

Schweinefleisch zu Schnäppchenpreisen

Die dramatische Situation zeigt, dass die bisherige Ausrichtung auf Mengenproduktion und Export eine Sackgasse ist und dringend umgesteuert werden muss. Selbst wenn sich die Preise wieder erholen, ist die Krise keineswegs überstanden. Die Zeiten des erfolgreichen Exports sind passé: China hat seine eigene Schweinefleischversorgung aufgebaut, andere Länder haben ihre Bestände aufgestockt und Deutschland kann im internationalen Niedrigpreiswettbewerb nicht mithalten. Nicht zu vergessen die heimische Dauerkrise der schwindenden gesellschaftlichen Akzeptanz sowie der Klima- und Umweltproblematik der Nutztierhaltung.

Ausweg: Mehr Klasse statt Masse

Statt möglichst billiger anonymer Massenproduktion mit Ausrichtung auf den Export zulasten von Tierhaltern, Tieren und Umwelt muss die deutsche Nutztierhaltung tier- und umweltgerechter werden. Dazu gehört auch eine Verringerung der Tierzahlen, insbesondere in viehdichten Regionen. Und statt jegliches tierische Billigprodukt unabhängig von den Produktionsbedingungen mit »Premiumqualität«, »Tierwohl« und sonstiger Schönfärberei zu vermarkten, muss auf tatsächliche Qualitätsproduktion gesetzt werden. Aus Branchenkreisen wird immer vehementer die »5D-Kennzeichnung« gefordert, für Geburt, Aufzucht, Mast, Schlachtung und Zerlegung/Verarbeitung in Deutschland. Allein die deutsche Herkunft

Herkunft sagt nichts über Qualität

reicht jedoch nicht als Marketinginstrument, sie besagt nichts über die Produktqualität und die Prozessqualität. Immer mehr Verbraucher:innen legen Wert auf eine nachhaltigere, tiergerechtere Fleischproduktion. Außerdem hat sich in den letzten Jahren ein stetig wachsendes Marktsegment für hochpreisige echte Qualitätsprodukte gerade auch im Fleischbereich herausgebildet. Diese sind jedoch eher in speziellen Nischenmärkten und der Direktvermarktung zu finden, wo im Marketing auf Klasse statt Masse und differenzierte Qualitätskommunikation gesetzt wird. Damit Fleischkäufer:innen auch in der Breite höhere Qualitäten zu angemessenen Preisen nachfragen, muss dort eine ehrliche Qualitätsdifferenzierung erfolgen und Transparenz über Qualitätsaspekte und Haltungsbedingungen gegeben sein.

Und diese Transparenz darf nicht nur auf Frischfleisch im Lebensmitteleinzelhandel beschränkt sein, sondern muss auch von Verarbeitern sowie in der Gastronomie und generell in der Außer-Haus-Verpflegung geboten werden. Denn über diese Kanäle wird der größere Anteil des Fleisches vermarktet[28] und dort bleiben Herkunft und Tierhaltung in aller Regel im Dunkeln. Deshalb kann auf die Dumpingimporte aus dem Ausland zurückgegriffen werden. Das verschärft die Krise der heimischen Erzeuger und ist auch nicht im Interesse eines großen Teils der Verbraucher:innen.

Kein Preisverfall bei Biofleisch

Bioschweinebetriebe sind von dem Preisverfall nicht betroffen. Die Nachfrage nach Bioschweinefleisch nimmt zu und übersteigt das Angebot. Die Erzeugerpreise steigen für Biomastschweine, -ferkel und -schlachtsauen. Auch konventionelle Schweinehalter, die nach höheren Tierwohlstandards arbeiten, stehen in der aktuellen Krise deutlich besser da – insbesondere, wenn sie regional vermarkten und die verbesserten Haltungsbedingungen transparent machen.

Expertengremien fordern seit Jahren eine Neuorientierung der Nutztierhaltung und mit den 2020 vorgelegten Empfehlungen des Kompetenznetzwerks Nutztierhaltung (»Borchert-Kommission«) liegt ein gutes und breit in Politik und Gesellschaft akzeptiertes Konzept für den Umbau vor. Es ist nicht nachvollziehbar, dass dessen Umsetzung nicht mit Hochdruck vorangetrieben wird. Selbst rund um den »Schweinegipfel« war wenig darüber zu hören oder über eine kritische Beschäftigung mit der Exportstrategie. Schon lange beklagt die Landwirtschaft unsichere Perspektiven der Nutztierhaltung, fehlende Planungssicherheit sowie bürokratische und genehmigungsrechtliche Hindernisse. Diese Hürden sind verantwortlich für einen riesigen Investitionsstau und müssen dringend abgebaut werden.

Konzept für Umbau der Tierhaltung liegt vor

Was Tierhalter:innen und Landwirtschaftsverbände nicht gern hören: Die Umsetzung der Empfehlungen der »Borchert-Kommission« bedeutet eine Reduktion der Tierzahlen. Doch genau das ist ein wichtiger Ansatz zur Lösung vieler Probleme. Weniger Tiere, dafür bessere

Handel setzt höhere Standards – Beispiel Eiermarkt

Wie nützlich die Marktmacht des Handels sein kann, zeigt das Beispiel des Eiermarkts. Auch hier hatte der Handel durch seine Auslistung von Käfigeiern quasi einen neuen Standard gesetzt und dazu geführt, dass die Bodenhaltung in Deutschland die wesentliche Haltungsform für Legehennen wurde. Jedoch ließ die Selbstverpflichtung des Handels eine folgenschwere Lücke: die Ächtung von Käfigeiern galt nur für Schaleneier, aber nicht für die Eier in Verarbeitungsprodukten. Damit wurden in der Lebensmittelindustrie lange Zeit weiterhin die billigen Käfigeier verarbeitet, die – unter fragwürdigen Bedingungen produziert – aus Drittländern importiert wurden. Dieser Fehler darf beim Fleisch nicht wiederholt werden! Die Händler müssen auch für ihr Angebot von Fleischverarbeitungsprodukten die Verwendung von Fleisch aus den Haltungsformen 3 und 4 einfordern. Die Kennzeichnung sollte – um weitere Schlupflöcher zu schließen – auch auf Gastronomie und Gemeinschaftsverpflegungseinrichtungen ausgeweitet werden. Auch da gibt es kaum Transparenz über die Herkunft und Qualität der Zutaten. Außerdem muss der Handel das Gespräch mit der Politik suchen. Denn das Ziel, das Fleischangebot auf die beiden höchsten Haltungsformen umzustellen, kann nur gelingen, wenn die Politik die Rahmenbedingungen schafft und endlich die vermeintlichen Zielkonflikte zwischen Tierwohl und Umweltschutz auflöst und das Genehmigungsrecht überarbeitet.

Haltungsbedingungen und Qualitätsproduktion sind Faktoren die zu besseren Erzeugerpreisen, zur Entlastung der Umwelt, zu mehr Tierwohl, zu einem besseren Image der Nutztierhaltung und zum Klimaschutz beitragen können. Und welche Überraschung: Genau in diese Richtung denkt neuerdings auch der Lebensmittelhandel. Aldi und in der Folge weitere große Handelsketten haben im Sommer 2021 angekündigt, dass sie bis 2030 ausschließlich Frischfleisch aus Haltungsform 3 und 4 im Angebot haben werden. Damit überholt der Handel mal wieder – wie schon bei der Haltungsformkennzeichnung – die Politik und macht Druck bei der Transformation der Nutztierhaltung. Was keinesfalls passieren darf, ist, dass der Handel in zehn Jahren sagt: »Wir hätten ja gern, aber die Politik blieb die notwendigen Veränderungen der Rahmenbedingungen schuldig«.

»Weniger, dafür besser« …

»Weniger, dafür besser« – muss auch die Devise für Verbraucher:innen sein: Weniger Fleisch essen, aber dieses in besserer Qualität einkaufen! Dann relativieren sich die höheren Fleischpreise und alle Beteiligten gewinnen: die Fleischesser:innen durch höhere Genussqualität und ein besseres Gefühl angesichts der nachhaltigeren Fleischerzeugung; die tierhaltenden Betriebe durch auskömmliche Preise und angenehmere Arbeitsbedingungen; die gesamte Gesellschaft durch geringere Umweltbelastungen und die Tiere durch bessere Lebensbedingungen. Nicht zu vergessen, dass der Fleischkonsum seit Jahrzehnten viel zu hoch ist und damit das Risiko für ernährungsmitbedingte Krankheiten wie Übergewicht, Herz-Kreislauf-Erkrankungen, Diabetes und Krebs erhöht. Gemessen an den »10 Regeln« der Deutschen Gesellschaft für Ernährung (DGE) für eine gesunde Ernährung, die vor ernährungsbedingten Krankheiten schützen und Leistung und Wohlbefinden unterstützen soll, essen wir Deutschen im Durchschnitt etwa das Doppelte der maximal empfohlenen Menge an Fleisch und Wurst.

Das Thema Nachhaltigkeit steht in der Gesellschaft hoch im Kurs. Die Bundesregierung hat ein »Nationales Programm für nachhaltigen Konsum« beschlossen, dessen Federführung sich drei Ministerien, darunter das Bundesministerium für Ernährung und Landwirtschaft (BMEL), teilen. Zu einem nachhaltigen Konsum gehört unabdingbar auch die Reduktion des Konsums tierischer Lebensmittel. Auch wenn das für ein Ministerium, das sowohl für Ernährung als auch für die Landwirtschaft zuständig ist, einen vermeintlichen Zwiespalt bedeutet, muss die Bedeutung und Empfehlung eines verringerten Fleischkonsums deutlich kommuniziert werden!

… auch beim Fleischkonsum

In einem ähnlichen Dilemma steckt auch der Deutsche LandFrauenverband (dlv), der seine Wurzeln in der Landwirtschaft hat und dessen Präsidium aus Landwirtinnen besteht. Und dennoch hat er mit seinem Positionspapier *Nachhaltiger Fleischkonsum,* in dem er sich unter anderem für die Reduktion des Fleischkonsums auf ein gesundheits- und klimaverträgliches Maß ausspricht, einen wichtigen und mutigen Schritt getan.[29] Diese Forderung hat erwartungsgemäß für viel Kritik aus den Reihen der Landwirtschaft gesorgt, was sehr bedauerlich ist. Offensichtlich sind Teile der Branche gedanklich noch nicht so weit, dass sie wie der LandFrauenverband die Notwendigkeit einer nachhaltigen Entwicklung und die Chance erkannt haben, die der Umbau der Tierhaltung zu mehr Nachhaltigkeit und Tierwohl bietet.

Bleibt zu hoffen, dass die neue Bundesregierung und auch das neue Ministerium für Ernährung und Landwirtschaft ihrer Verantwortung für die nachhaltige Entwicklung und die Umsetzung des »Nationalen Programms für nachhaltigen Konsum« besser gerecht werden als die bisherigen Akteure. Wie unter anderem der dlv in seinem Positionspapier aufzeigt, müssen nachhaltige Landwirtschaft und nachhaltige Ernährungsstile sich nicht gegenseitig ausschließen. Wir schließen uns daher der Forderung des Deutschen LandFrauenverbands an, dass die Vorschläge der »Borchert-Kommission« und der Zukunftskommission Landwirtschaft weiterverfolgt werden müssen. Dies muss nun schnellstens geschehen, damit die Nutztierhaltung in Deutschland eine Zukunft hat.

Gut, aber intransparent – der Ausstieg aus dem Kükentöten

In der Öffentlichkeit wird das Thema »Töten von männlichen Eintagsküken« bereits seit etlichen Jahren kontrovers diskutiert. Bis zur Mitte des letzten Jahrhunderts stellte sich diese Frage gar nicht, weil ganz selbstverständlich Hühner und Hähne genutzt wurden. Seitdem hat sich vieles verändert. Durch intensive Züchtungen sind die männlichen Küken der speziellen Legehennenrassen überflüssig, werden aus Kostengründen als Eintagsküken »entsorgt«. Mit dem Tierschutz ist das nicht vereinbar, wird aber bisher aus rein ökonomischen Gründen geduldet. Allein in Deutschland werden jedes Jahr rund 45 Millionen männliche Küken der Legehennenrassen direkt nach dem Schlupf getötet. Das betrifft nur die männlichen Küken der Legehennenrassen. Bei den Masthühnern werden beide Geschlechter gemästet.

Deutschland wird nun per Gesetz das Töten von männlichen Eintagsküken ab dem 1. Januar 2022 verbieten. So wird das Verbot des Tötens von Hühnerküken der Art *Gallus gallus* in das Tierschutzgesetz (TierSchG) als § 4c aufgenommen.[30] Danach darf kein Eintagsküken mehr wegen seines Geschlechts getötet werden (Hühnerembyonen hingegen dürfen getötet werden). Ab dem 1. Januar 2024 soll zusätzlich verboten werden, eine Geschlechtsbestimmung im Brutei ab dem siebten Bruttag vorzunehmen. Hintergrund dafür ist, dass nach heutigem wissenschaftlichem Erkenntnisstand[31] als gesichert gilt, dass Hühnerembryonen vor dem siebten Bebrütungstag keine Schmerzen empfinden können.

Kükentöten in Zukunft verboten

Um das Töten der männlichen Eintagsküken der Legehennenrassen zu vermeiden, sind ab 2022 folgende zwei Varianten möglich:

- Aufzucht und Mast der männlichen Küken (Bruderhahnmast) oder
- Geschlechtsbestimmung im Brutei und Aussortieren der Eier mit männlichen Embryonen.

Methoden zur Aufzucht und Mast

Bei der Bruderhahnmast werden die Brüder der auf hohe Legeleistung spezialisierten Legehennenrassen aufgezogen und gemästet, obwohl das ökonomisch nicht sinnvoll ist. Im Vergleich zu einem klassischen Masthuhn verlängert sich die Mastzeit deutlich – von 30 Tagen (bei der Kurzmast für Grillhähnchen) auf mindestens 70 Tage. Um das zu finanzieren, werden die Eier teurer verkauft, und somit die Mast der Brüder quersubventioniert. Da es für die Aufzucht dieser Bruderhähne keine rechtlichen Haltungsvorgaben gibt, hat der Verein KAT (Verein für kontrollierte alternative Tierhaltungsformen e.V.) für seine Mitgliedsbetriebe einen speziellen KAT-Leitfaden für die konventionelle und ökologische Junghennen- und Junghahnenaufzucht veröffentlicht. Alle KAT-zertifizierten Legebetriebe können ab dem 1. Januar 2022 nur noch Junghennen aus KAT-zertifizierten Aufzuchtbetrieben beziehen, die neben den Junghennen auch die Bruderhähne nach diesen Anforderungen halten.

Bruderhahnmast und Zweinutzungsrassen als Alternativen

Ein weiterer Ansatz ist die Haltung von sog. Zweinutzungsrassen. Das sind Hühnerrassen, die sowohl zur Eier- als auch zu Fleischerzeugung gehalten werden. Anders als bei den Legehennenrassen eignen sich bei diesen Rassen die Hähne zur Mast. Weder im Fleischansatz noch in der Legeleistung (Legerassen circa 300 Eier pro Jahr; Zweinutzungshühner nur 250 bei höherem Futterverbrauch) erzielen sie Höchstleistungen – doch dafür können beide Geschlechter in der Nutztierhaltung eingesetzt werden. Insbesondere in der Biobranche wird die Idee des Zweinutzungshuhns intensiv verfolgt. So hat es sich die Ökologische Tierzucht gGmbH zur Aufgabe gemacht, geeignete Zweinutzungshühner für Biobetriebe zu züchten. Die Züchtung hat schon so große Fortschritte gemacht, dass die Tiere bereits von einigen Biobetrieben gehalten werden. »Zurück in die Zukunft« wäre unserer Ansicht nach der Königsweg, doch leider erscheint dieser Weg zu Zweinutzungsrassen noch sehr (zu) lang zu sein. (Dieser Weg könnte auch den »nutzlosen« Bullenkälbern und den überlasteten Milchkühen in der Hochleistungsmilchproduktion helfen.)

Aktuelle Geschlechtsbestimmungsverfahren

Durch die Geschlechtsbestimmung im Brutei soll das Ausbrüten und Schlüpfen männlicher Küken verhindert werden. Das erste marktreife Verfahren ist das SELEGGT-Verfahren, bei dem ab dem neunten Bruttag mithilfe eines biotechnologischen Nachweisverfahrens das Geschlecht der Embryonen bestimmt werden kann. Die Eier mit männlichen Embryonen werden dann nicht weiter bebrütet, sondern zu Futtermitteln verarbeitet. – Ein weiteres Verfahren zur Geschlechtsbestimmung im Ei ist das PLANTegg-Verfahren. Es handelt sich um eine molekularbiologische Methode, die ebenfalls ab dem neunten Bruttag männliche Embryonen bestimmen kann. – Die hyperspektrale Messtechnik kann ab dem 13. Bruttag bei

Erste marktreife Verfahren

»Braunlegern« das Geschlecht der Embryonen ermitteln. Sie wird von der Agri Advanced Technologies GmbH (AAT) unter den Namen CHEGGY angeboten.

Die bisher verfügbaren Verfahren können das Geschlecht im Ei erst ab dem neunten bis 15. Bebrütungstag bestimmen. Die Bundesregierung geht aber davon aus, dass bis Ende 2023 Verfahren marktreif sind, die das Geschlecht vor dem siebten Bruttag ermitteln können.[32]

»Ohne Kükentöten« – viel Werbung, wenig Transparenz

Mittlerweile sind im Handel, unter anderem bei Aldi, Edeka, Kaufland, Lidl und Rewe, große Werbeaktionen zum Thema »Eier ohne Kükentöten« zu beobachten. Dabei machen die Le-

Fünf Kernforderungen an die neue Bundesregierung – aus Sicht des Verbraucherschutzes

1. *Umbau der Nutztierhaltung hin zu einer tier- und umweltgerechteren Erzeugung:* Die Empfehlungen der »Borchert-Kommission« und der Zukunftskommission Landwirtschaft sind mit höchster Priorität umzusetzen, damit die Tierhaltung schnell verbessert werden kann und Verbraucher:innen die gewünschten nachhaltigeren tierischen Erzeugnisse ohne großen Aufwand wählen können. Dazu müssen verlässliche Rahmenbedingungen geschaffen und Zielkonflikte gelöst werden. Politik und Handel müssen zusammenarbeiten und auch die Lebensmittelindustrie und Gastronomie ins Boot holen, um »Tierschutz-Dumping« bei verarbeiteten Lebensmitteln und in der Außer-Haus-Verpflegung zu verhindern.
2. *Einführung verbindlicher Qualitätsstandards für die Gemeinschaftsgastronomie:* Eine gesunderhaltende Ernährungsweise ist überwiegend pflanzenbasiert. Gemessen an der aktuell üblichen Ernährung der deutschen Bevölkerung bedeutet eine solche Ernährungsweise eine erhebliche Verringerung des Konsums von tierischen Produkten (wie auch von DGE und WHO gefordert). Entsprechende verbindliche Qualitätsstandards in der Gemeinschaftsgastronomie können die Transformation zu einem gesünderen und nachhaltigeren Ernährungsstil unterstützen und sollten in allen Einrichtungen der Gemeinschaftsverpflegung gesetzlich verankert werden. Damit würde auch den reduzierten Tierzahlen und dem sinkenden Fleischangebot einer nachhaltigeren Tierhaltung entsprochen.
3. *Einpreisung externer Kosten mit sozialpolitischem Ausgleich:* Eine nachhaltigere, tier- und umweltgerechtere Erzeugung oder sogar die Einpreisung externer Kosten würde dem Verursacherprinzip Geltung verschaffen, versteckte Wettbewerbsverzerrungen abbauen und die Gesamtkosten für die Gesellschaft senken. Dennoch würde der Umbau des Agrar- und Ernährungssystems dahingehend, dass gesellschaftliche Leistungen honoriert werden, voraussichtlich zu steigenden Lebensmittelpreisen führen. Für die Menschen in unserer Gesellschaft, die das vor Probleme stellt, muss ein sozialpolitischer Ausgleich durch Anhebung der Hartz-IV-Sätze und Subventionierung der Gemeinschaftsverpflegung greifen. Eine gesunderhaltende Ernährungsweise darf keine Frage des Portemonnaies sein.
4. *Einführung einer verbindlichen Nachhaltigkeitskennzeichnung:* Die neue Bundesregierung sollte zeitnah die Diskussion auf europäischer Ebene zum Rechtsrahmen für eine EU-weite Nachhaltigkeitskennzeichnung aktiv mitgestalten, um irreführende Marketingpraktiken zu unterbinden. Ein Nachhaltigkeitslabel für Lebensmittel sollte staatlich organisiert sein, damit sich die Bewertung an gesetzlich festgelegten Richtwerten und Berechnungsgrundlagen orientiert und nicht zu einem Greenwashing-Instrument wird. Die Ausrichtung eines solchen Labels sollte zudem geeignet sein, Anreize zu setzen, damit die ökologischen Fußabdrücke von Lebensmitteln ständig kleiner werden.
5. *Einführung einer verbindlichen Kennzeichnung von Haltungsbedingungen und Herkunft:* Um eine bewusste Kaufentscheidung zu ermöglichen und Schlupflöcher zu verhindern, muss Klarheit und Transparenz durch eine verbindliche und überprüfbare Kennzeichnung von Qualitätsaspekten, Haltungsbedingungen und Herkunft – auch verarbeiteter – tierischer Lebensmittel im Lebensmittelhandel (auch im Onlinehandel) sowie in der Außer-Haus-Verpflegung und Gemeinschaftsgastronomie geschaffen werden. Der beliebige werbliche Umgang mit idealisierenden Begriffen wie »artgerecht«, »naturnah« oder »bäuerlich« muss klaren Definitionen und einer entsprechenden Überprüfung weichen. Beim Kauf von Konsumeiern müssen Verbraucher:innen erkennen können, mit welchem Verfahren das Töten der Küken vermieden wurde. In verarbeiteten Lebensmitteln sowie in der Gastronomie und Außer-Haus-Verpflegung muss gewährleistet werden, dass auch hier nur Eier »ohne Kükentöten« verarbeitet werden, also am besten nur deutsche Eier, weil diese ab 2022 ja »ohne Kükentöten« produziert sein müssen.

Icon: Gerald Wildmoser

bensmitteleinzelhändler die Verbraucher:innen darauf aufmerksam, dass für ihre Schaleneier (über verarbeitete Eier spricht fast niemand) keine männlichen Küken mehr sterben sollen. Doch wie das Kükentöten verhindert wird, erfährt man auf den Eierpackungen nicht.

Um die Verbrauchererwartungen und -einstellungen zum Thema »Kükentöten« zu ermitteln, haben die Verbraucherzentralen vom 3. bis 7. Dezember 2020 eine repräsentative Verbraucherumfrage von der Gesellschaft für Konsumforschung (GfK) durchführen lassen. Die Ergebnisse[33] zeigen sowohl die Wünsche der Verbraucher:innen als auch, welche Erwartungen Kennzeichnungen wie »ohne Kükentöten« bei Verbraucher:innen wecken. In einem Punkt sind die Ergebnisse besonders deutlich: 85 Prozent der 1.103 Befragten lehnen das Töten männlicher Küken ab.

Die Ergebnisse der Umfrage zeigen weiter, dass die bereits im Handel befindlichen Label auf den Eierpackungen häufig falsche Erwartungen hervorrufen. Dafür wurden den Befragten vier verschiedene Eierpackungen mit Labeln zum Thema Kükentöten und Bruderhahnmast vorgelegt. Verbraucher:innen konnten mehrheitlich bei diesen Auslobungen nicht richtig einschätzen, ob die männlichen Küken aufgezogen werden oder die Geschlechtsbestimmung im Ei eingesetzt wird. Dafür fehlt auf den Eierverpackungen eine deutliche Kennzeichnung, wie das Kükentöten jeweils verhindert wurde.

Label weckt falsche Erwartungen

Hier wünschen sich Verbraucher:innen mehr Transparenz: Fast drei Viertel der Befragten fordern, dass auf jeder Eierpackung mit der Kennzeichnung »Ohne Kükentöten« deutlich über die eingesetzte Methode (Geschlechtsbestimmung im Brutei oder Bruderhahnaufzucht) informiert werden muss. Daher hat die Verbraucherzentrale NRW im März 2021 einige der großen Unternehmen des Lebensmittelhandels (Kaufland, Aldi Süd, Edeka Rhein-Ruhr, Lidl) angeschrieben, die in Nordrhein-Westfalen Eier mit dem Versprechen »Ohne Kükentöten« anbieten. Nahezu übereinstimmend teilten die Handelsunternehmen mit, dass sie diese Kennzeichnung gleichermaßen für die Geschlechtsbestimmung im Brutei wie für die Aufzucht von Bruderhähnen verwenden.

Die Verbraucherzentrale NRW kritisiert dieses Vorgehen des Handels, eine Kennzeichnung »Ohne Kükentöten« auf Eierpackungen zu deklarieren, ohne dabei auf die eingesetzte Methode hinzuweisen. Die alleinige Angabe »Ohne Kükentöten« ist nach Auffassung der Verbraucherzentralen nicht verbraucherfreundlich! Natürlich ist die Deklarationsmöglichkeit auf der Verpackung begrenzt. Aber eine digitale Information der Verbraucher:innen wäre einfach umsetzbar, wie die Firma Respeggt auf ihrer Internetseite zeigt.[34] Daher hat die Verbraucherzentrale NRW mehrfacht versucht, mit dem Handel in einen konstruktiven Austausch zu kommen. Leider ohne Erfolg. Auch KAT hat entschieden, auf seiner Website (www.was-steht-auf-dem-ei.de) lediglich den Hinweis zu veröffentlichen, dass KAT-zertifizierte Eier ohne Tötung männlicher Küken produziert wurden. Über die jeweils angewendete Methode, wie das Töten verhindert wurde, soll aber nicht informiert werden. Da KAT sich auf seiner Internetseite selbst als »die Prüfinstanz für die Herkunftssicherung und Rückverfolgung von Eiern aus alternativen Hennenhaltungssystemen«[35] bezeichnet, ist diese Entscheidung nicht nachvollziehbar. Im Gegenteil, hier wird eine einfach umzusetzende Möglichkeit, Verbraucher:innen über die angewandte Methode zur Vermeidung des Kükentötens zu informieren, verpasst.

Mehr Transparenz beim Handel offenbar unerwünscht

Es stellt sich die Frage, warum Verbraucher:innen diese Informationen vorenthalten werden. Warum brüstet sich der Handel damit, dass für seine Schaleneier keine Küken mehr getötet werden, aber die tatsächliche Umsetzung wird nicht transparent gemacht? Sollen bei den Verbraucher:innen nur die »Bilder der süßen Küken« wirken, aber die tatsächliche Umsetzung nicht? Wie viele Bruderhähne werden tatsächlich aufgezogen und wo – in Deutschland oder in Osteuropa? Und was passiert mit den Bruderhähnen und ihrem Fleisch? Und wie viele männliche Embryonen werden infolge der Geschlechtsbestimmung im Ei getötet? Fragen über Fragen, über die mal wieder der Mantel des Schweigens gebreitet wird.

Anmerkungen

1 Statistisches Bundesamt: Verbraucherpreisindex (www.destatis.de/DE/Themen/Wirtschaft/Preise/Verbraucherpreisindex/_inhalt.html).

2 Deutscher Bauernverband: Situationsbericht 2020/21 (www.bauernverband.de/situationsbericht/1-landwirtschaft-und-gesamtwirtschaft-1/13-nahrungsmittel-verbrauch-und-preise).

3 ARTE-Dokumentation »Auslaufmodell Supermarkt«, in der Mediathek unter www.zdf.de/arte/arte/page-video-artede-auslaufmodell-supermarkt-100.html.

4 Handel im Wandel. Die größten Lebensmittelhändler in Europa – wer herrscht und wer jetzt angreift. In: manager magazin (online) vom 1. Dezember 2020 (www.manager-magazin.de/unternehmen/die-groessten-lebensmittelhaendler-in-europa-amazon-und-alibaba-greifen-an-vier-deutsche-unter-top-ten-a-fbd449d9-8dcb-48ef-b67a-5f9394b42ade).

5 Statista: Anzahl der landwirtschaftlichen Betriebe und Bauernhöfe in Deutschland bis 2020 (https://de.statista.com/statistik/daten/studie/36094/umfrage/landwirtschaft---anzahl-der-betriebe-in-deutschland/).

6 Statistisches Bundesamt: Land- und Forstwirtschaft, Fischerei. Tiere und tierische Erzeugung (www.destatis.de/DE/Themen/Branchen-Unternehmen/Landwirtschaft-Forstwirtschaft-Fischerei/Tiere-Tierische-Erzeugung/_inhalt.html).

7 Bundesministerium für Ernährung und Landwirtschaft (BMEL): Lebensmittelhandwerk (www.bmel-statistik.de/ernaehrung-fischerei/ernaehrungsgewerbe/ernaehrungshandwerk/).

8 Verbraucherzentrale Hamburg: Achtung Mogelpackung (www.vzhh.de/mogelpackungsliste).

9 T. Kurth et al. (Boston Consulting Group): Die Zukunft der deutschen Landwirtschaft nachhaltig sichern. Denkanstöße und Szenarien für ökologische, ökonomische und soziale Nachhaltigkeit. 2019 (https://image-src.bcg.com/Images/Die_Zukunft_der_deutschen_Landwirtschaft_sichern_tcm9-234154.pdf).

10 A. Michalke, T. Gaugler und S. Stoll-Kleemann: Abschlussbericht zum Forschungsprojekt How much is the dish? – True Cost Accounting von Umweltfolgekosten und »wahre Preisschilder« in Deutschland. Greifswald und Augsburg 2020 (https://geo.uni-greifswald.de/storages/uni-greifswald/fakultaet/mnf/geowissenschaften/Arbeitsbereiche_Geographie/Nachhaltigkeitswissenschaften/Seite_Projekte/HoMaBiLe/Endbericht_PENNY_WahrePreise.pdf). – Siehe hierzu auch den Beitrag von Allegra Decker, Amelie Michalke und Tobias Gaugler in diesem *Kritischen Agrarbericht* (S. 11–16) sowie von Leo Frühschütz (S. 137–142).

11 Umweltbundesamt: Die unsichtbaren Kosten des Konsums (28. Dezember 2020) (www.umweltbundesamt.de/themen/die-unsichtbaren-kosten-des-konsums).

12 K. Müller: Klimafreundlicher Konsum muss sich lohnen. In: Der Spiegel vom 18. Mai 2021 (www.spiegel.de/wirtschaft/service/klimafreundlicher-konsum-muss-sich-lohnen-a-c126f99a-9bf9-4a02-a1fb-99c9120c99bf).

13 Bundesministerium für Ernährung und Landwirtschaft (BMEL): Zukunft Landwirtschaft. Eine gesamtgesellschaftliche Aufgabe. Empfehlungen der Zukunftskommission Landwirtschaft. Berlin 2021 (www.bmel.de/SharedDocs/Downloads/DE/Broschueren/abschlussbericht-zukunftskommission-landwirtschaft.html;jsessionid=AAAED523FFD94379C48D92A7AE4441F8.live832).

14 L. Marczuk, A. Möser und R. Teuber: Der Nutri-Score als ein erweitertes Nährwertkennzeichnungsmodell im Lebensmitteleinzelhandel. In: ErnährungsUmschau vom 15. September 2021, S. 191-197 (www.ernaehrungs-umschau.de/print-artikel/15-09-2021-der-nutri-score-als-ein-erweitertes-naehrwertkennzeichnungsmodell-im-lebensmitteleinzelhandel/).

15 Lidl: Lidl testet als erster deutscher Händler die Eco-Score-Kennzeichnung (https://unternehmen.lidl.de/verantwortung/fokusthema-ernaehrung/eco-score).

16 Nachhaltigkeitsprojekt: Lidl weitet Eco-Score nach Schottland aus. In: Lebensmittel Zeitung (online) vom 25. August 2021 (www.lebensmittelzeitung.net/handel/nachrichten/nachhaltigkeitsprojekt-lidl-weitet-eco-score-nach-schottland-aus-161137).

17 La Fourche, Yuka, FoodChéri, Seazon, Marmiton, Etiquettable, Open Food Facts, ECO2 initiative, ScanUp und Frigo Magic.

18 Die Datenbank basiert auf erhobenen Werten für unterschiedliche Produktionssysteme und einer sehr großen Zahl an Lebensmitteln (2.500). Diese bilden die typische Situation in Frankreich ab und liegen als generische Werte dem Eco-Score zugrunde. D. h. der Eco-Score bildet nicht das jeweils spezifische Produktionssystem ab, das hinter dem gelabelten Produkt liegt, sondern basiert auf generischen Datensätzen, die aus einer Ökobilanzperspektive die Situation in Frankreich für die beinhalteten Wirkungskategorien jedoch gut abbildet.

19 Reglement d'usage du Logo »ECO-SCORE« (https://docs.score-environnemental.com/implementation/reglement).

20 Zum Konzept der »planetaren Grenzen« siehe z. B. Deutscher Naturschutzring (DNR): Planetare Grenzen (www.dnr.de/der-dnr/planetare-grenzen/).

21 Zur aktuellen Situation auf dem Markt für Schweinefleisch siehe auch den Beitrag von Hugo Gödde in diesem *Kritischen Agrarbericht* (S. 58–63).

22 T. Koch: Kaum Impulse im Schweinehandel in Sicht. In: AMI vom 3. November 2021 (www.ami-informiert.de/ami-maerkte/maerkte/ami-fleischwirtschaft/ami-meldungen-fleischwirtschaft/single-ansicht?tx_aminews_singleview%5Baction%5D=show&tx_aminews_singleview%5Bcontroller%5D=News&tx_aminews_singleview%5Bnews%5D=32021&cHash=140c7e5126cf990c47520cf2bc8181ec).

23 ISN: ISN-Umfrage zur Zukunft der Schweinehaltung. 28. September 2021 (www.schweine.net/news/isn-umfrage-zur-zukunft-der-schweinehaltung-2021.html). – ISN-Umfrage: Die Hälfte aller Schweinehalter plant den Ausstieg. In: top agrar online vom 28. September 2021 (www.topagrar.com/schwein/news/isn-umfrage-die-haelfte-aller-schweinehalter-plant-den-ausstieg-12699420.html).

24 Zur Afrikanischen Schweinepest siehe den Beitrag von Anita Idel in diesem *Kritischen Agrarbericht* (S. 269–270).

25 Jahrzehnte-Tief: Fleischverzehr sinkt – 57,3 Kilo pro Person. In: zdf heute vom 22. März 2021 (www.zdf.de/nachrichten/wirtschaft/fleischkonsum-verzehr-jahrzehnte-tief-100.html).

26 Quelle: WDR Servicezeit vom 22. September 2021 (https://www1.wdr.de/fernsehen/servicezeit/sendungen/uebersicht-servicezeit-2348.html).

27 Schlachtvieh- und Fleischmärkte: Keine Belebung in Sicht. In: fleischwirtschaft.de vom 12. Oktober 2021 (www.fleischwirtschaft.de/produktion-management/nachrichten/schlachtvieh--und-fleischmaerkte-keine-belebung-in-sicht-51678).

28 A. Spiller und G. Busch: Bis 2030 nur noch Fleisch aus Stufe 3 und 4 im deutschen Lebensmittelhandel. In: Agrardebatten vom 12. Juli 2021 (https://agrardebatten.com/2021/07/12/bis-2030-nur-noch-haltungsstufe-3-4-im-deutschen-leh/).

29 Deutscher LandFrauenverband: Position: Nachhaltiger Fleischkonsum – mit Ernährungskompetenzen für Gesundheit und Klima. 6. Juli 2021 (www.landfrauen.info/fileadmin/Redaktion/PDF/Publikationen/Positionspapiere/2021_09_dlv_Position_Fleischkonsum_final.pdf).

30 Gesetz zur Änderung des Tierschutzgesetzes – Verbot des Kükentötens vom 18. Juni 2021 (www.bgbl.de/xaver/bgbl/start.xav?startbk=Bundesanzeiger_BGBl&jumpTo=bgbl121s1826.pdf).

31 T. Bartels, I. Wilk und L. Schrader: Entwicklung von Nozizeption und Schmerzempfinden bei Hühnerembryonen. Friedrich-Loeffler-Institut, Institut für Tierschutz und Tierhaltung. Greifswald – Insel Riems 2020. (www.openagrar.de/servlets/MCRFileNodeServlet/openagrar_derivate_00034014/Empfehlung_Schmerzempfinden-Kueken_23-11-2020-bf.pdf).

32 Deutscher Bundestag: Antwort der Bundesregierung (19/24127) auf eine Kleine Anfrage (19/23583) zum Verbot des Kükentötens (https://dserver.bundestag.de/btd/19/241/1924127.pdf).

33 »Verbraucher lehnen Kükentöten ab und wünschen sich klare Informationen.« Pressemeldung der verbraucherzentrale Nordrhein-Westfalen vom 18. März 2021 (www.verbraucherzentrale.nrw/aktuelle-meldungen/lebensmittel/verbraucher-lehnen-kuekentoeten-ab-und-wuenschen-sich-klare-informationen-58214).

34 Nähere Infos unter www.respeggt.com.

35 Nähere infos unter www.was-steht-auf-dem-ei.de/de/kat-verein/index.php.

Bernhard Burdick
Leiter der Gruppe Lebensmittel und Ernährung der Verbraucherzentrale NRW e.V.

bernhard.burdick@
verbraucherzentrale.nrw

Christiane Kunzel
Diplom-Ökotrophologin in der Gruppe Lebensmittel und Ernährung der Verbraucherzentrale NRW.

christiane.kunzel@
verbraucherzentrale.nrw

Sabine Klein
Diplom-Ökotrophologin in der Gruppe Lebensmittel und Ernährung der Verbraucherzentrale NRW.

sabine.klein@
verbraucherzentrale.nrw

Frank Waskow
Diplom-Ökotrophologe in der Gruppe Lebensmittel und Ernährung der Verbraucherzentrale NRW e.V.

frank.waskow@
verbraucherzentrale.nrw

Der Speiseplan der Zukunft

Die Welt braucht eine gesündere Ernährung – die Empfehlungen der EAT-Lancet-Kommission

von Mireille Remesch

Ernährungssysteme weltweit befinden sich in einem dramatischen Zustand. Immer mehr Menschen sind fehlernährt, die ökologischen Krisen wie Artensterben und Klimawandel schreiten voran. »Ernährungssysteme haben das Potenzial, die menschliche Gesundheit und ökologische Nachhaltigkeit zu fördern, doch derzeit stellen sie eine Bedrohung für beides dar«, fassen Wissenschaftler:innen im EAT-Lancet-Bericht zusammen. Der EAT-Lancet-Kommission gehören 37 hochrangige Expert:innen an, die sich mit der Frage befassen, wie eine Ernährung aussehen sollte, die nicht nur die menschliche Gesundheit, sondern auch die des Planeten fördert und erhält. Dieses systemische Denken ist neu und wichtig. Mit einem globalen Referenzrahmen, der sog. »planetaren Gesundheitsdiät«, könnte es gelingen, die dringend notwendigen Veränderungen im Agrar- und Ernährungssystem weltweit anzustoßen.

Deutlicher denn je zeigt sich, dass Veränderungen in der weltweiten Ernährungsweise unabdingbar sind. Starkes Übergewicht, Hunger und Mangelernährung sind wesentliche Ursachen für ernährungsbedingte Krankheiten und Todesfälle. Aktuell leiden bis zu 811 Millionen Menschen unter Hunger, weitere zwei Milliarden gelten als mangelernährt.[1] Das heißt, ihnen fehlen wichtige Nährstoffe wie Eisen, Jod, Zink oder Vitamin A. Die Folgen von diesem »verborgenem Hunger« sind auf den ersten Blick nicht unbedingt sichtbar, langfristig führt der Mangel an Mikronährstoffen aber zu schweren Krankheiten mit oft irreversiblen Folgen. Insbesondere bei Kindern können geistige und körperliche Entwicklungsprozesse stark beeinträchtigt bleiben.

Weitere zwei Milliarden Menschen gelten als übergewichtig oder fettleibig, was das Risiko für schwere chronische Erkrankungen wie Herzkreislaufstörungen oder Typ-2-Diabetes erhöht. Weltweit ist nach Angaben der Techniker Krankenkasse jeder elfte Erwachsene Diabetiker:in.[2] Auch in Deutschland ist die Hälfte der erwachsenen Bevölkerung übergewichtig. Statistiken belegen, dass mit zunehmendem Gewicht auch das Sterberisiko durch das Coronavirus deutlich ansteigt.[3] Ein hohes Gewicht schwäche das Immunsystem und führe zu vielen weiteren Krankheiten, die einen schweren Corona-Verlauf begünstigen und folglich das Sterberisiko erhöhen.

Obwohl seit vielen Jahren von der Deutschen Gesellschaft für Ernährung (DGE) empfohlen, ist der Anteil von Obst, Gemüse und ballaststoffreichen Lebensmitteln in unserer Ernährung im Sinn einer optimalen Ernährung als Gesundheitsprävention zu gering. Im Durchschnitt nehmen wir zu viele Kalorien zu uns, trinken gegen den Durst zu oft gesüßte Erfrischungsgetränke statt Wasser oder Tee, essen zu viele fettreiche Fleisch- und Milchprodukte und viel zu viele zuckergesüßte Lebensmittel sowie hochverarbeitete Industrieprodukte.

Es wird deutlich, dass klare Vorgaben in der Gemeinschaftsverpflegung und gesetzliche Verpflichtungen für die Lebensmittelindustrie zur Verringerung von Zucker, Fetten und Salz in Fertigprodukten notwendig sind, um die empfohlene Ernährung in Deutschland auch umzusetzen. Dies hätte auch positive Auswirkungen auf unsere Umwelt. Denn eine ungesunde Ernährungsweise schädigt nicht nur den Menschen, sie hat auch verheerende Auswirkungen auf den Klimaschutz und die Ökosysteme.

Die globale Syndemie

Das Zusammenwirken von Klimawandel und Fehlernährung bezeichnete eine Kommission der britischen Fachzeitschrift *The Lancet* (die sog. EAT-Lancet-Kommission) 2019 als globale Syndemie.[4] Die Zusammenhänge werden aktuell immer deutlicher: Zum einen bedroht der Klimawandel die Ernährungssicherung insbesondere von kleinbäuerlichen Produzent:innen. Zum anderen trägt die industrielle Landwirtschaft massiv zum Klimawandel bei. Je nachdem, wie man die Systemgrenzen zieht, sind mehr als ein Drittel der weltweiten Treibhausgasemissionen auf die Art und Weise zurückzuführen, wie wir Lebensmittel produzieren, verarbeiten und verpacken.[5] Auch Über- und Untergewicht sind miteinander verbunden. Eine Unterversorgung von lebenswichtigen Nährstoffen kann während der embryonalen Entwicklung und in den ersten Lebensjahren das Risiko erhöhen, später übergewichtig zu werden.

Über unsere Ernährung haben wir derzeit die größte Einflussmöglichkeit diesen Krisen entgegenzuwirken. Für die Zukunft heißt das: Ernährungssysteme, sprich alle Bereiche vom Anbau bis zum Teller, müssen so gestaltet werden, dass sie gesund für Mensch und Umwelt sind, da sich beides gegenseitig bedingt.

Die planetare Gesundheitsdiät

Das Zusammendenken von menschlicher und planetarer Gesundheit, diese Aufgabe hat sich die EAT-Lancet-Kommission gestellt und im Januar 2019 einen Ernährungsplan vorgestellt, der jährlich mindestens elf Millionen ernährungsbedingte Todesfälle verhindern und gleichzeitig die Umweltzerstörung verringern könnte.[6] 37 internationale Expert:innen aus 16 Ländern und unterschiedlichen Disziplinen haben in dieser Kommission die »planetare Gesundheitsdiät« (*Planetary Health Diet*) entwickelt – als wissenschaftliche Grundlage für einen Wandel des globalen Ernährungssystems.

Die planetare Gesundheitsdiät liefert einen allgemeingültigen Referenzrahmen für die Umsetzung einer nachhaltigeren Ernährungsweise, die unterschiedliche Ernährungspräferenzen, landwirtschaftliche Systeme und kulturelle Traditionen berücksichtigt. Sie setzt weitgehend auf pflanzliche Ernährung und besteht zum Großteil aus Obst, Gemüse, Vollkornprodukten, Hülsenfrüchten, Nüssen und ungesättigten Fetten. Ergänzt wird der Speiseplan durch moderate Mengen an Fisch und Meeresfrüchten sowie Geflügel, während stärkereiche Gemüsearten, Milchprodukte, rotes Fleisch, Zucker und gesättigte Fette begrenzt werden (Abb. 1). Die Wissenschaftler:innen empfehlen: Der Konsum von Obst und Gemüse, Hülsenfrüchten und Nüssen müsste ungefähr verdoppelt, der Verzehr von Fleisch und Zucker dagegen halbiert werden.

Für bestimmte Regionen der Welt sind die Richtlinien klarer definiert: So sollen Europäer:innen den Verzehr von rotem Fleisch um 77 Prozent reduzieren und 15 Mal mehr Nüsse und Samen konsumieren. Die Diät erlaubt einen Burger und zwei Portionen Fisch[7] pro Woche sowie bis zu zwei Eier. Ein Glas Milch pro Tag oder etwas Käse oder Butter wird empfohlen. Das meiste Protein stammt jedoch aus Hülsenfrüchten (Bohnen, Erbsen und Samen) und Nüssen.

In Deutschland teilen die Ernährungsempfehlungen der DGE grundsätzlich viele Gemeinsamkeiten mit der *Planetary Health Diet*.[8] Letztere schränkt den Konsum von Fleisch noch einmal deutlicher ein, da diese Verringerung wesentlich für eine Reduzierung der Treibhausgase und damit dem Klimaschutz ist (Tab. 1). Als Herausforderung bleibt, dass die tatsächlichen Verzehrmengen stark von beiden Empfehlungen abweichen. In Deutschland wird im Durchschnitt immer noch doppelt so viel Fleisch gegessen, wie von der DGE empfohlen.

Parallel zu den Empfehlungen der *Planetary Health Diet* hat die EAT-Lancet-Kommission wissenschaftliche Ziele formuliert, um die empfohlenen Lebensmittelmengen innerhalb der planetaren Grenzen produzieren zu können. Für die Faktoren Wasser, Land, biologische Vielfalt, Klima, Stickstoff und Phosphor schlagen die Wissenschaftler:innen Werte vor, innerhalb derer die globale Lebensmittelproduktion in Zukunft agieren sollte. Und eine dritte Aufgabe gibt es zu bewältigen: Damit die planetare Gesundheitsdiät Wirkung zeigt, müssen weltweit die Lebensmittelverluste und -abfälle deutlich reduziert werden.

Für die globale Ernährungswende haben die Forscher:innen fünf sofort umsetzbare Strategien ent-

Abb. 1: Der optimale Speiseplan[9]

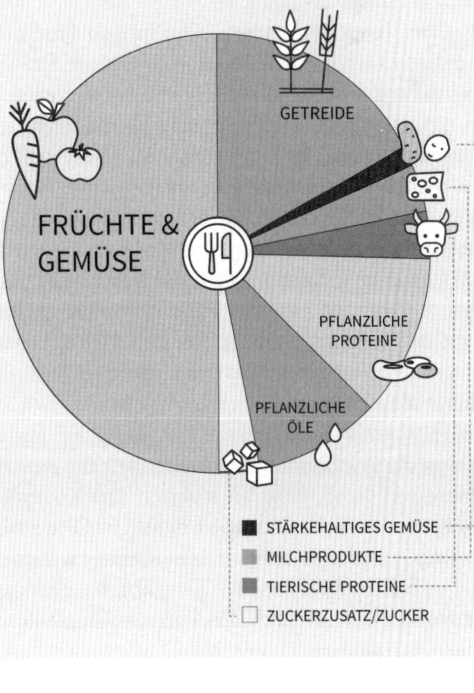

Tab. 1: Lebensmittelmengen *Planetary Health Diet* und vollwertige Ernährung der DGE[10]

Planetary Health Diet		**Vollwertige Ernährung (DGE)**	
Lebensmittelgruppe	*Menge (g/Tag) bei einer Ernergiezufuhr von 2500 kcal/Tag*	*Lebensmittelgruppe*	*Orientierungswert (g/Tag) bei einer Energiezufuhr von 1.600 bis 2.400 kcal/Tag*
Getreide	232 (0 – 60 % der Gesamtenergie)	Getreide(-produkte)	200 – 300
Kartoffeln	50 (0 – 100)	Kartoffeln, Nudeln, Reis	150 – 250
Gemüse	300 (200 – 600)	Gemüse und Salat, inkl. Hülsenfrüchten	> 400
Hülsenfrüchte	100		
Obst	200 (100 – 300)	Obst	> 250
Nüsse	25	davon: Nüsse	25
Rind-, Lamm- oder Schweinefleisch	14 (0 – 28)	Fleisch, Wurst	43 – 86
Geflügel	29 (0 – 58)		
Fisch	29 (0 – 100)	Fisch	21 – 31
Eier	13 (0 – 25)	Eier	< 25
Milch (Vollmilch oder daraus hergestellte Produkte)	250 (0 – 500)	Milch(-produkte)	200 – 250
		Käse	50 – 60
ungesättigte Fettsäuren (Öle)	40 (20 – 80)	Öle	10 – 15
gesättigte Fettsäuren* (Palmöl, Schmalz)	11,8 (0 – 11,8)	Butter, Margarine	15 – 30
alle Süßungsmittel (inkl. Zucker)	31 (0 – 31)	freie Zucker	< 50 g
		Getrönke	rund 1,5 l/Tag, bevorzugt Wasser

* Milchfett schon in »Milch« enthalten

wickelt: Gesunde Ernährung fördern, Qualität und Vielfalt statt Quantität in der Landwirtschaft, Landwirtschaft nachhaltig intensivieren, strenge Vorgaben für die Nutzung von Land und Meer sowie Lebensmittelabfälle halbieren.

In allen Bereichen ist der Handlungsbedarf hoch und es bedarf weiterer Diskussion, was diese Strategien beinhalten und wie diese global umzusetzen sind. Klärungsbedarf gibt es insbesondere bei der nachhaltigen Intensivierung der Landwirtschaft. Diese zielt darauf ab, höhere Erträge auf den vorhandenen Flächen zu erzielen und die Umweltbelastung dabei möglichst gering zu halten. Das Konzept ist jedoch umstritten, da der Fokus einseitig auf der Produktion und Ertragssteigerung liegt und auch den Einsatz von Gentechnik beinhaltet. Nachhaltigkeitsaspekte und wichtige soziale Belange, wie beispielsweise der Zugang zu Nahrung, werden vernachlässigt.

Trotz ungeklärter Fragen ist es der EAT-Lancet Kommission gelungen, die Dringlichkeit für eine Ernährungswende sichtbar zu machen und Lösungen anzubieten. Einmal mehr wird deutlich: Ohne Veränderungen im Ernährungssystem können weder die globalen Nachhaltigkeitsziele (*Sustainable Develpoment Goals – SDGs*) noch das Pariser Klimaabkommen erreicht werden.

Das Ernährungssystem: Problem und Lösung zugleich

Trotz der vielen bekannten Auswirkungen auf unsere Gesundheit und die Zerstörung der Umwelt, wird das agrarindustrielle Ernährungssystem fortgeschrieben. Eine Studie über die Allianz für eine Grüne Revolution in Afrika (AGRA) zeigte jüngst, welche dramatischen Folgen diese Entwicklung für kleinbäuerliche Erzeuger:innen in Afrika hat. AGRA, initiiert durch die Bill und Melinda Gates Foundation, hatte das Ziel, in 20 afrikanischen Staaten bis 2020 die Erträge zu verdoppeln und somit die Einkommen von 30 Millionen Kleinbäuer:innen zu steigern. Dazu erhielt AGRA circa eine Milliarde US-Dollar, auch aus Deutschland. Das Versprechen, mit Hochertragssaatgut, synthetischen Düngemittel und Pestiziden die kleinbäuerliche Produktion zu steigern, wurde jedoch gebrochen. Im Gegenteil hat sich die Situation für viele kleinbäuerliche Familien sogar verschlechtert. Zahlreiche Familien gerieten in eine Verschuldungsfalle, da sie Kredite für Düngemitteln und Hybridsaatgut nicht zurückzahlen können. Zudem droht die Verdrängung ihrer bäuerlichen Saatguttauschsysteme. In den AGRA-Jahren ist die Zahl der hungernden Menschen sogar um 30 Prozent gestiegen.[11]

Im Sinne der planetaren Gesundheitsdiät müssen ökologische, gerechte und widerstandsfähige Ernährungssysteme auf lokaler und regionaler Ebene aufgebaut werden. Erst dann können sich Ernährungssysteme zum Positiven für Mensch und Natur wandeln und Teil der Lösung sein. Mit der Förderung einer agrarökologischen Landwirtschaft, wie sie auch im sog. *Weltagrarbericht*[12] gefordert wird, könnte eine solche grundlegende Transformation der Agrar- und Ernährungssysteme gelingen.

Mit Agrarökologie den Wandel schaffen

Agrarökologie setzt auf einen vielfältigen und ressourcenschonenden Anbau, schafft lokale Verarbeitungs- und Vermarktungsmöglichkeiten, stärkt die Gemeinschaft und trägt zu einer gesünderen Ernährung der Einzelnen bei. Die Landwirtschaftsorganisation der Vereinten Nationen (FAO) startete bereits 2018 ihre Initiative »Scaling Up Agroecology«, um die agrarökologische Landwirtschaft weltweit zu unterstützen und nachhaltige Ernährungssysteme aufzubauen.[13] Erhebliche Potenziale und wichtige Lösungsansätze zeigt der Bericht des High Level Panel of Experts (HLPE) des UN-Welternährungsausschusses (CFS) zu »Agrarökologie und anderen innovativen Ansätzen« auf, der im Juli 2019 veröffentlicht wurde. Damit setzte die FAO ein wichtiges Zeichen für eine alternative Landwirtschaft, die in der Lage ist, Hunger und Armut zu bekämpfen.

Agrarökologie spielt in vielen Ländern bei der Gestaltung von nachhaltigen Ernährungssystemen bereits eine bedeutende Rolle. So zeigt beispielsweise der Zusammenschluss von Kleinbäuer:innen, Bauernorganisationen und Wissenschaftler:innen im Bundesstaat Paraná in Südbrasilien dies auf beeindruckende Weise. Sie haben es in den letzten zehn Jahren geschafft, agrarökologische Ernährungssysteme aufzubauen, die auch während der Corona-Pandemie ein Fortbestehen bewiesen haben. Denn trotz fehlendem Schulessen und geschlossener Märkte konnten Nahrungsmittel verteilt und viele Familien mit gesundem Essen versorgt werden.[14]

Das Potenzial einer agrarökologischen Landwirtschaft wird bisher viel zu wenig ausgeschöpft. Auch beim vierten Welternährungsgipfel (UN Food Systems Summit), der im September 2021 stattgefunden hat, hätte Agrarökologie eine prominentere Rolle spielen müssen, und zwar auf Grundlage der allgemein anerkannten zehn Elemente der Agrarökologie der FAO.[15] Der Gipfel hatte sich ein großes Ziel gesteckt: eine tiefgreifende Veränderung der weltweiten Landwirtschafts- und Ernährungssysteme, um Armut und Hunger zu bekämpfen, die Biodiversität und das Klima zu schützen. Doch anstatt gemeinsam mit Betroffenengruppen ein nachhaltiges Ernährungssystem zu entwerfen, dominierte die Privatwirtschaft und gesamtgesellschaftliche Interessen wurden nicht ausreichend berücksichtigt. Der mit dem Gipfel gestartete Prozess eines Multi-Stakeholder-Ansatzes schwächt zudem die Rolle der Mitgliedsstaaten im UN-System und übergeht das legitimierte Ernährungsgremium UN Committee on Food Security (CFS).[16]

Ernährungssysteme benötigen Demokratie

Die gute Nachricht ist: Weltweit mehren sich die Stimmen, die unser Agrar- und Ernährungssystem grundlegend umgestalten und nachhaltiger machen wollen. Viele Menschen interessieren sich wieder stärker dafür, was auf ihrem Teller landet, woher es kommt und unter welchen Bedingungen es angebaut und verarbeitet wurde. In allen Teilen des Ernährungssystems fordern Menschen mittlerweile mehr

Folgerungen & Forderungen

- Der agrarökologische Ansatz muss auf Grundlage der zehn FAO-Elemente der Agrarökologie in der EU-Agrarpolitik, Handels- und Entwicklungspolitik verankert werden und in ein kohärentes Regierungshandeln umgesetzt werden.
- Das UN Committee on Food Security (CFS) mit dem Civil Society and Indigenous People's Mechanism (CSM) ist als zentrales Ernährungsgremium im UN System zu stärken.
- Soziale und ökologische Folgekosten unseres Produktions- und Konsumverhaltens müssen sich in Lebensmittelpreisen wiederfinden. Hierfür ist eine Reform der GAP entsprechend der Forderungen der Zukunftskommission Landwirtschaft umzusetzen.
- Eine sektorübergreifende Ernährungspolitik sollte alle Akteure des Ernährungssystems beteiligen und die Transformation hin zu ökologischen, gerechten und widerstandsfähigen Ernährungssystemen auf lokaler und regionaler Ebene zum Ziel haben.
- In der Gemeinschaftsverpflegung und der öffentlichen Beschaffung sind Mindestanteile für die Verwendung von regionalen und Bioprodukten verbindlich festzulegen.
- Eine verpflichtende Kennzeichnung muss Verbraucher:innen über den Gesundheitswert von Lebensmitteln sowie über die entstandenen Treibhausgase informieren.

Mitsprache und nicht zuletzt eine Demokratisierung unserer Landwirtschafts- und Ernährungspolitik. Aus diesem Bedürfnis heraus ist auch in Deutschland eine Vielzahl von alternativen landwirtschaftlichen Organisationsformen, Aktionsgruppen, Netzwerken und Kooperationen entstanden.

Viele dieser Akteure beteiligten sich im Frühjahr 2021 unter dem Motto »Gerecht, gesund, global – unser Ernährungssystem mitgestalten«[17] an drei Online-Dialogveranstaltungen und nutzten die Gelegenheit sich auszutauschen und zu vernetzen. Zahlreiche Initiativen zeigen, dass regionale Vermarktungs- und Versorgungswege zunehmend an Bedeutung gewinnen. Verbraucher:innen nehmen immer mehr ihre Gestaltungsspielräume selbst wahr und ermöglichen sich so mehr Transparenz und Mitgestaltung. Etwa im Lebensmittelhandel, wo der »WirMarkt« in Hamburg einen transparenten und demokratischen Lebensmittelmarkt aufbaut, oder in den zahlreichen Initiativen für eine Solidarische Landwirtschaft.

Deutlich wurde jedoch auch, dass viele Menschen von einer gesunden Ernährung ausgeschlossen bleiben. Ausgewogenes und gesundes Essen ist für weite Teile der Bevölkerung nicht erreichbar. Unter anderem machen zu niedrige Sätze in Sozialleistungen es nahezu unmöglich, das Recht auf ausreichend gesunde Ernährung zu verwirklichen. Gerade während der Corona-Pandemie wurde der Bedarf besonders deutlich. Trotz der großen Relevanz kommt dieses wichtige Thema in der politischen Debatte überwiegend nicht vor.

Gesucht: ein ernährungspolitisches Gesamtkonzept

Für eine zukunftsfähige Ernährung sind klare Maßnahmen und ein ernährungspolitisches Gesamtkonzept erforderlich. Bisher sind die Rahmenbedingungen in Deutschland wenig hilfreich und die Verantwortung für eine nachhaltigere Ernährung wird zu stark auf die Verbraucher:innen verlagert. Auch die Gemeinsame Agrarpolitik (GAP) muss maßgeblich dazu beitragen, den Übergang zu einem nachhaltigen Ernährungssystem in der EU zu bewältigen. Dies fordert auch der Abschlussbericht der Zukunftskommission Landwirtschaft (ZKL), der Anfang Juli 2021 vorgelegt wurde.[18]

Ernährungspolitik hat die Aufgabe, allen Menschen mehr gesundheitsfördernde, sozial-, umwelt- und tierwohlverträgliche Wahlmöglichkeiten zu bieten. Dazu gehört, dass die nachhaltigeren Varianten leicht als solche zu erkennen sind. Zusätzlich helfen Preisanreize, die es naheliegender machen, die nachhaltigere Wahl zu treffen.

Vorschläge für die Gestaltung einer nachhaltigeren Ernährung legte der Wissenschaftliche Beirat für Agrarpolitik, Ernährung und gesundheitlichen Verbraucherschutz (WBAE) bereits im Jahr 2020 vor und macht gleichzeitig deutlich, dass Deutschland im europäischen Vergleich Nachzügler bei der Gestaltung von fairen Ernährungsumgebungen ist.[19] Dabei ist die Ernährungsumgebung entscheidend für die Änderung von Ernährungsgewohnheiten und somit auch entscheidend für die Realisierung der planetaren Gesundheitsdiät.

Die Bundesregierung ist aufgerufen, Vorgaben für die Kennzeichnung von Inhaltsstoffen, wie dem Nutri-Score, endlich verbindlich von der Lebensmittelindustrie zu fordern. Dazu gehört auch die Angabe auf dem Etikett, wie viel klimaschädliche Treibhausgase bei der Produktion entstanden sind. Insbesondere müssen die vielen Vorteile einer regionalen und ökologischen Gemeinschaftsverpflegung flächendeckend genutzt und gefördert werden.

Letztlich sind Akteur:innen aus Politik, Wirtschaft, Landwirtschaft sowie die Verbraucher:innen auf globaler, nationaler, regionaler und lokaler Ebene gefordert, konkrete Maßnahmen umzusetzen, um eine gesunde und nachhaltige Ernährung für alle Menschen zu sichern.

Das Thema im Kritischen Agrarbericht

- Stig Tanzmann: Therapie mit schweren Nebenwirkungen. Corona und die Folgen für Welternährung und Weltgesundheit. In: Der kritische Agrarbericht 2021, S. 102–107.
- Franz-Theo Gottwald: Kulturwandel auf dem Teller. Pflanzliche Alternativen zu Lebensmitteln tierischen Ursprungs – eine ernährungsökologische Einschätzung. In: Der kritische Agrarbericht 2021, S. 335–340.
- Maria Heubuch: Agrarökologie als Leitbild für Landwirtschafts- und Lebensmittelpolitik. In: Der kritische Agrarbericht 2018, S. 39–44.
- Benny Haerlin: »Business as usual ist keine Option mehr«. Weltagrarbericht fordert radikale Wende der Agrarpolitik und -forschung. In: Der kritische Agrarbericht 2009, S. 69–73.
- Karl von Koerber und Jürgen Kretschmer: Ernährung und Klima. Nachhaltiger Konsum ist ein Beitrag zum Klimaschutz. In: Der kritische Agrarbericht 2009, S. 280–285.

Anmerkungen

1 United Nations: Ziele für nachhaltige Entwicklung Bericht 2021 (www.un.org/depts/german/millennium/SDG%20Bericht%20 2021.pdf).

2 Techniker Krankenkasse: Diabetes mellitus in Zahlen (Stand: 26. Oktober 2018) (www.tk.de/techniker/gesundheit-und-medizin/behandlungen-und-medizin/diabetes/diabetes-mellitus-in-zahlen-2013492?tkcm=ab).

3 World Obesity Federation: Coronavirus (Covid 19) & Obesity (www.worldobesity.org/news/statement-coronavirus-covid-19-obesity).

4 B. A. Swinburn et al.: The global syndemic of obesity, undernutrition, and climate change: *The Lancet* Commission report. In: The Lancet 393/10173 (2019), pp. 791-846 (www.thelancet.com/pdfs/journals/lancet/PIIS0140-6736(18)32822-8.pdf).

5 IPCC: Climate change and land: an IPCC special report on climate change, desertification, land degradation, sustainable land management, food security, and greenhouse gas fluxes in terrestrial ecosystems. Geneva 2019 (www.ipcc.ch/site/assets/uploads/2019/11/SRCCL-Full-Report-Compiled-191128.pdf).

6 Summary report of the EAT-*Lancet* Commission (2019) (https://eatforum.org/content/uploads/2019/01/EAT-Lancet_Commission_Summary_Report.pdf).

7 Angesichts der mangelnden ökologischen Nachhaltigkeit (Umweltschäden durch Überfischung, Massentierhaltung in Aquakulturen und vieles mehr) eine nicht unumstrittene Empfehlung.

8 Deutsche Gesellschaft für Ernährung: Vollwertige Ernährung nach den Empfehlungen der DGE ist auch ökologisch nachhaltig. In: DGE-info 06/2019, S. 82-87 (www.dge.de/fileadmin/public/doc/fm/dgeinfo/DGEinfo-06-2019-Vollwertige-Ernaehrung.pdf).

9 Quelle: Agrar Koordination / FIA: Gesundheit von Mensch und Planet. Die Welt braucht eine gesündere Ernährung. Hamburg 2021, S. 14 (www.agrarkoordination.de/fileadmin/dateiupload/PDF-Dateien/Broschuere/AK_A6_BROSCHUERE_Online.pdf)

10 Quelle: Ebd., S. 84

11 Brot für die Welt, FIAN Deutschland, Forum Umwelt und Entwicklung, INKOTA-netzwerk, Rosa-Luxemburg-Stiftung et al.: Falsche Versprechen. Die Allianz für eine Grüne Revolution in Afrika (AGRA) (2020) (www.forumue.de/falsche-versprechen-die-allianz-fuer-eine-gruene-revolution-in-afrika-agra/).

12 Nähere Infos unter www.weltagrarbericht.de.

13 FAO: The 10 elements of agroecology: Guiding the transition to sustainable food and agricultural systems. Rome 2018 (www.fao.org/documents/card/en/c/I9037EN/).

14 Agrar Koordination: Land ist unser Leben: Eine Reportage über die agrarökologische Bewegung in Südbrasilien. Hamburg 2020 (https://agrarkoordination.pageflow.io/land-ist-unser-leben#243386).

15 FAO (siehe Anm. 11).

16 Ein kritische Analyse des Food Systems Summit findet sich auch in dem Beitrag von Lena Bassermann, Roman Herre und Stig Tanzmann in diesem *Kritischen Agrarbericht*, S. 111–116.

17 Die Onlinedialoge wurden veranstaltet von: Agrar Koordination, Ernährungsdemokratie jetzt! Netzwerk der Ernährungsräte, FIAN Deutschland, Forum Umwelt und Entwicklung und Inkota Netzwerk (www.agrarkoordination.de/projekte/gesundheit-von-mensch-und-planet/ernaehrungssysteme-mitgestalten-dialogreihe/).

18 Siehe hierzu auch den Beitrag von Olaf Bandt, Elisabeth Fresen und Thomas Schröder in diesem *Kritischen Agrarbericht*, S. 52–57.

19 WBAE: Politik für eine nachhaltige Ernährung. Eine integrierte Ernährungspolitik entwickeln und faire Ernährungsumgebungen gestalten. Berlin 2020 (www.bmel.de/SharedDocs/Downloads/DE/_Ministerium/Beiraete/agrarpolitik/wbae-gutachten-nachhaltige-ernaehrung.pdf;jsessionid=8700EB15FB94DAC9C52607C28E970345.live922?__blob=publicationFile&v=3).

Mireille Remesch
Agrar- und Ernährungswissenschaftlerin (M. Sc.) und Referentin für globale Agrarpolitik bei der Agrar Koordination.

mireille.remesch@agrarkoordination.de

◉ *Schwerpunkt »Preis Werte Lebensmittel«*

Mehr Transparenz schaffen

Plädoyer für ein staatliches Klima-/Umweltlabel auf Lebensmitteln

von Anke Zühlsdorf, Achim Spiller und Dominic Lemken

Die Farm-to-Fork-Strategie der EU-Kommission zielt unter anderem auf eine verbesserte Nachhaltigkeitskennzeichnung für Lebensmittel. Diese Ankündigung hat die politische Diskussion über neue Kennzeichnungsansätze für Lebensmittel verstärkt. Im Markt entwickeln sich schon jetzt zahlreiche neue Klima- und Umweltlabels. Der folgende Beitrag argumentiert, dass ein solches Zeichen sinnvoll ist, es aber ohne eine Regulierung nicht gelingen wird, den Verbraucher:innen eine sinnvolle Entscheidungshilfe an die Hand zu geben. Daran schließen sich konkrete Gestaltungsvorschläge für ein staatliches Label an, welches den Verbraucher:innen helfen könnte, umweltfreundlichere Ernährungsentscheidungen zu treffen.

Die Klimafreundlichkeit von Lebensmitteln können weder Verbraucher:innen noch Expert:innen am Endprodukt erkennen. In der Ökonomie werden Prozessmerkmale, die am Endprodukt nicht mehr überprüfbar sind, »Vertrauenseigenschaften« genannt. Labels, die das Vorhandensein von Vertrauenseigenschaften zertifizieren, helfen dabei, solche Eigenschaften sichtbar zu machen und glaubwürdig zu kommunizieren. Es gibt aktuell zwar bereits eine große Anzahl von Zeichen, die solche Prozesseigenschaften kennzeichnen. Eine zentrale Informationslücke betrifft aber die Klimaauswirkungen von Lebensmitteln, die auch durch das Biolabel nicht erfasst werden.[1]

Etwa ein Fünftel der Treibhausgas (THG)-Emissionen der Bürger:innen in Deutschland wird durch Lebensmittel verursacht.[2] Grob kalkuliert macht die Ernährung in Deutschland mit rund zwei Tonnen Kohlendioxid-Äquivalenten (CO_2e) rund ein Fünftel der etwa zehn Tonnen verursachten CO_2e pro Kopf und Jahr aus.[3] Bei besonders klimabewusstem Essen kann man mit ungefähr der Hälfte, also rund einer Tonne CO_2e, auskommen.[4] Bei hohem Fleischkonsum, vielen Flugwaren oder Gemüse aus beheiztem Treibhaus kann ein Mensch aber auch leicht auf mehr als drei Tonnen allein durch die Ernährung kommen.[5]

Studien zeigen: Die Menschen haben kaum eine Vorstellung davon, welche Lebensmittel besonders klimaschädlich sind. Die Verbraucher:innen liegen häufig daneben, indem sie z. B. Plastikverpackungen die höchste Klimarelevanz zusprechen oder die Bedeutung der Transportentfernung überschätzen.[6] Viele Konsument:innen haben zwar schon einmal von den hohen THG-Emissionen bei Fleisch gehört, unterschätzen aber die absoluten Unterschiede zwischen tierischen und pflanzlichen Produkten erheblich.[7] Hinzu kommt, dass die THG-Emissionen von Lebensmitteln auch insgesamt unterschätzt werden, da der Produktionsprozess weitgehend unbekannt ist, und auch die hohen Belastungen durch Methan und Lachgas in der Gesellschaft vielfach nicht geläufig sind.[8]

Klimalabels für Lebensmittel auf dem Vormarsch

Aus verschiedenen Gründen ist die Landwirtschaft vom EU-Emissionshandelssystem und von der in Deutschland für 2021 eingeführten CO_2-Steuer ausgenommen. Umso wichtiger ist es, geeignete Instrumente zu entwickeln. Ein Label, das mehr Transparenz schafft, ist ein wichtiges Instrument zur Versachlichung der Klimapolitik. Darüber hinaus würde die Politikakzeptanz für Klimamaßnahmen in der Gesellschaft wohl steigen, wenn Bürger:innen die oben genannten Zusammenhänge verstehen. Zudem stellt es einen Anreiz für die Lebensmittelwirtschaft zur Optimierung des Angebots dar. Diese indirekten Wirkungen eines Klimalabels sind ebenso wichtig wie direkte Effekte auf das Ernährungsverhalten.

Schließlich greift das Marketing zunehmend klimabezogene Argumente auf. Derzeit werden immer mehr Unternehmen in Richtung CO_2-Kennzeichnung aktiv.

Tab. 1: Formen der Klimakennzeichnung (eigene Darstellung)

Labeltyp	Was wird gekennzeichnet	Claim (Bsp.)	Fördert Ernährungsstiländerungen	Aussagekraft für Verbraucher:innen
Kompensationslabel	Kompensation von THG-Emissionen durch Ausgleichszahlungen	»klimaneutral«	nein	Irreführungsgefahr besonders hoch, keine Angabe zum CO_2-Fußabdruck
Reduktionslabel	Reduktion vorheriger THG-Emissionen um einen bestimmten Prozentsatz	»CO_2-reduziert«	nein	Keine Produktvergleiche möglich, keine Angabe zum CO_2-Fußabdruck
Best-in-class-Label	Signifikant niedrigere THG-Emissionen zum Durchschnitt der Warengruppe oder dem Marktführer	»klimafreundlicher«	nein	Führt zu Fehleinschätzungen, da nur relativ, keine Angabe zum CO_2-Fußabdruck
Numerisches Label	Höhe der THG-Emissionen des Produktes	CO_2e/kg	ja	Verlangt viel Wissen zur Interpretation
Mehrstufiges, interpretatives Label	Farbliche Bewertung der absoluten Höhe der THG-Emissionen	Einordnung in ein symbolisches Bewertungsschema (z. B. Ampelfarben, Sterne)	ja	Leicht verständlich, motivierend

So haben große Caterer aus der Gemeinschaftsverpflegung wie Dussmann und Sodexo das Thema angestoßen. Hintergrund war ein innovatives Berechnungskonzept des Beratungsunternehmens Eaternity, das die Klimadaten für komplette Mahlzeiten bereitstellt. Nach einer erfolgreichen Unterschriftenkampagne des schwedischen Unternehmens Oatly hat sich im Herbst 2020 der Petitionsausschuss des Deutschen Bundestages mit dem Thema Klimalabel beschäftigt. Zuletzt hat eine Initiative von Unternehmen wie Nestlé, Oatly, Frosta oder Mymüsli gemeinsam mit der Klimaschutzorganisation German Zero die Entwicklung eines Standards zur Klimakennzeichnung angekündigt.

Es ist keine Frage des »Ob«, sondern nur noch eine Frage des »Wie« der Kennzeichnung.[9] Auf dem Markt finden sich derzeit bereits viele, zum Teil sinnvolle, zum Teil missverständliche bis missbräuchliche Claims und Pseudolabels. Tabelle 1 zeigt Klimakennzeichnungen im Überblick und bewertet diese.

Ein besonders problematischer Trend sind Kompensationslabels. Diese knüpfen an die politischen Zielvorgaben zur Klimaneutralität der Gesellschaft an. Die mediale Präsenz macht den Claim »klimaneutral« für das Marketing hochgradig attraktiv. Er sagt jedoch nichts über die Klimafreundlichkeit des eigentlichen Lebensmittels aus, zudem ist der Markt für Kompensationszertifikate umstritten. Auch ist die wachsende Labelflut insgesamt problematisch, da die unregulierte Koexistenz der verschiedenen Labeltypen im Markt zur Verwirrung der Verbraucher:innen beiträgt.

Umweltlabels im Aufbau

Neben den Klimalabels arbeiten europaweit mehrere Gruppen an der Entwicklung umfassender Labelkonzepte, die weitere Nachhaltigkeitseigenschaften einbeziehen und in einer Gesamtbewertung darstellen. Die Ansätze unterscheiden sich hinsichtlich der Kriterienauswahl und ihrer Gewichtung. Eine Gemeinsamkeit ist die Ökobilanz-basierte Herangehensweise, wie sie in den letzten Jahren in der EU im Rahmen des Product Environmental Footprints (PEF) forciert wurde. Besonders aktiv ist Frankreich. Hier hat die französische Umweltbehörde ADEME einen Wettbewerb zur Entwicklung einer Nachhaltigkeitskennzeichnung ausgeschrieben, in die unter anderem die Daten der staatlichen Agribalyse-Datenbank[10] einfließen. Das beste Modell soll in Frankreich als verbindliche Umweltkennzeichnung für Lebensmittel eingeführt werden.

Der bekannteste Vorschlag ist der Eco-Score, den das Unternehmen Lidl in einem Pilotprojekt auch im deutschen Markt getestet hat. Er kombiniert die 16 Umweltwirkungskategorien, die in der Agribalyse-Datenbank erfasst sind (z. B. Klimawirkung, Wasserverbrauch, Versauerung), mit einem Bonus-Malus-System, über das weitere Kriterien einbezogen werden (z. B. Pluspunkte für bestimmte Nachhaltigkeitslabels wie Bio oder Transfair, Negativpunkte bei hoher Transportentfernung und problematischem Verpackungsmaterial). Seit Kurzem wird in Frankreich auch das Konkurrenzmodell Planet-Score getestet, das einen ähnlichen Grundaufbau hat, sich aber in den Details der einbezogenen Kriterien und der Gewichtung unterscheidet. Die britische Brancheninitiative Foundation Earth, in der bekannte Unternehmen der Lebensmittelwirtschaft (z. B. Nestlé, Danone, Aldi) vertreten sind, erprobt derzeit zwei Labelvarianten im EU-Markt (Enviro-Score) und im britischen Markt (Eco-Impact Label), die später zusammengeführt werden sollen. Eine Gemeinsamkeit der genannten Ansätze ist, dass alle Labels eine mehrstufige, farbliche

Kennzeichnung vorsehen. Welche Vorschläge sich durchsetzen werden, ist derzeit offen.

Klimaschutz ist nur ein, wenn auch wichtiges Element des Umwelt- und Naturschutzes. Warum also nicht ein Umweltlabel für Lebensmittel einführen, z. B. auf Basis von Ökobilanzen? In diese Diskussion haben die französischen Entwicklungen des Jahres 2021 erhebliche Dynamik gebracht. Ein Umweltlabel muss verschiedene Umweltbelastungen erheben und in ein Verhältnis setzen. Es muss z. B. festlegen, wie die Auswirkung auf das Klima im Vergleich zu Biodiversitätseffekten zu bewerten ist. Grundsätzlich erscheint diese Bewertung lösbar. Sie ist aber eine gesellschaftlich-politische Frage, keine rein wissenschaftliche. Beschränkt man sich auf die Klimakennzeichnung, entfällt diese Bewertung. Außerdem ist es den Klimaforscher:innen gelungen, mit den CO_2e eine einheitliche Berechnungsgröße für die verschiedenen Treibhausgase zu schaffen, so dass es für alle Produkte einen vergleichbaren Wert gibt. Die Datenlage ist beim Klimaschutz besser.[11]

Perspektivisch ist es aber erstrebenswert, ein übergreifendes Umweltlabel zu entwickeln, damit andere negative Effekte der Lebensmittelproduktion nicht aus dem Blick geraten. Die THG-Perspektive bevorzugt tendenziell intensive Produktionssysteme. Allerdings kommen gerade die Biodiversitätswirkungen der Landwirtschaft, die einen Gegenpol dazu bilden, auch in der Ökobilanzforschung zu kurz. Hier fehlen Methoden und Daten. Kurzfristig wäre es daher sinnvoll, mit dem Klimaschutz über den gesamten Lebensweg zu starten und einige pragmatische Zusatzkriterien hinzuzuziehen, insbesondere Pluspunkte für Bio zu geben.

Ein Label für die lebenswegübergreifende Gesamtbewertung von Lebensmitteln ist damit insgesamt ein sinnvolles Instrument. Es ergänzt das Biolabel, das auf ein spezifisches Landbausystem bezogen ist und nur rund fünf Prozent der Lebensmittel kennzeichnet. Sein Effekt sollte gleichwohl nicht überschätzt werden. Ein Instrument bringt für sich allein nur begrenzte Beiträge für einen nachhaltigeren Konsum. Auch eine Streichung der Mehrwertsteuersubvention für Fleisch verringert den Konsum nur um circa drei bis vier Prozent. Sinnvoll ist ein Instrumentenmix aus Label, Lenkungssteuern, Nudging und Ordnungspolitik.[12] Ein Klima- oder Umweltlabel ist kein Gamechanger, aber ein vergleichsweise kostengünstiges Instrument, das andere Politiken ergänzt.

Zentrale Gestaltungsempfehlungen

Labeltyp

Für Verbraucher:innen muss auf den ersten Blick klar sein, was ein Umweltlabel bedeutet und wie die Angaben einzuordnen sind. Die Einordnung in ein symbolisches Bewertungsschema (z. B. Ampelfarben) wird deutlich besser als Detailangaben verstanden.[13] Entsprechend basieren fast alle neuen wissenschaftlich fundierten Vorschläge auf einem fünfstufigen, farblich-codierten Labeldesign. Grafisch könnte ein Klimalabel so wie in Abbildung 1 gezeigt gestaltet sein: Die Farbskala, die in diesem Bericht leider nur in schwarz/weiß simuliert werden kann, orientiert sich an der Ampelfarbsymbolik und reicht über fünf Stufen von »A« dunkelgrün (sehr geringe THG-Emissionen), grün, gelb, hellrot bis zu »E« dunkelrot (sehr hohe THG-Emissionen). Die Farbskala ist leicht verständlich und von den Verbraucher:innen durch ähnliche Label wie den Nutri-Score erlernt. Die Integration des Carbon Footprints in CO_2e ermöglicht zudem eine differenzierte Einschätzung der THG-Belastung, die mit dem Konsum des jeweiligen Lebensmittels verbunden ist.

Abb. 1: Musterbeispiele für das vorgeschlagene Klimalabel[14]

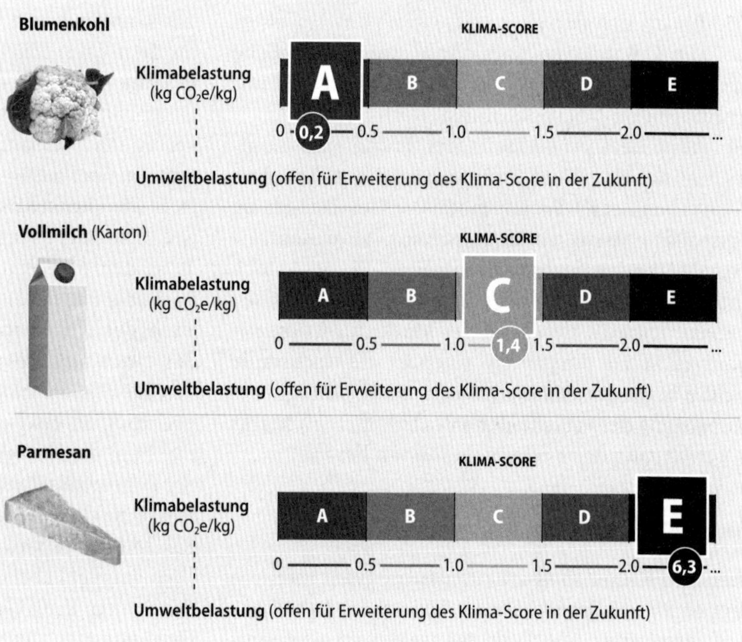

Vergleichsbasis
Der Ernährungsstil, nämlich die Auswahl von Produktgruppen statt der Wahl innerhalb der Produktgruppen, hat das größte Einsparungspotenzial bei den Klimaemissionen unserer Ernährung.[15] Es ist für den Klimaschutz zentral, dass die Menschen z. B. über die Höhe ihres Fleisch- oder Käsekonsums nachdenken. Erst in zweiter Linie ist die Auswahl der Käsemarke relevant. Nur ein Vergleich über alle Produkte hinweg verdeutlicht die große Spannweite der THG-Emissionen. Der Best-in-class-Vergleich innerhalb einer Warengruppe führt tendenziell zu Fehleinschätzungen der Umweltbelastung. Dies haben Studien zur EU-Umweltkennzeichnung bei PKWs gezeigt, in denen der »deutsche Sonderweg« einer relativen Kennzeichnung (innerhalb von Gewichtsklassen) zu schwerwiegenden Fehleinschätzungen bei den Verbraucher:innen geführt hat, weil sie die Umweltbelastungen der besonders umweltschädlichen Varianten unterschätzt haben.[16] Relative Vergleiche sind aber in der Wirtschaft beliebt, da sie Lebensstildiskussionen vermeiden. Empfohlen wird deshalb ein mehrstufig vergleichendes Label über alle Lebensmittel hinweg.

Bezugsbasis
Eine wichtige Festlegung betrifft die Bezugsbasis der Messung. Überwiegend wird für »Kilogramm des jeweiligen Produktes« plädiert. Es gibt aber auch den Vorschlag, 1.000 Kalorien oder einzelne Nährstoffe wie den Proteingehalt als funktionelle Einheit zu nutzen. In jüngerer Zeit wird zudem über einen Index verschiedener Nährstoffe diskutiert (Weighted Nutrient Density Score).[17] Die Bezugsgröße Gewicht hat den Vorteil, dass sie keine normativen Wertungen über Ernährungsziele voraussetzt und gut geeignet ist, Produkte zu vergleichen.

Datenbasis
Die früheren Versuche zur Etablierung eines Klimalabels sind an den Kosten gescheitert.[18] So wollte der britische Supermarktbetreiber Tesco die exakten THG-Emissionen sämtlicher Marken messen.[19] Das ist aufwendig, besonders wenn die Messungen bis auf die relativ kleinstrukturierte Landwirtschaft zurückgehen. Die Kosten lagen bei circa 50.000 bis 60.000 Euro pro Produkt. Betrachtet man das typische Sortiment eines Handelsunternehmens von bis zu 100.000 Artikeln, wird die finanzielle Belastung deutlich. Erfolgversprechender ist es, zunächst mit Durchschnittswerten für Produktkategorien (z. B. Milch, Eiern, Nudeln) zu beginnen.[20] Für Frankreich liegen Ökobilanzdaten für mehr als 2.500 Produkte in der staatlichen Agribalyse-Datenbank vor. Ein Label, das im Wesentlichen auf publizierten Standardwerten basiert, ermöglicht grundlegende Einschätzungen zum Ernährungsstil. Verbraucher:innen können entscheiden, welche Produkte sie gegebenenfalls durch klimafreundliche Varianten ersetzen wollen. Später könnten engagierte Hersteller spezifische Daten für sich und ihre landwirtschaftlichen Lieferanten einbringen und damit werben, wenn diese deutlich besser als der Durchschnitt sind. Eine andere Frage ist, ob die Schwankungsbreite der Daten zu groß ist. Wenn man z. B. bei Tomaten alle Anbauformen (Freiland, unbeheiztes Gewächshaus, regenerativ beheiztes Gewächshaus, fossil beheiztes Gewächshaus) »in einen Topf wirft«, dann ist die Aussagekraft gering. Es bedarf einer staatlichen Rahmensetzung für die sog. Product Category Rules (wie z. B. auch in der Wirtschaftsprüfung).

Folgerungen & Forderungen

- Ein (1) verpflichtendes, (2) staatliches, zunächst im Wesentlichen auf (3) Durchschnittswerten basierendes, (4) mehrstufiges, (5) interpretativ vergleichendes Label über alle Lebensmittel hinweg und (6) mit der Bezugsbasis Gewicht wäre eine wichtige Informationsgrundlage für Konsument:innen zur Verbesserung ihres Ernährungsstils.
- Die Frage, ob man zunächst mit einem Klimalabel anfängt oder direkt ausgewählte Umweltdimensionen wie beim Eco- oder Planet-Score mit hinzunimmt, ist nur im gesellschaftlichen Diskurs zu beantworten. Eine Gesamtbewertung aller Umweltwirkungen setzt eine verlässliche staatliche Ökobilanzdatenbank, mehr Daten für Fragen wie Biodiversität und eine Einigung auf die Gewichtung verschiedener Umweltwirkungen voraus.
- Ein Gesamtnachhaltigkeitslabel, das z. B. auch Tierwohl und Fairtrade beinhaltet, aggregiert aber zu stark, da Verbraucher:innen hier unterschiedliche Präferenzen haben (können).
- Verstärkt ein weiteres Zeichen den Labeldschungel? Ja, wenn der Markt unreguliert bleibt. Sinnvoll ist deshalb eine Konzentration auf wenige, einheitlich gestaltete, staatliche Labels für die zentralen Nachhaltigkeitsdimensionen (Bio, Klima/Umwelt, Tierwohl, Fairtrade, Nutri-Score).
- Umgekehrt sollten missbräuchliche Nachhaltigkeitsclaims untersagt werden, wie dies in der EU-Green-Claims-Initiative angedacht ist.

Freiwillig oder verpflichtend?

Forschungsergebnisse zeigen relativ deutlich, dass schlechte Bewertungen (»rot«) stärker das Verhalten beeinflussen als gute (»grün«).[21] Es wird fast kein Hersteller problematische Produkte freiwillig kennzeichnen. Der Staat sollte das Label, nach einer Erprobungsphase, auf dem Lebensmittelmarkt möglichst verpflichtend machen. Da dies EU-rechtlich problematisch ist, könnte übergangsweise auch eine starke (staatliche) Bewerbung des Zeichens seine Verbreitung fördern.

Anmerkungen

1 Wissenschaftlicher Beirat für Agrarpolitik, Ernährung und gesundheitlichen Verbraucherschutz (WBAE): Politik für eine nachhaltigere Ernährung: Eine integrierte Ernährungspolitik entwickeln und faire Ernährungsumgebungen gestalten. Gutachten. Berlin 2020.

2 WBAE und Wissenschaftlicher Beirat für Waldpolitik (WBW): Klimaschutz in der Land- und Forstwirtschaft sowie den nachgelagerten Bereichen Ernährung und Holzverwertung. Gutachten. Berlin 2016.

3 Ebd.

4 Ebd. und L. Aleksandrowicz et al.: The impacts of dietary change on greenhouse gas emissions, land use, water use, and health: A systematic review. PLoS ONE 11/11 (2016), e0165797. DOI: 10.1371/journal.pone.0165797.

5 C. Chen, A. Chaudhary and A. Mathys: Dietary change scenarios and implications for environmental, nutrition, human health and economic dimensions of food sustainability. In: Nutrients 11 (2019), 856. DOI: 10.3390/nu11040856.

6 K. Jürkenbeck, A. Spiller and S. G. H. Meyerding: Tomato attributes and consumer preferences – a consumer segmentation approach. In: British Food Journal 122/1 (2019), pp. 328-344. DOI: 10.1108/BFJ-09-2018-0628. – A. Zühlsdorf, K. Jürkenbeck, M. Schulze und A. Spiller: Politicized Eater: Jugendreport zur Zukunft nachhaltiger Ernährung. Wissenschaftliche Studie im Auftrag der Heinrich-Böll-Stiftung. Göttingen 2021.

7 J. Shi et al.: Consumers' climate-impact estimations of different food products. In: Journal of Cleaner Production 172 (2018), pp. 1646-1653. DOI: 10.1016/j.jclepro.2016.11.140.

8 A. R. Camilleri et al.: Consumers underestimate the emissions associated with food but are aided by labels. In: Nature Climate Change 9 (2019), pp. 53-58. DOI: 10.1038/s41558-018-0354-z.

9 D. Lemken, A. Zühlsdorf und A. Spiller: Improving consumers' understanding and use of carbon footprint labels on food: Proposal for a climate score label. In: EuroChoices 20/2 (2021), pp. 23-28. DOI: 10.1111/1746-692X.12321.

10 Die Agribalyse-Datenbank ist eine offene Ökobilanzdatenbank für Lebensmittel.

11 G. Reinhardt, S. Gärtner und T. Wagner: Ökologische Fußabdrücke von Lebensmitteln und Gerichten in Deutschland. Heidelberg 2020.

12 A. Spiller, A. Zühlsdorf und S. Nitzko: Instrumente der Ernährungspolitik. Ein Forschungsüberblick – Teile 1 und 2. In: Ernährungs Umschau 64/3-4) (2017), S. 146-153. DOI: 10.4455/eu.2017.012 bzw. 015.

13 Max Rubner-Institut: Beschreibung und Bewertung ausgewählter »Front-of-Pack«- Nährwertkennzeichnungs-Modelle: Finaler Bericht. Berlin 2020.

14 Eigene Darstellung in Anlehnung an Y. Feucht und K. Zander: Consumer's attitudes on carbon footprint labelling. Results of the SUSDIET project. Thünen Working paper 78. Braunschweig 2017. – Die Daten sind entnommen aus: G. Reinhardt, S. Gärtner und T. Wagner: Ökologische Fußabdrücke von Lebensmitteln und Gerichten in Deutschland. Heidelberg 2020, S. 8.f.

15 W. Willett et al.: Food in the anthropocene: The EAT–Lancet Commission on healthy diets from sustainable food systems. In: The Lancet 393 (2019), 10170. DOI: 10.1016/S0140-6736(18)31788-4.

16 S. L. Hille et al.: Best in class or simply the best? The impact of absolute versus relative ecolabeling approaches. In: Journal of Public Policy & Marketing 37/11 (2018), pp. 5-22. DOI: 10.1509/jppm.15.030.

17 B. P. Weidema and K. S. Stylianou: Nutrition in the life cycle assessment of foods – function or impact? In: International Journal of Life Cycle Assessment 25 (2020), pp. 1210-1216. DOI: 10.1007/s11367-019-01658-y.

18 T. Liu, Q. Wang and B. Su: A review of carbon labeling: Standards, implementation, and impact. In: Renewable and Sustainable Energy Reviews 53 (2016), pp. 68–79. DOI: 10.1016/j.rser.2015.08.050.

19 Tesco: Product Carbon Footprint Summary. 2012 (www.tescoplc.com/assets/files/cms/Tesco_Product_Carbon_Footprints_Summary(1).pdf).

20 B. Timmermans and W. M. J. Achten: From value-added tax to a damage and value-added tax partially based on life cycle assessment: Principles and feasibility. In: The International Journal of Life Cycle Assessment 23 (2018), pp. 2217-2247. DOI: 10.1007/s11367-018-1439-7.

21 D. H. Rosenblatt et al.: Food product health warnings promote dietary self-control through reductions in neural signals indexing food cue reactivity. In: Neuro Image: Clinical 18 (2018), pp. 702-712. DOI: 10.1016/j.nicl.2018.03.004.

Dr. Anke Zühlsdorf
Geschäftsführerin Zühlsdorf + Partner PartG, Lehrbeauftragte an der Georg-August-Universität Göttingen.

azuehls@uni-goettingen.de

Prof. Dr. Achim Spiller
Lehrstuhl Marketing für Lebensmittel und Agrarprodukte, Georg-August-Universität Göttingen, Department für Agrarökonomie und Rurale Entwicklung. Vorsitzender des Wissenschaftlichen Beirats für Agrarpolitik, Ernährung und gesundheitlichen Verbraucherschutz (WBAE).

a.spiller@agr.uni-goettingen.de

Dr. Dominic Lemken
Wissenschaftlicher Postdoc-Mitarbeiter an der Georg-August-Universität Göttingen.

dominic.lemken@agr.uni-goettingen.de

Register

Autorinnen und Autoren
aller bisher erschienenen Kritischen Agrarberichte (1993–2022)

(Jahrgang/Seitenzahl)

Hinweis

Ein Sachregister für die Jahrgänge 1993 bis 2013 findet sich als PDF zum Download auf der Internetseite des Kritischen Agrarberichts (www.kritischer-agrarbericht.de). Sämtliche Agrarberichte seit dem Jahrgang 2002 sind online gestellt und über eine Volltextsuche zu erschließen.

AgrarBündnis

AgrarBündnis e.V.
Marktstätte 26, 78462 Konstanz
Tel. 0 75 31 / 28 29 39-1
info@agrarbuendnis.de
www.agrarbuendnis.de

Arbeitsgemeinschaft bäuerliche Landwirtschaft e.V.
Bahnhofstraße 31, 59065 Hamm
Tel. 0 23 81 / 9 05 31 71
info@abl-ev.de
www.abl-ev.de

Arbeitsgemeinschaft kritische Tiermedizin
Auf der Loge 1, 27259 Varrel
Tel. 0 42 74 / 5 83
ml@tierarzt-link.de
www.agkt.de

Bäuerliche Gesellschaft e.V. – Demeter im Norden
Viskulenhof 7, 21335 Lüneburg
Tel. 0 41 31 / 83 08 80
info@demeter-im-norden.de
www.demeter-im-norden.de

Biokreis – Verband für ökologischen Landbau und gesunde Ernährung e.V.
Stelzlhof 1, 94034 Passau
Tel. 08 51 / 75 65 00
info@biokreis.de
www.biokreis.de

Bioland e.V.
Kaiserstraße 18, 55116 Mainz
Tel. 0 61 31 / 23 97 90
info@bioland.de
www.bioland.de

Bund für Umwelt und Naturschutz Deutschland e.V.
Kaiserin-Augusta-Allee 5, 10553 Berlin
Tel. 0 30 / 27 58 64-0
bund@bund.net
www.bund.net

Demeter e.V.
Brandschneise 1, 64295 Darmstadt
Tel. 0 61 55 / 84 69-0
info@demeter.de
www.demeter.de

Deutscher Tierschutzbund e.V.
In der Raste 10, 53129 Bonn
Tel. 02 28 / 6 04 96-0
Kontakt über
www.tierschutzbund.de/kontakt.html
www.tierschutzbund.de

EuroNatur Stiftung
Westendstraße 3, 78315 Radolfzell
Tel. 0 77 32 / 92 72-0
info@euronatur.org
www.euronatur.org

Evangelische Jugend in ländlichen Räumen
Otto-Brenner-Straße 9, 30159 Hannover
Tel. 05 11 / 12 15-134
ks@aej-online.de
www.evangelische-jugend.de/landjugend

Evangelisches Bauernwerk in Württemberg e.V.
Hohebuch, 74638 Waldenburg
Tel. 0 79 42 / 1 07-0
ebw@hohebuch.de, www.hohebuch.de

Fördergemeinschaft organisch-biologischer Land- u. Gartenbau Baden-Württemberg e.V.
c/o Matthias Strobl
Haldenstr. 84, 73730 Esslingen
Tel. 01 51 / 11 58 32 63
egle.strobl@t-online.de

Forum für internationale Agrarpolitik e.V. – Agrar-Koordination
Nernstweg 32–34, 22765 Hamburg
Tel. 0 40 / 39 25 26
info@agrarkoordination.de
www.agrarkoordination.de

Forum Pro Schwarzwaldbauern e.V.
Uhlbachweg 5,
78112 St. Georgen-Oberkirnach
Tel. 0 77 24 / 79 92
spittelhof@t-online.de
www.sforum.eu

Gäa – Vereinigung ökologischer Landbau e.V.
Brockhausstraße 4, 01099 Dresden
Tel. 03 51 / 4 01 23 89
info@gaea.de, www.gaea.de

Germanwatch e.V.
Stresemannstraße 72, 10963 Berlin
Tel. 0 30 / 2 88 83 56-0
info@germanwatch.org
www.germanwatch.org

Katholische Landjugendbewegung Deutschlands e.V.
Drachenfelsstraße 23
53604 Bad Honnef-Rhöndorf
Tel. 0 22 24 / 94 65-0
bundesstelle@kljb.org
www.kljb.org

Logo e.V. – Landwirtschaft und Oekologisches Gleichgewicht mit Osteuropa
Schwarzer Weg 35, 49536 Lienen
Tel. 0 54 84 / 96 22 22
info@logoev.de
www.logoev.de

Naturland e.V.
Kleinhaderner Weg 1, 82166 Gräfeling
Tel. 0 89 / 89 80 82-0
naturland@naturland.de
www.naturland.de

Netzwerk Solidarische Landwirtschaft
Stammheimerstr. 154, 50735 Köln
info@solidarische-landwirtschaft.org
www.solidarische-landwirtschaft.org

NEULAND e.V.
c/o BUND e. V.
Kaiserin-Augusta-Allee 5, 10553 Berlin
Tel. 0 30 / 25 79 97 84
verein@neuland-fleisch.de
www.neuland-fleisch.de

PROVIEH e.V.
Küterstraße 7–9, 24103 Kiel
Tel. 04 31 / 24 82 80
info@provieh.de
www.provieh.de

Schweisfurth Stiftung
Rupprechtstraße 25, 80636 München
Tel. 0 89 / 17 95 95 10
info@schweisfurth-stiftung.de
www.schweisfurth-stiftung.de

Slow Food Deutschland e.V.
Marienstraße 30, 10117 Berlin
Tel. 0 30 / 2 00 04 75-0
info@slowfood.de
www.slowfood.de

Stiftung Ökologie & Landbau
Weinstraße Süd 51, 67098 Bad Dürkheim
Tel. 0 63 22 / 9 89 70-0
info@soel.de
www.soel.de

Züchtervereinigung Schwäbisch-Hällisches Schwein e.V.
Haller Straße 20, 74549 Wolpertshausen
Tel. 0 79 04 / 97 97-0
rudolf.buehler@besh.de
www.besh.de